A Transferência do Risco na Venda Internacional de Mercadorias

A Transferência do Risco na Venda Internacional de Mercadorias

2023

César Manuel Ferreira Pires
Doutor em Direito pela Universidade de Coimbra
Advogado

ALMEDINA

A TRANSFERÊNCIA DO RISCO NA VENDA INTERNACIONAL DE MERCADORIAS

AUTOR
César Manuel Ferreira Pires

EDITOR
EDIÇÕES ALMEDINA, S.A.
Avenida Emídio Navarro, 81, 3D
3000-151 Coimbra
Tel.: 239 851 904 · Fax: 239 851 901
www.almedina.net · editora@almedina.net

DESIGN DE CAPA
EDIÇÕES ALMEDINA, S.A.

PRÉ-IMPRESSÃO
João Jegundo

IMPRESSÃO E ACABAMENTO

Maio, 2023

ISBN
978-989-40-1241-2

DEPÓSITO LEGAL

ALMEDINA | GRUPOALMEDINA

A tese que agora se publica corresponde, quase na integra, ao texto apresentado para Provas de Doutoramento na Faculdade de Direito da Universidade de Coimbra em dezembro de 2021 e defendida no dia 03 de fevereiro de 2023 perante um Júri constituído pelos Senhores Professores Doutores José Manuel Aroso Linhares (que presidiu), Jorge Manuel Coutinho de Abreu, Alexandre Soveral Martins (orientador), Paula Costa e Silva, Paulo Mota Pinto, Mariana Fontes da Costa (arguente) e Maria Inês Oliveira Martins (arguente).

A realização das Provas públicas é um momento para entender quem pensa de forma diferente da nossa e uma oportunidade para testar as nossas próprias convicções. E se assim é (como efetivamente deve ser), as nossas convicções sobre que risco é transferido do vendedor para o comprador na venda internacional de mercadorias saíram reforçadas. Na venda internacional de mercadorias, face ao Direito vigente em Portugal desde 01 de Outubro de 2021 (com a entrada em vigor da *CISG*), consideramos que o risco de afetação da integridade das mercadorias é o risco visado pelas normas reguladoras da transferência do risco (*rectius*, nos artigos 66º a 69º da *CISG*). Motivo pelo qual, para que não restem dúvidas sobre o que defendemos ser, de *jure condito*, o risco transferido na venda internacional de mercadorias regulada pela *CISG*, o texto surge com um ponto adicional (ponto 8. do Capítulo VI) face à versão depositada na Faculdade de Direito da Universidade de Coimbra, embora o que aí é *dito* já resultava de tudo o quanto antes estava *dito* (na tese e, não menos importante, na apresentação da mesma perante o Júri).

O texto de apresentação da tese nas Provas de Doutoramento fica, por isso, publicado em anexo.

Já depois a entrega da tese foram surgindo evoluções relacionadas com a regulação de transações relativas a bens digitais que apontam para a adoção do critério do controlo para determinar a alocação do risco (tais como, o "*The Electronic Trade Documents Bill*" em aprovação no Parlamento do Reino Unido, o trabalho em curso na *Uncitral* sobre Documentos de Transporte Multimodal Negociáveis e o Projeto de Princípios *Unidroit* sobre Bens Digitais e o Direito Privado), o que também nos deixa mais convictos do caminho calcorreado.

Coimbra, 25 de fevereiro de 2023.

À memória dos meus avós (Maria / Manuel; Carolina / Joaquim).

Aos meus pais (Emília e Manuel), a quem tudo devo.

À minha irmã (Susana) e ao Juan pela cumplicidade permanente.

À Carolina (minha sobrinha que nasceu no dia limite para entrega da tese e com uma missão renovadora).

«O sonho de cada família é poder viver junta e feliz, num lar tranquilo e pacífico, em que os pais têm oportunidade de criar os filhos da melhor maneira possível, ou de os orientar e ajudar a escolher as suas carreiras, dando-lhes o amor e carinho que desenvolverá neles um sentimento de segurança e de autoconfiança.»

NELSON MANDELA
(1970)

AGRADECIMENTOS

Feita a dedicatória exclusiva é momento para agradecer em primeiro ao lugar ao Senhor Doutor Jorge Manuel Coutinho de Abreu que me despertou o interesse para a área das Ciências Jurídico-empresariais e que sempre me incentivou a concluir a tese que agora apresento na Faculdade de Direito da Universidade de Coimbra. O privilégio do diálogo, ao longo de cerca de 22 anos (desde o 3º ano da minha licenciatura no ano de 1999), na Universidade e fora dela, jamais poderá ser por mim retribuído. A exigência colocada pelo Senhor Doutor Jorge Coutinho de Abreu em cada momento marcou-me profundamente. Essa exigência foi sempre para mim um sinal claro de respeito para com cada um dos estudantes que com ele se cruzaram ao longo de várias décadas. Tendo sido (e continuando a ser) um desses estudantes agradeço profundamente tudo o quanto exigiu de mim. Sem essa exigência o percurso que fiz teria sido muito mais difícil (exigência gera exigência).

À Senhora Doutora Carolina Cunha agradeço a confiança que depositou em mim para o tratamento do tema da tese. Ainda a finalizar a parte escolar do Curso de Doutoramento partilhei a minha vontade de tratar o tema da «transferência do risco na venda internacional de mercadorias» e obtive a resposta que precisava para acreditar ser possível. O incentivo, a atenção e a orientação permaneceram até ao final do percurso da investigação.

Finalmente (sim, só foi possível chegar ao fim com o seu apoio e dedicação), agradeço profundamente o empenho do Senhor Doutor Alexandre de Soveral Martins na orientação da tese desde o primeiro momento. O Senhor Doutor Alexandre de Soveral Martins não foi, apenas, o orientador da tese; foi em primeiro lugar o «piloto» atento, na hora certa e no lugar certo. Quando estava «a passar pelo Canal do Suez» e enfrentava as maiores dificuldades inerentes a toda a aventura em que me lancei tive no Senhor Doutor Alexandre de Soveral Martins todo o apoio para não sair da rota. As sugestões e críticas à forma como navegava, nos momentos mais difíceis da viagem, permitiram garantir a estabilidade do navio para que a viagem, que havia iniciado, fosse concluída. Não ficou por aqui. Lançou-me também em outras aventuras ligadas ao transporte marítimo de mercadorias e permitiu que cultivasse ainda mais o interesse por estas matérias.

A todos ficarei para sempre grato.

O tema exigiu que ultrapassasse fronteiras e que levasse a pouca mercadoria, que havia colocado na bagagem, para outros locais. Agradeço, por isso, a todos os que de forma amiga e solidaria me receberam e permitiram que no final da viagem pudesse trazer uma bagagem mais preenchida, em especial a todas as pessoas que trabalham nas bibliotecas da *UNCITRAL* (em Viena), do *UNIDROIT* (em Roma) e do *Institut Suisse de Droit Comparé* (em Lausanne). Em todos estes lugares conheci e mantenho pessoas amigas. Na última biblioteca das que mencionei passei uma grande parte dos dias dos últimos anos e a forma como fui apoiado não tem descrição. Juntamente com a Faculdade de Direito da Universidade de Coimbra foi a minha segunda casa ao longo da aventura de elaboração da tese. Agradeço a todos os que trabalham nestas instituições (sem todos, desde a pessoa que fazia a limpeza da mesa em que colocava os livros até aos seus Diretores, não teria sido possível investigar com a tranquilidade necessária).

"When an institution is completely received it none the less seems almost inevitable that differences will occur even when they are not dictated by social change and progress, and even when the old rule can still be regarded as satisfactory and the new one has no overwhelming claim to succeed."

(Alan Watson, *Legal Transplants – An Approach to Comparative Law*, 2ª Edição, Atenas e Londres: The University of Georgia Press, 1993, p. 82).

RESUMO

A palavra «risco» é usada com mais do que um sentido em relação ao contrato de venda. O risco pode ser risco contratual, risco económico, risco de mercado, risco de preço, risco da prestação ou da contraprestação, mas também risco de perda, deterioração ou perecimento das mercadorias. No Capítulo I (Introdução) delimitamos, preliminarmente, cada um destes riscos.

A transferência do risco está relacionada com a afetação acidental das mercadorias. Para determinar quando se dá a transferência do risco do vendedor para o comprador são apresentados três critérios fundamentais: o critério da conclusão do contrato, o critério da transferência da propriedade e o critério da entrega. Abordamos esses critérios no Capítulo II com o foco em instrumentos de harmonização internacional sobre o contrato de venda e em algumas leis internas dos Estados e apresentamos uma proposta de critério diferente.

A transferência do risco no contrato de venda de venda internacional coloca questões relacionadas com outras matérias, nomeadamente com a falta de conformidade das mercadorias, violação antecipada e violação fundamental do contrato, alteração das circunstâncias e impossibilidade da obrigação. Estas questões são abordadas no Capítulo III.

A transferência do risco na venda internacional de mercadorias não pode ser cabalmente compreendida sem ter em conta outros contratos que surgem para fazer face a necessidades do vendedor e do comprador, mormente o contrato de transporte, o contrato de seguro e os métodos de pagamento internacionais. A inter-relação entre estes contratos no âmbito da transferência do risco será abordada no Capitulo IV.

Em muitos contratos de venda internacional de mercadorias o critério de transferência do risco é consagrado no próprio contrato, sendo uma das formas de o fazer a inserção no contrato de um determinado termo do comércio internacional (geralmente conhecidos por *incoterms*). Abordamos, por isso, a questão da *Lex Mercatoria* ou *New Law Merchant* no Capítulo V.

Por fim, em jeito de conclusões, apresentamos no Capítulo VI a nossa perspetiva sobre a necessidade de uma diferente compreensão da questão da transferência do risco na venda internacional de mercadorias atendendo à especificidade deste tipo de contrato. A existência (ou não) de uma conceção unitária de risco é, por isso, discutida no último Capítulo (Capítulo VI).

ABSTRACT

The word «risk» is often used with more than one meaning in relation to the sales contract. Risk may refer to contractual risk, economic risk, market risk, price risk, risk of performance or of the consideration, but also to the risk of loss, deterioration or perishing of the goods. In Chapter I (Introduction) we set out a preliminary definition of each of these risks.

The passing of risk is related to the accidental damage to the goods. Three fundamental criteria are used to determine when the passing of risk from the seller to the buyer occurs: the criterion of conclusion of the contract, the criterion of transfer of ownership and the criterion of delivery. We address these criteria in Chapter II with a focus on international harmonization instruments on the contract of sale and some domestic laws and we present a different criterion proposal.

The passing of risk in the international sales contract raises issues related to other domains, namely non-conformity of goods, anticipatory breach, and fundamental breach of contract, change of circumstances and impossibility of the obligation. These issues are addressed in Chapter III.

The passing of risk in the international sale of goods cannot be fully understood without considering other contracts which arise to meet the needs of the seller and the buyer, in particular the contract of carriage, the insurance contract, and international methods of payment. The interplay between these contracts in the context of the passing of risk will be discussed in Chapter IV.

In many international sales of goods contracts the criterion of passing of risk is incorporated in the contract itself. One of the ways of doing so is to include in the contract a certain term of international trade (generally known as *incoterms*). We will therefore address the issue of *Lex Mercatoria* or *New Law Merchant* in Chapter V.

Finally, as conclusions, we present in Chapter VI our view on the need for a different understanding of the issue of passing of risk in the international sales of goods given the specific character of this type of contract. The existence (or not) of a unitary conception of risk is, therefore, discussed in the last Chapter (Chapter VI).

PRINCIPAIS ABREVIATURAS E SIGLAS

ALI	– American Law Institute
BGB	– Bürgerliches Gesetzbuch / Código Civil Alemão
C.C. / CC	– Código Civil Português
C.Com-ES	– Código Comercial Espanhol
C.I.F	– Cost, Insurance and Freight
CC-1987	– Código Civil de 1987 / Código Civil de Seabra
CC-A	– Código Civil Austríaco
CC-ES	– Código Civil Espanhol
CC-F	– Código Civil Francês
CC-GR	– Código Civil Grego
CC-IT	– Código Civil Italiano
CC-LU	– Código Civil do Estado do Louisiana (EUA)
CC-S	– Código Civil Suiço
CCE	– Convenção das Nações Unidas sobre o Uso de Comunicações Eletrónicas nos Contratos Internacionais
CESL	– Proposal for a Regulation of the European Parliament and of the Council on a Common European Sales Law / Proposta de Regulamento do Parlamento Europeu e do Conselho relativo a um Direito Europeu Comum da Venda
CISG	– United Nations Convention on Contracts for the International Sale of Goods / Convenção das Nações Unidas sobre Contratos para Venda Internacional de Mercadorias
Cit.	– Citada
CMR	– Convention on the Contract for the International Carriage of Goods by Road / Convenção sobre o Contrato de Transporte Internacional de Mercadorias por Estrada
CO-S	– Código das Obrigações Suiço
DCFR	– Draft Common Frame of Reference / Quadro Comum de Referência
Ed. / Eds.	– Editor / Editores
ICC / CCI	– International Chamber of Commerce (Paris) / Câmara de Comércio Internacional de Paris

IoT	–	Internet of Things
LC-RPC	–	Lei dos Contratos da República Popular da China
NCC	–	National Conference of Commissioners on Uniform State Laws
Ob. cit	–	Obra citada
OHADA	–	Organização para a Harmonização em África do Direito dos Negócios
PECL	–	Principles of European Contract Law / Princípios de Direito Europeu dos Contratos
PICC	–	Principles of International Commercial Contracts / Princípios relativos aos Contratos Comerciais Internacionais
ROA	–	Revista da Ordem dos Advogados
STJ	–	Supremo Tribunal de Justiça
TRC	–	Tribunal da Relação de Coimbra
TRE	–	Tribunal da Relação de Évora
TRG	–	Tribunal da Relação de Guimarães
TRL	–	Tribunal da Relação de Lisboa
TRP	–	Tribunal da Relação do Porto
UAGCL	–	OHADA Uniform Act on General Commercial Law / Ato Uniforme sobre o Direito Comercial Geral da OHADA
UCC	–	Uniform Commercial Code
ULIS	–	*Convention relating to a Uniform Law on the International Sale of Goods* / Convenção sobre a Lei Uniforme sobre a Venda Internacional de Mercadorias

Capítulo I
Introdução

1. Enquadramento do percurso investigatório

A sociedade global em que vivemos hoje implica uma abordagem sistémica das questões que vão surgindo e que vão reclamando soluções globais. "*O risco é, para Beck, um estádio intermédio entre a segurança e a destruição, e a perceção dos riscos ameaçadores determina o pensamento e a ação. No risco, o passado perde o seu poder de determinar o presente. É o futuro, algo que é construído, não existente, que constrói o presente, e os riscos são sempre locais e globais, assumindo uma dimensão transescalar.*"[1]

As questões locais influenciam, em determinada medida, as soluções globais e são suscetíveis de criar um véu subtil de bloqueio para a compreensão da questão global. Os Estados apresentam-se como fortes atores no sistema internacional, ora capazes de facilitar a criação de soluções globais, ora capazes de criar bloqueios para essas mesmas soluções. A incompletude dos Estados quanto à criação de soluções para os mais diversos problemas e questões está, inexoravelmente, ligada com o surgimento de novos atores no sistema internacional, capazes de o influenciarem, criando soluções paralelas às soluções preconizadas pelos Estados. "[R]elações interdependentes envolverão sempre custos, uma vez que a interdependência restringe a autonomia; mas é impossível especificar *a priori* se os benefícios de uma relação excederão os custos"[2].

[1] Mendes, José Manuel, "Ulrich Beck: a imanência do social e a sociedade do risco", *in* <http://www.scielo.mec.pt/scielo.php?script=sci_arttext&pid=S0003-25732015000100012>.

[2] Keohane, Robert O. / Nye, Joseph S., *Power and Interdependence,* 2ª Edição, Estados Unidos da América: Library of Congress Cataloging-in-Publication Data, 1989, p. 9.

O risco de soluções globais constituirá um risco de criação de um campo de forças estranho ao campo de forças dos Estados. Os Estados, as diferenças linguísticas[3] e os diferentes estádios de evolução das sociedades locais constituem elementos suscetíveis de influenciar a criação de soluções globais para as questões jurídicas e contratuais. Mas essas tentativas de harmonização promovem "a prevenção dos *conflitos de sistemas* resultantes da diversidade das regras de conflitos nacionais e da insegurança jurídica a eles associada [...]"[4]. A "[...] harmonização normativa internacional [tem vantagens], em especial em termos de promoção da eficiência, de abaixamento de custos de transacção e de «*favor conventionis*» [...]"[5].

A uniformização é um estádio difícil de estabelecer na área do Direito. A *CISG* tem sido vista como a Convenção capaz de proceder a essa uniformização no âmbito da venda internacional de mercadorias, por constituir o mais bem-sucedido instrumento legal aplicável a este contrato. A *CISG* tem sido capaz de influenciar soluções a nível regional e estatal[6]. Não obstante, mesmo no âmbito da venda internacional de mercadorias, a *CISG* não regula todo o tipo de questões que, habitualmente, são reguladas pelos ordenamentos jurídicos internos dos Estados.

Como será possível afirmar uniformização[7] quando várias questões de hermenêutica se colocam sobre as várias normas da *CISG*[8]?

[3] "Se as partes em um contrato estão dividas em termos linguísticos, a probabilidade dessas palavras serem entendidas em diferentes sentidos aumenta" (Lasswell, Harol D./McDougal, Myres S./Miller, James C., *The Interpretation of International Agreements and World Public Order – Principles of Content and Procedure*, Dordrecht: Martinus Nijhoff Publishers, 1994, p. 66).

[4] Vicente, Dário Moura, «Governação global e Direito Internacional Privado», *Revista de Direito Civil*, Ano V (2020), Nº 3 / 4, Coimbra: Almedina, p. 630.

[5] Araújo, Fernando, *Teoria Económica do Contrato*, Coimbra: Almedina, 2007, p. 138.

[6] Zeller, Bruno, *Damages under the Convention on Contracts for the International sale of goods*, Oxford: Oxford University Press, 3ª Edição, 2018, p. 15 e ss.

Weil, Ernesto Vargas, «CISG in Latin America: Some Lessons for the Legal Unification Movement in the Global South», *in* Sooksripaisarnkit, Poomintr / Garimella, Sai Ramani, *Contracts for the International Sale of Goods – A Multidisciplinary Perspective –*, Hong Kong: Thomson Reuters Hong Kong Limited, 2019, p.95 e ss.

[7] Andersen, Camilla Baasch, *Uniform Application of the International Sales Law: Understanding Uniformity, the Global Jurisconsultorim and Examination and Notification Provisions of the CISG*, Países Baixos: Kluwer Law International, 2007.

[8] Zeller, Bruno, *Damages under the Convention on Contracts for the International Sale of Goods*, Oxford: Oxford University Press, 3ª Edição, 2018, p. 19 e ss.

As diferenças de cultura jurídica são conhecidas, sendo manifesta a contraposição entre os Estados da *Civil Law* e os Estados da *Common Law*. Esta diferente cultura manifesta-se, também, na interpretação da *CISG*[9], nomeadamente, tendo em conta as teorias adotadas no âmbito de matérias fundamentais como a formação/conclusão do contrato[10]. Na *Common*

[9] Sobre o longo caminho a percorrer para uma efetiva interpretação autónoma da *CISG*, *vide* Ferrari, Franco, «Autonomous Interpretation versus Homeward and Outward Trends», *Uniform Law Review*, Vol. 22, Nº 1, 2017, p. 244-257.

[10] Por exemplo, nos Estados Unidos da América vem sendo defendida a *Rolling Contract Theory*, segundo a qual se permite a formação do contrato nos casos em que o vendedor, em resposta a um pedido do comprador, envia a este determinadas cláusulas padronizadas por si elaboradas (que constem, por exemplo, de documento enviado com as mercadorias ou de um texto que surja no momento em que se inicia um computador) com uma declaração de que o comprador aceita essas cláusulas se receber a mercadoria, não a devolvendo no prazo estabelecido por esse mesmo vendedor. Esta teoria tende a fomentar uma interpretação não harmonizada da *CISG* e coloca em causa o princípio da autonomia da vontade das partes, que tem no seu silêncio (diga-se, nada fazer e nada dizer) uma manifestação expressa. De acordo com a segunda parte do número 1 do artigo 18º da *CISG* o "silêncio ou inatividade não valem, por si só, como aceitação" e, por isso, consideramos que a aplicação da referida teoria constituirá, na maior parte das situações, uma violação da Convenção (sobre a aplicação desta teoria e as suas repercussões na prossecução do objetivo de aplicação harmonizada da *CISG*, *vide* Flechtner, Harry M., «Globalization of Law as Documented in the Law on International Sales of Goods», *in* Eauw, J. / Taelman, P. (Eds.), *Nieuw Internationaal Privaatrecht: meer Europees, meer globaal, Reeks 'Gandaius PUC Willy Delva'*, nº 35, Mechlin, Kluwer, 2009, 541-560, disponível em: <http://ssrn.com/abstract=1572917>). Alguns autores consideram possível que o contrato se forme de acordo com esta teoria (*vide*, Schroeter, Ulrich, *in* Schwenzer, Ingeborg (Ed.), *Commentary on the UN Convention on the International Sale of Goods*, Oxford:Oxford University Press, 2016, p. 340; mas tenha-se em conta que na nota 97 Ulrich Schroeter refere um artigo doutrinal de Rob Schultz – «Rolling Contract Formation under the UN Convention on Contracts for the International Sale of Goods», *Cornell International Law Journal*, Vol. 35 (2001-2002), p. 262-289, disponível em < https://scholarship.law.cornell.edu/cgi/viewcontent.cgi?article=1504&context=cilj> – onde este autor aborda a *Rolling Contract Theory* admitindo a sua aplicação nos casos em que a apresentação, por parte do vendedor, de determinadas cláusulas/termos que integram um determinado formulário decorre da vontade do comprador ou quando os usos permitam concluir que o silêncio do comprador pode valer como aceitação; ora, na hipótese em que a apresentação das cláusulas/termos decorre da vontade do comprador não estamos perante um caso de silêncio do comprador e na hipótese de recurso aos usos para perscrutar a aplicação da *Rolling Contract Theory* haverá sempre necessidade de se encontrar uma declaração ou comportamento do comprador – art. 8º, nº 1 e 3 da *CISG* – e, nesse caso, também não haverá silêncio). Sobre esta teoria e as suas implicações no domínio do Direito Norte-Americano, *vide* Murray, John E., «The Definitive "Battle of the Forms": Chaos Revisited», *Journal of Law and Commerce*, Vol. 20 (2000), 1-48; Marks, Colin P., «Not What, but When Is an Offer: Rehabilitating the Rolling Contract», *Connecticut Law Review*, Vol. 46, nº. 1, 2013, disponível em <http://ssrn.com/

Law excluem-se determinados elementos para a interpretação da norma contratual[11], enquanto na *Civil Law* tais elementos são admitidos. Os recursos para interpretação da norma contratual reconduzem-se, geralmente, aos seguintes: *"declarações das partes anteriores e contemporâneas da conclusão do contrato (embora a Inglaterra seja mais favorável à introdução de tal prova do que os Estados Unidos), prova da intenção subjetiva de uma das partes e conduta ou declarações de qualquer uma das partes após a conclusão dos contratos"*[12].

No confronto entre o método da *Common Law* e o método da *Civil Law*, este último parece assumir a dianteira quando está em causa a interpretação de um determinado contrato internacional em sede de arbitragem comercial internacional[13]. As decisões proferidas na arbitragem comercial internacional são, geralmente, apenas lidas pelas partes e, quando são publicadas, não constituem precedente que possa vincular outros tribunais arbitrais. A tendência das decisões proferidas na arbitragem comercial internacional revela uma preocupação pela procura da intenção comum das partes, onde o contrato escrito se assume como "a melhor prova da verda-

abstract=2228502>; Murray, John E., «The Dubious Status of the Rolling Contract Formation Theory», *Duquesne Law Review*, Vol. 50, 35-919, disponível em < http://www.lexisnexis.com/hottopics/lnacademic/?verb=sr&csi=7327&sr=cite(50+Duq.+L.+Rev.+35)>; Hillman, Robert A., «Rolling Contracts», *Fordham Law Review*, Vol. 71 (2002), 743-759, disponível em: <https://ir.lawnet.fordham.edu/cgi/viewcontent.cgi?article=3865&context=flr> ; Vogeler, Andrew, «Rolling Contract Formation and the U.C.C.'s Approach to Emerging Commercial Practices», *Journal of Law and Commerce*, Vol. 30, 243-263, disponível em <http://d-scholarship.pitt.edu/22277/1/8-15-2-PB.pdf>; Friedman, Stephen E. «Improving the Rolling Contract.» *American University Law Review* 56, nº 1 (2006), 1-50, disponível em <https://digitalcommons.wcl.american.edu/cgi/viewcontent.cgi?article=1276&context=aulr>.

[11] A referência a «norma contratual» poderá não colher adesão por parte de toda a doutrina, tanto mais que são bem conhecidas as diferenças na abordagem ao conceito de contrato, desde logo, quando contraposta a *Civil Law* com a *Common Law*. Por outro lado, sempre foi contraposto (e objeto de ampla discussão) o caráter normativo do contrato face ao caráter voluntarista do contrato. No entanto, aparentemente, vem-se preconizando que "a vontade não indica [...] a categoria do espírito que dominou a conceituação do contrato durante o século XIX e na primeira metade do século XX e que está intimamente relacionada ao individualismo iluminista, designa antes a escolha livre e consciente de se vincular por via contratual, apresentando-se, precisamente, como sinónimo de autonomia privada e, portanto, de liberdade das partes." (*vide* Mazzamuto, Salvatore, «Progetti di codificazione europea sul contratto», *Europa e Diritto Privatto*, Nº 4/2020, Milão: Giuffrè Francis Lefebvre, p. 1137-1138).

[12] Karton, Joshua, *The Culture of International Arbitration and the Evolution of Contract Law*, Oxford: Oxford University Press, 2013, p. 196.

[13] Karton, Joshua, *The Culture of International Arbitration and the Evolution of Contract Law*, Oxford: Oxford University Press, 2013, p. 214 e ss.

deira intenção das partes [(elementos externos ao contrato são, apenas, tidos em conta quando sejam] necessários para determinar essa intenção[)]"[14].

A uniformização é um estádio difícil[15] (se não mesmo impossível e, às vezes, indesejado[16]) de alcançar no âmbito da venda internacional. No Direito das obrigações, em especial no Direito dos Contratos (campo fértil para várias questões), a universalidade será mais uma tendência do que, propriamente, um objetivo alcançável[17]. No entanto, há que reconhecer que, independentemente das críticas que possam ser feitas à *CISG*, a verdade é que o seu contributo para a regulação uniforme do contrato de venda internacional é inquestionável. Aliás, as críticas apontadas ("a sua incompletude e a falta de aplicação uniforme pelos tribunais nacionais e arbitrais"[18]) são resultado de um esquecimento, por parte de quem as for-

[14] Karton, Joshua, *The Culture of International Arbitration and the Evolution of Contract Law*, Oxford: Oxford University Press, 2013, p. 233 ("*Taken together, these trends indicate that international arbitral tribunals are primarily concerned with discerning the true (subjective) common intention of the parties, and will restrict themselves to objective interpretation only when the applicable law is that of a common law jurisdiction (and even then, not always). Tribunals tend to see the written contract as the best evidence of the parties' true intent, and consider extrinsic evidence only if they think it necessary to determine that intent.*")

[15] "Dado que não estamos atualmente perto de uma integração económica internacional completa, é pouco provável que os sistemas jurídicos concorrentes em todo o mundo possam convergir num futuro previsível." (Kanning, Arnald J., «Unification of Commercial Contract Law: Dominant Economy», *The Rabel Journal of Comparative and International Private Law*, Tübingen: Mohr Siebeck GmbH & Co. KG, 2021, p. 356).

[16] Flechtner, Harry M., «The Future of the Sales Convention: In defense of Diversity (Some Non-Uniformity)», *in* Büchler, Andrea / Müller-Chen, Markus (Coord.), *Interpreting the CISG, in Private Law (national – global – comparative)*, Festschrift für Ingeborg Schwenzer zum 60. Geburtstag, Bern: Stämpfli Verlag, 2011, p. 493. A respeito da ideia de eficiência das leis, apresentada por Richard Posner, Arnald Kanning considera que "a previsão que se extrai da tradicional hipótese da eficiência é que, ao longo do tempo, os sistemas jurídicos concorrentes tendem a convergir para um único conjunto de regras jurídicas eficientes" mas, por outro lado, não pode deixar de se ter em conta que "na primeira parte do século XIX, diferentes leis contratuais comerciais teriam sido ideais na Grã-Bretanha industrializada, na Nova York industrializada e na Geórgia agrícola" (Kanning, Arnald J., «Unification of Commercial Contract Law: Dominant Economy», *in* The Rabel Journal of Comparative and International Private Law, Tübingen: Mohr Siebeck GmbH & Co. KG, 2021, p. 330 e 335).

[17] Malinvaud, Philippe / Mekki, Mustapha / Seube, Jean-Baptiste, *Droit des obligations*, 15ª Edição, Paris : Lexis Nexis, 2019, p. 21.

[18] Viscasillas, Pilar Perales, «Interpretation and gap-filling under the CISG», *in* Uniform Law Review, Vol. 22, Nº 1, 2017, p. 6. A autora apresenta estas duas maiores críticas à *CISG* mas não concorda com as mesmas.

mula, de que se trata de problemas associados à elaboração de uma qualquer lei de origem interna e à respetiva aplicação nos tribunais estatais[19].

Por outro lado, o recurso a cláusulas gerais e conceitos indeterminados no âmbito da *CISG* não pode ser tido como um problema de regulação do contrato de venda. Os tempos recentes (marcados por várias incertezas decorrentes da pandemia provocada por COVID-19) demonstram que uma lei se torna rapidamente obsoleta quando visa regular, minuciosamente, todas as questões concretas suscitadas por uma determinada relação jurídica. Urge uma reponderação de políticas legislativas. Não é por acaso que algumas leis reguladoras da venda interna de alguns Estados tendem a inspirar-se na *CISG* e nos Princípios *UNIDROIT*[20].

Para o tratamento da matéria objeto do presente trabalho optamos pela construção de uma interligação entre os vários ordenamentos jurídicos em pontos que consideramos essenciais para a determinação do que possa ser a transferência do(s) risco(s) na venda internacional de mercadorias[21].

[19] Neste sentido, Viscasillas, Pilar Perales, «Interpretation and gap-filling under the CISG», *in* Uniform Law Review, Vol. 22, Nº 1, 2017, p. 6 e 7.

[20] Referimo-nos, nomeadamente, à introdução no BGB do conceito de "*pflichtverletzung*" (§280 e ss) no âmbito da reforma de 2012 e da aprovação do Código Civil Chinês em 2020 (cujas normas relativas ao direito dos contratos se inspiram na *CISG* e nos Princípios *UNIDROIT*). Aparentemente, outros ordenamentos terão, também, utilizado a *CISG* como modelo para as soluções apresentadas no domínio do seu direito contratual interno (no que aos Países Baixos se refere, *vide* Kruisinga, Sonja A., « The Impact of Uniform Law on National Law: Limits and Possibilities – CISG and Its Incidence in Dutch Law», *Electronic Journal of Comparative Law*, Vol. 13.2., Maio de 2009, disponível em: < https://www.ejcl.org/132/art132-2.pdf>).

[21] Atendendo ao sucesso da *CISG* (número de adesões e ratificações já efetuadas) poderia ser equacionada a possibilidade de se aprofundar apenas este importante instrumento de regulamentação do contrato de venda internacional. No entanto, o facto de se tratar de um instrumento legal datado do ano 1980 constitui um elemento a ter em conta para o desenvolvimento, no âmbito deste trabalho, de uma abordagem diferenciada, que não fique circunscrita à *CISG*. A Conferência de Haia de Direito Internacional Privado e o UNIDROIT têm levado a cabo um importante trabalho no que ao desenvolvimento de princípios fundamentais aplicáveis aos contratos diz respeito como, por exemplo, os Princípios relativos à escolha da lei nos contratos comerciais internacionais (the "Hague Principles") e os Princípios Unidroit relativos aos contratos comerciais internacionais (também designados na versão inglesa de *Principles of International Commercial Contracts* ou, abreviadamente, *PICC*). Esta mais-valia de um «diálogo» entre vários instrumentos legislativos (e não legislativos) foi reconhecida pela Comissão das Nações Unidas para o Direito Comercial Internacional na sua 19ª Sessão (*vide* a proposta conjunta de cooperação na área do Direito dos Contratos Comerciais Internacionais, com foco nas vendas, disponível em <https://undocs.org/en/A/CN.9/892>) e culminou com a aprovação recente do *Legal Guide to Uniform Instruments in the*

A perspetiva de direito comparado será, necessariamente, um ponto de partida para o tratamento do tema, mas tentaremos que as propostas para resolução da nossa questão não se desliguem da necessidade de uma abordagem com alguma equidistância relativamente a cada ordenamento jurídico. Aliás, qualquer abordagem no âmbito do Direito comparado terá de contar com o facto de algumas das soluções apresentadas pelos vários ordenamentos jurídicos internos estarem (ou não) influenciadas por soluções importadas de outros Estados. Relembre-se, por exemplo, que alguns ordenamentos jurídicos, devido à verificação de ocupação/colonização em determinada época, podem apresentar soluções iguais às apresentadas em um outro Estado ou marcadas pela evolução social e jurídica desse mesmo Estado e a abordagem a estas questões não é unanimemente perspetivada[22]. O(s) possível(eis) resultado(s) interpretativo(s) desse *iter* será(ão) influenciado(s) por uma abordagem comparatística, mas procurará(ão) refletir uma metodologia internacional de interpretação (uma interpretação autónoma)[23].

Embora longe de uma perspetiva de uniformização[24], o nosso ponto de chegada será harmonizado com a metodologia de interpretação consagrada na *CISG*[25]. O caráter internacional da relação jurídica e a necessidade de conjugar a liberdade contratual com a boa-fé[26] no comércio internacional

Area of International Commercial Contracts, with a Focus on Sales (publicado em 2021 em <https://uncitral.un.org/sites/uncitral.un.org/files/media-documents/uncitral/en/tripartiteguide.pdf>).

[22] Watson, Alan, «Legal Transplants and European Private Law», *in* Hesselink, Martijn, *et al.*, *Ius Commune Lectures on European Private Law*, 2, Maastricht: Metro, Institute for transnational legal research, 2000, p. 1-16.

[23] Zeller, Bruno, *Damages under the Convention on Contracts for the International Sale of Goods*, Oxford: Oxford University Press, 3ª Edição, 2018, p. 39 e 40.

[24] Uniformização e harmonização são fenómenos cujo conteúdo é suscetível de obter a mais ampla discussão no meio académico. Estamos perante fenómenos complexos dependentes dos Estados, de Organizações internacionais e dos particulares (*vide*, Lasaballett, Eliezer Sanchez, «Conceptualizing harmonization: the case for contract law», *Uniform Law Revue*, Vol. 24, Nº 1, 2019, p. 73 e ss.)

[25] Felemegas, John, *An International Approach to the Interpretation of the United Nations Convention on Contracts for the International Sale of Goods (1980) as Uniform Sales Law*, Cambridge: Cambridge University Press, 2007.

[26] A boa-fé surge, por exemplo, na *CISG* como princípio orientador para a interpretação das disposições da Convenção. No que concerne à aplicação deste princípio fundamental ao contrato de compra e venda a questão não tem resposta simples e muito menos unânime (*vide*,

serão elementos importantes no âmbito da nossa abordagem à temática da transferência do risco. A *CISG* fornece, também, princípios fundamentais que serão muito úteis para apontarmos um critério mais eficaz de alocação do risco na venda internacional de mercadorias. Os princípios gerais de conservação das mercadorias e de manutenção do contrato de venda exigirão um critério de alocação do risco ligado ao controlo que uma das partes pode ter sobre as mercadorias. Esse controlo não terá de ser, necessariamente, um controlo físico sobre as mercadorias.

A estes dados deve acrescentar-se o facto de o contrato gerar, em si mesmo, um conjunto de questões a serem resolvidas não só com base nas soluções legais consagradas[27], mas também com base no próprio processo de interpretação do acordo de vontades. As partes têm expectativas e interesses que influenciam a fase pré-contratual, mas também o desenvolvimento e execução do contrato e *"uma apropriada compreensão do conjunto de fatores neste processo que pode afetar ambas as expectativas partilhadas do compromisso que as partes são capazes de alcançar e o realismo com que um subsequente intérprete pode esperar para aproximar as suas expectativas partilhadas requer uma revisão mais sistemática das várias fases do processo e o seu contexto"*[28].

Finalizaremos a nossa abordagem com a resposta à questão sobre a (in) adequação de uma conceção unitária de transferência do risco (e de risco)

Zhao, Lijun (Liz), «CISG in Action: Law and Practice in China», *in* Sooksripaisarnkit, Poomintr / Garimella, Sai Ramani, *Contracts for the International Sales of Goods – A Multidisciplinary Perspective* –, Hong Kong: Thomson Reuters Hong Kong Limited, 2019, p. 73 e ss.

[27] Em primeira linha, será fundamental ter em conta as diferenças entre a abordagem que os sistemas da *Civil Law* e os da *Common Law* fazem do próprio contrato. *"Both systems start from the premise that agreement is necessary for a contract. To be precise, the Civil lawyer will probably speak of an agreement of wills and the Common lawyer of a meeting of minds, but this is not a practically important distinction. Both agree in speaking of an agreement. But beyond this we find important contrasts. And all these contrasts reflect, in one way or another, the fact that for the Common law what matters is the objective appearance of agreement, whereas the agreement which the Civil looks for is more likely to be a subjective one. Whereas the Civil law will try to inquire into the true states of mind of the parties, the Common law will ask what a dispassionate observer would have thought the parties had agreed" [...] "Again, the Common law has a much narrower conception of good faith. The parties must not actively deceive one another, but there is no duty to give unrequested information, except in some specific situations and except of course for consumer contracts"*. (Nicholas, Barry, «The United Kingdom and the Vienna Sales Convention: Another Case of Splendid Isolation?», *Centro di studi e richerche di diritto comparato e straniero – Saggi, Conferenze e Seminari*, Roma, nº 9, 1993, p. 5-6).

[28] Lasswell, Harol D./ McDougal, Myres S./Miller, James C., *The Interpretation of International Agreements and World Public Order [...], ob. Cit.*, p. 14.

no contrato de venda internacional de mercadorias. Algumas dessas conceções surgem, no âmbito da *CISG*, como tentativas de estabelecer um sentido para o risco. *"[... À]s vezes é dito que o objetivo principal de toda a norma do contrato é alocar entre as partes o risco de todas as várias perdas que podem resultar da relação contratual. Na Convenção, no entanto, a palavra é usada no sentido mais restrito e mais tradicional de perda resultante de qualquer incidente com as mercadorias que não é devido a um ato ou omissão da outra parte"*[29].

Esta questão da «não transferência do risco» do vendedor para o comprador nos casos em que se verifique um ato ou uma omissão por parte do vendedor é suscetível de discussão. Tanto mais que em várias situações não se aborda a questão como «não transferência do risco», mas sim como uma retransmissão do risco do comprador para o vendedor.

Não obstante todas as interrogações que gera, a *CISG* será o nosso guia orientador para a determinação do âmbito do nosso trabalho no que se refere às partes envolvidas, sempre que a abordagem seja feita tendo por base um contrato entre duas partes. Dito de um outro modo, não cuidaremos de tratar a venda para consumidores finais, nem a venda de serviços e a referência à venda de específicos tipos de mercadorias (que não as devidamente especificadas e as genéricas) será feita com o intuito de melhor interpretar uma determinada norma, mas sem se fazer uma abordagem detalhada do regime jurídico aplicável.

O nosso reduto, que pretendemos restrito, será a transferência do risco na venda internacional de mercadorias entre empresas[30] privadas (*B2B – Business to Business*), procurando convocar matérias interrelacionadas, como o contrato de transporte, o contrato de seguro e os meios de pagamento (maioritariamente) utilizados no comércio internacional.

Não será, no entanto, um reduto fácil de delimitar atendendo às múltiplas questões que podem ser colocadas quanto ao caráter internacional de uma determinada venda e à definição de mercadorias em si mesma[31].

[29] Nicholas, Barry, *in* Bianca, C. Massimo e Bonell, Michael Joachim (Coord.), *Commentary on the International Sales Law*, Milão: Giuffrè, 1987, p. 483-486.

[30] Não curaremos, compreensivelmente, do que seja a empresarialidade. Sobre o tema, objeto de tese de doutoramento, *vide* Abreu, Jorge Manuel Coutinho de, *Da Empresarialidade – as empresas no Direito*, Coimbra: Almedina, 1996.

[31] A respeito na definição de *"Goods"* no sistema jurídico da *Common Law*, *vide* Kee, Christopher, «Rethinking the Common Law Definition of Goods», *in* Büchler, Andrea / Müller-Chen, Markus (Coord.), *Interpreting the CISG, in Private Law (national – global – comparative)*, Festschrift für Ingeborg Schwenzer zum 60. Geburtstag, Bern: Stämpfli Verlag, 2011, p. 925 e ss.

O facto de a venda ser internacional traz, também, à colação a forma como as soluções consagradas pela *Civil Law* estão marcadas pelo Direito Romano, uma época em que a venda de mercadorias era, primordialmente, efetuada entre pessoas presentes no mesmo local, ou seja, "em um sistema onde as partes se reúnem no mercado e realizam a sua transação *in loco* é evidente que os objetos da venda são aqueles artigos específicos que o vendedor realmente trouxe."[32] Mas, hoje em dia, o comércio internacional reclamará um outro paradigma e deve procurar-se um caminho diferente para a (re)compreensão da venda internacional de mercadorias, adaptando a compreensão das questões à nova realidade marcada por transações eletrónicas, pagamentos eletrónicos e possibilidade de utilização de novas tecnologias no controlo ou mitigação dos riscos associados. As novas exigências do comércio internacional colocam em causa os princípios tradicionais assimilados no âmbito dos vários ordenamentos jurídicos, sejam estes da *Civil Law* ou da *Common Law*[33].

A estas novas exigências do comércio internacional há que acrescentar algumas especificidades da venda internacional de mercadorias. A definição de mercadorias para efeitos de venda internacional, regulada na *CISG*, obtém-se por exclusão, ou seja, não são mercadorias para efeitos da *CISG* as que vêm elencadas no artigo 2º[34]. "Estas exclusões são exaustivas, o que significa que têm de ser interpretadas de uma forma estrita e não vão além do que foi expressamente previsto no artigo. Por conseguinte, não há admissibilidade de analogias."[35] Na *CISG* as mercadorias podem ser

[32] Zimmermann, Reinhard, *The Law of Obligations – Roman Fundations of the Civilian Tradition –*, Oxford: Oxford University Press, 1996, p. 238.

[33] Frignani, Aldo, «Il contratto internazionale», *in* Galgano, Francesco (Dir.), *Trattato di Diritto Commerciale e di Diritto Pubblico dell'Economia,* Vol XII, Padova: CEDAM, 1990, p. 195.

[34] Embora as razões apresentadas para considerar excluída uma ou outra venda possam ser questionadas, como acontece com a exclusão da venda de eletricidade e a não exclusão de venda de gás e de petróleo (Magnus, Ulrich, «Wiener UN-Kaufrecht (CISG)», *in J. von Staudingers Kommentar zum Bürgerlichen Gesetzbuch Einführungsgesetz und Nebengesetzen*, Berlim: Walter de Gruyter GmbH, 2018, p.107). Mas, note-se que, independentemente das interrogações apresentadas pelo autor, o mesmo faz expressa referência à impossibilidade de recurso à analogia para considerar excluídas determinadas vendas do âmbito de aplicação da *CISG* (*ibidem*).

[35] Gutiérrez, Laura García, «The Vienna United Nations Convention on Contracts for the International Sale of Goods: Applicability, Gaps and Implementation», *in* Nord, Nicolas / Cerqueira, Gustavo, *International Sale of Goods – A Private International Law Comparative and Prospective Analysis of Sino-European Relations,* Cham: Springer International Publishing AG, 2017, p. 93.

bens corpóreos ou bens não corpóreos[36]. Por seu turno, segundo a *CISG*, o caráter internacional da venda não depende da nacionalidade das partes (nº 3 do artigo 1º), mas tão somente do facto de estas terem o seu estabelecimento em Estados diferentes desde que isto resulte do contrato, de informações prestadas ou transações efetuadas entres as partes antes da (ou na) conclusão do contrato (nº 2 do artigo 1º)[37].

2. Breve abordagem do risco fora do âmbito estrito do contrato de venda

O significado de risco não é sempre o mesmo dentro do âmbito estritamente legal. O risco na responsabilidade pelo risco não é o mesmo risco no âmbito da «transferência do risco», ou seja, a mesma palavra em dife-

[36] Marchand, Sylvan, *Les limites de l'uniformisation matérielle du droit de la vente internationale – Mise en oeuvre de la Convention des Nations Unies du 11 avril 1980 sur la vente internationale de marchandises dans le contexte juridique suisse –*, Basileia : Helbing & Lichtenhahn, 1994, p. 86 e ss. Kahn, Philippe, «What Constitutes a Sale?», *Revue de Droit des Affaires Internationales*, Nº 3-4, 2001, p. 243 e ss.

[37] O critério seguido pela *CISG* é, unicamente, o local onde se situa o estabelecimento das partes (ou residência habitual), nos termos dos artigos 1º e 10º(b). Há quem considere que cabe à parte que pretende ver aplicada a *CISG* provar o caráter internacional da venda, não dependendo este das mercadorias atravessarem (ou não) qualquer fronteira ou as partes terem (ou não) a mesma nacionalidade (Ferrari, Franco, *Contracts for the International Sale of Goods – Applicability and Applications of the 1980 United Nations Sales Convention*, Leiden: Martinus Nijhoff Publishers, 2012, p. 40-44). Por outro lado, há quem considere que, não sendo regulado pela *CISG*, "parece mais lógico que este ónus seja atribuído à parte que alega que a Convenção não se aplica" (Gutiérrez, Laura García, «The Vienna United Nations Convention on Contracts for the International Sale of Goods: Applicability, Gaps and Implementation», *in* Nord, Licolas / Cerqueira, Gustavo, *International Sale of Goods – A Private International Law Comparative and Prospective Analysis of Sino-European Relations*, Cham: Springer International Publishing AG, 2017, p. 96). Por fim, há quem considere que não sendo a matéria regulada pela *CISG* deve a questão ser regulada pela lei interna (*"domestic law"*) determinada como aplicável (Gillette, Clayton P. e Walt, Steven D., *The UN Convention on Contracts for the International Sale of Goods: Theory and Practice*, 2ª Edição, 2016, Nova Iorque: Cambridge University Press, p. 32). Sufragamos a posição de Franco Ferrari. O litigante que queira ver a *CISG* aplicada ao caso concreto tem de alegar e provar onde se situam os estabelecimentos das partes, tendo em conta uma interpretação autónoma do artigo 1º, nº 2 da *CISG*. Questão diferente será determinar se o contrato aparentava (ou não) ter um caráter internacional. Quanto a este aspeto o ónus de prova de que o contrato não aparentava ter um caráter internacional é do contratante que não pretenda ver a CISG aplicada ao contrato (veja-se o nosso «O papel da vontade na CISG», in Martins, Alexandre de Soveral / Antunes, Maria João (Coord.), Comemorando os 100 anos das Regras de Haia, Instituto Jurídico da Faculdade de Direito da Universidade de Coimbra, Coimbra, 2022, pp. 99-128).

rentes âmbitos não tem o mesmo significado[38]. O âmbito de aplicação das normas relativas à responsabilidade pelo risco é manifestamente diferente do âmbito de aplicação das normas reguladoras da transferência do risco (de que nos ocuparemos no presente estudo)[39]. Sucintamente, a responsabilidade pelo risco está desenhada para as situações em que, em termos económicos, é importante o desenvolvimento de atividades perigosas. No entanto, o risco de desenvolvimento de uma atividade deste género deve correr por conta de quem colhe os benefícios da mesma[40].

Fora do campo estritamente jurídico o significado de risco é ainda mais complexo. Mas há que ter em conta que a possível perceção de risco em outras áreas do saber, nomeadamente da sociologia, da economia ou da política tenderá a influenciar a compreensão do risco no âmbito da regulação das relações contratuais.

Obviamente que estas abordagens do risco não serão tratadas especificamente no âmbito deste trabalho, mas também não podemos deixar de os referir quando se pretende uma abordagem diferenciada sobre a

[38] Aliás, pode afirmar-se, em termos que se verão de forma mais detalhada ao longo deste trabalho, que a responsabilidade civil e a transferência do risco não se confundem (com detalhe sobre esta questão *vide* Ac. TRL, de 30 de junho de 2011, disponível em <https://jurisprudencia.csm.org.pt/ecli/ECLI:PT:TRL:2011:13.2002.L1.1.53>; este Acórdão foi parcialmente revogado pelo STJ, mas no que concerne à possibilidade de resolução por parte do comprador e direito a indemnização pelo interesse contratual positivo, ou seja, estes pedidos acabaram por proceder – *vide* Ac. STJ, de 31 de janeiro de 2012, com sumário disponível em: <http://www.dgsi.pt/jstj.nsf/954f0ce6ad9dd8b980256b5f003fa814/6ee4cbf660344852802579c8005b0622?OpenDocument>).

[39] Desde logo, na responsabilidade pelo risco estamos no domínio da responsabilidade civil extracontratual e quando falamos em transferência do risco estamos no domínio de um contrato e sem que surja qualquer questão de responsabilidade civil. "Denomina-se responsabilidade civil o conjunto de factos que dão origem à obrigação de indemnizar os danos sofridos por outrem. A responsabilidade civil consiste, por isso, numa fonte de obrigações baseada no princípio do ressarcimento dos danos" (Leitão, Luís Manuel Teles de Menezes, *Direito das Obrigações*, Vol. I – Introdução. Da constituição das obrigações, 15ª Edição, Coimbra: Almedina, 2019, p. 279). "A responsabilidade civil [...o]corre quando uma pessoa deve reparar um dano sofrido por outra. A lei faz surgir uma obrigação em que o responsável é devedor e o lesado credor. Trata-se, portanto de uma obrigação que nasce directamente da lei e não da vontade das partes, ainda que o responsável tenha querido causar o prejuízo" (Costa, Mário Júlio de Almeida, *Direito das* Obrigações, 12ª Edição, Coimbra: Almedina, 2009, p. 517-520).

[40] Pichonnaz, Pascal / Werro, Franz, «La responsabilité fondée sur le risque: un état des lieux et quelques perspectives d'avenir», *in* Pichonnaz, Pascal / Werro, Franz (Ed.), *Colloque du droit de la responsabilité civile 2017 (Université de Fribourg): Les responsabilités fondées sur le risque*, Berna: Stämpfli Editions, 2018, p. 15 e ss.

transferência do risco na venda *internacional*. O risco na venda internacional será um risco sistémico. Tal como acontece nas atividades sujeitas a regulação e supervisão por autoridade independente, nomeadamente na atividade seguradora[41] (campo com relevância no contrato objeto deste nosso trabalho), podemos falar em risco sistémico no contrato de venda internacional. A afetação das mercadorias produz efeitos não só no contrato de venda internacional, mas também em relações jurídicas que são por ele originadas.

Destarte, tendo em conta que o contrato de venda internacional de mercadorias constitui a fonte de onde «brota» todo um conjunto de outras relações contratuais, consideramos que uma abordagem à transferência do risco baseada apenas na relação entre vendedor e comprador constitui uma forma redutora de ver a questão no âmbito do comércio internacional. Sendo o risco de que curaremos um risco alheio à vontade ou ao (in) cumprimento de deveres por parte do vendedor e/ou do comprador, não pode o reduto de análise circunscrever-se à relação estabelecida entre vendedor e comprador. Na regulação do contrato de venda é necessário

[41] Mas, note-se que, mesmo na atividade seguradora, não há uma definição de risco "amplamente aceite [...], o que complica a procura de instrumentos adequados para o prevenir e conter." No entanto, "qualquer risco [...] pode crescer em proporções sistémicas quando o seu impacto negativo se estende para além de uma instituição individual, afetando ou ameaçando afctar por contágio outras instituições (externalidades) criando frequentemente uma disrupção no sistema monetário ou financeiro e que dependendo da gravidade da recessão – irá então sofrer uma mutação para a paralisia económica (interrupção da produção). Riscos raramente ocorrem sozinhos; geralmente eles se espalham para outros riscos como fogo." (Lastra, Rosa Maria, «Macro-prudential supervision, systemic risk and insurance companies», *in* Georgosouli, Andromachi / Goldby, Miriam (Ed.), *Systemic Risk and the Future of Insurance Regulation*, Nova Iorque: Informa Law from Routledge, 2016, p. 23).
Apesar das várias definições de risco na área financeira e da maior ou menor adesão uma determinada definição, há quem considere que o cerne da questão se situa nas "atividades e não nas instituições" (de acordo com o preconizado pela "*Geneva Association*", que se assume como líder internacional de '*think tank*' da indústria de seguros: *vide* <https://www.genevaassociation.org/about-us>). Nota: a citação referida foi extraída de um documento da "*Geneva Association*", intitulado "Systemic Risk in Insurance – An analysis of insurance and financial stability", disponível em: <https://www.genevaassociation.org/sites/default/files/research-topics-document-type/pdf_public/ga2010-systemic_risk_in_insurance_1.pdf>, mas fomos conduzidos a essa fonte através de um outro trabalho onde se expõem várias definições de risco sistémico (Finney, Chris, «Systemic risk in insurance: common thinking errors, and their resolution», *in* Georgosouli, Andromachi / Goldby, Miriam (Ed.), *Systemic Risk and the Future of Insurance Regulation*, Nova Iorque: Informa Law from Routledge, 2016, p. 35).

ter em conta todos os reflexos, no comércio internacional, de um critério legalmente instituído para alocar o risco ao vendedor ou ao comprador.

Por outro lado, mesmo quando o critério para alocação do risco é estabelecido no contrato de venda, onde o princípio da autonomia privada se manifesta, o vendedor e o comprador deverão ter em conta as demais relações em que intervêm (contrato de seguro, contrato de transporte, contrato originado pela escolha de um determinado meio de pagamento, etc.). Uma deficiente/imprudente alocação do risco baseada, apenas, no contrato de venda pode revelar-se nefasta para outras relações em que intervenham o vendedor e/ou o comprador[42].

No transporte das mercadorias há riscos que devem ser tidos em conta no momento da definição legal ou contratual do critério para a transferência do risco. O transporte de mercadorias com uso de contentores veio permitir uma redução de custos e os portos adaptaram-se a este modo de acondicionamento das mercadorias. No entanto, a contentorização também potenciou determinados riscos, tais como a possibilidade de inserção dissimulada de "bombas sujas, explosivos, materiais radioativos, ou armas de destruição massiva"[43]. A este tipo de riscos podem, ainda, acrescentar-se outros ligados aos portos (de onde partem e onde chegam as mercadorias). Sendo "[o] tema da cooperação [...] o mais relevante quando se consideram as políticas de segurança dos portos e contentores"[44], não pode esse princípio deixar de ser tido em conta no que concerne à alocação do risco no âmbito da venda internacional.

Assim, a necessidade de cooperação entre os vários intervenientes na cadeia de relações subsequentes à conclusão da venda internacional de mercadorias para garantir a integridade das mercadorias e minimizar os efeitos de uma possível afetação dessa mesma integridade deve, também,

[42] Note-se que não pretendemos dizer que a norma legal deva limitar a liberdade contratual, mas tão somente que a alocação do risco por via do contrato de compra e venda deve ser baseada numa ponderação mais ampla de interesses (que não apenas os interesses do vendedor e do comprador).

[43] Szyliowicz, Joseph S. / Zamparini, Luca, «Maritime security: issues and challenges», *in* Bichou, Khalid / Szyliowicz, Joseph S. / Zamparini, Luca (Ed.), *Maritime Transport Security: Issues, Challenges and National Policies*, Cheltenham: Edward Elgar Publishing Limited, 2013, p. 15.

[44] Szyliowicz, Joseph S. / Zamparini, Luca, «Maritime security: issues and challenges», *in* Bichou, Khalid / Szyliowicz, Joseph S. / Zamparini, Luca (Ed.), *Maritime Transport Security: Issues, Challenges and National Policies*, Cheltenham: Edward Elgar Publishing Limited, 2013, p. 22.

ser tida em conta no momento em que se opta por um ou por outro critério de alocação do risco na venda internacional de mercadorias.

Não há qualquer dúvida que a definição do critério para a transferência do risco no contrato de venda constitui uma manifestação do princípio da liberdade contratual e não há motivos ponderosos para que se estabeleça qualquer limitação a essa liberdade. No entanto, o presente trabalho tentará apontar algumas razões para que esse critério não seja fruto de arbítrio, mas sim baseado na necessária cooperação entre vendedor e comprador para a efetiva realização da relação que empreendem. A necessidade de transporte e, muitas vezes, de armazenagem das mercadorias deve fazer com que vendedor e comprador ponderem sobre a melhor forma de alocação do risco. De que forma é que estes contratos (*prima facie*, os contratos de transporte e de depósito) interferem na perceção do risco?

Em 1923, Charles O. Hardy, em um trabalho relativo a uma análise económica e social do risco, escreveu que "[a] maior parte dos problemas de risco reduz-se finalmente a estes dois tipos: O aumento do valor de uma mercadoria, que resultará do seu transporte para outro ponto do espaço, garante compensar os custos e riscos do empreendimento? O aumento de valor previsto da transferência de uma mercadoria por armazenamento para um tempo remoto garante compensar os custos e riscos envolvidos no empreendimento? No caso do transporte, o custo direto e calculável é o fator mais grave; no caso do armazenamento, o elemento de risco é mais suscetível de controlo, mas em ambos os casos o princípio é o mesmo; o aumento antecipado do valor deve igualar os custos reais conhecidos da operação, mais o custo ou perda provável multiplicado pela fração que representa a sua probabilidade. O que a comunicação é para as dificuldades do espaço, a previsão é para as dificuldades do tempo; o que o transporte é para as dificuldades do espaço, o armazenamento é para as dificuldades do tempo."[45]

Há, por isso, um risco que não será igual àquele que está em causa quando se fala em transferência do risco na venda. Certamente, estaremos perante um risco económico ou, até mesmo, um risco contratual. No entanto, no momento em que o vendedor e o comprador decidem inserir no contrato um determinado critério para a transferência do risco, não pode o risco económico deixar de ser tido em conta sob pena de a utilidade derivada do contrato de venda ser nula ou, no limite, redundar numa diminuição do património do vendedor ou do comprador.

[45] Hardy, Charles O., *Risk and Risk-Bearing*, Chicago: The University of Chicago Press, 1923, p. 387.

Destarte, com base nas diferentes perceções de risco que iremos expor ao longo deste trabalho, tentaremos delimitar o risco que está em causa quando se fala em «transferência do risco». Para o efeito, começaremos por abordar os critérios existentes para a transferência do risco na venda já fixados em vários instrumentos legais estatais, supranacionais e internacionais, tentando perceber a sua adequação à atual realidade do comércio internacional.

3. As principais conceções de risco(s) no contrato de venda

Em vários ordenamentos jurídicos é possível identificar múltiplos riscos relacionados com o contrato de venda. "A gestão do risco no comércio internacional inclui a consideração de fatores tais como a lei aplicável aos contratos, as partes, o objeto, a moeda, o transporte e o fórum."[46] Destarte, pode falar-se em risco contratual, risco económico, risco de mercado, risco da prestação, risco da contraprestação, risco de (in)cumprimento, risco de preço, risco de perda, deterioração ou perecimento das mercadorias, etc. Abordemos, por isso, em traços gerais cada um dos riscos que acabamos de identificar e lancemos preliminarmente alguns dados sobre o que defendemos ser «risco» e «transferência do risco».

3.1. O risco contratual

O risco contratual referir-se-á ao risco da criação da norma contratual que definirá a posição de cada uma das partes face ao nascimento das obrigações de entrega das mercadorias e de pagamento do preço. Até à conclusão do contrato estas obrigações não entram na esfera jurídica do vendedor e do comprador. Até à conclusão do contrato o proprietário das mercadorias é "o único candidato a suportar o risco" com a perda e deterioração das mercadorias[47].

O risco contratual deriva da conclusão do contrato de venda, porquanto nesse momento há um conjunto de obrigações que vinculam vendedor e comprador durante um período temporal, em si mesmo, incerto. Há vicissitudes com que vendedor e comprador se vão deparar a partir da conclu-

[46] Davidson, Alan, «Application of the Electronic Communications Convention to the *CISG*», *in* Schwenzer, Ingeborg / Spagnolo, Lisa (Eds.), *The Electronic CISG – 7TH MAA Schlechtriem CISG Conference –*, Haia: Eleven International Publishing, 2017, p. 21.

[47] *Vide* Lookofsky, Joseph, *Understanding the CISG – A Compact Guide to the 1980 United Nations Convention on Contracts for the International Sale of Goods*, Wolters Kluwer, 2012, p. 94

são do contrato. Se esse mesmo vínculo contratual não for criado, não é uma realidade capaz de influenciar comportamentos futuros.

Assim, a questão atinente à alocação contratual do risco surge da maior ou menor amplitude de regulação do contrato de venda. O vendedor pode procurar mitigar a superveniência de um evento fora do seu controlo direto e que possa perturbar a execução das obrigações contraídas. No comércio internacional, as situações em que o vendedor é também produtor são bem mais reduzidas do que aquelas em que vende mercadorias produzidas por outros sujeitos. Por isso, o vendedor pode pretender integrar no contrato uma cláusula que previna possíveis incumprimentos contratuais derivados de falta de entrega das mercadorias por parte do seu fornecedor.

A maior ou menor amplitude de alocação do risco no contrato de venda internacional tem repercussões na aplicação de normas legais relativas a impossibilidades ou impedimentos na execução do contrato. Na maioria dos ordenamentos jurídicos, a aplicação do regime jurídico atinente à alteração das circunstâncias e à impossibilidade da prestação depende da prévia verificação da (in)existência de cláusulas expressas ou tácitas de alocação do risco entre vendedor e comprador. Sempre que a liberdade contratual se manifesta não deve o julgador intervir (excetuada a necessidade de, por exemplo, salvaguardar a boa-fé, assim como a segurança e certeza). O julgador não deve ser chamado a repor o equilíbrio contratual em um ponto que não foi sequer pretendido por vendedor e comprador. Estes, aquando da conclusão do contrato, determinam em que medida um evento fora das respetivas esferas de controlo afetará (ou não) o cumprimento das obrigações que assumem. A aplicação da norma legal relativa ao efeito da verificação de um impedimento ao cumprimento das suas obrigações depende da prévia determinação da vontade das partes.

Estaremos também perante risco contratual quando vendedor e comprador afastam a(s) norma(s) legal(ais) que regulam a exoneração de responsabilidade nos casos que se verifique um evento fora da sua esfera de controlo (um impedimento, na formulação que nos é dada pelo artº 79º CISG).

Não obstante, a alocação do risco contratual exige uma laboriosa e dispendiosa atividade face à incerteza da superveniência, que na maior parte das situações faz com que vendedor e comprador prefiram não analisar, no momento inicial da sua relação, todos os riscos subjacentes. A capacidade de prever todos os riscos associados à superveniência é limitada e a procura do contrato perfeito resulta, em muitas situações, em um contrato manifestamente imperfeito. Um emaranhado de cláusulas poderá conduzir a que uma cláusula se sobreponha a outra e se crie no próprio contrato um risco acrescido associado à sua própria complexidade.

Por outro lado, a alocação contratual do risco não torna, em definitivo, desnecessárias as normas legais relativas, por exemplo, à alteração das circunstâncias, à impossibilidade e à transferência do risco. Outrossim, a alocação contratual do risco poderá ter sido efetuada com base no desequilíbrio de poderes de negociação entre vendedor e comprador.

Não sufragamos, por isso, a posição de quem considera que é possível falar em risco de perecimento ou deterioração «da coisa» como risco contratual[48].

3.2. O risco económico e o risco de mercado

O risco económico parece estar, intrinsecamente, ligado ao risco de mercado, porquanto uma flutuação do preço no mercado onde é transacionado o tipo de mercadorias que constitui o objeto do contrato de venda é um risco que vendedor e comprador podem ter de suportar. Claro está que este risco também pode ser mitigado no momento da conclusão do contrato. O vendedor tenderá a fixar um preço para as mercadorias de modo a, por exemplo, num contrato de venda internacional de mercadorias com entrega diferida, evitar a queda do preço de mercado e o comprador tenderá a fixá-lo para se proteger de uma subida desse mesmo preço[49].

O risco económico pode estender-se à necessidade de o vendedor ter de providenciar por mercadorias de substituição quando estão em causa coisas genéricas. Mas também pode referir-se à possibilidade de vendedor ou comprador ter de suportar os custos associados à necessidade de restituição das mercadorias devido a resolução do contrato de venda.

O risco económico pode estar também ligado à necessidade de vendedor ou comprador ter de suportar os custos decorrentes da celebração

[48] Luminoso, Angelo, *La compravendita – Corso di Diritto Civile –*, G. Giappichelli Editore, Torino, 1991, p. 107

[49] *Vide*, Bridge, Michael, «The Transfer of Risk under the UN Sales Convention 1980 (CISG)», *in* Andersen, Camilla B. / Schroeter, Ulrich G. (eds.), *Sharing International Commercial Law across National Boundaries: Festschrift for Albert H. Kritzer on the Occasion of his Eightieth Birthday*, Londres: Wildy, Simmonds & Hill Publishing, 2008, p. 77-105, disponível em < https://iicl.law.pace.edu/sites/default/files/bibliography/electronic_library_on_international_commercial_law_and_the_cisg_-_michael_bridge.pdf >).

de contratos necessários para a movimentação das mercadorias. Entre o momento da conclusão do contrato de venda e o momento da celebração contrato de transporte pode verificar-se uma subida no frete que será suportado pela parte que, no contrato de venda, se tenha comprometido a tal. Concomitantemente, pode o prémio a pagar no âmbito do contrato de seguro subir. Tenha-se como exemplo o *incoterm c.i.f.*, interpretado de acordo com regras estabelecidas pela Câmara de Comércio de Paris[50]. O vendedor tem obrigação de celebrar os contratos de seguro e de transporte e tem de suportar os respetivos custos, pois o preço estipulado no contrato de venda inclui esses custos. "[S]ob uma abordagem económica do direito, a aquisição de seguros é considerada para trocar a possibilidade de perda por um determinado custo, o prémio do seguro."[51]

Por fim, o risco económico pode decorrer do facto de ser o vendedor ou o comprador o proprietário das mercadorias. Atendendo às características de determinadas mercadorias podem estas provocar danos, nomeadamente a terceiros. Estes danos podem não decorrer de qualquer ato ou omissão dos intervenientes na transação comercial internacional. Nesse caso o critério da propriedade será, certamente, tido em conta para determinar a pessoa obrigada a indemnizar. Mas já não estará em causa determinar o momento da transferência do risco tal como perspetivado neste nosso trabalho.

3.3. O risco da prestação, o risco da contraprestação, o risco de (in) cumprimento e o risco do preço

Sem prejuízo de maior detalhe ao longo deste trabalho, a partir do momento em que é celebrado o contrato de venda o vendedor e o comprador devem estar cientes de que podem vir a não obter aquilo que esperavam. Vendedor e comprador ficam sujeitos a que a contraparte não cumpra com a sua obrigação principal, mas também com as obrigações e deveres secundários

[50] International Chamber of Commerce, *Inconterms 2020* – Regras da ICC para a utilização dos termos de comércio nacional e internacional –, Lisboa: ICC Portugal, 2019, p. 127-137 e 319-329.

[51] Flambouras, Dionysios P., «Transfer of Risk in the Contract of Sale involving Carriage of Goods: A Comparative Study in English, Greek Law and the United Nations Convention on Contracts for the International Sale of Goods», *in CISG Database, Pace Institute of International Commercial Law*, p. 15 (disponível mediante registo prévio em: <https://iicl.law.pace.edu/sites/default/files/bibliography/transfer_of_risk_contract_of_sale_involving_carriage_of_goods_comparative_study.dionysios_flambouras.landscape.letter.pdf>).

emergentes do contrato de venda. Há um efetivo risco de incumprimento de cada uma e/ou de todas as obrigações emergentes do contrato de venda.

No entanto, esse risco de não cumprimento do plano contratual pode não ter qualquer ligação com a transferência do risco (tal como percecionada através das normas que versam sobre a matéria). O incumprimento pode decorrer de uma impossibilidade absoluta (objetiva ou subjetiva) de cumprimento das obrigações, mas também de uma impossibilidade temporária ou parcial.

Por outro lado, o risco da contraprestação pode significar que o vendedor ou o comprador está sujeito a ter de cumprir com a prestação a ficou adstrito, mas não receber a contraprestação. A esta ideia há quem contraponha uma outra: a de risco de preço. Quando o vendedor ou o comprador tem de cumprir a prestação, mas não recebe a contraprestação o que estaria em causa seria o risco de preço. Esta ideia surge associada, também, às normas que versam sobre a transferência do risco. Quando o risco está alocado ao vendedor, a perda, deterioração ou perecimento das mercadorias (as expressões mais utilizadas pelas normas legais) implica que o vendedor possa ter de providenciar por novas mercadorias sem que receba o preço das mercadorias perdidas, deterioradas ou perecidas. Se o risco estiver alocado ao comprador no momento da perda ou deterioração das mercadorias será ele a ter de pagar o preço apesar de não receber as mercadorias. No entanto, como veremos ao longo deste trabalho, havendo possibilidade de o vendedor e o comprador poderem ser ressarcidos do valor das mercadorias, no âmbito do contrato de seguro, será duvidoso falar-se em risco de preço. Mas não só por este motivo. Também porque o preço pode não ser nota caracterizadora do contrato de venda internacional e porque ao abrigo da *CISG* o contrato pode ser concluído sem uma cláusula de preço[52].

Aparentemente, a ideia de risco de preço estará mais presente no exercício do direito de *suspensão do cumprimento da obrigação de entrega* por parte do vendedor, do que propriamente no âmbito das normas reguladoras da transferência do risco. O exercício do direito de suspensão do cumprimento de obrigações, *lato sensu*, permite identificar um risco de preço. O vendedor, sentindo que o preço poderá não lhe ser pago, exerce um direito de suspensão da execução da sua obrigação de entrega.

[52] Cfr. *infra* ponto 8 do Capítulo VI.

3.4. O risco de afetação da integridade das mercadorias

Considerando as conceções de risco anteriormente referidas, procuraremos ao longo deste trabalho defender que a referência ao longo dos tempos a «transferência do risco», quer por normas de origem estatal, quer por normas de origem internacional ou, ainda, através de normas fundadas em práticas comerciais, permite uma abordagem diferente de risco. A prática comercial internacional e as normas legais foram permitindo identificar um denominador comum: a afetação da integridade das mercadorias. A prestação ou a contraprestação pode tornar-se impossível e não terem as mercadorias sido afetadas na sua substância. As mercadorias podem ficar afetadas na sua substância e a parte que tem o risco a si alocado pode vir a ser reintegrada no âmbito do contrato de seguro, não sendo totalmente correto falar-se em risco de preço.

No comércio internacional foram sendo estabelecidos determinados princípios fundamentais, nomeadamente a necessidade de conservação das mercadorias e de manutenção do contrato de venda. Estes princípios revelam também o risco que se visa acautelar: o risco de as mercadorias poderem ser perdidas na sua substância. Será esta perspetiva de risco que tentaremos defender ao longo deste trabalho carreando para a discussão todo um conjunto de matérias conexas com a transferência do risco.

Ademais, com a entrada em vigor da *CISG* no ordenamento jurídico português será necessário deixar cair conceções de risco a que nos fomos habituando por via da interpretação de normas de origem estatal[53].

4. Os principais critérios para alocação (ou momentos para a transferência) do risco

Para a defesa da conceção de risco que acabamos de enunciar tentaremos convocar normas jurídicas de origem estatal, normas de origem supra-estatal ou internacional e normas baseadas em práticas comerciais internacionais. São três os principais critérios apresentados pelas normas jurídicas para determinar quando se transfere o risco do vendedor para o comprador. A transferência do risco com a conclusão do contrato de venda, a transferência da propriedade do vendedor para o comprador e a transferência do risco com a entrega das mercadorias.

[53] Cfr. *infra* ponto 8 do Capítulo VI.

Apesar de estes serem os principais critérios utilizados em vários ordenamentos jurídicos ao longo dos tempos, procuraremos demonstrar que podem constituir formas ineficazes de alocação do risco no contrato de venda internacional de mercadorias. A complexidade associada a esses critérios pode derivar, desde logo, da dificuldade em determinar o concreto momento em que se considera concluído o contrato, do facto de o momento em que se considera transferida a propriedade não ser o mesmo em todos os ordenamentos jurídicos ou do facto de a entrega constituir uma das obrigações emergentes do contrato de venda cujo cumprimento pode verificar-se de vários modos. Preferiremos uma abordagem à ideia de controlo que o vendedor ou o comprador pode exercer sobre as mercadorias. Esse controlo não terá de ser, necessariamente, um controlo físico das mercadorias, sob pena de o critério não abarcar as situações em que as mercadorias estão fisicamente sob o controlo de um terceiro.

Capítulo II
Os critérios fundamentais para a determinação do(s) momento(s) para transferência do risco no contrato de venda

1. Enquadramento geral

Embora não pretendamos abordar, desde já, a amplitude da conceção de risco[54], a determinação do momento em que esse risco deixa de correr por conta do vendedor *(periculum est venditoris)* para passar a correr por conta do comprador *(periculum est emptoris)* coloca questões complexas de interpretação de normas de origem estatal, convencional, supranacional ou derivadas de usos comerciais. Essas normas reguladoras da transferência do risco estabelecem, primordialmente, três critérios fundamentais para a transferência do risco no contrato de venda: o critério da conclusão do contrato, o critério da transferência da propriedade sobre as mercadorias e o critério da entrega das mercadorias. Claro está que estes diferentes critérios podem surgir em um mesmo ordenamento jurídico para regular diferentes tipos de vendas, nomeadamente venda com reserva de propriedade, venda em trânsito, venda sobre documentos, venda sujeita a termo, venda sujeita a condição, etc.

Remontando ao tempo romano (influência de vários ordenamentos jurídicos da «família latina»), a questão do momento da transferência do risco não tem sido abordada pelos autores sob uma perspetiva única. Apesar de haver uma tendência para a generalização da ideia de que os romanos aplicavam a regra *periculum est emptoris*[55], a verdade é que a doutrina se divide

[54] Questão a ser tratada no Capítulo VI.

[55] Há, ainda, quem considere que para os romanos não era relevante se o fundamento para o comprador suportar o risco era o princípio *periculum est emptoris* ou o princípio *casum*

quanto à existência de uma tal regra[56], porquanto questiona-se se esta não era colocada em causa por um vasto conjunto de exceções[57].

Seja como for, aparentemente, esta regra colocava, apenas, em evidência o risco do preço, isto é, o comprador não receberia a coisa, mas o vendedor ficava com a *actio venditi* ("com esta *actio* o vendedor exige o pagamento do preço da compra"[58]). Do mesmo modo, há quem refira, invocando algumas das situações descritas no Digesto do Imperador Justiniano, que é possível distinguir dois grupos de situações relativas à transferência do risco: um grupo é relativo "[a]o risco de destruição ou perda total (periculum interitus)" e um outro relativo "[a]o risco de mero dano ou depreciação não equivalente a destruição (periculum deteriorationis)"[59]. Como veremos mais adiante, esta «regra» do Direito romano (*periculum est emptoris*) influenciou vários ordenamentos jurídicos, essencialmente os da *Civil Law*[60].

Na Idade Média reconheceu-se a venda genérica[61], mas "os juristas do *ius commune* seguiram a máxima *genus non perit* ('uma categoria [de coisas] não perece') e a regra romana *periculum est emptoris* (o comprador suporta o risco)"[62]. Na verdade, se no direito romano o «risco» surgia a identificar

sentit dominus, pois quando está em causa a *emptio perfecta* já o comprador é o proprietário (*vide,* Wolfgang, Ernst, «VIII. Periculum est emptoris», *Zeitschrift der Savigny-Stiftung für Rechtsgeschichte: Romanistische Abteilung*, Vol. 99, Nº 1, 1982, p. 244-245).

[56] *Vide* Rosentritt, Sebastian, *Die Gefahrtragung im europäischen und internationalen Kaufrecht: CISG, INCO-Terms, Vorschlag für ein Gemeinsames Europäisches Kaufrecht, Verbraucherrechterichtlinie und deutsches Recht in vergleichender Perspektive,* Tübingen: Mohr Siebeck, 2018, p. 13.

[57] Wolfgang, Ernst, «VIII. Periculum est emptoris», *Zeitschrift der Savigny-Stiftung für Rechtsgeschichte: Romanistische Abteilung*, Vol. 99, Nº 1, 1982, p. 217. Dando conta, também, desta discussão na primeira metade do século XX, *vide* Bauer, Martin, *Periculum emptoris – Eine dogmengeschichtliche Untersuchung zur Gefahrtragung beim Kauf –*, Berlim: Duncker & Humblot, 1998, p. 26.

[58] Rosentritt, Sebastian, *Die Gefahrtragung im europäischen und internationalen Kaufrecht: CISG, INCO-Terms, Vorschlag für ein Gemeinsames Europäisches Kaufrecht, Verbraucherrechterichtlinie und deutsches Recht in vergleichender Perspektive, idem.*

[59] Moyle, J. B., *The contract of sale in the Civil Law with references to the laws of England, Scotland and France,* Oxford: Clarendon Press, 1892, p. 77.

[60] Dornis, Tim W., *in* Mankowski, Peter (Ed.), *Commercial Law – Article-by-Article Commentary,* Baden-Baden: Nomos Verlagsgesellschaft, 2019, p. 300.

[61] Rüfner, Thomas, *in* Jansen, Nils e Zimmermann, Reinhard (Ed.), *Commentaries on European Contract Laws,* Oxford: Oxford University Press, 2018, p. 2028.

[62] Rüfner, Thomas, *in* Jansen, Nils e Zimmermann, Reinhard (Ed.), *Commentaries on European Contract Laws,* Oxford: Oxford University Press, 2018, p. 2025.

o risco de cumprimento e a identificar o risco da contraprestação[63], já no *ius commune* "o risco de cumprimento e o da contraprestação eram sempre transferidos ao mesmo tempo", porquanto se a coisa fosse genérica o risco apenas se transferia quando coisas específicas eram identificadas[64]. É com o reconhecimento da venda genérica na idade média que surge a questão do risco de aquisição (para a qual as regras existentes não estabeleciam resposta) e a necessidade de "[o] termo periculum [ter] de ser dividido em risco de desempenho e risco de contra desempenho"[65].

No entanto, no século XVII, dois proeminentes juristas (Hugo Grócio e Samuel von Pufendorf), inspirados no direito natural, apresentaram um novo critério para a transferência do risco, substituindo a regra *periculum est emptoris* pela regra *res perit domino*[66]. Assim, de acordo com este critério o risco correria por conta do proprietário. No entanto, ao que parece, Grócio ligava a aquisição da propriedade à conclusão do contrato, o que não significaria um manifesto desvio face à regra *periculum est emptoris* do direito romano[67]. Já Pufendorf não aceita, sem mais, a regra *res perit domino* para resolver a questão atinente à transferência do risco e apresenta soluções diferentes para situações (ou conflitos) diferentes, conforme exista mora do vendedor ou do comprador ou se o comprador confia a custódia do bem ao vendedor[68]. Este último caso de alocação de risco é, por isso, um sinal de que deve ser tido em conta o controlo de um determinado sujeito sobre a coisa para definir o critério para a transferência do risco. Não é suficiente um olhar sobre a conclusão do contrato ou sobre a titu-

[63] "As disposições que atribuem o risco de contraprestação tratam da obrigação de pagamento do comprador apesar da destruição total ou parcial das mercadorias. As regras relativas ao risco de cumprimento dizem respeito à obrigação de um devedor (não necessariamente sob um contrato de venda) executar apesar de impedimentos imprevistos." (Rüfner, Thomas, in Jansen, Nils e Zimmermann, Reinhard (Ed.), *Commentaries on European Contract Laws*, Oxford: Oxford University Press, 2018, p. 2022-2023).

[64] Rüfner, Thomas, *in* Jansen, Nils e Zimmermann, Reinhard (Ed.), *Commentaries on European Contract Laws*, Oxford: Oxford University Press, 2018, p. 2025.

[65] Bauer, Martin, *Periculum emptoris – Eine dogmengeschichtliche Untersuchung zur Gefahrtragung beim Kauf* –, Berlim: Duncker & Humblot, 1998, p. 257.

[66] Hager, Günter, *Die Gefahrtragung beim Kauf: eine rechtsvergleichende Untersuchung*, Frankfurt: Alfred Metzner Verlag, 1982, p. 40; esta obra vem também referida em uma outra mais recente (*vide* Schwenzer, Ingeborg / Hachem, Pascal / Kee, Christopher, *Global Sales and Contract Law*, Oxford: Oxford University Press, 2012, p. 484).

[67] Hager, Günter, *Die Gefahrtragung beim Kauf...*, *idem*.

[68] Hager, Günter, *Die Gefahrtragung beim Kauf...*, *idem*.

laridade do direito de propriedade. Note-se que a situação é configurada com os seguintes pressupostos: o contrato foi concluído, o comprador é o proprietário, mas o vendedor suporta o risco; não porque é proprietário, mas porque tem a custódia do bem.

Já no iluminismo do século XVIII (ou Era da Razão) terá surgido "a terceira abordagem [...,] centra[ndo-se] na entrega das mercadorias"[69]. Neste período, o ponto de partida era a regra *res perit domino*, mas logo se denota que "o sistema romano de transferência da propriedade através da *traditio* (entrega das mercadorias) foi preservado. Portanto, [...] é evidente que esta [...] compreensão da abordagem da entrega é também baseada na suposição de que as mercadorias seriam entregues diretamente do vendedor ao comprador efetuando assim a transferência da propriedade. Por isso, a transferência do risco era vista como coincidindo tipicamente com [a perda] do controlo das mercadorias pelo vendedor e a simultânea aquisição da propriedade e do risco pelo comprador"[70].

Esta abordagem da transferência do risco (ligada à entrega) foi, no final do século XIX, recuperada para conformar uma nova visão sobre a regra que teria sido sufragada no tempo do direito romano. Surgiu, assim, uma tese que defendeu que no Direito Clássico o risco só era transmitido do vendedor para o comprador a partir da entrega da coisa[71]. Tratar-se-ia, para alguns, de ter em linha de conta que no "direito clássico o vendedor era responsável por custodia, i.e. por *casus minor* [...]. Portanto, se a coisa pereceu por *casus minor*, o vendedor era responsável pela perda; o comprador estava, evidentemente, ainda obrigado a pagar o preço e as duas obrigações poderiam ser compensadas entre si. Se a coisa pereceu por *casus maior* e *sine dolo aut culpa venditoris*, o vendedor estava certamente livre de

[69] Schwenzer, Ingeborg / Hachem, Pascal / Kee, Christopher, *Global Sales and Contract Law*, Oxford: Oxford University Press, 2012, p. 484.

[70] Schwenzer, Ingeborg / Hachem, Pascal / Kee, Christopher, *Global Sales and ..., idem*, p. 484.

[71] Arnò, Carlo «La teoría del periculum rei venditae nel Diritto romano classico», in *Giurisprudenza italiana*, 1897, parte IV, p. 209 e ss.; Haymann, Franz, «Textkritische Studien zum römischen obligationenrecht, II. Periculum est emptoris», in *Zeitschrift der Savigny Stiftung für Rechtsgeschichte*, 1920, p. 44 e ss., *apud* Gasset, Ramon Badenes, *El contrato de compraventa*, José Maria Bosch Editor, S.A., 1995, Tomo I, p. 282 e 283. Note-se que na obra de Günter Hager (*Die Gefahrtragung beim Kauf: eine rechtsvergleichende Untersuchung*, Frankfurt: Alfred Metzner Verlag, 1982, p. 38) é atribuída Ernst Haymann a defesa vigorosa de que no direito romano a transferência do risco apenas se verificava quando as mercadorias eram entregues. No entanto, uma leitura subsequente da bibliografia mencionada pelo autor (na página 264) permite considerar que a tese é imputada a Franz Haymann.

qualquer obrigação da sua parte mas, mesmo assim, merecia obter o preço. O vendedor tinha-se obrigado a tratar a coisa como uma coisa pertencente ao comprador; ele devia os frutos da coisa ao comprador e tinha assumido uma responsabilidade por *culpa* e *custodia*. Por tudo isto, ele merecia uma recompensa, e [que] ele recebeu sob a forma do preço."[72] E, na verdade, o critério da entrega (como momento para a transferência do risco do vendedor para o comprador) consta do Título VI do Livro XVIII do Digesto do Imperador Justiniano[73]. Consequentemente, não pode afirmar-se, perentoriamente, que o Direito romano estabeleceu uma regra para a transferência do risco que abarcasse todo o tipo de situações (ou conflitos).

A correspondência entre as prestações do vendedor e do comprador é, em si mesma, discutível no plano do sinalagma genético, mas sobretudo no âmbito do sinalagma funcional; no sinalagma funcional o desenvolvimento da relação contratual tem de ser tido em conta. O caráter sinalagmático do contrato de venda não foi nota caracterizadora no âmbito do Direito romano[74], porquanto a prestação de cada um dos contraentes era independente da prestação a que o outro se havia comprometido, ou seja, ainda que o vendedor não cumprisse a obrigação de entrega da mercadoria, mantinha-se intacta a obrigação de pagamento do preço por parte do comprador. Assim, a perda ou deterioração das mercadorias após a venda e a compra serem celebradas (tratava-se de uma adição de contratos[75]),

[72] Schulz, Fritz, *Classical Roman Law*, Darmstadt: Scientia Verlag Aalen, 1992 (Reimpressão da Edição da Oxford University Press de 1951), p. 533.

[73] Hulot, Henri / Berthelot, Jean-François, *Corps de Droit Civil Romain en Latin et en Français – Les Cinquante Livres du Digeste ou des Pandectes de l'Empereur Justinien –*, Tomo II, Alemanha : Scientia Verlag Aalen, 1979, p. 597. A lei incide sobre a venda de madeira e estabelece que a perda resultante de roubo corre por conta e risco do comprador após a entrega; se a mesma ocorre antes da entrega, então, corre por conta do vendedor (*Paulus lib. 3 Epitomarum Alfenz Digestorum*).

[74] Ernst Rabel equaciona se os romanos nunca chegaram a duvidar da plena reciprocidade entre as prestações no domínio do contrato de compra e venda, afirmando que o direito de retenção permite uma aproximação à "ideia de 'sinalagma funcional', sem a alcançar". Segundo o autor, houve uma necessidade de construir esta ideia de sinalagma funcional (Rabel, Ernst, «XXI. Gefahrtragung beim Kauf», *Zeitschrift der Savigny-Stiftung für Rechtsgeschichte: Romanistische Abteilung*, Vol. 42, Nº 1, 1921, p. 561).

[75] Embora esta ideia de que para os romanos se tratava de uma adição de contratos seja contestada por alguns autores (*vide*, Poroy, Reha, *Le transfert des risques dans le contrat de vente – dans les droits suisse et anglais et dans le projet de loi internationale sur la vente de l'Institut de Rome pour l'unification du droit privé –*, Montreux, Imprimerie Ganguin & Laubscher S.A., 1950, p.33).

não dispensava o comprador do pagamento do preço[76]. A recusa da regra *periculum est emptoris* parece basear-se mais num padrão de raciocínio segundo o qual "o que não deveria ser, não pode ser (*what ought not to be, cannot be*)"[77]. A regra é criticada porque estaria em contradição com a regra *res perit domino*, mas a verdade é que a venda da época romana "era executada imediatamente [e] quer o risco quer a propriedade eram transferidos ao mesmo tempo, nomeadamente quando o contrato estava concluído."[78]

Não será muito correto afirmar que a regra *periculum est emptoris* não existiu no Direito Romano só porque hodiernamente, na grande maioria das situações, a entrega das mercadorias se verifica após a celebração do contrato. No Direito Romano as situações em que a entrega das mercadorias se verificava após a celebração do contrato eram ínfimas.

Provavelmente, no que à transferência do risco concerne, o que se verifica é que algumas normas legais ainda têm por base um padrão da venda a dinheiro, quando a entrega da mercadoria é remetida para um momento ulterior.[79] Seja como for, ao que parece, "de uma perspetiva [de direito] comparad[o], a relevância do principio *periculum est emptoris* diminuiu muito"[80], atendendo ao facto de a "combinação de Hugo Grócio [entre a regra] *res perit domino* e a transferência da propriedade na conclusão do contrato ter passado a desempenhar o papel predominante"[81].

Aliás, não se pretendendo voltar a este olhar sobre o contrato de compra e venda (adição de contratos), deveremos deter-nos sobre o "sinalagma" e a relação (ou falta dela) com a transferência do risco.

As teorias avançadas para definir o momento da transferência do risco são produto de conceções marcadas, em termos históricos, por uma vontade de procura dos fundamentos lógicos para a regra estabelecida pelo Direito romano e por tentativas de romper com essa mesma regra, alicer-

[76] Gasset, Ramon Badenes, *El contrato de compraventa*, Barcelona: José Maria Bosch Editor, S.A., 1995, Tomo I, p. 282.

[77] Zimmermann, Reinhard, *The Law of Obligations – Roman Foundations of the Civilian Tradition* –, Oxford University Press, 1996, p. 283.

[78] Zimmermann, Reinhard, *The Law of Obligations – Roman Foundations of the Civilian Tradition* –, Oxford University Press, 1996, p. 290.

[79] Zimmermann, Reinhard, *The Law of Obligations – Roman Foundations of the Civilian Tradition* –, Oxford University Press, 1996, p. 290.

[80] Schwenzer, Ingeborg / Hachem, Pascal / Kee, Christopher, *Global Sales and Contract Law*, Oxford: Oxford University Press, 2012, p. 486.

[81] Schwenzer, Ingeborg / Hachem, Pascal / Kee, Christopher, *Global Sales and..., ibidem.*

çando esta posição na ideia de que a realidade atual é diferente e exige novas abordagens.

Para fundamentar o «romper» com as regras (consideradas ultrapassadas) dos tempos romanos avança-se a ideia de que as práticas comerciais foram alteradas e "para melhor atender às necessidades das vendas à distância, [os] sistemas jurídicos internos, assim como um conjunto de regras internacionais, favorecem agora cada vez mais uma abordagem para a transferência do risco que incide sobre a entrega ou a transmissão das mercadorias"[82].

O paradigma do comércio no mundo foi substancialmente alterado, deixando de estar marcado por vendas onde o pagamento do preço é efetuado em simultâneo com a entrega da coisa (embora os esquemas negociais possam permitir que o pagamento seja condicionado à entrega de determinados documentos). Atualmente, o pagamento do preço efetua-se através de esquemas negociais[83] (ou instrumentos[84]) complexos, que não passam pela «moeda metálica». A multiplicidade de meios de pagamento, conjugada com uma panóplia de garantias de pagamento no âmbito das compras e vendas internacionais, conduz a abordagens variadas sobre a transferência do risco.

É este «fumo» que paira sobre o momento da transferência do risco na venda internacional. Aos vários critérios legais consagrados para determinar a transferência do risco, há que juntar as diferentes posições sobre as soluções legais apresentadas quer pelas leis internas dos Estados, quer pelas Convenções internacionais ou, ainda, pela multiplicidade de conceções quanto à admissibilidade de outras fontes do direito. Estamos perante um caso sujeito a interpretação, que não sendo um caso fácil nem um caso difícil é simplesmente um caso jurídico[85].

Assim, para a análise de cada um dos principais critérios para a transferência do risco procuraremos convocar, em primeira instância, as soluções

[82] Schwenzer, Ingeborg / Hachem, Pascal / Kee, Christopher, *Global Sales and...*, p. 488.

[83] A expressão "esquemas negociais" é usada por parte da doutrina portuguesa a respeito dos atos formalmente comerciais (*vide*, Abreu, Jorge Manuel Coutinho de, *Curso de Direito Comercial*, Vol. I, 12ª Edição, Coimbra: Almedina, 2019, p.106).

[84] Horowitz, Deborah, *Letters of Credit and Demand Guarantees – Defence to Payment –*, Oxford: Oxford University Press, 2010, p. 2-4.

[85] Neves, António Castanheira, «Pensar do Direito num tempo de perplexidade», in Alves, João Lopes, *et al.*, Liber Amicorum de José de Sousa e Brito em Comemoração do 70º aniversário. Estudos de Direito e de Filosofia, Coimbra: Almedina, 2009, p. 24.

apresentadas por instrumentos de harmonização internacional e regional. Em segunda instância convocaremos as normas de direito material de ordenamentos jurídicos de diferentes tradições. A inserção de um determinado ordenamento jurídico no âmbito de um determinado critério para alocação do risco (da conclusão do contrato, da transferência da propriedade ou da entrega as mercadorias) deriva da preponderância que o critério assume no seio desse mesmo ordenamento jurídico. Sempre que um determinado ordenamento é abordado no âmbito de mais do que um critério para alocação do risco isso significará que não é clara a preponderância, nesse ordenamento jurídico, de um critério relativamente ao outro. Procuraremos abordar com maior detalhe o ordenamento jurídico português, motivo pelo qual se trarão à colação alguns tipos de contratos de venda específicos. Não sendo possível abordar todos os ordenamentos jurídicos, procuraremos que a «amostra» seja suficientemente representativa de economias mais (ou menos) desenvolvidas, assim como de diferentes tradições jurídicas. Com exceção do ordenamento jurídico inglês, todos os demais correspondem a Estados contratantes da *CISG*.

2. A transferência do risco com a conclusão do contrato

2.1. Nota prévia

O vendedor e o comprador emitem duas declarações de vontade concretas. Mas a determinação do momento em que o contrato está concluído[86] exige uma ponderada e complexa reflexão.

O contrato é um acordo de vontades e, por isso, não se reconduz a um conjunto de atos somados entre si[87]. Para que o contrato exista é necessário que essas vontades se interliguem e se tornem interdependentes, por forma a criar uma ligação efetiva entre o vendedor e o comprador. O acordo de vontades parece estar mais conforme com a ideia de criação de um vínculo, uma norma que impõe ao vendedor e ao comprador o estabelecimento de uma verdadeira e efetiva relação[88].

A transição de um acordo de vontades para o estádio de surgimento de um conjunto de interesses relativos às partes nesse acordo fará com que

[86] Esta perspetiva da *conclusão do contrato* não é, por isso, suscetível de ter em vista a execução do contrato, momento que reputamos distinto.

[87] Galbois, Diane, *La notion de contrat – esquisse d'une théorie –*, Thèse de Doctorat en droit privé soutenue le 29 mars 2018, Université Paris II (Panthéon-Assas), p. 375 e ss.

[88] Galbois, Diane, *La notion de contrat ..., ob. cit.*, p. 525 e ss.

se ultrapasse a fase de "contratar" e se passe para a fase do "contratado"[89]. "Representando o contrato um específico acto de autonomia privada que ordena posições e interesses *inter* partes, o seu programa esgota-se ordinariamente nos deveres de prestar instituídos como normas de comportamento mediante as quais aquela ordenação se realiza"[90].

Assim, a transferência do risco no momento da conclusão do contrato ficará mais circunscrita, permitindo uma «construção» do referido momento sobre uma base mais sólida.

O termo «conclusão» é, parece-nos, mais delimitador do efetivo momento em que o vendedor e o comprador passam a integrar uma relação marcada por um conjunto de deveres fundamentais, emergentes da criação da norma contratual. Os termos "celebração" e "formação"[91] atendem a um processo integrado por um conjunto de atos que, devidamente, concatenados, conduzem a um determinado resultado: a conclusão do contrato.

É este critério para a transferência do risco que abordaremos inicialmente, tendo em conta a especificidade de cada concreto ordenamento jurídico interno e estabelecendo um diálogo com determinadas normas inseridas em instrumentos de regulamentação internacional (em especial a *CISG*).

[89] Galbois, Diane, *La notion de contrat..., ob. cit.*, p. 552 – 553.

[90] Frada, Manuel Carneiro da, *Teoria da Confiança e Responsabilidade Civil*, Almedina, 2004, p. 665-666.

[91] "A disciplina da formação dos contratos internacionais há de no futuro continuar a obter-se fundamentalmente por apelo a um ou mais Direitos nacionais, a determinar-se através de regras de conflitos" (Vicente, Dário Moura, «A formação dos contratos internacionais», in Pinheiro, Luís de Lima (Coord.) *Estudos de Direito Comercial Internacional*, Vol. I, Almedina, 2004, p.202). A afirmação do autor, feita no âmbito de um estudo que versa sobre contratos internacionais não terá tido em atenção a *CISG*, nomeadamente, o seu artigo 4º (aplicável à formação do contrato de compra e venda). A afirmação do autor poderá ser compreendida, parece-nos, pelo facto de Portugal não ser, à data, Estado parte na Convenção ou pelo facto de, em certas circunstâncias, a Convenção apenas ser aplicável "quando as regras de direito internacional privado conduzam à aplicação da lei de um Estado contratante" (artº 1º, nº 1, al. b) da CISG). Uma outra razão para a afirmação poderá residir no facto de, em parte do estudo, o seu objeto parecer incidir na determinação da lei aplicável à formação do contrato (cfr. p. 2017 e ss.). Sobre vários modelos de formação dos contratos comerciais, *vide* Antunes, José A. Engrácia, *Contratos Comerciais – Noções fundamentais –, Direito e Justiça (Revista da Faculdade de Direito da Universidade Católica Portuguesa)*, Vol. Especial, Lisboa: Universidade Católica Editora, 2007, p. 88 e ss.

2.2. O critério da conclusão do contrato em instrumentos de harmonização internacional ou regional

2.2.1. A *CISG*

O critério da *conclusão* do contrato surge, na *CISG*, para regular um tipo específico de venda internacional de mercadorias: a venda em trânsito. O seu artigo 68º consagra uma opção clara pela expressão «conclusão do contrato»[92] em detrimento das expressões «celebração do contrato» ou «formação do contrato».

Esta última expressão («formação do contrato») surge, nomeadamente, nas normas da Parte II da *CISG*, mas é abandonada no âmbito da norma relativa à transferência do risco na venda internacional de mercadorias em trânsito (o referido artigo 68º).

Esta Convenção é, também, aplicável à matéria da formação do contrato, exceto se as partes excluírem a sua aplicação neste âmbito, quer seja por um afastamento total do regime jurídico aí fixado, quer seja pelo afastamento delimitado a esta matéria específica[93]. Mas no âmbito do artigo 68º

[92] A solução apresentada pela *CISG* constitui uma alteração da solução estabelecida no nº 1 do artigo 99º da *ULIS*. Chamando a atenção para uma inadequada generalização dos critérios fixados nestes dois instrumentos para todas as vendas de mercadorias em trânsito (nomeadamente as "vendas marítimas"), em vez de se atender às especificidades da prática comercial, *vide* Angelici, Carlo, «Art. 68», *in* Bianca, Cesare Massimo (Coord.), *Convenzione di Vienna sui contratti di vendita internazionale di beni mobili*, Padova: CEDAM, 1992, p. 281-282).

[93] Relembre-se que ao abrigo do artigo 6º da *CISG* as partes podem afastar sua aplicação (sob reserva do previsto no art. 12º). Mas, este afastamento é, para alguma doutrina, uma impossibilidade no que respeita à componente subjetiva necessária para a verificação da conclusão do contrato: a vontade de estar vinculado exigida pelo artigo 14º, nº1 da *CISG*. "Para derrogar esta exigência [prevista no artigo 14º da *CISG*] por meio do [seu] artigo 6 [...] seria, portanto, necessário querer concluir um contrato sem querer estar vinculado por esse contrato, o que é contraditório" (*vide*, Vion, Adrien, *L'étendue minimale de l'accord en droit suisse des contrats (art. 1 et 2 CO) – Entre points essentiels du contrat, liberté contractuelle et complèment judiciaire* –, Editions Juridiques Libres (Freier Juristischer Verlag), Lausanne, 2019, p. 423). No entanto, há quem entenda de modo diferente, i.e., que não se exige qualquer forma para o acordo de exclusão da *CISG* e que a (in)validade deste acordo está sujeita ao disposto na lei nacional determinada como aplicável (Ferrari, Franco, *in* Schlechtriem / Schwenzer / Schroeter, *Kommentar zum UN-Kaufrecht (CISG)*, 7ª Edição, 2019, Munique: Verlag C.H. Beck oHG, p. 165-166). No mesmo sentido, mas considerando que o acordo de exclusão "deve ser visto como um acordo autónomo e deve reger-se pela lei escolhida ou, na falta, pela lei aplicável por via das regras de conflito" (Mistelis, Loukas, *in* Kröll, Stefan / Mistellis, Loukas / Viscasillas, Pilar Perales (Coord.), *UN Convention on Contracts for the International Sale of Goods (CISG): A Commentary*, C. H. Beck-Hart-Nomos, 2018, p. 104).

da *CISG* verifica-se, desde logo, uma grande limitação associada a este critério de alocação do risco: "dificuldade de determinar qual o preciso momento em que se verificou a perda ou deterioração ocorrida durante o transporte"[94]. Nos casos em que as mercadorias estão em trânsito deve ter-se em conta a necessidade de prova do concreto momento em que a mercadoria se perde ou deteriora, sendo certo que a relação estabelecida entre o transportador e a sua contraparte no contrato de transporte desempenhará um papel relevante. Se o transportador for o único conhecedor do momento em que a afetação das mercadorias se verificou, não será verosímil que possa romper com a confiança em si depositada (pela sua contraparte) para efetuar o transporte, especialmente em relações de longa duração ou no âmbito de um contrato de volume[95].

Em sentido estrito, a conclusão do contrato é matéria prevista no artigo 23º da *CISG*. Mas logo no âmbito desta norma legal a *conclusão* parece ser o resultado de um processo integrado por outro(s) ato(s)[96], mormente a existência de uma proposta contratual[97] e de uma aceitação que se torne

[94] Ramos, Rui Manuel Moura / Soares, Maria Ângela Bento, «Do contrato de compra e venda internacional de mercadorias. Análise da Convenção de Viena de 1980 e das disposições pertinentes do direito português, *Documentação e Direito Comparado*, Nº 6, 1981, p. 216. Claro está que hoje em dia temos outros meios para determinar o concreto momento em que as mercadorias se perderam ou deterioraram (de que não se falava na década de 80 do século passado), nomeadamente através da utilização das designadas tecnologias de *IoT (Internet of Things)* – sobre esta questão *vide infra* o ponto 6 do Capítulo VI –.

[95] A definição de contrato de volume aparece no artigo 1º, nº 2 das Regras de Roterdão (Convenção das Nações Unidas sobre contratos de transporte internacional de mercadorias total ou parcialmente por mar. Disponível em: < https://uncitral.un.org/sites/uncitral.un.org/files/media-documents/uncitral/en/rotterdam-rules-e.pdf>). "«Contrato por volume» significa um contrato de transporte que prevê o transporte de uma quantidade especificada de mercadorias em uma série de remessas durante um período de tempo acordado. A especificação da quantidade pode incluir um mínimo, um máximo ou um determinado intervalo." Sobre várias propostas de definição de contrato de volume e a sua natureza jurídica *vide* Hou, Wei, *La liberté contractuelle en Droit des Transports Maritimes de marchandises – L'exemple du contrat de volume soumis aux Règles de Rotterdam –*, Aix-en-Provence: Presses Universitaires d' Aix-Marseille, 2013, p. 87 e ss.

[96] Note-se que, apesar da Parte II da *CISG* ser designada por "formação do contrato", logo no primeiro artigo inserido nesta "Parte" (art. 14º) se dá relevância ao momento conclusão do contrato para determinar a suficiência de uma determinada proposta.

[97] Embora a proposta contratual seja o pressuposto para a conclusão do contrato, trataremos, apenas, dos requisitos atinentes ao resultado pretendido (a conclusão). Esta delimitação permite não nos desviarmos, excessivamente, do tema que nos propomos abordar: a transferência do risco.

eficaz de acordo com o previsto na Convenção. Em sentido mais lato, a conclusão do contrato está regulada no artigo 14º e ss. da *CISG*.

Do artigo 14º, nº 1 da *CISG* resultam, por isso, "dois pré-requisitos para uma proposta[... :] a declaração deve indicar uma intenção de estar vinculado e ter um conteúdo mínimo [..., isto é,] deve ser suficientemente precisa"[98]. Se estes requisitos não se verificarem já não estaremos perante uma proposta, mas sim perante "um convite para fazer propostas" nos termos do nº 2 deste mesmo artigo 14º da *CISG*[99]. Uma determinada declaração, para ser proposta contratual, tem de reunir determinadas características, tais como: ser completa e precisa, firme e formalmente adequada. De outra banda a aceitação deve, em geral, ser concludente do "diálogo para a formação do acordo contratual", formalmente adequada e poderá ser (ou não) uma declaração recipienda[100].

Assim, a aceitação tanto pode ser expressa como tácita. Embora o artigo 18º da CISG não faça qualquer referência ao caráter expresso ou tácito da declaração, o confronto entre as expressões "*declaração*" e "*outro comportamento do destinatário que manifeste o seu assentimento a uma proposta contractual*" legitimará que assim seja entendido[101]. Se uma declaração tácita pode (ou não) constituir aceitação isso "tem de ser determinado de acordo com o artigo 8"[102].

Não obstante todo um conjunto de possibilidades (desde logo enunciadas pelo artigo 18º da *CISG*) para se poder considerar que há (ou não)

[98] Schroeter, Ulrich, *in* Schwenzer, Ingeborg (Ed.), *Commentary on the UN Convention on the International Sale of Goods*, Oxford University Press, 2016, p. 269.

[99] *Vide*, por todos, Spagnolo, Lisa, *in* Mankowski, Peter (Ed.), *Commercial Law – Article-by-Article Commentary*, Baden-Baden: Nomos Verlagsgesellschaft, 2019, p. 58.

[100] Almeida, Carlos Ferreira de, *Contratos I – Conceito, fontes, formação*, Almedina, 2003, p. 85. O facto de a proposta ter de ser formalmente adequada não é questão de somenos importância no âmbito da *CISG*. Embora aqui se estabeleça o princípio da liberdade de forma, os Estados contratantes têm (também) liberdade para fazer uma declaração de salvaguarda que imponha a forma escrita para (conclusão, modificação ou extinção por acordo de) um contrato em que intervenha uma parte que tenha o seu estabelecimento nesse mesmo Estado (art. 96º *CISG*). Sobre as situações em que uma declaração de aceitação necessita (ou não) de chegar ao proponente para se tornar efetiva, *vide* Schroeter, Ulrich, *in* Schwenzer, Ingeborg (Ed.), *Commentary on the UN Convention on the International Sale of Goods*, Oxford University Press, 2016, p. 341 e ss.

[101] Neste sentido, Schroeter, Ulrich, *in* Schwenzer, Ingeborg (Ed.), *Commentary on the UN Convention on the International Sale of Goods*, Oxford University Press, 2016, p. 336.

[102] Schroeter, Ulrich, *in* Schwenzer, Ingeborg (Ed.), *Commentary on the UN Convention on the International Sale of Goods*, Oxford University Press, 2016, *idem*.

aceitação, a maioria das legislações europeias tendem a consagrar a teoria da receção, ou seja, a aceitação torna-se eficaz a partir do momento em que tiver entrado na esfera de influência do destinatário[103].

Determinadas formas utilizadas para a conclusão do contrato[104] podem suscitar incertezas quanto ao conteúdo do contrato de venda internacional de mercadorias, nomeadamente quando o contrato se baseia em formulários enviados de uma parte para a outra[105]. Sendo este método muito utilizado para a conclusão do contrato de venda no comércio internacional[106], sempre se dirá que o contrato terá uma base estável que, habitualmente, o vendedor e o comprador não prescindem. Ainda que sejam utilizados formulários (mais apropriado será dizer modelos) pré-elaborados, o vendedor

[103] Nesse sentido se apresentam as normas dos ordenamentos jurídicos português (art. 224º, nº 1 do CC), alemão (§130 (1) do BGB) e francês (art. 1121º do CC-F). No ordenamento jurídico alemão discute-se, no entanto, o momento exato em que se considera que a declaração (*in casu*, de aceitação) chega à esfera de influência do destinatário, conforme estejamos perante uma declaração expedida por meios telemáticos ou por correio (*vide*, Wais, Hannes, *in* Dannemann, Gerhard / Schulze, Reiner (Eds.), *German Civil Code*, Vol. I, Books 1-3: §§1-1296, Article-by-Article Commentary, Verlag C.H.Beck oHG, 2020, p. 166). O ordenamento jurídico suíço estabelece, *prima facie*, no artigo 10º, nº 1 do *Code des Obligations* que os efeitos do contrato são espoletados no momento em que a aceitação é expedida. No entanto, o que esta norma regula são os efeitos do contrato e não o momento em que o contrato se tem por concluído, porquanto o contrato conclui-se com a receção da aceitação – artº 3º, nº 2 do *Code des Obrigations* – (*vide*, Venturi, Silvio / Zen-Ruffinen, Marie-Noëlle, in Thévenoz, Luc / Werro, Franz, *Code des Obligations – Commentaire Romand* –, Vol. I, 2ª Edição, Basileia: Helbing Lichtenhahn, 2012, p.1333).

[104] A temática da formação do contrato é, em si mesma, suscetível de gerar uma problemática autónoma que serviria de base à elaboração de uma outra tese. No que concerne à conclusão do contrato, tendo por base o conceito de extensão mínima do acordo, *vide* Vion, Adrien, *L'étendue minimale de l'accord en droit suisse des contrats (art. 1 et 2 CO) – Entre points essentiels du contrat, liberté contractuelle et complèment judiciaire* –, Editions Juridiques Libres (Freier Juristischer Verlag), Lausanne, 2019.

[105] Viscasillas, Maria del Pilar Perales, *La formación de contrato en la compraventa internacional de mercaderias*, Valencia: Ed. Tirant lo Blanch, 1996, p. 728-735. A autora considera, após referir várias posições sobre o tema, que "perante o panorama sobre que se constrói o controlo do conteúdo das cláusulas dos formulários por via do qual os termos comuns se incluem no conteúdo do [contrato], excluindo-se os contraditórios, cremos preferível uma regra que permita que o contrato se constitua pelos termos prefixados por um só dos contraentes mas que sejam aceites por ambos". Segundo a autora esta solução fomenta a certeza e segurança jurídicas e a criação de cláusulas equilibradas.

[106] Dimatteo, Larry A., *International Contracting – Law and Practice*, Fourth Edition, Wolters Klwer, 2016, p. 43 e ss.

e o comprador fixarão o conteúdo essencial do contrato no momento em que os seus interesses se consideram ligados, constituindo um todo suscetível de criação de uma norma contratual.

A utilização de modelos pré-elaborados para a conclusão de um determinado contrato não é, hodiernamente, o único fator que reflete a complexidade do processo de contratação. A inteligência artificial trouxe novos problemas de regulação e novos «sujeitos» (na linguagem informática e também na linguagem jurídica). Embora se considere que atualmente tais «sujeitos» não têm propriamente personalidade jurídica, a verdade é que se vem falando em "agentes de software inteligentes"[107] e o reconhecimento dessa personalidade jurídica pode não ser uma utopia[108]. Ao abrigo da lei portuguesa afirma-se que "[à] formação do contrato por intermédio de agentes de *software* inteligentes [...a]plica-se o regime das declarações negociais recetícias, previsto no artigo 224º do Código Civil, e em geral as regras sobre proposta e aceitação. Assim, a declaração torna-se eficaz quando é *recebida pelo destinatário* – no caso, pela máquina destinatária –, formando-se então o contrato, quando se trata da aceitação, sem que seja verdadeiramente necessário, entre nós, apurar se existiu subjetivamente um 'acordo de vontades', pois basta a concordância das declarações."[109]

No âmbito da *CISG* não se pode olvidar o facto de as Nações Unidas terem apresentado para ratificação, no ano de 2005, a Convenção sobre o uso de Comunicações Eletrónicas nos Contratos Internacionais (CCE). Esta Convenção entrou em vigor no dia 01 de março de 2013, após o ter-

[107] Pinto, Paulo Mota, «"Agentes de software inteligentes" e negócio jurídico – alguns problemas», *Julgar*, Nº 45 (setembro/dezembro 2021), Coimbra: Almedina, p. 35 e ss.

[108] Não se trata de qualquer tentativa de prevermos o futuro, mas apenas a constatação de que a atribuição de personalidade jurídica a pessoas coletivas (ou *jurídicas*) não é, hoje, colocada em causa. Essa personalidade jurídica das pessoas coletivas «vive» mesmo conjuntamente com uma outra realidade jurídica: a desconsideração da personalidade jurídica. Registe-se que a discussão atual não se situa apenas na atribuição (ou não) de personalidade jurídica a estes novos "agentes" de inteligência artificial, discutindo-se também se estes podem ter "personalidade tributária" para efeitos fiscais (Lavouras, M. Matilde, «A inteligência artificial e os robôs inteligentes: emergência de um novo índice de capacidade contributiva?, *Julgar*, Nº 45, setembro/dezembro 2021, Coimbra: Almedina, p. 139 e ss.; especificamente tenha-se em conta a seguinte afirmação da autora na página 157: "Embora nos agradasse mais a hipótese de criação de modelo de tributação em que a IA e os robôs inteligentes são dotados de personalidade tributária passiva [...]").

[109] Pinto, Paulo Mota, «"Agentes de software inteligentes" e negócio jurídico – alguns problemas», *Julgar*, Nº 45 (setembro/dezembro 2021), Coimbra: Almedina, p. 51.

ceiro Estado ter apresentado o seu "instrumento de ratificação, aceitação, aprovação ou adesão" (nos termos do seu artigo 23º, nº 1)[110]. Esta Convenção sobre o uso de Comunicações Eletrónicas aplica-se à formação e execução do contrato de venda internacional de mercadorias sujeita ao regime consagrado na *CISG*. Assim decorre expressamente do artigo 20º, nº 1 da CCE.

A CCE veio esclarecer em que momento a declaração de aceitação e a conclusão do contrato se têm por verificadas quando são usados meios de comunicação eletrónica. Nos termos do artigo 18º, nº 2 da *CISG* "[a] aceitação de uma proposta contratual torna-se eficaz logo que a manifestação do assentimento chegue ao proponente." Embora o artigo 20º, nº 1 da *CISG* reconheça a utilização de "outro[s] meio[s] de comunicação instantâneo[s]" para a aceitação da proposta contratual, a Convenção sobre o uso de Comunicações eletrónicas veio esclarecer e consagrar que se "[p]resume[...] que uma comunicação eletrónica pode ser recolhida pelo destinatário quando chega ao seu endereço eletrónico" (art. 10º, nº 2, *in fine*)[111].

Atendendo às questões colocadas quanto à eficácia da declaração de aceitação de proposta contratual acabadas de expor, é possível antecipar dificuldades na aplicação do critério da conclusão do contrato para determinar o momento da transferência do risco. Voltemos, por isso, ao artigo 68º da *CISG*.

Na terceira frase do artigo 68º da *CISG* é feita referência à conclusão do contrato como critério de alocação do risco entre o vendedor e o comprador, mas esta previsão está envolta em dificuldades de interpretação, nomeadamente quanto a saber se estamos perante uma exceção às duas frases anteriores ou apenas à última[112]. "A sequência das frases («Todavia»,

[110] *Vide* < https://uncitral.un.org/en/texts/ecommerce/conventions/electronic_communications>. Texto da Convenção disponível em: < https://uncitral.un.org/sites/uncitral.un.org/files/media-documents/uncitral/en/06-57452_ebook.pdf>.

[111] Note-se que, ainda assim, a redação apresentada pela Convenção sobre o uso de Comunicações Eletrónicas não fica isenta de criticas (*vide* Davidson, Alan, «Application of the Electronic Communications Convention to the *CISG*», *in* Schwenzer, Ingeborg / Spagnolo, Lisa (Eds.), *The Electronic CISG – 7TH MAA Schlechtriem CISG Conference –*, Haia: Eleven International Publishing, 2017, p. 37 e ss.).

[112] Hachem, Pascal, in Schwenzer, Ingeborg (Ed.), *Commentary on the UN Convention on the International Sale of Goods*, Oxford: Oxford University Press, 2016, p. 984.
O artigo 68º da *CISG* estabelece o seguinte:
"*The risk in respect of goods sold in transit passes to the buyer from the time of the conclusion of the contract. However, if the circumstances so indicate, the risk is assumed by the buyer from the time the goods were handed over to the carrier who issued the documents embodying the contract of carriage. Nevertheless, if*

«No entanto») faz-nos pensar que a última parte apenas se relaciona com a segunda parte"[113].

Ademais, esta frase traz à colação a ideia de boa (ou má) fé do vendedor no momento da conclusão do contrato e as repercussões que isso tem na alocação do risco.

A realidade negocial transporta, em si mesma, um conjunto de elementos capazes de influenciar o modo de resolução de algumas questões jurídicas[114], mas isso não significa que os instrumentos internacionais de harmonização do Direito dos Contratos (mormente do contrato de venda) não reflitam, também, uma maior ponderação do tratamento das questões suscitadas por aquela realidade negocial.

2.2.2. A *CESL*, a *ULIS* e o *DCFR*

Não só a *CISG*, mas também outros instrumentos de origem (inter)nacional elaborados para regular a venda internacional de mercadorias abordam a questão da transferência do risco[115].

A proposta de Regulamento do Parlamento Europeu e do Conselho relativa a um direito europeu comum da venda (*CESL*)[116], consagra, no seu artigo 146º, uma regra mais próxima da solução preconizada pela Convenção relativa a uma Lei Uniforme sobre as Vendas Internacionais de Mercadorias (*ULIS*)[117], no seu artº 99º, mas neste último caso a norma aplica-se,

at the time of the conclusion of the contract of sale the seller knew or ought to have known that the goods had been lost or damaged and did not disclose this to the buyer, the loss or damage is at the risk of the seller."

113 Martins, Alexandre de Soveral, *Compra e venda internacional de mercadorias: a CISG*, Coimbra: Almedina, 2021, p. 108.

114 Em vários domínios onde o ordenamento jurídico estabelece determinadas soluções, o vendedor e o comprador não deixam de estabelecer um regime próprio, quer através de cláusulas próprias quer através de cláusulas harmonizadas (a título, meramente, exemplificativo vejam-se os modelos de cláusulas de "força maior" e de *hardship* elaborados pela Câmara de Comércio Internacional de Paris; disponíveis em mais do que uma língua em: < https://iccwbo.org/publication/icc-force-majeure-and-hardship-clauses/>).

115 Dizemos "*abordam*" para poder abarcar não só as situações em que a questão é regulada, mas também aqueloutras que mais não constituem do que propostas de regulação (sem qualquer caráter vinculativo).

116 Proposta da Comissão Europeia nº COM(2011) 635 final, disponível em < https://eur-lex.europa.eu/legal-content/EN/TXT/?uri=celex:52011PC0635>. De ora em diante, utilizaremos o acrónimo inglês *CESL* (*Common European Sales Law*) ou o acrónimo em português DECV.

117 Com acrónimo *ULIS* (*Uniform Law on the International Sales of Goods)* em inglês e LUVI (Lei Uniforme sobre as Vendas Internacionais de Mercadorias) em português e, doravante,

apenas, às mercadorias vendidas em trânsito por mar. Em ambos os casos há um desvio da regra estabelecida no artigo 68º da *CISG* para a venda de mercadorias em trânsito, dado que na *CESL* e na *ULIS* a regra é de que o risco se transfere ao comprador quando se verifica a transmissão das mercadorias para o transportador. Não obstante, o critério da conclusão do contrato para a determinação do momento em que o risco se transfere surge como critério secundário na *CESL* e na *ULIS*.

A *ULIS* consagra, no nº 2 do seu artigo 99º, que "[q]uando o vendedor, no momento da conclusão do contrato, sabia ou devia saber que as mercadorias se tinham perdido ou se tinham deteriorado, o risco permanece com ele até ao momento da conclusão do contrato". Se o vendedor sabia ou devia saber da perda ou deterioração das mercadorias, então, tem de se considerar que essa perda ou deterioração ocorreram antes da conclusão do contrato e cabe ao vendedor suportar esse risco[118], derrogando-se o preceituado no nº 1 desse mesmo artigo (o qual atribui o risco ao comprador a partir do momento em que as mercadorias são transmitidas ao transportador).

Na venda de mercadorias em trânsito, o artigo 146º, nº 2 da referida proposta da Comissão Europeia (*CESL*) consagra como primeiro critério para a transferência do risco a entrega das mercadorias sob a responsabilidade do primeiro transportador independente. A conclusão do contrato surge como critério secundário, ou seja, se as circunstâncias assim o indicarem. O artigo 146º, nº 2 da *CESL* opera uma inversão metodológica relativa-

utilizados para identificar esta Convenção. Esta Convenção foi elaborada sob os auspícios do UNIDROIT.

118 Esta solução parece olvidar que, se a mercadoria está deteriorada ou não existe momento da conclusão do contrato, o caso pode não ser de transferência do risco, mas sim de validade do contrato (Ramos, Rui Manuel Moura / Soares, Maria Ângela Bento, *Contratos Internacionais (compra e venda, cláusulas penais e arbitragem)*, Coimbra: Almedina, 1986, p. 179 (329). Mas, como veremos a respeito da *CISG*, no âmbito de uma convenção internacional pode ser discutível se a questão de (in)validade deve ser colocada. No ordenamento jurídico português é bem patente que a questão deve ser situada no âmbito da (in)validade do contrato, porquanto o nº 2 do artº 938º do CC exclui o afastamento da invocação da anulabilidade do contrato nos casos em que o "ao tempo do contrato, o vendedor já sabia que a coisa estava perdida ou deteriorada e dolosamente o não revelou ao comprador de boa fé". Estamos perante uma norma inserida 139 artigos depois da norma reguladora da transferência do risco, mas que se aplica a coisas em trânsito e que regula a venda sobre documentos (se estiver entre estes a apólice de seguro). Assim sendo, também, o ordenamento jurídico português trata a questão fora do círculo da transferência do risco e dos princípios em que se baseia.

mente à solução apresentada no artigo 68º da *CISG*. Esta norma da *CESL* permite perceber melhor que em determinados tipos de contratos (como o de venda de mercadorias em trânsito) é possível identificar riscos que não se circunscrevem à perda ou deterioração das mercadorias. O facto de o risco se transferir, retroativamente, do vendedor para o comprador "torna o momento exato em que as mercadorias foram [perdidas ou deterioradas] irrelevante, contanto que seja certo que elas foram [perdidas ou deterioradas]em trânsito"[119]. Trata-se de uma norma geradora de alguma incerteza jurídica[120]. Nos casos em que a transferência do risco retroage ao momento da entrega das mercadorias sob a responsabilidade do primeiro transportador independente é possível identificar um risco contratual, ou seja, um determinado risco assumido no momento da conclusão do contrato e que respeita à possibilidade de as mercadorias já estarem deterioradas nesse momento. Mas o risco pela perda ou deterioração das

[119] Rüfner, Thomas, in Jansen, Nils e Zimmermann, Reinhard (Ed.), *Commentaries on European Contract Laws*, Oxford University Press, 2018, p. 2063. Não obstante esta referência por parte do autor, não podemos concordar com o mesmo quando afirma que: "*Both the situation where the parties do not know at the time of the conclusion of a contract of sale whether the goods sold are still in existence and that it cannot be established when exactly the cargo was lost or damaged will rarely occur in the age of satellite telephones and ubiquitous internet access.*" Trata-se de uma afirmação que, a ser interpretada literalmente, colocava o telemóvel e a internet como ferramentas fundamentais para se saber, em cada momento, se as mercadorias se haviam perdido ou deteriorado (quer as mercadorias estivessem em trânsito ou não). As mercadorias podem estar em trânsito e acondicionadas com recurso a contentorização, sem que seja possível perceber se as mercadorias, no momento da conclusão do contrato, estão deterioradas (ou não) só porque se pensa em *telephones and ubiquitous internet access*; concomitantemente, o tipo de mercadorias bem pode exigir que o transportador não as verifique atento o contrato de transporte que celebrou (imagine-se o transporte de mercadorias congeladas, em que o vendedor deu instruções claras para que não fosse aberta a câmara frigorifica durante o transporte; dificilmente, sem receber uma declaração expressa por parte do vendedor nesse sentido, o transportador iria assumir uma conduta diferente, colocando-se na posição de ele mesmo ter de responder pela deterioração das mercadorias). Os meios tecnológicos referidos poderão ter uma grande importância para a fluidez das transações comerciais internacionais, mas dificilmente poderão dispensar a consagração, expressa, de um critério para definir o momento da transferência do risco quando as mercadorias estão em trânsito; e saber se as mercadorias estavam (ou não) deterioradas nesse momento é questão atinente à repartição do ónus de prova. Obviamente que este ónus de prova pode ser mais facilmente cumprido com as tecnologias da designada *Internet of Things* (*vide infra* ponto 6. do Capítulo VI).

[120] Wiese, Volker, «Gefahrübergang nach Artt. 140ff. GEKR», *in* Schmidt-Kessel, Martin, *Ein einheitliches europäisches Kaufrecht? – Eine Analyse des Vorschlags der Kommission –*, Munique: Sellier European Law Publishers, 2012, p. 490.

mercadorias é transferido para o comprador quando as mercadorias são entregues ao primeiro transportador independente e ficam sob a responsabilidade deste, ainda que esse risco venha só a ser assumido (como risco contratual) no momento da conclusão do contrato.

Segundo a *CESL* esta conclusão do contrato pode verificar-se através de uma aceitação expressa ou de uma aceitação tácita, isto é, no momento em que a aceitação chega ao proponente ou através do conhecimento, por parte deste, de um determinado comportamento (art. 35º). "O contrato será concluído quando o proponente toma conhecimento da conduta de aceitação, mesmo que o destinatário [da proposta] não tenha especificamente dirigido a informação ao proponente"[121].

A solução apresentada pelo *DCFR* é em tudo idêntica à que é apresentada pela *CESL* (cfr. art. IV-A.-5:203). Aparentemente, o fundamento para "faz[er] da exceção à primeira frase do art. 68º da *CISG* a regra [é a] prática comercial"[122]. No entanto, esta afirmação não vem fundamentada e há quem considere que "o único ponto questionável é se existe alguma boa razão para manter a referência à conclusão do contrato como um critério alternativo para a transferência do risco na segunda frase do [artigo 146º da *CESL*]"[123].

Já quando a questão da transferência do risco é regulada em leis internas dos Estados deve ter-se em conta que, na maior parte dos casos, a relação subjacente é meramente uma relação jurídica interna. Mas não pode olvidar-se que mesmo quando a relação é internacional as normas de conflito (de origem interna ou não) podem determinar como aplicável uma determinada lei material interna como aplicável a uma concreta venda internacional.

[121] Terryn, Evelyne, *in* Schulze, Reiner (Ed.), *Common European Sales Law (CESL) – Commentary –*, C.H. Beck/Hart/Nomos, 2012, p. 195.

[122] Bar, Christian von / Clive, Eric (Ed.), *Principles, Definitions and Model Rules of European Private Law – Draft Common Frame of Reference (DCFR) –*, Full Edition, Sellier European Law Publishers, 2009, p. 1388.

[123] Rüfner, Thomas, *in* Jansen, Nils e Zimmermann, Reinhard (Ed.), *Commentaries on European Contract Laws*, Oxford: Oxford University Press, 2018, p. 2064. Na obra, o autor fala a respeito do "Art. 18:306" (de acordo com a sistematização da própria obra), que corresponde ao art. 146º da *CESL*. No entanto, a afirmação que se deixa reproduzida em texto encaixa, *mutatis mutandis*, no âmbito do *DCFR*, atendendo a que se neste está consagrado "*However, if the circumstances so indicate, the risk passes to the buyer* ***as from the time of the conclusion of the contract***", na *CESL* estabelece-se que "*However, if the circumstances so indicate, the risk passes to the buyer* ***when the contract is concluded***".

2.3. O critério da conclusão do contrato nos ordenamentos jurídicos internos

Poderia equacionar-se qual a relevância das soluções apresentadas pelos ordenamentos jurídicos internos quanto à consagração do critério da conclusão do contrato para a transferência do risco na venda *internacional* de mercadorias. Mas essa questão seria apenas despicienda na medida em que existisse um corpo de normas aplicáveis à venda internacional de mercadorias que fosse aceite em todos os Estados. Não obstante a grande aceitação que vem tendo a *CISG* (sem dúvida a Convenção com maior sucesso quanto à regulamentação material deste contrato a nível internacional), não se pode olvidar que a mesma permite aos Estados contratantes decidirem pela sua não aplicação em determinadas situações[124]. Outrossim, o vendedor e o comprador podem optar pela não aplicação da *CISG* ao contrato[125]. E, nos casos em que eles não excluem, expressa ou implicitamente, a aplicação da *CISG* será sempre necessário proceder à interpretação da Convenção para se aferir se um corpo de normas substantivas pode afastar a aplicação das regras processuais do Estado onde corre termos um determinado processo judicial ou arbitral. Aparentemente, os Estados aderentes à *CISG*, no momento em que decidem aplicá-la, não excluem a possibilidade de aplicação das suas próprias regras processuais internas, pois sobre esta matéria a *CISG* nada refere (e, por isso, nada regula em geral sobre isto)[126].

[124] *Vide* artigos 92 a 96 da *CISG*. Estas situações são, habitualmente, designadas de *Opting Out to the CISG*. Sobre algumas razões para estas declarações por parte dos Estados, mas também para a possibilidade de o *opting out* ser motivado por vontade do vendedor e do comprador (nos termos do art. 6º da *CISG*), nomeadamente nos Estados Unidos da América, *vide* Flechtner, Harry M. / Brand, Ronald A., «Opting In to the CISG: Avoiding the Redline Products Problems», 14 de Abril de 2016, *in* Andersen, Mads Bryde / Henschel, René Franz (Eds.), *A Tribute to Joseph M. Lookofsky*, Djøf Publishing, Copenhagen, 2015, U. of Pittsburgh Legal Studies Research Paper Nº 2016-15, disponível em: <https://ssrn.com/abstract=2765047>.

[125] Sobre esta possibilidade (e pressupostos de verificação necessária) mesmo durante o processo judicial entre as partes, *vide* Opinião nº 16 do *CISG-AC*, Exclusão da *CISG* nos termos do Artigo 6, Relatora: Doutora Lisa Spagnolo, Monash University, Australia. Adotada pelo *CISG Advisory Council* no seu 19º encontro, em Pretoria, Africa do Sul, no dia 30 de maio de 2014, disponível em : < http://cisgac.com/cisgac-opinion-no16/>.

[126] Sobre esta questão, de modo desenvolvido e detalhado, *vide* Gillette, Clayton P. / Walt, Steven D., «Judicial refusal to apply treaty law: CISG», *in* Uniform Law Review, Vol. 22, Nº 2, 2017, p. 452-491.

Para além do facto de vários contratos estarem sujeitos à regulamentação da lei interna dos Estados[127], a compreensão dessas soluções permite uma melhor perceção dos benefícios e dos problemas causados pela opção por um ou por outro critério para a transferência do risco.

A extrema utilidade do regime estabelecido em instrumentos internacionais de harmonização e da realidade negocial para a configuração do(s) critério(s) para a transferência do risco não dispensam uma abordagem às várias soluções preconizadas pelo Direito interno de cada Estado. A sua análise permite percecionar o modo como determinado critério é mais (ou menos) aceite para regular o contrato de venda[128].

2.3.1. O direito português

No ordenamento jurídico português o critério da conclusão do contrato não surge como regra para a transferência do risco. Mas este critério não deixa de estar previsto para um tipo específico de venda: a "venda de coisa em viagem" (art. 938º do CC).

Na alínea c) do nº 1 do artigo 938º estabelece-se que, no âmbito de venda de coisa em viagem, o risco transfere-se do vendedor para o comprador desde a data da compra(!), quando de entre os documentos entregues figure a apólice de seguro contra os riscos do transporte. A referência ao momento da compra em vez de uma referência ao momento da compra e venda (ou, simplesmente, venda) parece reconduzir-se a alguns resquícios da ideia de adição de contratos vigente durante a época do Direito Romano. Ou então a referência ao momento da compra pretende convocar a ideia de «perfeição» da declaração negocial consagrada no artigo 224º do Código Civil, ou seja, o risco transfere-se para o comprador a partir do momento em que a sua declaração de compra se torna eficaz (quando chega ao poder ou é conhecida do vendedor). Note-se que a alínea c) do nº 1 do artº 938º do CC estabelece uma solução diferente da solução apresentada no artigo 68º da *CISG*, se olharmos para a parte em que este refere "se as circunstâncias assim o indicarem". Este trecho do artigo 68º da *CISG* tem

[127] A referência a «direito interno e/ou lei interna de um Estado» deve, aqui, ser entendida no sentido de normas materiais de origem estatal e não no sentido de direito vigente em um determinado Estado.

[128] Não significando isso que pretendamos construir uma perspetiva da transferência do risco tendo em conta a maior adesão a este ou àquele critério. Tanto mais que essa maioria não significa, em vários casos jurídicos, a melhor solução.

sido interpretado no sentido de, havendo contrato de seguro, o risco ficar a cargo do comprador a partir do momento em que as mercadorias são transmitidas ao transportador. A questão não deverá ser colocada na perspetiva da (in)existência de seguro, mas sim na perspetiva da interpretação do próprio contrato de venda[129], atendendo a todas as circunstâncias que envolveram a sua conclusão. Se, por exemplo, existir contrato de seguro *que cubra* o risco de afetação da integridade das mercadorias desde o momento em que foram entregues ao transportador e a respetiva apólice *for transferida*[130] para o comprador, resultará das circunstâncias expressas no contrato de venda (ou que rodearam a sua conclusão) uma vontade expressa (ou tácita) de que o risco fique alocado ao comprador desde o momento em que as mercadorias foram entregues ao transportador[131]. Por outro lado, atendendo ao que é hoje o contrato de seguro é questionável um entendimento tão redutor no âmbito da transferência do risco[132].

[129] Elucidativa da confusão sobre a alocação do risco no contrato de "venda de coisa em viagem" nos casos em que, de entre os documentos entregues ao comprador, figura a apólice de seguro, parece ser a posição de Jorge Morais Carvalho, que considera que este preceito "no essencial, transfere o risco para o comprador para momento anterior ao da celebração do contrato, o da entrega da coisa ao transportador." (Carvalho, Jorge Morais, *in* Prata, Ana (Coord.), *Código Civil Anotado*, Vol. I, 2ª Edição, Coimbra. Almedina, 2019, p.1190). O preceito estabelece que "o risco fica a cargo do comprador desde a data da compra" e não desde o momento da entrega da coisa ao transportador. E não se diga que é igual porquanto se os direitos decorrentes do contrato de seguro tiverem sido transferidos para o comprador, dificilmente a seguradora ressarcirá o comprador pela deterioração de uma coisa ocorrida sob a esfera de risco do vendedor. Mas, a afirmação parece ser motivada pela falta de distinção entre o risco de preço e o risco de afetação da integridade das mercadorias (*vide infra* Capítulo VI).

[130] Como bem referem Pires de Lima e Antunes Varela, "[é] preciso ainda que entre os documentos entregues figure a apólice do seguro contra os riscos do transporte, isto é, que haja *transferência dos respectivos direitos* para o comprador" (Lima, Fernando Andrade Pires de / Varela, João de Matos Antunes, *Código Civil Anotado*, Vol. II, 4ª Edição, Coimbra: Coimbra Editora, 1997, p. 235; *itálico nosso*).

[131] Ramos, Rui Manuel Moura / Soares, Maria Ângela Bento, «Do contrato de compra e venda internacional de mercadorias. Análise da Convenção de Viena de 1980 e das disposições pertinentes do direito português, *in Documentação e Direito Comparado*, Nº 6, 1981, p. 216.

[132] Cordeiro, António Menezes, *Tratado de Direito Civil, Vol. XI – Contratos em Especial – (1ª parte)*, Coimbra: Almedina, 2018 (Reimp. 2019), p. 326. O autor afirma mesmo que "[t]odas estas regras dependem do regime concreto do seguro em presença: além de dispor, hoje, de regras desenvolvidas, ele assenta em condições gerais pormenorizadas. O papel do referido artigo 938º acaba por ser remoto".

A norma ínsita no artigo 938º do C.C. permite estabelecer uma ponte com a interpretação que fazemos do artigo 796º. O Código Civil português não consagra, de forma tão linear como vem sendo afirmado, a transferência da propriedade como critério fundamental para a transferência do risco. Para que esse fosse o sentido da norma bastaria que o legislador do Código Civil consagrasse, no artigo 938º, uma remissão expressa para o nº 1 do artigo 796º (conjugado com o artigo 408º), isto é, remetendo para o momento em que há transferência da propriedade por mero efeito do contrato. Tendo o legislador optado por não fazer qualquer referência, na venda de coisa em viagem, ao momento em que a coisa é transmitida ao transportador e fazendo expressa referência à compra para definir o momento da transferência do risco, o legislador dá mais um sinal no sentido de que a regra estabelecida no artigo 796º poderá ser outra que não a da transferência da propriedade[133].

Ademais, o artigo 938º do C.C. estabelece uma clara distinção entre risco de preço, risco contratual e risco de afetação da integridade das mercadorias, porquanto as regras que o legislador manda aplicar à "venda de coisa em viagem" são três (previstas nas alíneas a) a c) do nº 1 do artigo 938º). Não é uma questão de somenos importância. Na verdade, o legislador estabelece na alínea a) que "[o] preço deve ser pago [pelo comprador], ainda que a coisa já não existisse quando o contrato foi celebrado, por se haver perdido casualmente depois de ter sido entregue ao transportador". Trata-se do primeiro risco identificado pelo legislador e que tem por base a ideia de "que se vende *aquilo que foi entregue* ao transportador, ou a respectiva indemnização de seguro [...]"[134]. O risco referido na alínea c) do nº1 do artigo 938º do C.C. já não tem a ver com o risco do preço, mas apenas com o risco de afetação das mercadorias. Estamos, agora, perante o risco visado pelas regras aplicáveis à transferência do risco e que pode (ou não) vir a ser suportado pela seguradora para reintegração do comprador.

O elemento literal também permite considerar que estamos perante riscos de diferente natureza, porquanto no nº 3 do artigo 938º do CC fala-se já no plural e não no singular («riscos» em vez de «risco»). De acordo com esta parte da norma, se o seguro não cobrir "parte dos riscos, o dis-

133 Ver *infra* o ponto 3.3.1. deste Capítulo.

134 Lima, Fernando Andrade Pires de / Varela, João de Matos Antunes, *Código Civil Anotado*, Vol. II, 4ª Edição, Coimbra: Coimbra Editora, 1997, p. 235.

posto neste artigo *vale exclusivamente* em relação à parte segurada". Quanto ao pagamento do preço parece que o comprador pode opor ao vendedor os meios de defesa que lhe são reconhecidos nas situações em que não há seguro ou nas situações em que os direitos emergentes deste contrato não são transferidos para o comprador. E quanto ao risco mencionado na al. c) do nº 1 do artigo 938º do CC? Considera-se que o risco foi transferido para o comprador?

Aparentemente, porque o regime estabelecido no nº 1 do artigo 938º do CC «não vale» em relação à parte não segurada, terão aí aplicação as regras previstas no seu artigo 796º, acaso inexistam cláusulas contratuais relativas à transferência do risco.

Há, por isso, uma consagração específica do critério da conclusão do contrato para a transferência do risco na venda de coisa em viagem, mas trata-se de um critério que tem de ser aplicado com alguma cautela.

Se no ordenamento jurídico português a conclusão do contrato aparece como critério para a transferência do risco para um tipo específico de venda, já em outros ordenamentos o citério aparece como regra. Vejamos.

2.3.2. O direito espanhol

No ordenamento jurídico espanhol, a questão da transferência do risco "tem sido muito discutida, uma vez que o Código Civil não oferece uma solução clara no âmbito da regulamentação do contrato de venda"[135].

O Código Civil espanhol (CC-ES) estabelece, no seu artigo 1452º, que quando o contrato esteja "*perfeccionado*" o dano na coisa será regulado por outras disposições legais (arts. 1096º e 1182º) e, por isso, parece estar em consonância com a solução anteriormente exposta relativamente ao artigo 68º da *CISG*. O caráter consensual consagrado pelo Código Civil espanhol[136] para o contrato de venda gera essa situação de contrato perfeito (pela verificação da proposta e da aceitação sobre a coisa e o preço)[137]. Apesar da construção legal do Código Civil espanhol colher mais criticas

[135] Pacanowska, González / Soto, Díez, *in* Faber, Wolfgang / Lurger, Brigitta (Eds.), *National Reports on the Transfer of Movables in Europe*, Vol. 5: Sweden, Norway and Denmark, Finland, Spain, Munique: European Law Publishers, 2011, p. 538.

[136] "*Por el contrato de compra y venta uno de los contratantes se obliga a entregar una cosa determinada y el otro a pagar por ella un precio cierto, en dinero o signo que lo represente.*" (artº 1445 CC-ES).

[137] Artº 1450 C.C. Espanhol. *Cfr.* Pombo, Eugenio Llamas, *La Compraventa*, Madrid: La Ley (Wolters Kluwer España), 2014, p. 311.

desfavoráveis do que favoráveis[138], a posição tradicional e maioritária na doutrina e na jurisprudência[139] vai no sentido de considerar que aí vem consagrada a regra *periculum est emptoris* a partir do momento da conclusão do contrato, "de modo que a impossibilidade e liberação do vendedor da sua obrigação de entrega da coisa, não exime o comprador da sua obrigação de pagar o preço. Esse comprador fica sem receber a coisa, ou recebe-a deteriorada e, apesar disso, fica obrigado a pagar o preço ou não terá a faculdade de o recuperar se o já havia pago"[140]. No que concerne às coisas genéricas, a transferência do risco "exigirá a prévia especificação"[141] (art. 1452º, §§2º e 3º do CC-ES).

No entanto, um setor da doutrina defende que da remissão do artigo 1452º para os artigos 1096º e 1182º do CC-ES "só resulta que o vendedor fica liberado da obrigação de entrega da coisa específica vendida se esta se

[138] Pombo, Eugenio Llamas, *La Compraventa*, Cit., p. 325; Perez, Mariano Alonso, El riesgo en el contrato de compraventa", Editorial Montecorvo, 1972, p. 291; González, Maria Paz Sánchez, «Transmissión del riesgo», *in* Aloy, Antoni Vaquer / Capdevila, Esteve Bosch / González, Maria Paz Sánchez, *Derecho Europeo de Contratos – Libros II y IV del Marco Común de Referencia,* Tomo II, Barcelona: Atelier, 2012, p. 939.
"[...T]ambém se considerou que seria mais justo e mais coerente com a estrutura especial das obrigações sinalagmáticas e com um sistema de transferência de propriedade baseado no "título e modo" atribuir o risco ao vendedor (que continua a ser o proprietário até à entrega), concedendo ao comprador o direito de rescindir o contrato, pelo menos nos casos de perda ou destruição da coisa vendida." (Albaladejo, Manuel Garcia, *apud* Pacanowska, González / Soto, Díez, *in* Faber, Wolfgang / Lurger, Brigitta (Eds.), *National Reports on the Transfer of Movables in Europe*, Vol. 5: Sweden, Norway and Denmark, Finland, Spain, Munique: European Law Publishers, 2011, p. 539).

[139] Lurger, Brigitta, *et. al.*, *Principles of European Law (Study Group on a European Civil Code) – Acquisition and Loss of Ownership of Goods (PEL Acq. Own.),* Munique: Sellier. European Law Publishers, 2011, p. 656.
Salcedo, José Enrique Gomá, *Instituciones de Derecho Civil Común y Foral, Tomo II – Obligaciones y contratos,* 2ª Ediçao, Barcelona: Editorial Bosch, 2010, p. 1369-1370.
Para uma contraposição entre as duas posições doutrinais, *vide* Martínez, Inmaculada Herbosa, *El contrato de compaventa civil,* Navarra: Thomson Reuters, 2013, p. 108-111.

[140] Pombo, Eugenio Llamas, *La Compraventa,* Cit., p. 318.

[141] González, Maria Paz Sánchez, «Transmissión del riesgo», *in* Aloy, Antoni Vaquer / Capdevila, Esteve Bosch / González, Maria Paz Sánchez, *Derecho Europeo de Contratos – Libros II y IV del Marco Común de Referencia,* Tomo II, Barcelona: Atelier, 2012, p. 940.
Pacanowska, González / Soto, Díez, *in* Faber, Wolfgang / Lurger, Brigitta (Eds.), *National Reports on the Transfer of Movables in Europe,* Vol. 5: Sweden, Norway and Denmark, Finland, Spain, Munique: European Law Publishers, 2011, p. 540.

perde depois da *perfección*[142] do contrato sem culpa sua (por caso fortuito ou força maior) e se [o vendedor] não está em mora."[143] No que concerne à contraprestação, considera-se que "o comprador continua obrigado a pagar o preço, como se deduz *a contrario sensu* do parágrafo 3º [do art. 1452º] (que estabeleceria uma exceção à regra geral), e do critério legal de que o dano e o benefício vão juntos, já que os *commoda* correspondem ao comprador (arts. 1095 e 1468-2 do CC-ES)"[144].

A solução apresentada pelo artigo 1452º do CC-ES foi já objeto de uma proposta de alteração no âmbito da "*Propuesta para la modernización del Derecho de obligaciones y contratos*", no ano de 2009[145]. Esta proposta da Secção de Direito Civil da Comissão Geral de Codificação do Ministério da Justiça do Governo espanhol considerava que o critério para a transferência do risco deveria ser o da entrega; mais concretamente pode dizer-se que propunha "[a] regra da transferência do risco para o comprador a partir do momento em que o vendedor tenha feito tudo o que estava ao seu alcance para cumprir a sua obrigação de entrega"[146].

[142] A doutrina espanhola, partindo do artigo 14º da *CISG* (da "*suficiente precisão*"), avança com a necessidade de a oferta ser suficientemente precisa, definitiva e inequívoca. Para a aceitação estabelecem-se "os seguintes *requisitos caracterizadores* [...]:
A) O caráter recetício [...]
B) A exigência de *tempestividade* [...]
C) Pura e definitiva [...]
D) Não sujeita a especial requisito de forma [...]
E) Há de ser coincidente com a oferta em todos os seus termos [...]"
(Sevilla, Diego Simó, «Contrato de Compraventa» *in* Palma, Víctor Manuel Garrrido de (Dir.), *Instituciones de Derecho Privado, Tomo III-Obligaciones y Contratos*, Vol. 2º, Navarra: Thomson Reuters, 2016, p. 462-535).

[143] Sevilla, Diego Simó, «Contrato de Compraventa» *in* Palma, Víctor Manuel Garrrido de (Dir.), *Instituciones de Derecho Privado, Tomo III-Obligaciones y Contratos*, Vol. 2º, Navarra: Thomson Reuters, 2016, p. 138.

[144] Sevilla, Diego Simó, «Contrato de Compraventa» *in* Palma, Víctor Manuel Garrrido de (Dir.), *Instituciones de Derecho Privado, Tomo III-Obligaciones y Contratos*, Vol. 2º, Navarra: Thomson Reuters, 2016, p. 138.

[145] Referenciada em Sevilla, Diego Simó, «Contrato de Compraventa» *in* Palma, Víctor Manuel Garrrido de (Dir.), *Instituciones de Derecho Privado, Tomo III-Obligaciones y Contratos*, Vol. 2º, Navarra: Thomson Reuters, 2016, p. 138 ; e disponível em: < https://www.mjusticia.gob.es/es/AreaTematica/ActividadLegislativa/Documents/1292430960594-Propuesta_para_la_modernizacion_del_Derecho_de_obligaciones_y_contratos._Ano_2009.PDF>.

[146] *Vide* página 27 e 28 da mencionada proposta.

Por seu turno, o Código Comercial espanhol (C.Com.-ES) consagra, segundo alguma doutrina, uma solução mais próxima do direito germânico[147]. Atendendo à redação da norma ínsita no artigo 333º do C.Com. espanhol parece-nos que o respetivo legislador foi mais claro, comparativamente com o legislador do Código Civil espanhol[148], ao evitar as sucessivas remissões para outras normas e estabelecendo que "os danos e diminuições que sobrevierem às mercadorias, concluído o contrato e tendo o vendedor colocado as mercadorias à disposição do comprador no lugar e tempo acordados, serão por conta do comprador, exceto nos casos de dolo ou negligência do vendedor".

Mas, como veremos mais adiante[149], o sistema germânico baseia-se, essencialmente, na *traditio* como critério determinante do *periculum est emptoris.* O Código Comercial espanhol consagra duas condições cumulativas para que a transferência do risco se dê: que o contrato esteja concluído e que as mercadorias sejam colocadas à disposição do comprador. Estas duas condições estão consagradas, legalmente, segundo esta mesma ordem, mas a sequência da lei não significa sequência obrigatória em uma determinada situação concreta. A colocação das mercadorias à disposição do comprador bem pode ocorrer antes de concluído o contrato, quando entre o vendedor e o comprador já foi acordado o tipo, a quantidade, a qualidade, as características da mercadoria, o tempo e o lugar, mas ainda não foi acordado, por exemplo, o preço a pagar. Temos, por isso, alguma reserva em situar Espanha no elenco de Estados que consagram o critério da conclusão do contrato para determinar o *periculum est emptoris*, mas também temos algumas reservas em o situar no elenco de Estados que consagram o critério da *traditio.*

Outrossim, o Código Comercial espanhol consagra uma outra norma (art. 331º) onde, expressamente, se consagra a *traditio* como critério, mas já não para determinar o momento da transferência do risco. Este artigo

[147] Neste sentido, *vide* Sacarrera, Enrique Guardiola, *La compraventa internacional*, Editorial Bosch, 2001, p. 120 e 121. Sobre o regime apresentado no ordenamento jurídico alemão ver, *infra*, ponto 4.2.4..

[148] E ao que parece a sua aplicação no domínio das compras e vendas mercantis será menos problemática (González, Maria Paz Sánchez, «Transmissión del riegos», *in* Aloy, Antoni Vaquer / Capdevila, Esteve Bosch / González, Maria Paz Sánchez, *Derecho Europeo de Contratos – Libros II y IV del Marco Común de Referencia,* Tomo II, Barcelona: Atelier, 2012, p. 941).

[149] *Vide infra* o ponto 4.2.4.

331º do Código Comercial espanhol consagra a possibilidade de o comprador resolver o contrato no caso de perda ou deterioração das mercadorias antes da sua entrega, por acidente imprevisto ou sem culpa do vendedor, a não ser que o vendedor se tenha constituído como depositário das mercadorias (caso em que limitará a sua obrigação à que resulte do depósito)[150].

E assim se adensa mais a dificuldade suprarreferida, dado que, como Jano, a solução do Código Comercial espanhol se apresenta com duas faces: o artigo 331º parece revelar-se inspirado no princípio da *traditio* e o artigo 333º na figura, considerada indeterminada, da "colocação à disposição"[151]. Esta indeterminabilidade da "colocação à disposição" não significa que não se possa entender o seu conteúdo e alcance, porquanto significará o momento em que o vendedor realizou todos os atos necessários para que o comprador possa cumprir a sua obrigação de aceitação das mercadorias e, por consequência, se tenha como realizada a entrega das mercadorias[152].

As normas suprarreferidas ainda regulam, atualmente, a transferência do risco na venda mercantil, mas já houve, entretanto, um anteprojeto de lei para a aprovação de um novo *Código Mercantil* espanhol em que se propunha uma abordagem mais próxima do espírito da *CISG* para a transferência do risco[153]. Neste anteprojeto estabelecia-se uma diferenciação entre "*venta directa*" e "*venta con expedición*"[154]. Na "*venta directa*" o risco transmitir-se-ia

[150] Trataremos da questão atinente à resolução do contrato e à sua interligação (ou falta dela) com a questão da transferência do risco no Capítulo III.

[151] Perez, Mariano Alonso, *El riesgo en el contrato de compraventa*, Madrid: Editorial Montecorvo, 1972, p.414 e 415.

[152] Há mesmo quem considere que os dois preceitos do CCom-ES estão perfeitamente harmonizados, não havendo qualquer antítese entre ambos, dado que "[o artigo 331] consagra o princípio geral de que os riscos correm a cargo do vendedor antes de ter cumprido a sua obrigação de entregar, e o [artigo 333] restringe o âmbito desse postulado ao caso em que, tendo existido colocação à disposição das coisas vendidas, não se tenha realizado a entrega efetiva e real por causas imputáveis ao comprador ou não imputáveis a nenhuma das partes" (Uría, Rodrigo, *Derecho Mercantil*, 28ª Edição, Madrid: Marcial Pons, 2001, p. 645).

[153] Anteproyecto de Ley del Código Mercantil, de 30 de maio de 2014 (disponível em: <https://transparencia.gob.es/servicios-buscador/contenido/normaelaboracion.htm?id=NormaEV03L0-20141901&lang=es&fcAct=2016-10-26T17:17:37.943Z>.

[154] Gallego, Esperanza, «Los contratos de intercambio de bienes em el anteproyecto de Código Mercantil», *in* Rodríguez-Cano, Alberto Bercovitz (Coord.), *Hacia un Nuevo Código Mercantil*, Navarra: Thomson Reuters, 2014, p. 362.

do vendedor para o comprador quando as mercadorias fossem colocadas à sua disposição no tempo e lugar acordados no contrato e na "*venta con expedición*" quando as mercadorias fossem colocadas à disposição do primeiro transportador[155] sempre que o vendedor não se tenha obrigado a entregar os bens em um lugar determinado. Para que um e outro critério operassem seria necessário que os bens estivessem claramente identificados. Acaso essa identificação não estivesse efetuada, a transferência do risco apenas se verificaria no momento em que se procedesse a essa identificação quando se tratasse de venda com expedição.[156]

As críticas apontadas às normas vigentes no ordenamento jurídico espanhol têm continuidade (ainda que em moldes diferentes) em outros ordenamentos jurídicos que adotam o critério da conclusão do contrato para a transferência do risco.

[155] Mesmo a respeito da atual redação do artigo 333º do CCom-ES já foi decido pelo *Tribunal Supremo* espanhol algo semelhante ao que é apresentado no mencionado Anteprojeto. Em uma decisão de 28 de dezembro de 1989, este tribunal considerou que, tendo sido acordado "que o transporte da mercadoria [...] seria por conta do [comprador]", deveria considerar-se que se operou "uma espécie de 'traditio' liberatória para o vendedor", não sendo este responsável por "danos ou incidentes de deterioração no transporte" (*vide* excerto da referida decisão em Gastaminza, Eduardo Valpuesta / Chalmeta, Blanca Torrubia, *Código de Comercio y Legislación Complementaria*, 3ª Edição, Navarra: Editorial Aranzadi, 2006, p.180-181; a mesma decisão está reproduzida com maior detalhe em Martínez, Vicente Santos, *et al.*, *Leyes Mercantiles*, Navarra: Editorial Aranzadi, 1993, p. 573-574).

[156] A redação é a do artigo 511-15 do referido Anteprojeto, o qual estava inserido sistematicamente na "*Subsección 3ª. De la transmisión del riesgo*", da "*Sección 2ª. De la compraventa de bienes muebles y de bienes inmateriales*", do "*CAPÍTULO I. De la compraventa mercantil en general*", do "*TÍTULO I. De los contratos de intercambio de bienesI*", do "*LIBRO QUINTO. De los contratos mercantiles en particular*", e que literalmente estabelece o seguinte:
"*Artículo 511-15. Transmisión del riesgo.*
1. Salvo que la pérdida o el deterioro de los bienes vendidos se deba a culpa del vendedor, el riesgo se transmite al comprador desde el momento en que, claramente identificados, se pongan a su disposición en el lugar y tiempo convenidos en el contrato.
2. En las ventas con expedición, si el vendedor no se ha obligado a entregar los bienes en un lugar determinado, el riesgo se transmitirá al comprador cuando se pongan en poder del primer porteador, siempre y cuando estuvieran claramente identificados. Si no lo estuvieren en tal momento, el riesgo se transmitirá cuando se proceda a su clara identificación.
3. La transmisión del riesgo al comprador no afectará a los derechos y acciones de que disponga frente al vendedor en caso de que este último haya incurrido en incumplimiento esencial del contrato."

2.3.3. O direito suíço

Em outros ordenamentos jurídicos, como o suíço, o critério da conclusão do contrato é aplicado restritivamente e, hoje[157], muito criticado pela doutrina e pela jurisprudência[158]. Estas críticas estão ligadas ao facto de o legislador suíço se ter inspirado na solução apresentada pelo direito francês, mas enquanto neste ordenamento jurídico a conclusão do contrato opera, também, a transferência da propriedade, no ordenamento jurídico suíço a transferência da propriedade sobre coisas móveis apenas se verifica no momento da transferência da posse (art. 714º, nº 1 do CC-S[159]).

No âmbito do nº 1 do artigo 185º do *Code des Obligations*[160], o risco transfere-se para o comprador com a conclusão do contrato, mas esta norma estipula exceções um pouco ambíguas derivadas de "circunstâncias particulares" (art. 185º, nº 1, *in fine*). A doutrina e a jurisprudência suíças vêm interpretando esta parte final da norma no sentido de o risco ficar a cargo do vendedor sempre que este "guarda, principalmente no seu interesse, o poder de disposição da coisa e, por isso, tem [...] a possibilidade de adotar as medidas necessárias para prevenir um dano."[161] Com base nesta exceção consagrada no artigo 185º, nº1, *in fine* do *Code des Obligations (CO-S)* e

[157] Em meados do século passado, em tese de doutoramento sobre a problemática da transferência do risco, foi defendido que o critério da conclusão do contrato deveria constituir a regra geral (Poroy, Reha, *Le transfert des risques dans le contrat de vente – dans les droits suisse et anglais et dans le projet de loi internationale sur la vente de l'Institut de Rome pour l'unification du droit privé* –, Montreux: Imprimerie Ganguin & Laubscher S.A., 1950, p. 129-130).

[158] Engel, Pierre, *Traité des obligations en droit suisse*, Berna : Stämpfli Editions SA, 1997, p. 83. Secrétan, Roger, « Evolution récente du problème des risques de la chose vendue», in *Recueil de travaux publiés à l'occasion du cinquantenaire,* Lausanne : Librairie de l' université, Junho de 1961, p. 197-201. O autor dá nota que, face ao ultimo texto existente à data sobre um projeto de Lei Uniforme sobre a venda internacional de objetos móveis corpóreos, elaborado pelo UNIDROIT e aceite pela Conferencia de Haia de Direito Internacional Privado (que estabelecia o critério da entrega) e face a uma decisão do Tribunal Federal suíço de 18 de abril de 1958 (que também considerava que sendo o vendedor o único a ter a possibilidade de dispor de uma máquina, deveria ser ele a suportar os riscos, de acordo com as circunstâncias), se poderia estar a perspetivar (felizmente, dizia o autor) que a lei suiça passaria para um regime parecido com o do BGB alemão, ou seja, a transferência dos riscos no momento da aquisição da propriedade[!].

[159] Código Civil suíço de 10 de dezembro de 1907 (CC-S).

[160] Lei federal que completa o Código Civil suíço, de 30 de março de 1911 (CO-S).

[161] Várias referencias em: Venturi, Silvio / Zen-Ruffinen, Marie-Noëlle, *in* Thévenoz, Luc / Werro, Franz, *Code des Obligations – Commentaire Romand* –, Vol. I, 2ª Edição, Basileia: Helbing Lichtenhahn, 2012, p.1337.

na interpretação que da mesma é feita[162] parece resultar alguma incongruência na regra que apresenta este ordenamento jurídico. Por um lado, é patente a referência ao momento da aquisição da posse do bem para determinar o momento da transferência da propriedade e, por outro, é patente que a transferência do risco não está, necessariamente, ligada com a conclusão do contrato, mas sim com a possibilidade de adoção de medidas tendentes a impedir a verificação de determinado dano na coisa[163]. A exceção parece espoletar uma regra diferente para a fixação do momento da transferência do risco, ou seja, a posse da coisa permite (a quem exerce os poderes de facto sobre a mesma) a adoção das medidas necessárias à conservação da sua integridade[164] e, por isso, quem tiver a posse da coisa suporta o risco. Assim, é natural que a solução apresentada pelo nº 2 do artigo 185º do *Code des Oligations* (CO-S) esteja em consonância com o regime estabelecido no artigo 67º, nº 1 da *CISG*, quando se trate de venda à distância (ou venda de coisa que deva ser expedida)[165].

Independentemente das críticas que possam ser apontadas à solução preconizada pelo ordenamento jurídico francês[166], teria sido mais prudente que o legislador suíço tivesse, de forma mais clara[167], ligado o momento da

[162] Havendo mesmo quem considere que a interpretação dos tribunais conduz a uma espécie de "abolição" do artigo 185º, nº 1 do CO-S (Hachem, Pascal, *in* Schlechtriem / Schwenzer / Schroeter, *Kommentar zum UN-Kaufrecht (CISG)*, 7ª Edição, 2019, Munique: Verlag C.H. Beck oHG, p. 1128).

[163] A respeito de determinadas circunstâncias especiais de transferência do risco há quem entenda que "[o] risco do preço também não passa nos casos «em que, em resultado das medidas tomadas pelo vendedor, o comprador não tinha qualquer possibilidade de dispor da mercadoria ou de a controlar adequadamente e de evitar qualquer dano.»" (Dominique, Koevoets, «Preisgefahr im Klassischen Rom um seit der Kodifikation des schweizerischen Privatrechts», *in* Fargnoli, Iole / Fasel, Urs (Ed.), *Eugen Huber und die romanistische Grundlage des Schweizer Kaufrechts*, Berna: Stämpfli Verlag AG, 2015, p.85.

[164] Esta ideia de integridade das mercadorias parece-nos ser a que melhor reflete um dos elementos essenciais para a determinação da teleologia das normas respeitantes à transferência do risco (com referência a esta ideia, *vide* Schwenzer, Ingeborg / Hachem, Pascal / Kee, Christopher, *Global Sales and Contract Law*, Oxford: Oxford University Press, 2012, p. 480.

[165] Venturi, Silvio / Zen-Ruffinen, Marie-Noëlle, in Thévenoz, Luc / Werro, Franz, *Code des Obligations – Commentaire Romand*, Vol. I, 2ª Edição, Basileia: Helbing Lichtenhahn, 2012, p.1338.

[166] *Vide infra* o ponto 3.3.4.

[167] Há mesmo quem afirme que "[n]o direito suíço a transferência do risco de preço e de desempenho entre as partes do contrato de base é regulada de forma confusa" (Furrer, Andreas, *Schweizerisches Fracht-, Speditions und Lagerrecht*, Berna: Stämpfli Verlag AG, 2016,

transferência do risco com o momento da transferência da propriedade, se a transferência do risco se dá no momento da conclusão do contrato.

Alguns autores avançam, também, que no ordenamento jurídico suíço o não cumprimento da obrigação de entrega por parte do vendedor ou da obrigação de aceitação da coisa por parte do comprador pode influir no momento da transferência do risco[168]. Trata-se de uma posição que demonstra a fragilidade da influência dos atos e omissões do vendedor ou do comprador na transferência do risco. No ordenamento jurídico suíço o critério da conclusão do contrato torna irrelevante, do ponto de vista prático, a aplicação dos artigos 103º e 92º do CO-S (mora no cumprimento das obrigações)[169] no âmbito da transferência do risco.

A maioria das vendas internacionais são celebradas através de uma oferta e uma aceitação feitas em diferentes momentos e a execução do contrato também não é imediata. Por isso, ao abrigo do ordenamento jurídico suíço e de outros que adotam o critério da conclusão do contrato para a transferência do risco, bem pode suceder que as mercadorias nem sequer tenham saído do estabelecimento do vendedor e já o comprador suporta os riscos[170]. Esta solução parece favorecer demasiado a posição dos vendedores que, tendo as mercadorias sob o seu controlo, já tenham recebido o pagamento do preço. Por seu turno, o comprador, que nesse momento ainda pouco (ou nada) pode fazer para salvaguardar a integridade das mercadorias, terá de suportar o risco de um evento (por exemplo, um incêndio que deflagra no estabelecimento do vendedor) que resulte em perda, destruição ou deterioração das mercadorias.

p.54). Sobre a nossa não concordância com a referência a risco de preço e risco de desempenho no âmbito da transferência do risco, *vide infra* Capítulo VI.

[168] Foëx, Bénédict / Marchand, Sylvain, «National Report on the Transfer of Movables in Switzerland», in Faber, Wolfgang / Lurger, Brigitta (Eds.), *National Reports on the Transfer of Movables in Europe, Volume 6: The Netherlands, Switzerland, Czech Republic, Slovakia, Malta, Latvia*, Munique: European Law Publishers, 2011, p. 211.

[169] Venturi, Silvio / Zen-Ruffinen, Marie-Noëlle, in Thévenoz, Luc / Werro, Franz, *Code des Obligations – Commentaire Romand –*, Vol. I, 2ª Edição, Basileia: Helbing Lichtenhahn, 2012, p.1338.

[170] Schönle, Herbert, «Réflexions sur le transfert des risques dans la vente internationale», *in* Basgül, Mürsel / Honuralp, Halük (Eds.), *Mélanges à la mémoire du professeur Halûk Tandoğan*, Ankara : Institut de recherches de droit bancaire et de droit commercial, 1990, p. 271.

2.4. Apreciação global sobre o critério da conclusão do contrato

A transferência do risco no momento da conclusão do contrato é, não obstante as dificuldades que apresenta, um critério importante para uma (re) compreensão do conceito de risco em si mesmo. Em primeiro lugar, a *CISG* não consagra uma orientação geral de que o risco se reconduz, apenas, à perda ou deterioração das mercadorias, tal como vem sendo preconizado por alguma doutrina[171]. O artigo 66º da *CISG* não apresenta uma definição de risco, antes consagra que a "a perda ou a deterioração das mercadorias ocorrida *após a transferência do risco* para o comprador não libera este da obrigação de pagar o preço". A perda ou deterioração das mercadorias fica, antes ou a partir de determinado momento, a cargo do vendedor ou do comprador, mas o(s) risco(s) pode(m) bem ser outro(s) quando está em causa o momento da conclusão do contrato.

No âmbito da construção de conceções do risco, é necessário ter como referente a *CISG* e, não a descurando, perquirir outras fontes. Como vimos a respeito do ordenamento jurídico espanhol, as soluções apresentadas no seu Código Civil e no seu Código Comercial não estão harmonizadas. As propostas para a modernização do Código Civil espanhol vão no sentido de estabelecer a entrega como critério para a transferência do risco. Não estando isento de críticas nem sendo por nós preconizado[172], o critério da entrega está mais próximo da ideia de controlo do comprador sobre as mercadorias. Como acabamos de referir, o critério da conclusão do contrato previsto pelo Código Civil espanhol apresenta dificuldades e aponta mais para a ideia de risco contratual.

O ordenamento jurídico suíço (mormente o seu *Code des Obligations*) apresenta a conclusão do contrato como critério para a transferência do risco, mas as suas exceções parecem evidenciar uma preocupação com a posse da coisa quando se verifiquem determinadas circunstâncias. Novamente se vislumbra uma aproximação à ideia de posse/controlo das mercadorias e que nos parece mais adequada.

[171] *Bridge, Michael*, «The Transfer of Risk under the UN Sales Convention 1980 (CISG)», *in* Andersen, Camilla B. / Schroeter, Ulrich G. (eds.), *Sharing International Commercial Law across National Boundaries: Festschrift for Albert H. Kritzer on the Occasion of his Eightieth Birthday*, Londres: Wildy, Simmonds & Hill Publishing, 2008, p. 77-105 (disponível em: < https://iicl.law.pace.edu/sites/default/files/bibliography/electronic_library_on_international_commercial_law_and_the_cisg_-_michael_bridge.pdf >).

[172] *Vide infra* ponto 4.3.

A conclusão do contrato permite a transferência de outros riscos que não têm que ver, apenas, com a perda ou deterioração das mercadorias. No momento da conclusão do contrato também se transfere o risco económico.

Se o contrato consagrar que o vendedor está obrigado a remetê-las para um lugar determinado, nomeadamente para o porto de destino, o vendedor (na falta de celebração de contrato de seguro que cubra o risco) suportará o risco de perda ou deterioração das mercadorias durante todo o tempo do transporte[173]. O vendedor suporta o risco de perda ou deterioração das mercadorias não obstante o transporte em curso ser efetuado por um "transportador independente"[174]. Vendedor e comprador não consagraram cláusula expressa sobre a transferência do risco, mas ao constar da norma contratual que o vendedor deve remeter as mercadorias para o porto de destino, deve afastar-se a possibilidade de aplicação do critério da conclusão do contrato para a determinação da transferência do risco. A questão reside, agora, na interpretação do contrato de venda internacional de mercadorias. Se este contrato for regulado pela *CISG* deve atentar-se no preceituado no seu artigo 8º. As declarações das partes no sentido de as mercadorias serem remetidas para o porto de destino devem ser interpretadas de acordo com a sua intenção. Ainda que não seja provado que o vendedor "sabia ou não podia ignorar" (art. 8º, nº 1 da *CISG*) que a intenção do comprador era não suportar o risco de afetação das mercadorias no período de tempo entre a conclusão do contrato e a chegada ao porto de destino, sempre haveria a possibilidade de determinar que essa foi a sua real intenção tendo em conta "todas as circunstâncias relevantes do caso, incluindo as negociações, quaisquer práticas que as partes tenham estabelecido entre elas, usos e qualquer conduta subsequente das partes" (conforme previsto no nº 3 do artigo 8º da *CISG*). Na impossibilidade de aplicação do artigo 8º, nº 1 da *CISG* (conjugado com o seu nº 3), poucas duvidas restariam no sentido de se considerar que as declarações das partes visavam alocar o risco ao vendedor no período entre a conclusão do contrato e a chegada ao porto de destino, "de acordo com o entendimento

[173] Neumayer, Karl, H. / Ming, Catherine, in Dessemontet, François (Ed.), *Convention de Vienne sur les contracts de vente international de marchandises – Commentaire* -, CEDIDAC, 1993, p. 439.

[174] Não há aqui uma situação em que "o vendedor deva trazer as mercadorias até ao comprador" (Hachem, Pascal, in Schwenzer, Ingeborg (Ed.), *Commentary on the UN Convention on the International Sale of Goods*, Oxford University Press, 2016, p. 970), nem uma situação em que se possa dizer que o contrato envolve um transporte na aceção do artº 67º da CISG.

que uma pessoa razoável do mesmo tipo que a outra parte teria tido nas mesmas circunstâncias" (art. 8º, nº 2 da *CISG*). Se quisermos fazer o paralelismo com o *Incoterm DAP (Delivered at Place)* da CCI[175] diríamos que, na situação que vimos relatando, o vendedor e o comprador designaram no contrato o local de destino das mercadorias e, por isso, deverá considerar-se que a sua intenção foi que a transferência do risco operasse nesse mesmo local de destino.

Do mesmo modo, não será de aplicar o critério da transmissão das mercadorias ao primeiro dos transportadores porque o contrato de venda internacional *não envolve* o transporte de mercadorias. Esse critério de alocação do risco não resulta do contrato. Na venda internacional de mercadorias em trânsito o vendedor e o comprador sabem (ou não podem ignorar) que o transporte está em curso e que as condições em que o mesmo será efetuado não integram a intenção subjacente à criação da norma contratual, isto é, as condições em que a parte do transporte em falta será efetuada foram definidas pelo vendedor ou entre um anterior vendedor e o atual revendedor.

Destarte, melhor seria que o critério fosse o que vamos defendendo ao longo deste trabalho, ou seja, o do controlo que o vendedor ou o comprador tem sobre as mercadorias. Isto porque o critério da conclusão do contrato, quando conjugado com a transferência da propriedade, parece identificar um outro risco: o risco de danos causados pelas próprias mercadorias[176]. Mas aqui trata-se já de um risco económico[177].

Se, aquando da conclusão do contrato, o vendedor e o comprador quiseram alocar o risco de afetação das mercadorias ao vendedor até ao cumprimento da sua obrigação de entrega das mercadorias no porto de destino, então, deve ser o vendedor a suportar o risco até que esta obrigação se tenha por cumprida. No âmbito da «norma contratual» que regula a venda internacional de mercadorias em trânsito, o local da entrega (e não, apenas, a entrega) juntamente com o preço, quantidade, qualidade e características

[175] International Chamber of Commerce, *Inconterms 2020* – Regras da ICC para a utilização dos termos de comércio nacional e internacional –, Lisboa: ICC Portugal, 2019, p. 70 e 262.

[176] Erauw, John, «CISG Articles 66-70: The Risk of Loss and Passing It», *Journal of Law and Commerce*, Vol. 25 (2005-06), p. 203-217, disponível em <https://iicl.law.pace.edu/cisg/scholarly-writings/cisg-articles-66-70-risk-loss-and-passing-it>.

[177] Sobre a inserção deste tipo de risco no âmbito do risco económico, *vide supra* o ponto 3.2. do Capítulo I.

da mercadoria, assume a natureza de obrigação principal. O risco corre, por isso, por conta do vendedor até ao momento em que as mercadorias são entregues no lugar mencionado na norma contratual.

Assim, não estamos a determinar o facto que conduz ao (in)cumprimento de quaisquer obrigações emergentes da norma contratual, mas sim a determinar o(s) risco(s) que, em cada momento, pode(m) ser alocado(s) ao vendedor ou ao comprador na dinâmica da própria execução do contrato[178].

O critério da conclusão do contrato debate-se, por isso, com algumas dificuldades para delimitar a transferência do risco. Às dificuldades suprarreferidas há de juntar-se uma outra: a possibilidade de incremento da litigância[179] quando comparado este critério com outros. Havendo destruição total das mercadorias após a conclusão do contrato e considerando-se que esse risco já é, nesse momento, suportado pelo comprador, então, este tenderá a não cumprir a sua obrigação de pagamento do preço (se este não tiver sido pago no momento da conclusão do contrato). No momento em que se verifique a destruição total das mercadorias, o comprador resistirá, naturalmente, a pagar por algo que já não existe e que não lhe vai ser entregue.

E se o comprador for o proprietário no momento da afetação das mercadorias? Não deverá ser ele a suportar os *commoda* e, necessariamente, também os *incommoda* de acordo com o brocardo latino *ubi commoda ibi incommoda* ou como corolário de um outro brocardo latino a ele intrinsecamente ligado (*casum sentit dominus*)?

3. A transferência do risco com a transferência da propriedade

3.1. Nota prévia

O critério da conclusão do contrato pode estar ligado com o critério de que agora nos ocupamos. Basta imaginar a possibilidade de, segundo a lei aplicável, a transferência da propriedade se dar com a conclusão do contrato.

[178] Se, por hipótese, uma das partes comete uma violação fundamental do contrato terá aplicação, no âmbito da *CISG*, o artigo 70º e se estiver em causa a não responsabilização de uma das partes pela inexecução de alguma das suas obrigações em caso de prova de que esta "se ficou a dever a um impedimento alheio à sua vontade e que não era razoável esperar que ela o tomasse em consideração no momento da conclusão do contrato, o prevenisse ou o ultrapassasse, ou que prevenisse ou ultrapassasse as suas consequências" será possível a aplicação do artº 79º.

[179] Gordon, William M, *Roman Law, Scots Law and Legal History*, Edinburgh University Press, 2007, p. 168

O critério da transferência da propriedade debate-se com uma dificuldade inerente à determinação do momento em que se considera, também, transferida a propriedade. Trata-se de um critério fortemente criticado porquanto assenta numa ideia bastante difundida (mas que não teve, no comércio, grande acolhimento) de que o risco tem de se transferir com a propriedade porque para que um determinado sujeito (*rectius*, o comprador) possa ser ressarcido pelos danos causados às mercadorias requer-se que a propriedade lhe tenha sido transferida[180].

A transferência da propriedade é, geralmente, consagrada como uma obrigação principal emergente do contrato de compra e venda ou como uma consequência da conclusão do contrato (o efeito real do contrato). A transferência do risco não constitui uma obrigação emergente do contrato de venda, apesar deste poder regular o momento em que esse risco se transfere do vendedor para o comprador. Por conseguinte, considerar que a transferência do risco preenche um dos lados do sinalagma coloca, *prima facie*, uma questão de resposta não imediata e muito menos simples, isto é, não constituindo a transferência do risco uma obrigação emergente do contrato de compra e venda pode dizer-se que nesse momento se preencheu um dos lados do sinalagma[181]?

Apesar da transferência da propriedade surgir como uma obrigação decorrente da celebração do contrato de compra e venda, o direito de propriedade coloca em evidência a posição do proprietário das mercadorias face a terceiros e não, apenas, o vínculo estabelecido entre vendedor e comprador. O direito de propriedade sobre as mercadorias constitui, no âmbito de alguns ordenamentos jurídicos, um direito absoluto (*erga omnes*)[182] que

[180] Rabel, Ernst, *Das Rechet des Warenkaufs – Eine rechtsvergleichende Darstellung –*, Vol. 2, Tübingen: J.C.B.Mohr (Paul Siebeck), 1958, p. 293-294.

[181] *Vide infra* ponto 6. do Capítulo III.

[182] Característica que se apresenta, essencialmente, no domínio dos ordenamentos jurídicos da *Civil Law*, nomeadamente nos ordenamentos jurídicos português, francês (*vide* Caramelo-Gomes, José / Nóbrega, José Carlos de Medeiros, «National Report on the Transfer of Movables in Portugal», *in* Faber, Wolfgang / Lurger, Brigitta (Eds.), *National Reports on the Transfer of Movables in Europe, Volume 4: France, Belgium, Bulgaria, Poland, Portugal*, Munique: European Law Publishers, 2011, p. 600-601; e Ritaine, Eleanor Cashin, «National Report on the Transfer of Movables in France», *ob.cit.*, p. 32-33) e italiano (Greco, Alessio, «National Report on the Transfer of Movables in Italy», *in* Faber, Wolfgang / Lurger, Brigitta (Eds.), *National Reports on the Transfer of Movables in Europe, Volume 1: Austria, Estonia, Italy, Slovenia*, Munique: European Law Publishers, 2008, p. 350).

impõe um dever de abstenção, não só à pessoa que, figurando no contrato de compra e venda, não é proprietária, mas também a terceiros. Este caráter absoluto do direito de propriedade não se verifica em alguns ordenamentos jurídicos, nomeadamente não se pode afirmar que estamos perante um direito *erga omnes* quando se fala em *ownership* em determinados ordenamentos jurídicos da *Common Law*. Antes pelo contrário, a característica fundamental da *ownership* é a da relatividade do direito[183].

Já a transferência do risco tem que ver com o vínculo estabelecido entre vendedor e comprador e com a repercussão de um determinado evento nesse mesmo vínculo contratual.[184] A questão da absolutidade ou relatividade do direito de propriedade parece, pois, ter reduzida importância no âmbito da transferência do risco. Mas uma abordagem ao critério parece imprescindível, atendendo à adesão que tem (ou teve) em determinadas codificações. Vejamos.

3.2. O critério da transferência da propriedade em instrumentos de harmonização internacional ou regional

3.2.1. A *CISG* e o *Uniform Act on General Commercial Law* (UAGCL) da Organização para a Harmonização em África do Direito dos Negócios (OHADA)

A transferência da propriedade por efeito da celebração do contrato de compra e venda é uma questão não regulada na *CISG* (artº 4º, al.b)). Não obstante, o seu artº 30º consagra que a transferência da propriedade sobre as mercadorias constitui uma das obrigações principais do vendedor. Alguns Estados consagram, no seu Direito interno, idêntica previsão[185]. Sendo uma das obrigações principais emergentes do contrato de

[183] Frisby, Sandra / Jones, Michael, «National Report on the Transfer of Movables in England and Wales», *in* Faber, Wolfgang / Lurger, Brigitta (Eds.), *National Reports on the Transfer of Movables in Europe, Volume 2: England and Wales, Ireland, Scotland, Cyprus*, Munique: European Law Publishers, 2009, p. 11-12; Gardiner, Caterina, «National Report on the Transfer of Movables in Ireland», *ob. cit.*, p. 170.

[184] Poroy, Reha, *Le transfert des risques dans le contrat de vente – dans les droits suisse et anglais et dans le projet de loi internationale sur la vente de l'Institut de Rome pour l'unification du droit privé –*, Montreux : Imprimerie Ganguin & Laubscher S.A., 1950, p. 18.

[185] Portugal (art. 879º, al. a) e 408º, nº 1 do CC; note-se que, tendo em conta o objeto deste nosso trabalho, estas normas dizem que um dos efeitos da venda é a transferência do direito de propriedade sobre as mercadorias, não mencionando que o vendedor se obriga a/deve transferir a propriedade sobre as mercadorias; mas isso só vem reforçar a ideia que desenvolveremos *infra*,

venda, em nada deveria interferir na dinâmica de transferência do risco. As obrigações emergentes do contrato de compra e venta internacional devem ser abordadas tendo em conta o sinalagma (genético e, em determinadas situações, funcional).

Em termos regionais, uma referência deverá ser feita ao Ato Uniforme sobre o Direito Comercial Geral (UAGCL[186]) da Organização para a Harmonização em África do Direito dos Negócios (OHADA[187]). Estamos perante um instrumento de harmonização regional, no âmbito do Direito Comercial, com várias disposições que incorporam as soluções estabelecidas na *CISG*[188], mas que em casos específicos se desvia do regime jurídico consagrado nesta[189]. Aparentemente, um desses domínios será o da transferência do risco. Analisemos, primeiramente, o regime aprovado no ano de 1997 (mas revogado).

no ponto 6. do Capítulo III, sobre o facto de a venda não ser "totalmente funcional, uma vez que postula, tipicamente, uma execução instantânea" – *vide* Cordeiro, António Menezes, *Tratado de Direito Civil, Vol. XI – Contratos em Especial – (1ª parte)*, Coimbra: Almedina, 2018 (Reimp. 2019), p. 101). França (art. 1583º do CC-F; a questão é idêntica à do ordenamento jurídico português, porquanto a "transferência automática da propriedade esconde completamente uma obrigação do [vendedor]: o 'dever de dar' *(C. civ., art. 1101, obligation de donner)*. O dever de dar *(donner,* do verbo latino *dare)* significa especificamente 'transferir a propriedade' e não doar (do verbo latino *donare*)" – com a ressalva de que após a reforma do direito das obrigações, de 2016, o art. 1101º do CC-F passou a ter outra redação que faz, expressa, referência ao contrato como criador ou transmissor de obrigações, *vide* Ritaine, Eleanor Cashin, «National Report on the Transfer of Movables in France», *in* Faber, Wolfgang / Lurger, Brigitta (Eds.), *National Reports on the Transfer of Movables in Europe, Volume 4: France, Belgium, Bulgaria, Poland, Portugal*, Munique: European Law Publishers, 2011, p. 76).

[186] Acrónimo inglês utilizado para "*Uniform Act on General Commercial Law*".

[187] Acrónimo inglês utilizado para "*Organization for the Harmonization of Business Laws in Africa*".

[188] Schwenzer, Ingeborg / Hachem, Pascal, « The CISG – A Story of Worldwide Success», *in* Kleinemann, Jan (Ed.), *CISG Part II Conference – Stockholm, 4-5 September 2008 –*, Estocolmo: Stockholm Center for Commercial Law, 2009, p. 123. Também disponível em: < https://edoc.unibas.ch/45574/>. Os autores citam o artigo de Ulrich Scroeter (que citamos na nota seguinte) mas para afirmarem que o Ato Uniforme sobre o Direito Comercial Geral é "baseado principalmente na CISG".

[189] Schroeter, Ulrich G., «Das einheitliche Kaufrecht der afrikanischen OHADA-Staaten im Vergleich zum UN-Kaufrecht», *in* Recht in Afrika, 2001, p. 167. O autor, na página 175, faz expressa referência à transferência da propriedade como assunto regulado no referido "Ato" da OHADA, mas que não está regulado na *CISG*. Acrescentamos que isso se deve ao facto de o referido "Ato" regular, também, a venda interna de mercadorias, em conformidade com o disposto no seu artigo 1º.

Segundo o artigo 285º do UAGCL-1997 "a transferência da propriedade envolve a transferência do risco", verificando-se aquela transferência "a partir do momento em que o comprador receba a mercadoria vendida" (art. 283º do UAGCL-1997). Ora, sob esta perspetiva pode dizer-se que o regime previsto no revogado UAGCL para a transferência do risco não diferia, em grande medida, do regime estabelecido na *CISG*. Se compararmos o mencionado artigo 283º (na redação constante documento oficial publicado pela OHADA[190]) com o artigo 69º, nº 1 da *CISG* (na versão francesa) verificamos que à expressão "*prise de livraison par l'acheteur*" corresponde a expressão "*lorsqu[e l'acheteur] retire les marchandises*". E embora o regime consagrado no artigo 285º do UAGCL-1997 se aplicasse, também, às vendas internas, as normas aplicáveis à venda de mercadorias que envolvessem transporte (art. 286º), à venda de mercadorias em trânsito (art. 287º) e à venda de mercadorias ainda não identificadas (art. 288º) tinham um regime em tudo idêntico[191] ao estabelecido nos artigos 67º, 68º e 69º, nº 3 da *CISG*. Mas, como se disse, no que concerne à regra geral aplicável à transferência do risco (art. 285º) o regime era, apenas, aparentemente coincidente, porquanto a regra estabelecida para a transferência da propriedade (art. 283º) tinha exceções. "As partes pod[iam] livremente acordar em adiar a transferência da propriedade para o dia do pagamento completo do preço" (art. 284º)[192] e, consequentemente, alterar o momento em que o risco se considerava transferido para o comprador. Esta liberdade do vendedor e do comprador (de alterarem do momento da transferência da propriedade) estava limitada[193], ou seja, só podiam adiar a transferência da propriedade para o dia do pagamento completo do preço. Mas essa liberdade era quanto bastava para se gerar um complexo regime, pois o momento da transferência do risco (mutável por estar ligado à transferência da propriedade) determinava se o vendedor era (ou não) responsável por quaisquer defeitos nas mercadorias (art. 225º).

[190] Jornal oficial da OHADA, de 01 de outubro de 1997, disponível em: < https://www.ohada.org/droit-commercial-general/>.

[191] Mas menos completo.

[192] Esta norma estabelecia também um regime *suis generis* no que respeitava à venda com reserva de propriedade ("*La clause de réserve de propriété n'aura d'effet entre les parties que si l'acheteur en a eu connaissance para sa mention dans le contrat de vente, le bon de commande, le bon de livraison, et au plus tard le jour de celle-ci*").

[193] Dizemos que estava limitada face à redação do artigo 284º, porquanto a menção feita a "Salvo acordo contrário entre as partes", na parte inicial do artigo 283, poderá ser interpretada como permitindo outras possibilidades.

Na nova redação do UAGCL (2010) abandonou-se aquela referência (prevista no mencionado artigo 284º) à possibilidade de adiamento da transferência da propriedade e as normas reguladoras da transferência do risco consagradas nos artigos 285º a 288º passaram a constar dos artigos 277º a 280º. Em substituição surge uma nova norma (art. 277º) que estabelece o seguinte: "*Les parties peuvent, toutefois, convenir de différer le transfert de propriété en application d'une clause de réserve de propriété régie par les articles 72 à 78 de l'Acte uniforme portant organisation des sûretés.*"[194] Assim, o novo regime permite que a transferência do risco não se verifique na medida em que haja uma cláusula de reserva da propriedade a favor do vendedor, ainda que já tenham sido entregues as mercadorias nos termos do artigo 253º[195].

Partindo das dificuldades na determinação do momento da transferência do risco neste instrumento de harmonização regional, motivadas pela sua ligação ao momento da transferência da propriedade, analisemos algumas leis materiais internas para determinarmos se essas dificuldades também aí se fazem sentir. As dificuldades deste critério de alocação de risco estão relacionadas com o emaranhado de outras normas que habitualmente convoca para determinar em que momento se considera transferida a propriedade.

3.3. O critério da transferência da propriedade nos ordenamentos jurídicos internos

3.3.1. O direito português[196]

O Código Civil consagra, no artigo 796º, nº 1, que "nos contratos que importem a transferência do domínio sobre certa coisa ou que constituam ou transfiram um direito real sobre ela, o perecimento ou deterioração da coisa por causa não imputável ao alienante corre por conta do adquirente". Afirma-se que a regra é da transferência do risco para o comprador

[194] Estas normas estabelecem a organização do Registo Comercial.

[195] "***Art.253.-*** *Le vendeur doit livrer les marchandises à la date fixée par le contrat ou déterminée selon ses stipulations.*
Si la livraison est prévue au cours d'une certaine période, il peut livrer à un moment quelconque de celle-ci.
En l'absence de stipulation, la livraison doit être effectuée par le vendeur dans un délai raisonnable après la conclusion du contrat."

[196] A inserção do ordenamento jurídico português nesta parte do trabalho não significa que consideremos que vigora o critério da transferência a propriedade para determinar o momento da transferência do risco. Significa, apenas, que o ponto de partida da maior parte da doutrina tem sido esse.

quando este se torna proprietário, que a norma estabelece algumas exceções e que tal se deve ao facto de a transferência do direito de propriedade se dar por mero efeito do contrato (art. 408º)[197]. Mas a norma contida no nº 1 do artigo 796º do C.C. parece deixar transparecer algum incómodo do legislador para estabelecer uma ligação, sem peias, entre a transferência do risco e a transferência da propriedade[198]. Se a questão fosse de simples ligação entre a transferência do risco e a transferência da propriedade por que razão o legislador sentiu necessidade de referir os "contratos que importem a transferência *do domínio* sobre certa coisa"?!

Não será ao acaso que alguma doutrina, embora de forma *suis generis*[199], considera que "o risco se transfere para o adquirente logo que o alienante lhe proporcione a satisfação do seu interesse [e que] tal satisfação pode consistir na transmissão do domínio ou na entrega do objeto"[200]. Por seu turno, há também quem considere que a razão de ser do nº 2 do artigo 796º do C.C. reside na ideia de que é necessário determinar que parte no contrato (de compra e venda) "*obteve um benefício,* neste caso, o diferimento da entrega do bem" e atribuir a esse contraente "a *desvantagem* (o risco de contraprestação)"[201] e que o regime estabelecido no nº 3 deste mesmo artº 796º do CC tem fundamentos distintos, conforme se trate de contrato (de compra e venda) sujeito a condição resolutiva ou sujeito a condição suspensiva.

[197] Telles, Inocêncio Galvão, *Direito das Obrigações,* Coimbra Editora, 2010, p. 470 e ss.

[198] Aliás é curioso o novo "Lexionário" (e curioso é, também, o facto de este se dirigir a não-juristas, ou seja, à maioria dos destinatários das normas) disponibilizado pelo sitio de internet do Diário da Republica português fazer, expressamente, referência ao ato de entrega como o momento a partir do qual o risco se transfere (disponível em <https://dre.pt/web/guest/lexionario/-/dj/117357291/view?djq=risco&dicionarioJuridicoTag=compra+e+venda>.

[199] Dizemos de forma *suis generis*, atendendo ao facto de o resumo feito por Inocência Galvão Telles o conduzir a afirmar que a satisfação do interesse do comprador pode verificar-se quer pela "transmissão do domínio" quer pela "entrega do objeto" e "aquele dentre estes dois resultados que se produzir em primeiro lugar é que determina a deslocação do risco". O C.C. não exige a *traditio* para que a transferência da propriedade se opere (artº 408º, nº 1) e tendo o autor afirmado que o C.C. consagra a transferência da propriedade como critério de transferência do risco, não se percebe bem esta inversão no sentido de afirmar que a regra, a final, é outra.

[200] Telles, Inocêncio Galvão, *Direito das Obrigações,* Cit., p. 474.

[201] Pires, Catarina Monteiro, *Impossibilidade da prestação,* Coimbra: Almedina, 2018, p. 607. Conforme se exporá ao longo deste trabalho, não nos parece que as normas reguladoras da transmissão do risco identifiquem este como sendo, especificamente, "risco de contraprestação".

"[N]o caso do contrato com eficácia real sujeito a condição resolutiva [considera-se] que a vantagem corresponde à soma da aquisição precária da propriedade *e* do contacto material com o bem, possibilitado com a entrega do mesmo. Estando o contrato sujeito a condição suspensiva, na ausência de referência legal ao contacto material com o bem, parece que a vantagem é, apenas, aferida em função da titularidade precária do bem, mas não é, porém, de excluir que, em certos casos, o aludido contacto *intervenha* como critério complementar de aferição do risco"[202].

A referência feita pelo nº 1 do artigo 796º do C.C. à transferência do domínio, conjugada com o disposto nos números 2 e 3 parece revelar uma outra regra[203]. E essa regra parece, também, ser revelada por Catarina Monteiro Pires na obra citada, quando reiteradamente convoca o contacto com

[202] Pires, Catarina Monteiro, *Impossibilidade da prestação*, Coimbra: Almedina, 2018, p. 609.

[203] Aparentemente neste sentido *vide* Costa, Mariana Fontes da, *Da alteração superveniente das circunstâncias – em especial à luz dos contratos bilateralmente comerciais* –, Coimbra: Almedina, 2017, p. 400-401. Não concordamos, no entanto, com a autora quando aqui afirma "não ser abusivo concluir que nos casos em que, por força da anormalidade e exterioridade da ocorrência face ao controlo do adquirente lesado, a perda ou deterioração da coisa se situou completamente fora da sua esfera de ação ou influência, sendo o seu efeito imprevisível e incontrolável, será de admitir a restrição da solução legal do artigo 796º, nº 1 pela solução legal que tem precisamente como campo de atuação as situações em que falha a regra do '*superior risk bearer*': o artigo 437º". Em primeiro lugar, não é absolutamente liquido que esta regra do "*superior risk bearer*" sirva de base à delimitação do âmbito de aplicação das normas legais aplicáveis à transferência do risco e, em segundo lugar, pela afirmação da autora, em passagem anterior, no sentido de que "a alteração das circunstâncias visa regular [as situações] em que, por força de uma mutação do equilíbrio do contrato, *o cumprimento da prestação, apesar de ainda ser objetivamente possível*, se tornou excessivamente oneroso ou economicamente inviável para uma ou ambas as partes" (p. 210; o *itálico* é nosso). A alocação do risco no âmbito das normas relativas à sua transferência (à parte que detém o controlo das mercadorias) não significa que não pressuponha que a perda ou deterioração da coisa se tenha situado completamente fora da sua esfera de ação ou influência (o âmbito das normas reguladoras da transferência do risco pressupõe, efetivamente, um evento fora da ação ou influência de ambas as partes). A abordagem feita por parte da autora parece residir na falta de um aprofundamento efetivo da diferença entre "riscos próprios do contrato", mencionados no artº 437º do CC, relativamente ao âmbito de aplicação das normas legais concernentes à transferência do risco (*v.g.* artº 796º do CC). E, diga-se, que não acolhemos o argumento da distinção entre *risco próprio do tráfego jurídico* e *riscos que estão fora do trafego jurídico*, mencionados pela autora com base no parecer de Guilherme de Oliveira publicado na Coletânea de Jurisprudência (Ano XIV, 1989, Tomo V, p. 24), porquanto este autor emite parecer sobre um crédito de tornas e prossegue, na mencionada página, dizendo "assim, num caso vulgar, o adquirente pode sempre transferir para uma empresa seguradora o risco do perecimento por incêndio casual da coisa comprada; mas não pode segurar o risco

o bem como critério (principal ou complementar) para a atribuição do risco nos contratos com eficácia real. Não é posição única.

Afirma-se que "[a] partir do momento em que é celebrado o contrato de compra e venda, mesmo que ainda não tenham sido cumpridas as obrigações resultantes do contrato, o risco fica a cargo do comprador (art. 796º, nº1)", mas imediatamente também se afirma que "[e]ssa situação *só não ocorrerá se a coisa tiver continuado em poder do alienante*, em consequência de termo estabelecido a seu favor [...]"[204]. No entanto, mesmo em uma afirmação que, por princípio, não colocaria dúvidas não deixam de se integrar elementos perturbadores na compreensão do regime jurídico, porquanto em um outro lugar se estabelece uma ligação entre termo estabelecido a favor do alienante e o proveito que o mesmo pode tirar da coisa por via desse termo a seu favor[205], quando na verdade a existência de termo a favor do alienante não significa, necessariamente, que este tire proveito da coisa. O nº 2 do artigo 796º justifica-se, tão somente, "por poder levar a resultados chocantes a solução de ficar o adquirente a suportar o risco, *quando não tem a coisa ainda em seu poder*"[206]. A questão reside em saber quem tem a coisa em seu poder e pode conservar a sua integridade, não sendo a obtenção de proveitos essencial para o risco ser alocado ao vendedor na decorrência de termo suspensivo a seu favor.

Aliás, se for considerado que o trecho "termo constituído a [...] favor [do vendedor]" (art. 796º, nº 2 do CC) implica que se determine quem tirou proveitos no caso concreto, então, os resultados podem ser perniciosos. Em um Acórdão do Tribunal da Relação de Évora[207] está bem espelhado o que acabamos de referir. Os factos dados como provados revelaram que estava em causa um contrato de venda de cortiça por um preço determinado por cada arroba (de cortiça). A cortiça seria pesada decorridos 20 ou

de que o Estado lhe confisque o bem" (risco que, conforme procuraremos defender, poderá sair fora do âmbito de aplicação das normas relativas à transferência do risco).

[204] Leitão, Luís Manuel Teles de Menezes, *Direito das Obrigações*, Vol. III – Contratos em especial, 13ª Edição, Coimbra: Almedina, 2019, p. 29. *Itálico* nosso.

[205] Leitão, Luís Manuel Teles de Menezes, *Direito das Obrigações*, Vol. II – Transmissão e extinção das obrigações. Não cumprimento e garantias do crédito, 12ª Edição, Coimbra: Almedina, 2018, p. 129.

[206] Vaz Serra, *apud* Lima, Fernando Andrade Pires de / Varela, João de Matos Antunes, *Código Civil Anotado*, Vol. II, 4ª Edição, Coimbra: Coimbra Editora, 1997, p. 50-51. *Itálico* nosso.

[207] Ac. TRE, de 02 de junho de 2010 (disponível em: < http://www.dgsi.pt/jtre.nsf/134973db04f39bf2802579bf005f080b/d8b7cb4cb2e1faf980257de10056f824>)

30 dias após a sua extração por parte do comprador, mas acabou por arder quando se encontrava em um terreno indicado pelo vendedor para aí fosse depositada pelo comprador. O Tribunal da Relação de Évora entendeu que o facto de a cortiça ter ficado em um terreno para ser pesado após a sua secagem não constituía termo a favor do vendedor, pois o único beneficiado seria o comprador que pagaria menos pela cortiça atendendo a que o preço era calculado por cada arroba. Mas atentemos na argumentação expendida pelo tribunal:

> *"Tendo o preço sido acordado por arroba, é óbvio que apenas o comprador/recorrente sairia beneficiado com a espera porque mantendo-se, como se mantinha, inalterável o número de placas de cortiça, o seu peso seria menor e, assim, teria que pagar menos.*
>
> *Daí que o termo (se assim se pode considerar) foi constituído em favor do recorrente/comprador e não do recorrido/alienante.*
>
> *E é óbvio que durante esse período a cortiça teria que ficar sob a vigilância do alienante para evitar que fosse descaminhada, pois o prejuízo que daí adviria seria apenas seu, porquanto o comprador apenas pagaria a cortiça que fosse pesada.*
>
> *Interesse e direito de vigiar do alienante, não é confundível com estabelecimento de termo a seu favor.*
>
> *Para o alienante o ideal seria que a cortiça fosse pesada logo que extraída, pois o valor que receberia seria superior e não teria o incómodo de fiscalizar a cortiça para que não fosse descaminhada.*
>
> *Concluímos, assim, que o recorrente está obrigado a pagar o preço da cortiça, como foi decidido no tribunal 'a quo'".*

Esta argumentação é um pouco bizarra porquanto o tribunal afirma que a cortiça ficou sob a vigilância do vendedor "*pois o prejuízo que daí adviria seria apenas seu, porquanto o comprador apenas pagaria a cortiça que fosse pesada*". Se a esta afirmação se somar o facto de ter sido dado como provado que a cortiça não seria pesada em data fixa, ou seja, seria pesada decorridos 20 ou 30 dias após a extração, não vemos como suficientemente consistente a fundamentação da posição do tribunal no sentido de que o termo foi constituído a favor do comprador. Por conseguinte, na nossa opinião, este caso é elucidativo da confusão gerada pela redação pouco esclarecedora da norma contida no artigo 796º do Código Civil e pelo enfoque que possa ser colocado na determinação do sujeito (vendedor ou comprador) que obtém proveitos e/ou benefícios, em vez de esse enfoque ser colocado na determinação da parte que tem a coisa em seu poder e pode conservar a sua integridade.

No âmbito da «norma contratual»[208], os deveres fundamentais a que estão adstritas as partes para a satisfação dos respetivos interesses implicarão que se tenha em conta a entrega e/ou domínio sobre as mercadorias.

O Código Civil espelha essa mesma necessidade de ligar o momento da transferência do risco com o momento em que o *domínio* sobre as mercadorias se transfere, independentemente da transferência da propriedade sobre as mercadorias se ter (ou não) verificado. Aliás, alguma Jurisprudência[209], mesmo quando aparentemente lhe é possível lançar mão do critério da transferência da propriedade, não deixa de fazer referência à mora do comprador quanto à tomada (aceitação) das mercadorias como fundamento para que um determinado risco lhe esteja alocado, deixando transparecer que a transferência da propriedade será suficiente para transferência do risco, mas não para que o comprador fique obrigado ao pagamento do preço face ao perecimento das mercadorias (esta obrigação parece só decorrer da mora).

Ao regular matérias especificas, como a venda com termo a favor do vendedor, a venda com condição resolutiva e a venda com condição suspensiva (n.s 2 e 3 do art. 796º), o Código Civil, perante a referência feita, anteriormente, à transferência do *domínio* para o «comum das situações» de venda, acolhe um critério segundo o qual o risco corre por conta de quem tiver "o poder de controlo" (*rectius*, o domínio) sobre as mercadorias[210].

Destarte, não pode a regra consagrada no artigo 796º para a transferência do risco ser perturbada pela interpretação meramente literal dessa norma conjugada com o facto de, por via do artigo 408º, nº 1, a transfe-

[208] Esta «norma contratual» ou contrato deverá, necessariamente, influenciar quer a determinação do momento para a transferência do risco, quer o conceito de risco. "Nenhumas razões de interesse ou de ordem pública impedem que os contraentes fixem em termos diferentes o regime do risco do perecimento ou deterioração da coisa" (Varela, Antunes, *Das Obrigações em Geral*, Almedina, Vol. II, Coimbra: Almedina, 2000, p. 89). Diga-se: nenhuma razão de ordem pública existe para desconsiderar a «norma contratual» e os deveres fundamentais dela emergentes para a satisfação dos interesses do vendedor e do comprador.

[209] Ac. do STJ, de 09-10-2003, disponível em: <http://www.dgsi.pt/jstj.nsf/954f0ce6ad9dd8b980256b5f003fa814/87e362f1334fcba080256deb004434af?OpenDocument>.

[210] Ramos, Rui Manuel Moura / Soares, Maria Ângela Bento, «Do contrato de compra e venda internacional de mercadorias. Análise da Convenção de Viena de 1980 e das disposições pertinentes do direito português, *in Documentação e Direito Comparado*, Nº 6, 1981, p. 213 (nota 323).

rência do direito real se verificar por mero efeito do contrato. O que está em causa não são os efeitos do contrato[211], mas sim a regra especial criada para a transferência do risco de verificação de um evento não imputável ao vendedor nem ao comprador [212], no âmbito dos contratos comutativos (como é a compra e venda). O que está em causa é a definição do momento da transferência do risco do vendedor para o comprador e não o momento da transferência do direito real (*rectius*, do direito de propriedade). Esta transferência dá-se por mero efeito do contrato, já aqueloutra do risco dá-se quando o vendedor deixa de ter o *domínio* sobre a coisa e este passa para o comprador. O artigo 796º deve, por isso, ser objeto de uma interpretação teleológica, posto que os princípios subjacentes à criação da norma são diferentes dos princípios subjacentes à criação da norma relativa à transferência da propriedade e até mesmo aos princípios subjacentes à questão com que está, intrinsecamente, ligada: a da verificação de impossibilidade de cumprimento da prestação nos contratos que não sejam comutativos (art. 795º CC).

Aliás, no âmbito da interpretação do artigo 796º do Código Civil há uma tendência para integrar mais do que um critério para a alocação do risco, nomeadamente o critério da satisfação do interesse de um determinado sujeito da relação interligado com o «ter uma vantagem[213]/auferir

[211] Esta separação entre os efeitos do contrato de compra e venda e a transferência do risco não deve ser vista como «ilha no meio de um oceano», porquanto também a separação entre os efeitos do contrato de compra e venda e o momento em que o mesmo deve considerar-se concluído se verifica em outros ordenamentos jurídicos. Tenha-se como exemplo o artº 10º, nº 1 do *Code des Obligations* ao consagrar que os efeitos do contrato são espoletados quando a aceitação é expedida, mas o contrato considera-se concluído com a receção da aceitação (artº 3º, nº 2 CO-S).

[212] Como bem assinalava Antunes Varela "as regas examinadas nos números precedentes [(nomeadamente o concernente ao tratamento do artigo 795º do CC)] podem ser perturbadas pelos princípios que, dentro do sistema, regulam o *risco* do perecimento ou deterioração da coisa. [...] *A* vende a *B* certa coisa móvel, que é destruída por um incêndio não imputável a *A*. Como **o domínio sobre a coisa se transferiu** para *B* no próprio momento do contrato, é por conta de *B* (credor e adquirente da coisa) que corre o risco de tal evento. Por isso, o credor não gozará nesse caso dos direitos conferidos no artigo 795º, 1, tendo, pelo contrário, de entregar o preço devido, se ainda o não tiver pago, ou podendo o vendedor retê-lo se ele já tiver sido entregue." (*vide*, Varela, João de Matos Antunes, *Das Obrigações em geral*, Vol. II, 7ª Edição, Coimbra: Almedina, 2011, p. 85-86; **negrito** nosso).

[213] Cordeiro, António Menezes, *Tratado de Direito Civil, Vol. IX – Direito das Obrigações – Cumprimento e não-cumprimento, transmissão, modificação e extinção –*, 3ª Edição, Coimbra: Almedina, 2019, p. 370.

determinada vantagem», assim como o critério do contacto material com o bem interligado com a sua entrega[214]. Esta necessidade de interligar vários critérios para, no âmbito de uma mesma realidade[215], estabelecer o momento em que o risco se considera transferido do vendedor para o comprador denota, em si mesma, a consequente dificuldade de compreensão do risco que se pretende ver refletido na norma.

A afirmação de que está consagrada uma regra de transferência do risco no momento em que se tem por transferida a propriedade conduz a resultados inapropriados. Um desses resultados está relacionado com a venda de coisa (absoluta ou relativamente) futura[216]. Em um contrato de compra e venda de coisa futura, esta ainda não pertence ao alienante e, por isso, não há transferência da propriedade para o comprador por mero efeito do contrato; a propriedade só se transfere para o comprador quando a coisa é adquirida pelo alienante (art. 408º, nº 2 do CC). Se a coisa vier a ser adquirida pelo alienante já deteriorada, o comprador suportaria esse risco. Dir-se-á que não, porquanto a deterioração anterior ao momento em que a coisa se torna presente corre por conta e risco do vendedor. Mas esta resposta não pode ser tão linear como à primeira vista poderá parecer. A jurisprudência tem já respondido à questão da transferência do risco de coisa futura, fazendo uma aplicação do artigo 796º, nº 1 do C.C., ou seja, tratando a questão nos mesmos termos em que é tratada uma venda de coisa presente[217]. Uma abordagem destas (fazendo equivaler situações total-

[214] Pires, Catarina Monteiro, *Contratos: I – Perturbações na execução,* Coimbra: Almedina, 2019, p. 50. Refere a autora que "a lei parte do princípio segundo o qual o contraente que aufere as vantagens – a quem é proporcionada a satisfação do seu interesse, na explicação de Galvao Telles – deve suportar os sacrifícios, muito embora, no caso do contrato com eficácia real sujeito a condição resolutiva, se considere que a vantagem corresponde à soma da aquisição precária da propriedade e do contacto material com o bem, possibilitado com a entrega do mesmo. Estando o contrato sujeito a condição suspensiva, na ausência de referênca legal ao contacto material com o bem parece que a vantagem é, apenas, aferida em função da titularidade precária do bem, mas não é, porém, de excluir que, em certos casos, o aludido contacto *intervenha* como critério complementar de aferição do risco."

[215] Seja ela de venda com condição resolutiva ou venda com condição suspensiva.

[216] Sobre o regime aplicável à venda de coisa futura, veja-se: Ventura, Raúl, «Contrato de compra e venda no código civil (proibições de compra e de venda – venda de bens futuros – venda de bens de existência ou de titularidade incerta – venda de coisas sujeitas a contagem, pesagem ou medida –)», *in Revista da Ordem dos Advogados,* nº 43, Vol. II, 1983, p. 280 e ss.

[217] *Vide* Ac. STJ, de 09 de outubro de 2003 (proc. 02B3286), disponível em <www.dgsi.pt>.

mente diferentes) é (pelo menos) arrojada, porquanto a doutrina divide-se quanto à "construção jurídica do contrato de venda de coisa futura"[218]. Por um lado, pode considerar-se que estamos perante um negócio incompleto no qual "se a coisa vem a existir, manifestamente o consentimento das partes vem a ser integrado pelo elemento faltoso; se a coisa não vem a existir, o consentimento dado não desaparece, mas é insuficiente para que o negócio produza os seus efeitos, por a este faltar outro elemento"[219]. Simultaneamente, o vendedor não está obrigado, apenas, a adquirir a coisa de acordo com o seu livre-arbítrio, o vendedor está obrigado "a exercer as diligências necessárias *para que o comprador adquira* [a coisa] vendid[a], *segundo o que for estipulado* ou resultar das circunstâncias do contrato" (art. 880º, nº 1 do CC). Se a "construção jurídica" for outra[220], nomeadamente, considerando-se a venda de coisa futura uma venda feita sob condição suspensiva, o resultado quanto ao momento da transferência do risco será diferente, de acordo com o nº 3 do artº 796º do CC. O regime jurídico estabelecido para a venda de coisa futura faz, por isso, «florescer» o critério do controlo/domínio para determinar o momento da transferência do risco.

Assim, resumindo, mas não recapitulando[221], em nosso entender o Código Civil consagra uma regra diferente da que vem sendo afirmada[222].

[218] Ventura, Raúl, «*Contrato de compra e venda no Código Civil (proibições de compra e de venda – venda de bens futuros ...*", Cit., p. 283.

[219] Ventura, Raúl, «*Contrato de compra e venda no Código Civil (proibições de compra e de venda – venda de bens futuros,* Cit., p. 287.

[220] Para uma referência mais ampla sobre a "construção jurídica" do contrato de venda de coisa futura, *vide* Mendes, Evaristo, *A compra e venda como contrato translativo. Alguns aspetos,* §1º-A)-3.2., disponível em: < http://www.evaristomendes.eu/ficheiros/Evaristo_Mendes_Compra_e_venda_civil-Objeto-Transmissao_de_bens_e_direitos_(1986).htm#_edn1>.

[221] Seguindo os sábios conselhos de Jorge Coutinho de Abreu, para tentarmos não capitular, já que "recapitular é capitular" (Abreu, Jorge Manuel Coutinho de, *Governação das Sociedades Comerciais,* 2ª Edição, Coimbra: Almedina, 2010, p. 199)

[222] Neste sentido, a respeito da interpretação do artº 797 do CC, Rui Moura Ramos e Maria Ângela Coelho (Ramos, Rui Manuel Moura / Soares, Maria Ângela Bento, *Contratos Internacionais (compra e venda, cláusulas penais e arbitragem),* Coimbra: Almedina, 1986, p. 175 (323)) afirmam "que esta ideia de poder de controlo sobre a coisa cobra relevo na nossa lei em sede de transferência do risco, parece resultar dos nºs 2 e 3 do artigo 796º [...]. É esta mesma ligação, que cremos necessária, entre o poder de controlo sobre a coisa e a assumpção dos riscos pelo seu perecimento ou deterioração que a nosso ver justifica a solução entre nós defendida para os casos de venda com reserva de propriedade: o risco recai sobre o comprador a partir do momento em que a coisa lhe é entregue".

O que vem afirmado parece ser mais uma "conceção subjetivista-histórica da interpretação das leis [...] perimida desde há muito"[223]. O Código Civil de 1867 (CC-1867) estabeleceu uma solução que colocava o enfoque na transferência da propriedade como critério para a transferência do risco. O artigo 717º do CC-1867 estabelecia que "se a cousa transferida por effeito de contracto se deteriorar ou perder em poder do alienante, correrá o risco por conta do acquirente, salvo se se houver deteriorado ou perdido por culpa ou negligência do alienante". Concomitantemente, exceto se estivesse em causa coisa indeterminada, a transferência da propriedade operava-se por mero efeito do contrato (art. 715º CC-1867). Mas o Código não se ficava por estas duas normas e acrescentava, no seu artigo 719º, que "nos contractos em que a prestação da cousa não envolve transferência da propriedade, o risco da cousa corre sempre por conta de seu dono, excepto havendo culpa ou negligencia da outra parte". O Código de Seabra estava, por isso, marcado pelo critério da transferência da propriedade para moldar o critério para a transferência do risco. No entanto, já no final do século XIX "o esquema geral do Código de Seabra aproximava-se do de Napoleão"[224]. Assim sendo, os tempos que se seguiram foram marcados pela transição de um Código Civil português já influenciado pelo Código de Napoleão para uma nova época marcada pelo pandetismo germânico. O Código Civil que surgiu em 1966 é, por isso, de base romano-germânica, mas o Código que o precede havia sido, entretanto, influenciado por «ventos» franceses que têm na sua base a ideia de que a transferência do risco acompanha a transferência da propriedade[225]. O Direito romano e as soluções que preconizou estão na génese da criação de normas legais em vários ordenamentos jurídicos, mas o legislador do Código Civil português não conseguiu, por um lado, desligar a transferência do risco do domínio que o vendedor ou o comprador exerce sobre as mercadorias e, por outro, sobre a execução (ou inexecução) do contrato em conformidade com o acordo de vontades celebrado para a satisfação dos interesses de ambas.

[223] Abreu, Jorge Manuel Coutinho de, *Curso de Direito Comercial*, Vol. I, 12ª Edição, Coimbra: Almedina, 2019, p. 87-88.

[224] Cordeiro, António Menezes, *Tratado de Direito Civil*, I, 4ª Edição, Coimbra: Almedina, 2019, p. 235.

[225] *Vide infra* ponto 3.3.4 deste ponto 3. deste Capítulo.

A solução apresentada pelo ordenamento jurídico português não é absolutamente estranha à influência (que lhe é reconhecida) dos Códigos Civis francês e alemão[226]. Assim, ao contrário, por exemplo, do Código Civil grego em que a entrega surge como critério estruturante para a transferência do risco (art.s 522 a 524 CC-GR) porque se trata de uma codificação com soluções marcadas por «ventos» germânicos, o Código Civil português de 1966 apresenta um regime influenciado por dois ordenamentos jurídicos distintos e que se estruturam quanto aos critérios para a transferência do risco em diferentes pilares.

Não obstante, conforme decorre do supra exposto, uma interpretação conjugada dos vários números do artigo 796º com o preceituado no artigo 797º do CC tem como resultado um critério que se aproxima, sobremaneira, do controlo que o vendedor ou o comprador pode exercer sobre as mercadorias. Reconhecem-se as potencialidades do critério "satisfação do interesse do contraente"[227], mas na venda internacional, outros interesses devem ser tidos em conta para a compreensão do risco que se considera transferido quando determinada norma (contratual ou legal) consagra um determinado critério para a sua alocação. Tanto mais que é bem diferente a abordagem feita por ordenamentos jurídicos cuja inserção na «família» da *Common Law* ou na «família» da *Civil Law* é discutível.

3.3.2. O direito norte-americano

A indicação deixada na parte final do ponto anterior no sentido de que existem ordenamentos jurídicos para os quais a afirmação de que pertencem à «família» da *Common Law* ou à «família» da *Civil Law* é discutível está, intrinsecamente, relacionada com o ordenamento jurídico norte-americano. Este ordenamento tem determinadas especificidades relacionadas com a existência de *Restatements* e *Codes* que obedecem a uma metodologia diferente dos *Acts* ingleses. Estes *Acts* ingleses visam, meramente, incorporar a *Common Law* sem a finalidade de introduzir novos conceitos. Já os *Restatements* e os *Codes* norte-americanos procederam à introdução

[226] Já o Código Civil de 1867 não se ateve ao sistema do Código de Napoleão, nem ao sistema de Savigny, pois que "não obedeceu a um critério scientífico exclusivo, a uma eschola philosophica exclusiva" (Andrade, Abel, *Commentario ao Codigo Civil Portuguez*, Tomo I, Coimbra: Livraria Portugueza e Estrangeira, 1895, p. CLVI).

[227] *Vide*, por todos, Pires, Catarina Monteiro, *Impossibilidade da prestação*, Coimbra: Almedina, 2018, p. 610-611.

de novos conceitos e beneficiaram do contributo de académicos[228]. "[O]s *restatements* apresentam-se sob a forma de textos com vocação normativa, elaborados por uma «comunidade de peritos», composta por professores, advogados e juízes, sobre um tema previamente determinado"[229], tendo a sua gênese na necessidade de fazer face à existência de vários Estados com diferentes soluções normativas.

Esse foi também o objetivo do *Uniform Commercial Code (UCC)* dos Estados Unidos da América, criado sob impulso conjunto da *National Conference of Commissioners on Uniform State Laws (NCC)* e do *American Law Insttute (ALI)*. A sua mais-valia deriva do facto de ter sido adotado por todos os Estados Norte-americanos[230] e, por isso, é aplicado em todos os seus tribunais[231]. No entanto, deve ter-se em conta que alguns dos Estados não adotaram todas as normas consagradas no *UCC*, nomeadamente o Estado do Louisiana[232] que é reconhecido como um Estado influenciado pela *Civil Law*.

No que respeita à transferência do risco, já antes do *Uniform Commercial Code (UCC)* o *Uniform Sales Act* consagrava que a assunção do risco estava ligada à localização do título. Mas "a transferência do título nos termos desse *Act* demonstrou-se, no entanto, ser difícil de determinar em várias situações. Estava amplamente dependente da intenção das partes e as regras para determinar a intenção quando [esta] não ficou clara causaram confusão considerável"[233]. Consequentemente, o § 2-509 do *UCC* tem subjacente as práticas comerciais e dos seguros, consagrando que a assunção

[228] Treitel, Guenter, « Some Comparative Notes on English and American Contract Law», *in SMU Law Review*, Vol. 55, 2002, p. 362 (disponível em: < https://scholar.smu.edu/cgi/viewcontent.cgi?article=1936&context=smulr>).

[229] Pradal, Philippe, «Le *Restatement:* Les États-Unis entre tradition civiliste et tradition de *Common Law*», *in Les Cahiers de Justice*, Dalloz, Nº3, 2010, p. 82 (disponível em: < https://www.cairn.info/revue-les-cahiers-de-la-justice-2010-3-page-81.htm>).

[230] Não é, por isso, uma lei federal.

[231] *Vide* < https://www.uniformlaws.org/acts/ucc>. Com uma abordagem sobre o facto de o *UCC* não ser apenas fruto do trabalho da *NCC* e do *ALI*, mas também "um produto de compromisso entre o programa reformista original e a realidade política dos anos quarenta e anos cinquenta", veja-se Kamp. Allen R., « Uptown Act: A History of the Uniform Commercial Code: 1940-49», *in SMU Law Review*, Vol. 51, 1998, p. 279 e ss (disponível em: < https://scholar.smu.edu/cgi/viewcontent.cgi?article=1633&context=smulr>).

[232] *Vide:* < https://www.sos.la.gov/BusinessServices/UniformCommercialCode/WhatIsUniformCommercialCode/Pages/default.aspx>.

[233] Lawrence, William H., *The Law of Sales Under the Uniform Commercial Code (2019-2020 Cumulative Supplement, 2019)*, Eagen: Thomson Reuters, 2019, p.192.

do risco depende da localização física das mercadorias[234]. Na maior parte das situações consagradas no *UCC* "o risco de perda é atribuído à parte que normalmente tem maior probabilidade de ter um seguro contra a perda"[235]. O ordenamento jurídico norte-americano não pode, hoje, ser integrado nos ordenamentos jurídicos que consagram uma ligação direta entre a transferência do risco e a transferência da propriedade[236], sendo mais razoável considerar que se aproxima do regime consagrado na *CISG*, embora com algumas diferenças. Hoje, o *UCC*, tal como a *CISG*, "sustenta um esquema em que o risco de perda deve ser atribuído à parte em melhor posição para cuidar das mercadorias e cobrir o risco do seguro"[237]. Mas se na *CISG* se introduz, no artigo 66º, a ideia de que a partir do momento em que risco se transfere para o comprador este não fica exonerado do pagamento do preço, exceto se a perda ou deterioração foram devidas a ato ou omissão do vendedor, já no *UCC* estabelece-se um regime diferenciado consoante se verifique, ou não, violação do contrato[238] (§§ 2-509 e 2-510, respetivamente).

Assim, pode dizer-se que o critério estabelecido pelo *UCC* para a transferência do risco é, aparentemente, o da entrega das mercadorias. Nessa sede trataremos com maior detalhe a solução apresentada pelo *UCC*[239].

Voltemos, por isso, a um ordenamento de «família» diferente para podermos evidenciar a variedade de abordagens por parte dos Estados e a necessidade de uma abordagem diferenciada no âmbito da venda internacional e do comércio internacional.

[234] The American Law Institute / National Conference of Commissioners on Uniform State Laws, *Uniform Commercial Code – Official Text and Comments –*, Thomson, 2007, p. 157.

[235] Lawrence, William H., *The Law of Sales Under the Uniform Commercial Code (2019-2020 Cumulative Supplement, 2019)*, Eagen: Thomson Reuters, 2019, p.192.

[236] The American Law Institute / National Conference of Commissioners on Uniform State Laws, *Uniform Laws Annotated, Vol. 1B – Uniform Commercial Code*, Article 2, §§2-315 to 2-607, with Annotations From State and Federal Courts, Thomson Reuters, 2012, p. 617.

[237] Palumbo, Alissa, *Modern Law of sales in the United Nations*, Haia: Elevens International Publishing, 2015, p. 86.

[238] The American Law Institute / National Conference of Commissioners on Uniform State Laws, *Uniform Laws Annotated, Vol. 1B – Uniform Commercial Code*, Article 2, §§2-315 to 2-607, with Annotations From State and Federal Courts, Thomson Reuters, 2012, p. 616-617 e 630-631.

[239] *Vide infra* ponto 4.2.2. deste Capítulo.

3.3.3. O direito italiano

O ordenamento jurídico italiano opta, digamos que de forma bem vincada, pelo momento da transferência da propriedade para determinar o momento da transferência do risco, como "expressão do princípio *res perit domino* [...]"[240]. O artigo 1465º do Código Civil Italiano (CC-IT) estabelece, desde logo no seu primeiro parágrafo, que "nos contratos que transferem a propriedade de uma coisa determinada ou constituem ou transferem direitos reais, o perecimento da coisa por uma causa não imputável ao alienante não libera o adquirente da obrigação de cumprir a contraprestação, ainda que a coisa não lhe tenha sido entregue". Esta regra aplica-se mesmo nos casos em que o efeito translativo ou constitutivo seja deferido para o fim de um prazo (art. 1465º, nº 2 do CC-IT); "o risco é suportado pelo comprador antes mesmo do vencimento do prazo"[241]. Tratando-se de um contrato sinalagmático, a partir do acordo entre as partes "o vendedor 'teoricamente' cumpre o seu dever assim que aceita transferir a propriedade"[242] As razões apontadas para esta opção do legislador italiano são: quando a entrega se verifica em momento posterior ao momento da transferência da propriedade (que se verifica no momento em que se forma o acordo[243] quando está em causa coisa determinada ou no momento da individualização quando está em causa coisa determinada apenas quanto ao género[244]) esse facto

[240] Pellegrini, Gianluca Mauro, «Artigo 1465º», *in* Rescigno, Pietro, *Le Fonti del Diritto Italiano – I testi fondamentali commentati con la dottrina e annotati con la giurisprudenza –, Codice Civile*, Tomo I, Milão: Giuffrè Editore, 2018, p. 2967.

[241] Trimarchi, Pietro, *Istituzioni di Diritto Privato*, 22ª Edição, Milão: Giuffrè Editore, 2018, p. 337.

[242] Greco, Alessio, «National Report on the Transfer of Movables in Italy», *in* Faber, Wolfgang / Lurger, Brigitta (Eds.), *National Reports on the Transfer of Movables in Europe, Volume 1: Austria, Estonia, Italy, Slovenia*, Munique: European Law Publishers, 2008, p. 437.

[243] Esta formulação é apresenta em: Luminoso, Angelo, «La vendita», in Schlesinger, Pietro (Dir.), *Trattato di Diritto Civile e Commerciale*, Milão: Giuffrè Editore, 2014, p. 307.

[244] Artigos 1376º e 1378º do CC-IT. A jurisprudência italiana extrai do artigo 1465º uma regra *sui generis* quando estão em causa vendas de "praça a praça" de coisa determinada apenas quanto ao género. Nestes casos "a individualização, e a consequente transferência da propriedade, ocorre mediante a entrega da coisa ao transportador ou ao expedidor, mas que só se verifica quando a mercadoria constitui objeto de uma expedição destinada a um só comprador ou quando se trate de expedição de lotes separados materialmente um do outro, de forma distinta para cada comprador, enquanto no caso de expedição a granel para vários compradores sem distinção de lotes, a transferência da propriedade ao comprador implica necessariamente a especificação, a ser realizada à chegada da mercadoria com a separação de

é estabelecido no interesse do adquirente; do mesmo modo, se o comprador se torna proprietário da coisa é ele que pode beneficiar do eventual aumento do valor da coisa (alienando o direito) ainda que a entrega não se tenha verificado[245]. Para além destes, outros fundamentos são avançados, nomeadamente, que "na venda, a atribuição patrimonial fundamental a realizar pelo vendedor é a transferência do direito, que constitui o momento e o aspeto saliente da relação, e ao qual estão subordinadas, acessoriamente, todas as obrigações do vendedor"[246]. Diz-se que a exceção surge na venda de coisas em viagem, em que o risco deve ser suportado pelo comprador desde o momento da entrega da coisa ao transportador, quando se trate de uma venda sobre documentos e um desses documentos seja a apólice de seguro (art. 1529º do CC-IT), e que o fundamento para esta exceção é o facto de, sob o ponto de vista económico, não haver qualquer risco para o comprador[247]. Esta exceção olvida o facto de o contrato de seguro poder ser celebrado entre o momento da entrega da coisa ao transportador e o momento da celebração do contrato de compra e venda. Se o contrato de seguro for celebrado neste intervalo o facto de entre os documentos entregues ao comprador estar uma apólice de seguro não tem a virtualidade de anular o risco para o comprador, dado que o risco anterior à conclusão do contrato de seguro cai fora do âmbito deste.

Além desta exceção[248] e a crítica que lhe apontamos, os fundamentos para a opção pela transferência do risco no momento em que é transferida a propriedade não assenta em terreno firme. Considerar que a realização da entrega em momento posterior ao da transferência da propriedade surge no interesse do comprador é olvidar alguns dados, mormente o momento em que o preço deve ser pago. Na falta de manifestação de vontade em sentido contrário, o preço deve ser pago no momento da entrega da coisa (art. 1498º, §2º do CC-IT) e o vendedor pode ter todo o interesse que a entrega seja efetuada em momento posterior ao da transferência da propriedade

lotes individuais" (vide, Caianiello, Carlo / Polito, Pompeo / Sgroi, Renato, in Ruperto, Cesare, *La Giurisprudenza sul Codice Civile coordinata com la dottrina – Libro IV – Delle Obbligazioni (artt. 1425-1469-bis)*, Coord. Ruperto, Saverio, Milão: Giuffrè Editore, 2011, p. 561.

245 Trimarchi, Pietro, *Istituzioni di Diritto Privato*, 15ª Edição, Milão: Giuffrè Editore, 2003, p. 321.

246 Rubino, Domenico, *La compravendita*, Milão: Giuffrè Editore, 1971, p. 452.

247 Rubino, Domenico, *La compravendita*, Milão: Giuffrè Editore, 1971, p. 454.

248 Mais cabível na análise do critério da entrega (*vide supra* o ponto 4.2.6. deste Capítulo).

se souber que o comprador estará em melhores condições de cumprir a sua obrigação de pagamento do preço. De outra banda, para que o argumento "o comprador pode beneficiar de um aumento do valor da coisa" pudesse colher seria necessário que esse fosse um resultado único para o novo proprietário e se considerasse que o contrário (uma perda de valor) não era possível. Trata-se de um argumento que se orienta mais para levar em conta critérios económicos com dificuldade em serem integrados no plano jurídico.

Finalmente, dizer-se que a atribuição patrimonial fundamental a realizar pelo vendedor é a transferência do direito (*rectius*, de propriedade) e que as obrigações a que este está adstrito ficam todas subordinadas àquela, significa olvidar o facto de o comprador, no momento da transferência da propriedade (quando não cumprida, ainda, a obrigação de entrega), não estar em posição de adotar qualquer comportamento tendente à conservação daquela atribuição patrimonial porque não tem o controlo sobre a coisa. Será, por isso, pertinente perguntar como fica a efetivação dessa atribuição patrimonial se o comprador suporta os riscos sem estar em condições de evitar, por exemplo, a consumação da deterioração total das mercadorias.

Por isso é que a solução italiana para as vendas a termo, em que o risco é transferido para o comprador a partir da conclusão do contrato ainda que a coisa não tenha sido entregue (art. 1465º, §2º CC-IT), não é fácil de explicar em termos técnico-jurídicos[249]. Os fundamentos para um tal critério são que o efeito translativo do contrato se verifica independentemente de uma vontade ulterior do vendedor e que no momento da conclusão do contrato já este se comporta como não sendo mais o proprietário e o comprador como se já fosse proprietário[250]. Efetivamente, face à opção pelo critério da transferência da propriedade não se entende como se possa depois «ficcionar» que o vendedor ou o comprador já se comporta como se fosse (ou não) proprietário e que isso é fundamento para continuar a dizer que o critério é o mesmo (como o diz a própria norma). Compreende-se o esforço para perquirir a vontade do legislador levada a cabo por parte do autor referido (em nota de rodapé), mas o que parece é que o legislador italiano, tendo articulado o momento da transferência da propriedade com o momento em que há acordo entre o vendedor e o comprador (art. 1376º

[249] Rubino, Domenico, *La compravendita*, Milão: Giuffrè Editore, 1971, p. 462-463.
[250] Rubino, Domenico, *La compravendita*, Milão: Giuffrè Editore, 1971, p. 463.

do CC-IT), remete a questão da transferência do risco para o momento da conclusão do contrato. E esta solução surge na decorrência de uma articulação do momento da transferência da propriedade com aquele outro momento do acordo entre o vendedor e o comprador, mas não significa que o momento para a transferência do risco não se dê aquando da transferência da propriedade, porquanto esse continua a ser o critério. Esta afirmação obtém o necessário arrimo no regime aplicável à transferência do risco na venda com reserva de propriedade. Aqui o legislador, em claro desvio da regra referida, estabelece que a transferência do risco do vendedor para o comprador se verifica no momento da entrega[251] e que a transferência da propriedade se verifica quando é feito pagamento da última parcela do preço (art. 1523º do CC-IT). Assim sendo, deve considerar-se que a regra consagrada no ordenamento jurídico italiano é que a transferência do risco se realiza no momento da transferência da propriedade do vendedor para o comprador.

Em contraposição poderia dizer-se que "no direito italiano, o princípio da consensualidade (*principio consensualistico*) aplica-se e o [comprador] adquire a propriedade pelo mero acordo das partes [transferindo-se] o risco de perda das mercadorias [para o comprador], como regra, aquando da conclusão do acordo."[252] Assim, apenas com base neste dado, poderia dizer-se que o ordenamento jurídico italiano se situa no grupo dos países que adota o critério da conclusão do contrato de compra e venda para determinar o momento da transferência do risco. No entanto, considera-se que no caso de "as partes contratantes [terem] deferido a transferência da propriedade para um momento posterior"[253], o risco já não se transfere no momento em que o contrato é concluído. Esta hipótese verifica-se nas situações em que haja venda com reserva de propriedade e em que o risco é assumido pelo comprador aquando da entrega (art. 1523º do CC-IT)[254]. Por isso, com maior ou menor número de críticas que possam ser apesen-

[251] Vide ponto 4. deste Capítulo.

[252] Lurger, Brigitta, *et. al.*, *Principles of European Law (Study Group on a European Civil Code) – Acquisition and Loss of Ownership of Goods (PEL Acq. Own.)*, Munique: Sellier. European Law Publishers, 2011, p. 658.

[253] Lurger, Brigitta, *et. al.*, *Principles of European Law (Study Group on a European Civil Code) – Acquisition and Loss of Ownership of Goods (PEL Acq. Own.)*, Munique: Sellier. European Law Publishers, 2011, p. 658.

[254] *Vide infra* ponto 4.2.6. deste Capítulo.

tadas, a regra estabelecida no ordenamento jurídico italiano para a transferência do risco é a de que esta se verifica aquando da transferência do direito de propriedade do vendedor para o comprador.

O critério da transferência da propriedade para determinar a transferência do risco não surge, apenas, no âmbito do ordenamento jurídico italiano, embora a clareza da aplicação do critério seja diferente em outros ordenamentos jurídicos.

3.3.4. O direito francês

No ordenamento jurídico francês o contrato de compra e venda é aquele por via do qual uma pessoa – o vendedor – transfere ou se compromete a transferir um bem para outra pessoa – o comprador – que tem a obrigação de pagar o preço. Desta feita, após a conclusão do contrato de compra e venda, a propriedade do bem transfere-se para o comprador. A transferência do risco acompanha a transferência da propriedade. Esta matéria vem regulada no artigo 1196.º[255] do *Code Civil* (CC-FR) e aí se consagra uma solução segundo a qual a transferência do risco para o comprador ocorre com a transferência da propriedade. Por seu turno, a transferência da propriedade dá-se quando o contrato é concluído[256]. Destarte, "[o] comprador suporta então o risco de perda de uma coisa de que ainda não tem posse física, e desde que o dano não seja consequência de um incumprimento do vendedor da sua obrigação de conservação ([...]art. 1197 [do CC-F])."[257] Esta solução é tão bizarra quanto complexa, porquanto "[s]e o vendedor

[255] Antes da reforma de 2016, levada a cabo pela Ordonnance n.º 2016-131, de 10 de fevereiro, o critério para a transferência do risco estava definido em outros moldes no artigo 1138.º:
"L'obligation de livrer la chose est parfaite par le seul consentement des parties contractantes.
Elle rend le créancier propriétaire et met la chose à ses risques dès l'instant où elle a dû être livrée, encore que la tradition n'en ait point été faite, à moins que le débiteur ne soit en demeure de la livrer ; auquel cas la chose reste aux risques de ce dernier."

[256] Segundo o artigo 1121.º do CC-FR, o contrato está concluído quando a aceitação chega ao oferente. Reza assim a referida norma:
"Le contrat est conclu dès que l'acceptation parvient à l'offrant. Il est réputé l'être au lieu où l'acceptation est parvenue."
A aceitação do contrato é, em si mesma, objeto de ampla discussão na doutrina francesa (*vide*, Terré, François / Simler, Philippe / Lequette, Yves, *Droit Civil – Les Obligations* –, 11.ª Edição, 2013, p. 114).

[257] Raynard, Jacques / Seube, Jean-Bapriste, *Droit des contrats spéciaux,* 10.ª Edição, Paris: LexisNexis, 2019, p.169.

(devedor da obrigação de *délivrer*) for notificado formalmente para cumprir esta obrigação (a *délivrance*[258]), os riscos são novamente suportados por este, até o comprador tomar posse física."[259] Mas, como veremos mais adiante, é uma solução que coloca quem não tem controlo sobre as mercadorias a suportar o risco e coloca o (in)cumprimento/violação de deveres a determinar a alocação do risco[260]. Ainda que possa ser solução para a venda interna, já o mesmo não poderá dizer-se para a venda internacional.

Esta nova redação apresentada após a reforma francesa do direito das obrigações, em 2016, "esvazi[ou a *obligation de donner*] da sua substância pela admissão do princípio da transferência «pelo mero consentimento das partes contratantes» [..., passando a considerar-se que a] transferência é, portanto, feita *solo contractu*, e não *solo consensu*"[261]. Assim, o momento da conclusão do contrato é colocado em evidência e determina o momento da transferência do risco, exceto se houver condição suspensiva (caso em que o risco permanece com o vendedor até a verificação da condição) ou se o vendedor estiver em mora quanto à entrega da coisa (caso em que o risco corre a seu cargo desde do momento da constituição em mora em conformidade com o art. 1344-2) e sob reserva das regras previstas no art. 1351-1 (ou seja, se se provar que a perda se verificaria da mesma forma apesar de o vendedor se ter constituído em mora). A aplicação do critério geral para a transferência do risco é, por isso, independente da entrega (ou não) das mercadorias[262].

Não obstante, nem sempre foi esta a solução legal estabelecida para a transferência do risco por parte do ordenamento jurídico francês. Na

[258] Propositadamente se deixa a expressão em francês para que fique patente a diferença que a reforma francesa do direito das obrigações, de 2016, pretendeu evidenciar entre *délivrer* (colocar à disposição, ou seja, quando o vendedor já fez tudo que que lhe competia para que a entrega se possa consumar) e *livrer* (entregar).

[259] Raynard, Jacques / Seube, Jean-Bapriste, *Droit des contrats spéciaux,* 10ª Edição, Paris: LexisNexis, 2019, *idem.*

[260] Sobre esta última questão *vide* pontos 2. e 5. do Capítulo III.

[261] Chantepie, Gaël / Latina, Mathias, *Le nouveau droit des obligations – Commentaire théorique et pratique dans l'ordre du Code Civil –*, 2ª Edição, Paris: Éditions Dalloz, 2018, p. 485-486. A autora chama a atenção para esta diferença atendendo à necessidade de ter em conta a forma que o contrato possa ter de revestir.

[262] Helleringer, Geneviève, *in* Cartwright, John / Whittaker, Simon, *The Code Napoléon Rewritten – French Contract Law after the 2016 Reforms –*, Oxford; Londres: Hart Publishing, 2017, p. 213

versão do Código Civil francês anterior à reforma de 2016, a transferência do risco vinha regulada, em primeira instância, no artigo 1138º e aqui se estabelecia que "a obrigação de entregar (*livrer*) a coisa está completa pelo simples consentimento das partes contratantes[,] torna [o comprador] proprietário e coloca a coisa aos seus riscos desde o momento em que deveria ter sido entregue"[263].

A dificuldade de determinar o momento da transferência da propriedade ao abrigo do artigo revogado ficou patente em um Acórdão da *Cour de Cassation*. No caso a que nos referimos, a *Cour d'appel d'Aix-en-Provence* considerou que a conclusão do contrato de compra e venda não dependia do pagamento do preço e da entrega[264] e, por isso, o valor a ter em conta para o cálculo de indemnização decorrente de colisão de um catamarã com duas barcaças e um rebocador era o constante do contrato de compra e venda simulado (que legitimava a autora a ser indemnizada na qualidade de proprietária do catamarã)[265]. No entanto, em sede de recurso, a *Cour de Cassation* considerou que a referida decisão não tinha base legal e, consequentemente, a *Cour d'appel d'Aix-en-Provence* não poderia ter atribuído à autora uma indemnização correspondente ao preço de venda, devendo o processo voltar ao ponto em que se encontrava antes da decisão do tribunal *a quo*[266].O tribunal superior francês considerou que não tendo sido

[263] Note-se que literalmente o artigo refere que "*Elle rend le créancier propriétaire* [...]", parecendo querer significar que a obrigação de entrega torna o credor proprietário, mas a verdade é que a norma foi objeto de críticas incisivas, tendo sido considerado que "é de relevar o erro existente na segunda alínea [do art. 1138º]. Com efeito, nesta hipótese, não é a obrigação de entregar que torna o credor proprietário, mas a simples troca de consentimentos. Portanto, seria necessário ler «il rend (...)» em vez de «elle rend (...)». [E] onde está escrito « (...) elle rend le créancier propriétaire (...) dès l'instant ou elle (la chose) a dû être livrée [...]» seria necessário ler: il rend le créancier proprietaire dès l'instant où l'obligation de livrer existe." (*vide* Chazal, Pascal / Vicente, Serge, «Le transfert de propriété par l'effet des obligations dans le code civil», *Revue Trimestrielle de Droit Civil (3)*, Julho-Setembro de 2000, p.482).

[264] Estava em vigor, à data, o artº 1583º CC-FR, que dispunha: *«[La vente] est parfaite entre les parties, et la propriété est acquise de droit à l'acheteur à l'égard du vendeur, dès qu'on est convenu de la chose et du prix, quoique la chose n'ait pas encore été livrée ni le prix payé."*

[265] Decisão da *Cour d'appel d'Aix-en-Provence*, de 12 de Junho de 2008, in <https://www.legifrance.gouv.fr/affichJuriJudi.do?idTexte=JURITEXT000019519836>.

[266] Decisão da *Cour de cassation – chambre commerciale*, de 5 de Outubro de 2010 (processo 08-19408), in <http://www.courdecassation.fr/publications_cour_26/arrets_publies_2986/chambre_commerciale_finan ciere_economique_3172/2010_3324/octobre_3694/930_5_17772.html>. Note-se que, segundo o artº 1651º do Code Civil, na falta

apresentados fundamentos por parte do tribunal inferior para considerar que quem suportava o risco pela perda ou deterioração do catamarã era a autora (havia que definir se a venda tinha sido concluída) e, não havendo sinais nos autos de que à autora já tinha sido feita a entrega do catamarã (estava em causa um venda simulada[267] e a havia um documento onde a mesma atestava não ter participado na compra do barco catamarã), então, não havia como atribuir uma indemnização equivalente ao seu valor no momento da conclusão do contrato[268].

A *Cour de Cassation* ao remeter as partes para o estado em que se encontravam antes da decisão do tribunal *a quo* coloca em evidência a dificuldade deste tribunal para aplicar as regras atinentes à transferência do risco em uma ação que não opunha o vendedor ao comprador (tratava-se de uma ação de responsabilidade civil contra um terceiro), mas que exigia que se determinasse previamente em que momento foi concluído o contrato e se à data dos factos que fundamentaram a ação de responsabilidade civil contra terceiro já era a autora que suportava o risco pela perda e deterioração do catamarã e, consequentemente, se tinha um interesse legitimo para a ação.

Nas vendas mercantis, o regime aplicável é o constante do CC-FR (mormente, o estabelecido no artigo 1196º). A regra geral estabelecida pelo CC-FR tem, no âmbito do *Code de Commerce*, uma expressa consagração. Nas vendas seguidas de transporte, a mercadoria, após a sua saída do estabelecimento do vendedor ou do expedidor, é transportada sob o risco do seu proprietário, salvo cláusula contratual em contrário (art. 132º-7 CCom-FR).

de convenção em contrário, o comprador apenas tem a obrigação de pagamento do preço no momento da entrega.

267 À data, o CC-FR não estabelecia qualquer referência direta aos negócios simulados, mas no seu artº 1321º consagrava que *"Les contre-lettres ne peuvent avoir leur effet qu'entre les parties contractantes; elles n'ont point d'effet contre les tiers."*

268 À data o CC-FR estabelecia no seu artigo 1624º : *"La question de savoir sur lequel, du vendeur ou de l'acquéreur, doit tomber la perte ou la détérioration de la chose vendue avant la livraison, est jugée d'après les règles prescrites au titre « Des contrats ou des obligations conventionnelles en général «*, que no seu art. 1138º previa :

"L'obligation de livrer la chose est parfaite par le seul consentement des parties contractantes.
Elle rend le créancier propriétaire et met la chose à ses risques dès l'instant où elle a dû être livrée, encore que la tradition n'en ait point été faite, à moins que le débiteur ne soit en demeure de la livrer ; auquel cas la chose reste aux risques de ce dernier.".

E, com base no artigo 1609º *"La délivrance doit se faire au lieu où était, au temps de la vente, la chose qui en a fait l'objet, s'il n'en a été autrement convenu."*

Mas, segundo a jurisprudência francesa, "a transferência dos riscos tem lugar no momento da transferência de propriedade *uma vez apresentada prova de que a mercadoria foi expedida*, o que pode resultar da produção da guia de expedição dos objetos remetidos ao transportador [...]"[269].

O ordenamento jurídico francês, à semelhança do sucede com o ordenamento jurídico português, estabelece um critério estrito para a transferência da propriedade. Mas em outros ordenamentos jurídicos a questão relativa à transferência da «propriedade» é deixada à consideração do vendedor e do comprador, nomeadamente no âmbito do ordenamento jurídico inglês.

3.3.5. O direito inglês

O momento da transferência da propriedade é, também, seguido como critério para a transferência do risco no ordenamento jurídico inglês. Nos termos da secção 20(1) do *Sale of Goods Act*, o vendedor suporta o risco enquanto for o proprietário das mercadorias, passando esse risco para o comprador a partir do momento em que a propriedade[270] sobre as mercadorias seja transferida para este. Por seu turno, a propriedade transfere-se do vendedor para o comprador no momento estabelecido, no contrato, pelas partes (secção 17(1) do *Sale of Goods Act*). Para determinar a intenção das partes, deve ter-se em conta os termos do contrato, a conduta das partes e as circunstâncias de cada caso (secção 17(2) do *Sale of Goods Act*)[271].

[269] Decisão da *Cour de Cassation (1º Chambre Civile)*, de 19 de novembro de 1991 (*vide*, Mercadal, Barthélemy, *Mémento Pratique Droit Commercial 2021*, Levallois: Éditions Francis Lefebvre, 2021, p. 857). *Itálico* nosso.

[270] Mas "se em um grande número de sistemas jurídicos a propriedade é concebida como poder absoluto sobre a coisa, no ordenamento jurídico inglês a *property* designa mais a totalidade das prerrogativas que o vendedor tem sobre uma coisa, e dentro dessa lógica, é normal que os riscos da coisa estejam compreendidos na transmissão da *property*, salvo cláusula em contrário" (Testu, François Xavier, *Contrats d'affaires*, Paris: Editions Dalloz, 2010, p. 263. Independentemente desta especificidade, não deixa alguma doutrina de assinalar a problemática criada pela opção por um critério de transferência do risco ligado à transferência da *property* (*vide*, Goode, Roy, *Commercial Law*, 2ª e Edição, Londres: Penguin Books, 1995, p. 248).

[271] Não há, por isso, um critério devidamente delimitado para determinar quando é que a *property* se transfere do vendedor para o comprador. Há na secção 18 do *Sale of Goods Act* vários critérios para determinar a intenção das partes, conforme se trate de mercadorias especificas, futuras ou indeterminadas, mas esses critérios apenas devem aplicar-se acaso não transpareça uma outra intenção das partes. O julgador terá, por isso, liberdade para, com base no contrato, na conduta das partes e nas circunstâncias de cada caso em concreto, determinar qual a intenção das partes no que à transferência da *property* diz respeito.

Por conseguinte, a intenção das partes quanto à transferência da *property* pode revelar-se expressa ou implícita[272].

Trata-se de uma «presunção» de que a transferência do risco se verifica com a transferência da *property*, dado que as partes podem acordar de diferente modo ou um determinado uso pode implicar que essa simultaneidade não se verifique[273]. Trata-se de uma regra com pouca probabilidade de ser aplicada em uma venda internacional e que está mais concebida para uma compra e venda interna (doméstica)[274]. Ademais, a solução apresentada pelo "*Sale of Goods Act*, ligando a transferência do risco com a transferência da *property*, tem sido criticada por ignorar as realidades dos seguros, em particular que a pessoa na posse d[as mercadorias] é quase sempre a melhor colocada para [as] segurar."[275]

São, por isso, na realidade bem diferentes as soluções preconizadas pela lei inglesa no que concerne à transferência do risco na venda internacional.

O Reino Unido não aderiu à *CISG*[276] e, com o *Brexit*[277], deixaram de ser aplicáveis os Regulamentos do Parlamento Europeu e Conselho Europeu

[272] Lucas, David, *et. al.*, «England & Wales», *in* Lucas, David, *Shipping & International Trade Law*, Londres: Sweet & Maxwell, 2011, p. 78.

[273] Beale, H. G, *et al.*, *Chitty on Contracts*, Vol. II – Special Contracts, 33ª Edição, Londres: Swett & Maxwel, 2018, p. 1985.

[274] Debattista, Charles, *Sale of Goods Carried by Sea*, Londres: Butterworths & Co (Publishers) Ltd, 1990, p. 91.

[275] Bridge, Michael, *The Sale of Goods*, Oxford: Oxford University Press, 2014, p. 138.

[276] Assinalando a "insuficiente explicação para a relutância britânica em se tornar parte na bem-sucedida [...] ('CISG')" quando baseada no argumento de que "a *common law* é mais adaptável à alteração de circunstâncias económicas", *vide* Kanning, Arnald J., «Unification of Commercial Contract Law: Dominant Economy», *The Rabel Journal of Comparative and International Private Law*, Tübingen: Mohr Siebeck GmbH & Co. KG, 2021, p. 337-338. Não obstante, o autor apresenta algumas razões para que o Reino Unido não tenha aderido, até à presente data, à *CISG* e que não estão, necessariamente, conexionadas com a sua maior adaptabilidade a mudanças económicas e/ou sociais. O Reino Unido assume-se como um local de arbitragem comercial internacional e "um desproporcional elevado número de contratos comerciais internacionais são regidos pelo direito inglês [...e] recuando a 1981, entre outras preocupações, a *Law Society of England and Wales* citou medos sobre a CISG[,dado que a adesão poderia resultar] 'em um papel diminuído para o direito inglês na arena do comércio internacional'" (*vide*, p. 354).

[277] Termo utilizado para a saída do Reino Unido da União Europeia (oficialmente, o Reino Unido saiu da União Europeia em 31 de janeiro de 2020). Não abordaremos as implicações do designado *BREXIT* na delimitação do Direito aplicável neste Estado. Que as regras de conflito aplicáveis pelos tribunais ingleses serão alteradas por via de uma saída deste Estado da União

que estabeleciam as regras de conflito que poderiam levar à sua aplicação neste Estado[278]. Um desses Regulamentos era (e continua a ser para a maioria dos atuais Estados-membros da UE) o Regulamento Roma I[279], porquanto o Reino Unido, ao contrário da Dinamarca, decidiu, à data, aderir ao mesmo. Assim, antes do *Brexit* se, por via das normas de conflito consagradas neste Regulamento[280], o direito determinado como aplicável a um contrato de venda internacional de mercadorias fosse o de um Estado que tivesse aderido à *CISG*, então, este corpo de normas deveria ser aplicado pelos tribunais britânicos.

Não obstante o *Brexit*, as soluções preconizadas pelo ordenamento jurídico interno inglês[281], nomeadamente as exceções à regra supra enunciada permitem determinar melhor o posicionamento deste ordenamento jurídico face à problemática da definição do momento para a transferência do risco na venda internacional de mercadorias, nas situações em que seja esta lei interna a aplicável. A lei inglesa considera que o atraso na entrega das mercadorias, devido a *fault* do vendedor ou do comprador, conduz a que cada um tenha de suportar o risco de perda verificado apenas devido a essa conduta negligente, violadora de um dever contratual ou de um dever imposto por lei[282]. Não se trata de uma retransmissão do risco, dado que o

Europeia é uma realidade que terá, necessariamente, implicações quanto à aplicação da *CISG* (*vide*, Ungerer, Johannes, «Consequences of Brexit for European Private International Law», in *European Papers*, Vol. 4, Nº 1, 2019, p. 395-407, disponível em <http://www.europeanpapers.eu/en/system/files/pdf_version/EP_EF_2019_I_002_Johannes_Ungerer_0.pdf>).

[278] Mas tenha-se em conta que o *Statutory Instrument* nº 834/2019 absorveu, quase na integra, as normas do referido Regulamento Europeu.

[279] Regulamento (CE) n. 593/2008 do Parlamento Europeu e do Conselho, de 17 de Junho de 2008, sobre a lei aplicável às obrigações contratuais (Roma I), disponível em <https://eur-lex.europa.eu/legal-content/PT/ALL/?uri=CELEX%3A32008R0593>. A aplicabilidade de todas as disposições deste Regulamento no Reino Unido, a partir de 17 de dezembro de 2009, resultava da Decisão da Comissão, de 22 de dezembro de 2008, disponível em <https://eur-lex.europa.eu/legal-content/PT/TXT/?uri=CELEX%3A32009D0026 >.

[280] Plender, Richard / Wilderspin, Michael, *The European Private International Law of Obligations*, 4ª Edição, Londres: Thomson Reuters; Sweet & Maxwell, 2015, p. 186 e ss.

[281] Note-se que se trata de um ordenamento jurídico "composto por uma mistura [...] de fontes: a *case law*, a equidade, os *acts* (leis) e a legislação europeia [até ao Brexit]" (Balmaceda, Jorge, *La vente de marchandises dans les systèmes de droit civil et de Common Law*, Paris: L'Harmattan, 2019, p. 26).

[282] Gullifer, Louise, «Risk», in McKendrick, Ewan (Ed.), *Sale of Goods*, Londres: LLP Professional Publishing, 2000, p. 129.

critério estabelecido (transferência da propriedade) continua a regular a parte da perda ou deterioração das mercadorias que não foram devidas a *fault*. Além disso, "a parte [que teve conduta negligente, violadora de um dever contratual ou de um dever imposto por lei] não é responsável por todos os riscos, mas apenas por aqueles que 'poderiam não ter ocorrido [se tal conduta não se tivesse verificado]'"[283] (secção 20(2) do *Sale of Goods Act*). No entanto, a existência de uma conduta negligente, violadora de um dever contratual ou de um dever imposto por lei por uma das partes não implica, necessariamente, que a outra não tenha de cumprir as suas obrigações. "Em especial, o facto de o comprador se atrasar na aceitação da entrega não significa que o vendedor não continue vinculado a tomar todos os cuidados razoáveis com as [mercadorias]"[284].

Mas o *Sale of Goods Act* consagra uma outra norma que será, por certo, mais convocada para regular uma venda internacional: a secção 32. Nos termos do nº 2 desta secção 32 "[m]esmo que o risco recaia sobre o comprador enquanto as mercadorias estão em transito, o vendedor pode ainda ser responsável se a perda ou deterioração for devida a um contrato de transporte não razoável feito pelo vendedor com o transportador"[285] . Já o nº 3 deste mesmo dispositivo é aplicável à venda em que o vendedor está autorizado ou obrigado a enviar as mercadorias para o comprador e uma das vias utilizadas para o transporte seja a marítima[286]. Neste caso, o vendedor deve notificar o comprador para que o mesmo possa celebrar contrato de seguro, sob pena de o risco ficar a cargo daquele durante o trânsito marítimo.

[283] Atiyah, P. S. / Adams, John N. / MacQueen, Hector, *Atiyah's Sale of Goods*, Harlow: Pearson Education Limited, 12ª Edição, 2010, p. 347.

[284] Atiyah, P. S. / Adams, John N. / MacQueen, Hector, *Atiyah's Sale of Goods*, Harlow: Pearson Education Limited, 12ª Edição, 2010, p. 347. Na página seguinte é dado um interessante exemplo de responsabilidade do vendedor por violaçao do seu dever custódia ("*In Knight v. Wilson, the seller of a boat, the property and risk in which had passed to the buyer, negligently caused damage to it while sailing it without permission, and was held liable to the buyer under the custodian's duty of care*"). Sobre a relevância desta concreta questão na transferência do risco na venda internacional de mercadorias *vide infra* o ponto 6. do Capítulo VI.

[285] Bridge, Michael, *The Sale of Goods*, Oxford: Oxford University Press, 2014, p. 143.

[286] Mas há quem considere que esta parte da secção 32(3) do *Sale of Goods Act* "possa ser alargada por analogia aos casos em que as mercadorias são transportadas por outro meio que não por transito marítimo, por exemplo por terra ou ar, ou por transito combinado por terra e mar." (*vide* Bridge, Michael, *et. al.*, *Benjamin's Sale of Goods*, 10ª Edição, Londres: Sweet & Maxwell, 2017, p. 322).

Por outro lado, quando se está perante uma situação em que o vendedor acorda entregar, "por sua conta e risco", as mercadorias em um lugar diferente do lugar em que se encontram quando são vendidas, a possibilidade de deterioração das mercadorias corre por conta e risco do comprador, se nada em contrário estiver consagrado no contrato (secção 33(1) do *Sale of Goods Act*). Esta norma deve ser interpretada no sentido de o risco de deterioração das mercadorias (enquanto estiverem em trânsito) correr por conta do comprador, mas todos os demais riscos "gerais"[287] ou ligados às chamadas "perdas e danos extraordinários"[288] serem suportados pelo vendedor.

Estas soluções apresentadas pelo ordenamento jurídico inglês não podem, como se deixou implícito anteriormente, ser confundidas com aqueloutras apresentadas pelos ordenamentos jurídicos que, expressamente, ligam a transferência do risco com a transferência da propriedade, dado que o conceito de *property* apresenta contornos diferentes.

Aliás, mesmo em ordenamentos jurídicos da *Common Law* em que o conceito de *property* se apresenta ligado a uma tradição romanista[289], a interpretação das normas aplicáveis à transferência do risco devem revestir especial cuidado, dada a necessidade de delimitação do critério estabelecido para a transferência da *property* para, subsequentemente, se considerar o risco transferido do vendedor para o comprador.

A *property*, ao contrário da propriedade na *Civil Law*, não é um direito absoluto, mas sim relativo[290]. "Ao contrário do Direito Romano, o 'Direito

[287] Sealy, L. S. «"Risk" in the Law of Sale», *in The Cambridge Law Journal* 31, nº 1 (1972), p. 247.

[288] Aboukdir, Anwar, *The Timing of the Passing of Property and Risk under the English Sale of Goods Act 1979, The CISG and the Libyan Law– The Interplay Between the Principle of Party Autonomy and the Default Rule*, p. 143, disponível em < https://pdfs.semanticscholar.org/85c0/629286583d86221b69146376991c4220dd91.pdf >

[289] Note-se que na Escócia o critério é o mesmo, dado que aí também se aplica o *Sale of Goods Act 1979.* No entanto, até ao *Sale of Goods Act 1893*, na Escócia discutia-se qual o critério mais preciso para a determinação do momento em que o risco na compra de venda se transferia do vendedor para o comprador, dado que existiam fortes dados de que este ordenamento acolhia uma tradição romanista (veja-se, Gordon, William M, *Roman Law, Scots Law and Legal History,* Edinburgh University Press, 2007, p. 171.

[290] Frisby, Sandra / Jones, Michael, «National Report on the Transfer of Movables in England and Wales», *in* Faber, Wolfgang / Lurger, Brigitta (Eds.), *National Reports on the Transfer of Movables in Europe, Volume 2: England and Wales, Ireland, Scotland, Cyprus,* Munique: European Law Publishers, 2009, p. 11.

inglês da propriedade e posse ... não é um sistema de identificação de direito absoluto, mas de prioridade do direito [...]"[291].

Consequentemente, o critério da transferência da propriedade debate-se com esta diferente abordagem de uma mesma realidade.

3.4. Apreciação global do critério da transferência da propriedade

O princípio *res perit domino* marcou, profundamente, várias soluções legais ao longo de vários séculos e ainda continua fortemente presente em vários ordenamentos com inspiração no direito romano. No entanto, verificamos que os instrumentos legais de natureza supranacional ou internacional que visam regular o contrato de venda internacional de mercadorias denotam uma certa dificuldade em conjugar o momento da transferência do risco com o momento da transferência da propriedade. Também somos da opinião de que é critério que não deve ser seguido no comércio internacional.

Desde logo, deve ter-se em conta que, mesmo na compra e venda interna, a utilização do critério da transferência da propriedade para determinar quando se dá a transferência do risco não está isenta de críticas. Nas situações de venda de coisa futura como se pode alocar o risco ao vendedor ou ao comprador se ainda nenhum deles é proprietário no momento da conclusão do contrato?

Dir-se-á, acompanhando a solução estabelecida no artigo 408º do Código Civil português, que "o direito [de propriedade] transfere-se quando a coisa for adquirida pelo alienante ou determinada com conhecimento de ambas as partes" e só nesse momento se verifica a transferência do risco. Mas este raciocínio é equívoco face ao princípio *res perit domino* porquanto nem o vendedor nem o comprador são, no momento da conclusão da venda, proprietários da coisa. No plano estrito do contrato de venda de coisa futura o princípio *res perit domino* não permite determinar se é o vendedor ou o comprador que suporta o risco de afetação da coisa (objeto do contrato). Não pode atribuir-se a desvantagem económica em consonância com o princípio *res perit domino*[292] porque nem o vendedor nem o comprador são proprietários[293].

[291] Stephens, D.J., «Introduction: The Contract for the Sale of Goods», *in* McKendrick, Ewan (Ed.), *Sale of Goods*, Londres: LLP Professional Publishing, 2000, p. 28.

[292] Ou o «equivalente» princípio *casum sentit dominus*.

[293] Rabl, Christian, *Die Gefahrtragung beim Kauf*, Viena: Manzsche Verlags- und Universitätsbuchhandlung, 2002, p. 4.

Por outro lado, o critério da transferência da propriedade depara-se com dificuldade ligada à diferente natureza desse direito em ordenamentos jurídicos de «famílias» diferentes. O caráter absoluto ou relativo do direito de propriedade conduz a que o respetivo titular ocupe posições absolutamente distintas em um ou em outro caso.

Seja como for, as soluções globais dos vários ordenamentos jurídicos que estabelecem a transferência da propriedade como critério para a transferência do risco permitem a recolha de elementos importantes para a concretização de um critério mais adequado na venda internacional de mercadorias. Alguns desses ordenamentos jurídicos não deixam de fazer referência à colocação das mercadorias à disposição do comprador e à aceitação da entrega por parte deste. Concomitantemente, outros ordenamentos jurídicos fazem expressa referência ao dever de conservação e/ou de custódia do vendedor, apesar de o comprador poder estar em mora quanto à aceitação da entrega. Há, por isso, razões ponderosas para ter em conta alguns dados concretos fornecidos por este conjunto de ordenamentos jurídicos para determinar o critério para a transferência do risco na venda internacional de mercadorias.

4. A transferência do risco com a entrega das mercadorias

4.1. O critério da entrega das mercadorias em instrumentos de harmonização internacional

Como resulta do ponto anterior, alguns ordenamentos jurídicos estabelecem que a transferência da propriedade se dá aquando da entrega das mercadorias. Essa ligação não existe em alguns ordenamentos jurídicos, mas isso não impede que o critério da entrega das mercadorias esteja consagrado para a transferência do risco. Partamos, por isso, de instrumentos de harmonização internacional para verificarmos como, e em que medida, tal critério é abordado.

A entrega das mercadorias é uma das obrigações principais do vendedor, que emerge do contrato de venda. A *CISG* contempla essa mesma obrigação no seu artigo 30º, ao lado da obrigação de transferência da propriedade e da obrigação de entrega dos documentos. Dizemos ao lado porque efetivamente a transferência da propriedade sobre as mercadorias não é matéria regulada na *CISG*[294] e não se confunde com a sua entrega.

[294] O facto de a determinação do momento de transferência da propriedade não estar regulado na *CISG* não significa que esse facto seja de somenos importância. Na verdade, estando nós perante o mais bem-sucedido instrumento de harmonização internacional aplicável à

Na *CISG* a única ligação entre as duas questões reside no facto de ambas constituírem obrigações do vendedor. Coloquemos, por isso, o nosso enfoque no ato de entrega das mercadorias.

A "entrega pode tomar várias formas na venda internacional e um catálogo destas formas tem de ser incluído numa formulação internacional"[295].

Na *CISG* a entrega surge como um ato não confundível com a remessa das mercadorias. A remessa das mercadorias surge, na versão francesa ("*remise*")[296] e na versão portuguesa anterior à adesão de Portugal à *CISG* ("remessa"), na segunda norma reguladora da transferência do risco (o artigo 67º)[297]. Mas a versão inglesa do artigo 67º da *CISG* parece contemplar a ideia de «transferência/transmissão para» ("*hand over to*")[298], porquanto

regulamentação material do contrato de venda que esteja em contacto com mais do que um ordenamento jurídico, tal significa que, *prima facie*, não é um critério adequado para determinar a transferência do risco. Mas este argumento constitui mero indício do que fica afirmado e a necessitar de outros argumentos (que se deixarão ao longo do texto).

[295] Schmitthoff, Clive M., «The Risk of Loss in Transit in International Sales», *in* Cheng, Chia-Jui, *Clive M. Schmitthoff's Select Essays on International Trade Law*, Dordrecht: Martinus Nijhoff Publishers, 1988, p. 294.

[296] Note-se que, não obstante a referência feita na versão francesa da *CISG* a *remise*, alguns autores consideram que o critério seguido para a transferência do risco nesta Convenção é o da *livraison* (Mainguy, Daniel / Nourissat, Cyril, « Les contratts internationaux», *in* Béguin, Jacques / Menjucq, Michel (Dir.), *Droit du Commerce International*, 3ª Edição, Paris: LexisNexis, 2019, p. 611). Conforme decorrerá do que a seguir diremos, esta afirmação não nos parece adequada.

[297] Versão francesa : *"Lorsque le contrat de vente implique un transport des marchandises et que le vendeur n'est pas tenu de les remettre en un lieu déterminé, les risques sont transférés à l'acheteur à partir de la remise des marchandises au premier transporteur pour transmission à l'acheteur conformément au contrat de vente. Lorsque le vendeur est tenu de remettre les marchandises à un transporteur en un lieu déterminé, les risques ne sont pas transférés à l'acheteur tant que les marchandises n'ont pas été remises au transporteur en ce lieu. Le fait que le vendeur soit autorisé à conserver les documents représentatifs des marchandises n'affecte pas le transfert des risques. "*

Versão portuguesa anterior à adesão de Portugal à *CISG*: *"1. Se o contrato de compra e venda implicar um transporte das mercadorias e o vendedor não estiver obrigado a remetê-las para um lugar determinado, o risco transfere-se para o comprador a partir da remessa das mercadorias ao primeiro dos transportadores que as fará chegar ao comprador, de acordo com o contrato de compra e venda. Se o vendedor estiver obrigado a remeter as mercadorias a um transportador para um local determinado, o risco não se transfere para o comprador enquanto as mercadorias não forem remetidas ao transportador para esse local. O facto de o vendedor estar autorizado a conservar os documentos representativos das mercadorias não afecta a transferência do risco."*

[298] Versão inglesa: *"(1) If the contract of sale involves carriage of the goods and the seller is not bound to hand them over at a particular place, the risk passes to the buyer when the goods are handed over to*

a remessa seria mais conforme com *consignment*. Por outro lado, a versão portuguesa publicada em Diário da República faz expressa referência a "entrega"[299]. Esta questão não é, apenas, uma questão de semântica. Na verdade, *hand over*[300] significa que o vendedor deve «abrir mão» do controlo das mercadorias[301], não sendo suficiente que o vendedor coloque as

the first carrier for transmission to the buyer in accordance with the contract of sale. If the seller is bound to hand the goods over to a carrier at a particular place, the risk does not pass to the buyer until the goods are handed over to the carrier at that place. The fact that the seller is authorized to retain documents controlling the disposition of the goods does not affect the passage of the risk."

299 Versão portuguesa publicada no D.R., 1ª Série, Nº 153, de 07 de agosto de 2020, com a adesão de Portugal à *CISG*: *"1 – Se do contrato de compra e venda fizer parte o transporte das mercadorias e o vendedor não estiver obrigado a entregá-las num local determinado, o risco transfere-se para o comprador quando as mercadorias são entregues ao primeiro transportador para envio ao comprador, de acordo com o contrato de compra e venda. Se o vendedor estiver obrigado a entregar as mercadorias a um transportador, num local determinado, o risco não se transfere para o comprador até que as mercadorias sejam entregues ao transportador nesse local. O facto de o vendedor estar autorizado a conservar os documentos representativos das mercadorias não afeta a transferência do risco."*

300 Tenha-se em conta que alguns autores consideram que a expressão "entrega [...p]ode referir-se à entrega contratual, [ou seja,] o momento em que o vendedor completou a sua obrigação contratual de entregar as mercadorias ao comprador[;] pode referir-se ao movimento físico das mercadorias do vendedor para o comprador [e,] neste sentido, o comprador não aceita a entrega até que obtenha efetivamente a posse física da mercadorias[;] pode[...] falar[-se] das mercadorias sendo 'entregues', quando estas passam de mão em mão ao longo da cadeia de transporte das instalações do vendedor para as instalações do comprador. Por exemplo, o vendedor pode entregar as mercadorias a uma empresa de camionagem, que as entrega ao operador de um terminal de contentores num porto marítimo, que as entrega em um navio, que as entrega em um terminal de contentores no porto de destino, que as entrega a outra empresa de camionagem, que as entrega ao comprador." (Davies, Martin / Snyder, David V., *International Transactions in Goods – Global Sales in Comparative Context*, Oxford: Oxford University Press, 2014, p. 245). Ora, quando nos referimos a *hand over* pode estar (ou não) em causa a realização da obrigação contratual de entrega, conforme decorra da respetiva norma (na *CISG* será o artigo 31º). Já no âmbito do artigo 67º da *CISG* a ideia de realização da obrigação contratual de entrega não releva.

301 Quando aqui se fala de atribuição de controlo ou da assunção de controlo não se pretende qualquer referência ao momento do controlo legal das mercadorias, mas sim ao momento em que uma das partes pode influenciar o destino das mercadorias ou quaisquer contingências a que podem estar sujeitas. Do mesmo modo, consideramos que atribuir o significado de posse física das mercadorias a *hand over* pode conduzir a equívocos, dado que em alguns ordenamentos jurídicos a posse tem um significado ligado à aquisição da propriedade, nomeadamente no ordenamento jurídico português por via do instituto da "usucapião" (art. 1287º CC). E, conforme veremos *infra*, no ponto 1.3. do Capítulo IV, o vendedor pode até já não ter esta posse física das mercadorias (mormente quando estão em trânsito), mas ter o controlo das mercadorias por via de direitos emergentes do contrato de transporte.

mercadorias à disposição do transportador[302]. O momento de transferência do risco identifica-se com o momento em que as mercadorias passam para a custódia do transportador e, por isso, os atos de armazenamento e de manuseio das mercadorias dentro das instalações do transportador, que afetem as mercadorias, são riscos a suportar pelo comprador[303].

A entrega surge, nas versões (oficiais) inglesa e francesa da *CISG*, como "*delivery*" e "*livraison*"[304] (art. 30º). E, desde logo, parece ressaltar do artigo 31º da *CISG* que a entrega deve ser efetuada no lugar definido na «norma contratual», mas se esta nada contiver a esse respeito a entrega pode consistir em mais do que um ato. A entrega pode significar a atribuição do controlo das mercadorias ao transportador – "*hand over*"[305] – (art. 31º, al. a)), a colocação das mercadorias à disposição do comprador num determinado lugar (art. 31º, al. b)) ou a colocação das mercadorias à disposição do comprador no lugar onde o vendedor tem o seu estabelecimento no momento da conclusão do contrato (art. 31º, al. c)).

Sempre que o contrato de venda internacional de mercadorias envolva transporte, nos termos do artigo 67º da *CISG*[306], os dois últimos significados acabados de enunciar não têm aplicação. A entrega das mercado-

[302] Hachem, Pascal, *in* Commentary on the UN Convention on the International Sale of Goods, Coord. Schwenzer, Ingeborg, Oxford University Press, 2016, p. 973

[303] Erauw, Johan, in Kröll, Stefan / Mistellis, Loukas / Viscasillas, Pilar Perales (Coord.), *UN Convention on Contracts for the International Sale of Goods (CISG): A Commentary*, C. H. Beck-Hart-Nomos, 2018, p. 863-864.

[304] No ordenamento jurídico francês, a palavra *livraison* surge próxima da palavra *délivrance*, mas tem sentidos diferentes. A *délivrance* significa, apenas, colocar as mercadorias à disposição do comprador para que este tome conta das mesmas (trata-se de um ato prévio à obrigação de retirada). A "«*délivrance*» obriga, somente, o vendedor a colocar a coisa à disposição do comprador e é este que deve consumar a entrega, de acordo com a sua obrigação de retirada" (Bénabent, Alain, *Droit des contrats spéciaux civils et commerciaux*, 12ª Edição, Issy-les-Moulineaux: LGDJ, Lextenso éditions, 2017, p. 145).

[305] A expressão *hand over* é, também, objeto de outras interpretações quando está em causa o transporte de mercadorias, podendo significar, para alguma doutrina, a transferência da posse (Bridge, Michael, *The International Sale of Goods*, Oxford: Oxford University Press, 2017, p. 661).

[306] No entanto, não se deve interpretar a parte final da primeira frase do artigo 67º, nº 1 da *CISG* ("de acordo com o contrato de venda") no sentido de que só a transmissão das mercadorias ao transportador de acordo com o contrato significa transmissão, mas sim no sentido de que essa parte da norma clarifica que a transmissão ao transportador deve ser contratualmente devida (*vide* Magnus, Ulrich, «Wiener UN-Kaufrecht (CISG)», *in J. von Staudingers Kommentar zum Bürgerlichen Gesetzbuch Einführungsgesetz und Nebengesetzen*, Berlim: Walter de Gruyter GmbH, 2018, p. 806).

rias não é um critério seguido pela *CISG* para determinar o momento da transferência do risco neste tipo de contrato de venda internacional e parece que a Convenção tem algumas reservas no enquadramento do ato de «entrega» como critério para a transferência do risco nas situações em que se verifique a intervenção de mais de dois sujeitos[307].

A mesma solução é adotada pelo *Draft Common Frame of Reference* (DCFR)[308] no seu artigo 2º da Secção 2ª, do Capítulo 5º, da Parte A, do Livro IV[309]. Quando o contrato de venda internacional de mercadorias envolva transporte, o risco transfere-se para o comprador quando as mesmas chegam à "área de controlo" (domínio) do transportador[310]. A *CESL* consagra os exatos termos do *DCFR*.

A entrega ("*delivery*"[311]) surge na *CISG*, apenas, como critério residual para regular a transferência do risco em vendas internacionais de merca-

[307] Mesmo para alguma doutrina que considera poder falar-se em entrega, não deixa de ser feita a ressalva de que se trata de um "tipo específico" de entrega (*vide* Angelici, Carlo, «Art. 67», *in* Bianca, Cesare Massimo (Coord.), *Convenzione di Vienna sui contratti di vendita internazionale di beni mobili*, Padova: CEDAM, 1992, p. 277). O autor chama a atenção (na mesma página da obra) para a complexidade da noção de *délivrance*, que se encontra prevista como critério no artigo 97º, nº 1 da *ULIS*.

[308] O texto resulta de uma iniciativa de juristas europeus (a solicitação da Comissão Europeia) para ser utilizado, nomeadamente, pelas instituições europeias como base para a construção de um Quadro de Referência no domínio do Direito Privado; "equivale à compactação em normas de décadas de pesquisa independente e cooperação entre académicos com especialização em Direito Privado, Direito comparado e Direito Comunitário [(*rectius*, Europeu)]" (*vide*, Bar, Christian von / Clive, Eric / Schulte-Nölke, Hans, (Ed.), *Principles, Definitions and Model Rules of European Private Law – Draft Common Frame of Reference (DCFR) –*, Outline Edition, Sellier European Law Publishers, 2009, p. 6. Não sendo uma codificação em sentido próprio, as soluções que consagra também não estão sistematizadas com esse objetivo e, por isso, a sua utilização deve ser feita tendo em conta esse facto.

[309] Por uma questão de simplificação, na enumeração dos artigos do DCFR seguiremos, utilizando como exemplo esta norma, a estrutura seguinte: DCFR IV.A.-5:202.

[310] Bar, Christian von / Clive, Eric (Ed.), *Principles, Definitions and Model Rules of European Private Law – Draft Common Frame of Reference (DCFR) –*, Full Edition, Sellier European Law Publishers, 2009, p. 1384.

[311] Face à possibilidade de uma interpretação díspar da Convenção conforme seja utilizada uma ou outra versão linguística, também neste trabalho teremos preferência pela utilização da versão em inglês porquanto tem vindo a ser a língua utilizada nos grandes fóruns mundiais e aquela que, provavelmente, permitirá uma maior harmonização de interpretação de instrumentos internacionais. Concomitantemente, o inglês e o francês foram as línguas utilizadas nas negociações, nas reuniões preparatórias e nas deliberações dos representantes dos Estados contratantes da *CISG*.

dorias que não envolvam transporte ou de mercadorias que não estão em trânsito (isto é, nas situações em que não se apliquem os artigos 67º e 68º). O termo *entrega* surge no nº 1 e no nº 2 do artigo 69º da *CISG*. Mas o sentido e o alcance do artigo 69º da *CISG* parece ser outro.

Nos contratos sujeitos ao regime estatuído no 69º da *CISG* a transferência do risco pode dar-se com, ou sem, a aceitação das mercadorias por parte do comprador. Se o comprador assume as mercadorias, o risco transfere-se para ele. Mas se o comprador não as assume, estando reunidas as condições para esse efeito, o risco não deixa de lhe ser transferido[312]. Mas que consequências tem a falta de assunção das mercadorias pelo comprador?

A resposta obtém-se no âmbito do (in)cumprimento do contrato por parte do comprador (art. 60º da *CISG*)[313]. Não havendo razão (substancial e legal) para que o comprador possa recorrer aos meios de que dispõe em virtude de uma violação fundamental do contrato apesar da transferência do risco (art. 70º da *CISG*) e o vendedor não, então, o vendedor vai poder lançar mão dos meios que tem ao seu dispor. A assunção das mercadorias por parte do comprador é determinante para que a obrigação de aceitação das mercadorias seja por si cumprida, de acordo com o preceituado no artigo 60º da *CISG*[314].

[312] Assim, a falta de execução do contrato por uma das partes não tem implicação na determinação do momento da transferência do risco. E a transferência do risco não leva a que haja qualquer interferência no sinalagma funcional: uma das obrigações principais do comprador (assumir o controlo das mercadorias) continua a vinculá-lo apesar de já se ter verificado a transferência do risco.

[313] O incumprimento da obrigação de aceitar a entrega das mercadorias por parte do comprador constitui uma violação fundamental do contrato (*vide*, Schroeter, Ulrich, in Schwenzer, Ingeborg (Ed.), *Commentary on the UN Convention on the International Sale of Goods (CISG)*, Oxford University Press, 2016, p. 458), porquanto causará, necessariamente, prejuízo ao vendedor, que terá de adotar as medidas razoáveis, tendo em conta as circunstâncias, para assegurar a conservação das mercadorias (art. 85º da *CISG*) e, concomitantemente, o privará substancialmente do que lhe era legitimo esperar do contrato. Aliás, tratando-se de um prejuízo decorrente da necessidade de o vendedor ter de cumprir a obrigação legal de conservação das mercadorias não pode o comprador alegar que não previu esse resultado (art. 25º, segunda parte, da *CISG*). Estando em causa o incumprimento de uma obrigação principal emergente da norma contratual difícil será não o integrar como uma violação fundamental. Se a violação de obrigações acessórias pode configurar uma situação de violação fundamental da norma contratual, por maioria de razão se deve ter a violação de uma obrigação principal como fundamental (*vide, ob. cit.* nesta nota de rodapé, p. 459).

[314] Alguns autores estabelecem que a obrigação de aceitar a entrega ("*take delivery*") integra dois elementos: o referido na alínea a) e o referido na alínea b) do artº 60º (*vide*, Hager, Günter,

No âmbito do artigo 69º da *CISG* a transferência do risco dá-se quando o comprador assume ou deveria ter assumido o controlo das mercadorias após o vendedor ter cumprido a sua obrigação de as colocar à disposição do comprador[315].

No âmbito da *ULIS*, a obrigação de entrega por parte do vendedor "consiste na transmissão de mercadorias conformes com o contrato" (artº 19º, nº 1) e a transferência do risco está interligada com a entrega. Este requisito de conformidade das mercadorias para que a obrigação de entrega se considere cumprida faz com que a regra estabelecida para a transferência do risco seja objeto de exceções. O objetivo dessas exceções é evitar várias consequências da opção pelo critério da entrega[316].

A entrega não é um bom critério para alocação do risco na venda internacional atendendo à dificuldade em determinar se está (ou não) ligada ao cumprimento da obrigação de entrega do vendedor.

A alocação do risco deve ser feita à parte que tem o poder de influenciar o estado e as contingências a que estão sujeitas as mercadorias, mas independentemente do (in)cumprimento de obrigações. A referência feita à entrega das mercadorias (sem mais) é suscetível de proporcionar uma ineficiente alocação do risco face à construção que é feita sobre as obrigações a que estão adstritos vendedor e comprador.

Assim sendo, não é de todo supérfluo abordar a forma como este critério é entendido por alguns ordenamentos jurídicos de diferentes Estados.

in Schlechtriem, Peter (Ed.), *Commentary on the UN Convention on the International Sales of goods (CISG)*, Oxford University Press, 1998, p. 477; Mohs, Florian, in Schwenzer, Ingeborg (Ed.), *Commentary on the UN Convention on the International Sales of goods (CISG)*, Oxford University Press, 2016, p. 891).

Não obstante, esses autores não esclarecem se estaremos perante dois requisitos cumulativos ou duas situações em que essa obrigação de aceitação de entrega se considera cumprida. Somos da opinião que *"doing all the acts which could reasonably be expected of him in order to enable the seller to make delivery"* (alínea a) do referido artigo) não significa que a obrigação de aceitação da entrega se tenha por cumprida pelo comprador; este bem pode ter adotado todos os atos que razoavelmente se esperam dele para permitir que o vendedor faça a entrega e recusar-se a assumir o controlo das mercadorias. O inverso já parece ter outro significado, ou seja, se o comprador assumir o controlo das mercadorias pouco (ou nada) relevante se torna aquilatar se o comprador adotou a conduta prevista na alínea a) do artº 60º.

315 O que significa cumprimento da obrigação de entrega por parte do vendedor, conforme estabelecido no artº 31º, al. a) e b) da *CISG*.

316 Roth, P.M., «The Passing of Risk», *The American Journal of Comparative Law*, Vol. 27 (1979), p. 295.

4.2. O critério da entrega em alguns ordenamentos jurídicos internos

4.2.1. O direito chinês

A Lei dos Contratos da República Popular da China[317], no seu artigo 146º, consagrava[318] uma norma com conteúdo semelhante ao apresentado pelo artigo 69º da *CISG*[319]. Esta norma da revogada LC-RPC dispunha o seguinte: "[s]e o vendedor colocar o objeto no local de entrega tal como foi contratado ou de acordo com o disposto no nº 2 do 2º § do Artigo 141º da presente Lei e o comprador, em violação das estipulações, não aceitar a entrega do objeto, o comprador suportará os riscos de danos e perdas a partir do dia em que o comprador violar as estipulações." No entanto, como se referiu, o conteúdo desta norma, apenas, aparentava corresponder àqueloutra consagrada no artigo 69º da *CISG*, porquanto não se aplicava às situações que não envolvessem transporte, mas sim às situações em que a entrega se verificasse no local estipulado no contrato ou àquelas em que a coisa não *necessitasse de transporte* (neste último caso por via da remissão para o nº 2 do 2º § do Artigo 141º)[320]. A coisa não necessitar de transporte não é, propriamente, o mesmo que o contrato não envolver transporte (art. 69º, conjugado com o art. 67º da *CISG*), embora venha sendo assim considerado por alguns autores[321]. Na verdade, a remissão para o nº 2, do parágrafo 2º do artigo 141º da LC-RPC permitia interpretar a referida norma (art. 146º) no sentido de versar sobre situações em que o vendedor

[317] Adotada na segunda sessão do nono Congresso Nacional do Povo, em 15 de março de 1999 e nesta data promulgada pelo Presidente da República Popular da China (em vigor entre 1 de outubro de 1999 e 31 de dezembro de 2020). De ora em diante, também, apenas LC-RPC. Note-se que as normas da lei chinesa foram consultadas na sua versão em inglês e não em mandarim.

[318] Note-se que nem sempre a lei chinesa consagrou regras sobre a transferência do risco, porquanto segundo alguma doutrina se entendia que o vendedor deveria suportar o risco até que as mercadorias fossem entregues no estabelecimento do comprador. (*vide*, Grace, Donald L., « Force Majeure, China & (and) The CISG: Is China's New Contract Law a Step in the Right Direction»», *in* San Diego International Law Journal, 173 (2001), p. 192, disponível em: < https://digital.sandiego.edu/cgi/viewcontent.cgi?article=1271&context=ilj>).

[319] Identificando esta possível semelhança entre as duas normas, *vide* Han, Shiyuan, «The CISG and the Modernisation of Chinese Contract Law»», disponível em: < https://www.wgtn.ac.nz/__data/assets/pdf_file/0019/920107/Han.pdf>.

[320] Hoje em dia o artigo 608º do Código Civil chinês estabelece uma redação em tudo idêntica.

[321] Minglun, Yang, «Comparative Issues on Chinese Contract Law», *in* Gebhardt, Immanuel / Yuqing, Zhang / Schröder, Rainer (Eds.), *Comparative Analysis on the Chinese Contract Law*, Berlim: BMV-Berliner Wissenschafts-Verlag, 2003, p. 232.

e o comprador não previram o transporte no contrato de compra e venda, dado que a parte inicial desse parágrafo delimitava o seu âmbito de aplicação às situações em que não era possível determinar o lugar em que a coisa deveria ser entregue[322] porque não foi consagrada qualquer cláusula contratual nesse sentido. Consequentemente, consideramos que a norma se aplicava às situações em que não havia necessidade de efetuar qualquer transporte e não às situações que não envolvessem transporte de acordo com a «norma contratual».

Quanto a este aspeto, o novo Código Civil da República Popular da China[323] consagra, expressamente, que está em causa determinar se a coisa necessita (ou não) de ser transportada nas situações em que "não h[aja] acordo entre as partes sobre o local de entrega ou se o respetivo acordo não for claro" (art. 607º, 2º § do CC-RPC). Embora a redação desta norma não nos pareça a mais adequada, ressalta da mesma que a sua aplicação depende de dois pressupostos diferentes. Se as mercadorias necessitam de ser transportadas é necessário determinar se não há acordo entre vendedor e comprador quanto ao local de entrega ou se esse acordo não é claro nos termos do artigo 510º (*ex vi* o disposto no art. 603º, §2º, subparágrafo 1º, para o qual remete o referido artigo 607º, § 2º). Não havendo acordo ou se esse acordo não for claro quanto ao local de entrega das mercadorias e necessitando estas de ser transportadas, o risco de "destruição dano ou perda do objeto [é transferido para o comprador] quando o vendedor remete o objeto ao primeiro transportador para transporte"[324] (art. 607º, §2º, *in fine*).

Mas tenha-se em atenção que, nos termos do artigo 607º, §1º do CC-RPC, "[o] comprador suportará os riscos de destruição, dano ou perda do

[322] A parte inicial do referido parágrafo consagra que "*Quando não houver acordo entre as partes sobre o lugar para a entrega do objeto ou tal acordo não estiver claro, nem puder ser determinado de acordo com o disposto no artigo 61 desta Lei, as seguintes disposições serão aplicadas:*
(1) [...].
(2) se a coisa não precisar de transporte, e o vendedor e o comprador souberem o lugar da coisa ao concluir o contrato, o vendedor deverá entregar a coisa nesse local; se o lugar for desconhecido, a coisa será entregue no estabelecimento do vendedor aquando da conclusão do contrato."

[323] De ora em diante, também, CC-RPC. Nos termos do seu artigo 1260º, este Código entrou em vigor em 01 de janeiro de 2021 e, no que ao contrato de venda concerne, as normas anteriormente consagradas na LC-RPC são revogadas.

[324] A remessa ao transportador surge como critério para a transferência do risco com referência expressa a "*when the seller consigns*" e não a "*hand over*" ou "*delivery*".

objeto quando o vendedor tiver transportado o objeto para o local designado pelo comprador e [o tiver] entreg[ado] ao transportador em conformidade com o acordo". Até onde vai a diferença entre uma e outra situação não se consegue descortinar. Fica-se na dúvida se a entrega exigida no §1º implica aceitação por parte do transportador e se a remessa exigida no §2º não exige essa mesma aceitação!

Esta referência, por um lado, a remessa e, por outro, a entrega surge na venda em que seja necessário o transporte das mercadorias, mas a regra estabelecida pelo novo Código Civil da República Popular da China é, claramente, de que o risco se transfere do vendedor para o comprador com a entrega ("*delivery*"). Nos termos do artigo 604º do CC-RPC "[o]s riscos de destruição, dano ou perda do objeto devem ser suportados pelo vendedor antes da entrega e pelo comprador após a entrega, salvo estipulação legal ou acordada pelas partes em contrário." Mas esta última parte ("salvo estipulação acordada pelas partes em contrário") só aparentemente poderá ser considerada uma grande inovação por parte da lei chinesa. Na verdade, deixar a questão à vontade das partes para depois se afirmar na norma seguinte (art. 605º CC-RPC) que a falha na entrega das mercadorias no tempo devido por facto imputável ao comprador implica que o risco lhe fique alocado a partir do momento do incumprimento, é mais um decalcar da solução apresentada na parte final do seu artigo 66º da *CISG* (a considerada exceção perturbadora).

4.2.2. O direito norte-americano

O critério da entrega também surge consagrado no *Uniform Commercial Code* (*UCC*), mas com algumas especificidades relativamente ao que acabamos de ver no âmbito do ordenamento jurídico chinês. E isto porque o *UCC* consagra uma distinção entre as situações de transferência do risco na ausência de uma violação (§ 2-509) e os efeitos de uma violação na transferência do risco (§ 2-510), mas também todo um conjunto de normas relativas aos termos *f.o.b.*, *f.a.s* (§ 2-319), *c.i.f*, *c. &f.* (§2-320 e § 2-321) e *Ex-ship* (§ 2-322).

O regime é, por isso, extenso e detalhado. Mas no que concerne ao critério da entrega na transferência do risco há que atender, desde logo, ao § 2-509 do *UCC* e nas situações em que o contrato exige ou autoriza o vendedor a enviar as mercadorias através de um transportador (§2-509 (1)). Nestas situações o critério estabelecido para a transferência do risco do vendedor para o comprador é o da entrega ao transportador sempre que o contrato não exija que o vendedor entregue as mercadorias em um determinado destino (§2-509 (1), a)). Já se o contrato exigir que as mercadorias sejam entregues em um determinado destino o risco transfere-se do vendedor para o comprador "quando as mercadorias estão aí devidamente colocadas para permitir ao comprador aceitar a entrega" (§2-509 (1), a)). Este trecho da norma do *UCC* não tem uma redação igual à do artigo 69º da *CISG*, mas significará praticamente o mesmo, isto é, o risco considerar-se-á transferido do vendedor para o comprador quando as mercadorias são «colocadas à disposição» do comprador para que este possa aceitar a entrega. Aliás, isso fica confirmado pelo disposto no §2-503(1) do *UCC*, o qual exige que "o vendedor coloque e mantenha a mercadoria em conformidade à disposição do comprador e dê ao comprador qualquer notificação razoavelmente necessária para lhe permitir receber a entrega". Concomitantemente, nas situações em que o vendedor tenha de entregar as mercadorias em um determinado destino, a efetiva colocação das mercadorias à disposição do comprador implica que, para além das condições referidas no §2-503(1), sejam fornecidos documentos, nomeadamente o documento negociável (ou não) que titule as mercadorias (§2-503(3) e (4)).

Por outro lado, deixando de parte as situações em que as mercadorias estão na posse de um depositário e a entrega das mercadorias se faça sem que estas sejam deslocadas (§2-509 (2)), nas situações não incluídas no §2-509(1) a transferência do risco dá-se no momento em que são recebidas pelo comprador se o vendedor é um comerciante (§2-509(3), 1ª parte). Portanto, nas situações em que o contrato não exige (nem autoriza) que as mercadorias sejam transportadas, assim como nas situações em que as mesmas não estejam na posse de um depositário, o critério estabelecido para a transferência é o da sua receção pelo comprador. Estamos perante um critério que aflora a ideia de controlo das mercadorias por parte do comprador.

4.2.3. O direito brasileiro

No direito brasileiro o regime é, aparentemente, mais simples do que o regime estabelecido no *UCC* e traz à colação a diferença entre risco de perda ou deterioração das mercadorias e "risco do preço"[325].

[325] Sobre esta ideia, com maiores desenvolvimentos, *vide* Capítulo VI.

O artigo 492º do Código Civil brasileiro (CC-BR) consagra, literalmente, o seguinte: *"Até ao momento da tradição, os riscos da coisa correm por conta do vendedor, e os do preço por conta do comprador"*. A tradição não constitui um critério unitário e depende, em primeiro lugar, do que tiver sido estipulado entre o vendedor e o comprador. Isto significa que o vendedor e o comprador podem determinar o momento da transferência do risco através da definição do lugar em que pretendem que a tradição da coisa se verifique. "[N]a falta de estipulação expressa [pelas partes, a tradição] dar-se-á no lugar onde ela se encontrava, ao tempo da venda" (art. 493º do CC-BR).

No Código Civil brasileiro há uma divisão entre "os riscos da coisa" e "os riscos do preço". Apesar de não constituir elemento único para a (re) compreensão do risco na venda internacional de mercadorias[326], a verdade é que traz à tona uma dicotomia nesse âmbito. A norma estabelece como critério de transferência do risco "a tradição" e esta constitui, também, a regra para determinar o momento da transferência da propriedade (art. 1.267 do CC-BR). Outrossim, *"não sendo a venda a crédito, o vendedor não é obrigado a entregar a coisa antes de receber o preço"* (artº 491º CC-BR), mas pode fazê-lo e, nesse caso, "o risco da coisa" e "o risco do preço" correm ambos por conta do comprador.

4.2.4. O direito alemão

O ordenamento jurídico alemão prevê, no §446 do *BGB*, a entrega da coisa como critério fundamental para a transferência do risco do vendedor para o comprador. O critério previsto para a transferência do risco é absolutamente independente do critério estabelecido para a transferência da propriedade, porquanto ainda que estejamos perante uma venda com reserva de propriedade (prevista no §449 do *BGB*) a transferência do risco dá-se com a entrega da coisa. O risco de destruição acidental da coisa corre por conta do comprador a partir do momento em que o vendedor lhe transfere a posse. Ainda que a propriedade não tenha sido transferida para o comprador[327],

[326] Note-se que a norma referida é uma norma de origem estadual e vocacionada para regular, *prima facie*, venda "doméstica ou interna" e que a *CISG* entrou em vigor no Brasil apenas em 01 de abril de 2014 (*vide*, <https://uncitral.un.org/en/texts/salegoods/conventions/sale_of_goods/cisg/status>.

[327] Note-se que na década de 80 do século passado já se escrevia, a respeito do princípio *casum sentit dominus*, que este era "aplicável desde que o proprietário t[ivesse] a coisa à sua

este tem de proceder ao pagamento (da totalidade ou da parte em falta) do preço. Acaso a transferência da propriedade se torne impossível, o comprador tem de cumprir a obrigação de pagamento do preço. A impossibilidade superveniente de transferência da propriedade exonera o vendedor da obrigação de aquisição da propriedade para o comprador (prevista no §433, nº 1 BGB)[328]. "A transferência imediata da posse para o comprador é suficiente" para que este assuma o risco, mas já não a "entrega de coisa defeituosa" (cfr. §433 (1), *in fine* do BGB)[329].

A última frase do §446 do *BGB* consagra uma solução com algumas diferenças relativamente ao artigo 69º da *CISG*, porquanto faz equivaler a mora na aceitação da entrega por parte do comprador à própria entrega. De acordo com este trecho do §446 do *BGB* a transferência do risco dá-se independentemente da entrega se ter verificado[330]. A partir do momento em que se verifique mora na aceitação da entrega tem-se por transferido o risco do vendedor para o comprador e este momento permite, também, determinar se a coisa se considera (ou não) defeituosa. "A coisa não padece de defeitos materiais se, no momento da transferência do risco, a coisa tem a qualidade acordada" (§434, nº 1 do *BGB*). Mas esta norma não deixa de colocar algumas questões na doutrina[331]. Apesar da transferência do risco surgirão questões relacionadas com os deveres de cuidado do vendedor, o que faz com que a "responsabilidade do vendedor resultante dos §§280,

disposição ou quando esta se encontr[asse] na esfera alheia com o seu consentimento e essa parte respeit[asse] os limites do seu direito de posse. Em caso de retenção culposa da coisa (inadimplência), violação intencional (nomeadamente criminal) de propriedade (*fur sempre in mora*, etc), e finalmente com excesso culposo do possuidor do seu direito de uso (*versari in re illicita*), não o proprietário, mas os outros possuidores suporta[riam] o risco de perda acidental." (Wacke, Andreas. «*Casum sentit dominus*: Liability for Accidental Damages in Roman and Modern German Law of Property and Obligation.», *Journal of South African Law*, Nº 3, 1987, p. 330).

[328] Markesinis, B.S. / Lorenz, W. / Dannemann, G., *The German Law of Obligations*, Vol. I – *The Law of Contracts and Restitution: A Comparative Introduction*, Oxford: Clarendon Press, 1997, p. 411.

[329] Schaub, Renate, *in* Dannemann, Gerhard / Schulze, Reiner (Eds.), *German Civil Code*, Vol. I, Books 1-3: §§1-1296, Article-by-Article Commentary, Verlag C.H.Beck oHG, 2020, p. 789.

[330] Eckert, Hans-Werner / Maifeld, Jan / Matthiessen, Michael, *Handbuch des Kaufrechts – Der Kaufvertag nach Bürgerlichem Recht, Handelsrecht un UN-Kaufrecht*, 2ª Edição, Munique: Verlag C.H. Beck oHG, 2014, p. 154.

[331] *Vide* Beckmann, Roland Michael, *in* Staudinger, *Kommentar zum Bürgerlichen Gesetz mit Einführungsgesetz und Nebengesetzen*, Vol. II, Berlim: Sellier – de Gruyter, 2014, §446, p. 617.

282 [seja tida] em consideração, assim como o direito de resolução do comprador nas condições do §324"[332]. Este direito de resolução baseado na violação de deveres por parte do vendedor "cobre todos os direitos, interesses legais e outros interesses do [comprador]"[333]. Por conseguinte, deve considerar-se que a transferência do risco tem que ver tão somente com situações de deterioração acidental das mercadorias[334].

No âmbito de uma venda com cláusula de envio da coisa para um lugar diferente do lugar de cumprimento, o §447 BGB estabelece que o risco se transfere para o comprador quando a coisa sai do controlo do vendedor para passar a estar sob controlo do expedidor, transportador ou da pessoa (singular ou coletiva) designada para proceder ao envio[335]. Neste caso, a transferência do risco dá-se sem que se tenha verificado a transferência da propriedade, a qual só se verifica com a *traditio*. O vendedor remete a coisa ao expedidor, transportador ou pessoa designada para proceder ao envio e um destes sujeitos assumirá o controlo das mercadorias e, por isso, a entrega para efeitos de "transporte" está realizada, mas a verdade é que o recetor da coisa não celebra qualquer contrato de compra e venda e, por isso, a entrega inerente ao contrato de compra e venda ainda não se realizou nesse momento. No âmbito de um contrato de compra e venda de mercadorias com esta condição, não sendo o comprador o proprietário das mesmas quando passam para o controlo do expedidor ou transportador, caberia ao vendedor reivindicar perante um destes sujeitos o pagamento de determinada quantia por perda ou deterioração das mercadorias que lhe pertencem e depois o vendedor entregaria o dinheiro ao comprador (que tem de pagar o preço). "Alternativamente, se o vendedor não coopera nisto, o comprador pode ter este direito atribuído a si nos termos da lei (§285 BGB)"[336].

[332] Beckmann, Roland Michael, *in* Staudinger, *Kommentar zum Bürgerlichen Gesetz [...], idem*, p. 617.

[333] Oehm, Max W., *in* Dannemann, Gerhard / Schulze, Reiner (Eds.), *German Civil Code*, Vol. I, Books 1-3: §§1-1296, Article-by-Article Commentary, Verlag C.H.Beck oHG, 2020, p. 535.

[334] Beckmann, Roland Michael, *in* Staudinger, *Kommentar zum Bürgerlichen Gesetz [...], idem*, p. 617.

[335] Da conjugação do §446 com o §447 tende alguma doutrina a extrair a conclusão de que o ordenamento jurídico alemão consagra a regra do "domínio atual sobre as mercadorias" (vide, Dornis, Tim W., in Mankowski, Peter (Ed.), *Commercial Law – Article-by-Article Commentary*, Baden-Baden: Nomos Verlagsgesellschaft, 2019, p. 300).

[336] Markesinis, Basil / Unberath, Hannes / Johnston, Angus, *The German Law of Contract – A Comparative Treatise–*, 2ª Edição, Oxford and Portland, Oregon: Hart Publishing, 2006, p. 220.

O mesmo se deve entender no âmbito do ordenamento jurídico português quando prevê o *commodum* de representação (artº 794º CC), possibilitando ao credor (comprador) exigir do devedor (vendedor) a prestação da coisa sobre a qual este tenha adquirido algum direito ou exercer o direito que o mesmo tenha adquirido sobre terceiro. O comprador conserva "outros meios de reação que não sejam o cumprimento natural"[337].

4.2.5. O direito austríaco

De acordo com o §1064 do CC-A (*ABGB*[338]), em matéria de risco no âmbito do contrato de compra e venda são aplicáveis as normas legais reguladoras do contrato de troca (§§ 1048 a 1051). Nos termos do §1048 do CC-A se for estipulado um momento para a entrega da coisa, a transferência do risco do vendedor para o comprador dá-se de acordo com o que foi estipulado entre o vendedor e o comprador. Na falta de estipulação, a transferência do risco dá-se aquando da entrega efetiva (§1051). Resulta, também, do §1048 (conjugado com os §§ 880 e1447[339]) que tendo, acidentalmente, sido perdida a totalidade, ou pelo menos mais de metade, do valor da coisa antes da entrega, a venda tem-se por não concluída[340].

Pelo contrário, se a coisa se deteriorar ou perder até metade do seu valor o risco é suportado pelo proprietário (*rectius*, o vendedor[341]) e o contrato de venda permanece em vigor, sendo a contrapartida (o preço) reduzida

[337] Pires, Catarina Monteiro, *Contratos: I – Perturbações na execução*, Coimbra: Almedina, 2019, p. 46.

[338] *Allgemeinen Bürgerlichen Gesetzbuch.*

[339] Se, por um lado, o §880 estabelece que o contrato de venda não se tem como concluído, por outro os §§1048 a 1051 "surgem como normas especiais [face ao §1447, que regula] a determinação geral da impossibilidade acidental de uma obrigação...] (Rabl, Christian, *Die Gefahrtragung beim Kauf*, Viena: Manzsche Verlags- und Universitätsbuchhandlung, 2002, p. 7).

[340] Aicher, Josef, *in* Rummel, Peter / Lukas, Meinhard, *Kommentar zum Allgemeinen bürgerlichen Gesetzbuch mit wichtigen Nebengesetzen und EU-Verordnungen*, Viena: MANZ'sche Verlags- und Universitätsbuchhandlung, 2017, p. 51.

[341] Tendo em conta que a transferência da propriedade sobre bens móveis se verifica no momento da sua transmissão/entrega física (§426), então até à entrega o proprietário é ainda o vendedor. Mas note-se que "entrega física na lei austríaca é entendida num sentido amplo e consiste principalmente na aquisição, de acordo com os padrões geralmente aceites (*Verkehrsanschauung*), do controle físico efetivo do bem pelo [adquirente...]. Neste sentido, há entrega física mesmo que as partes não estejam simultaneamente presentes quando ela ocorre, por exemplo quando o devedor coloca os bens à disposição do credor e este os recolhe no dia seguinte [...]" (Lurger, Brigitta, *et. al.*, *Principles of European Law (Study Group on a European Civil*

proporcionalmente, tendo em conta o valor da coisa no momento da conclusão do contrato e após a verificação do dano[342].

No que concerne à venda com transporte, a transferência do risco e a transferência da propriedade não se verificam "até que o comprador receba as mercadorias, ou seja, no lugar de destino; a transferência do risco é, por conseguinte, determinada em conformidade com o § 429"[343]. Esta norma estabelece que se as mercadorias forem enviadas, com o acordo do comprador, para um lugar diferente do lugar do cumprimento as mercadorias consideram-se entregues quando são transmitidas à pessoa encarregada da entrega.

Analisemos de seguida um ordenamento jurídico no qual a entrega das mercadorias não constitui o critério geral para a transferência do risco, como sucede no Código Civil austríaco, mas está presente em várias exceções aplicáveis a certos tipos de vendas.

4.2.6. O direito italiano

O ordenamento jurídico italiano deve considerar-se inserido no grupo dos ordenamentos jurídicos que consagram uma interligação entre a transferência da propriedade e a transferência do risco. Mas ao nível de determinados tipos de vendas o critério é um outro[344].

Code) – Acquisition and Loss of Ownership of Goods (PEL Acq. Own.), Munique: Sellier. European Law Publishers, 2011, p. 567).

[342] Aicher, Josef, *in* Rummel, Peter / Lukas, Meinhard, *Kommentar zum Allgemeinen bürgerlichen Gesetzbuch mit wichtigen Nebengesetzen und EU-Verordnungen*, Viena: MANZ'sche Verlags- und Universitätsbuchhandlung, 2017, *idem.*

[343] Schurr, Francesco A., *in* Schwimann, Michael, *ABGB Taschenkommentar mit EheG, EPG, KSchG, ASVG, und EKHG*, 3ª Edição, Viena: LexisNexis, 2015, p. 958.

[344] O facto de o ordenamento jurídico italiano consagrar os dois critérios não será estranho às influências que sofreu do ordenamento jurídico francês, resultantes de trabalhos levados a cabo por juristas dos dois países na primeira metade do século XX. O projeto de Código franco-italiano das obrigações e dos contratos de 1927 foi o ponto de partida para outras tentativas de unificação deste domínio jurídico entre os dois países (*vide* Cosentini, Francesco, *Code International des Obligations en 3115 articles – perfectionnement e ampliation du Projet franco-italien de Code des Obligations et des Contrats (1927) en vue de l'unification des législations civiles et commerciales sur des bases internationales* –, Paris: Librairie Marchal & Billard, 1937). Nesta obra, o critério geral proposto é o de que os riscos e proveitos ficam a cargo de quem deve receber a coisa. Estabelece-se depois algumas exceções relacionadas com a culpa, dolo ou mora de quem deve entregar a coisa, com a liberdade contratual e com as qualidades especificas de determinadas coisas (art. 300º). No que concerne especificamente à venda o critério é o da

Nas vendas com reserva de propriedade (art. 1523º do CC-IT) e nas vendas de coisa em trânsito (artº 1529º CC-IT) é aplicado o critério da entrega. Nas vendas com reserva de propriedade, porque esta apenas se transfere do vendedor para o comparador quando é efetuado o pagamento da última parcela do preço, o legislador italiano dissocia a transferência do risco da transferência da propriedade, optando pelo critério da entrega. Trata-se de uma exceção claramente expressa por parte do legislador e que se deverá interpretar como uma dificuldade inerente à regra da transferência do risco com a transferência da propriedade[345]. O legislador italiano tem em atenção que, apesar do comprador ainda não ser proprietário, com a entrega que lhe é feita, o vendedor deixa de poder exercer qualquer controlo sobre a coisa[346] Na venda de coisa em trânsito o risco corre por conta do comprador a partir do momento em que as mercadorias são entregues ao transportador, o que significa que o comprador assume o risco a que fica exposta a mercadoria em momento anterior à conclusão do contrato. A norma estabelece como requisito para a sua aplicação que, entre os documentos entregues ao comprador, esteja incluída a apólice de seguro.

A jurisprudência e a doutrina italianas estabelecem uma abordagem diferente quando está em causa uma venda com clausula *c.i.f.* Considera a jurisprudência italiana que a função de uma tal cláusula é tao somente "identificar a parte que suporta os custos do seguro e do transporte e que

remessa/colocação à disposição ("délivrance") porque "por consequência, o comprador, não obstante a perda, a deterioração ou qualquer outra diminuição de valor da coisa, deve pagar o preço" (artº 859, conjugado com o artº 863).

[345] Consideramos, por isso, não ser de sufragar a posição segundo a qual a alteração do critério de transferência do risco (do momento da transferência da propriedade para o momento da entrega) deve significar que nas vendas com reserva de propriedade "a transferência do direito se verifica imediatamente no momento da conclusão do contrato" (neste sentido, Albanese, Antonio, «La vendita con riserva della proprietà», in Roppo, Vicenzo / Benedetti, Vincenzo (Dir.), *Trattato dei Contratti,* Milão: Giuffrè Editore, 2014, p. 479.). Trata-se de uma inversão do espírito da própria norma legal, pois esta estabelece dois desvios distintos, um quanto ao momento da transferência do direito de propriedade e outro quanto ao momento da transferência do risco (o autor referido refuta e bem, com maior amplitude, o acolhimento da tese da transferência imediata do direito de propriedade).

[346] "Esta passagem de riscos e perigos para o comprador, que ainda não é proprietário, enquanto se aguarda o tempo em que se tornará, justifica-se especialmente quando lhe foi dado o uso da coisa e o vendedor não pode exercer qualquer vigilância sobre ela." (Vivante, Cesare, *Trattato di Diritto Commerciale,* Vol. IV – *Le Obligazioni (contratti e prescrizione)*, 5ª Edição, Milão: Casa Editrice Dottor Francesco Vallardi, 1935, p. 126).

a mesma não determina qualquer transferência dos riscos associados ao transporte"[347]. Não obstante, a doutrina "clarifica que, quando a venda *c.i.f.* diz respeito a coisas que estão já em trânsito e que o vendedor tenha já segurado, a entrega da apólice ao comprador cai na *fattispecie* prevista no artigo 1529º e determina a consequente transferência do risco"[348]. Julgamos que a teleologia da norma é outra, ou seja, aloca o risco ao comprador a partir da entrega da mercadoria ao transportador no pressuposto de que há um contrato de seguro celebrado e suscetível de fazer com que o comprador possa ser ressarcido por parte da seguradora[349].

4.2.7. O direito grego

Por seu turno, o ordenamento jurídico grego, sob influência germânica, também consagra o critério da entrega para a transferência do risco do vendedor para o comprador. O artigo 522º do Código Civil grego (CC-GR)[350] consagra, expressamente, que "a partir do momento em que a coisa seja entregue, o risco de destruição acidental ou de deterioração é suportado pelo comprador". Esta solução implica que a transferência da propriedade não interfira na dinâmica da transferência do risco e, assim sendo, a eventual reserva de propriedade por parte do vendedor não impede a transferência do risco para o comprador a partir do momento em que lhe seja entregue a coisa. "A *ratio* da norma é que com a entrega a coisa entrou, agora, na esfera de influência do comprador, que está numa posição de

[347] Albanese, Antonio, «Vendita su documenti e vendita a termine di titoli di credito», in Roppo, Vicenzo / Benedetti, Vincenzo (Dir.), *Trattato dei Contratti,* Milão: Giuffrè Editore, 2014, p. 512.

[348] Rubino, Domenico, *La compravendita,* in Trattato di Diritto Civile e Commerciale, Milão: Giuffrè Editore, 1971, p. 450.

[349] No sentido de que a entrega da apólice ao comprador não é necessária para que determinada situação seja regulada por esta norma, mas tão somente que haja "um contrato de seguro válido que cubra o valor total das mercadorias em trânsito e que seja concluído em data anterior à entrega das mercadorias ao transportador", *vide* Carotenuto, Pasquale, «La vendita su documenti», in Buonocore, Vincenzo / Luminoso, Angelo, *Codice della vendita,* 2ª Edição, Milão: Giuffrè Editore, 2005, p. 934-935.

[350] Foi consultada uma versão inglesa datada do ano 2000 (Taliadoros, Constantin, *Greek Civil Code,* Atenas: Ant. N. Sakkoulas Publishers, 2000, p. 75 – 76) e a versão traduzida do original em grego disponível em:
<https://www.ministryofjustice.gr/wp-content/uploads/2019/10/%CE%91%CF%83%CF%84%CE%B9%CE%BA%CF%8C%CF%82-%CE%9A%CF%8E%CE%B4%CE%B9%CE%BA%CE%B1%CF%82.pdf>

cuidar dela, como considerar adequado, mas também de a usar e fruir"[351]. Os dois artigos seguintes tratam das situações em que exista condição suspensiva ou resolutiva (art. 523º) e das situações em que o vendedor envia, a pedido do comprador, a coisa para um lugar diferente do lugar do cumprimento (art. 524º). Em ambas as normas há uma referência expressa à entrega da coisa, mas se for estabelecida condição suspensiva o risco (de destruição acidental ou de deterioração da coisa) é suportado pelo vendedor até que se verifique a condição não obstante a entrega da coisa ao comprador; se a condição é resolutiva o risco corre por conta do comprador. Já se a coisa deve ser enviada para um lugar diferente do lugar do cumprimento a pedido do comprador, o risco é suportado por este a partir do momento em que é entregue para ser enviada.

4.2.8. O direito neerlandês

Em linha com o estabelecido no artº 69º *CISG*[352], o Código Civil neerlandês consagra o critério da entrega da coisa para a transferência do risco do vendedor para o comprador (art. 10º do Livro 7º do Código Civil neerlandês)[353]. A entrega é, no âmbito desta norma, entendida como "dar a posse ao comprador da coisa" (artº 9º do mesmo Livro).

[351] Stathopoulos, Michael / Karampatzos, Antonios, *Contract Law in Greece*, 3ª Edição, Holanda: Kluwer Law International, 2014, p.231.

[352] Salomons, Arthur F., «National Report on the Transfer of Ownership of Movables in The Netherlands», *in* Faber, Wolfgang / Lurger, Brigitta (Eds.), *National Reports on the Transfer of Movables in Europe, Volume 6: The Netherlands, Switzerland, Czech Republic, Slovakia, Malta, Latvia*, Munique: European Law Publishers, 2011, p. 96.

[353] Encontra-se disponível na internet uma versão (não oficial) em inglês do Código Civil neerlandês que menciona o critério do "fornecimento" (*"As of the moment that the sold object has been supplied to the buyer [...]*), in <http://www.dutchcivillaw.com/civilcodebook077.htm>. Mas por via de uma comparação dessa versão com o relatório referido na nota anterior e com uma tradução feita por juristas neerlandeses deve considerar-se que, no Código Civil neerlandês, o critério é o da entrega (vide, Warendorf, Hans / Thomas, Richard / Curry-Summer, Ian, *The Civil Code of the Netherlands*, Países Baixos: Wolters Kluwer, 2013, p. 731. Note-se que uma consulta ao sitio de internet do Governo (<https://wetten.overheid.nl/BWBR0005290/2020-01-01?VergelijkMet=BWBR0005290%3fg%3d2002-04-01%26v%3d0>) permite dar como assente que artigo 10º do Livro 7º do Código Civil neerlandês não sofre alteração, pelo menos, desde o ano 2002.

4.3. Apreciação global sobre o critério da entrega

O interesse do vendedor na assunção do controlo das mercadorias por parte do comprador está, intrinsecamente, ligado ao tipo de riscos que o mesmo pode ter de suportar. Se o vendedor conseguir, por qualquer meio (diga-se, lícito), que o comprador assuma o controlo das mercadorias através de um ato de apropriação física das mercadorias, então, o vendedor deixa de suportar o risco de prova de que colocou da mercadoria à disposição do comprador ou de que este estava ciente de que as mercadorias haviam sido colocadas à sua disposição (al. a) e b) do art. 69º da *CISG*), assim como o risco decorrente da necessidade de ter de ser ele mesmo a adotar medidas para a conservação das mercadorias (art. 85º da *CISG*). Nesta última hipótese, o vendedor corre, também, o risco de as medidas por si adotadas para a conservação das mercadorias não serem suficientes para garantir a respetiva integridade ou o risco de a adoção de um qualquer ato que, à partida, seria de conservação, a final poder ser um ato que afeta as mercadorias.

Destarte, não é correto afirmar-se que o vendedor apenas tem interesse na contraprestação (o preço) e que não tem, geralmente, qualquer interesse na assunção do controlo das mercadorias por parte do comprador[354].

Ainda que não se possa estabelecer, no âmbito da transferência do risco regulada pelo artigo 69º da *CISG*, qualquer relação com as situações em que o transporte é realizado por um transportador independente[355] porque esse momento é determinado no âmbito do artº 67º CISG, será sempre possível que o transporte seja feito pelo próprio vendedor e, nesse caso, há um interesse claro por parte deste em que o comprador assuma o controlo das mercadorias, libertando meios para outras transações.

A solução do *UCC* é um pouco diferente. Nos termos da subsecção (1) da secção 2-509 do *UCC* "[q]uando o contrato exige ou autoriza o vendedor a enviar as mercadorias através de transportador [...] se não lhe exigir que as entregue num determinado destino, o risco de perda passa para o comprador quando as mercadorias são devidamente entregues ao trans-

[354] Martens, Sebastian, in Jansen, Nils e Zimmermann, Reinhard (Ed.), *Commentaries on European Contract Laws*, Oxford: Oxford University Press, 2018, p. 1984.

[355] Esta hipótese é colocada no âmbito dos comentários ao artigo 60º da *CISG* feitos por John Honnold (*vide*, Honnold, John O., *Uniform Law for International Sales under the 1980 United Nations Convention*, Países Baixos: Kluwer Law International BV, 2009, p. 489-490) e, por isso, nessa sede a afirmação do autor é, absolutamente, pertinente, permitindo-nos construir o nosso próprio cenário no âmbito da interpretação do artigo 69º da *CISG*.

portador, mesmo que a sua expedição seja sob reserva (Secção 2-505); mas [s]e o mesmo exigir que as entregue num destino específico e as mercadorias estiverem lá devidamente colocadas na posse do transportador, o risco de perda passa para o comprador quando as mercadorias estão lá devidamente colocadas, a fim de permitir que o comprador receba a entrega". Assim sendo, se o vendedor transportar as mercadorias com os seus próprios meios, mas estiver autorizado a enviar as mercadorias através de um transportador independente, a secção 2-509 do *UCC* tem aplicação[356]. O facto de o transporte ser, efetivamente, realizado por transportador independente não releva para aplicação da secção 2-509 do *UCC*; para que esta secção do *UCC* seja aplicada basta que o vendedor esteja *autorizado* a enviar as mercadorias através de um transportador.

Do mesmo modo, há autores que consideram que o §447 do *BGB*, que regula a transferência do risco na compra e venda de coisa com envio para um local diferente do local do cumprimento, é aplicável aos casos em que o vendedor encarrega os seus próprios trabalhadores para o transporte da coisa[357].

Consequentemente, sendo o critério de transferência do risco a entrega (que implicará aceitação das mercadorias por parte do comprador), na maior parte dos casos haverá uma interdependência entre entrega das mercadorias e pagamento do preço[358]. Que fundamentos existirão para se falar em risco de preço?

Na nossa opinião, verificando-se interdependência entre entrega e pagamento do preço não deverá afirmar-se que está em causa um risco de pagamento do preço. Não há risco de pagamento do preço no momento em que a obrigação de entrega se tem por cumprida, ou seja, o comprador não fica exposto ao perigo de pagar o preço e não receber as mercadorias por perda ou deterioração das mesmas. Com a entrega das mercadorias o vendedor cumpriu a sua obrigação principal emergente do contrato de compra e venda e o comprador viu essa obrigação ser cumprida. Por isso, se houver interdependência entre entrega das mercadorias e pagamento do

[356] Lawrence, William H., *The Law of Sales Under the Uniform Commercial Code (2019-2020 Cumulative Supplement, 2019)*, Eagen: Thomson Reuters, 2019, p.196.

[357] Schaub, Renate, *in* Dannemann, Gerhard / Schulze, Reiner (Eds.), *German Civil Code*, Vol. I, Books 1-3: §§1-1296, Article-by-Article Commentary, Verlag C.H.Beck oHG, 2020, p. 792.

[358] Lagergren, Gunnar, *Delivery of the Goods and transfer of property and Risk in the Law of Sale*, Stockholm, P.A. Norstedt & Söners Förlag, 1954, p. 84.

preço, não há qualquer risco de pagamento do preço. Este risco só existiria na medida em que a obrigação de entrega não fosse cumprida. Se houver entrega da mercadoria o risco será outro que não o "risco do preço".

Esta interdependência pode não ser efetiva se o vendedor e o comprador acordam que o momento de pagamento do preço é outro que não o da entrega das mercadorias ou dos documentos que as representam. A liberdade contratual, em termos gerais, permitirá equacionar uma hipótese destas, mas a mesma será, por certo, de difícil verificação na prática. O vendedor não pretenderá entregar as mercadorias ou os documentos que as representam ao comprador sem que o preço esteja pago ou o pagamento esteja garantido, nomeadamente através de transferência bancária, crédito documentário ou *standby-letter of credit* e o comprador não pretenderá pagar o preço sem que a entrega das mercadorias seja feita. Aliás, a *CISG* coloca esta interdependência entre a entrega e o pagamento do preço como uma regra para a determinação do cumprimento destas obrigações. A regra implica que o pagamento do preço tenha de ser feito quando as mercadorias ou os documentos representativos destas sejam postos pelo vendedor à disposição do comprador (art. 58º, nº 1, 1ª parte)[359].

Deve afastar-se a ideia de que a entrega é um conceito unitário que pode constituir o critério para a transferência do risco na venda internacional de mercadorias. Na venda internacional de mercadorias que envolva transporte (ou de mercadorias em trânsito) a entrega ao primeiro transportador só deve valer como cumprimento da obrigação de entrega ao comprador quando se considere que transportador intervém em nome e por conta do comprador das mercadorias. Se o transportador intervém em nome e por conta do comprador, então, é o próprio comprador que está a assumir o controlo das mercadorias. Com um só ato o transportador toma conta das mercadorias e aceita a entrega destas em nome e por conta do comprador[360].

[359] O vendedor pode condicionar a entrega das mercadorias e dos documentos representativos ao pagamento do preço e o comprador não está obrigado a pagar o preço sem ter tido a possibilidade de examinar as mercadorias (sempre que o contrato não afaste essa possibilidade) – artº 58º, nº 1, 2ª parte, nº 2 e 3 *CISG* –.

[360] Não atuando o transportador em nome e por conta do comprador o que está em causa é, apenas, a entrega para efeitos de contrato de transporte (*vide*, Ventura, Raúl, «O contrato de compra e venda no Código Civil – Venda de bens alheios – Venda com Expedição», in *Revista da Ordem dos Advogados*, Ano 40 (1980), Vol. II, p. 340).

O critério da entrega tem, por isso, alguns obstáculos decorrentes da própria construção do conceito de entrega. Na verdade, pode o vendedor colocar as mercadorias à disposição do comprador ou pode o seu controlo ser atribuído ao transportador sem que esses atos constituam a entrega das mercadorias. O «destinatário do ato de atribuição das mercadorias»[361] pode não adotar qualquer ato tendente à receção das mercadorias e, por isso, não existir entrega, mas seria incompreensível que o risco não se transferisse do vendedor para o comprador quando o mesmo está a cumprir o que foi estabelecido no contrato de compra e venda. Não significa isto que o (in) cumprimento das obrigações por parte do vendedor ou por parte do comprador alterem a dinâmica de transferência do risco, mas tão somente que o critério legal de transferência do risco não pode descurar que na relação entre vendedor e comprador cada uma das partes apenas pode contribuir para o seu desenvolvimento na medida do que lhe é possível.

Independentemente das dificuldades inerentes à definição do critério da entrega não será errado considerar-se que a maior parte das pessoas, quer nos tempos romanos quer agora, "acredita que [...] o risco [é] transferido para o comprador no momento da entrega"[362].

5. Breve ensaio preliminar de uma proposta. O critério do controlo das mercadorias

Não obstante as críticas que expusemos sobre o critério da entrega das mercadorias para determinar quando se transfere o risco, consideramos que se pode estar perante o critério que mais indicações fornece sobre uma possível proposta no âmbito deste nosso trabalho. A adoção do critério da entrega por vários ordenamentos jurídicos será, *de per si*, uma indicação de preferência. Mas não se trata apenas de uma questão relacionada com o número de ordenamentos jurídicos que adota tal critério. A entrega não significa apenas assunção das mercadorias por parte do comprador, mas também pode ter esse significado.

361 Falamos em «destinatário do ato de atribuição» (e não, apenas, em destinatário) para abranger as situações em que o destinatário das mercadorias é o comprador, mas o risco se transmite por via da atribuição do controlo das mercadorias a um terceiro (mormente, o transportador).

362 Watson, Alan, *Legal Transplants – An Approach to Comparative Law*, 2ª Edição, Atenas e Londres: The University of Georgia Press, 1993, p. 87.

Atendendo às críticas apontadas ao critério da entrega, preferimos um critério ligado ao controlo das mercadorias. Como esperamos poder decorrer do que iremos expor nos Capítulos que se seguem, quando o vendedor ou o comprador tem controlo sobre as mercadorias é um ou outro que determina se as mercadorias seguem uma determinada direção, se devem regressar a um determinado lugar, se devem ser redirecionadas para um lugar diferente do inicialmente previsto ou se não devem simplesmente continuar a ser movimentadas. Outrossim, a parte que tem o controlo das mercadorias é a que está em melhor posição de determinar a maior ou menor amplitude de afetação da integridade das mercadorias. O controlo a que estamos a fazer referência não significará apenas controlo físico das mercadorias. Pode tratar-se de um controlo que decorre da intervenção do vendedor ou do comprador em determinada relação jurídica que lhe atribua esse direito de controlo das mercadorias. O controlo pode derivar de direitos que o contrato de transporte faz ingressar na esfera jurídica do vendedor ou do comprador, agora na qualidade (eventual) de expedidores ou destinatários das mercadorias.

Capítulo III
Análise comparativa entre a transferência do risco e matérias conexas

1. Nota prévia

A interdependência e/ou interferência de aspetos relativos ao (in)cumprimento com a transferência do risco no âmbito do contrato de venda internacional deve ser um fator a ter em conta no momento da redação de uma determinada lei uniforme. Determinar se é útil "lidar, expressamente, com o efeito da violação do contrato por parte do vendedor sobre a transferência do risco ou se é suficiente deixar isto ser inferido dos meios ao dispor do comprador"[363]. O tratamento da transferência do risco «entrelaçado» com os efeitos da verificação de um ato ou omissão do vendedor ou do comprador surge, na nossa opinião, no mesmo plano em que se apresenta o «entrelaçar» da transferência do risco com a questão da transferência da propriedade. Ambas as questões poderão perturbar a correta compreensão do âmbito da transferência do risco. O tratamento «entrelaçado» da transferência da propriedade com a transferência do risco em vez de facilitar a regulamentação do contrato de venda, tende a colocar questões ainda mais complexas, que deveriam ser evitadas. A *CISG* deixou, totalmente, de parte a questão da transferência da propriedade porque os sistemas jurídicos apresentam soluções em absoluta oposição e de difícil harmonização. A questão do (in)cumprimento coloca outras tantas questões complexas relacionadas nomeadamente com o facto de alguns sistemas jurídicos reconhecerem o conceito de culpa no âmbito da res-

[363] Roth, P.M., «The Passing of Risk», *The American Journal of Comparative Law*, Vol. 27 (1979), p. 294.

ponsabilidade civil e outros não lhe atribuírem qualquer relevância. Atos e omissões de um determinado sujeito podem ser imputáveis, não imputáveis, culposos, não culposos, mas no âmbito da regulação das vendas internacionais essas questões pouco (ou nada) se ligam com a consagração de critérios ordenadores da transferência do risco. Procuraremos, por isso, apontar algumas críticas à ligação entre «atos ou omissões» do vendedor e do comprador e transferência do risco.

Por outro lado, há quem considere que as normas aplicáveis à falta de conformidade das mercadorias retiram, total ou parcialmente, utilidade às normas que regulam a transferência do risco do vendedor para o comprador. Não temos essa visão e, por conseguinte, tentaremos demonstrar que o âmbito de aplicação das normas relativas à falta de conformidade das mercadorias não é o mesmo das normas reguladoras da transferência do risco.

A matéria da violação antecipada (*antecipatory breach*) não é muito explorada pela doutrina portuguesa, embora questões como a *exceptio non adimpleti contractus* possam estar com ela relacionadas. A violação antecipada do contrato vem expressamente consagrada na *CISG* que, como é do conhecimento geral, entrou em vigor na ordem jurídica portuguesa em 01 de outubro de 2021. Dado que o regime jurídico aplicável à violação *antecipada* do contrato permite colocar em causa a ideia de que as normas reguladoras da *transferência do risco* identificam um risco de preço, será também uma matéria a tratar neste Capítulo.

Em algumas codificações (*v.g.* no artigo 70º da *CISG*) consagra-se que a transferência do risco não prejudica o recurso por parte do comprador aos meios de que dispõe em resultado de uma violação fundamental do contrato. O que entender por violação fundamental do contrato? De que forma se interliga essa violação fundamental do contrato com a transferência do risco? São algumas das questões que justificam o tratamento das duas matérias.

Abordaremos também a transferência do risco e o sinalagma contratual. Alguma doutrina tende a considerar que a transferência do risco preenche um dos lados do sinalagma. Não defendemos que assim possa ser considerado de forma tão linear. Motivo pelo qual se tratará esta questão também neste Capítulo.

Já o tratamento da questão da impossibilidade objetiva justificar-se-á pela necessidade de se estabelecer uma linha divisória entre impossibilidade de cumprimento da obrigação e a transferência do risco. Sendo as mercadorias embargadas ou sofrendo um descaminho devido a um ato de pirataria, devem estas situações ser tratadas no âmbito da impossibilidade de cumprimento da obrigação de entrega das mercadorias ou no âmbito da transferência do risco? Antecipamos que temos reservas quanto ao seu tratamento no âmbito da transferência do risco, apesar de algumas posições nesse sentido.

A perda ou deterioração das mercadorias não deixa de constituir, factualmente, uma alteração superveniente das circunstâncias em que o vendedor e o comprador fundaram a sua vontade de contratar. Mas que relação estabelecem as normas jurídicas entre a transferência do risco e o instituto da alteração das circunstâncias? Se determinada alteração das circunstâncias estiver coberta pelo risco próprio do contrato ou pelo risco legalmente previsto para esse contrato, pode (ou deve) o contrato ser resolvido ou modificado?

Por fim, a resolução do contrato coloca novas questões relacionadas com a transferência do risco do comprador para o vendedor no âmbito da relação de liquidação ou, para quem não concorda com esta designação, no âmbito da restituição das mercadorias.

2. A transferência do risco e os efeitos da verificação de um ato ou omissão do vendedor ou do comprador

Os casos em que se verifica um ato ou omissão do vendedor ou do comprador têm pontos de contacto e outros tantos de diferença relativamente àqueloutros de violação fundamental do contrato de venda[364].

A verificação de ato ou omissão suscetível de alterar a dinâmica estabelecida para a transferência do risco surge, aparentemente, como um contrapeso relativamente à excessiva prejudicialidade da transferência do risco para a contraparte do contrato que o teria de suportar.

Estabelece-se em algumas codificações que sendo praticado um ato ou verificando-se uma omissão por parte do vendedor a transferência do risco para o comprador não se dá (*vide* artigo 66º, *in fine* da *CISG*). A referência aos atos e omissões do vendedor tem sido perspetivada como uma retransmissão do risco para o vendedor[365]. Não vemos que a situação possa

[364] Sobre a *violação fundamental* do contrato *vide infra* o ponto 5. deste Capítulo III.

[365] Rüfner, Thomas, *in* Jansen, Nils e Zimmermann, Reinhard (Ed.), *Commentaries on European Contract Laws*, Oxford: Oxford University Press, 2018, p. 2023.

ser configurada como uma retransmissão do risco[366] nas situações em que haja deterioração ou perda das mercadorias. Esta norma legal, por si só, dá azo a uma possível dúvida e que se reconduz a saber qual o impacto da verificação de um determinado ato ou omissão por parte do *comprador* na transmissão do risco.

Se o risco, conforme resulta da *CISG*, se refere a perda ou deterioração da mercadoria "resultante de qualquer incidente com as mercadorias que não é devido a um ato ou omissão da outra parte"[367], então, o que vem consagrado na parte final do artigo 66º é equívoco e contraditório[368] e ao que parece não há grande notícia de que tenha sido objeto de aplicação por parte dos tribunais[369]. Não obstante, surgiu recentemente uma posição mais clara sobre esta parte da norma e mais próxima do que defendemos, ou seja, a parte final do artigo 66º da *CISG* afirmará que o risco se transfere para o comprador, "embora o comprador seja exonerado do seu dever de pagar o preço"[370].

Ademais, é possível configurar situações em que um ato ou omissão por parte do comprador impede a transferência do risco, prolongando o

[366] Aliás, há quem não deixe de assinalar que a redação dos artigos 66º e 70º da *CISG*, ao contrário da redação do artigo 97º, nº2 da *ULIS*, não estabelece que "o risco de perda nunca foi transferido para o comprador no momento da entrega nos casos em que o comprador resolveu o contrato ou exigiu a substituição dos bens". (Bridge, Michael, «Risk of Loss», *in* DiMatteo, Larry, *et. al.* (Ed.), *International Sales Law*, 2ª Edição, Baden-Baden: Nomos Verlagsgesellschaft mbH & Co. KG, 2021, p. 675)

[367] Lasswell, Harol D./ McDougal, Myres S./Miller, James C., *The Interpretation of International Agreements and World Public Order [...], ob. cit.*, p. 14.

[368] "A exceção prevista nas últimas palavras do Artigo 66 pode ser interpretada de forma ampla ou restrita. Literalmente permite que o comprador suspenda ou retenha o pagamento por uma variedade de razões ligadas ao comportamento do vendedor. Em qualquer caso, é uma exceção perturbadora" (Erauw, Johan, «CISG Articles 66-70: The Risk of Loss and Passing It», *in The Journal of Law and Commerce*, Vol. 25, 2005-2006, p. 210).

[369] Sobre a falta de prova da existência de ato ou omissão por parte do vendedor *vide*: Decisão da *Cámara Nacional de Apelaciones en lo Comercial* da Argentina, de 31 de outubro de 1995 (Caso *Bedial, S.A. v. Paul Müggenburg and Co. GmbH*), disponível em: <https://cisg-online.org/files/cases/6273/fullTextFile/299_24118346.pdf>; Decisão do Tribunal Internacional de Arbitragem Comercial na Câmara de Comércio e Indústria da Federação Russa, disponível em: <https://iicl.law.pace.edu/cisg/case/11-march-1998-tribunal-international-commercial-arbitration-russian-federation-chamber>.

[370] Bridge, Michael, «Risk of Loss», *in* DiMatteo, Larry, *et. al.* (Ed.), *International Sales Law*, 2ª Edição, Baden-Baden: Nomos Verlagsgesellschaft mbH & Co. KG, 2021, p. 675. Esta afirmação parece, por isso, afastar a ideia de que o risco que a norma pretende abarcar é o «risco de preço».

tempo em que vendedor tem a seu cargo o risco. Por exemplo, na venda de mercadorias que envolva o seu transporte (*v.g.* sujeita ao artigo 67º da *CISG*) pode dizer-se que o critério da transmissão das mercadorias ao primeiro transportador independente traz "inúmeras dificuldades, por exemplo quando o comprador deve organizar o transporte e não executa essa obrigação, impedindo assim que a entrega seja efetuada [...]"[371]. Uma afirmação assim feita surge, aparentemente, da dificuldade criada pela junção dos critérios sobre transferência do risco com uma omissão do comprador. Dir-se-á que a parte final do artigo 66º da *CISG* se refere a atos e omissões que não constituam incumprimento de obrigações emergentes do contrato. Mas o exemplo apresentado na obra anteriormente referida em pé de página parece ser esclarecedor sobre a confusão de âmbitos de aplicação das normas respeitantes à transferência do risco e das normas relativas ao incumprimento de obrigações (ou deveres) emergentes do contrato de venda. Na verdade, não vislumbramos grande questão no exemplo apresentado. Se o critério para a transferência do risco não se verifica, não houve transferência do risco do vendedor para o comprador. Ao não cumprir a sua obrigação de organização do transporte, o comprador viola o contrato de venda e a indemnização que possa vir a ser arbitrada ao vendedor pode ser até bem superior ao prejuízo resultante de sobre ele ter ficado alocado o risco. Ainda assim parece-nos que a solução não reside na introdução desta questão no âmbito da problemática atinente à transferência do risco.

Alguma confusão na redação da norma legal terá sido gerada pelo facto de "as regras modernas não base[arem] a responsabilidade contratual na culpa e evita[rem] o termo 'culpa', enquanto risco é tradicionalmente definido como um conceito usado para alocar perdas não causadas por culpa de qualquer das partes"[372].

Embora se compreenda a necessidade de fazer face a um vasto conjunto de realidades regulatórias sobre a transferência do risco, procurando evitar as diferenças entre os ordenamentos jurídicos estaduais quando se trata

[371] Mainguy, Daniel / Nourissat, Cyril, « Les contratts internationaux», *in* Béguin, Jacques / Menjucq, Michel (Dir.), *Droit du Commerce International*, 3ª Edição, Paris: LexisNexis, 2019, p. 612.

[372] Rüfner, Thomas, *in* Jansen, Nils e Zimmermann, Reinhard (Ed.), *Commentaries on European Contract Laws*, Oxford: Oxford University Press, 2018, p. 2028.

de delimitação do que é *Contract Law* e o que é responsabilidade civil[373], não parece adequada a inserção da referência aos atos ou omissões das partes no âmbito da transferência do risco[374]. Tanto mais, que esta diferença não parece colher unanimidade quando estão em causa deveres (e a sua violação) emergentes do contrato. Essa falta de unanimidade verifica-se mesmo na *Common Law*[375].

A *CISG* não se aplica à responsabilidade extracontratual, nomeadamente, à responsabilidade por "morte ou lesões corporais causadas pelas mercadorias a quem quer que seja" (art. 5º), mas não exclui a responsabilidade contratual[376] do seu âmbito de aplicação[377]. A questão da responsa-

[373] Hachem, Pascal, *in* Schwenzer, Ingeborg, *Commentary on the UN Convention on the International Sale of Goods*, Oxford:Oxford University Press, 2016, p. 963.

[374] A respeito do art. IV. A. – 5:101 do DCFR (com uma redação muito semelhante no que concerne ao aspeto de que curamos neste ponto do trabalho), María Paz Sánchez González escreveu que "a última parte do preceito, ao excetuar do regime geral previsto aqueles casos em que a perda ou dano sejam imputáveis ao vendedor, resulta, certamente, redundante, já que, tecnicamente, o conceito de risco está ligado ao caráter fortuito da perda ou deterioração, e não o serão se estas têm como causa em uma ação ou omissão (indevidas) do vendedor" (González, Maria Paz Sánchez, «Transmissión del riegos», *in* Aloy, Antoni Vaquer / Capdevila, Esteve Bosch / González, Maria Paz Sánchez, *Derecho Europeo de Contratos – Libros II y IV del Marco Común de Referencia*, Tomo II, Barcelona: Atelier, 2012, p. 930). Note-se que, nesta mesma página e imediatamente a seguir à citada frase, a autora considera que "por perda, para os indicados efeitos, haverá que entender todos aqueles casos em que a entrega da coisa é impossível, física ou juridicamente (ilicitude); englobando a deterioração todos os casos de falta de conformidade." Nesta última parte citada não acompanhamos a autora, porquanto o que se almeja com o presente trabalho é precisamente defender uma posição distinta.

[375] Smith, Stephen A., *Contract Theory*, Oxford: Oxford University Press, 2004, p. 104. A propósito da questão analítica sobre a natureza das obrigações contratuais, o autor afirma: "[...] *in the same way that theft and negligent damage to property are not considered part of the law of property, non-performance should not be regarded as part of contract law*". Deste modo, no âmbito de um instrumento de regulação da venda internacional de mercadorias, deve considerar-se que esta questão não pode constituir óbice para se considerar que "os atos e omissões" não deveriam ser inseridos no domínio o instituto da transferência do risco, mas sim no domínio do (in)cumprimento.

[376] Utiliza-se esta expressão face ao âmbito deste trabalho, embora se reconheça a pertinência da discussão sobre a sua adequação face à existência de obrigações que não resultam de contrato (*vide*, Costa, Mário Júlio de Almeida, *Direito das Obrigações*, 12ª Edição, Coimbra: Almedina, 2009, p. 539 e ss; Telles, Inocêncio Galvão, *Direito das Obrigações*, Coimbra: Coimbra Editora, 2010, p. 329 e ss).

[377] *Vide, v.g.*, artigo 19º, nº 3, artigo 79º, nº 2 e, para o que aqui se trata, em especial o artigo 36º da *CISG*. Já se defendeu, também, a inclusão da responsabilidade pré-contratual no âmbito de aplicação da *CISG*, não obstante o seu silêncio sobre a questão (*vide*, Pignatta, Franciso,

bilidade extracontratual poderá ser sempre resolvida na medida em que a lei aplicável conceda a indemnização por perdas e danos sofridos[378]. Por outro lado, uma interpretação *a contrario sensu* do artigo 5º da *CISG* levará, por certo, à conclusão de que estão sujeitas às normas da *CISG* aquelas situações de lesão de direitos de propriedade do comprador[379].

"Com efeito, os casos em que a perda ou deterioração das mercadorias se fique a dever a facto do vendedor não integram propriamente uma hipótese de risco, devendo antes ser tratados em sede de responsabilidade do vendedor."[380] Quando se verifica um ato ou omissão do vendedor (ou do comprador) "o jogo da teoria dos riscos não impede a aplicação da responsabilidade contratual"[381].

Assim, os atos ou omissões do vendedor surgem, no âmbito do artigo 66º *CISG*, de forma a evitar a transmissão do risco para o comprador, mas poderão criar dificuldade na aplicação da própria Convenção, nomeadamente colocando em perspetiva se o risco não chega a transferir-se para o comprador ou se o caso é de retransmissão do risco. E sabemos bem que a estabilidade do critério de transferência do risco é importante para outras questões, mormente a determinação da (in)existência de falta conformidade das mercadorias com o contrato[382].

Ademais, a referência a "atos ou omissões" tem de ser interpretada com recurso a um padrão de razoabilidade, dado que esses "atos ou omissões" podem consubstanciar uma conduta compatível do vendedor com a

«Sur la possibilité d'appliquer la Convention de Vienne à la responsabilité précontractuelle», *in Mélanges en l'honneur du Professeur Claude Witz*, Lexis Nexis, 2018, p. 653 e ss.)

[378] Ramos, Rui Manuel Moura / Soares, Maria Ângela Bento, *Contratos Internacionais (compra e venda, cláusulas penais e arbitragem)*, Coimbra: Almedina, 1986, p. 169 (n.310).

[379] Erauw, John, «Observations on passing of risk», *in* Ferrari, Franco / Flechtner, Harry / Brand, Ronald A. (Ed.), *The Draft UNCITRAL Digest and Beyond: Cases, Analysis and Unresolved Issues in the U.N. Sales Convention*, Munique: Sellier, 2004, p. 299.

[380] Ramos, Rui Manuel Moura / Soares, Maria Ângela Bento, *Contratos Internacionais (compra e venda, cláusulas penais e arbitragem)*, Coimbra: Almedina, 1986, p. 169. Também neste sentido *vide* Garau, Guillermo Alcover, *La transmission del riesgo en la compraventa mercantil – Derecho español e internacional –*, Madrid: Editorial Civitas, 1991, p. 121; Ramos, Rui Manuel Moura / Soares, Maria Ângela Bento, «Do contrato de compra e venda internacional de mercadorias. Análise da Convenção de Viena de 1980 e das disposições pertinentes do direito português», *Documentação e Direito Comparado*, Nº 6, 1981, p. 209.

[381] Brunetti-Pons, Clotilde, *L'obligation de conservation dans les conventions*, Aix-en-Provence: Presses Universitaires D'Aix-Marseille, 2003, p. 441.

[382] Sobre a interligação entre a transferência do risco e a falta de conformidade das mercadorias com o contrato, *vide infra* ponto 3. do Capítulo III.

«norma contratual»[383]. Seria, por isso, bizarro que um ato conforme com o estipulado no contrato pudesse determinar uma realocação ou retransmissão do risco para a o vendedor. O artigo 66º da *CISG*, ao fazer referência a atos e omissões do vendedor sem qualquer separação entre atos e omissões conformes ou desconformes com o que ficou contratualmente estipulado coloca a alocação do risco envolta em um grau de incerteza desnecessário e pouco útil.

O ato ou omissão do vendedor pode, perfeitamente, surgir no mesmo momento, antes ou depois de um ato ou omissão do comprador. Neste caso, seria inconcebível que apenas se tivesse em conta o ato ou a omissão do vendedor e o risco lhe fosse retransmitido sem mais.

A questão poderia ser posta de um outro modo, nomeadamente sob o prisma da determinação do ato ou da omissão que teve preponderância (ou ato relevante) na deterioração ou perda da mercadoria. A falta de critério para determinar qual o ato ou omissão que mais contribui para a perda ou deterioração da mercadoria torna a tarefa demasiado onerosa e difícil[384].

E, ainda que tal fosse possível no plano legislativo, o intérprete colocaria, provavelmente, várias interrogações, nomeadamente se o ato definido como relevante não adquiriu essa relevância devido a um outro ato ou omissão da contraparte e assim por diante.

383 Hachem, Pascal, *in* Schwenzer, Ingeborg, *Commentary on the UN Convention on the International Sale of Goods*, Oxford: Oxford University Press, 2016, p. 965 (*"In many instances, these will be acts or omissions that at the same time fulfil the criterion of compliant conduct of the seller"*).

384 Markesinis, B.S. / Lorenz, W. / Dannemann, G., *The German Law of Obligations, Vol. I – The Law of Contracts and Restitution: A Comparative Introduction,* Oxford: Clarendon Press, 1997, p. 413. A respeito de um contrato de locação de uma embarcação com um guindaste especial para ser utilizado na construção de uma ponte, o *Bundesgerichtshof* (Tribunal Federal alemão) considerou que tendo o locador permitido uma montagem defeituosa do guindaste, tendo o locatário falhado ao não ter inspecionado a sua instalação e tendo a embarcação afundado, então, os danos deveriam ser suportados pelas partes no termos do §324, §325 e §254 do BGB, isto é, atendendo à contribuição de cada uma para a verificação dos mesmos (*vide*, a decisão do *Bundesgerichtshof* de 08 de dezembro de 1980, disponível em < https://research.wolterskluwer-online.de/document/8b9c040d-a4a5-42ea-95be-8527c6b5539c>). Os autores da referida obra consideram que se trata de um caso omisso na lei alemã e que o resultado para uma situação destas, em que o locador (o operador da embarcação) e o locatário (que falhou ao não ter inspecionado a instalação, a que estava obrigado) contribuíram, respetivamente, em um e em dois terços para o afundamento, será o seguinte: "A pessoa que solicitou os serviços do barco (credor da obrigação que se tornou impossível) receberia uma indemnização por um terço da sua perda. Simultaneamente, ela teria de pagar ao operador do barco dois terços do custo do que foi executado, mesmo que não recebesse nada em troca (exceto pelos danos mencionados acima)".

Destarte, vemos com alguma reserva a ideia de que os atos ou omissões do vendedor ou do comprador possam interferir na determinação do momento em que o risco se considera transmitido e que tais atos ou omissões possam ser suscetíveis de operar uma retransmissão desse mesmo risco[385].

Os atos ou omissões do vendedor e do comprador que conduzam à perda ou deterioração das mercadorias devem ser situados no âmbito do cumprimento das obrigações/deveres[386] a que as partes estão adstritas, sejam estes deveres principais, acessórios ou de conduta[387], tendo por base a «norma contratual» criada por vendedor e comprador ou a(s) norma(s) legal(ais) aplicável(eis). A doutrina tende a considerar correta a redação da parte final do artigo 66º da *CISG*, com fundamento de que a exceção deve abarcar os cenários de incumprimento de uma obrigação contratual e os cenários em que não há qualquer incumprimento[388]. No entanto, atendendo aos fundamentos aduzidos no sentido de que "ao contrário do artigo 36 [..] o artigo 66 não requer um 'incumprimento de qualquer das suas obrigações' [e de que estão em causa] casos em que o vendedor exerce o seu direito de paralisação em trânsito, em que as mercadorias são danificadas quando está a ser analisada uma provável não conformidade ou quando –

[385] No âmbito da aplicação do Código Civil português, por via das normas de conflitos previstas nos artigos 41º e 42º, nº 2, *in fine* (conjugadas com o artigo 234º), a um contrato de venda internacional de pimenta, o Tribunal da Relação de Lisboa afirma isso mesmo, ou seja, se o vendedor for civilmente responsável isso não significa "a re-transferência do risco para si, antes incorrerá ele nos esquemas próprios da responsabilidade civil pelo incumprimento ou pelo cumprimento defeituoso da sua obrigação" (*vide* Ac. TRL, de 30 de junho de 2011, disponível em <https://jurisprudencia.csm.org.pt/ecli/ECLI:PT:TRL:2011:13.2002.L1.1.53>; este Acórdão foi parcialmente revogado pelo STJ, mas no que concerne à possibilidade de resolução por parte do comprador e direito a indemnização pelo interesse contratual positivo, pedidos que acabaram por proceder – *vide* Ac. STJ, de 31 de janeiro de 2012, com sumário disponível em: <http://www.dgsi.pt/jstj.nsf/954f0ce6ad9dd8b980256b5f003fa814/6ee4cbf660344852802579c8005b0622?OpenDocument>).

[386] Situar esta questão no domínio do cumprimento das obrigações parece mais razoável face à previsão de várias normas reguladoras dessa matéria (*vide, v.g.*, artº 80º CISG).

[387] Aliás, a *CISG* evita a diferença, apresentada pelos direitos internos, entre obrigações principais e acessórias. Haverá violação do contrato independentemente do tipo incumprimento (*vide*, Leisinger, Benjamin K., *Fundamental Breach Considering Non-Conformity of the Goods*, Munique: Sellier. European Law Publishers, 2007, p. 5).

[388] Dornis, Tim W., *in* Mankowski, Peter (Ed.), *Commercial Law – Article-by-Article Commentary*, Baden-Baden: Nomos Verlagsgesellschaft, 2019, p. 302.

depois do descarregamento – o vendedor danifica as mercadorias quando está a recuperar os contentores usados para o transporte"[389], consideramos que o que está em causa é, novamente, o incumprimento de obrigações emergentes do contrato. A Convenção não circunscreve o seu âmbito de aplicação às obrigações principais emergentes do contrato de venda internacional e dizer-se que o artigo 36º da *CISG* tem uma redação diferente do seu artigo 66º é pouco (ou nada) no âmbito de uma obra coletiva que tem, em si mesma, fundamentos para conclusões em absoluta contradição com a supra exposta. Na verdade, no âmbito do comentário feito na mesma obra sobre o artigo 36º da *CISG*, o exemplo relativo à recuperação dos contentores usados para o transporte por parte do vendedor é utilizado para "violação dos seus deveres depois do risco ter sido transferido"[390]. Afinal, estamos perante um exemplo que deverá ser integrado no âmbito da violação de "qualquer das [...] obrigações [do vendedor]" na aceção do artigo 36º, nº 2 da *CISG*.

Assim deverá ser entendido. Não por causa das obrigações do vendedor elencadas no Capítulo II da Parte III da *CISG*, mas sim pelo facto de Convenção consagrar, expressamente, nas suas disposições iniciais, que se aplica às obrigações do vendedor e do comprador (art. 4º) e, simultaneamente, estabelecer que qualquer questão relacionada com matérias reguladas pela Convenção mas que não estejam, expressamente, resolvidas, devem ser resolvidas em conformidade com os princípios em que se baseia (art. 7º, nº 2). Ora, um dos princípios fundamentais para resolver as questões atinentes a matérias reguladas pela *CISG* é, certamente, o princípio da boa-fé (no comércio internacional)[391], também ele referido na obra que se vem citando como expressamente aplicável[392].

Com caráter tendencialmente elucidativo sobre a dificuldade de conformação dos "atos ou omissões" como retransmissões (ou interferências na dinâmica) do risco surgem alguns exemplos (à mingua de outros) tentando enquadrar tais "atos ou omissões" nas situações em que não consti-

[389] Dornis, Tim W., *in* Mankowski, Peter (Ed.), *Commercial Law [...], idem.*

[390] Brunner, Christoph / Schifferli, Michael, in Mankowski, Peter (Ed.), *Commercial Law – Article-by-Article Commentary,* Baden-Baden: Nomos Verlagsgesellschaft, 2019, p. 198.

[391] Que, conforme se abordará *infra,* no ponto 4. do Capítulo VI., não existirá, apenas, na *Civil Law* mas também na *Common Law.*

[392] Mankowski, Peter, in Mankowski, Peter (Ed.), *Commercial Law – Article-by-Article Commentary,* Baden-Baden: Nomos Verlagsgesellschaft, 2019, p. 41.

tuindo "uma violação do contrato pode, não obstante, o comprador ver-se livre das suas obrigações de pagamento"[393] em virtude de um ato ilícito do vendedor. Considera-se, por exemplo, que "a distinção em análise pode ser relevante no caso de uma compra e venda 'FOB'[394] [...]. Se o vendedor danificar as mercadorias quando está a reaver o contentor no porto de destino, o ato ou omissão do vendedor não constitui uma violação do contrato"[395].

Não vemos como verosímil a transferência do risco baseada em tal *Incoterm* com a intervenção posterior do vendedor, no porto de destino, para reaver o contentor. O vendedor, face ao *Incoterm* inserido no contrato teve, certamente, a intenção de não suportar o risco acrescido que vem referido no exemplo. Aliás, Franco Ferrari parece olvidar que a hipótese que aventa como possível é de difícil realização prática, porquanto a maioria dos contentores usados nas transações internacionais são fornecidos por transportadores, sendo manifestamente minoritário o número de expedidores e/ou compradores proprietários de contentores para acondicionar mercadorias. No comércio internacional é mais frequente que o transportador forneça os contentores para que o expedidor os preencha ou é o próprio transportador que leva a cabo essa mesma tarefa face à experiência que, na maior

393 Ferrari, Franco e Torsello, Marco, *International Sales Law – CISG – in a nutshell*, 2ª Edição, West Academic Publishing, 2018, p. 318 (o autor continua o seu discurso, afirmando depois que *"This is the case, for exemple, with respect to seller's conduct that is unlawful in tort, although it may not be relevant in the light of the parties' contractual arrangements"*).

394 Note-se que a CCI aconselha a não utilização do *incoterm f.o.b.* (e também do *f.a.s*, do *cfr* e do *c.i.f.*) para carga contentorizada porque muitas vezes as mercadorias permanecem em um local ou terminal terrestre durante algum tempo e determinar o momento exato em que as mercadorias foram danificadas ou deterioradas, tendo em conta que o contentor permanece por abrir até ao local de destino, é tarefa muito difícil. Esta preocupação está, também, implícita na própria publicação da CCI relativa aos *INCOTERMS 2020* quando refere que a *International Convention for the Safety of Life at Sea – SOLAS* – "impõe aos carregadores, no caso do embarque em contentores, a obrigação de pesar o contentor carregado utilizando equipamento calibrado ou certificado ou de pesar o conteúdo do contentor e adicionar o peso do contentor vazio. Em qualquer dos casos, o VGM [(Peso bruto verificado)] deve ser registado no transportador. O não cumprimento acarreta a sanção prevista na Convenção SOLAS: o contentor 'não deve ser carregado num navio': ver parágrafo 4.2. MSC1/Circ.1475, 9 junho 2014" (*vide* International Chamber of Commerce, *Inconterms 2020* – Regras da ICC para a utilização dos termos de comércio nacional e internacional –, Lisboa: ICC Portugal, 2019, p. 14-15 e 209).

395 Ferrari, Franco e Torsello, Marco, *International Sales Law – CISG – in a nutshell*, 2ª Edição, West Academic Publishing, 2018, p. 326

parte das situações, tem em lidar com os contentores[396]. Mesmo nas situações em que o contentor não pertence ao transportador (porque pertence ao expedidor ou foi por este alugado) a questão será sempre de responsabilidade (perante o transportador ou perante a contraparte no contrato de venda). Face ao enquadramento feito por Franco Ferrari, parece-nos mais feliz[397] o caso relativo à venda de aldeído de jasmim com a menção do *Incoterm* 'CIF', na qual o vendedor não forneceu quaisquer indicações ao transportador sobre a temperatura, apesar do comprador ter alertado para a possibilidade de deterioração das mercadorias a altas temperaturas[398]. Mas este exemplo parece constituir uma violação fundamental do contrato nos termos e para os efeitos do artigo 25º (não prejudicando a transferência do risco o exercício, por parte do comprador, de qualquer um dos direitos consagrados na Convenção, *ex vi* o diposto no artigo 70º da *CISG*, mormente a responsabilidade decorrente da falta de conformidade das mercadorias com o contrato – art. 36º, nº 2 da *CISG*).

A integração do caso no âmbito de uma violação fundamental[399] permite, *de per si*, que o comprador responsabilize o vendedor por falta de conformidade das mercadorias ou resolva o contrato[400] (art. 49º). Pelo facto de

[396] Stevens, Frank, «Chapter 2: Liability for defective containers: charting a course between seaworthiness, care for the cargo and liabilities of the shippers», *in* Soyer, Baris / Tettenborn, Andrew (Ed.), *Carriage of Goods by Sea, Land and Air – Unimodal and Multimodal Transport in the 21st Century* –, Abingdon: Informa Law, 2014, p. 26. Segundo este autor o que estará em causa é saber "que parte suportará o risco e será responsável por responsabilidades legais que possam emergir." Mas note-se que aqui o risco não surge com qualquer associação à transferência do risco, mas sim como uma referência à parte que pode vir a suportar a responsabilidade pelos danos sofridos pelas mercadorias por via de, por exemplo, defeitos nos contentores (*vide* p. 29 e ss.).

[397] Mais feliz, mas não mais convincente para a «descoberta» da utilidade da referência da norma constante do artigo 66º da *CISG* a "ato ou omissão do vendedor".

[398] Decisão da Comissão Internacional de Arbitragem Económica e Comercial da China, disponível em: < https://iicl.law.pace.edu/cisg/case/china-february-23-1995-translation-available> e, também mencionada em Coetzee, Juana, «The Interplay Between Incoterms and the CISG», *in Journal of Law & Commerce*, Vol. 32, No. 1 (2013), disponível em < http://jlc.law.pitt.edu>, p. 16-17.

[399] Ver ponto 5. do Capítulo III.

[400] Para os casos em que a transferência do risco para o comprador se tenha por verificada é que se justificará a possibilidade de este lançar mão da resolução do contrato para se liberar da obrigação dele decorrente (o pagamento do preço), sendo-lhe restituído tudo aquilo que pagou a título de cumprimento, simultaneamente com a restituição de tudo o que lhe tenha sido fornecido (aqui se incluindo, por exemplo, amostras das mercadorias, documentos, etc.)

se verificar "ato ou omissão do vendedor" (e ainda que esta parte não estivesse prevista no final do artigo 66º), sempre poderia (como pode) o comprador optar pelo exercício de quaisquer direitos previstos na Convenção.

Só assim se poderá entender que as possibilidades atribuídas ao comprador, de responsabilizar o vendedor pela falta de conformidade das mercadorias ou resolver o contrato, venham inseridas no Capítulo II da Parte II da Convenção (relativo às obrigações do vendedor) e a transferência do risco tenha tratamento autónomo no Capítulo IV[401].

O ordenamento jurídico alemão consagra uma norma elucidativa da necessidade de não confundir o incumprimento das obrigações por parte do vendedor com os critérios estabelecidos para a transferência do risco. O §447(2) do *BGB* consagra que "se o comprador tiver dado uma instrução especifica sobre o método de envio da coisa e o vendedor, sem motivo forte, não adere a esta instrução, o vendedor é responsável perante o comprador pelos danos decorrentes disso." Não, há, por isso, qualquer interferência no momento estabelecido para a transferência do risco, nem se considera que o ato ou omissão do vendedor pode conduzir a uma retransmissão do risco para o mesmo. Ademais, o *BGB*, na parte final do seu §446, consagra uma solução que afasta um ato ou omissão do comprador da dinâmica relacionada com a transferência do risco, ao consagrar que "se o comprador não cumpre a sua obrigação de aceitação da entrega, isto é equivalente à entrega".

A transferência do risco surge com referência a um determinado resultado (a afetação das mercadorias) que não decorre de um ato ou omissão do vendedor ou do comprador; nenhum deles contribui para o resultado. Na transferência do risco não estamos perante situações de cumprimento ou de incumprimento, mas sim no âmbito da verificação de um evento

[401] O elemento sistemático não será elemento decisivo para a compreensão da transferência do risco, mas não pode deixar de «pesar» no momento da interpretação das disposições da Convenção como um todo, para potenciar a sua aplicação harmonizada e uniformizada. Interpretação que deverá decorrer de acordo com os princípios firmados no artigo 7º da *CISG*, não obstante a previsão (que nos parece equívoca) do artigo 6º, o qual permite às partes derrogar *qualquer das suas disposições* (*rectius*, o art. 7º). Sobre esta última questão e a discussão que a respeito se coloca, *vide* Felemegas, John, «The United Nations Convention on Contracts for the International Sale Goods: Article 7 and Uniform Interpretation», *in* Review of the Convention on Contracts for the International Sale of Goods (CISG), Kluwer Law International, 2000-2001, p.147-149.

que afeta a integridade das mercadorias e que, atendendo ao critério que possa estar fixado, legal ou contratualmente, faz espoletar consequências na esfera jurídica do vendedor ou do comprador[402].

Concomitantemente, é inegável que o princípio da autonomia privada teve um papel importante na consagração do regime estabelecido pela Convenção e tem a sua relevância na interpretação das suas disposições[403]. Ao "ato ou omissão do vendedor" não pode ser atribuído um conteúdo e alcance que ultrapasse as barreiras da «norma contratual» conformada dentro dos parâmetros da razoabilidade permitidos pela própria Convenção. Ainda que o vendedor e o comprador tenham utilizado um *Incoterm* que não regula determinado aspeto do contrato de venda internacional, nomeadamente a adoção de um comportamento posterior deve ainda ser inserida dentro das bases e fundamentos do surgimento da relação, procurando salvaguardar a manutenção do contrato. Face a um ato ou omissão imputável ao vendedor não pode a lei atribuir efeitos jurídicos que, durante a relação contratual, perturbem a vontade manifestada pela contraparte (o comprador). Caberá ao comprador decidir se pretende manter o contrato, se o considera (in)cumprido total ou parcialmente ou cumprido de

[402] O Direito romano estabelecia uma separação entre a destruição ou deterioração da coisa "como resultado de intenção maliciosa (*dolus*) ou negligência (*culpa levis in abstracto*) por parte do vendedor" e as situações em que estando a coisa "ao cuidado do vendedor[, esta] é destruída ou danificada por um ato de força maior (*vis maior*) ou acidente (*casus fortuitus*), como terramoto ou fogo". Na primeira situação o vendedor era responsável pelos danos causados, enquanto na segunda, apesar da coisa estar ao cuidado do vendedor, o risco corria por conta do comprador "de acordo com a regra *periculum est emptoris*". Ainda que estivessem consagradas algumas exceções, esta separação entre o âmbito de responsabilidade por danos decorrente de ato doloso ou ato negligente e as situações em que não existe qualquer ato (ou omissão) por parte do vendedor, permitem perceber que a regra estabelecida para a transferência do risco (quando a venda se torna *perfecta*) não sofria oscilações dependentes da verificação de qualquer ato ou omissão do vendedor. (Mousurakis, George, *Fundaments of Roman Private* Law, Heidelberg: Springer, 2012, p. 224). Este autor dá conta "que esta regra geral não se aplicava quando as partes tivessem feito um acordo em contrário ou quando o vendedor estivesse em incumprimento (*mora*) na realização da entrega ou fosse de outra forma culpado" (*vide*, p. 225). Mas esta exceção vem colocada a respeito da não realização da entrega no momento em que a venda estava *perfecta* e, por isso, a questão terá a sua relevância no que concerne à reflexão sobre se o critério da conclusão do contrato é adequado para determinar a transferência do risco do vendedor para o comprador.

[403] Felemegas, John, «The United Nations Convention on Contracts for the International Sale Goods: Article 7 and Uniform Interpretation», *Review of the Convention on Contracts for the International Sale of Goods (CISG), Kluwer Law International*, 2000-2001, p.146.

forma defeituosa e quais os efeitos que pretende para o "ato ou omissão do vendedor"[404].

A parte final do artigo 66º da *CISG* pode ser interpretada de forma mais ampla ou mais restrita, com sentidos absolutamente opostos quanto aos resultados. Por um lado, o "artigo 66 parece introduzir o princípio '*pay first, discuss later*'. A regra simplesmente coloca o ónus de prova a cargo do comprador atendendo aos seus eventuais pedidos de compensação"[405]. Por outro lado, "*em termos literais permite que o comprador suspenda ou retenha o pagamento por vários motivos relacionados ao comportamento do vendedor*"[406]. Trata-se, por isso, de um elemento perturbador para determinar quando se dá a transferência do risco e que, na nossa opinião, devia ter sido evitado atendendo ao plano global de regulação estabelecido pela Convenção e o seu objetivo fundamental de afastamento relativamente às soluções legais dos Estados (soluções divergentes quanto ao tratamento das questões relativas ao incumprimento das obrigações).

[404] As novidades surgidas quanto à utilização da tecnologia "blockchain" não estiveram na mente do legislador da *CISG*. Os tempos eram outros e, ainda hoje, várias reservas se colocam à utilização desta tecnologia no domínio dos contratos, dado que se pretende que o contrato não possa ser suscetível de discussão quanto às suas cláusulas. "A autoexecução [...] é a característica principal dos *smart contracts* e se estes forem executados numa *Blockchain* com descentralização do *mining* estes serão imutáveis trazendo algumas novidades por exemplo no ramo do direito dos contratos a nível de incumprimento." (Freire, João Pedro, *Blockchain e Smart Contracts*, Coimbra: Almedina, 2021, p. 123). "O progresso da tecnologia dos circuitos integrados (*chips*) e sensores, que conseguem traduzir os dados do movimento automatizado de bens físicos, deverá melhorar consideravelmente estes sistemas de *blockchain* emergentes, o que pode ser especialmente poderoso quando combinado com «contratos inteligentes», em que os direitos e obrigações contratuais, incluindo os termos de pagamento e de entrega ou prestação de bens e serviços, podem ser automaticamente executados por um sistema autónomo, no qual todos os signatários depositam a sua confiança." (Casey, Michael J. / Wong, Pindar, «As cadeias de fornecimento globais estão prestes a melhorar, graças à *blockchain*», *in* AAVV, *Blockchain: the insights you need from Harvard Business Review*, trad. Adelaide Cabral / Lufada de Letras, Coimbra: Conjuntura Actual Editora, 2020, p. 83). As observações feitas pelos citados autores colocam sempre em evidência a possibilidade de a referida tecnologia "*blockchain*" *poder vir* a desempenhar um papel importante no domínio da execução dos contratos. É, por isso, um tópico que será introduzido em algumas partes deste trabalho.

[405] Erauw, Johan, «CISG Articles 66-70: The Risk of Loss and Passing It», *The Journal of Law and Commerce*, Vol. 25, 2005-2006, p. 209-210

[406] Erauw, Johan«CISG Articles 66-70: The Risk of Loss and Passing It», *The Journal of Law and Commerce*, Vol. 25, 2005-2006, p. 210.

A atribuição (da nossa parte) de uma pertinência duvidosa à parte final do artigo 66º da *CISG* não significa que tenhamos uma visão destrutiva da solução que, globalmente, está criada pela Convenção.

Havendo ato ou omissão do vendedor ou do comprador, suscetível de violar a «norma contratual», poderá existir responsabilidade (contratual, na maior parte dos casos) e obrigação de indemnizar quer pelos danos emergentes, quer pelos lucros cessantes[407].

A indemnização pode ser, nessa decorrência, superior ou inferior ao valor das mercadorias tal como encarado por vendedor e comprador no contrato de venda. A indemnização terá em conta os danos que forem tidos por provados. Assim, se o risco, atendendo à regra estabelecida, corre por conta do comprador e a perda ou deterioração das mercadorias se dá por causa de um ato ou omissão do vendedor, cabe ao comprador decidir se reage ou não perante esse circunstancialismo que lhe é apresentado e, se decidir reagir, poderá lançar mão da *exceptio non adimpleti contractus* ou, atendendo à letra da *CISG*, suspender o cumprimento da sua obrigação de pagamento do preço. Se o preço já se encontrar pago a questão mantém-se, mas agora com o comprador a decidir se peticiona perante o vendedor a resolução do contrato por violação fundamental do mesmo ou se peticiona o ressarcimento dos danos emergentes do ato ou omissão do vendedor, podendo a indemnização a que venha a ter direito ser bem superior (pense-se na situação em que, face à perda ou deterioração das mercadorias, o comprador não só não as recebeu, como não beneficiou das respetivas utilidades ou aumento de valor[408]).

A transferência do risco de deterioração ou perda das mercadorias deverá manter-se no momento definido pelas partes na «norma contratual» criada ou de acordo com a norma legal que seja aplicável no caso em concreto.

A transferência do risco implicará, por isso, que quem o suporta tenha de, também, suportar as consequências dessa mesma transferência. O (in)cumprimento dos deveres emergentes da «norma contratual» não

[407] *Vide* artigo 74º da *CISG*.

[408] Imaginemos a venda de mercadorias cuja cotação tem um valor reduzido no momento da conclusão do contrato, mas que no dia seguinte à verificação do ato ou omissão do vendedor que provoca a perda ou deterioração das mercadorias, é já um valor bem superior e o comprador perde, em consequência, a oportunidade de as revender (dito de outro modo, perde uma oportunidade de negócio lucrativo).

pode operar mais um incumprimento, alterando-se a vontade das partes no que ao momento da transferência do risco diz respeito. O vendedor e o comprador podem ter previsto, na «norma contratual» que criaram, o momento para a transmissão do risco, mas nada terem previsto quanto à interferência de um ato ou omissão de um deles na alocação do risco.

A normal legal deverá regular a transferência do risco com uma amplitude não tida em vista por vendedor e comprador?

Dir-se-á: o que o vendedor e o comprador não preveem deve ser regulado pela norma legal determinada como aplicável ao caso concreto e, por isso, se a norma aplicável for o artigo 66º da *CISG* (ou outra com solução semelhante) deve considerar-se que o ato ou omissão do vendedor opera uma retransmissão do risco. Parece-nos solução demasiado simplista.

A aplicação da norma legal não pode ser feita sem prejudicar a vontade das partes, de acordo com o que resultar de uma interpretação do contrato. A interpretação do contrato pode conduzir ao afastamento da norma legal, não chegando esta a revelar o seu caráter supletivo, porque, afinal, o vendedor e o comprador previram (e preveniram) essa hipótese de verificação de um ato ou omissão do vendedor (ou mesmo do comprador). Simplesmente, interpretado[409] o contrato, conclui-se que o vendedor e o comprador não pretenderam atribuir qualquer efeito a esse ato ou omissão na transferência do risco (que consideram regulada nos exatos termos expressos na «norma contratual»).

Por outro lado, dir-se-á, com alguma propriedade, que a inexistência da referida «norma contratual» não impede que a questão da verificação de determinado ato ou omissão seja colocada como evento suscetível de alterar a dinâmica da transferência do risco estabelecida na norma legal. Mas neste caso, há que verificar se a construção da norma legal é adequada, se tem arrimo nos fundamentos que justificam o instituto da transferência do risco.

Quando se verifica um ato ou omissão do vendedor, o foco não deve ser colocado no risco em si mesmo (ainda que, apenas, reconduzido ao risco

[409] *"Almost any of these controversies may, and most of them do, present demands for the interpretation of the agreement, in the sense of an effort to ascertain the genuine shared expectations of the parties, and sometimes this demand for interpretation is raised directly, as the principal issue in controversy, relatively free of other encumbering claims about the application of the agreement to events subsequent to the outcome in commitment."* (Lasswell, Harol D./ McDougal, Myres S./Miller, James C., *The Interpretation of International Agreements and World Public Order [...], ob. Cit.*, p. 22).

de perda ou deterioração das mercadorias), mas sim no momento da sua transferência. Um ato ou omissão do vendedor ou do comprador, que possa retardar a transferência do risco, poderia ser aceite como fator para desencadear a transferência do risco sem a verificação do respetivo critério (seja o critério o da entrega ou outro). À imagem do que sucede nos casos de venda de mercadorias em trânsito (art. 68º *CISG*)[410], os atos ou omissões de uma das partes deveriam, quando muito, estar previstos como possíveis variações no momento da transferência do risco.

Esta solução assentará na ideia de que não se deve colocar a tónica na perda ou deterioração das mercadorias, mas sim no momento da transferência do risco, se a própria *CISG* não estabelece, literalmente, um conceito de risco. Esta solução está consagrada na secção 20(2) do *Sale of Goods Act* inglês. Aqui se estabelece que quando a entrega tenha sido adiada em virtude de *fault* (negligência, violação de dever contratual ou dever imposto por lei)[411] do vendedor ou do comprador o risco fica cargo da parte que assim atuou, por referência a qualquer *perda que só se tenha verificado devido a esse ato.*

Assim, no direito inglês não se estabelece qualquer interferência no critério legal de alocação do risco, porquanto a referida *fault* apenas tem implicação nas perdas por ela provocadas. O conceito de risco "refere-se apenas a destruição acidental ou deterioração e não cobre danos nas mercadorias causadas por [ato] de qualquer uma das partes"[412].

No âmbito da *CISG* a complexidade de uma tal previsão ("dos atos ou omissões do vendedor" suscetíveis de alterar a dinâmica da transferência do risco) parece transparecer, também, de uma outra norma (artigo 79º, especialmente dos seus nºs 1 e 5[413]).

[410] Em que se considera que, apesar da conclusão do contrato, o risco não se transfere para o comprador se o vendedor sabia ou deveria saber que, nesse momento, as mercadorias já tinham perecido ou se tinham deteriorado e disso não informou o comprador.

[411] Gullifer, Louise, «Risk», *in* McKendrick, Ewan (Ed.), *Sale of Goods*, Londres: LLP Professional Publishing, 2000, p. 129.

[412] Atiyah, P. S. / Adams, John N. / MacQueen, Hector, *Atiyah's Sale of Goods*, Harlow: Pearson Education Limited, 12ª Edição, 2010, p. 347.

[413] *"(1) A party is not liable for a failure to perform any of his obligations if he proves that the failure was due to an impediment beyond his control and that he could not reasonably be expected to have taken the impediment into account at the time of the conclusion of the contract or to have avoided or overcome it, or its consequences.*
(5) Nothing in this article prevents either party from exercising any right other than to claim damages under this Convention."

Aparentemente, com base nesta última norma legal se a transferência do risco for entrecruzada com a matéria atinente à responsabilidade pela execução (ou inexecução) do contrato, as soluções podem não ser as mais coerentes.

Se na *CISG* a dinâmica da transferência do risco pode ser alterada devido a "ato ou omissão do vendedor" e esta questão nada tem que ver com a responsabilidade civil (questão, apenas, ligada à *Contract Law*[414]) parece que pode haver responsabilidade do vendedor (!). Em casos em que a transferência do risco é vista como cumprimento da obrigação por parte do vendedor, como articular isso com a não responsabilidade pela inexecução devida a "um impedimento alheio à sua vontade" (prevista no artigo 79º da *CISG*), se esta norma exige, como requisito cumulativo, que não seja "razoável esperar que [essa parte] o tomasse em consideração no momento da conclusão do contrato, o prevenisse ou o ultrapassasse, ou que prevenisse ou ultrapassasse as suas consequências"?

O "ato ou omissão do vendedor", apenas, pode afetar a dinâmica da transferência do risco (art. 66º da *CISG*) e pode conduzir a que o vendedor seja responsável, se este não lograr provar o requisito previsto na parte final do artigo 79º, nº 1 da *CISG*. Dir-se-á que o comprador não pode, por via do nº 5 do artigo 79º, obter indemnização por perdas e danos. Mas o nº 5 não se aplica, apenas, nos casos em que se verifiquem os requisitos previsto no nº 1?

A solução apresentada pelo artigo 79º da *CISG* é criticável no plano da letra da lei[415], mas essencialmente no plano da coerência de soluções[416];

[414] Hachem, Pascal, *in* Schwenzer, Ingeborg, *Commentary on the UN Convention on the International Sale of Goods, ob. Cit.*, p. 963.

[415] Nicholas, Barry, «Impracticability and Impossibility in the U. N. Convention on Contracts for the International Sale of Goods», *in* Galston, Nina M. e Smit, Hans, Matthew Bender (coord.), *International Sales: The United Nations Convention on Contracts for the International Sales of Goods*, 1984, §5-1 e ss.

[416] Honnold, John O., *Uniform Law for International Sales under the 1980 United Nations Convention*, Países Baixos : Kluwer Law International BV, 2009, p. 619. O autor, criticando a posição assumida por Hans Stoll e Georg Gruber (*in*, Schlechtriem, Peter / Schwenzer, Ingeborg (Ed.), *Commentary on the UN Convention on the international sale of goods (CISG)*, Oxford: Oxford University Press, 2ª Edição, 2005) no sentido de que o artigo 79º pode exonerar um vendedor que entregou mercadorias desconformes, considera que "a posição de que um vendedor com razoável falta de consciência da desconformidade das mercadorias pode ficar exonerado da responsabilidade por danos contradiz a estrutura e o histórico da elaboração da Convenção,

se a responsabilidade é uma matéria a que o legislador da *CISG* não se furta[417], porque não encarou esta questão de forma autónoma, nomeadamente, separando-a da transferência do risco?

Aliás, havendo "violação fundamental do contrato" (em que se haverão de subsumir a maior parte das situações de "atos ou omissões do vendedor"[418]), não há lugar ao afastamento da responsabilidade por perdas e danos. O artigo 79º da *CISG* não terá aí aplicação, o artigo 45º terá efetiva aplicação por via do artigo 70º da *CISG*.

Assim sendo, perante uma norma como a que resulta da parte final do artigo 66º da *CISG* somos da opinião de que a situação não deve ser configurada como retransmissão do risco para o vendedor, mas tão somente como uma situação que sai do âmbito da transferência do risco[419].

3. A transferência do risco e a falta de conformidade das mercadorias

A transferência do risco é uma matéria que tem (pelo menos desde o tempo do Direito Romano) consagração efetiva nas codificações. Não obstante, face às normas reguladoras da falta de conformidade das mercadorias tem sido questionada a utilidade das normas que versam sobre a transferência do risco[420]. No entanto, essa tomada de posição parece não se deter sobre

assim como o seu objetivo de aplicação uniforme". Quanto a nós, consideramos que dizer-se que, apesar de tudo, a exoneração do vendedor só se verificará em casos excecionais (com se diz na obra de Peter Schlechtriem e Ingeborg Schwenzer), é nada (ou pouco) dizer-se. Que os casos são excecionais já a norma o consagra, a questão reside na utilidade da norma e no contributo que (não) dá para a aplicação coerente e uniforme da Convenção.

417 *Vide* artigo 45º da *CISG*.

418 Ott, François/Mattey, Pascal, *Le commerce international des marchandises*, Bruylant, 2010, p. 45.

419 Bar, Christian von / Clive, Eric (Ed.), *Principles, Definitions and Model Rules of European Private Law – Draft Common Frame of Reference (DCFR) –*, Vol. II, Oxford: Oxford University Press, 2010, p. 1370 (n. I.1.).

420 Lilleholt, Kare, « Passing of Risk and the Risk of Mystification: Some Drafting Issues», *European Review of Private Law*, Grã-Bretanha: Kluwer Law International, Vol. 19, Nº 6-2011, p. 923-929. Na nossa opinião este estudo (que incide sobre o trabalho levado a cabo por um grupo de especialistas para aferir da viabilidade de um Direito Europeu dos Contratos, constituído nos termos da Decisão da Comissão Europeia de 26 de abril de 2010 – in <https://eur-lex.europa.eu/LexUriServ/LexUriServ.do?uri=OJ:L:2010:105:0109:0111:EN:PDF>) confunde a questão da desconformidade das mercadorias com a questão da transferência do risco. Compreendemos a posição face a outras posições segundo as quais no âmbito da transferência do risco a questão que se coloca é de (in)cumprimento das obrigações. Mas a desconformidade das mercadorias é aferida tendo em conta a «norma contratual» estabelecida, já o risco tem que ver com outros fundamentos. O estudo pressupõe que "parece possível

o facto de o âmbito de aplicação das normas relativas à transferência do risco não estar, necessariamente, ligado ao (in)cumprimento de obrigações por parte do vendedor ou do comprador[421]. O artigo 35º da *CISG* consagra, expressamente, que o "vendedor *deve entregar* as mercadorias" e situa esta norma no que pode ser designado de "concepção ampla ou maximalista do cumprimento contratual"[422]. A questão da desconformidade das

trabalhar com a entrega como o momento relevante para determinar a conformidade das mercadorias e omitir as regras sobre a transferência do risco, exceto numa situação [no âmbito dos contratos de venda ao consumidor]". Mas na nossa opinião as situações de desconformidade das mercadorias lidam com o (in)cumprimento das obrigações enquanto o risco não tem, necessariamente, que ver com essa matéria. Na venda internacional, o estabelecimento de um critério único, como o da entrega, para determinar o momento em que o risco se transfere parece ser demasiado arriscado face aos vários contratos de venda internacional que podem ser celebrados (relembremos a venda de mercadorias com transporte, a venda de mercadorias em trânsito, assim como a possibilidade de existência de contrato de seguro), associados ao facto de a entrega das mercadorias ser, em si mesmo, um conceito gerador das mais amplas divergências doutrinais e jurisprudenciais.

421 Na *CISG*, as normas relativas à falta de conformidade das mercadorias (art. 35º e ss.) surgem na secção II do Capítulo II, relativa às obrigações do vendedor; na *CESL* surgem, também, como uma das obrigações principais do vendedor (artº 91º, al. c). As decisões dos tribunais sobre a aplicação do artigo 35º da *CISG* assinalam a necessidade de se ter em conta as declarações de vontade das partes para determinar se as mercadorias são conformes ou não (*vide, v.g.*, a Decisão do Tribunal holandês "Rechtbank Gelderland" sobre a desconformidade de um camião, in < https://uitspraken.rechtspraak.nl/inziendocument?id=ECLI:NL:RBGEL:2015:2699&keyword=253028>); Decisão do Tribunal espanhol "Audiencia Provincial de Pontevedra" sobre a desconformidade de pescado congelado, *in* < http://www.cisgspanish.com/wp-content/uploads/2015/01/SAP-Pontevedra-6.10.2014.pdf >). Esta última decisão espelha claramente que as regras estabelecidas para a transferência do risco são essenciais, porquanto tratando-se de mercadoria vendida em trânsito e considerando, *in casu*, que a transferência do risco se verifica no momento da conclusão do contrato, então, a conformidade da mercadoria com o contrato tem de ser aferida nesse momento e não no momento da entrega ao transportador. Nesta situação, uma das obrigações do vendedor (a entrega das mercadorias) já foi cumprida (*vide*, art. 31º da *CISG*) e seria curioso essa entrega poder constituir o momento a ter em conta para a verificação da conformidade da mercadoria com o contrato (esse momento dever ser, como é na *CISG*, o da transferência do risco).

422 Não obstante a recente adesão de Portugal à Convenção (*vide* Decreto nº 5/2020, de 07 de agosto, publicado no DR, 1ª Série, nº 153) ter introduzido a expressão "tem que entregar", a verdade é que as versões inglesa e francesa referem, respetivamente, "*must deliver*" e "*doit livrer*". Consideramos assim que a norma deve ser interpretada no sentido de cumprimento de um dever (previamente à adesão de Portugal, já a tradução era feita como dever de entrega (*vide*, Antunes, José A. Engrácia, *Contratos Comerciais – Noções fundamentais –*, *in* Direito e Justiça – Revista da Faculdade de Direito da Universidade Católica Portuguesa –, Vol. Especial, Lisboa: Universidade Católica Editora, 2007, p. 184). A partir desta mesma página o autor

mercadorias[423] é vista tendo por base o contrato celebrado o vendedor e o comprador, no qual pode não estar, expressamente, consagrada a qualidade, quantidade e descrição das mercadorias e ser necessário interpretar as declarações de vontade das partes[424]. As regras sobre a transferência do risco[425] não contendem com a aferição da qualidade, quantidade e descrição das mercadorias estabelecidas no contrato de compra e venda, sendo os seus fundamentos alheios ao que tenha sido, nomeadamente, intenção das partes ou o que teria compreendido uma pessoa razoável, com a mesma qualificação, colocada na mesma situação. O risco tem por base verificação de um evento imprevisível e indesejado e, por isso, perquirir a vontade das partes seria tarefa impossível.

Não obstante, poderá dizer-se que há um risco associado à entrega de mercadorias desconformes. O contrato de venda das mercadorias pode prever que os custos do transporte, manuseamento e armazenagem das mercadorias ficam a cargo do vendedor, situação em que havendo entrega de mercadorias desconformes o vendedor terá de providenciar pela entrega de mercadorias uma segunda vez e terá de suportar, novamente, os custos referidos. Se no âmbito do contrato esses custos são da responsabilidade do comprador, a entrega de mercadorias desconformes leva a que o vendedor tenha de suportar esses custos para providenciar pela entrega de mercadorias conformes. Do mesmo modo, estando prevista no contrato de venda de mercadorias uma cláusula penal para o caso de se verificar

aborda aquilo que designa como conceção ampla de cumprimento contratual, por referência a "conformidade com o contrato". Esta ideia de conceção ampla de cumprimento contratual não é alheia ao facto de estarmos perante um conceito autónomo relativamente aos conceitos nacionais (neste sentido, *vide* Ferrari, Franco, «La vendita internazionale – Applicabilità ed applicazioni della Convenzione delle Nazioni Unite sui contratti di vendita internazionale di beni mobili», *in* Galgano, Francesco (Dir.), *Trattato di Diritto Commerciale e di Diritto Pubblico dell'Economia*, Vol. XXI, 2ª Edição, Padova: CEDAM, 2006, p. 249-250).

[423] Note-se que no domínio da compra e venda comercial interna a diferença entre desconformidade e defeito adquire alguma relevância (*vide,* Ribeiro, Maria de Fátima, «A desconformidade e o artigo 471º do Código Comercial: âmbito de aplicação e regime», *in* Costa, Ricardo (Dir.), *AB Instantia – Revista do Instituto do Conhecimento AB,* outubro 2013, Ano I, Nº 2, p. 21-23), mas não curaremos desta matéria tendo em conta que, como afirmamos na nossa introdução, a *CISG* constituirá o nosso referente e nesta não se vislumbra qualquer menção a defeitos por contraposição a desconformidades.

[424] *Vide* artigos 35º e 8º da *CISG.*

[425] Excecionadas as regras contratualmente previstas.

entrega de mercadorias desconformes, os riscos suportados pelo vendedor são grandes (*rectius*, riscos contratuais)[426].

Por referência a certas normas legais, como a prevista no artigo 66º da *CISG*, não é verosímil considerar que esses riscos são relevantes para definir o momento para a transferência do risco. Seria um círculo vicioso ter por referência o momento da transferência do risco para definir se as mercadorias são conformes ou desconformes e considerar que os riscos decorrentes da falta de conformidade (diga-se, que se situam a jusante) seriam relevantes para a determinação do momento da transferência desse mesmo risco.

Assim, sendo o momento da transferência do risco importante para determinar se as mercadorias estão conformes (ou não) com o contrato, os possíveis riscos poderão não ser apenas os da deterioração ou perda das mercadorias. No entanto, a consagração legal ou contratual de um critério para a transferência do risco poderá significar um afastamento de quaisquer outros riscos.

A transferência do risco e a falta de conformidade das mercadorias são matérias que se entrecruzam e que nos parecem essenciais para a determinação do caráter (talvez) parcialmente supérfluo da norma contida no artigo 79º da *CISG*[427], se fosse de atender a algumas posições doutrinais sobre o assunto[428] e a «estados de normalidade» das relações comerciais. A(s) norma(s) que versa(m) sobre a transferência do risco e a falta de conformidade das mercadorias parecem absorver as situações previstas por esta norma.

[426] Erauw, Johan, «CISG Articles 66-70: The Risk of Loss and Passing It», *The Journal of Law and Commerce*, Vol. 25, 2005-2006, p. 206.

[427] Ver *infra* ponto 7. do Capítulo III.

[428] Assinalando que as dificuldades interpretativas do artigo 79º da *CISG* levam as partes a "redigir a sua própria cláusula de força maior", veja-se Marrella, Frabrizio, «Forza maggiore e vendita internazionale di beni mobili in un contesto di pandemia: alcune riflessioni», *Rivista di diritto internazionale privato e processuale*, Milão: Wolters Kluwer Italia Srl, Julho-Setembro 2021, p. 548. No entanto, somos da opinião que não havendo uma intenção clara das partes quanto ao afastamento do artigo 79º da *CISG* nada deve impedir o julgador de aplicar essa norma, sempre que se justifique. Sobre a cláusula de força maior inserida nos contratos celebrados entre a *Comissão Europeia* e a *Astrazeneca*, por um lado, e entre a *Comissão Europeia* e a *Curevac*, por outro, já tivemos oportunidade de escrever em: < https://cisg-online.org/Home/international-sales-law-news/force-majeure-under-the-european-commission-astrazeneca-and-european-commission-curevac-contracts>)

Ao que parece a invocação do artigo 79º da *CISG* não tem obtido grande sucesso nos tribunais, judiciais ou arbitrais[429], mas isso não significa que em situações excecionais, como as provocadas pela pandemia resultante de COVID-19, esta norma não adquira maior relevância na regulação das vendas internacionais de mercadorias.

Quando se apresentam três matérias tão distintas entre si, quer quanto ao âmbito de aplicação, quer quanto aos fundamentos em que se apoiam, tais como a "exoneração (art. 79º), a conformidade das mercadorias (art. 35º e ss.) e a transferência do risco (art. 66º e ss.), as soluções hão de não só entrecruzar-se, mas também sobrepor-se e contraditar-se.

De entre as possibilidades para a invocação do artigo 79º, conta-se a seguinte: as mercadorias são únicas e o objeto do contrato pode já ter perecido no momento da conclusão do contrato e antes do risco de perda ter sido transferido para o comprador. Defende-se que, "neste caso [dito excecional], o artigo 79º pode ser aplicado contanto que o vendedor não tenha conhecimento da destruição anterior e não possa, razoavelmente, ter em conta a destruição das mercadorias no momento da conclusão do contrato"[430].

Mas neste caso uma das questões que se impõe é a de saber se o contrato é válido dada a inexistência ou deterioração das mercadorias no momento da sua conclusão[431]. Além do facto de a validade do contrato poder ser considerada matéria excluída do âmbito de aplicação da *CISG* (art. 4º, al. a))[432],

[429] «CISG Advisory Council Opinion Nº 7», *in* Schwenzer, Ingeborg (Ed.), *The CISG Advisory Council Opinions*, Vol. 23, Países Baixos: Eleven International Publishing, 2017, p. 169.

[430] «*CISG Advisory Council Opinion Nº 7*», *in* Schwenzer, Ingeborg (Ed.), *The CISG Advisory Council Opinions*, Vol. 23, Países Baixos: Eleven International Publishing, 2017, p. 173.

[431] "Em boa verdade nem sequer se levanta aqui um problema de risco, parecendo tratar-se antes de uma pura hipótese de venda de mercadorias deterioradas ou inexistentes que, como tal, deverá ser tratada." (*Vide*, Ramos, Rui Manuel Moura / Soares, Maria Ângela Bento, «Do contrato de compra e venda internacional de mercadorias. Análise da Convenção de Viena de 1980 e das disposições pertinentes do direito português, *in Documentação e Direito Comparado*, Nº 6, 1981, p. 216 (nota 329). E parece que não é curial invocar que esta questão apenas se coloca quando a mesma é vista sob o olhar de determinados ordenamentos jurídicos (da *Civil Law*), dado que em outros será de equacionar a aplicação da teoria do erro com o mesmo resultado: a nulidade do contrato (*vide*, Tallon, Denis, *in* Bianca, C. Massimo e Bonell, Michael Joachim, *Commentary on the International Sales Law*, Milão: Giuffrè, 1987, p. 577, disponível em < https://iicl.law.pace.edu/cisg/scholarly-writings/comments-article-79-bianca-bonell-commentary> e também mencionado na página 173 (nota 11) da referida *CISG Advisory Council Opinion Nº 7*.

[432] Note-se que dizemos «poder ser», porquanto há quem defenda que a "impossibilidade objetiva inicial" é uma "quest[ão] de validade claramente coberta pela CISG" (*vide*, Schroeter,

a hipótese avançada não se entende face à obrigação do vendedor "entregar mercadorias que pela quantidade, qualidade e tipo correspondam às previstas no contrato" (art. 35º, nº 1 da *CISG*).

É que a responsabilidade (lá está a responsabilidade) do vendedor, apenas, é afastada "por qualquer falta de conformidade das mercadorias que o comprador conhecia ou não podia ignorar no momento da conclusão do contrato". Num contrato de venda internacional, se o perecimento das mercadorias é desconhecido por parte do vendedor no momento da conclusão do contrato, muito mais será desconhecido por parte do comprador dada a distância que, na maior parte dos casos, existirá[433] entre o vendedor e o comprador. A «norma contratual» determina quais as mercadorias (quantidade, qualidade e tipo) a serem entregues por parte do vendedor e não deve ser-lhe possível invocar o direito à "exoneração" baseado no artigo 79º da *CISG* quando é ele que está na melhor posição para garantir a sua conformidade (as mercadorias no momento da conclusão do contrato estão sob a esfera de ação do vendedor)[434].

Consequentemente, a posição do comprador parece ser afetada pela norma constante do artigo 79º da *CISG* sem razão aparente e constitui uma interferência desproporcionada na alocação do risco, tendo por base os seus fundamentos. O risco deve ser suportado pela parte que, atendendo ao caráter internacional do contrato de compra e venda, está em melhor posição para poder determinar as medidas tendentes à conservação das mercadorias.

O Supremo Tribunal Alemão parece convocar a ideia de que as regras aplicáveis ao risco tornam a norma constante do artigo 79º da *CISG* de difícil aplicação. Num caso que opunha um vendedor de um produto (fornecido por um terceiro e que era utilizado para proteção de enxertos de videiras da secagem e do risco de infeção) ao respetivo comprador, o Supremo Tribunal Alemão considerou que o vendedor suporta o risco de adquirir mercadorias conformes quando não é ele mesmo que as fabrica[435].

Ulrich, « Contract validity and the CISG», *in* Uniform Law Review, Vol. 22, Nº 1, 2017, p. 63-64). Aliás, como bem nota o autor, a segunda frase do artigo 4º da *CISG* inicia com "salvo disposição expressa em contrário na presente Convenção" (*vide*, p. 51-52).

[433] Admitindo-se em situações de fronteira.

[434] Há situações em que não se pode seguir este caminho, nomeadamente quando a conclusão do contrato se dá estando as mercadorias em trânsito em um outro local (mas por isso se entende que as regras para transferência do risco acautelam essas situações).

[435] Disponível em <https://iicl.law.pace.edu/cisg/case/germany-bger-bundesgerichtshof-federal-supreme-court-german-case-citations-do-not-ident-33> e comentada em «CISG

A decisão do Supremo Tribunal Alemão não parece surpreender face às regras aplicáveis à transferência do risco e da compreensão do que possa significar essa transferência do risco na venda internacional de mercadorias.

Interpretar o artigo 79º (atribuindo-lhe um "significado claro") no sentido de que sugere que a entrega de mercadorias desconformes equivale a uma falha no cumprimento de uma obrigação, podendo o vendedor ser exonerado na aceção dessa norma, pelo facto da sua letra versar sobre "qualquer das obrigações de qualquer parte no contrato" e pelo facto de a norma estar inserida sistematicamente no Capítulo V da *CISG* ("Disposições comuns às obrigações do vendedor e do comprador"), parece ser uma interpretação demasiado rebuscada, não só da norma como da supra referida decisão do Supremo Tribunal Alemão[436]. Consideramos que o tribunal atendeu à alocação do risco e declarou que, independentemente da subsunção dos factos no âmbito do artigo 79º da *CISG*, o risco de desconformidade das mercadorias deveria ser suportado pelo vendedor porque a mesma ocorreu sob a sua esfera de influência[437].

Advisory Council Opinion Nº 7», *in* Schwenzer, Ingeborg (Ed.), *The CISG Advisory Council Opinions*, Vol. 23, Países Baixos: Eleven International Publishing, 2017, p. 174. Foi consultada a versão inglesa da decisão. Esta acrescenta, ainda, que *"as a general rule, a manufacturer was not responsible to examine the biocompatibility of its product in its particular usage. Thus, [Seller], itself a distributor of vine wax who also ran a vine nursery, knew better than anybody else what specifications and properties were required for the wax in its particular usage. In order to keep up with its competitors, [Seller] had to comply with the wishes of its customers."*

[436] «CISG Advisory Council Opinion Nº 7», *in* Schwenzer, Ingeborg (Ed.), *The CISG Advisory Council Opinions*, Vol. 23, Países Baixos: Eleven International Publishing, 2017, p. 174.

[437] Face ao que vem vertido na nota (15) constante da página 174 da obra anteriormente referida («CISG Advisory Council Opinion Nº 7», *in* Schwenzer, Ingeborg (Ed.), *The CISG Advisory Council Opinions*, Vol. 23, Países Baixos: Eleven International Publishing, 2017) não se entende a interpretação que os membros do Conselho Consultivo fazem da norma e, em especial, da decisão do Supremo Tribunal Alemão no corpo do texto (com a qual não concordamos e deixamos vertido em parágrafo anterior deste trabalho). Nessa nota (15) os membros do Conselho Consultivo, sufragando outra posição para a decisão do Supremo Tribunal Alemão, não deixam de mencionar que "*the court's finding that the defects originated with the seller's 'sphere of influence', so those defects could have been foreseen and prevented by the seller*". Apesar de tudo não se estranha (em absoluto) a posição do Conselho Consultivo: o parecer do Conselho Consultivo vem dedicado em memória do Professor Peter Schlechtriem (autor do parecer sufragado pelo tribunal hierarquicamente inferior, mas que não foi atendido pelo Supremo Tribunal Alemão).

Assim, também essa posição estará "conforme com a responsabilidade do vendedor por qualquer falta de conformidade" que exista *no momento* da transferência do risco (art. 36º da *CISG*).

Esta norma da *CISG* contribui para um aprofundamento do risco que é suportado por vendedor ou comprador, afastando uma visão redutora do risco (se este, apenas, fosse o risco da prestação ou da contraprestação[438]).

O vendedor é responsável pela falta de conformidade das mercadorias "que exista no momento da transferência do risco para o comprador, ainda que esta falta apenas apareça ulteriormente". Esse momento será determinado de acordo com o «norma contratual» ou de acordo com a Convenção (pela aplicação supletiva dos artigos 67º a 69º, na medida em que a interpretação da «norma contratual» permita essa aplicação), mas os riscos para o vendedor não se circunscrevem ao risco da contraprestação.

O vendedor suporta os riscos relativos a qualquer ato ou omissão suscetível de desencadear a falta de conformidade das mercadorias com o contrato no momento determinado para a transferência do risco[439]. Assim, nos "casos de contratos que envolvam transporte, o mero facto de o comprador apenas descobrir as desconformidades quando as mercadorias são entregues no seu estabelecimento e não aquando da atribuição do seu controlo ao transportador (quando o risco é transferido) não prejudica a responsabilidade do vendedor pela falta de conformidade contanto que possa ser provado que a desconformidade já existia"[440].

A existência de fatores externos não terá relevância no âmbito da falta de conformidade das mercadorias, tais como o incorreto manuseamento das mercadorias ou a falta de observância das instruções de manutenção[441].

[438] Tenha-se em conta o facto de as transações internacionais assentarem, em grande maioria, na existência de um determinado crédito documentário (ver *infra* ponto 2. do Capítulo IV).

[439] Embora se considere que a prova da falta de conformidade incumbe ao comprador, sempre que a transferência do risco para este se tenha verificado (*vide*, Decisão da CCI – Proc. nº 16561 –, *in* Arnaldez, Jean-Jacques / Derains, Yves / Hascher, Dominique, Collection of ICC Arbitral Awards, 2012-2015, Vol. VII, Wolters Kluwer / ICC Services, 2019, p. 541).

[440] Kröll, Stefan, *in* Kröll, Stefan / Mistellis, Loukas / Viscasillas, Pilar Perales (Coord.), *UN Convention on Contracts for the International Sale of Goods (CISG): A Commentary*, C. H. Beck-Hart-Nomos, 2018, p. 540.

[441] Kröll, Stefan, *in* Kröll, Stefan / Mistellis, Loukas / Viscasillas, Pilar Perales (Coord.), *UN Convention on Contracts for the International Sale of Goods (CISG): A Commentary*, C. H. Beck-Hart-Nomos, 2018, p. 543.

A falta de conformidade das mercadorias e os direitos que podem ser exercidos por parte do comprador nessa decorrência (artigo 70º da *CISG*) entrecruzam-se e apresentam contornos labirínticos, suscetíveis de absorver qualquer possibilidade de «separação das águas» por parte de alguma doutrina. Assim segue a doutrina o sentido unívoco (parece), mas equívoco (também nos parece[442]) de considerar que, novamente, se estará perante um caso de retransmissão do risco[443].

Se estivermos perante uma retransmissão do risco, o momento da transferência não será demasiado volátil e, por isso, suscetível de gerar insegurança e incerteza jurídicas?

Mantenhamo-nos na norma constante do artigo 36 da *CISG*. O que se consagra nesta norma é uma responsabilidade por parte do vendedor pela falta de conformidade das mercadorias no "momento da transferência do risco para o comprador, ainda que esta falta apenas apareça ulteriormente." A transferência do risco continua a ser um momento determinado (e não determinável), insuscetível de ser retransmitido, dado que qualquer outro evento que possa afetar as mercadorias (causando deterioração ou perda, na letra do artigo 66º da *CISG*) tem de necessariamente contar com a certeza do momento de transferência do risco. "Considere-se o caso de mercadorias que não estão em conformidade, mas que depois se perdem ou são destruídas quando o comprador está em risco por uma razão que não está ligada ao seu carácter não conforme. Pode o comprador, se ainda não o fez, reclamar uma redução no preço ao abrigo do artigo 50º da *CISG*? Não parece haver uma boa razão para que o comprador não o possa fazer mesmo que, na altura do incidente, o comprador ainda não tivesse reclamado uma redução do preço. A redução do preço é um tipo de recurso de autoajuda através do qual o comprador é autorizado a reescrever o preço contratual [eventualmente] acordado [...]"[444].

Imaginemos a hipótese de falta de conformidade das mercadorias e falta de denúncia por parte do comprador dessas mesmas desconformidades num prazo razoável (art. 39º da *CISG*), conjugada com a necessidade

[442] O facto de nos parecer não significa que não possa aparecer alguma luz no âmbito do presente trabalho (assim acreditamos, não por crença, mas por inquietude no espírito).

[443] Rüfner, Thomas, *in* Jansen, Nils e Zimmermann, Reinhard (Ed.), *Commentaries on European Contract Laws*, Oxford: Oxford University Press, 2018, p. 2023.

[444] Bridge, Michael, «Risk of Loss», *in* DiMatteo, Larry, *et. al.* (Ed.), *International Sales Law*, 2ª Edição, Baden-Baden: Nomos Verlagsgesellschaft mbH & Co. KG, 2021, p. 677.

de aferir se a falta de conformidade incide sobre factos que o vendedor conhecia ou não podia ignorar e que não revelou ao comprador (art. 40º da *CISG*). O comprador pode não denunciar em prazo razoável e, ainda assim, o vendedor não pode prevalecer-se desse facto[445] para afastar a sua responsabilidade pela falta de conformidade, se esta incide sobre factos que o vendedor conhecia ou não podia ignorar e que não revelou ao comprador. Para determinar se o vendedor "conhecia ou não podia ignorar"[446] não se pode ter por base uma retransmissão do risco pela verificação de falta de conformidade das mercadorias.

A considerar-se o risco retransmitido para o vendedor por via da falta de conformidade, então seria necessário ter em conta essa retransmissão para verificar se o vendedor "conhecia ou não podia ignorar" e formar-se-ia um círculo vicioso difícil de ultrapassar.

Para que a falta de conformidade possa existir no momento da transferência do risco e possa aparecer ulteriormente é necessário que o momento da transferência do risco não seja suscetível de oscilar de acordo com as (des)conformidades das mercadorias ou de acordo com os atos ou omissões do vendedor ou do comprador. Por isso, não é estranha a solução apresentada pelo Código Civil do Estado do Luisiana[447], nos Estados Unidos

[445] Artº 40º CISG: *"The seller is not entitled to rely on the provisions of articles 38 and 39 if the lack of conformity relates to facts of which he knew or could not have been unaware and which he did not disclose to the buyer."*

[446] Toda esta questão relacionada com a transferência do risco, falta de conformidade e a falta de prova de que o vendedor conhecia ou não podia ignorar a falta de conformidade está bem delineada no caso "*BP International, Ltd. And BP Exploration & Oil, Inc.* (Autores) *versus Empresa Estatal Petroleos de Ecuador*, e *Saybolt, Inc.* (Réus)", decidido pelo "*U.S. Court of Appeals (5th circuit)*" em 11 de Junho de 2003, disponível em: <https://scholar.google.com/scholar_case?case=7923689436371456091&q=BP%20International%2C%20Ltd.%20and%20BP%20Exploration%20%26%20Oil%2C%20&hl=en&as_sdt=6%2C33>. Neste caso o comprador havia nomeado um terceiro para inspecionar a gasolina antes do embarque e, por isso, considerou o tribunal que o comprador deveria ter descoberto a falta de conformidade da mercadoria (art. 39º, nº 1 da *CISG*); como o contrato consagrava o *Incoterm* "*CFR La Libertad-Ecuador*", a transferência do risco verificou-se no momento em que a mercadoria passou o costado do navio. O Tribunal de recurso reverteu a decisão da primeira instância e devolveu o processo para que fosse determinado se o vendedor havia fornecido gasolina desconforme ao não adicionar inibidor de goma suficiente.

[447] O Estado de Luisiana, nos Estados Unidos, é considerado «*uma ilha no meio de um oceano*». Trata-se de um Estado cujo direito interno é fortemente marcado pelo histórico controlo por parte de franceses e espanhóis, o que o torna um Estado de *Civil Law* (por contraposição

da América, quando estabelece que o risco se transfere do vendedor para o comprador a partir da entrega da coisa, ainda que o vendedor entregue ao comprador uma coisa desconforme (art. 2467º CC-LU) dado que, se o comprador não informar o vendedor da desconformidade num prazo razoável, a sua conduta pode ser considerada como aceitação da coisa (art. 2605º CC-LU).

Que possam existir outros riscos para o vendedor ou para o comprador, para além do que está subjacente ao constante das normas dos artigos 66º a 69º, isso será uma outra realidade a convocar reflexão, mas que não pode ser suscetível de afetar a compreensão do significado de transferência do risco para efeito destas normas.

Outrossim, a responsabilidade do vendedor por falta de conformidade das mercadorias após a transferência do risco para o comprador também existe, desde que a mesma seja imputável ao incumprimento de qualquer das suas obrigações (artigo 36, nº 2 *CISG*). O incumprimento pode ser de obrigações principais ou acessórias *resultantes do contrato de venda* ou da *CISG*, nomeadamente os casos em que a "deterioração das mercadorias é um resultado direto das instruções dadas pelo vendedor ao transportador"[448].

Os incumprimentos das obrigações que conduzem a falta de conformidade das mercadorias sobrevindas após a transferência do risco tanto podem ocorrer antes como depois deste momento de transferência (derivados, por exemplo, do incumprimento de "deveres contratuais adicionais", tais como operações de manutenção subsequentes[449]).

Os critérios para a determinação da transferência do risco são, assim, fundamentais para estabelecer as desconformidades (nas mercadorias)

a *Common Law*). *Vide* Pascal, Robert A., «Louisiana Civil Law and Its Study», *Louisiana Law Review*, Vol. 60, Nº 1, 1999, p. 1 e ss.

[448] Kröll, Stefan, *in* Kröll, Stefan / Mistellis, Loukas / Viscasillas, Pilar Perales (Coord.), *UN Convention on Contracts for the International Sale of Goods (CISG): A Commentary*, C. H. Beck-Hart-Nomos, 2018, p. 542. A regulação do caso de deterioração das mercadorias devido às instruções dadas pelo vendedor ao transportador no âmbito do art. 36º, nº 2 da *CISG* está em conformidade com o que defendemos quanto ao afastamento de retransmissões do risco. Não se pode, por isso, conceber que as vendas referidas por Franco Ferrari e na Decisão da Comissão Internacional de Arbitragem Económica e Comercial da China necessitem da parte final do artigo 66º da *CISG* (*vide*, ponto 2. deste Capítulo III)

[449] Kröll, Stefan, *in* Kröll, Stefan / Mistellis, Loukas / Viscasillas, Pilar Perales (Coord.), *UN Convention on Contracts for the International Sale of Goods (CISG): A Commentary*, C. H. Beck-Hart-Nomos, 2018, p. 542.

pelas quais o vendedor tem de responder perante o comprador. Aliás, se os fundamentos para o regime aplicável à (des)conformidade das mercadorias com o contrato fossem os mesmos em que se baseia a criação de critérios para a transferência do risco haveria de se dar relevância à conclusão do contrato nesta última questão, o que não se verifica. A relevância que vem sendo dada ao critério da transmissão/assunção do controlo das mercadorias para determinar o momento da transmissão do risco não tem paralelo nas soluções adotadas para a verificação de desconformidade da mercadoria com o contrato. Note-se que a conclusão do contrato é essencial para perceber se o comprador quis adquirir mercadorias desconformes e, neste caso, não pode o vendedor ser responsável se provar que o comprador conhecia ou não podia ignorar essa falta de conformidade quando concluiu o contrato. Na maioria das situações deste género o risco ainda não se transferiu, mas tendo o comprador concluído contrato cujo objeto são mercadorias deterioradas ou parcialmente destruídas tem obrigação de pagar o preço porque em vez de desconformidade haverá conformidade das mercadorias com o contrato.

Mas se a transferência do risco se verificou com a entrega das mercadorias ao primeiro transportador independente ou com a conclusão do contrato (veja-se a solução da *CISG* para a hipótese de venda de mercadorias em trânsito – art. 68º –), já será de colocar em causa a introdução, mais uma vez, de um ato ou omissão do vendedor (saber ou dever saber que as mercadorias haviam já perecido no momento da conclusão do contrato) na conformação do critério para a transferência do risco.

Partindo da solução apresentada pela *CISG*, numa situação de venda de mercadorias em trânsito, se *"no momento da conclusão do contrato de compra e venda, o vendedor sabia ou deveria saber que as mercadorias tinham perecido ou se tinham deteriorado e disso não informou o comprador, a perda ou deterioração fica a cargo do vendedor"* (art. 68º, parte final), mas se também o vendedor provar *que "o comprador conhecia ou não podia ignorar no momento da conclusão do contrato [a falta de conformidade das mercadorias]"*, não é aquele responsável por essa mesma falta de conformidade (art. 35º, nº 3 da *CISG*). Se considerarmos que o vendedor suporta o risco nos termos da parte final do art. 68º da *CISG*, então, este fica obrigado a entregar ao comprador mercadorias da mesma quantidade, qualidade e características. Mas não há de ser isso que vai suceder, porquanto o que está em causa é o (in)cumprimento por parte do vendedor da sua obrigação de entrega de mercadorias conformes com o contrato. Se na data da conclusão do contrato o comprador sabia ou não podia ignorar a falta de conformidade, o contrato será interpretado como tendo por objeto as mercadorias, por hipótese, deterioradas ou destruídas. A matéria deveria estar apenas regulada no âmbito da (des)conformidade das mercadorias com o contrato, dado só aí pode ser aferido o (in)cumprimento das obrigações do vendedor ou do comprador.

Configurada a situação nestes moldes, o vendedor é responsável pela desconformidade das mercadorias e tem a seu cargo o risco da perda ou deterioração das mesmas (art. 68º, parte final, da *CISG*), colidindo com a solução de que as faltas de conformidade devem ser denunciadas em determinado prazo sob pena do comprador não se poder prevalecer das mesmas (art. 39º da *CISG*). A consideração de que a transferência do risco contende com o (in)cumprimento contratual faz com que se incorporem expressões como "uma das partes saber ou não dever ignorar determinada circunstância". A introdução destas expressões para regular a transferência do risco não permite uma solução harmoniosa.

No *DCFR*, sempre que sejam vendidas mercadorias em trânsito, o facto de o vendedor saber ou poder razoavelmente ter sabido que as mercadorias haviam sido perdidas ou danificadas e não ter revelado isso ao comprador, também faz como que o risco pela perda ou dano nas mercadorias fique a cargo do vendedor (IV. A. – 5:203(3)). O *DCFR* prevê que o vendedor não é responsável se, no momento da conclusão do contrato, o comprador sabia ou puder razoavelmente ser presumido que sabia da falta da conformidade, e consagra uma norma em tudo idêntica à consagrada no art. 40º da *CISG* (IV. A. – 4:304). Destarte, no *DCFR* continua a ter pertinência o facto de, por um lado, o vendedor não responder pela falta de conformidade e, por outro, continuar a suportar o risco se também sabia ou podia razoavelmente esperar-se que soubesse que as mercadorias tinham sido perdidas ou danificadas e não revelou esse facto ao comprador.

Assim, ou o risco visado pelas normas reguladoras da transferência do risco nada tem que ver com falta de conformidade das mercadorias com o contrato ou a falta de conformidade das mercadorias com o contrato nada tem que ver com o risco visado por aquelas normas, sob pena de dificuldades na resposta para uma mesma questão.

4. A transferência do risco e a violação *antecipada* do contrato

A abordagem do conceito de risco como risco da prestação ou da contraprestação tem nas situações de violação antecipada do contrato[450] um forte obstáculo.

A violação antecipada do contrato pelo vendedor ou pelo comprador permite à contraparte a suspensão do cumprimento das suas obrigações. Esta violação antecipada não tem de ser efetiva, sendo suficiente, para que a suspensão seja possível, que se verifique um fundado receio de que a contraparte não cumprirá com a sua correlativa obrigação[451]. Trata-se da probabilidade de verificação futura de não cumprimento.

Apesar de não ser tarefa simples determinar o que seja a probabilidade de não cumprimento de uma obrigação correlativa, duvidas não devem ser colocadas quanto à ligação entre a obrigação de entrega das mercadorias e a obrigação de pagamento do preço[452]. Estamos perante as duas principais obrigações resultantes do contrato de venda internacional de mercadorias e, por isso, onde o caráter sinalagmático do contrato melhor se espelha. Não obstante, não se trata de uma situação em que se possa estabelecer qualquer relação entre a transferência do risco e o caráter sinalagmático do contrato. O caráter sinalagmático do contrato terá antes uma preponderância efetiva na possibilidade de suspensão do cumprimento de uma

[450] A recente adesão de Portugal à *CISG* veio fazer com que a palavra *breach* (quer no âmbito de *antecipatory breach*, quer de *breach of contract*) fosse traduzida como "incumprimento". Não obstante, a tradução efetuada é, no plano das diferenças entre a *Civil Law* e a *Common Law*, discutível (*vide*, Mendes, Armindo Ribeiro, «Aspectos gerais da responsabilidade contratual em direito comparado inglês e português», *in* ROA, Vol. I, 1977, p.17 e ss.). Por isso, não obstante essa discussão e a tradução feita para português das disposições da *CISG*, aderimos a uma conceção de *breach* enquanto violação do contrato (*vide*, Coelho, Maria Ângela / Ramos, Rui Manuel Moura, «Os meios à disposição do comprador, no caso de violação do contrato pelo vendedor, na Convenção de Viena de 1980 sobre os contratos de compra e venda internacional de mercadorias» *in* Revista de Direito e Economia, Ano VIII, Nº1, Janeiro/Junho 1982, Coimbra: Centro Interdisciplinar de Estudos Jurídico-Económicos, p. 83 e ss; Proença, José Carlos Brandão, «A hipótese da declaração (*lato sensu*) antecipada de incumprimento por parte do devedor», *in* Faculdade de Direito da Universidade do Porto, *Estudos em homenagem ao Professor Doutor Jorge Ribeiro de Faria*, 2003, p. 389).

[451] Martens, Sebastian, *in* Jansen, Nils e Zimmermann, Reinhard (Ed.), *Commentaries on European Contract Laws*, Oxford: Oxford University Press, 2018, p. 1147.

[452] Saidov, Djakhongir, *in* Kröll, Stefan / Mistellis, Loukas / Viscasillas, Pilar Perales (Ed.), *UN Convention on Contracts for the International Sale of Goods (CISG): A Commentary*, C. H. Beck-Hart-Nomos, 2018, p. 899.

das obrigações primárias emergentes do contrato. Essa relevância existirá também no âmbito de uma violação fundamental do contrato que conduza à sua resolução.

A suspensão do cumprimento de uma das obrigações primárias emergentes do contrato de venda está prevista nos principais instrumentos legais, nomeadamente, na *CISG* (art. 71º), nos Princípios de Direito Europeu dos Contratos (art. 8:105), nos Princípios *UNIDROIT*[453] (artº 7.3.4), no *Draft Common Frame of Reference* (DCFR III.-3:401) e na *Common European Sales Law* (art. 133º).

Concretamente, a paralisação das mercadorias em trânsito, independentemente de o risco ter sido transferido para o comprador, é uma realidade prevista expressamente nº 2 do artigo 71º da *CISG* e decorre, ainda que implicitamente (em alguns casos), dos restantes instrumentos legais referidos. Os critérios estabelecidos na *CISG* para a transferência do risco e o seu artigo 71º, nº 2 referem-se a questões que são funcionalmente distintas[454].

Estabelecer qualquer relação entre a transferência do risco e o cumprimento da obrigação de entrega, nomeadamente considerar-se preenchido um dos lados do sinalagma será erróneo. Na maioria das situações o contrato de venda envolve o transporte e, tendo as mercadorias sido expedidas, o risco transfere-se para o comprador com a sua transmissão ao transportador. Estando o vendedor habilitado a obstar à entrega das mercadorias ao comprador não pode deixar de se fazer uma distinção entre a transferência do risco e o cumprimento da obrigação de entrega. Em uma situação em que o contrato de venda internacional envolve transporte, a transferência

[453] Acrónimo para "International Institute for the Unification of Private Law (Instituto Internacional para a Unificação do Direito)", que tem como "objetivo estudar as necessidades e os métodos para modernizar, harmonizar e coordenar o Direito privado e, em particular, o Direito comercial, entre Estados e grupos de Estados e formular instrumentos, princípios e regras uniformes de Direito para alcançar esses objetivos". De ora, em diante, também *PICC* (*Principles of International Commercial Contracts*).

[454] Honnold, John O. / Flechtner, Harry M., *Uniform Law for International Sales under the 1980 United Nations Convention*, Países Baixos : Kluwer Law International BV, 2009, p. 556. Também dos demais instrumentos legais referidos se pode extrair a mesma interpretação face à possibilidade de, em *ultima ratio*, o vendedor poder resolver o contrato de venda internacional de mercadorias, face ao comportamento do comprador em não conceder as garantias necessárias de cumprimento da sua obrigação de pagamento do preço (*vide*, artº 8:105 PECL, PICC 7.3.4, DCFR III.-3:505).

do risco já se deu aquando da transmissão das mercadorias ao transportador, mas a obrigação de entrega ainda não se terá como definitivamente cumprida. Se assim não se considerasse como poderia falar-se em suspensão do cumprimento da obrigação de entrega por parte do vendedor?

Nas situações de paralisação das mercadorias que se encontrem em trânsito essa observação não oferece dúvidas. No âmbito da *CISG*, ou as mercadorias estão em trânsito porque foi concluído contrato de venda internacional que envolve transporte na aceção do artigo 67º da *CISG* ou as mercadorias foram vendidas em trânsito. Neste último caso, ainda que a conclusão do contrato determine a transferência do risco (art. 68º da *CISG*), o vendedor continua a poder suspender a sua obrigação de entrega das mercadorias desde que se verifiquem os pressupostos do artigo 71º, nº 1[455]. Por isso, com a transferência do risco não há qualquer cumprimento da obrigação de entrega por parte do vendedor, porquanto esse entendimento seria contrário aos meios colocados ao dispor da parte que viu o contrato ser antecipadamente violado (a suspensão não opera em casos em que o cumprimento se tenha por efetivado). Nas situações em que o critério para a transferência do risco seja a transmissão das mercadorias ao transportador "independente" (artigos 67º e 68º, 2ª parte da *CISG*), o direito de paralisação das mercadorias em trânsito também é incompatível com o entendimento de que a transferência do risco preenche um dos lados do sinalagma (isto é, o cumprimento da obrigação de entrega por parte do vendedor). O vendedor pode suspender a execução do cumprimento da sua obrigação de entrega e, fazendo-o, tal significa que no momento da transferência do risco não se teve por preenchido esse lado do sinalagma.

Se a transferência do risco pudesse ser perspetivada como «preenchimento de um dos lados do sinalagma» como poderia reagir o comprador face a uma suspensão, indevida, da obrigação de entrega por parte do vendedor? É que a suspensão indevida do cumprimento da obrigação de entrega por parte do vendedor conduz necessariamente a uma violação fundamental do contrato, sob a alçada do artigo 25º da *CISG*[456] e uma

[455] *"A party may suspend the performance of his obligations if, after the conclusion of the contract, it becomes apparent that the other party will not perform a substantial part of his obligations as a result of:*
(a) a serious deficiency in his ability to perform or in his creditworthiness; or
(b) his conduct in preparing to perform or in performing the contract."

[456] Ziegler, Alexander von, «The Right of Suspension and Stoppage in Transit (and Notification Thereof)», *in Journal of Law and Commerce*, Vol. 25, 2005, 353-374, disponível em < https://

indemnização pode ser peticionada pelo comprador. Se à transferência do risco pudesse ser atribuído o sentido de cumprimento da obrigação de entrega, não poderia ser atribuída legitimidade ao comprador para invocar uma violação fundamental do contrato face a uma obrigação cumprida.

Também parece resultar alguma confusão quanto à relevância do exercício legítimo ou ilegítimo do direito de suspensão/interrupção da transmissão das mercadorias ao comprador. Alguma doutrina tende a considerar que havendo exercício legitimo desse direito (nomeadamente quando esse direito é exercido no âmbito dos artigos 58º, nº 2 ou 71º, nº 2 da *CISG*) e subsequente venda das mercadorias a outrem (terceiro relativamente ao primeiro contrato de venda), o risco até ao momento da conclusão da segunda venda corre por conta do comprador originário. Pelo contrário, se o vendedor, mantendo na sua posse o documento que titula as mercadorias (por via do artigo 67º, nº 1, última frase, da *CISG*), efetuar uma nova venda, então, reassume novamente o risco, porquanto nos termos do artigo 68º *CISG* o risco concernente ao tempo anterior ao contrato é-lhe alocado na relação com o segundo comprador[457]. Julgamos que a situação não se altera conforme haja exercício legitimo ou ilegítimo do direito de interrupção da transmissão das mercadorias, dado que a nova relação entre o vendedor e o segundo comprador é, no que ao primeiro comprador se refere, *res inter alios acta*. O vendedor, mesmo tendo exercido legitimamente o seu direito de interrupção da transmissão das mercadorias ao primeiro comprador, deverá assumir perante o segundo comprador o risco de afetação da integridade das mercadorias pelo tempo decorrido até à conclusão do contrato. Tanto mais que o exercício efetivo do direito de interrupção da transmissão das mercadorias ao primeiro comprador por parte do vendedor, permitirá a este "ganhar acesso às mercadorias em transito"[458]. E seria bizarro o primeiro comprador assumir o risco relati-

iicl.law.pace.edu/cisg/scholarly-writings/right-suspension-and-stoppage-transit-and-notification-thereof >.

[457] Hachem, Pascal, *in* Schwenzer, Ingeborg (Coord.), *Commentary on the UN Convention on the International Sale of Goods*, Oxford University Press, 2016, p. 975-976. O autor considera que "se o vendedor exerce o seu direito de retenção no âmbito do artigo 58(2) ou do artigo 71(2) [...] o facto de o vendedor também exercer o seu direito de disposição sobre as mercadorias é atribuível ao comprador e é, portanto, justificado que o comprador tenha de suportar o risco de perda ou dano".

[458] Fountoulakis, Christiana, *in* Schwenzer, Ingeborg (Coord.), *Commentary on the UN Convention on the International Sale of Goods*, Oxford: Oxford University Press, 2016, p. 1017;

vamente à segunda venda, nas hipóteses em que o vendedor demorasse a concluí-la. No âmbito do primeiro contrato de venda, entre o momento da transmissão das mercadorias ao transportador e o exercício do direito de interrupção da transmissão das mercadorias ao primeiro comprador, o risco está alocado ao primeiro comprador, por via do artigo 67º, nº 1 da *CISG*. Já no que se refere ao tempo decorrido entre a efetivação do direito de interrupção da transmissão das mercadorias ao primeiro comprador e a conclusão do segundo contrato de venda, porque o vendedor ganha acesso às mercadorias em trânsito, deve ser ele a suportar o risco e não o primeiro comprador.

Por outro lado, a suspensão do cumprimento da obrigação de pagamento do preço por parte do comprador, porque se tornou aparente que o vendedor não iria cumprir a sua obrigação de entrega, permite concluir que o risco refletido em normas como a do artigo 66º da *CISG* não é um risco de pagamento do preço. Nas situações em que a suspensão do cumprimento de pagamento do preço por parte do comprador não se refere a mercadorias em trânsito, estamos perante uma situação em que não foi o risco de pagamento do preço que se transferiu[459]; o risco que se transferiu para o comprador terá sido diferente.

Aliás, se assim não fosse como seria possível dizer-se que o risco de pagamento do preço se transferiu para o comprador, quando este ainda tem a possibilidade de suspender o cumprimento dessa sua obrigação primária invocando a verificação dos pressupostos do artigo 71º da *CISG*?

Nesta última situação o comprador não suporta o risco do preço, mas sim do ato de suspensão da sua obrigação de pagamento do preço. Trata-se de um risco que não terá qualquer ligação com as normas que versam sobre a transferência do risco, situando-se antes no âmbito do exercício (i) legitimo de um direito e do (in)cumprimento de deveres emergentes do

Saidov, Djakhongir, *in* Kröll, Stefan / Mistellis, Loukas / Viscasillas, Pilar Perales (Ed.), *UN Convention on Contracts for the International Sale of Goods (CISG): A Commentary*, C. H. Beck-Hart-Nomos, 2018, p. 908.

[459] Fountoulakis, Christiana, in Schwenzer, Ingeborg (Coord.), *Commentary on the UN Convention on the International Sale of Goods*, Oxford University Press, 2016, p. 1003. Refere esta autora que o direito de suspensão "protege o credor de conscientemente se expor ao risco de não receber nada em troca do que executou". Esta proteção do comprador significa que não há transferência do risco do preço para o comprador por via das normas do artigo 66º e ss. da *CISG*, dado que a adoção legítima do ato de suspensão do pagamento do preço permite ao comprador evitar esse mesmo risco.

contrato de venda internacional. E o (in)cumprimento de deveres emergentes do contrato de compra e venda deve ser situado no âmbito da responsabilidade contratual.

Por seu turno, considerando-se que o comprador tem o dever de aquiescer ao direito do vendedor de paralisação das mercadorias em trânsito (mas não adota essa conduta) considera-se que o comprador comete uma violação do contrato e poderá ser responsável pelos danos que causar[460]. Assim, quando uma das partes exerce o seu direito de suspender o cumprimento das suas obrigações, as questões que daí poderão resultar situar-se-ão no âmbito da responsabilidade pela violação do contrato, mas fora do âmbito das regras atinentes à transferência do risco. Trata-se sempre do risco de exercício de um direito[461] ou do não cumprimento de um dever.

Ainda que se verifiquem os pressupostos para uma das partes exercer o direito de suspensão do cumprimento das suas obrigações, será desaconselhável estabelecer qualquer interferência na dinâmica associada à transferência do risco, seja através da criação de um «novo» critério para a sua transferência ou da introdução de uma ideia de retransmissão/retroatividade do risco. A admitir-se esta possibilidade surgirá um conjunto de questões cuja resposta não será fácil de encontrar. Desde logo haveria que determinar se o vendedor, através do exercício do seu direito de paralisação das mercadorias em trânsito, reassume o risco de deterioração ou perda das mercadorias e, em caso afirmativo, haveria que determinar se o vendedor reassume esse risco a partir do momento em que exerce esse direito de paralisação ou se o exercício deste direito faz com que a transferência inicial do risco fique em suspenso (tudo se passando como se a transferência do risco nunca tivesse ocorrido)[462].

[460] Fountoulakis, Christiana, *in* Schwenzer, Ingeborg (Coord.), *Commentary on the UN Convention on the International Sale of Goods*, Oxford University Press, 2016, p. 1017.

[461] No que concerne ao risco de exercício do direito de paralisação das mercadorias em trânsito será normal que o vendedor tenha de assumir esse mesmo risco perante ao transportador. Sem que assuma perante o transportador esse risco, a vontade do vendedor de paralisar as mercadorias em trânsito sairá, na grande maioria das vezes, frustrada. O transportador será, por certo, avesso a assumir a responsabilidade decorrente do exercício de um direito emergente do contrato de compra e venda que para si será *res inter alios acta* (*vide*, Pejovic, Caslav, «Stoppage in Transit and Right of Control: "Conflict of Rules"?», *Pace International Law Review*, Vol. 20, Nº 1, Abril 2008, p. 21-22 (disponível em : < https://digitalcommons.pace.edu/pilr/vol20/iss1/7/>.

[462] Ziegler, Alexander von, «The Right of Suspension and Stoppage in Transit (and Notification Thereof).», *in Journal of Law and Commerce*, vol. 25, Nº 1, 2005, p.365 (disponível em: < https://

A estas questões terão de acrescentar-se outras relacionadas com os «esquemas negociais» associados à venda internacional. Para a configuração destes «esquemas negociais» são emitidos vários documentos, mormente no âmbito do contrato de transporte das mercadorias. Esses documentos permitem, cumpridos certos requisitos, exigir ou impedir a entrega das mercadorias, mas também alterar o destinatário e o local da entrega. De entre esses vários documentos ressaltam os conhecimentos de carga (*Bills of lading*)[463], as cartas de porte marítimo (*Sea Waybills*)[464], as declarações de expedição (*CMR Consignment Notes*)[465], e as cartas de porte aéreo (*Air Waybill*)[466]. Para além destes documentos, intrinsecamente ligados ao transporte das mercadorias, surgem outros documentos essenciais para a configuração das transações comerciais internacionais. A necessidade de garantir de forma mais eficaz o cumprimento da obrigação de pagamento do preço por parte do comprador origina a implementação dos créditos documentários[467].

Os documentos ligados ao transporte marítimo de mercadorias (*v.g.* os mencionados *bill of lading* e *sea waybill*) não têm todos as mesmas características. Como ressalta das notas de pé de página, o *bill of lading* titula as mercadorias, mas o *sea waybill* não. A emissão de um *bill of lading* implica que

heinonline.org/HOL/P?h=hein.journals/jlac25&i=361> e em: < https://uncitral.un.org/sites/uncitral.un.org/files/media-documents/uncitral/en/von_ziegler.pdf>.

[463] Trata-se de um documento que titula as mercadorias (ou, na versão inglesa, é considerado *document of title*), isto é, "um documento que *representa* as mercadorias nele descritas, a tal ponto que o documento pode ser utilizado em vez das próprias mercadorias, para efetuar a entrega ao abrigo do contrato de venda, para penhorar as mercadorias etc." (Stevens, Frank, *The Bill of Lading – Holder Rights and Liabilities* –, Abingdon, Oxon; New York, NY: Routledge, 2018, p. 19-20). "O conhecimento de carga é um documento emitido pelo transportador marítimo ou por quem pode atuar em nome dele para esse efeito que faz prova das mercadorias carregadas no navio e das condições do contrato de transporte. É em abstrato transmissível e representa as mercadorias." (Martins, Alexandre de Soveral, «Conhecimento de carga, *blockchain* e novas tecnologias», *in Julgar*, Nº 45, setembro/dezembro 2021, Coimbra: Almedina, p. 220).

[464] Não são considerados documentos que titulem as mercadorias (*vide*, Treitel, Gunter, *in* Treitel, Gunter / Reynolds, F.M.B., *Carver on Bills of Lading*, 4ª Edição, Londres: Sweet & Maxwell, 2017, p. 507).

[465] Também não são considerados documentos que titulem as mercadorias (*vide* Clarke, Malcolm A., *International carriage of goods by road: CMR*, 6ª Edição, Abingdon: Informa Law from Routledge, 2014, p. 84).

[466] Sobre outros aspetos ligados os vários documentos emitidos no âmbito das várias modalidades de transporte de mercadorias, veja-se *infra* o ponto 1.3.2. do Capítulo IV.

[467] Ver *infra* ponto 2. do Capítulo IV.

o transportador entregue as mercadorias ao detentor desse mesmo *bill of lading*. "Se as mercadorias são entregues a alguém que não apresente o original do *bill of lading*, ainda que essa pessoa seja o consignatário designado, o transportador será responsável por qualquer perda daí resultante"[468]. Por seu turno, a emissão de um *sea waybill* não implica que a entrega das mercadorias seja feita contra a apresentação do documento, podendo mesmo o consignatário designado nunca ter contacto com o documento. As mercadorias devem ser entregues ao consignatário designado no *sea waybill* ainda que o transportador tenha estabelecido contacto através da parte notificadora[469].

Para o exercício do direito de suspensão do cumprimento da obrigação de entrega por parte do vendedor será, por isso, necessário ter em conta estas diferenças entre *bill of lading* e *sea waybill*. Para que o vendedor possa exercer o seu direito de suspensão do cumprimento da obrigação de entrega, quando as mercadorias já estão sob a responsabilidade do transportador, será muito útil que ele tenha em seu poder o *bill of lading*[470]. Mas se tiver sido emitido um *sea waybill*, a posse deste documento por parte do vendedor não terá grande utilidade. Útil será que o vendedor seja o expedidor ou que o consignatário possa ser alguém a quem o vendedor

[468] Tetley, William, *Marine Cargo Insurance*, 3ª Edição, Montreal: International Shipping Publications, 1988, p. 985.

[469] Tetley, William, *Marine Cargo Insurance*, 3ª Edição, Montreal: International Shipping Publications, 1988, p. 986.

[470] William Tetley assinala as dificuldades de exercício do direito de *stoppage in transitu* quando o vendedor não tem na sua posse o *bill of* lading. O caráter negociável do *bill of lading* parece ser o denominador comum aos exemplos que apresenta. A respeito do *Sale of Goods Act 1979* William Tetley refere o exemplo de endosso do *bill of lading* pelo comprador a terceiro de boa-fé e a «titulo oneroso» (*rectius, "for valuable consideration"*), previsto na secção 47(2)(a). No que concerne à *Civil Law* a afirmação de William Tetley é elucidativa da dificuldade de exercício do direito de *stoppage in transitu* sem a posse do *bill of lading*. Afirma este autor que "[a] possibilidade de um vendedor não pago exercer *stoppage in transitu* dependerá geralmente de o transportador estar vinculado a obedecer às instruções do expedidor [...]". *Vide* Tetley, William, *Marine Cargo Insurance*, 3ª Edição, Montreal: International Shipping Publications, 1988, p. 991 e 994.
A respeito de uma ação de indemnização relativa à carga pode afirmar-se que "ambas as partes [...] se preocupam com o [*document of title*] para demandar: o demandante, porque [lhe] confere legitimidade na demanda; o transportador [...] porque destrói essa legitimidade e põe termo à demanda [...]" (*vide* Debattista, Charles, «Chapter 5: Cargo Claims and Bills of Lading», *in* Baatz, Yvonne (Ed.), *Maritime Law*, 4ª Edição, Oxon: Informa Law by Routledge, 2018, p. 190).

possa dar instruções no sentido de as mercadorias não serem entregues ao comprador[471].

"A *consignment note* [(declaração de expedição)] é *prima facie* prova da celebração do contrato de transporte, das condições do contrato e da receção das mercadorias por parte do transportador" (art. 9º, nº1 da *CMR*). Embora a falta da declaração não impeça a prova da existência do contrato de transporte é de todo aconselhável que a declaração de expedição "refletindo os termos do acordo [...] seja elaborada"[472]. Não sendo um documento que atribua o direito de propriedade sobre as mercadorias, nem um *document of title*, é prova importante da existência do contrato celebrado entre expedidor e transportador. Se o vendedor constar no contrato de transporte como expedidor terá "o direito de disposição das mercadorias até, na maioria dos casos, à entrega da declaração de expedição ao consignatário, que normalmente coincidirá com a entrega das mercadorias"[473]. Verificados os pressupostos para o exercício do direito de suspensão do cumprimento da obrigação de entrega ao abrigo da lei aplicável ao contrato de compra e venda, a declaração de expedição será prova expedita e facilitadora do exercício do direito de disposição das mercadorias emergente do contrato de transporte (art. 12º da *CMR*)[474]. Por seu turno, este direito de disposição permitirá ao vendedor exercer efetivamente o direito de suspensão do cumprimento da obrigação de entrega perante uma violação antecipada do contrato.

A Convenção de Varsóvia prevê algo semelhante à Convenção *CMR*. Ainda que o *air waybill* não seja emitido de acordo com o preceituado na Convenção de Varsóvia (arts. 5º a 8º) isso não impede a existência e validade do contrato de transporte aéreo, continuando este a ser regulado pela Convenção (art. 9º da Convenção de Varsóvia). Esta Convenção coloca expressamente em evidência a importância do *air waibill* para o exercício do

[471] Note-se que o expedidor pode, com a concordância do transportador, alterar o nome da pessoa que consta no *sea waybill* como consignatário (Ramberg, Jan, «The Future Law of Transport Operators and Service Providers», *Scandinavian Studies in Law*, Ano 2004, Vol. 46, p. 141, disponível em: <https://scandinavianlaw.se/pdf/46-6.pdf>).

[472] Messent, Andrew / Glass, David A., *CMR: Contracts for the International Carriage of Goods by Road*, 4ª Edição, Oxon: Informa Law by Routledge, 2018, p. 88-89.

[473] Messent, Andrew / Glass, David A., *CMR: Contracts for the International Carriage of Goods by Road*, 4ª Edição, Oxon: Informa Law by Routledge, 2018, p. 109.

[474] Com maior desenvolvimento sobre esta questão, *vide* ponto 1.3.2.1. do Capítulo IV.

direito de *stoppage in transitu*. Não obstante o artigo 12º, nº 3 da Convenção de Varsóvia não impedir que o transportador possa obedecer às ordens do expedidor sem solicitar a este a apresentação da parte do *air waybill* que lhe foi entregue, a verdade é que esta norma, ao responsabilizar o transportador perante "qualquer pessoa que esteja licitamente na posse dessa parte do *air waybill*", faz com que dificilmente o transportador obedeça a uma ordem do expedidor. O *air waybill* é, por isso, um documento de grande utilidade para o exercício do direito de *stoppage in transitu*. Se for expedidor no contrato de transporte e estiver em condições de apresentar o *air waybill* o vendedor pode exercer o direito de *stoppage in transitu* que "termina quando o consignatário toma o controlo das mercadorias"[475].

A violação antecipada do contrato por uma das partes permite à outra optar por manter o contrato «vivo» ou aceitar essa violação e recorrer aos meios de que dispõe em resultado dessa violação antecipada do contrato, podendo ir desde um pedido de indemnização pelos danos sofridos até à resolução do contrato.

Na sequência do *supra* exposto, a falta de cumprimento das obrigações por parte do vendedor ou do comprador não deveria assumir qualquer relevância na transferência do risco, desde que possa estar criada uma panóplia de meios de reação a favor da parte não inadimplente.

Nesse sentido, mesmo no âmbito dos ordenamentos jurídicos internos (como o português), ainda que não esteja prevista a figura da *antecipatory breach*, sempre se estabelecem outros meios similares para uma das partes fazer face a situações de "perigo evidente"[476] de não cumprimento das contraobrigações[477]. A *exceptio non adimpleti contractus* tem aplicação nos contratos de compra e venda internos[478], à imagem[479] do que está consagrado no artigo 71º da *CISG*. As partes têm o direito de suspender o cumprimento do contrato nas situações em que resulte evidente que a contraparte não

[475] Goldhirsch, Lawrence B., *The Warsaw Convention Annotated – A Legal Handbook*, Dordrecht / Boston / Londres: Martinus Nijhoff Publishers, 1988, p. 45. Sobre estes aspetos ver, também, *infra* o ponto 1.3.2.3. do Capítulo IV.

[476] Oliveira, Nuno Manuel Pinto, *Princípios de Direito dos Contratos*, Coimbra: Coimbra Editora, 2011, p. 792.

[477] Conceito usado por Nuno Pinto Oliveira (*vide*, *Princípios de Direito dos Contratos*, *ob. cit.*, p. 786).

[478] §320(1) do *BGB*, art. 1460º CC-IT e artº 1219 do CC-FR.

[479] Embora de âmbito e com finalidades diferentes.

irá cumprir as suas obrigações atendendo, nomeadamente à "sua conduta na preparação para a execução ou na execução do contrato".

A questão vem colocada, novamente, a respeito da referida (re)transmissão do risco do comprador para o vendedor. Se a *exceptio non adimpleti contractus*/suspensão de cumprimento de obrigação se coloca no âmbito dos contratos sinalagmáticos, como é o caso da venda, e se assume que o que está em causa é a interdependência ou correspetividade de deveres, sejam eles deveres principais ou deveres acessórios[480], então, a exceção de não cumprimento (da obrigação de pagamento do preço) pode ser invocada pelo comprador que viu ser-lhe transferido o risco, mas que vê as mercadorias afetadas por um ato ou omissão do vendedor. Essa resposta seria facilmente admissível sempre que ainda estivéssemos perante uma possibilidade de realização da contraprestação por parte do vendedor, que no caso de perda ou deterioração das mercadorias não será fácil de vislumbrar. Não obstante, o que deve estar em causa quando se permite ao vendedor ou ao comprador lançar mão da *exceptio non adimpleti contractus* é perceber se a impossibilidade da "realização do conjunto da relação contratual" ainda necessita (ou não) de ser clarificada[481]. A perda ou deterioração das mercadorias considerar-se-á efetiva após prova sobre a sua verificação e até esse momento a referida impossibilidade concernente ao conjunto da relação contratual não está clarificada, podendo o comprador lançar mão deste meio de defesa.

Não significa que este meio de defesa por parte do comprador possa, *de per si*, colocar em causa a integração na matéria da transferência do risco de referências aos atos e omissões do vendedor e do comprador. No entanto, constitui um elemento suscetível de estreitar os fundamentos aduzidos para a sua consagração. Até que se verifique a perda ou deterioração das mercadorias a relação contratual mantém-se dinâmica e a reclamar a sua subsistência (o contrato poderá indiciar alguns problemas, mas mantem-se «vivo»).

[480] Fonseca, Ana Taveira, *in* Proença, José Brandão (Coord.), *Comentário ao Código Civil – Direito das Obrigações – Das obrigações em geral –*, Lisboa: Universidade Católica Editora, 2018, p.124. A convocação de outros deveres para além dos deveres principais como fundamento para a utilização do instituto da exceção de não cumprimento é, também, admitida no domínio do ordenamento jurídico alemão, no âmbito do §320 do BGB (*vide* Oehm, Max W., *in* Dannemann, Gerhard / Schulze, Reiner (Eds.), *German Civil Code,* Vol. I, Books 1-3: §§1-1296, Article-by-Article Commentary, Verlag C.H.Beck oHG, 2020, p. 523.

[481] Oliveira, Nuno Manuel Pinto, *Princípios de Direito dos Contratos*, Coimbra: Coimbra Editora, 2011, p. 793-798.

5. A transferência do risco e a violação *fundamental* do contrato

De acordo com o artigo 70º da *CISG*, a violação fundamental do contrato não interfere na transferência do risco. A transferência do risco há de verificar-se sem prejuízo do "recurso aos meios de que o comprador dispõe em virtude daquela violação fundamental"[482].

Esta previsão gera, ainda, mais interrogações quanto à introdução do "ato ou omissão do vendedor" (art. 66º, *in fine* da *CISG*) como fundamento para a alteração da alocação do risco. Afinal, que "atos ou omissões do vendedor" podem alterar a dinâmica da transferência do risco? Os que não constituam uma violação fundamental do contrato, dado que aqueles que constituem violação fundamental não alteram a alocação do risco?

A violação do contrato será fundamental "*quando causa à outra parte um prejuízo tal que a prive substancialmente daquilo que lhe era legitimo esperar do contrato, salvo se a parte faltosa não previu esse resultado e uma pessoa razoável, do mesmo tipo e colocada na mesma situação, não o tivesse igualmente previsto*" (art. 25º da *CISG*).

A violação fundamental é o teste limite para a resolução do contrato, nos termos do artigo 49º da *CISG*[483], mas a descrição de violação fundamental, prevista no artigo 25º, parece tautologia lúdica ao usar a palavra "substancial" para descrever "fundamental"[484]. Aquilatar o seu sentido parece ser tarefa delicada e complexa. Não obstante, vêm sendo apresentados alguns elementos caracterizadores, tais como a "privação substancial"

[482] Os institutos em causa revestem diferente natureza (*Vide* Ramos, Rui Manuel Moura / Soares, Maria Ângela Bento, «Do contrato de compra e venda internacional de mercadorias. Análise da Convenção de Viena de 1980 e das disposições pertinentes do direito português, *Documentação e Direito Comparado*, Nº 6, 1981, p. 220).

[483] Zeller, Bruno, *Damages under the Convention on Contracts for the International Sale of Goods*, Oxford: Oxford University Press, 2018, p. 252.

Um dos principais objetivos que se consideram arraigados na *CISG* é evitar a resolução do contrato. A resolução tem um caráter de *ultima ratio* no âmbito dos contratos de venda internacionais regulados pela *CISG*, ora porque o principio *pacta sunt servanda* assim o impõe, ora porque se entende que os custos resultantes de uma resolução do contrato devem ser evitados pelas partes (*vide*, Huber, Peter, «On the beaten track – the European DCFR and the CISG» , *in* Büchler, Andrea / Müller-Chen, Markus (Coord.), *Private Law (national – global – comparative)*, Comemoração dos 60 anos de Ingeborg Scwenzer, Bern, 2011, p. 814 e ss.

[484] Zeller, Bruno, *Damages under the Convention on Contracts for the International Sale of Goods*, *ob. Cit.*, p. 247.

e a "previsibilidade"[485]. A opinião prevalecente é a de que para determinar se estamos perante uma violação fundamental é, absolutamente, aconselhável ter em conta a "reparação" da violação do contrato nos termos do artigo 48º da *CISG*[486]. No entanto, esta espécie de prova de resistência do contrato para determinar se a violação é fundamental só será possível na medida em que esta violação não estiver prevista como fundamental no próprio contrato. "Quando o contrato, expressamente, consagra que o cumprimento de uma obrigação é essencial, haverá pouco espaço para provar que a violação causou uma privação imprevisível"[487].

Ainda que a resolução do contrato seja um dos direitos que o comprador exerça, não se vislumbra como esse exercício possa ser qualificado como retransmissão total ou parcial (!) do risco para o vendedor; mormente nas situações de "falta de conformidade" (regulada no artigo 36º da *CISG*)[488]. A resolução do contrato tem o efeito de liberar o vendedor e o comprador das suas obrigações e a única ressalva que vem consagrada no artigo 81º, nº 1 da *CISG* tem que ver com a indemnização por perdas e danos. A pertinência de uma eventual admissão de retransmissão do risco para o vendedor por via da resolução do contrato é de todo questionável porquanto a indemnização por perdas e danos não está, necessariamente, ligada à transferência do risco[489]. Sabe-se que na Conferência de Viena

[485] Björklund, Andrea, *in* Kröll, Stefan / Mistellis, Loukas / Viscasillas, Pilar Perales (Coord.), *UN Convention on Contracts for the International Sale of Goods (CISG): A Commentary*, C. H. Beck-Hart-Nomos, 2018, p. 340 e ss.

[486] Bach, Ivo, *in* Kröll, Stefan / Mistellis, Loukas / Viscasillas, Pilar Perales (Coord.), *UN Convention on Contracts for the International Sale of Goods (CISG): A Commentary*, C. H. Beck-Hart-Nomos, 2018, p. 708 e ss. *"As a rule, therefore, even a serious breach will not be fundamental if reasonable cure under Art. 48 is offered and made."*

[487] Garcez, José Maria Rossani, «CISG Articles 6, 7, 25 and 79 – Pacta Sunt Servanda, Rebus sic Stantibus, Force Majeure and Hardship Principles – Brazilian Civil Code Related Articles», *in* Schwenzer, Ingeborg / Pereira, César / Tripodi, Leandro (Eds.), *CISG and Latin America: Regional and Global Perspectives*, Haia: Eleven International Publishing, 2016, p. 424.

[488] Erauw, Johan, *in* Kröll, Stefan / Mistellis, Loukas / Viscasillas, Pilar Perales (Coord.), *UN Convention on Contracts for the International Sale of Goods (CISG): A Commentary*, C. H. Beck-Hart-Nomos, 2018, p. 880-881.

[489] Conforme se abordará infra no ponto 9 deste Capítulo, a resolução do contrato tem implicações ao nível da restituição das mercadorias, mas nesse caso já não se deve entender que se está no domínio de uma obrigação emergente do contrato de compra e venda (concluído para operar efeitos jurídicos e não para extinguir os efeitos do mesmo; ainda que o mesmo possa regular os efeitos da sua extinção).

os Estados Unidos propuseram que o risco não fosse transferido para o comprador enquanto este pudesse evitar essa transferência, mas foi considerado que "diferir a transferência do risco até que o direito de resolução fosse exercido seria inapropriado"[490]. Ulrich Magnus considera que a norma atualmente aplicável (art. 70º da *CISG*) deve ser entendida no sentido de que a transferência do risco sempre se verifica, mas na hipótese de resolução do contrato ou de entrega de mercadorias de substituição verifica-se uma retroatividade do risco, em conformidade com a posição do delegado sueco à referida Conferência de Viena[491]. Da nossa parte, da posição apresentada pelo delegado sueco sobre a proposta dos Estados Unidos da América, apenas haverá que extrair que a questão se desenvolveu no sentido de ser difícil estabelecer qualquer efeito da verificação de uma violação fundamental[492] sobre a transferência do risco. A admissibilidade de uma alteração da alocação do risco por via da verificação de uma violação fundamental do contrato abre caminho para uma interpretação que nem sequer tem em conta a discussão que se verificou na referida Conferência e se interprete o artigo 70º da *CISG* no sentido de que "o risco permanece com o vendedor"[493]. A dificuldade expressa na Conferência a respeito do artigo 82º do Projeto (atual artigo 70º da *CISG*) tinha que ver com a possibilidade de o comprador não exercer o seu direito de resolução do contrato e nesse caso as regras atinentes à transferência do risco terem de se manter operantes[494]. Quer na data de realização da referida Conferência de Viena, como hoje, o comprador não fica apenas impossibilitado de resolver o contrato e/ou de requerer a entrega de mercadorias de substituição quando não pode restituir as mercadorias em um estado idêntico àquele em que as recebeu devido a ato ou omissão seus (art. 82º,

[490] Magnus, Ulrich, «Wiener UN-Kaufrecht (CISG)», *in J. von Staudingers Kommentar zum Bürgerlichen Gesetzbuch Einführungsgesetz und Nebengesetzen*, Berlim: Walter de Gruyter GmbH, 2018, p. 827.

[491] Magnus, Ulrich, «Wiener UN-Kaufrecht (CISG)», *ob. Cit.*, p. 827.

[492] Nomeadamente, mas não só, nas situações em que essa violação fundamental conduza à resolução do contrato.

[493] Hager, Günter, *in* Schlechtriem, Peter / Schwenzer, Ingeborg (Ed.), *Commentary on the UN Convention on the international sale of goods (CISG)*, Oxford: Oxford University Press, 2ª Edição, 2005, p. 697-698.

[494] *United Nations Conference on Contracts for the International Sale of Goods – Official Records*, Nova Iorque: Nações Unidas, 1991, p. 408 (disponível em: <https://uncitral.un.org/sites/uncitral.un.org/files/media-documents/uncitral/en/a-conf-97-19-ocred-eng.pdf>).

nº 1 conjugado com o nº 2 da *CISG*), mas também quando não informa o vendedor da falta de conformidade das mercadorias (que possa constituir violação fundamental) em um tempo razoável (nos termos dos artigos 39º e 49º, nº 2 da *CISG*)[495]. Assim, em sede de falta de conformidade das mercadorias, uma violação fundamental do contrato não deve constituir base suficientemente sólida para se considerar que há uma retransmissão do risco. Isso faria com que o apontado inconveniente do diferimento da transferência do risco fosse substituído por uma inapropriada incerteza do momento de (re)transmissão do risco.

Aliás, o artigo 70º da *CISG*, quando interpretado em conjugação com o artigo 82º, nº 2, al. a), traz à colação a ideia de que a transferência do risco surge «lado a lado» com os meios de que dispõe o comprador, nomeadamente a resolução do contrato. Não se altera a transferência do risco e permite-se que o comprador exerça o seu direito de resolução do contrato sempre que a impossibilidade de restituir as mercadorias não lhe seja imputável[496].

A resolução do contrato pelo comprador é possível ainda que caiba a este suportar o risco de deterioração ou perda das mercadorias, atendendo ao critério aplicável para sua alocação. Milita a favor desta ideia o facto de o vendedor e o comprador poderem usar os meios de que dispõem um contra o outro. Se as mercadorias se deterioram ou perdem e o comprador resolve o contrato, a adoção deste meio conduzirá, é certo, a que o vendedor tenha de restituir o preço que já tenha recebido, caso o comprador o requeira. No entanto, nesse momento pode o vendedor opor-lhe um pedido de indemnização por perdas e danos[497]. A dinâmica de meios ao dispor de

[495] Estas normas correspondem aos artigos 37º e 45º, nº2 do Projeto. E sobre estes o Secretariado deixou o seguinte comentário: "*Article 82 must be read in connection with articles 37 and 45 (2) because in some examples the buyer will lose his right to declare the contract avoided or to require the seller to deliver substitute goods because he did not act within the time-limits required by those articles.*"

[496] Ramos, Rui Manuel Moura / Soares, Maria Ângela Bento, «Do contrato de compra e venda internacional de mercadorias. Análise da Convenção de Viena de 1980 e das disposições pertinentes do direito português, *Documentação e Direito Comparado*, Nº 6, 1981, p. 221; Audit, Bernard, *La vente internationale de marchandises: Convention des Nations Unies du 11 avril 1980*, Paris: L.G.D.J, 1990, p. 93.

[497] Fountoulakis, Christiana, *in* Schwenzer, Ingeborg (Coord.), *Commentary on the UN Convention on the International Sale of Goods*, Oxford University Press, 2016, p. 1194-1195. A autora considera, no entanto, que "só se o comprador puder exonerar-se através de uma aplicação

uma ou de outra parte para fazer face a uma violação do contrato, não fica prejudicada pelas regras estabelecidas para a transferência do risco[498], nem estas sofrem qualquer alteração por via da «batalha» que possa ocorrer entre vendedor e comprador na utilização dos referidos meios. Se um tribunal vier a considerar que uma das partes não logrou provar os pressupostos de que dependia a utilização de um dos meios, então, essa parte apenas tem de contar com a repercussão de não cumprimento do ónus que lhe competia no âmbito da oposição de meios relativos ao (in)cumprimento e/ou violação do contrato. As regras de alocação de risco respeitante a uma afetação da integridade do objeto (mediato) do contrato de venda (*rectius*, as mercadorias) mantêm-se inalteradas independentemente das vicissitudes a que possa estar sujeito o contrato de venda por via da verificação de uma violação fundamental.

A violação fundamental do contrato surge, também, prevista para as situações em que o comprador pretende reclamar a entrega de mercadorias de substituição quando as que lhe foram entregues não forem conformes com o contrato. A violação fundamental por parte do vendedor é condição *sine qua non* para que o comprador possa requerer a entrega de mercadorias de substituição porque essa operação de substituição acarreta custos idênticos aos que estão ligados à resolução do contrato[499] e, sempre que as mercadorias não conformes tenham chegado ao destino, implica que as mesmas sejam transportadas de volta para o vendedor e que este diligencie pelo transporte das mercadorias de substituição de lugares, habitualmente, muito distantes[500]. Assim, para evitar custos elevados inerentes a

análoga do artigo 79 não será responsável pela perda ou pelos danos nas mercadorias e terá sucesso com o seu pedido de restituição do preço pago". A nosso ver esta referência ao artigo 79º da *CISG* não tem em conta na medida necessária o facto de, na maior parte das situações, o risco estar alocado ao comprador. O recurso ao artigo 79º da *CISG* também em situações como a descrita significaria, a nosso ver, um «apagão» das regras relativas à transferência do risco.

498 Aparentemente, é isto que decorre da posição de Michael Bridge quando afirma que "[u]ma vez que os meios [de que dispõe o] comprador por violação sobrevivem mesmo que a violação não seja fundamental, o único significado do Artigo 70 da CISG reside na [...] conservação do direito de resolução [por parte do comprador, apesar da transferência do risco]" (Bridge, Michael, «Risk of Loss», *in* DiMatteo, Larry, *et. al.* (Ed.), *International Sales Law*, 2ª Edição, Baden-Baden: Nomos Verlagsgesellschaft mbH & Co. KG, 2021, p. 675).

499 Müller-Chen, Markus, in Schwenzer, Ingeborg (Coord.), *Commentary on the UN Convention on the International Sale of Goods*, Oxford University Press, 2016, p. 744.

500 Schwenzer, Ingeborg / Hachem, Pascal / Kee, Christopher, *Global Sales and Contract* Law, Oxford: Oxford University Press, 2012, p. 572.

essas transações, o artigo 46º, nº 2 da *CISG* impõe que se verifique uma violação fundamental do contrato por parte do vendedor[501].

Assim, a possibilidade de o comprador reivindicar a entrega de mercadorias de substituição permitirá lançar a ideia de que o vendedor suporta o risco de entrega de mercadorias não conformes com o contrato e dos elevados custos associados. Não obstante, tratar-se-á, apenas, de um risco diferente do risco regulado pelas normas consagradas nos artigos 66º e ss. da *CISG*. Ainda que à violação fundamental do contrato se somem os restantes pressupostos de que depende o pedido de entrega de mercadorias de substituição por parte do comprador, aquela violação fundamental não opera qualquer retransmissão do risco. Se as mercadorias se deterioraram ou perderam, as regras atinentes à transferência do risco têm aí aplicação porquanto, conforme se referiu anteriormente[502], a falta de conformidade das mercadorias por que é responsável o vendedor tem o momento da transferência do risco do vendedor para o comprador como referente (art. 36º, nº 1 da *CISG*). Nas situações em que o vendedor possa ser responsável pela falta de conformidade das mercadorias após a transferência do risco (art. 36º, nº 2 da *CISG*) é necessário que haja incumprimento de quaisquer das obrigações a que está adstrito o vendedor e, assim sendo, também como defendemos *supra*[503], não se trata de uma situação de risco de afetação da integridade das mercadorias.

Quem sufraga que se verifica uma retransmissão do risco para o vendedor nas situações em que o comprador utiliza os meios ao seu dispor em caso de violação fundamental do contrato de venda[504] parece não levar em grande conta o facto de sobre o comprador impender uma obrigação de preservação das mercadorias, nos casos em que este ainda não está na posse das mercadorias, mas estas foram colocadas no seu destino e o comprador tem de tomar posse das mesmas[505]. Mais dúbia se torna essa posi-

[501] Huber, Peter, *in* Kröll, Stefan / Mistellis, Loukas / Viscasillas, Pilar Perales (Coord.), *UN Convention on Contracts for the International Sale of Goods (CISG): A Commentary*, C. H. Beck-Hart-Nomos, 2018, p. 681.

[502] *Vide supra* ponto 3 deste Capítulo.

[503] *Vide supra* ponto 2 deste Capítulo.

[504] Hachem, Pascal, in Schwenzer, Ingeborg (Coord.), *Commentary on the UN Convention on the International Sale of Goods*, Oxford University Press, 2016, p. 999.

[505] Bacher, Klaus, *in* Schwenzer, Ingeborg (Coord.), *Commentary on the UN Convention on the International Sale of Goods*, Oxford University Press, 2016, p. 1226.

ção se na mesma obra houver quem defenda que a violação do contrato por parte do vendedor "conduz a uma alocação do risco de uma ulterior deterioração das mercadorias para o vendedor [...], *exceto quando o comprador está obrigado a conservar as mercadorias ou a mitigar a sua perda*"[506]; obrigação esta que "*persiste[...] ainda que ele declare o contrato resolvido*"[507].

A resolução do contrato constitui, de entre os meios que o vendedor e o comprador têm ao seu dispor, a *ultima ratio*[508]. A manutenção do contrato de compra e venda constitui, por isso, um objetivo fundamental que a *CISG* visa promover enquanto manifestação do princípio do *favor contractus*. Se quando é atingida a fase em que já não é exigível a manutenção do contrato se impõe ao comprador que conserve a integridade das mercadorias, como pode esta ideia ser compatível com uma retransmissão do risco por via de violação fundamental do contrato?

A complexidade da ideia de retransmissão do risco para o vendedor aumenta tendo em conta o facto de a resolução do contrato não operar *ipso iure* (sendo necessária a notificação ao vendedor – art. 26º da *CISG* –) e o comprador poder perder o direito de resolver o contrato se não o exercer num tempo razoável, nos termos do artigo 49º, nº 2 da *CISG*. Dando como adquirido que a resolução produz efeitos com o envio da notificação ao vendedor (art. 27º da *CISG*)[509], seria a partir desse envio que a retransmissão do risco produziria os seus efeitos. A maior parte das comunicações são, atualmente, efetuadas através de *e-mail* e não raras vezes surgem determinados constrangimentos relacionados com o servidor do destinatário, como tentativas de *phishing* ou outras fraudes informáticas. A verificar-se um destes constrangimentos (ou outros), o vendedor vê ser-lhe retransmitido o risco a partir do envio da notificação sem saber. O vendedor assumirá um risco de deterioração ou perda sem ter qualquer poder de controlo ou

[506] Fountoulakis, Christiana, in Schwenzer, Ingeborg (Coord.), *Commentary on the UN Convention on the International Sale of Goods*, Oxford University Press, 2016, p. 1189.

[507] Bacher, Klaus, in Schwenzer, Ingeborg (Coord.), *Commentary on the UN Convention on the International Sale of Goods*, Oxford University Press, 2016, p. 1228.

[508] *Vide*, também, Schwenzer, Ingeborg, «The right to avoid the contract», *Annals of the Faculty of Law in Belgrade – Belgrade Law Review –, Journal of Legal and Social Sciences*, Ano LX, 2012, Nº 3, p. 207 e ss. (disponível em: < https://heinonline.org/HOL/Page?handle=hein.journals/annabel2012&id=207&collection=journals&index=>.

[509] Björklund, Andrea, *in* Kröll, Stefan / Mistellis, Loukas / Viscasillas, Pilar Perales (Coord.), *UN Convention on Contracts for the International Sale of Goods (CISG): A Commentary*, C. H. Beck-Hart-Nomos, 2018, p. 366-367.

possibilidade de assumir esse controlo sobre as mercadorias (estas já chegaram ao destino).

Não é, por isso, adequada esta ideia de retransmissão do risco do comprador para o vendedor quando o comprador invoca uma violação fundamental do contrato e se apoia em um dos meios ao seu dispor na decorrência dessa violação. Encontrando-se as mercadorias no local de destino, o comprador é aquele que está em melhores e efetivas condições de assumir o seu controlo, se ainda não tiver esse controlo à data em que notifica o vendedor da resolução do contrato. A obrigação de conservação das mercadorias «casa» devidamente com a esta ideia de controlo das mercadorias.

6. A transferência do risco e o sinalagma contratual

Os contratos de venda são contratos sinalagmáticos[510]. O sinalagma pode ser, segundo avisada doutrina portuguesa, genético ou funcional[511].

[510] Segundo Menezes Cordeiro deve evitar-se substituir o termo "sinalagmático" pelo termo "bilateral" (Cordeiro, António Menezes, *Tratado de Direito Civil, Vol. XI – Contratos em Especial – (1ª parte)*, Coimbra: Almedina, 2018, p. 101). Menezes Leitão concorda com a necessidade de se evitar o termo "bilateral" e afirma que "[o]s contratos são denominados sinalagmáticos ou não sinalagmáticos consoante originem obrigações recíprocas para ambas as partes, ficando assim ambas simultaneamente na posição de credores e devedores, ou não originam essas obrigações" (Leitão, Luís Manuel Teles de Menezes, *Direito das Obrigações, Vol. I – Introdução. Da constituição das obrigações*, 15ª Edição, Coimbra: Almedina, 2020 (Reimp.), p. 198).
Já Almeida Costa utiliza os dois termos, assinalando apenas que o termo "bilateral" é o termo tradicional e que o termo "sinalagmático" é mais técnico. "[...N]os contratos bilaterais ou sinalagmáticos as obrigações das partes [...] encontram[-se] numa relação de correspectividade e interdependência. Existe entre elas um nexo ou sinalagma, significando que a obrigação de cada uma das partes constitui a razão de ser da outra." (Costa, Mário Júlio de Almeida, *Direito das Obrigações*, 12ª Edição, Coimbra: Almedina, 2009 (Reimp. 2013), p. 360-361).
Alain Bénabent afirma que o "[c]ontrato sinalagmático é aquele que cria obrigações recíprocas para as duas partes (por ex. a venda: o vendedor deve entregar, o comprador pagar)" (*Vide*, Bénabent, Alain, *Droit des Obligations*, 18ª Edição, Issy-les-Moulineaux: LGDJ, Lextenso éditions, 2019, p. 35).
A ideia de sinalagma surge com Aristóteles em "Ética a Nicómaco", onde "distingue as relações voluntárias, tais como as vendas, das relações involuntárias como os delitos" (Poughon, Jean-Michel, *Histoire doctrinale de l'échange*, Paris: Librairie Generale de Droit et de Jurisprudence, 1987, p. 13). Mas as compilações justinianeias revelam uma querela entre Proculianos e Sabinianos. Se os primeiros consideravam que "a existência de um preço em moeda constitui o critério do contrato de venda e é suficiente para o diferenciar da troca", já os segundos defendiam que na venda "o preço poderia consistir perfeitamente em outra coisa que não fosse dinheiro" (Poughon, Jean-Michel, *idem*, p. 18; com desenvolvimento sobre a questão na página 45 e ss.). Segundo Guilherme Braga da Cruz, Proculianos e Sabinianos "[e]m vez de

No entanto, "o sinalagma liga entre si as prestações essenciais de cada contrato bilateral, mas não todos os deveres de prestação dele nascidos."[512] Esta ideia de prestação nascida do contrato reconduz-nos a uma dicotomia entre o que é endógeno e o que é exógeno no âmbito do vínculo entre vendedor e comprador. Não haverá dúvidas de que do contrato nascem obrigações essenciais e acessórias e deveres de conduta para cada uma das partes. O que não será tão certo é que do contrato possam emergir obrigações (seja de que natureza forem) quando está em causa um evento fora do controlo das partes e que é, nomeadamente, incerto, futuro e imprevisível.

Em estudo dedicado ao tema da transferência do risco, este tem sido considerado como cumprimento da prestação por parte do vendedor, a partir do momento em que aquela transferência se tiver por verificada[513]. Mas

constituírem rigorosamente duas escolas doutrinárias divergentes, deviam constituir antes [...] duas categorias de *centros de ensino do direito* existentes em Roma e divergentes entre si apenas quanto ao modo como os respectivos mestres solucionavam concretamente alguns problemas jurídicos controversos." (Cruz, Guilherme Braga da, *Obras Esparsas. Volume I – Estudos de História do Direito. Direito Antigo (1ª parte)*, Coimbra: Coimbra Editora, 1979, p.220). Independentemente de estarmos (ou não) perante escolas doutrinárias divergentes, a verdade é que na referida discussão se revela já alguma diferença entre o que começou por ser o sinalagma em Aristóteles e a diferente natureza das obrigações emergentes do contrato de venda (quando contraposto à troca).

511 O sinalagma genético, no contrato de compra e venda, significa que "só surge a obrigação de um dos contraentes se surgir a do outro", ou seja, as obrigações estão numa relação de correspectividade e interdependência. O sinalagma funcional significa que "a reciprocidade ou contrapartida das prestações se manifesta e releva durante a vida do contrato, designadamente quanto à simultaneidade do cumprimento, ou seja, a execução por uma das partes encontra-se condicionada à execução pela outra. [...] A impossibilidade originária ou a ilicitude de uma das prestações ocasiona a invalidade de todo o negócio [...]. Do mesmo modo, por força do sinalagma funcional as vicissitudes de uma das prestações podem afectar a outra." (Costa, Mário Júlio de Almeida, *Direito das Obrigações*, 12ª Edição, Coimbra: Almedina, 2009, p. 361 e 366). O autor discorre, de seguida, sobre as vicissitudes de uma das prestações que podem afetar a outra, mas não elenca o risco como uma dessas vicissitudes.

512 Varela, Antunes, *Das Obrigações em Geral*, Vol. I, Coimbra: Almedina, 2000, p. 398.

513 Múrias, Pedro /Pereira, Maria de Lurdes, «Prestações de coisa: transferência do risco e obrigações de *reddere*», *in Cadernos de Direito Privado*, Julho-Setembro de 2008, Nº 23, pp. 3 a 16. Referem os autores que *"podemos agora definir a transferência do risco como o momento a partir do qual a obrigação de prestação de coisa valerá como cumprida em caso de perturbação da coisa, na medida da perturbação, salvo culpa relevante do devedor. Nas «perturbações da coisa», como vimos, incluem-se não só o perecimento e a deterioração, mas também a perda relativa de facto ou de direito e ainda outras anomalias. Numa definição mais analítica e menos original, dir-se-á que, após a transferência e salvo culpa do devedor, este fica exonerado na medida de uma eventual perturbação da coisa, mantendo-se o credor, pelo*

se "a ideia de sinalagma, enquanto realidade substantiva, se [foi] impondo, forçando a alterar a distribuição do risco, na compra e venda"[514], isso não significará que a transferência do risco do vendedor para o comprador preencha um dos lados do sinalagma[515]. O sinalagma pode influenciar a determinação do momento relevante para a transferência do risco, mas um e outro têm fundamentos distintos. "O princípio da interdependência funcional das obrigações sinalagmáticas é quebrado [...], a menos que as partes tenham convencionado fazer passar o risco do preço apenas com a entrega da coisa ao comprador [...]"[516].

A transferência do risco do vendedor para o comprador não constitui cumprimento das obrigações por parte do vendedor[517], porquanto este pode ter de cumprir uma obrigação fundamental, nomeadamente pode

contrário, vinculado na íntegra à contraprestação (ou, fora de um sinalagma, a outras obrigações primárias)." Curiosamente, os autores afirmam, em passagem anterior que *"já o efeito extintivo do perecimento ou deterioração posteriores à transferência* ***não pode ser minimamente relacionado com o sinalagma*** *ou com a impossibilidade, escorando-se apenas nos argumentos gerais que enquadram e justificam a figura da transferência do risco".* Ficamos, por isso, sem saber se os autores relacionam o efeito da transferência do risco com o sinalagma, porquanto colocam a hipótese de o credor ficar vinculado a outras obrigações primárias fora de um sinalagma, ficando a ideia de que o cumprimento da obrigação de prestação de coisa (perturbada) e a contraprestação encontram-se relacionadas com o sinalagma (!). A dúvida adensa-se face à afirmação de que *"as regras da transferência do risco, portanto, são regras remissivas, remetendo (condicionalmente) para a eficácia do cumprimento, que extingue a obrigação e consolida o direito à contraprestação,* ***ao preencher um dos lados do sinalagma."***

514 Cordeiro, António Menezes, *Tratado de Direito Civil, Vol. XI – Contratos em Especial – (1ª parte)*, Coimbra: Almedina, 2018 (Reimp. 2019), p. 168-169.

515 "O sinalagma da compra e venda é, seguramente, genético: na conclusão, vende-se para receber o preço e compra-se para receber a coisa, numa clara reciprocidade. **Não é, todavia e em regra, totalmente funcional**, uma vez que ele postula, tipicamente, uma execução instantânea. Transmitida e entregue a coisa, já não há, salvo cláusula em contrário, lugar à resolução do contrato por não-pagamento do preço (886.°) e, *a fortiori*, à exceção do contrato não-cumprido. Além disso, **temos um regime específico para o risco (796º), que afasta as regras sobre a impossibilidade.**" (Cordeiro, António Menezes, *Tratado de Direito Civil, Vol. XI – Contratos em Especial – (1ª parte)*, Coimbra: Almedina, 2018 (Reimp. 2019), p. 101; negrito nosso).

516 Schönle, Herbert, «Réflexions sur le transfert des risques dans la vente internationale», *in* Basgül, Mürsel / Honuralp, Halük (Eds.), *Mélanges à la mémoire du professeur Halûk Tandoğan*, Ankara : Institut de recherches de droit bancaire et de droit commercial, 1990, p. 265. A afirmação vem a propósito do artigo 185º do CO-S, mas é de toda a pertinência quanto à amplitude que deve ser dada à definição do sinalagma funcional nos contratos bilaterais.

517 Cfr. *supra* pontos 4 e 5 deste Capítulo, a respeito da violação antecipada do contrato e violação fundamental do contrato.

ter de expressa ou implicitamente transferir o benefício do seguro das mercadorias para o comprador e esta obrigação sobreviverá à sua eventual destruição[518]. Vindo o comprador a ser ressarcido por parte da seguradora, nenhum efeito se verifica no equilíbrio entre as prestações do vendedor e do comprador. O vendedor, porque viu ser transferido o risco para o comprador, receberá deste o pagamento do preço e o comprador será reintegrado no âmbito do pedido que efetuar junto da seguradora na medida do que tiver sido segurado. O facto de o comprador ter de proceder ao pagamento do preço não o expõe ao risco de perder a contraprestação, porquanto se vier a ser reintegrado no âmbito do contrato de seguro, no mesmo montante da prestação que realizou perante o vendedor (o preço), poderá vir a obter as mesmas mercadorias. Não há qualquer frustração dos seus intentos face aos que pretendia no momento da celebração do contrato de venda internacional de mercadorias. Dir-se-á: mas a reintegração do comprador pode não ser imediata. Sim, mas nesse caso o risco que estará em causa não será o risco da prestação ou contraprestação, mas sim outros riscos relacionados com um outro contrato: o contrato de seguro[519].

Ademais, a ideia de sinalagma esvai-se com a resolução do contrato, mas já não a necessidade de se determinar em que momento se transfere o risco do comprador para o vendedor no âmbito da restituição das mercadorias motivadas por resolução. "O contrato cria uma relação de prestação; a resolução modifica-a ou transforma-a; o contrato constitui os deveres primários de prestação, ligando-os através do sinalagma; a resolução extingue-os, substituindo-os por deveres secundários"[520].

Se a doutrina portuguesa coloca em realce a distinção entre sinalagma genético e sinalagma funcional, já alguma doutrina alemã acrescenta uma outra variante de sinalagma: o sinalagma condicional. Se o sinalagma funcional se manifesta, nomeadamente na resolução do contrato, o sinalagma condicional determina, "na vigência do contrato, a regra segundo a qual a falta de um dever determina a exclusão do outro"[521]. E como foi escrito

[518] Peel, Edwin, *Treitel on the Law of Contract*, 14ª Edição, Londres: Sweet & Maxwell, 2015, p. 1038-1039.

[519] Ver *infra* ponto 3 do Capítulo IV.

[520] Oliveira, Nuno Manuel Pinto, *Princípios de Direito dos Contratos*, Coimbra: Coimbra Editora, 2011, p. 886.

[521] Van Den Daele, Wolfgang, *apud* Pires, Catarina Monteiro, *Impossibilidade da prestação*, Coimbra: Almedina, 2020, p. 582 (n. 2877).

a respeito da regra *periculum emptoris*, "de acordo com o entendimento atual [esta regra] está em contradição com o sinalagma condicional"[522]. Não tendo o Direito Romano conhecido o sinalagma como "categoria dogmática"[523] não se pode afirmar que, nessa época, a transferência do risco significava o preenchimento de um dos lados do sinalagma. Somos da opinião de que também hoje não deve ser atribuído esse sentido à transferência do risco.

7. A transferência do risco e a impossibilidade objetiva

7.1. Nota prévia

No âmbito do cumprimento do contrato é comum fazer-se uma distinção entre incumprimento imputável e incumprimento não imputável às partes, porquanto o cumprimento "não é um evento pontual, que ponha termo a uma obrigação: antes um roteiro complexo que, desde o início, interfere na configuração do vínculo."[524]

A proximidade entre a matéria da transferência do risco e estoutra da impossibilidade objetiva são inquestionáveis[525]. Há mesmo quem considere que "os riscos na venda são as perdas decorrentes da impossibilidade fortuita do objeto vendido"[526]. Embora as matérias se interliguem sempre será de questionar se a situação de impossibilidade objetiva não se situa no âmbito em que vendedor e comprador ficam liberados das respetivas

[522] Bauer, Martin, *Periculum emptoris – Eine dogmengeschichtliche Untersuchung zur Gefahrtragung beim Kauf –*, Berlim: Duncker & Humblot, 1998, p. 253.

[523] Bauer, Martin, *Periculum emptoris..., idem.*

[524] Cordeiro, António Menezes, *Tratado de Direito Civil, Vol. IX – Direito das Obrigações – Cumprimento e não-cumprimento, transmissão, modificação e extinção –*, 3ª Edição, Coimbra: Almedina, 2019, p. 68.

[525] Inquestionável é, também, a tenuidade dos limites entre a impossibilidade objetiva e a alteração das circunstâncias. "[...] No caso da impossibilidade, a execução não é possível devido a um impedimento factual ou legal que o devedor não pode superar através de quaisquer meios ou esforços. Pelo contrário, se o obstáculo não é intransponível, tecnicamente a situação não é um caso de impossibilidade. Há limites difusos entre impossibilidade e alteração das circunstâncias: no primeiro caso, a estrutura da obrigação é mutada, portanto transforma-se em algo diferente; no segundo caso, a obrigação mantém-se a mesma, mas existe uma perturbação séria no equilíbrio económico do contrato" (Uribe, Momberg Rodrigo, *The effect of a change of circumstances on the bonding force of contracts – Comparative Perspectives*, Combridge, Antwerp, Poland: Intersentia, 2011, p. 10).

[526] Poroy, Reha, *Le transfert des risques dans le contrat de vente – dans les droits suisse et anglais et dans le projet de loi internationale sur la vente de l'Institut de Rome pour l'unification du droit privé –*, Montreux, Imprimerie Ganguin & Laubscher S.A., 1950, p. 129.

obrigações[527], enquanto no caso de transferência do risco só uma das partes fica liberada do cumprimento das respetivas obrigações ou fica liberada de quaisquer ónus que sobre si impendam.

Nos contratos sinalagmáticos (ou bilaterais), em que as obrigações principais de uma parte estão na mútua dependência das obrigações da outra parte, a eventual impossibilidade[528] "não imputável" a uma parte faz com que a mesma fique liberada mas também leva a que a contraparte fique liberada da sua obrigação (liberação mútua). No entanto, as regras da transferência do risco são percecionadas como uma exceção a essa mesma liberação mútua[529], havendo quem considere que essas regras encontram "a sua justificação numa especifica distribuição de vantagens e desvantagens cuja atribuição pressupõe um sistema de transmissão da propriedade baseado no consenso"[530].

A resolução do contrato de venda é uma espécie de sanção para a parte que não cumpra com a respetiva prestação e um «remédio» para a parte que fica impossibilitada de receber essa mesma prestação. Estas impossibilidades, objetiva e subjetiva, podem ser iniciais ou subsequentes, mas não podem ser confundidas com o risco de que tratamos[531]. É possível estarmos perante "casos de impossibilidade objetiva inicial de cumprimento

[527] Atendendo à máxima *impossibilium nulla obligatio est.*

[528] Note-se que o facto de a prestação se tornar impossível traça, também, uma linha divisória entre as situações de *force majeure* e de *hardship*. Nas situações de *force majeure* a execução da prestação torna-se impossível (ainda que temporariamente). Já nas situações de *hardship* "a execução não é impossível, mas ela torna-se demasiado onerosa ou ela perdeu toda a utilidade económica" (Fontaine, Michel, «Les dispositions relatives au hardship et à la force majeure», *in* Bonell, Michael J. / Bonelli, Franco, *Contrattti Commerciali Internazionali e Principi UNIDROIT,* Milão: Giuffrè Editore, 1997, p. 188).

[529] Brunner, Christoph, *Force Majeure and Hardship under General Contract Principles – Exemption for Non-Performance in International Arbitration,* Kluwer Law International, 2009, p. 79.

[530] Pires, Catarina Monteiro, *Impossibilidade da prestação,* Coimbra: Almedina, 2018, p. 605. A autora escreve sobre a relação entre a norma contida no artigo 795º, nº 1 e a norma contida no artigo 796º do CC, considerando que esta constitui um desvio ao disposto naquela. Não é de estranhar, por isso, a referência à transmissão da propriedade. No entanto, julgamos que a justificação para o diferente âmbito de aplicação das regras atinentes à transferência do risco não se circunscreve, tão somente, à mencionada "distribuição de vantagens e desvantagens".

[531] Lohsse, Sebastian, *in* Jansen, Nils e Zimmermann, Reinhard, *Commentaries on European Contract Laws,* Oxford: Oxford University Press, 2018, p. 653 e ss. O autor refere que que as várias questões relacionadas com a verificação de impossibilidade inicial objetiva ou subjetiva devem ser tratadas sob o critério da assunção do risco (vide, p. 656). Aqui a referência a risco aparece com um conteúdo difuso e indeterminado, que em nada contribui para a separação,

– isto é, casos em que as mercadorias vendidas eram inexistentes ou já haviam sido destruídas no momento em que o contrato para a sua venda foi concluído"[532] e continuarmos a considerar que é necessário alocar o risco a uma das partes porque o contrato é válido. Trata-se de uma solução expressamente prevista no artigo 68º da *CISG*, que vem sendo considerado uma norma que obsta à aplicação da lei interna relativa à validade do contrato (i.é, trata-se de uma exceção ao artigo 4º, al. a))[533]. A necessidade de alocação do risco nestes casos está consagrada na *CISG* (art. 68º, última frase), mas não só. O artigo 99º, nº 2 da *ULIS* tinha o mesmo sentido e o *DCFR* consagra, expressamente, essa mesma solução (artº IV. A. – 5:203, nº 3).

7.2. A impossibilidade objetiva no ordenamento jurídico espanhol

Em determinados ordenamentos jurídicos esta questão parece entrecruzar-se com a questão da transferência do risco. O Código Civil Espanhol (CC-ES), no seu artigo 1124º, consagra que "a faculdade de resolver as obrigações se entende implícita nas recíprocas, para o caso de um dos obrigados não cumprir o que lhe incumbe". A questão surge, naturalmente, quando confrontado este artigo 1124º com o artigo 1452º do CC-ES que, ao remeter para o artigo 1182º, parece reconduzir o risco à perda ou destruição da coisa determinada. Se esta perda ou destruição se verificar sem culpa do devedor e antes deste se constituir em mora, extingue a obrigação (art. 1182º)[534].

Mas então como articular a aplicação do artigo 1452º com o artigo 1124º do CC-ES? Estaremos perante um exemplo de um ordenamento jurídico que atribui, no âmbito de vínculos marcados por reciprocidade e interdependência (sinalagmáticos), a possibilidade de resolução do contrato em situações tipicamente relacionadas com a transferência do risco?

no seio da referida obra, entre impossibilidade de cumprimento e risco (assunto tratado, posteriormente, nas páginas 2022 e ss.).

[532] Schroeter, Ulrich, « Contract validity and the CISG», *in* Uniform Law Review, Vol. 22, Nº 1, 2017, p. 63.

[533] Schroeter, Ulrich, « Contract validity and the CISG», *in* Uniform Law Review, Vol. 22, Nº 1, 2017, p. 63; Hachem, Pascal, in Schwenzer, Ingeborg (Coord.), *Commentary on the UN Convention on the International Sale of Goods*, Oxford University Press, 2016, p. 980; Dornis, Tim W., in Mankowski, Peter (Ed.), *Commercial Law – Article-by-Article Commentary*, Baden-Baden: Nomos Verlagsgesellschaft, 2019, p. 309.

[534] "Sempre que a coisa se perder quando estava no poder do devedor, presumir-se-á que a perda ocorreu por sua culpa e não devido a caso fortuito, salvo prova em contrário [..]" (art. 1183º C.C. espanhol).

"Quando a coisa vendida perece, se diminui ou desaparece fortuitamente, a obrigação do comprador perpetua-se (*periculum rei venditae*) e em nenhum caso é possível optar pela resolução", ou seja, a norma consagrada no artigo 1452º deixa inoperante o artigo 1124º[535]. Esta mesma ideia vem referida recentemente pela doutrina a respeito da situação provocada por *COVID-19* e no âmbito dos eventos de força maior. Afirma-se que "[s]e a coisa é perdida ou destruída sem culpa do vendedor antes da entrega, o comprador fica sem a coisa e tem de pagar"[536]. Estamos, por isso, perante uma situação de transferência do risco.

Por seu turno, o artigo 331º do Código Comercial espanhol consagra a possibilidade de o comprador resolver o contrato no caso de perda ou deterioração das mercadorias antes da sua entrega, por acidente imprevisto ou sem culpa do vendedor, a não ser que o vendedor se tenha constituído como depositário das mercadorias (caso em que limitará a sua obrigação à que resulte do depósito). Afora a falta de concordância do critério da *traditio* consagrado nesta norma com o critério para a transferência do risco quando estão em causa danos e diminuição das mercadorias[537], a introdução da possibilidade de resolução contratual em domínios relativos à transferência do risco conduzem a resultados indesejados e indeterminados.

[535] Perez, Mariano Alonso, *El riesgo en el contrato de compraventa*, Madrid: Editorial Montecorvo, 1972, p. 139. O autor estabelece um conjunto de fundamentos para o facto de a transferência do risco não ser afetada pela norma referente à resolução. "Distintos principios rigen la doctrina de uno y otro: la resolución afecta a la relación sinalagmática en su totalidad, disolviéndola o aniquilándola; el periculum, tan sólo al riesgo de la contraprestación; la resolución es disolver el contrato, liberar a las partes; el periculum desaparición o menoscabo de la cosa u objeto vendido; la resolución no opera automáticamente, hay que pedirla y, una vez lograda, acaba con la relación contractual; el riesgo opera automáticamente, extinguiendo la obligación imposible y perpetuando, en cambio, la contraobligación. La resolución, por lo demás, es una facultad-remedio que pretende dejar satisfecho al contratante cumplidor y, secundariamente, una sanción a quien incumple si compromiso y lesiona la bona fides; el riesgo es perecimiento o deterioro, desaparición inevitable del contenido prestacional soportado por el acreedor no como sanción, sino por la entidad económico-jurídica del crédito como objeto patrimonial. Resolución y riesgo son fruto, por lo que respecta a la compraventa, de una diversa evolución histórica y obedecen en sí mismas a categorías dogmáticas separadas" (p. 140.)

[536] Carrasco, Angel, «Parameters for Applying the Rules on Force Majeure to COVID-19 in Spain», *in* Hondius, Ewoud, *et. al.*, *Coronavirus and the Law in Europe*, disponível em: < https://www.intersentiaonline.com/publication/coronavirus-and-the-law-in-europe/37>. Note-se que, como decorre do ponto 2.3.2 do Capítulo II, ao abrigo do Código Civil espanhol o risco considera-se transferido do vendedor para o comprador quando o contrato está "*perfeccionado*".

[537] Questão já tratada supra no ponto 4 do Capítulo II.

A perda, a deterioração, as diminuições e os danos[538] sofridos pelas mercadorias são, tradicionalmente, reportados à questão da transferência do risco. O artigo 331º do Código Comercial espanhol introduz uma possibilidade de extinção do vínculo contratual sem ter em conta os deveres fundamentais criados pela «norma contratual». O contrato interliga os interesses do vendedor e do comprador. No que concerne às obrigações fundamentais (a entrega das mercadorias e o pagamento do preço) tais interesses consolidam-se com o contrato. Qual o interesse a proteger neste artigo 331º do Código Comercial espanhol?

Se as mercadorias objeto do contrato de compra e venda são fungíveis, cabe ao vendedor suportar o risco da sua perda ou deterioração e fica obrigado a entregar ao comprador mercadorias do mesmo género, qualidade e quantidade. De outra banda, se as mercadorias são infungíveis, não admitindo a respetiva substituição, parece-nos que a solução deveria encontrar guarida nas situações de impossibilidade objetiva de cumprimento da obrigação de entrega das mercadorias por causa não imputável ao vendedor, ficando o comprador desobrigado do pagamento do preço ou, se já tivesse procedido ao pagamento, poderia exigir a sua restituição[539].

Se o risco não se transferiu do vendedor para o comprador, a resolução do contrato nada acrescentará. O comprador pode exercer (ou não) o seu direito de resolução do contrato. Não o fazendo também não fica obrigado a pagar o preço por não ter sido para si transmitido o risco. O facto de o comprador não resolver o contrato tem poucos (ou nenhuns) efeitos no restabelecimento do sinalagma funcional[540].

É verdade que no âmbito da *CISG* se prevê que o vendedor e o comprador não ficam impedidos de exercer quaisquer dos seus direitos (art. 79º, nº 5), mas isso não parece significar a necessidade de exercício do direito de resolução para que o comprador fique liberado do pagamento do preço. O comprador não suportava o risco e esse facto, por si, exonera-o desse mesmo pagamento.

O risco do cumprimento não é o risco do pagamento e "antes da transferência do risco o vendedor tem de providenciar pelas mercadorias uma

538 Danos e diminuições que afetem a integridade das mercadorias.

539 Solução que o legislador português consagra de forma separada (art. 790º e 795º do C.C.) relativamente à questão do risco (art. 796º)

540 Com opinião divergente, *vide* Rodriguez-Rosado, Bruno, *Resolución y sinalagma contractual*, Madrid: Marcial Pons, 2013, p. 54.

segunda vez, ainda que as mesmas fiquem destruídas devido a um impedimento fora do seu controlo"[541] .

Não obstante este emaranhado de ligações possíveis entre a transferência do risco e a impossibilidade objetiva, há na *CISG* uma importante *nuance* relativamente a alguns direitos internos de origem estadual. O artigo 79º, nº 5 da *CISG* estabelece, claramente, a consequência legal da exoneração de responsabilidade: a parte que não cumpriu as suas obrigações contratuais fica liberada da obrigação de indemnização por perdas e danos.

7.3. A impossibilidade objetiva no ordenamento jurídico português

O Código Civil português, no seu artigo 790º[542], consagra que "a obrigação extingue-se quando a prestação se torna impossível por causa não imputável ao devedor". "[...O]s efeitos do artigo 790º, nº 1, limitam-se à própria prestação, nada mais. [...] Saber se o credor tem de satisfazer a contraprestação, ou não, é outro problema, a resolver no âmbito do artigo 795º [...]"[543]. A obrigação (nomeadamente, a obrigação de entrega) extingue-se e tratando-se de um contrato bilateral "fica o credor desobrigado da contraprestação e tem o direito, se já a tiver realizado, de exigir a sua restituição nos termos prescritos para o enriquecimento sem causa" (art. 795º, nº 1 do CC). No entanto, "a impossibilidade da prestação extingue a relação obrigacional entendida apenas, e tão só apenas, em sentido estrito, e não enquanto relação obrigacional entendida em sentido amplo, ou enquanto relação obrigacional complexa [,...porquanto] a impossibilidade, ao atuar

[541] Atamer, Yesim M., «Availability of Remedies other than Damages in Case of Exemption According to Art. 79 CISG», *in* Büchler, Andrea / Müller-Chen, Markus (Coord.), *Private Law (national – global – comparative)*, Comemoração dos 60 anos de Ingeborg Scwenzer, Bern, 2011, p. 87. A dicotomia apresentada permite estabelecer uma separação entre o risco do cumprimento e o risco do pagamento, mas tal não significa que propendamos para uma separação nos mesmos moldes. A autora referenciada na presente nota, embora aporte relevantes dados para a compreensão do sentido do(s) risco(s) no âmbito do contrato de venda internacional de mercadorias, parece confundir risco de pagamento com o risco visado pelas normas contidas nos artigos 66º a 69º da *CISG*.

[542] Sobre esta norma e a discussão sobre se abarca, apenas, os casos de impossibilidade absoluta da prestação ou, também, "impossibilidade económica", *vide* Serra, Adriano Vaz, «Anotação ao Acórdão do STJ de 21 de Dezembro de 1973», *in Colectânea de Jurisprudência*, Ano 108º, Nº 3538, 1975, p. 7-10.

[543] Pires, Catarina Monteiro, «Artigo 791º», *in* Pires, Catarina Monteiro, *Novo coronavírus e crise contratual – Anotações ao Código Civil –*, Lisboa: AAFDL Editora, 2020, p. 88.

apenas sobre a prestação *ou dever primário de prestar*[544] (ou sobre a pretensão de cumprimento deste dever primário), deixa intocadas as vinculações cuja utilidade não se esgota na pura realização do interesse do credor, através da prestação debitória."[545]

Os critérios para a transferência do risco surgem na norma imediatamente seguinte (art. 796º do C.C.). Segundo esta norma, com a transferência do risco o alienante deixa de ter a seu cargo "o perecimento ou deterioração da coisa", passando esse risco para o adquirente. Neste caso não se estabelece que, havendo impossibilidade objetiva de cumprimento das obrigações, o vendedor e o comprador têm apenas como consequência ficarem liberados da obrigação de indemnizar por perdas ou danos.

Aliás, mesmo no Código de Seabra, já se discutia se as regras relativas à transferência do risco "no contrato de compra e venda de coisa determina, [no qual] o risco [era] suportado pelo comprador [...]"[546], implicavam um "desvio da regra dos contratos bilaterais, segundo a qual a impossibilidade da prestação faz caducar o direito à contraprestação?"[547] Respondia-se à questão formulada dizendo "que não, com fundamento de que o alienante se obrigou principalmente a transferir a propriedade e esta transferência se produziu por efeito do contrato (art. 715º do nosso Código Civil)"[548].

Assim sendo, determinar se o regime aplicável à impossibilidade da prestação nos contratos bilaterais é afastado pelas regras relativas à transferência do risco é uma preocupação que já vem do Código de Seabra e que deve ser tida em conta.

No que concerne ao conceito de prestação e à impossibilidade de prestar, Baptista Machado escreveu de forma brilhante e sem dúvidas que "[p] ode [...] acontecer que o mesmo resultado não seja possível porque o objecto

[544] *Itálico* nosso.

[545] Pires, Catarina Monteiro, *Impossibilidade da prestação*, Coimbra: Almedina, 2018, p. 238.

[546] Serra, Adriano Vaz, «Impossibilidade superveniente por causa não-imputável ao devedor e desaparecimento do interesse do credor», *in Boletim do Ministério da Justiça*, Nº 46, Janeiro - 1955, p. 86.

[547] Serra, Adriano Vaz, *ibidem*.

[548] Andrade, Manuel de, *apud* Serra, Adriano Vaz, *ibidem*. Note-se que já nessa altura, Vaz Serra propunha que "[s]e a coisa alienada dever ser expedida pelo alienante para outro lugar, a transferência do risco para o adquirente não se dá antes da expedição [e] se as mercadorias são carregadas em grupo, sem distinção da parte de cada adquirente, o risco passa para cada um destes, em proporção da sua parte, logo que o alienante lhe expeça o conhecimento ou outro aviso de que o carregamento está feito." (*idem*, p. 131-132).

da prestação, quando concretamente individualizado, ainda que existente e sem quaisquer vícios que lhe sejam inerentes, é insusceptível de proporcionar a utilidade que lhe é própria, por circunstâncias que não têm a ver com o objecto em si mesmo mas com o ambiente espácio-temporal e jurídico que o envolve. Assim acontece se for proibido pela autoridade todo o acesso ao local onde se situa a coisa locada ou se um desmoronamento de terras obstruir o acesso a essa coisa."[549]

Quando se inserem determinadas situações, tais como o confisco ou o embargo nas regras de transferência do risco o que, aparentemente, se estará a fazer é aplicar as regras relativas à transferência do risco a situações cujo âmbito de atuação pertence às normas relativas à impossibilidade de prestar. Utilizando as palavras de Baptista Machado, diremos que quer o confisco, quer o embargo, "não têm a ver com o objecto em si mesmo mas com o ambiente espácio-temporal e jurídico que o envolve."

"[...O] risco pela perda do valor-utilidade da coisa ligada ao simples decurso do tempo [...] não é o risco da perda ou deterioração da coisa a que se referem os artigos 796º, nº 1, e 807º. Os riscos a que estes artigos se referem são riscos fortuitos."[550] As regras relativas à transferência do risco no âmbito de "contratos que importem a transferência do domínio sobre certa coisa ou que constituam ou transfiram um direito real sobre ela" (art. 796º, nº1 do CC) "afastam-se das regras contidas nos artigos anteriores e podem conduzir a resultados diferentes"[551].

O artigo 796º nosso Código Civil, aplicável à transferência do risco, mantem-se ainda com a sua redação original. Logo, não será já correto fazer o paralelismo entre as soluções previstas no mesmo e as que vêm consagradas no ordenamento jurídico alemão, que já tem evoluído neste âmbito desde a data de aprovação do nosso Código Civil.

[549] Machado, João Baptista, «Risco contratual e mora do credor (Risco de perda do valor-utilidade oou do rendimento da prestação e de desperdício da capacidade de prestar vinculada)», *Revista de Legislação e Jurisprudência,* Ano 116º, Nº 3711, p. 170.

[550] Machado, João Baptista, «Risco contratual e mora do credor (Risco de perda do valor-utilidade oou do rendimento da prestação e de desperdício da capacidade de prestar vinculada)», *Revista de Legislação e Jurisprudência,* Ano 116º, Nº 3716, p. 337.

[551] Lima, Fernando Andrade Pires de / Varela, João de Matos Antunes, *Código Civil Anotado,* Vol. II, 4ª Edição, Coimbra: Coimbra Editora, 1997, p. 50.

7.4. A impossibilidade objetiva no ordenamento jurídico alemão

As dificuldades colocadas pela consagração de normas relativas à impossibilidade objetiva de cumprimento têm vindo a ser esbatidas através do reconhecimento de que a melhor técnica legislativa deve ser a de consagração de situações que se reconduzem a uma violação do contrato ("*breach of contract*"). A versão do *BGB*, prévia a 2002, estabelecia uma distinção entre impossibilidade, mora e cumprimento defeituoso, a qual se revelava inadequada face à necessidade de delimitação do respetivo âmbito de aplicação[552]. Com a reforma de 2002, o *BGB* passou a estabelecer o conceito de violação de um dever (*Pflichtverletzung*[553]), diferenciando as situações em que essa violação é imputável de situações em que a violação não é imputável ao devedor para efeito de determinação do direito de reclamar indemnização por danos (§280 e ss. do *BGB*)[554]. Com esta reforma, o *BGB* não afastou em absoluto a ideia de impossibilidade, mas harmonizou a solução relativa à impossibilidade objetiva de cumprimento das obrigações com o momento a partir do qual a transferência do risco se tem por efetivada. No *BGB*, a transferência do risco dá-se aquando da entrega da coisa vendida ou no momento em que o comprador recusou essa entrega (§446 do *BGB*) e um pedido de cumprimento é excluído na medida em que esse cumprimento seja impossível para o devedor ou para qualquer outra pessoa (§275, nº 1 do *BGB*). A doutrina da impossibilidade "[...] cobre primeiro casos de impedimentos factuais de cumprimento, [...] que num cenário de COVID-19

[552] Brunner, Christoph, *Force Majeure and Hardship under General Contract Principles – Exemption for Non-Performance in International Arbitration*, Alphen aan den Rijn: Kluwer Law International, 2009, p. 60.
Zimmerman, Reinhard, « Breach of Contract and Remedies under the New German Law of Obligations», disponível em: <https://www.cisg.law.pace.edu/cisg/biblio/zimmerman.html>.

[553] Consagra uma expressão próxima de "*breach of contract*" utilizada pela *Common Law*, ou seja, "*breach of duty*". Trata-se, na verdade, de um conceito capaz de estabelecer uma relação mais estreita entre os deveres emergentes de um determinado contrato e a violação subsequente desses deveres.

[554] "**O conceito central de 'breach of duty'** no domínio das "normas gerais relativas ao não cumprimento [...] reúne, agora, "[a]s formas anteriormente diferentes de não cumprimento (impossibilidade, mora e a chamada 'Forderungsverletzung positiva' significando uma violação de uma obrigação que não seja por mora ou impossibilidade)" (Lowisch, Manfred, « New Law of Obligations in Germany», *in* Ritsumeikan Law Review, Nº 20, Março de 2003, p. 144, disponível em: < http://www.ritsumei.ac.jp/acd/cg/law/lex/rlr20/Manfred141.pdf>; na mesma revista encontra-se publicada a versão em alemão deste mesmo artigo (p. 157 e ss.), disponível em: < http://www.ritsumei.ac.jp/acd/cg/law/lex/rlr20/Manfred157.pdf>.

pode, e.g. [...] acontecer[...] em casos de doença do próprio devedor. [...Mas] também cobre casos de impedimentos legais. Quarentena e medidas de confinamento por parte da administração pública são tipicamente casos para este tipo de impossibilidade."[555]

7.5. Apreciação global da ligação entre as duas matérias e separação de âmbitos de aplicação

Sendo a obrigação de entrega das mercadorias a obrigação principal emergente da celebração do contrato de compra e venda, acaso esta obrigação se torne objetivamente impossível para o devedor (ou seja, para ele e para qualquer outra pessoa) isso significa que a venda é de mercadorias específicas e não de mercadorias genéricas. Nenhuma questão restará para ser tratada pelas regras de transferência do risco, porquanto ou a entrega já se efetivou e está cumprida a obrigação do vendedor (e houve transferência do risco do vendedor para o comprador) ou a entrega ainda não se efetivou e o cumprimento da obrigação é objetivamente impossível (em um momento em que o risco ainda estava a cargo do vendedor)[556] e, por isso, não pode a obrigação ser cumprida nem pelo vendedor nem por qualquer outra pessoa.

Esta é a situação passível de ser integrada no âmbito da impossibilidade objetiva da obrigação de entrega das mercadorias sempre que estão em causa mercadorias determinadas[557], porquanto se se tratar de mercadorias genéricas caberá ao vendedor providenciar pela entrega de mercadorias de quantidade, peso e medida igual[558].

555 Schmidt-Kessel, Martin / Möllnitz, Christina, «Particular Corona Contract Law in Germany: Why Does General Contract Law not Suffice?», *in* Hondius, Ewoud, *et. al.*, *Coronavirus and the Law in Europe,* Cambridge: Intersentia, 2021, p. 702-703.

556 A questão já não será determinar quem suporta o risco ou se é possível exigir o cumprimento da obrigação de entrega, mas sim determinar se a obrigação se tornou impossível devido a facto imputável ao devedor. Se for imputável ao devedor não fica excluída a possibilidade de o credor lançar mão dos meios para ser ressarcido dos danos que tenha sofrido (§283 BGB).

557 Imagine-se a venda de determinadas obras de arte de um autor já falecido destruídas pelo fogo.

558 Essa mesma ideia foi objeto de um exemplo prático por parte do Secretariado, no âmbito do artigo 65º do Projeto da *CISG* (*Vide, United Nations Conference on Contracts for the International Sale of Goods – Official Records,* Nova Iorque: Nações Unidas, 1991, p. 56 (disponível em: <https://uncitral.un.org/sites/uncitral.un.org/files/media-documents/uncitral/en/a-conf-97-19-ocred-eng.pdf>), não havendo razões para não se chegar à mesma conclusão face ao que hoje consta da norma ínsita no artigo 79º da *CISG,* dado que a teleologia imanente não se alterou.

No entanto, o risco que temos em vista no âmbito do presente trabalho não poderá ser reconduzido, apenas, à ideia de impossibilidade da prestação (ou de execução) porquanto bem pode a prestação ser impossível e nenhuma questão se colocar (com a necessária autonomia), ou seja, a da necessidade de o comprador ter de cumprir a sua obrigação de pagamento do preço. Até ao momento em que o risco se transfere para o comprador, existirá risco para o vendedor e o comprador estará sujeito a que um evento incerto possa afetar a integridade das mercadorias e, concomitantemente, suporta o risco de surgir uma situação em que há uma impossibilidade de execução por parte do vendedor[559]. Até à transferência do risco para o comprador, este está sujeito a que a prestação se torne impossível, mas não está sujeito a qualquer risco do preço.

Resulta do exposto que o risco existe e é suportado pelo vendedor, mas não há risco do preço. Tratando-se de coisa determinada o comprador não fica obrigado ao pagamento do preço e tratando-se de coisa genérica o vendedor tem de providenciar pela entrega ao comprador de coisa do mesmo género, qualidade e quantidade para que o comprador tenha de cumprir a sua obrigação de pagamento do preço. Na verdade, tratando-se de coisa genérica o vendedor fica sujeito a um risco de não execução da prestação até ao momento em que a coisa é especificada[560] ou, se esta especificação se verificar antes da transferência do risco, fica com esse mesmo risco de não execução da prestação até ao momento da transferência do risco (que se dá em conformidade com a norma legal ou de acordo com a norma

[559] Schönle, Herbert, «Réflexions sur le transfert des risques dans la vente internationale», *in* Basgül, Mürsel / Honuralp, Halük (Eds.), *Mélanges à la mémoire du professeur Halûk Tandoğan*, Ankara : Institut de recherches de droit bancaire et de droit commercial, 1990, p. 271.

[560] Há quem entenda que, tratando-se de coisas genéricas não poderá falar-se na existência de um determinado risco ou perigo tal como preconizado no âmbito das normas reguladoras da transferência do risco, "porque ainda são indeterminadas" (*vide*, Vivante, Cesare, *Trattato di Diritto Commerciale*, Vol. IV – *Le Obligazioni (contratti e prescrizione)*, 5ª Edição, Milão: Casa Editrice Dottor Francesco Vallardi, 1935, p. 137). Mas conforme é deixado expresso por este mesmo autor, nessa mesma página, "esse raciocínio assenta [...] num equívoco de interpretação." Consideramos, por isso, que o facto de ainda não haver especificação, poderá ser relevante para efeitos de transferência da propriedade, mas no domínio do risco de afetação da integridade das mercadorias nada impede que se considere que o mesmo corra por conta do vendedor até ao momento da verificação do critério estabelecido para a transferência do risco para o comprador.

contratual). Diferentemente, o risco de preço (a existir em algum momento) só pode afetar o comprador[561].

Aliás, a diferença entre coisa genérica e coisa específica será uma das razões para a opção de determinados ordenamentos jurídicos por critérios que alocam o risco ao comprador e não ao vendedor. Se o objeto da venda for uma coisa específica pode dizer-se que o vendedor, perecida ou destruída a coisa, não pode mais cumprir a sua obrigação de entrega. Já o comprador tem de cumprir uma obrigação de entrega de «coisa» genérica, ou seja, dinheiro [562].

Há, por isso, uma linha que separa as questões relacionadas com os critérios de alocação do risco entre o vendedor e o comprador e as questões respeitantes à impossibilidade objetiva. Existirá em ambas as situações um evento que afeta o desenvolvimento e a realização do plano contratual[563], mas enquanto nas situações abrangidas pelo risco o que está em causa é um evento que afeta o objeto mediato[564], nas situações de impossibilidade objetiva o que está em causa é um evento que afeta o objeto imediato do negócio. Só assim se pode entender que "uma vez ocorrida a impossibilidade da prestação cessa [a] faculdade de o credor exigir a prestação

561 Segundo Rabel «*In der deutschen Literatur nennt man diese bis zur Spezifikation der Ware den Verkäufer bedrohende Möglichkeit „Leistungsgefahr" im Gegensatz zur „Vergütungs- oder Preisgefahr", die nur den Käufer treffen kann*» (Rabel, Ernst, *Das Rechet des Warenkaufs – Eine rechtsvergleichende Darstellung* –, Vol. 2, Tübingen: J.C.B.Mohr (Paul Siebeck), 1958, p. 293).

562 Gordon, William M, *Roman Law, Scots Law and Legal History,* Edinburgh University Press, 2007, p. 170.

563 Baptista Machado falava em "casos de malogro do plano contratual" (Machado, João Baptista, «Risco contratual e mora do credor (Risco de perda do valor-utilidade ou do rendimento da prestação e de desperdício da capacidade de prestar vinculada)», *Revista de Legislação e Jurisprudência,* Ano 116º, Nº 3711, p. 166).

564 Segue-se, de perto, a Escola de Coimbra quanto à distinção que geralmente faz entre o "objeto mediato" e o "objeto imediato" dos negócios jurídicos. *Vide* Pinto, Carlos Alberto da Mota, *Teoria Geral do Direito Civil,* 4ª Edição (por: António Pinto Monteiro e Paulo Mota Pinto), Coimbra: Coimbra Editora, 2012, p. 333. A discussão em Itália surge a propósito da diferença entre conteúdo e objeto do contrato, mas há uma tendência para considerar que a diferença entre objeto imediato e mediato deve ser tida em conta na "Teoria do Contrato" (*vide,* Gabrielli, Enrico, «Il problema del contenuto e dell'oggetto nel "contrato" di Cesare Massimo Bianca», *in Rivista di Diritto Civile,* Anno LXVI, Nº 3, Milão: Wolters Kluwer Italia Srl, Março-Junho 2020, p. 572 e ss). Note-se que já Manuel de Andrade fazia referência ao "*conteúdo*" quando contrapunha objeto imediato e objeto mediato do contrato (*vide,* Andrade, Manuel A. Domingues de, *Teoria Geral da relação Jurídica,* Vol. II – Facto Jurídico, em especial Negócio Jurídico –, Coimbra: Almedina, 1987, p. 327)

primitiva", enquanto na transferência do risco a prestação só é impossível pela verificação de um evento que afeta o objeto mediato da compra e venda[565].

Assim, à luz do diferente âmbito de aplicação das normas relativas à impossibilidade objetiva e das normas sobre transferência do risco é possível enquadrar a força maior como situação em que se verifica uma relação imediata entre o evento que a origina e a impossibilidade objetiva de prestar.

As situações de força maior são, por isso, enquadráveis na dinâmica inerente à adoção de comportamentos pelas partes, para que uma delas tenha acesso ao objeto mediato do contrato de compra e venda[566]. Os eventos de força maior afetam diretamente o comportamento das partes, ainda que o objeto mediato do contrato de compra e venda não tenha sido afetado[567]. Ainda que esses eventos estejam previstos em uma cláusula do contrato de venda internacional e o vendedor e o comprador tenham uma

[565] Aparentemente, quando a "destruição do objeto do contrato" vem tratada no âmbito da impossibilidade não se faz expressa referência à transferência do risco. Mas isso não obsta a que a doutrina insira a questão da impossibilidade no âmbito do artigo 79º da *CISG* (Convenção que autonomiza a questão da transferência do risco relativamente à da impossibilidade ou "impedimento") em tácita manifestação de uma diferença de regime (*vide*, Beale, Hugh, *et. al.*, *Cases, Materials and Text on Contract Law*, 3ª Edição, Oxford/Londres/Nova Iorque/Nova Deli/Sidney: Hart Publishing, 2019, p. 1171-1172).

[566] Note-se, desde já, a diferença que vem assinalada entre caso de força maior e caso fortuito. "O caso de força maior tem subjacente a ideia de inevitabilidade: facto que, *embora previsível*, não se pôde evitar. O caso fortuito assenta na ideia de imprevisibilidade: o facto não se pôde prever, mas seria evitável se tivesse sido previsto" (Pinheiro, Luís de Lima, «Direito Comercial Internacional – O Direito Privado da Globalização Económica», *Revista da Faculdade de Direito da Universidade de Lisboa*, Suplemento (2005), Coimbra: Coimbra Editora, 2006, p. 211)

[567] Torna-se, por isso, despiciendo abordar a questão relativa à mora, porquanto as questões de fronteira hão de situar-se entre a impossibilidade parcial e impossibilidade definitiva por um lado e transferência do risco por outro. Por outro lado, a impossibilidade temporária de cumprimento do contrato poderá assumir relevância na produção (ou não) de efeitos da regra atinente à transferência do risco e a referência ao seu regime jurídico permitirá convocar alguns elementos para a separação do seu âmbito de aplicação face ao âmbito de aplicação das normas relativas à transferência do risco. Conforme refere Catarina Monteiro Pires (*Impossibilidade da prestação, ob. cit.*, p. 225), na impossibilidade temporária o que está em causa é uma "incerteza quanto à superação do impedimento ao dever de prestar". Ora, conforme decorre do que vimos expondo, haverá uma linha de fronteira entre uma impossibilidade do dever de prestar e uma afetação do objeto mediato do contrato de venda internacional: as mercadorias.

ampla liberdade para a conformação do conteúdo do contrato, quando se delimita o conteúdo de uma cláusula deste tipo tem-se em vista a execução e desenvolvimento do plano contratual. "[A]través da cláusula de *force majeure*, é facultada a uma das partes *exonerar-se do cumprimento das suas obrigações*[568] quando a sua execução se torne impossível, definitiva ou temporariamente, devido a um determinado evento imprevisível, extraordinário e irresistível"[569].

As normas reguladoras da transferência do risco implicam, na grande maioria dos ordenamentos jurídicos, um determinado resultado independentemente da verificação de determinado evento que impossibilite o cumprimento do dever de prestar, ou seja, tem de se verificar uma afetação das mercadorias[570]. Por outro lado, a impossibilidade objetiva deve abarcar, também, as situações onde o referido resultado não se produza, mas em que não é possível, através do comportamento de uma das partes, fazer com o plano contratual se realize na integra[571].

Em uma situação em que o comprador está obrigado a retirar as mercadorias no estabelecimento do vendedor, mas se vê impossibilitado de o fazer devido a um embargo, isso não significa que o vendedor não deva suportar o risco do perecimento das mercadorias[572]. As críticas apontadas a quem defende que os casos de embargo devem ser tratados no âmbito das nor-

[568] Este *itálico* é nosso.

[569] Gomes, Manuel Januário da Costa, *Contratos Comerciais*, Coimbra: Almedina, 2012, p. 52. A doutrina italiana menciona, também, a necessidade de o evento ser "externo ao devedor, o qual não deve ter qualquer culpa" (*vide* Frignani, Aldo, «Il contratto internazionale», *in* Galgano, Francesco (Dir.), *Trattato di Diritto Commerciale e di Diritto Pubblico dell'Economia*, Vol XII, Padova: CEDAM, 1990, p. 195).

[570] Embora seja discutível se o que deve estar em causa é deterioração, perda, destruição, etc das mercadorias.

[571] Não é, por isso, de estranhar que relativamente ao (in)cumprimento dos contratos comerciais se abordem os princípios da pontualidade e da boa fé e se faça uma expressa referência ao "regime geral das *perturbações da prestação*, destacando-se, neste quadro, o constante dos artigos 790 e seguintes (impossibilidade do cumprimento e mora não imputáveis ao devedor) e 798 e seguintes (falta de cumprimento e mora imputáveis ao devedor) do Código Civil", sem que surjam quaisquer referências à transferência do risco (*vide* Gomes, Manuel Januário da Costa, *Contratos Comerciais*, Coimbra: Almedina, 2012, p. 72-73).

[572] Afirmação nossa. Mas, ter-se-á em conta de seguida a decisão (arbitral) da Tribunal Arbitral da Câmara de Comércio e Indústria Húngara, de 10 de dezembro de 1996, relativa ao embargo feito pela Organização das Nações Unidas à ex-Jugoslávia. Disponível em: <https://iicl.law.pace.edu/cisg/case/hungary-december-10-1996-translation-available>.

mas reguladoras da transferência do risco são pertinentes. De entre essas críticas destacam-se as seguintes: "(1) os árbitros classificaram o embargo como um evento de força maior; no entanto, um evento que constitui força maior não pode, por sua própria natureza, ser regido pelas regras relativas ao risco; e (2) tal *interpretação causaria resultados injustos, já que atos de organizações estatais ou* internacionais muitas vezes não podem ser segurados, com o resultado de que o comprador não terá como demandar uma seguradora"[573].

No entanto, a decisão do Tribunal Arbitral da Câmara de Comércio húngara teve, aparentemente, em conta que se trataria de um contrato *FOB Kladovo*. As críticas que lhe são apontadas tornam-se, por isso, mais frágeis quando têm de passar pelo teste da autonomia da vontade. Na verdade, o *Incoterm* mencionado no contrato de venda constitui uma manifestação expressa sobre o conteúdo do contrato e seria absolutamente contrário ao princípio da autonomia da vontade fazer recair o risco da perda, deterioração ou destruição das mercadorias sobre o vendedor.

Questão diferente é saber se o comprador comunicou, em tempo, a sua impossibilidade de tomar conta das mercadorias e solicitou a colaboração do vendedor para salvaguardar a integridade das mercadorias no país de origem. Mas esta já não será uma questão atinente à transferência do risco, mas sim a de saber se a omissão (a existir) do vendedor faz ou não alterar as regras relativas à transferência do risco[574].

Mas se nesta situação não houvesse manifestação expressa das partes quanto o momento da transferência do risco e entrega das mercadorias, o melhor seria considerar uma solução diversa. Trata-se de uma situação em que ambas as partes sabem onde se encontram as mercadorias, mas apenas uma delas está em condições de adotar as medidas tendentes à conservação da integridade das mercadorias. Assim sendo, na construção

[573] *Vide* Flambouras, Dionysios P., «Transfer of Risk in the Contract of Sale involving Carriage of Goods: A Comparative Study in English, Greek Law and the United Nations Convention on Contracts for the International Sale of Goods», *in CISG Database, Pace Institute of International Commercial Law* (disponível mediante registo prévio em: <https://iicl.law.pace.edu/sites/default/files/bibliography/transfer_of_risk_contract_of_sale_involving_carriage_of_goods_comparative_study.dionysios_flambouras.landscape.letter.pdf>).

[574] E, como referimos supra, dar relevância aos atos e omissões das partes coloca as regras atinentes à transferência do risco numa incerteza e «*tece um complexo manto cuja ponta do fio se perde no seu meio*».

das normas legais aplicáveis à transferência do risco deverá ter-se em conta que as questões de força maior se coadunam mais com o regime da impossibilidade objetiva. As situações de força maior afetam, *prima facie*, o comportamento do vendedor ou do comprador[575] e ainda que as mercadorias mantenham a sua integridade nada obsta a que uma das partes lance mão do regime jurídico da impossibilidade objetiva. Como resulta do modelo de cláusula de força maior aprovado pela Câmara de Comércio Internacional de Paris, o que está em causa é um "impedimento fora do razoável controlo"[576] de uma das partes em cumprir uma ou mais obrigações contratuais. Com estas práticas "os contraentes tentam neutralizar as diferenças nas regulamentações nacionais da impossibilidade e das superveniências em geral, quando não é possível utilizar regras uniformes, como por exemplo no caso da venda internacional de coisas móveis (como a Convenção de Viena de 1980, art. 79)"[577].

Destarte, se houver impossibilidade objetiva de cumprir a prestação a que o vendedor ou o comprador se obrigou e houver comunicação à contraparte dessa mesma impossibilidade, a questão da transferência do risco ficará dependente do comportamento de cada uma das partes face à impossibilidade superveniente comunicada.

Sublinhemos que na Decisão do Tribunal Arbitral da Câmara de Comércio húngara a parte que podia influenciar o estado das mercadorias era o vendedor, atendendo ao embargo verificado. O comprador não podia rece-

575 Dito de outro modo, "quando a prestação de uma parte se torna impossível" (*vide*, Bortolotti, Fabio, *Manuale di Diritto Commerciale Internazionale*, Vol. I – Diritto dei Contratti Internazionali, 2ª Edição, Padova: CEDAM, 2001, p. 129; Bortolotti, Fabio, *Il Contratto Internazionale – Manual teorico pratico* –, 2ª Edição, Milão: Wolters Kluwer, CEDAM, 2017, p. 268.

576 Disponível em: <https://iccwbo.org/content/uploads/sites/3/2020/03/icc-forcemajeure-hardship-clauses-march2020.pdf>. Apontando algumas vantagens da utilização do modelo de cláusula de força maior na situação atual de pandemia, *vide* Marrella, Frabrizio, «Forza maggiore e vendita internazionale di beni mobili in un contesto di pandemia: alcune riflessioni», *in Rivista di diritto internazionale privato e processuale*, Milão: Wolters Kluwer Italia Srl, Julho-Setembro 2021, p. 539-542. Entre outras vantagens apontadas pelo autor sublinha-se o facto de o vendedor e o comprador poderem definir o que significa epidemia e pandemia, enquanto evento(s) de força maior no âmbito do contrato que celebram, sem deixarem essa determinação ser feita por terceiros, nomeadamente "[...] o Diretor da OMS [...] ou o Governo de cada uma das partes [...]" (*vide* p. 541). Uma outra vantagem que é referida pelo autor é o facto desse modelo aprovado pela CCI ser "periodicamente atualizado" (*vide* p. 542).

577 Macario, Francesco, «Le sopravvenienze», *in* Roppo, Vicenzo (Dir.), *Trattato del Contratto*, Milão: Giuffrè Editore, 2006, p. 503-504.

ber as mercadorias, nem as podia desalfandegar[578], ou seja, o comprador estava absolutamente impossibilitado de através de comportamento seu desenvolver a relação contratual por causa de um impedimento fora do seu controlo, imprevisível e cujos efeitos não podia evitar. O vendedor estava em melhores condições de assumir novamente o controlo das mercadorias e zelar pela sua integridade.

Para além do embargo tenhamos em conta os atos de pirataria. Quanto aos atos de pirataria fala-se em perda das mercadorias, mas não nos parece que essa perda possa ser confundida com a perda que vem mencionada na maior parte das normas relativas à transferência do risco.

Na nossa opinião não é correta a aplicação das regras de transferência do risco aos atos de pirataria, porquanto não é garantido que nessas situações se verifique qualquer afetação da integridade das mercadorias. Se o ato de pirataria faz desaparecer as mercadorias da esfera de disponibilidade do vendedor, do comprador ou do transportador, isso não significa que as mesmas não possam vir a ser recuperadas e a situação se configure como uma mera impossibilidade temporária de cumprimento da obrigação. Pelo contrário, as situações abrangidas pelas normas respeitantes à transferência do risco implicam um determinado resultado: a afetação da integridade das mercadorias. A perda referida nas normas sobre transferência do risco tem um significado diferente da mera saída da esfera de disponibilidade de um determinado sujeito, implicando uma perda definitiva das mercadorias relacionada com a afetação da sua integridade. Não se sabendo onde (e com quem) estão as mercadorias, nem se podendo dizer que integridade destas foi afetada, não se deve reconduzir a situação à transferência do risco. As regras relativas à transferência do risco não devem ser aplicadas neste caso. A situação há de integrar-se no âmbito de uma impossibilidade definitiva ou temporária de cumprimento da obrigação de entrega das mercadorias e sujeita às respetivas normas legais ou contratuais, cujos efeitos da sua aplicação podem ser absolutamente distintos dos efeitos decorrentes da aplicação das normas relativas à transferência do risco.

[578] Isto porque os bens nunca entraram na alfândega para desalfandegamento local (na Hungria).

8. A transferência do risco e a alteração das circunstâncias

8.1. Nota prévia

A alteração anormal das circunstâncias (onde se manifesta a *clausula rebus sic stantibus*)[579] é matéria próxima da questão da transferência do risco: em ambas as situações as circunstâncias alteraram-se após a celebração do contrato em resultado de um evento externo. Ainda que o critério para a transferência do risco possa ser a conclusão do contrato, o evento que pode afetar as mercadorias apenas surge (face ao conjunto de elementos em que vendedor e comprador fundaram a sua vontade de contratar) em momento posterior a essa conclusão. O mesmo se verifica relativamente à suprarreferida impossibilidade *superveniente* da prestação[580].

Se, no momento da conclusão do contrato, alguma das partes sabia ou deveria saber que esse evento havia ocorrido, então, a questão poderá colocar-se no âmbito da boa-fé no âmbito da celebração do contrato e das consequências de uma atuação de má-fé por parte vendedor no âmbito da alocação do(s) risco(s). Eventualmente, a questão poderá ser colocada no âmbito da impossibilidade originária, da validade do contrato ou erro[581].

[579] Em vários artigos e livros vem citado Bernhard Windscheid e a sua teoria da pressuposição, mas nem sempre dentro do espírito com que foi criada pelo seu autor. A teoria da pressuposição permitiu enormes avanços no estudo de matérias que lhe estão próximas, mas que se distinguem da mesma, nomeadamente a *clausula rebus sic stantibus* ("Windscheid distingue, incidentalmente, a pressuposição da *clausla rebus sic stantibus*. Para o autor, a *clausula* consiste na não realização de uma hipótese ou de uma expectativa que, na conclusão do contrato, não pudesse ser compreendida pelo cocontratante como sendo uma pressuposição. Segundo Windscheid, nenhuma parte contratante pode pretender ter assumido uma obrigação «pressupondo» que o seu conteúdo não se revelará muito mais pesado do que previsto" – *vide* Philippe, Denis-M., *Changement de circonstances et bouleversement de l'économie contractuelle*, Bruxelas: Établissements Émile Bruylant, 1986, p. 218-219.)

[580] *Vide*, Costa, Mariana Fontes da, *Da alteração superveniente das circunstâncias – em especial à luz dos contratos bilateralmente comerciais –*, Coimbra: Almedina, 2017. A respeito da distinção entre impossibilidade superveniente da prestação e alteração superveniente das circunstâncias, refere a autora que "enquanto a impossibilidade visa regular as situações em que *não é mais viável cumprir* a prestação, porque esta se tornou física ou legalmente impossível, a alteração das circunstâncias visa regular aqueloutras em que, por força de uma mutação do equilíbrio do contrato, *o cumprimento* da prestação, apesar de ainda ser objetivamente possível, se tornou excessivamente oneroso ou economicamente inviável para uma ou ambas as partes" (p. 210; os *itálicos* são nossos).

[581] Note-se que ao contrário dos ordenamentos jurídicos de tradição romanística, os *PICC* não tratam a impossibilidade originária como uma situação de validade do contrato, "mas como uma questão de não cumprimento (Art. 7.2.2.(a) e (b)) ou erro (art.3.2.2.)" (*vide*, Brödermann,

A complexidade inerente às duas matérias e a proliferação de várias decisões sobre as mesmas redunda, muitas vezes, em conclusões que não são totalmente corretas. Não é, por isso, estranho que alguma doutrina tenda a extrair das decisões que versam sobre a transferência do risco a ideia de que se está perante uma matéria que contende com a posição mais (des)vantajosa para o comprador[582]. A posição do comprador tanto pode ser afetada pela transferência do risco como por quaisquer outras vicissitudes relacionadas com a conclusão e desenvolvimento do contrato, nomeadamente, para o que nos ocupa neste ponto, no âmbito de uma alteração anormal das circunstâncias em que o vendedor e o comprador fundaram a vontade de conclusão do contrato. Procurar discernir as circunstâncias em que o vendedor e o comprador fundaram a vontade de conclusão do contrato implica que se tenham em conta dois princípios fundamentais, nomeadamente o princípio da boa-fé[583] na celebração do contrato de venda e o princípio da autonomia privada. Na verdade, a preferência dos ordenamentos jurídicos pela modificação, adaptação ou renegociação do contrato face a uma alteração das circunstâncias que serviram de base à celebração do contrato, tem subjacente a necessidade de as partes "respeitarem a sua primeira obrigação fundamental, aquela de garantir a sobrevivência

Eckart J., *UNIDROIT Principles of International Commercial Contracts – An Article-bt-Article Commentary* –, Países Baixos: Kluwer Law International BV, 2018, p. 80-81). Há quem considere que a *CISG*, no caso de mercadorias vendidas em trânsito (art. 68º, 3ª frase), estabelece que o contrato é válido (Schroeter, Ulrich, « Contract validity and the CISG», *in* Uniform Law Review, Vol. 22, Nº 1, 2017, p. 63-64). Por seu turno, há quem diga perentoriamente que a validade do contrato "cai fora da CISG" (Bridge, Michael, «Risk of Loss», *in* DiMatteo, Larry, *et. al.* (Ed.), *International Sales Law*, 2ª Edição, Baden-Baden: Nomos Verlagsgesellschaft mbH & Co. KG, 2021, p. 670 (n.11).

[582] Flambouras, Dionysios, «Transfer of Risk in the Contract of Sale Involving Carriage of Goods. A Comparative Study in English Law, Greek Law and the United Nations Convention on Contracts for the International Sale of Goods», in Kinsler, Jeffrey / Jones, Roger, *International Trade and Business Law Annual*, Vol 6, 2001, p. 90. O autor afirma que, das várias situações que elenca como estando situadas sob a égide da transferência do risco, "pode concluir-se como regra geral comum aos ordenamentos jurídicos comparados que todo o evento ocasional sobre as mercadorias que torna a posição do comprador mais desvantajosa deve ser considerado como um evento sujeito às regras relativas ao risco".

[583] No domínio do direito comparado é habitual dizer-se que o princípio da boa-fé não tem consagração do domínio da *Common Law*. Além de não ser absolutamente verdade uma tal afirmação, dever ter-se em conta que na *Common Law* há variadíssimas referências à *equity* como principio fundamental que ordena a atuação das partes no âmbito do contrato (ver *infra* o ponto 4 do capítulo VI).

do contrato que não terminou"[584]. Tais ordenamentos jurídicos desempenham um papel fundamental no panorama do Direito comparado, mormente os ordenamentos jurídicos alemão (§313-1 do *BGB*) e francês (art. 1195º do CC-FR).

A alteração das circunstâncias[585] que serviram de base à celebração do contrato pode corresponder a um risco assumido no momento da celebração do contrato de venda. Neste momento, ambas as partes conhecerão as condições em que celebram o contrato e as circunstâncias existentes, para assumirem o risco inerente à celebração do contrato, nomeadamente o decorrente das regras legais aplicáveis à transferência do risco. No entanto, a própria ideia de base do negócio convoca uma discussão sobre uma visão mais objetivista ou mais subjetivista sobre a mesma[586], conforme se devam ter em conta para a sua determinação as circunstâncias que envolveram a conclusão do negócio ou se deva colocar o foco na representação feita pelas partes no momento da conclusão[587].

O debate à volta da questão foi (e é) profundo, dado que sempre se terão de integrar nesse mesmo debate questões como a determinação da vontade real e vontade hipotética das partes, assim como a interpretação do contrato. Por seu turno, se o olhar for de âmbito mais objetivista é necessário percecionar a realidade envolvente à conclusão do contrato e procurar perceber se (e em que medida) essa mesma realidade determinou a vontade expressa no contrato ou se a vontade das partes não foi sequer influenciada pela realidade envolvente e constitui, em si mesma, uma demonstração clara de que a realidade existente no momento da con-

[584] Drapier, Sandrine, «La révision du contrat pour imprévision : un seuil de perfection a définir», *in* Emmanuel Putman (Rédacteur en chef), *Revue de la Recherche Juridique – Droit prospectif –*, 2016-4, XLI, 164, Presses Universitaires d' Aix -Marseille, 2017, p. 1575.

[585] No ordenamento jurídico português é exigida a verificação de uma "alteração anormal" das circunstâncias (art. 437º do CC).

[586] Pires, Catarina Monteiro, *Contratos: I – Perturbações na execução,* Coimbra: Almedina, 2019, p. 182-188. A autora refere vários autores alemães sobre uma e outra posição, nomeadamente, Oertmann, Larenz e Locher.

[587] Seja como for, no domínio do comércio internacional, salvo raríssimas exceções, estamos perante "Homens de negócios [que] normalmente estão conscientes da possibilidade de esses riscos poderem ocorrer" (Flambouras, Dionysios P., «The Doctrines of Impossibility of Performance and Clausula Rebus SIC Stantibus in the 1980 Convention on Contracts for the International Sale of Goods and the Principles of European Contract Law – A Comparative Analysis», *Pace International Law Review,* Vol 13, 2001, p. 278.

clusão do contrato não era para ser tida em conta no momento em que se verificasse uma ulterior alteração das circunstâncias. Esta complexa questão da base do negócio fará, necessariamente, apelo a "condicionalismos objetivos"[588], mas estes condicionalismos poderão ser determinados com base na interpretação do contrato, com base na realidade envolvente ou com base num contraponto entre a realidade existente e o contrato?

8.2. A alteração das circunstâncias no ordenamento jurídico alemão

O §313(1) do *BGB* estabelece que a adaptação do contrato fundada em alteração das circunstâncias deve "ter em conta todas as circunstâncias do caso específico, *em particular a distribuição contratual ou legal do risco*". A expressa referência à distribuição legal do risco implica que a adaptação do contrato de venda apenas tenha lugar como *última ratio* ou, pelo menos, que a referida norma apenas opere depois de se verificar se a situação não se insere no âmbito da transferência do risco tal como consagrado na norma legal que o vendedor e o comprador têm, necessariamente, de ter em conta no momento da celebração do contrato (se neste nada estipularam como distribuição contratual do risco).

Assim, ao contrário do artº 437º do Código Civil português, o *BGB* não deixa grande margem para encarar a alteração das circunstâncias sem ter em conta as regras legais estabelecidas para a transferência do risco.

8.3. A alteração das circunstâncias no ordenamento jurídico português

No artigo 437º do CC há uma expressa referência a "riscos próprios do contrato", mas essa referência deixa margem para que não sejam tidas em conta as regras legais aplicáveis à transferência do risco. Ao referir-se a "riscos próprios do contrato" o artigo 437º do CC deixa em aberto se o que está em causa é o risco regulado no concreto contrato celebrado ou o risco inerente a um determinado tipo contratual. Tal como está redigida a norma parece que o risco que a mesma visa é o risco inerente ao concreto contrato que se pretenda modificar ou resolver[589] pois aí se faz expressa

[588] Pires, Catarina Monteiro, *Contratos: I – Perturbações na execução*, Coimbra: Almedina, 2019, p. 188.

[589] Com opinião semelhante, *vide* Pires, Catarina Monteiro, «Limites dos esforços e dispêndios exigíveis ao vendedor para cumprir», *in Revista da Ordem dos Advogados*, Ano 76 (Jan./Dez. 2016), p. 132. Refere a autora que "[...] o requisito *ausência de cobertura pelos riscos do negócio* [...] não pode[...] ser resolvido[...] com uma resposta afirmativa ou negativa geral, em função do

referência à exigência de as obrigações assumidas não estar coberta pelos riscos próprios do contrato. Quando a norma refere "obrigações *assumidas*" só deverão considerar-se as obrigações a que o vendedor ou o comprador está adstrito em resultado da celebração desse concreto contrato.

Do confronto entre as soluções apresentadas pelo ordenamento jurídico português e pelo ordenamento germânico deve, no entanto, extrair-se a ideia de que o risco inerente à celebração do contrato de venda pode situar-se no âmbito do contrato em si mesmo ou no âmbito do tipo legal de contrato, tal como configurado por determinado ordenamento jurídico.

Este instituto da alteração das circunstâncias foi amplamente discutido e utilizado face a várias questões provocadas pela «pandemia COVID-19». Aventou-se a possibilidade de não ser possível obrigar uma das partes a renegociar o contrato. No entanto, esta pode ser considerada uma posição contrária ao dever de o vendedor e o comprador atuarem com boa-fé. Assim, não demorou muito tempo a surgirem posições no sentido de que "o artigo 762º/2 impede um comportamento passivo perante a tentativa da contraparte de adaptar o contrato a circunstâncias modificadas, obrigando à efetiva renegociação do contrato[590]". "[A] boa-fé dos arts. 437º e 762º, nº 2, exige *mais* – p. ex., que a contraparte, não prejudicada, apresente uma contra-proposta, que as propostas e as contra-propostas sejam *razoáveis* e que as *interpretações*, concretizadas ou não em propostas ou contra-propostas, sejam *fundamentadas* e *justificadas*"[591]. Se "em contratos comerciais e complexos, a inexigibilidade de manutenção da relação contratual atinge

tipo de contrato, mas apenas ponderado[...] perante o *concreto contrato*, o seu *concreto regime de risco* e a sua *concreta ordenação de interesses*."

[590] Oliveira, Ana Perestrelo de / Oliveira, Madalena Perestrelo de, «Resolução parcial, dever de renegociar e modificação contratual em contexto de Covid-19», *Revista de Direito Civil*, Ano V (2020), Nº 3 / 4, Coimbra: Almedina, p. 552.

[591] Oliveira, Nuno Manuel Pinto, «Em tema de renegociação – a vulnerabilidade dos equilíbrios contratuais no infinito jogo dos acasos», *in Revista da Faculdade de Direito da Universidade de Lisboa*, Ano LXII (2021), Nº 1, Tomo 2, p. 832. O autor prossegue dizendo que "[...] o dever de cooperação construtiva tem um aspecto ou dimensão substancial, concretizado num *dever de razoabilidade*: a parte que apresenta uma proposta ou uma contra-proposta de modificação só estará a cumprir o dever de renegociação do contrato desde que a proposta ou a contra-proposta seja adequada para reconstituir a situação que existiria se alteração anormal, imprevista e imprevisível, das circunstâncias fosse uma alteração coberta pela álea ou pelos riscos próprios do contrato." (*ibidem*).

apenas uma cláusula ou uma parte do acordo"[592], então, deveria ser admitida a possibilidade de resolução parcial do contrato.

Mas outra questão se coloca no âmbito do artigo 437º do CC. Que sentido se deve atribuir ao trecho da norma "*e não esteja coberta pelos riscos próprios do contrato*"? A aplicação da norma contida no artigo 796º do CC impede a aplicação do regime relativo à alteração anormal das circunstâncias? Será isso?

Sobre o assunto já se escreveu em dois sentidos diferentes. Por um lado, Antunes Varela e Henrique Mesquita defenderam que teria de se fazer uma distinção entre riscos anormais e riscos normais para determinar se o artigo 437º do Código Civil pode ser aplicado apesar do perecimento ou deterioração do objeto do contrato. Segundo estes autores, se o risco for anormal, pode lançar-se mão do artigo 437º do CC, o qual não terá como efeito isentar os adquirentes do pagamento do preço, mas tão somente a aplicação de juízos de equidade para correção das prestações[593]. Tratando-se de um parecer, este tem como uma das suas conclusões que "[a] norma do artigo 437º prevalece sobre as regras do artigo 796º"[594]. Salvo o devido respeito, é posição que não podemos acompanhar. Isso significaria colocar no artigo 437º do C.C. aquilo que, efetivamente, não consta da sua letra. Esta norma faz uma referência à alteração anormal das circunstâncias, mas quando se refere aos riscos próprios no contrato não faz qualquer distinção entre "riscos anormais" e "riscos normais". Esta distinção não tem, na nossa opinião, qualquer apoio na letra da lei.

Ainda que este argumento possa ser considerado frágil, sempre se dirá que não é o artigo 437º que prevalece sobre o artigo 796º do CC, mas sim o contrário, pois a interpretação feita por Antunes Varela e Henrique Mesquita constituiria "uma *interpretação revogatória*"[595]. "Na verdade [...], a perda

[592] Oliveira, Ana Perestrelo de / Oliveira, Madalena Perestrelo de, «Resolução parcial, dever de renegociar e modificação contratual em contexto de Covid-19», *in Revista de Direito Civil*, Ano V (2020), Nº 3 / 4, Coimbra: Almedina, p. 558.

[593] Varela, João de Matos Antunes / Mesquita, Manuel Henrique, «Resolução ou modificação do contrato por alteração das circunstâncias», *Colectânea de Jurisprudência*, Ano VII, Tomo 2, 1982, p. 14-15.

[594] Varela, João de Matos Antunes / Mesquita, Manuel Henrique, «Resolução ou modificação do contrato por alteração das circunstâncias», *Colectânea de Jurisprudência*, Ano VII, Tomo 2, 1982, p. 16.

[595] Xavier, Vasco da Gama Lobo, «Alteração das circunstâncias e risco», *Colectânea de Jurisprudência*, Ano VIII, Tomo 5, 1983, p. 20.

ou deterioração da coisa transferida é sempre ou quase sempre produto de um evento cuja verificação, sendo embora perfeitamente concebível, terá de qualificar-se como *anormal*, enquanto extravasa do curso ordinário dos acontecimentos."[596] Esta formulação apresentada por Vasco Lobo Xavier é depois «complementada» com uma declaração de concordância por parte de Carlos Mota Pinto dizendo que "qualquer perecimento de uma coisa, depois da transmissão, é um evento anormal, segundo as representações das partes."[597]

Embora estejamos mais próximos das posições dos dois últimos autores citados, o confronto das afirmações de ambos também nos leva a pensar em algumas diferenças. Se, por um lado, Vasco Logo Xavier fala na anormalidade do evento que produz a perda ou deterioração da coisa, já Carlos Mota Pinto fala do perecimento como evento anormal. As afirmações não nos conduzem a um mesmo resultado e fazem com que nos questionemos sobre a (in)existência de uma efetiva distinção entre risco e perigo no âmbito das normas que versam sobre a transferência do risco[598].

Independentemente da defesa de uma ou de outra posição, a verdade é que a contraposição entre o regime da alteração das circunstâncias e o regime da transferência do risco no ordenamento jurídico português parece permitir colher alguns elementos úteis para uma (re)compreensão de *periculum* no âmbito da transferência do risco. Procuremos, por isso, alguns outros elementos em ordenamentos jurídicos da «família» da *Common Law* ou que por esta estão influenciados.

8.4. A alteração das circunstâncias no ordenamento jurídico inglês e norte-americano

A alteração das circunstâncias tem um tratamento idêntico (mas não absolutamente igual) no âmbito da *Frustration* do Direito inglês e da *Impracticability* do Direito norte-americano. As situações de frustração estão consagradas na secção 7 do *Sales of Goods Act* e na *Law Reform (Frustrated Contracts) Act 1943* e têm como efeito extinguir automaticamente o

[596] Xavier, Vasco da Gama Lobo, «Alteração das circunstâncias e risco», *Colectânea de Jurisprudência*, Ano VIII, Tomo 5, 1983, p. 20.

[597] Pinto, Carlos Alberto da Mota Pinto, *apud* Xavier, Vasco da Gama Lobo, «Alteração das circunstâncias e risco», *Colectânea de Jurisprudência*, Ano VIII, Tomo 5, 1983, p. 22.

[598] Sobre esta questão, com maior desenvolvimento, *vide* Capitulo VI.

contrato[599]. A teoria da *Frustration* é aplicada quando o cumprimento do contrato se torna impossível ou "radicalmente diferente" após ter sido celebrado[600]. Não obstante, esta teoria apenas tem aplicação quando o vendedor e o comprador não preveem no contrato de venda internacional a alocação do risco de alteração das circunstâncias[601]. A doutrina tende, maioritariamente, a considerar que o contrato se "frustra" sempre que o cumprimento se torna impossível ou "radicalmente diferente" antes de o risco se transferir para o comprador, porquanto se o risco já se transferiu para o comprador, então, qualquer evento que possa afetar as mercadorias será por si suportado[602]. Não significa que o contrato se considere, sempre, frustrado face à ocorrência de um evento fora do controlo de ambas as partes que afeta o cumprimento da obrigação. A Jurisprudência inglesa tem entendido, frequentemente, que o evento que conduz à *Frustration* não deve ter sido previsto ou previsível pelas partes no momento em que celebram o contrato e que a inexistência de *fault* (do sujeito que a invoca) na verificação desse evento são condições geralmente aceites para que as consequências da *Frustration* se efetivem. Trata-se de evitar subsumir no âmbito dessas normas respeitantes à *Frustration* as situações em que se verifica *self-induced frustration*, assim como as situações em que o vendedor

[599] Burrows, Andrew, *A Casebook on Contract*, 6ª Edição, Oxford: Hart Publishing, 2018, p. 745. O autor descreve algumas das situações que equivalem a *frustration*, tais como a impossibilidade física, a impossibilidade legal, deixando de parte as situações em que o cumprimento se torna mais oneroso ou dispendioso.

[600] O'Sullivan, Janet, *O'Sullivan & Hilliard's The Law of Contract*, 8ª Edição, Oxford University Press, 2018, p. 333.

[601] Assim resulta, desde logo, da secção 2 (3) da *Law Reform (Frustrated Contracts) Act 1943*.

[602] Gulliter, Louise, «Frustration and Mistake», *in* McKendrick, Ewan (Ed.), *Sale of Goods*, LLP Professional Publishing, 2000, p. 132 e ss. Sobre a diferença entre *Frustration* e transferência do risco, no âmbito da *Common Law*, escreveu-se que "[...] a partir do momento em que o risco recai sobre o comprador, a destruição das mercadorias exonera o vendedor do seu dever de entrega das mercadorias ou de transferir a *property* para o comprador, e se as mercadorias ficam simplesmente danificadas, o vendedor tem o direito de propor, e o comprador é obrigado a aceitar, a sua entrega como se estivessem em conformidade com o contrato, sem que o comprador possa afastar a responsabilidade pelo pagamento integral do preço. Nesta situação a questão da *frustration* não pode colocar-se, dado que o contrato seria tratado como frustrado pela perda ou dano do objeto, o comprador seria liberado da sua obrigação de pagar o preço, de modo que o risco seria efetivamente devolvido ao vendedor" (Goode, Roy, *Commercial Law*, 2ªe Edição, Londres: Penguin Books, 1995, p. 249).
Treitel, Guenter, Frustration and Force Majeure, 3ª Edição, Londres, Swett & Maxwell, 2014, p.82

e o comprador, no âmbito da sua liberdade contratual, regularam expressamente as consequências de eventos subsequentes.

Reitera-se...as situações de frustração têm como efeito extinguir automaticamente o contrato[603]. Trata-se de uma consequência que afeta de forma profunda a relação entre vendedor e comprador e, por isso, os tribunais ingleses demonstram alguma relutância na aplicação desta teoria. Se a mesma não for «temperada» com uma análise profunda da situação concreta pode conduzir, em última instância, a que uma das partes requeira a extinção do contrato só porque este se tornou desfavorável[604].

Embora as normas da referida secção 7 do *Sales of Goods Act* estejam essencialmente consagradas para regular a venda de coisas especificas, também têm aplicação na venda de coisas genéricas[605]. Claro está que as situações em que a venda pode considerar-se frustrada são bem mais raras. Alguns exemplos relativos a coisas genéricas, elencados por Michael Bridge, tais como a existência de "embargo governamental", o facto de "a execução do contrato se tornar ilegal de acordo com a lei do país onde o contrato tem de ser executado" ou o facto de "os meios prescritos para a execução do contrato pode[r]em tornar-se impossíveis de realizar", demonstram que a teoria da frustração tem um reduto circunscrito à execução do contrato.

Tal como resulta do artigo 79º da *CISG*, há um impedimento alheio à vontade que desresponsabiliza do cumprimento de obrigações e, por isso, estas situações afetam diretamente a relação contratual, mormente o seu desenvolvimento a partir da verificação do impedimento. Na distinção entre objeto mediato e imediato da relação contratual, este impedimento afeta o objeto imediato (a prestação que um dos sujeitos se comprometeu executar); o comportamento, necessário para que a outra parte na relação contratual aceda ao objeto mediato, não pode ser adotado.

A teoria da *Frustration* estabelece que "as partes deverão ser desoneradas no caso de, antes da violação do contrato, o seu cumprimento se tornar impossível devido ao perecimento do objeto sem falha por parte do contraente"[606]. "As partes deverão ser desoneradas" e não *a parte deverá ser*

[603] Cfr. *supra* a nota 599.

[604] McKendrick, Ewan, *Contract Law*, 13ª Edição, Londres: Red Globe Press, 2019, p. 281.

[605] Bridge, Michael, *The International Sale of Goods*, Oxford University Press, 2017, p. 275.

[606] Decisão do Supremo Tribunal da Inglaterra e do País de Gales, de 6 de maio de 1863, disponível em <https://www.bailii.org/ew/cases/EWHC/QB/1863/J1.html>, também citada em Treitel, Guenter, Frustration and Force Majeure, 3ª Edição, Londres, Swett & Maxwell,

exonerada, o que significa que há uma diferença entre a teoria da *Frustration* e a transferência do risco. Verificada a transferência do risco do vendedor para o comprador, o primeiro, para além de já não suportar o risco ficará, também, desonerado de algumas das suas obrigações. Verificada uma situação de *frustration of contract* "ambas as partes ficam desoneradas de todas as suas obrigações contratuais, enquanto que de acordo com as regras especiais como as da transferência do risco de perda, uma parte poderá ficar desonerada de algumas das suas obrigações"[607].

Por seu turno, a *Impracticability* do Direito norte-americano surge como «espelho» da *Frustration*. Quando se está perante uma *frustration of purpose* "é normalmente quem recebe a coisa [...] que invoca que o contrato deve cessar", enquanto no âmbito da *impractability* é o "fornecedor que invoca que o custo para prover a coisa [...] aumentou, ou que outras dificuldades para assim proceder aumentaram, a tal ponto que ele deve exonerado"[608]. No contrato de compra e venda, o vendedor não alega que, por exemplo, o cumprimento da sua obrigação de entrega da coisa não é possível[609], mas tão somente que, apesar de ser possível, as dificuldades inerentes ao cumprimento de tal obrigação aumentaram de tal forma que deve ser exonerado do seu cumprimento.

Partindo do §2-615 do *UCC* a doutrina apresenta quatro requisitos essenciais para que a situação se reconduza a *impracticability*: "o evento [superveniente] deve tornar «o cumprimento, tal como acordado ... impraticável»"; "a não verificação do evento deve ter sido um pressuposto de base sobre o qual o contrato foi celebrado"; "a *impracticability* deve ter resultado

2014, p. 41. Sobre as origens da Teoria/Doutrina da *Frustration, vide* Morgan, Jonathan, *Great Debates in Contract Law*, 3ª Edição, Londres: Red Globe Press, 2020, p. 176-177.

[607] Treitel, Guenter, *Frustration and Force Majeure*, 3ª Edição, Londres, Swett & Maxwell, 2014, p. 75.

[608] Treitel, Guenter, Frustration and Force Majeure, 3ª Edição, Londres, Swett & Maxwell, 2014, p. 307. Note-se que, conjugada esta obra do autor com uma outra, deve entender-se que não é qualquer aumento de custo que pode integrar a previsão da norma, mas sim "dificuldades, despesas, lesões ou perdas extremas e irrazoáveis", em conformidade com o disposto no §454 do *Restatement of the Law of Contracts* e com o disposto no §261 do *Restatement 2nd of the Law of Contracts* (Treitel, Guenter, *The Law of Contracts*, 11ª Edição, Londres, Swett & Maxwell, 2003, p. 881 e nota 51). "[O] mero aumento das despesas com o cumprimento" só ocasionalmente foi tido em conta pelos tribunais (*vide* Farnsworth, E. Allan, *Contracts*, 3ª Edição, Nova Iorque: Aspen Law & Business, 1999, p. 645-646).

[609] Neste caso o instituto da impossibilidade teria aplicação.

sem *fault* da parte que pretende ser exonerada"; "essa parte não deve ter assumido uma obrigação maior do que lei impõe"[610]. Na verdade, também no âmbito da doutrina da *impracticability* é necessário convocar os riscos inerentes à conclusão do contrato e o respetivo âmbito de atribuição, porquanto se assim não se verificar o vendedor pode ser exonerado, injustificadamente, do cumprimento das suas obrigações. Aliás, a necessidade de estabelecer fronteiras entre a impossibilidade, a *impracticability* e o risco está claramente presente no caso *Mishara Construction v. Transit-Mixed Concrete Corp.*, decidido pelo Supremo Tribunal de Massachussets, quando refere que "está implícito na doutrina da impossibilidade [...] que certos riscos são tão incomuns e têm consequências tão graves que devem ter estado fora do escopo da atribuição dos riscos inerentes ao contrato, ou seja, fora do acordo firmado entre as partes. Exigir o cumprimento nessa situação seria conceder ao credor uma vantagem que ele não poderá dizer que negociou quando celebrou o contrato"[611].

8.5. Apreciação global da ligação entre as duas matérias e separação de âmbitos de aplicação

Na venda internacional o risco que se transfere do vendedor para o comprador não pode ser perspetivado, apenas, como risco de perda, destruição ou deterioração das mercadorias. No confronto das normas legais aplicáveis à transferência do risco e das normas aplicáveis à alteração das circunstâncias que serviram de base à celebração do contrato de venda há de retirar-se que existe um determinado facto exógeno que produz determinados efeitos. No entanto, quando está em causa uma alteração das circunstâncias em que o vendedor e o comprador fundaram a decisão de contratar o que se altera é toda a equação económica definida pelas partas. Entre a decisão de contratar e a verificação de um facto que altera as circunstâncias que serviram de base a essa decisão há identidade quanto ao âmbito sobre que versam: o contrato. Já no que se refere às regras legais respeitantes

[610] Farnsworth, E. Allan, *Contracts,* 3ª Edição, Nova Iorque: Aspen Law & Business, 1999, p. 643-644.

[611] *Mishara Construction v. Transit-Mixed Concrete Corp.*, disponível em: < https://law.justia.com/cases/massachusetts/supreme-court/1974/365-mass-122-2.html>. Esta decisão está, também, citada *in* Eisenberg, Melvin A., «Impossibility, Impractibility, and Frustration», *The Journal of Legal Analysis, Vol. 1, No. 1,* 2009, p. 242-243, disponível em: < http://ssrn.com/abstract=1349482>.

à transferência do risco, o facto superveniente afeta o objeto da relação jurídica, mas já não a plenitude desta.

Na alteração das circunstâncias há uma continuidade que se pretende manter, quer quando se permite às partes requerer a adaptação/modificação do contrato, quer quando se permite às partes resolução/retirada do contrato de venda internacional. Nos contratos que importem a transferência de um direito real ou domínio sobre uma coisa, pode existir uma alteração das circunstâncias em que o vendedor e o comprador fundaram a sua decisão de contratar, sem que essa alteração afete a coisa que é objeto do contrato. O vendedor e o comprador podem pretender a adaptação/modificação do contrato mesmo nos casos em que a coisa que constitui o objeto da venda não tenha sofrido qualquer afetação, bastando que a «equação económica» do contrato já não seja a mesma devido a circunstâncias ulteriores. No entanto, há sempre que estabelecer uma comparação entre a equação económica definida no momento da decisão de contratar e a equação económica resultante da alteração das circunstâncias.

Por seu turno, no que se refere às regras relativas à transferência do risco o que estará em causa já não será o (re)equilíbrio da relação contratual, mas tao somente perceber quem suporta as consequências decorrentes de um evento que afeta a integridade das mercadorias.

A alteração anormal das circunstâncias em que o vendedor e o comprador basearam a sua vontade de contratar e que torna o cumprimento da(s) obrigação(ões) excessivamente oneroso tem especial relevância nos contratos de venda de mercadorias que constituem verdadeiros fornecimentos contínuos (também designados pelos anglo-saxónicos como *long-term contracts*). Aqui, o *terminus* da relação entre o vendedor e comprador não será um resultado que, *na grande maioria dos casos*, qualquer um deles pretenda, em especial se o comprador está dependente do vendedor para obter certos bens e o comprador é para o vendedor a principal fonte de escoamento desses bens[612]. No contrato de longa duração, o vendedor e o comprador pretenderão manter a relação, apesar da superveniência de circunstâncias que o afetem em determinado momento. Neste tipo de contratos, a extinção da relação contratual será a *ultima ratio* para vendedor e comprador, preferindo estes que a relação seja adaptada às novas circunstâncias. A previsão de uma cláusula de *hardship* ou a consagração de uma

[612] Tenha-se em mente invenções protegidas por patentes incorporadas em bens e contratos de exclusividade.

norma que seja aplicável a essas situações, na falta de manifestação de vontade das partes, constituirá a via natural[613].

Esta via não é, apenas, orientada para os contratos de longa duração, mas também para aos contratos de curta duração porquanto está em causa estabelecer a amplitude com que a *clausula rebus sic stantibus* afetará o princípio da *pacta sunt servanda*[614], assim como determinar a relação de forças entre o valor da certeza e o valor da justiça[615].

Independentemente de estarmos perante um contrato de curta ou de longa duração, quando se trata de cláusula contratual que regula a problemática da alteração das circunstâncias devemos ter em conta que o princípio *pacta sunt servanda* não sofre qualquer desvio, dado que o resultado mais oneroso para o vendedor ou para o comprador decorre do próprio contrato. As circunstâncias em que o vendedor e o comprador basearam a decisão de contratar não sofrem alteração, porquanto é no próprio plano contratual que a questão é tratada, ou seja, não deveria considerar-se existir alteração das circunstâncias nas situações em que o vendedor e o comprador estabeleceram «a sorte» dessa mesma alteração no âmbito do próprio contrato.

A alteração das circunstâncias é uma perturbação na execução do contrato e, por isso, contende diretamente com a prestação a que se obrigou uma das partes. A alteração das circunstâncias tem reflexo direto no cumprimento da obrigação ainda que, eventualmente, não se tenha verificado qualquer repercussão nas mercadorias.

Por seu turno, as regras relativas à transferência do risco visam determinar quem suporta a perda decorrente da afetação da integridade das merca-

[613] Obviamente, falhada a renegociação, por forma a não perpetuar um *status quo* desfavorável ao vendedor e ao comprador, a resolução do contrato permitirá que ambos prossigam em outras direções.

[614] Princípio que, na interligação com a *clausula rebus sic stantibus*, tem no Código Civil do Estado de Luisiana, nos EUA, uma consagração efetiva no seu artigo 1983º, não havendo na jurisprudência um reconhecimento do direito ao reequilíbrio do contrato, dado que os tribunais consideram que não lhes cabe intervir para ajudar uma parte que terá negociado mal o seu contrato (*vide*, Levasseur, Alan, «La révision du contrat – Rapport louisianais», *in* Travaux de L'Association Henri Capitant, *Le Contrat – Journées Brésiliennes*, Tomo LV, Paris: Société de Législation Comparée, 2005, p. 603 e ss.

[615] Uribe, Momberg Rodrigo, *The effect of a change of circumstances on the bonding force of contracts – Comparative Perspectives*, Combridge, Antwerp, Poland: Intersentia, 2011, p. 5 e ss. A relação de forças entre certeza e justiça deve ser entendida em termos hábeis, dado que os dois valores não são concorrentes entre si e na maior parte das vezes não se pode falar em justiça sem certeza e em certeza sem justiça.

dorias, ficando a questão da obrigação de pagamento do preço reconduzida uma consequência da verificação desse facto (afetação da integridade das mercadorias). Mantendo, ainda, a questão no âmbito da teoria da *Frustration*, "um contrato pode ficar frustrado por causa do efeito de circunstâncias supervenientes na obrigação de pagamento do comprador"[616], mas nenhum efeito existir nas mercadorias que constituem o objeto mediato da relação contratual.

A *clausula rebus sic stantibus* tem um efeito direto e percetível no princípio *pacta sunt servanda* e a sua origem remontará a Séneca (a que se terão seguido filósofos como S. Agostinho e S. Tomás de Aquino)[617]. A questão foi, assim, essencialmente tratada no âmbito da moral e da religião onde o comportamento é o aspeto fundamental visado. A alteração das circunstâncias busca os seus fundamentos no valor da justiça e caracteriza-se por ser um imperativo de boa-fé na execução dos contratos, à luz da qual o comportamento das partes é avaliado.

O ordenamento jurídico português (*rectius*, artigo 437º do CC) quando refere "as circunstâncias em que o vendedor e o comprador fundaram a decisão de contratar, não se refere às circunstâncias que influenciaram a vontade, refere-se, antes, às circunstâncias que lhe influenciaram a causa-fundamento; ou seja, àquelas circunstâncias que presidiram à génese do equilíbrio do contrato, à génese do sinalagma"[618]. Face à alteração das circunstâncias o que se exige é que o vendedor e o comprador adotem um comportamento consentâneo com os efeitos produzidos pelo evento superveniente que altera as circunstâncias. O vendedor e o comprador não estão obrigados a acordar, mas estão vinculados às exigências colocadas pelo princípio da boa-fé, devendo estabelecer verdadeiras negociações tendo como pano de fundo a equidade, que reclama uma atuação das partes equilibrada e não apenas um julgamento por um terceiro. A equidade deve conduzir a atuação das partes que celebram o contrato, entretanto afetado por uma alteração das circunstâncias, devendo as mesmas atuar

[616] Bridge, Michael, *The International Sale of Goods*, Oxford University Press, 2017, p. 277.

[617] Zimmermann, Reinhard, *The Law of Obligations – Roman Foundations of the Civilian Tradition* –, Oxford University Press, 1996, p. 579 e ss.

[618] Vasconcelos, Pedro Paes, *Um estudo sobre a Pressuposição (Relatório apresentado na disciplina de Direito Civil na parte escolar do mestrado)*, Faculdade de Direito de Lisboa, p. 44, disponível em: <https://static1.squarespace.com/static/563487a1e4b01aa792817ed1/t/5a5e143371c10bc094444ed6/1516115006438/1998_Um+estudo+sobre+a+pressuposi%C3%A7%C3%A3o.pdf>.

com ponderação e razoabilidade nas negociações que estabeleçam para um eventual reequilíbrio do contrato, acautelando-se o arbítrio[619].

É verdade que a alteração das circunstâncias pode alterar o equilíbrio do contrato, mas também não é menos verdade que para esse equilíbrio ser reposto é necessário conhecer, efetivamente, qual a equivalência entre as prestações tal como decorre do próprio contrato. Evidentemente que essa equivalência dependerá de uma interpretação do contrato sem ter em conta a alteração das circunstâncias (i.é, como resulta da vontade declarada pelas partes no contrato) e aquilatar da vontade real do vendedor e do comprador não é tarefa simples. Mas esta tarefa pode perfeitamente ser facilitada se as partes estabelecerem (re)negociações mesmo que fora de qualquer ação judicial ou arbitral. O contrato de venda pode estar desequilibrado desde a sua conclusão, quer porque uma das partes tem mais capacidade negocial ou económica, quer porque, efetivamente, o vendedor e o comprador pretenderam um contrato desequilibrado no momento em que o concluíram[620].

[619] Aqui, o recurso a juízos de equidade não será o mesmo que "julgar segundo a equidade". Quando o legislador pretende que o tribunal julgue segundo a equidade consagra, expressamente, essa sua vontade (*v.g.* art.s 339º, nº 2, 493º-A, nº 3, 496º, nº 3 e 566º, nº 3 do CC). Já no que se refere à determinação da prestação (art. 400º do CC), o legislador estabelece que a mesma "pode ser confiada a uma ou outra das partes ou a terceiro, mas *em qualquer dos casos deve ser feita segundo juízos de equidade, se outros critérios não tiverem sido estipulados*". Com referências à necessidade dos contraentes atuarem com recurso à equidade, *vide* Prata, Ana, *Código Civil Anotado*, Vol. I, 2ª Edição, Coimbra: Almedina, 2019, p. 524; Pinto, Fernando Ferreira / Duarte, Isabel Teixeira, *in* Proença, José Brandão (Coord.), *Comentário ao Código Civil – Direito das Obrigações – Das obrigações em geral –*, Lisboa: Universidade Católica Editora, 2018, p.36-37. Uma solução diferente resulta dos artigos 478º e 479º do CC-BR, porquanto a parte que vê a sua prestação tornar-se "excessivamente onerosa, com extrema vantagem para a outra, em virtude de acontecimentos extraordinários e imprevisíveis, poderá [...] pedir a resolução do contrato", podendo esta "ser evitada, oferecendo-se o réu a modificar equitativamente as condições do contrato". Segundo os Enunciados aprovados pelo Centro de Estudos Judiciários do Conselho de Justiça Federal nºs 176 e 367, deve o artigo 478º do CC-BR "conduzir, sempre que possível , à revisão judicial dos contratos e não à resolução contratual" (onde a "correção" do valor da prestação é feita pelo juiz – art. 317º do CC-BR –) ou "pode o juiz modifica-lo equitativamente, desde que ouvida a parte autora, respeitada a sua vontade e observado o contraditório" (*vide,* Negrão, Theotonio, *et al.*, *Código Civil e Legislaçao Civil em* vigor, 38ª edição, São Paulo: Saraiva Educação, 2020, p. 202, 263 e 264).

[620] Häsemeyer, Ludwig, «Die Lehre von der Geschäftsgrundlage (Clausula Rebus sic Stantibus)», *in Das Recht der Leistungsstörungen im Französischen und im Deutschen Recht,* Heidelberg: Juristische Fakultät der Universität Heidelberg, 1981, p. 245 e ss.

Daí que a aplicabilidade do regime da alteração das circunstâncias pressupõe que esta alteração "não esteja coberta pelos riscos próprios do contrato". Esta referência feita pelo artigo 437º do CC visa "ressalv[ar] as regras aplicáveis sobre o risco, dando, perante elas, natureza supletiva à própria alteração das circunstâncias"[621].

Pode questionar-se esta afirmação face à possibilidade de existência de uma cláusula de *hardship*[622], posto que aqui funcionaria em pleno o princípio *pacta sunt servanda*. No entanto, estes tipos de cláusulas servem para fazer face a um evento que, na maior parte dos casos, torna o cumprimento excessivamente oneroso e visam procurar repor o equilíbrio da relação que se pretende manter. Por isso, embora seja possível o vendedor e/ou o comprador aproveitarem a verificação de um evento para acionar a

[621] Cordeiro, António Menezes, *Tratado de Direito Civil, Vol. IX – Direito das Obrigações – Cumprimento e não-cumprimento, transmissão, modificação e extinção –*, 3ª Edição, Coimbra: Almedina, 2019, p. 666. O autor, na página 668 (nota 2447), refere que "*as disposições sobre o risco podem ser de risco total ou de risco parcial. No primeiro caso, elas assacam a uma pessoa o dano máximo que o bem possa sofrer – a sua perda ou destruição total; no segundo, elas atribuem, apenas, certos danos. Quando o risco seja total, não há lugar a alteração das circunstâncias: é o exemplo paradigmático do artigo 796º/1, corretamente aplicado pelo Supremo, no acórdão acima referido. Quando tal não suceda – por exemplo, alguém deve adquirir, para outrem, um objeto; o preço deste sobe, no mercado, em razão de um para cem – e estando em jogo normas de risco, haverá que interpretá-las para ver, exatamente, até onde foi o legislador na graduação do risco. Para além disso, cabe aplicar o artigo 437º/1*". A referência a risco total e risco parcial e o exemplo fornecido adensa ainda mais a dificuldade de separação entre o âmbito de aplicação das regras atinentes à transferência do risco e o âmbito de aplicação do regime estabelecido para a alteração das circunstâncias.

[622] *Hardship* é, geralmente, considerada como a "alteração de circunstâncias que, não sendo previsíveis no momento da celebração do contrato, podem tornar a execução excessivamente onerosa." (Pinheiro, Luís de Lima, «Cláusulas típicas dos contratos do comércio internacional», *in* Pinheiro, Luís de Lima (Coord.), *Estudos de Direito Comercial Internacional*, Vol. I, Coimbra: Almedina, 2004, p. 247.). O que está em causa quando se fala em *hardship* é, para alguma doutrina, uma de duas hipóteses: a alteração da economia contratual provocada pela forte quebra do equilíbrio entre as prestações ou pelo facto da execução do contrato ter perdido o interesse para uma das partes (Fontaine, Michel, «Les dispositions relatives au hardship et à la force majeure», *in* Bonell, Michael J. / Bonelli, Franco, *Contrattti Commerciali Internazionali e Principi UNIDROIT*, Milão: Giuffrè Editore, 1997, p. 186). As *hardship clauses* "visam regular as consequências de alterações fundamentais e profundas das condições económicas, que produzem uma perturbação na economia do contrato, mas que não tornam impossível a sua execução" (Frignani, Aldo, «Il contratto internazionale», *in* Galgano, Francesco (Dir.), *Trattato di Diritto Commerciale e di Diritto Pubblico dell'Economia*, Vol XII, Padova: CEDAM, 1990, p. 201).

cláusula de *hardship* e para reformularem todo o contrato de venda[623], tal facto não altera as regras de alocação do risco. Essas regras serão as que estiverem legal ou contratualmente estabelecidas.

Com esta aparente verdade de *La Palisse* queremos dizer que as regras de transferência do risco estão para lá do cumprimento das obrigações por parte do vendedor e do comprador e para lá das repercussões de uma determinada cláusula que obrigue a (re)negociar o contrato. Uma tal cláusula de *hardship* não está pensada para distribuir o risco[624]. Se o risco se transferiu do vendedor para o comprador a questão da reposição do equilíbrio contratual já não se deverá colocar, porquanto a verificação do critério legal ou contratual leva a que a relação se tenha por estabilizada, apesar de o vendedor ou o comprador poder sofrer uma perda. O momento em que o risco se transfere do vendedor para o comprador marca, também, a dinâmica da relação contratual, estabilizando-a. As cláusulas de *hardship* surgiram inicialmente no âmbito dos contratos de comércio internacional e foram posteriormente integradas em alguns contratos internos. Estas cláusulas consagram, na maioria das situações, uma obrigação de resultado, ou seja, o vendedor e o comprador devem estabelecer (re)negociações. Simultaneamente também estabelecem uma obrigação de meios, ou seja, uma obrigação de (re)negociarem de boa-fé com vontade de que essas mesmas (re)negociações sejam bem-sucedidas[625].

Na venda internacional de mercadorias a *clausula rebus sic stantibus* não pode, no entanto, ser cabalmente compreendida sem que se atenda à divergência de opiniões que se foi formando quanto à interpretação do artigo 79º da *CISG*. Ao longo do tempo várias foram as posições a afirmar que a alteração das circunstâncias não estava regulada pelo artigo 79º da *CISG*[626]

623 Francon, Daniel, «La clause de 'hardship'», *Das Recht der Leistungsstörungen im Französischen und im Deutschen Recht*, Heidelberg: Juristische Fakultät der Universität Heidelberg, 1981, p. 315-316.

624 E se os contraentes optarem por "um catálogo de circunstâncias que podem constituir *hardship* "[...]é necessário ter uma cláusula geral final porque é característica da *Hardship*, como da *Frustration*, que nem todas as contingências são previsíveis" (Cheng, Chia-Jui (Ed.), *Clive M. Schmitthoff's select essays on international trade law*, Londres: Martinus Nijhoff Publishers; Graham & Trotman, 1988, p. 419.

625 Terré, François, *et al.*, *Droit Civil – Les Obligations* –, 12ª Edição, Paris: Dalloz, 2019, p. 723-724.

626 Note-se, no entanto, que já havia quem considerasse que onde tem aplicação o artº 79º *CISG* não tem aplicação a norma interna reguladora destas situações, *v.g.*, o art. 2-615 do

e, por isso, seria necessário recorrer à boa-fé (art. 7º, nº 1 da *CISG*)[627] ou aos princípios gerais que estão subjacentes às normas da *CISG* (art. 7º, nº 2)[628] para possibilitar a adaptação do contrato[629].

Não obstante, uma análise mais atenta da neutralidade da redação da norma ínsita no artigo 79º permite integrar uma alteração das circunstâncias em que o vendedor e o comprador fundaram a sua obrigação de contratar no seu âmbito de aplicação, ainda que com uma amplitude diferente da que vem sendo considerada pela *Civil Law*. O artigo 79º da *CISG* não

UCC (Farnsworth, E. Allan, *Contracts*, 3ª Edição, Nova Iorque: Aspen Law & Business, 1999, p. 651-652).

[627] O conceito de boa-fé presente em alguns ordenamentos jurídicos internos de alguns Estados não deve aqui ter relevância, mas tão somente o conceito de boa fé que se ajuste às relações comerciais internacionais (*vide* Magnus, Ulrich, «Comparative editorial remarques on the provisions regarding good faith in CISG Article 7(1) and the UNIDROIT Principles Article 1.7», *in* Felemegas, John (Ed.), *An International Approach to the Interpretation of the United Nations Convention on Contracts for the International Sale of Goods (1980) as Uniform Sales Law*, Cambridge: Cambridge University Press, 2007, p. 46

[628] Para alguns autores, esses princípios poderão ser os Princípios UNIDROIT (*vide*, Stoll, Hans / Gruber, Georg, *in* Schlechtriem, Peter / Schwenzer, Ingeborg (Ed.), *Commentary on the UN Convention on the international sale of goods (CISG)*, Oxford: Oxford University Press, 2ª Edição, 2005, p. 824-825; Bonell, Michael Joachim, *An International Restatement of Contract Law – The UNIDROIT Principles of International Commercial Contracts* -, 3ª Edição, Nova Iorque: Transnational Publishers, Inc., 2005, p. 318.), mas para outros "está longe de ser claro que as disposições dos PICC nesta matéria representem 'princípios reconhecidos internacionalmente', especialmente tendo em conta a diferente abordagem a esta questão na *Civil* e na *Common Law*" (*vide*, Uribe, Momberg Rodrigo, *The effect of a change of circumstances on the bonding force of contracts – Comparative Perspectives*, Combridge, Antwerp, Poland: Intersentia, 2011, p. 191).

Também na jurisprudência se encontram referências à aplicação dos Princípios Unidroit como forma de regulação das situações de *hardship* (*Vide* Decisão da *Cour de Cassation* belga, de 19 de junho de 2019, disponível em: <https://cisg-online.org/files/cases/7880/fullTextFile/1963_71781039.pdf>.

[629] Stoll, Hans / Gruber, Georg, *in* Schlechtriem, Peter / Schwenzer, Ingeborg (Ed.), *Commentary on the UN Convention on the international sale of goods (CISG)*, Oxford: Oxford University Press, 2ª Edição, 2005, p. 825. Os autores afirmam, mesmo, que "se a alteração das circunstâncias impõe obrigações excessivas ao devedor, então o credor deve ser obrigado também a entrar em negociações para adaptar o contrato às circunstâncias ou acordar a liberação do devedor da sua obrigação". Esta posição parece partir de uma interpretação da *clausula rebus sic stantibus* demasiado colada a conceções «domésticas» de boa-fé, deixando de parte o caráter internacional da venda, assim como aquele que pode ser o âmbito de aplicação do artigo 79º da *CISG* (conforme se poderá verificar *infra*, no âmbito da evolução da posição do Conselho Consultivo da CISG).

estabelece como "*standard* para a exoneração [a] impossibilidade estrita"[630] e, por isso, o Conselho Consultivo da *CISG* vem reconhecendo que uma alteração das circunstâncias que torne a execução excessivamente onerosa pode ser considerada um impedimento no âmbito da referida norma[631]. No início de 2020, este Conselho Consultivo emitiu um novo parecer, aprofundando as condições em que uma alteração das circunstâncias que torna a execução do contrato excessivamente onerosa pode ser invocada para exonerar a parte afetada[632]. Trata-se de um parecer que assume, em

[630] Honnold, John O. / Flechtner, Harry M., *Uniform Law for International Sales under the 1980 United Nations Convention*, Países Baixos : Kluwer Law International BV, 2009, p. 627-628.
[631] CISG Advisory Council Opinion Nº 7, *Exemption of Liability for Damages under Article 79 of the CISG, in* < http://www.cisgac.com/cisgac-opinion-no7/>.
[632] CISG Advisory Council Opinion Nº 20, *Hardship under the CISG, in* < http://cisgac.com/opinion-no20-hardship-under-the-cisg/>. Os pontos essenciais deste parecer são os seguintes:
1. The following Rules on hardship apply, unless the contract otherwise provides.
2. The CISG governs cases of hardship.
3. A party is bound to fulfil its obligations even if performance has become more onerous, unless there is hardship.
4. There is hardship when a change of circumstances beyond the control of a party makes performance excessively onerous, if that party could not reasonably be expected to have taken the change into account or to have avoided or overcome it or its consequences.
5. Such hardship may arise when the cost of performance has increased or the value of the performance has diminished.
6. Such hardship may also arise from events occurring before the conclusion of the contract if the parties did not know and could not have been aware of these events.
7. In assessing whether hardship exists the following nonexclusive factors should be taken into account:
a. whether the risk of a change of circumstances was assumed by either party;
b. whether the contract is of a speculative nature;
c. whether and to what extent there have been previous market fluctuations;
d. the duration of the contract;
e. whether the seller has obtained the goods from its own supplier;
f. whether either party has hedged against market changes.
8. The party affected by hardship must give notice to the other party of the circumstances and its effect on its ability to perform. If the notice is not received by the other party within a reasonable time after the party affected knew or ought to have known of the hardship situation, it is liable for damages resulting from such non-receipt.
9. In case of hardship, nothing prevents either party from exercising any right other than to claim damages and require performance of the obligation affected by hardship.
10. The exemption due to hardship has effect for the period during which hardship exists.
11. Under the CISG, the parties have no duty to renegotiate the contract in case of hardship.
12. Under the CISG, a court or arbitral tribunal may not adapt the contract in case of hardship.

primeira linha, a necessidade de se ter em conta o caráter internacional da *CISG* e de promover a uniformidade da sua aplicação (art. 7º, nº 1 da *CISG*), porquanto desliga em absoluto o termo impedimento do conceito de impossibilidade, sem integrar na norma situações de, apenas, maior onerosidade na execução do contrato. O parecer estabelece os pressupostos necessários para que uma alteração das circunstâncias exonere uma das partes do cumprimento das suas obrigações, nomeadamente para que se verifique *hardship* é essencial que a alteração das circunstâncias ocorra fora do controlo de uma das partes, que "torne a execução do contrato excessivamente onerosa" e que "não se possa esperar que essa parte tivesse tido em conta a alteração ou que a tivesse evitado ou superado ou [tivesse tido em conta] as suas consequências"[633]. Embora não se verifique um recurso direto e/ou expresso aos Princípios *UNIDROIT*, a verdade é que este parecer se apoia, várias vezes, nos seus artigos para fundamentar a interpretação que é feita do artigo 79º da *CISG*.

O parecer constitui um avanço considerável na compreensão do âmbito de aplicação desta norma da *CISG*, dado que sufraga que a execução da obrigação afetada pela alteração das circunstâncias não pode ser exigida, mas não defende que qualquer uma das partes fique impedida de exercer quaisquer direitos previstos na *CISG*. Outrossim, a exoneração fundada em *hardship* está delimitada pelo tempo de duração dessa mesma *hardship*, o que significa que se o cumprimento da obrigação deixar de ser excessivamente oneroso para a parte que foi afetada pela alteração das circunstâncias, poderá a contraparte exigir o seu cumprimento. Assim sendo, na nossa perspetiva, a interpretação que é dada pelo referido Conselho Consultivo à norma ínsita no artigo 79º da *CISG* atende, também, à necessidade de salvar o contrato de venda sempre que, atendendo ao desenvolvimento das circunstâncias, seja possível a sua execução.

13. Under the CISG, a court or arbitral tribunal may not bring the contract to an end in case of hardship.

[633] Estes pressupostos apresentam-se, em termos semelhantes, no âmbito dos *PECL* (sobre a aplicação destes Princípios e com alguns exemplos práticos, *vide* Graziano, Thomas Kadner, *Comparative Contract Law – Cases, Materials and Exercises –*, 2ª Edição, Cheltenham / Northampton: Edward Elgar Publishing, 2019, p. 434-436. A respeito das "circunstâncias [que] não poderiam ter sido tidas em conta", o autor apresenta o seguinte exemplo elucidativo: "Durante um período em que o tráfego numa determinada região é periodicamente interrompido por bloqueios de camionistas, o homem razoável não escolheria uma rota através dessa região na esperança de que no dia em questão a estrada esteja livre; ele escolheria outra rota." (*vide* p. 435).

Esta interpretação do artigo 79º da *CISG* permite considerar que a norma não é supérflua e permite delimitar de forma mais acentuada o âmbito de aplicação do regime relativo às alterações das circunstâncias em que o vendedor e o comprador fundaram a sua vontade de conclusão do contrato de venda e o âmbito de aplicação das normas sobre a transferência do risco.

A referência feita pelo parecer do referido Conselho Consultivo à exoneração da parte afetada por *hardship* apenas durante o período em que esta se verifique traça uma linha de separação entre o âmbito de aplicação do regime da alteração das circunstâncias e o regime da transferência do risco. No entanto, este parecer consagra um elemento perturbador. Conforme refere o próprio parecer, a questão de poder continuar a ser exigido o cumprimento da obrigação apesar da verificação de *hardship* foi amplamente debatida entre os Estados e uma proposta da Alemanha para clarificação não foi aceite. Mas o próprio parecer vem, agora, defender que em resultado da verificação de *hardship* deve considerar-se que "o cumprimento não pode ser exigido enquanto o impedimento existir" e que "a exoneração do cumprimento devido a *hardship* aplica-se à obrigação de cumprir o contrato prevista nos artigos 46(1) e 62 da *CISG*, de entregar mercadorias de substituição prevista no artigo 46(2) da *CISG* e sanar qualquer não conformidade das mercadorias por reparação prevista no artigo 46(3) da *CISG*"[634].

Temos sérias dúvidas que, no que concerne à exoneração do cumprimento da obrigação de entrega de mercadorias de substituição, a solução apresentada seja a mais conforme com a *occasio legis* e com a teleologia da norma. Poderá dizer-se que o elemento histórico não pode constituir uma amarra que impeça a integração de novas realidades no âmbito de aplicação da norma, mas no momento da criação da norma a questão da *hardship* era já absolutamente conhecida por parte dos redatores *CISG*. Por outro lado, conforme se referiu *supra*, normas como a do artigo 79º da *CISG* devem ser convocadas não só quando regras contratuais sobre o risco não têm aplicabilidade, mas também tendo em conta o caráter supletivo relativamente às normas legais estabelecidas para a transferência do risco (*in casu*, art.s 66º a 69º da *CISG*). O referido parecer do Conselho Consultivo da CISG aparenta olvidar o facto de muitas das vendas internacionais terem por

[634] *Vide* pontos 9.3 e 9.4 do referido parecer nº 20 do Conselho Consultivo da *CISG*.

objeto coisas genéricas. Numa venda de coisas genéricas, se a integridade das mercadorias for afetada deve o vendedor providenciar pela entrega de mercadorias do mesmo género, qualidade e quantidade ao comprador, sempre que o risco lhe esteja alocado[635].

A questão que se pretende enquadrar é, então, a seguinte: Deverá o vendedor ser exonerado do cumprimento da sua obrigação de entrega de mercadorias de substituição prevista no artigo 46(2) da *CISG* quando se verifiquem os pressupostos de exoneração do artigo 79º da *CISG*, no âmbito de *hardship*, sem que primeiramente se verifique a medida da excessiva onerosidade?

Aqui é necessário ter em conta que as regras legais reguladoras da transferência do risco deixam intacta a obrigação do vendedor de providenciar por mercadorias de substituição e não pode deixar de se considerar que isso é excessivamente oneroso para o vendedor. A norma legal aplicável à transferência do risco não deve servir, apenas, para que se saiba que a partir de determinado momento o comprador está obrigado a pagar o preço apesar de não receber as mercadorias ou as receber deterioradas. Essa norma serve também para distribuir o(s) risco(s) pelo vendedor e pelo comprador. Julgamos que em situações de *hardship*, a integrar no âmbito de aplicação do artigo 79º da *CISG*, deveria a exoneração do vendedor ser sujeita a um género de prova de resistência. Para que o vendedor pudesse exonerar-se da sua obrigação de entrega de mercadorias de substituição, prevista no artigo 46(2) da *CISG*, deveria, primeiramente, aferir-se se isso implica a assunção de custos ou despesas superiores àquelas que o mesmo teria de suportar em caso de afetação da integridade das mercadorias por perda ou deterioração resultante da aplicação da norma legal de alocação do risco. Imaginemos que o valor das mercadorias (coisas genéricas) tal como resulta do contrato de venda é de cem mil euros e que, correndo o

[635] *vide* Bollé, Sylvain, «The Theory of Risks in the 1980 Vienna Sale of Goods Convention», *Pace Review of the Convention on Contracts for the International Sale of Goods*, Kluwer, 1999-2000, p. 245-290 disponível em: <https://iicl.law.pace.edu/sites/default/files/bibliography/bollee.pdf>; Valioti, Zoi, «Passing of Risk in international sale contracts: A comparative examination of the rules on risk under the United Nations Convention on Contracts for the International Sale of Goods (Viena 1980) and INCOTERMS 2000», disponível em: <https://iicl.law.pace.edu/cisg/scholarly-writings/passing-risk-international-sale-contracts-comparative-examination-rules-risk>; Heuzé, Vincent, «La vente internationale de marchandises – Droit uniforme –», *in* Ghestin, Jacques (Dir.), *Traité des contrats*, Paris: L.G.D.J, 2000, p. 338.

risco por conta do vendedor, a sua deterioração total implica que este providencie por mercadorias de substituição com o mesmo valor monetário (cem mil euros). Agora, imaginemos uma situação de *hardship* que implique que o vendedor tenha de despender setenta e cinco mil euros para cumprir essa mesma obrigação de entrega mercadorias de substituição prevista no artigo 46(2) da *CISG*. Deverá o vendedor ser exonerado do cumprimento da sua obrigação mesmo na situação em que nem sequer houve transferência do risco para o comprador[636]? Julgamos que não e, por isso, os avanços (recentes) na compreensão do fim visado pela norma do artigo 79º da *CISG* devem ser feitos com prudência.

Nos casos em que se apliquem as regras de transferência do risco não deveria existir espaço para ponderar a maior ou menor amplitude da base do contrato e da respetiva alteração superveniente das circunstâncias.

9. A transferência do risco e a resolução do contrato

Na maior parte dos ordenamentos jurídicos, a resolução extingue a relação contratual e libera ambas as partes das obrigações daí emergentes. Assim se verifica no âmbito da *CISG* (art. 81º). Um dos efeitos da resolução do contrato de venda é a restituição do que tenha sido prestado pelas partes, nomeadamente se o vendedor já tiver procedido à entrega das mercadorias ao comprador, este é obrigado a restituí-las (art. 81º, nº 2 da *CISG*). Essa restituição não opera *ope legis*, sendo antes a materialização de uma vontade de criação de uma nova relação. Nessa relação não haverá espaço para invocar direitos ou deveres emergentes da relação original que, por via da resolução, se extinguiu.

Os critérios para a transferência do risco estão, na maior parte das situações, construídos para um fluxo das mercadorias do vendedor para o comprador, mas não há previsão expressa para a transferência desse mesmo risco no fluxo das mercadorias do comprador para o vendedor. No âmbito

[636] A transferência da propriedade não é matéria regulada pela *CISG* (art. 4º, al. b)) e, por isso, está sujeita ao regime estabelecido pela norma material determinada como aplicável de acordo como norma de conflitos aplicável. Mas não pode deixar de se convocar essa matéria para se refletir sobre a estranheza de se admitir a exoneração do vendedor em situações de *hardship* que afetam um contrato de venda de coisas genéricas. Isto porque o vendedor será exonerado apesar de o risco lhe estar alocado e de, eventualmente, ser ele ainda o proprietário das mercadorias. Além do mais, na hipótese enunciada o esforço exigido ao vendedor para cumprir a sua obrigação de entrega de mercadorias de substituição é bem menor na situação de *hardship* do que o esforço que resulta da aplicação da norma legal de alocação do risco.

da *CISG*, os efeitos da resolução do contrato estão expressamente previstos no artigo 81º e ss. e poderá ser entendido que as regras consagradas no Capítulo IV da *CISG* são substituídas (mas não totalmente afastadas[637]). A substituição das regras do Capítulo IV fará com que os critérios de transferência do risco do vendedor para o comprador sejam aplicáveis «em espelho», ou seja, como se o comprador estivesse a ocupar a posição de vendedor e o vendedor a posição do comprador[638]. Esta posição vê no contrato celebrado entre vendedor e comprador a fonte para determinar o momento em que o risco se considera transferido do comprador para o vendedor, nos casos de restituição das mercadorias motivada por resolução contratual[639]. Do mesmo modo, ainda que o contrato não contenha qualquer disposição sobre a transferência do risco do vendedor para o comprador, deve atender-se ao critério legalmente aplicável, *in casu*, para a transferência do risco do vendedor para o comprador[640].

Não obstante o artigo 81º, nº 1 da *CISG* estabelecer que a resolução libera ambas as partes do cumprimento das suas obrigações no âmbito do contrato, isso não significa que o comprador não tenha de cumprir outros

[637] O *Oberster Gerichtshof* (Supremo Tribunal Austríaco) em uma decisão de 29 de junho de 1999, considerou que as normas consagradas nos artigos 81º a 84º da *CISG* substituem as normas gerais relativas à transferência do risco previstas nos artigos 66º a 69º (Disponível na versão inglesa em: < https://iicl.law.pace.edu/cisg/case/austria-ogh-oberster-gerichtshof-supreme-court-austrian-case-citations-do-not-generally-72>.

[638] *Vide*, *UNCITRAL Digest Case Law on the United Nations Convention on the International Sale of Goods*, Nova York: United Nations, 2008, p. 198, disponível em: < https://www.uncitral.org/pdf/english/clout/08-51939_Ebook.pdf>. Aqui é apenas tida em conta a hipótese em que as partes concordam em resolver o contrato, mas não é aflorada a possibilidade de resolução do contrato por uma ou outra parte.

[639] Na suprarreferida decisão do *Oberster Gerichtshof* (Supremo Tribunal Austríaco), este considerou que, se no âmbito de um contrato (com uma cláusula "ex factory") entre uma empresa alemã e um comprador austríaco o risco corre por conta do comprador a partir do momento em que as mercadoras são entregues ao transportador na fábrica da vendedora, então, na hipótese de resolução por acordo o risco da devolução das mercadorias deveria correr por conta da vendedora a partir do momento em que as mesmas são entregues ao transportador no estabelecimento do comprador. Os factos subjacentes à ação onde esta decisão foi proferida não versavam sobre qualquer ato ou omissão do comprador que tivesse conduzido à deterioração e/ou perda das mercadorias. No entanto, o tribunal faz referência à possibilidade de um ato e/ou omissão do comprador poder interferir na dinâmica do risco. Conforme vimos afirmando, esta solução não nos parece a mais adequada.

[640] Mas sem que se reitere a complexidade e nebulosidade inerente à letra do artigo 66, *in fine*, da *CISG*.

deveres cuja violação conduzirá à obrigação de indemnizar o vendedor[641]. Desde logo, resolvido o contrato, se as mercadorias tiverem sido recebidas pelo comprador ou se tiverem sido colocadas à sua disposição no local de destino, sem que aí se encontre o vendedor ou pessoa autorizada por este a encarregar-se das mercadorias por sua conta, tem o comprador o dever de as preservar (art. 86º, nº 1 e 2 da *CISG*)[642]. Neste caso, é do interesse do vendedor a preservação das mercadorias e é o comprador que está em condições de assegurar a não deterioração e/ou perda das mesmas.

Portanto, ao abrigo da *CISG*, resolvido o contrato, são introduzidos "novos direitos e deveres para efetivar a resolução, transformando a relação contratual original numa relação de liquidação ou restituição"[643]. Assim, tal como sucede na relação original estabelecida entre vendedor e comprador, na relação de restituição também podem as partes ser responsabilizadas pelo incumprimento de deveres principais ou de deveres acessórios[644] e, por isso, a alocação do risco não deve ser afetada. Qualquer ato e/ou omissão

[641] Resolvido o contrato por parte do vendedor, não se coloca em questão a sua obrigação de preservar as mercadorias sempre que as mesmas ainda estejam na sua posse, porquanto resolvido o contrato é apenas do interesse do vendedor preservar as mercadorias (não fica adstrito ao cumprimento de qualquer dever de preservar no interesse do comprador). Assim, tem sido entendido pela maioria da doutrina (*vide*, Sono, Hiroo, *in* Kröll, Stefan / Mistellis, Loukas / Viscasillas, Pilar Perales (Coord.), *UN Convention on Contracts for the International Sale of Goods (CISG): A Commentary*, C. H. Beck-Hart-Nomos, 2018, p. 1132; Bacher, Klaus, in Schwenzer, Ingeborg (Coord.), *Commentary on the UN Convention on the International Sale of Goods*, Oxford University Press, 2016, p. 1221-1222.

[642] Sono, Hiroo, *in* Kröll, Stefan / Mistellis, Loukas / Viscasillas, Pilar Perales (Coord.), *UN Convention on Contracts for the International Sale of Goods (CISG): A Commentary*, C. H. Beck-Hart-Nomos, 2018, p. 1143-1144; Bacher, Klaus, in Schwenzer, Ingeborg (Coord.), *Commentary on the UN Convention on the International Sale of Goods*, Oxford University Press, 2016, p. 1228; Fountoulakis, Christiana, in Schwenzer, Ingeborg (Coord.), *Commentary on the UN Convention on the International Sale of Goods*, Oxford University Press, 2016, p. 1172-1173). A última autora mencionada refere não só o dever de preservar as mercadorias, como outros deveres que podem emergir do próprio contrato de venda após resolução do mesmo.

[643] Bridge, Michael, *in* Kröll, Stefan / Mistellis, Loukas / Viscasillas, Pilar Perales (Coord.), *UN Convention on Contracts for the International Sale of Goods (CISG): A Commentary*, C. H. Beck-Hart-Nomos, 2018, p. 1094.

[644] Trata-se de uma posição que procura atender ao caráter internacional da *CISG* e à necessidade de promover a uniformidade na sua aplicação (art. 7º, nº 1), embora se trate, também, de uma interpretação mais próxima da dogmática germânica sobre os efeitos da resolução, do que da posição dos redatores românicos da *CISG* (*vide*, Hornung, Rainer, *in* Schlechtriem, Peter / Schwenzer, Ingeborg (Ed.), *Commentary on the UN Convention on the international sale of goods (CISG)*, Oxford: Oxford University Press, 2ª Edição, 2005, p. 856.

do comprador deve ser tratado em sede de indemnização/compensação por danos derivados do incumprimento[645].

A simplicidade da aplicação do efeito «espelho», conjugada com a necessidade de se respeitar o plano contratual fixado pelas partes ou as normas que regulam a transferência do risco do vendedor para o comprador, será fundamento bastante para que nos casos de restituição das mercadorias a transferência do risco não se reduza a um único critério. Michael Bridge tende a considerar que nestes casos deveria existir um único critério para a transferência do risco. Somos da opinião que a posição deste autor não deve ser adotada. Alicerçamos esta nossa posição nas razões que Michael Bridge nos apresenta ao mudar de opinião em dois momentos cronologicamente distintos. Enquanto membro do Conselho Consultivo da *CISG* e relator da Opinião nº 9, Michael Bridge afirma que "a exigência de restituição das mercadorias nas instalações do comprador minimiza complicações originadas pela alocação do risco de perda"[646], mas cerca de dez anos depois o mesmo autor afirma que "uma forte razão a favor da exigência da restituição, de mercadorias entregues, no lugar da sua localização no momento da resolução é que isso minimiza complicações originadas pela alocação do risco de perda"[647]. O lugar onde as mercadorias se localizam quando o contrato é resolvido não é, necessariamente, o das instalações do comprador. O desenvolvimento da relação contratual e o (in)cumprimento das obrigações pelo vendedor ou pelo comprador não deve interferir nos critérios relativos à transferência do risco, nem esses critérios devem ser alterados quando há resolução do contrato e consequente necessidade de restituição das mercadorias por parte do comprador.

645 Aliás, a ideia de que a resolução do contrato não impede que o credor possa obter indemnização pelo interesse contratual positivo vem sendo, recentemente, reafirmada pela Jurisprudência portuguesa (*vide* Ac. STJ, de 10 de dezembro de 2020, Proc. 15940/16.7T8LSB.L1.S1, disponível em: <wwww.dgsi.pt>) e acompanhada pela doutrina (*vide*, Pinto, Paulo Mota, «Resolução do contrato e indemnização por não cumprimento – Anotação ao Acórdão do STJ, de 10 de 2020», *Revista de Legislação e Jurisprudência*, Ano 150º, Nº 4029, jul/ago 2021, p. 329 e ss), com invocação reiterada da *CISG* para apoiar essa posição (que se vai impondo no Direito português).

646 CISG Advisory Council Opinion Nº 9, Comment 3.18, *Consequences of Avoidance of the Contract, in* < http://www.cisgac.com/cisgac-opinion-no9/>.

647 Bridge, Michael, *in* Kröll, Stefan / Mistellis, Loukas / Viscasillas, Pilar Perales (Coord.), *UN Convention on Contracts for the International Sale of Goods (CISG): A Commentary*, C. H. Beck-Hart-Nomos, 2018, p. 1103.

A alocação do risco, tal como deriva do contrato ou da norma legal aplicável no fluxo vendedor-comprador deve ordenar a transferência do risco nas situações relacionadas com restituição das mercadorias, porquanto corresponde ao plano traçado pelas partes para fazer face ao risco de afetação da integridade das mercadorias. Na restituição das mercadorias não pode esse plano ser alterado, colocando uma das partes numa posição mais (ou menos) desvantajosa quando comparada com as circunstâncias (objetivas ou subjetivas) inerentes à conclusão do contrato, se se pretende não atribuir relevância ao facto de ter sido uma ou outra parte a motivar a resolução do contrato[648]. "A regra da imagem espelhada aqui adotada reflete a original distribuição dos riscos conforme acordado pelas partes e não há razão valiosa para alocar o risco diferentemente do acordo original ao fazer a restituição"[649].

Não nos parece adequada uma solução de transferência do risco do comprador para o vendedor baseada no cumprimento da obrigação de entrega por parte do vendedor (nos termos do artigo 31º da *CISG*). Na restituição das mercadorias o cumprimento da obrigação de entrega por parte do comprador deve ser independente da transferência do risco do comprador para o vendedor, dado que também assim é quando se está a analisar o fluxo inicial «vendedor-comprador». Na nossa opinião não é, por isso, correto partir da norma que estabelece o lugar do cumprimento da obrigação de entrega para determinar a alocação do risco de deterioração ou perda das mercadorias. Quem o faz acaba por remeter a questão da repartição dos riscos para a lei aplicável em virtude da aplicação das normas de direito internacional privado[650], quando a transferência do risco é matéria tratada, expressamente, pela *CISG* em capítulo autónomo. Consideramos que não há fundamento para não se aplicarem os critérios estabelecidos para a transferência do risco (previstos nos arts. 66º a 69º da *CISG*), adaptando-os às situações de restituição das mercadorias. Por exemplo, se o contrato de venda internacional envolveu transporte das

[648] O que, neste concreto ponto, acaba por ser a posição de Michael Bridge na última obra citada (*vide*, mesma obra e mesma página).

[649] Fountoulakis, Christiana, in Schwenzer, Ingeborg (Coord.), *Commentary on the UN Convention on the International Sale of Goods*, Oxford University Press, 2016, p. 1179.

[650] Hornung, Rainer, *in* Schlechtriem, Peter / Schwenzer, Ingeborg (Ed.), *Commentary on the UN Convention on the international sale of goods (CISG)*, Oxford: Oxford University Press, 2ª Edição, 2005, p. 862.

mercadorias, na aceção do artigo 67º da *CISG*, o risco transfere-se para o vendedor quando o comprador atribui o controlo das mercadorias ao primeiro transportador para que este as transmita ao vendedor, sempre que nos termos do contrato o vendedor não tenha sido obrigado a remeter as mercadorias para um lugar especifico (porque neste caso o risco também só se transfere para o vendedor se o controlo das mercadorias for transmitido pelo comprador nesse especifico lugar).

Esta última possibilidade coloca mais interrogações, porquanto se originalmente o risco se transferia do vendedor para o comprador com a atribuição do controlo das mercadorias ao transportador nesse lugar determinado, será excessivo dizer-se que no âmbito da restituição motivada por resolução o risco só se transfere do comprador para o vendedor quando o comprador transmite as mercadorias ao transportador nesse mesmo local (*v.g.*, na estação de comboio, porto ou aeroporto[651] localizado no país do estabelecimento do vendedor). Ainda mais difícil de compreender será se a resolução for motivada por um ato ou omissão do vendedor. Mas, ainda assim, deve considerar-se que as normas previstas no Capítulo IV da CISG devem ser aplicáveis[652], sendo o risco transferido do comprador para o vendedor com a transmissão das mercadorias ao transportador em lugar correspondente àquele em que se deu a transmissão do risco do vendedor para o comprador. Consequentemente, se o local se reporta a um porto no país de destino, então, o risco transfere-se para o vendedor com a atribuição do controlo das mercadorias no porto de destino tendo, agora, em conta o fluxo atinente à restituição das mercadorias; se o local foi um porto no país de origem, então, o risco deve transferir-se no porto do país onde se situa o estabelecimento do comprador.

Não se poderá, abstratamente, estabelecer um critério para alocar o risco no âmbito da restituição das mercadorias, quando são reconhecidos os inconvenientes da criação de vários critérios consoante estejamos

[651] Hachem, Pascal, in Schwenzer, Ingeborg (Coord.), *Commentary on the UN Convention on the International Sale of Goods*, Oxford University Press, 2016, p. 974.

[652] Schlechtriem, Peter, «Subsequent Performance and Delivery Deadlines – Avoidance of CISG Sales Contracts Due to Non-conformity of the Goods», *in* Pace International Law Review, Vol. 18, Nº 1, Abril 2006, p. 97. Disponível em: <https://digitalcommons.pace.edu/cgi/viewcontent.cgi?article=1073&context=pilr>;<https://iicl.law.pace.edu/cisg/scholarly-writings/subsequent-performance-and-delivery-deadlines-avoidance-cisg-sales-contracts>.

perante vendedores e/ou compradores responsáveis (ou não) pela resolução do contrato[653]. Aliás, o artigo 81º, nº 2 da *CISG* tem uma redação idêntica ao artigo 66º, nº 2 do respetivo Projeto[654] e, segundo o Comentário do Secretariado, a restituição pode ser requerida por qualquer parte, quer seja a parte "autorizada" a resolver o contrato, quer seja a parte contrária. A solução apresentada difere de soluções consagradas em alguns países e "incorpora a ideia de que, no que respeita à restituição, a resolução do contrato destrói a base sobre a qual a parte pode reter o que recebeu da outra parte"[655] e "quando a obrigação [de restituição] surge devido à resolução do contrato, é irrelevante qual a falha da parte que deu origem à resolução do contrato ou quem exigiu a restituição"[656].

Outrossim, lançar mão do artigo 82º da *CISG* e afirmar que o mesmo substitui as normas gerais relativas à transferência do risco, como afirma o Supremo Tribunal Austríaco, quando o que aí está em causa é, ainda, determinar as situações em que comprador perde (ou não) a possibilidade de declarar o contrato resolvido é, na nossa opinião, não atender à insuficiência dessa mesma norma para regular a transferência do risco no âmbito da restituição das mercadorias. Se a norma consagrada no artigo 82º da *CISG* é convocada, então, é porque será necessário determinar se a resolução por parte do comprador é admissível. Só depois de se determinar se o seu direito de declarar o contrato resolvido permanece na sua esfera jurídica é que se avançará para concretização dos efeitos dessa resolução[657].

653 Bridge, Michael, *in* Kröll, Stefan / Mistellis, Loukas / Viscasillas, Pilar Perales (Coord.), *UN Convention on Contracts for the International Sale of Goods (CISG): A Commentary*, C. H. Beck-Hart-Nomos, 2018, p. 1103.

654 A referência a "Projeto", sem que outra referência seja feita, significa Projeto de Convenção sobre Contratos para a Venda Internacional de Mercadorias.

655 *Vide*, *United Nations Conference on Contracts for the International Sale of Goods – Official Records*, Nova Iorque: Nações Unidas, 1991, p. 57 (disponível em: <https://uncitral.un.org/sites/uncitral.un.org/files/media-documents/uncitral/en/a-conf-97-19-ocred-eng.pdf>).

656 *Vide*, *United Nations Conference on Contracts for the International Sale of Goods – Official Records*, Nova Iorque: Nações Unidas, 1991, p. 58 (disponível em: <https://uncitral.un.org/sites/uncitral.un.org/files/media-documents/uncitral/en/a-conf-97-19-ocred-eng.pdf>).

657 Quem vê no artigo 82º da *CISG* (em especial no seu nº 2, al. a) e b)) uma norma para alocação do risco na situação de restituição motivada por resolução começa por enunciar que o risco de perda ou deterioração das mercadorias recai sobre o vendedor sempre que é este que viola o contrato e faz nascer o direito à resolução. No entanto, chegado o momento de determinar quem suporta o risco nas situações em que "é o comprador quem deu causa para a resolução do contrato", a norma ínsita no artigo 82º da *CISG* é considera inapropriada

intervirá quando outros meios – o direito de exigir o cumprimento, pedir indemnização por perdas e danos, redução do preço – são insuficientes"[662].

A necessidade de manutenção do *status quo* (diga-se, do contrato) não resulta, apenas, dos requisitos exigidos para a resolução, mas também de outros institutos que possam identificar uma perturbação na execução do contrato. Referimo-nos nomeadamente a uma alteração anormal das circunstâncias ou verificação de *hardship* em que o vendedor e o comprador, no âmbito de determinados ordenamentos jurídicos internos, têm um dever de (re)negociar ou em que a possibilidade de exoneração do cumprimento de obrigação está condicionada à verificação de requisitos apertados (*v.g.* art. 79º da *CISG*) e cuja verificação pode nem sequer conduzir ao fim do contrato[663].

Não obstante, quando nos referimos à manutenção do *status quo* não pretendemos dizer que o contrato se mantém tal e qual como foi concluído entre vendedor e comprador. Não só seria utópico, como estaria em absoluta contradição com a própria ideia de relação contratual. O que pretendemos dizer é que ainda que se considere que após a resolução surge uma relação de restituição, essa relação mantém inalteradas as partes intervenientes (o vendedor e o comprador) e o objeto (mediato) continuará a ser o mesmo ou deverá encontrar-se num estado substancialmente idêntico àquele em que tenha sido recebido pelo comprador (*vide*, art. 82º, nº 1 da *CISG*).

Se considerarmos que o princípio do *favor contractus* é um princípio fundamental consagrado na *CISG* (art. 7º, nº 2)[664] e se após a resolução do contrato o vendedor e o comprador continuam vinculados a determinadas obrigações (ainda que se possam classificar como acessórias), então, não

[662] Müller-Chen, Markus, in Schwenzer, Ingeborg (Coord.), *Commentary on the UN Convention on the International Sale of Goods*, Oxford University Press, 2016, p. 776.

[663] CISG Advisory Council Opinion Nº 20, *Hardship under the CISG*, *in* < http://cisgac.com/opinion-no20-hardship-under-the-cisg/>.

[664] Keller, Bertram, *in* Andersen, Camilla B. / Schroeter, Ulrich (Eds), *Sharing International Commercial Law across National Boundaries: Festschrift for Albert H. Kritzer on the Occasion of his Eightieth Birthday*, Wildy, Simmons & Hill Publishing, 2008, p. 247-266 (também disponível em: < https://iicl.law.pace.edu/sites/default/files/bibliography/keller1.pdf>). Embora não seja posição unânime na doutrina, se for entendido que os Princípios UNIDROIT têm aplicação no âmbito da interpretação da *CISG*, por via do preceituado no seu artigo 7º, nº 2, então, também aí se pode encontrar apoio para a existência de um princípio do *favor contractus* (*vide*, Bonell, Michael Joachim, *An International Restatement of Contract Law – The UNIDROIT Principles of International Commercial Contracts* –, 3ª Edição, Nova Iorque: Transnational Publishers, Inc., 2005, p.102 e ss.

haverá razões para não promover a manutenção da integridade das mercadorias, em especial no âmbito dos designados contratos relacionais.

Ademais, os interesses do comércio internacional não devem ser esquecidos no momento de determinar a forma como deve ser alocado o risco no âmbito da restituição das mercadorias motivadas por resolução. Mesmo num momento em que vendedor e comprador já estão liberados das suas obrigações principais, a manutenção da integridade das mercadorias deve constituir preocupação. A alocação eficaz do risco salvaguarda outras relações contratuais criadas para satisfazer necessidades do vendedor e/ou do comprador.

Por isso, vem-se defendendo que a regra a adotar é de que o risco deve ser alocado a quem recebe as mercadorias, tal como sucede nos Princípios UNIDROIT (artigos 3.2.15 e 7.3.6), mas nem sempre com a clareza que a matéria atinente ao risco reclama, dado que está já muito sedimentada a ideia de que não se deve aludir à propriedade (e à sua transferência) para determinar quem deve suportar o risco[665].

Independentemente da formulação (mais ou menos acertada) que possa ser dada à regra, a verdade é que os arrimos apresentados para a suportar situam-se no âmbito do controlo que uma das partes possa ter sobre as mercadorias e da necessidade de conservação das mercadorias. E, por isso, não se trata apenas de alocar o risco ao vendedor ou ao comprador, mas sim determinar qual das partes está em melhores condições para conservar as mercadorias. O facto de a parte que tem o controlo das mercadorias ser aquela que está em melhores condições de celebrar contrato de seguro que cubra o risco é uma questão importante (para que o valor das mercadorias possa ser recuperado em caso de perda ou deterioração das mesmas), mas apenas no plano do contrato de venda internacional. Porquanto, se a integridade das mercadorias for colocada em causa há todo

[665] *Vide* Hellwege, Phillip, *in* Jansen, Nils e Zimmermann, Reinhard (Ed.), *Commentaries on European Contract Laws*, Oxford University Press, 2018, p. 1404. O autor considera que "*It should be the recipient who is burdened with the risk*", mas depois afirma que "*The rule that the recipient of property has to bear the risk of accidental loss and deterioration does not have to be without exceptions*". Ora, as razões aduzidas pelo autor para que seja quem recebe as mercadorias a suportar o risco (é este que tem o seu controlo e que pode adotar medidas preventivas contra a sua perda ou deterioração) são pertinentes, mas na venda internacional essa questão não deve estar conexionada com a questão da propriedade. Imagine-se uma situação em que o comprador recebeu as mercadorias, mas ainda não recebeu o *Bill of Lading* (aqui o comprador ainda não tem título).

um conjunto de outras relações que podem ser afetadas e, por isso, é muito importante que também a designada «relação de restituição» tenha critérios estabelecidos para a determinar quando se transfere o risco do comprador para o vendedor.

Com a resolução a relação entre vendedor e comprador atingiu um patamar de incumprimento ou violação de deveres que coloca, irremediavelmente, em causa qualquer relevância a atribuir ao facto de ter sido uma ou outra parte a provocar a resolução. Nem isso deve ser critério para alocar o risco na relação de restituição. Até ao momento em que a questão seja colocada perante um terceiro (mediador, conciliador, árbitro ou juiz), cada uma das partes pretenderá imputar à outra quaisquer custos inerentes à criação e desenvolvimento da referida «relação de restituição». No entanto, a manutenção das mercadorias em estado substancialmente idêntico àquele em que chegaram à esfera de influência do comprador é de interesse não só deste e do vendedor, mas também uma necessidade do comércio internacional.

Conforme resulta do expendido supra, na falta de critérios específicos para a transferência do risco do comprador para o vendedor, a imagem de espelho deve ser convocada. Mas para que possa ser convocada sem excessivos entraves será necessário conjugar isso com a necessidade que, por exemplo, a *CISG* estabelece de o comprador adotar as medidas razoáveis, atendendo às circunstâncias, para preservar a integridade das mercadorias (art. 86º, nº 1 da *CISG*). Por outro lado, há que ter em conta a possibilidade que o comprador tem de não restituir as mercadorias se entender que os custos dessa restituição têm de ser suportados pelo vendedor.

Vem esta questão a respeito da posição de Michael Bridge sobre a necessidade de se fazer um desvio à referida imagem de espelho em uma venda internacional de mercadorias sujeita ao *Incoterm c.i.f.* Nas vendas *c.i.f* sujeitas às regras de interpretação dos *Incoterms* da CCI (versão 2010) o vendedor deve celebrar o contrato de transporte, pagar os custos e o frete para encaminhar as mercadorias para o destino e celebrar contrato de seguro que cubra a perda e os danos às mercadorias. Segundo Michael Bridge[666], a imagem de espelho pode não ser adequada sempre que o comprador resolve o contrato, porquanto este teria de suportar custos elevados para poder restituir as mercadorias (os custos com o transporte e o seguro). Este

[666] Bridge, Michael, *The International Sale of Goods*, Oxford University Press, 2017, p. 698.

autor preconiza, por isso, que em situações como a que descreve, "a restituição ocorre nas instalações do comprador (ou no lugar onde o comprador tenha, razoavelmente, armazenado as mercadorias)" porque permite minimizar os custos da restituição e "evita questões difíceis relacionadas com a alocação do risco de perda em trânsito"[667]. Esta posição é questionável, *prima facie*, porque o *Incoterm* mencionado estabelece[668] claramente que o vendedor suporta o risco até ao momento em que as mercadorias estão "a bordo" da embarcação no porto de partida. Portanto, utilizando a imagem de espelho no âmbito da restituição das mercadorias, o comprador suporta o risco até que as mercadorias estejam "a bordo" da embarcação no porto de partida, atendendo ao fluxo «comprador-vendedor». Não há maiores dificuldades na alocação do risco do que aquelas que possam existir quando está a ser executada a obrigação primária (diga-se, de entrega) no âmbito da venda. Em segundo lugar, não se percebe muito bem o recurso aos Princípios *UNIDROIT* para uma preferência, em via de regra, pela alocação do risco a quem receciona as mercadorias, mas não serem tidos em conta os seus artigos 3.2.15 e 7.3.6; ambos remetem a questão concernente aos custos da restituição para o artigo 6.1.11[669]. Por seu turno, este artigo 6.1.11 dos *PICC* consagra que "cada parte deve suportar os custos do cumprimento das suas obrigações". Não haverá razões para, também, essa regra não ser aplicável, dado que "geralmente se pensa que esse princípio pode ser estendido às obrigações de restituição"[670]; se o comprador for a "parte inocente" pode "incluir esses custos no cálculo dos danos" se a sua contraparte não estiver exonerada do seu pagamento nos termos do artigo 79º *CISG* (situação em que "cada parte deve suportar os respetivos custos para proceder à restituição")[671].

Se o comprador deveria ter restituído as mercadorias, se poderia (ou não) retê-las até que lhe fossem pagos os custos ou se deveria (ou não) ter

[667] Bridge, Michael, *The International Sale of Goods*, Oxford University Press, 2017, p. 698.

[668] E aqui têm-se em conta os *Incoterms 2010* aprovados pela Câmara de Comércio Internacional. A obra de Michael Bridge a que nos referimos é de 2017, ou seja, três anos antes da nova versão destes *Incoterms* (2020).

[669] *Vide*, Comentário 1 ao artº 3.2.15 e Comentário 2 ao artº 7.3.6 dos Princípios UNIDROIT.

[670] *Vide* Hellwege, Phillip, *in* Jansen, Nils e Zimmermann, Reinhard (Ed.), *Commentaries on European Contract Laws*, Oxford University Press, 2018, p. 1414-1415.

[671] *vide*, Hornung, Rainer, *in* Schlechtriem, Peter / Schwenzer, Ingeborg (Ed.), *Commentary on the UN Convention on the international sale of goods (CISG)*, Oxford: Oxford University Press, 2ª Edição, 2005, p. 861-862(nota 57).

procedido à sua venda são questões cujo tratamento deve ser efetuado fora do âmbito da alocação do risco das mercadorias por via da resolução do contrato. As primeiras questões têm que ver com o cumprimento das obrigações emergentes da relação de restituição e devem ser tratadas nesse âmbito, podendo o (in)cumprimento dessas obrigações, quando convocado para determinar o momento em que o risco se considera transferido do comprador para o vendedor, conduzir a resultados contraproducentes. A questão relativa a quem deve suportar os custos associados à restituição é matéria que não deve influir na alocação do risco, pois também não influi quando está em causa a execução do contrato de venda. Note-se que nomeadamente nos *Incoterms* estabelece-se uma diferença entre o momento em que se considera o risco transferido e quem suporta os custos[672]. As regras de alocação do risco não sofrem desvios relacionados com a necessidade de alocação de custos, não devendo estes influenciar a alocação do risco em sede de restituição.

[672] Em uma sentença da Câmara de Comércio Internacional de Paris, proferida no Processo nº 6955, foi considerado que tendo sido estabelecido no contrato o *Incoterm Ex-Works* deve ser o comprador a suportar os custos da restituição das mercadorias ao vendedor, apesar de considerar que o comprador tinha direito à restituição do preço na medida das mercadorias que pudesse devolver ao vendedor (*vide* Arnaldez, Jean-Jacques / Derains, Yves / Hascher, Dominique, Collection of ICC Arbitral Awards, 1996-2000, Vol. IV, Kluwer Law International / ICC Publishing S.A., 2003, p. 294). O tribunal não se pronunciou sobre a transferência do risco.

Capítulo IV
A transferência do risco na venda internacional e as (outras) relações jurídicas por esta originadas

A venda internacional de mercadorias cria, segundo alguma doutrina, uma transação de "export-import [...] que é evidenciada por uma série de contratos e envolve mais do que duas partes. A maioria das transações transnacionais envolve um conjunto de contratos incluindo (1) o contrato de venda, (2) o contrato de transporte para o transporte por mar ou ar, (3) um contrato de seguro marítimo ou aéreo que cobre os riscos de perda ou de deterioração das mercadorias em trânsito, e (4) uma carta de crédito que estabelece as modalidades de pagamento"[673]. No entanto esta definição de transação "export-import" olvida a existência do transporte rodoviário e a crescente importância das infraestruturas ferroviárias. O transporte ferroviário desempenha um papel de primordial importância nas cadeias de movimentação de mercadorias no âmbito do comércio internacional.

A China tem vindo a estabelecer uma estratégia que designou de *Belt and Road Iniciative* e que visa estabelecer corredores para transações comerciais entre a China e a Europa. A mais recente iniciativa ligada à criação de infraestruturas ferroviárias (*New Silk Road*), juntamente com outras (Rota do Norte, Rota da Mongólia e Rota do Sul), terá feito com que "48 cidades na China [se tivessem conectado] com 42 cidades em 14 países europeus"[674], segundo dados de junho de 2018. A importância das operações

[673] *Vide*, por todos, Brand, Ronald. A., *International Business Transactions Fundamentals*, 2ª Edição, Países Baixos: Kluwer Law International, 2019, p.12.

[674] Liu, Qing / Ke, Luqi, «One-Belt-One-Road policy implication on logistics route competition: Case study of China-Germany trade», *in* Maritime Economics Research Center

relacionadas com o transporte de mercadorias no âmbito da venda internacional é inquestionável.

De um modo mais delimitado, atendendo ao nosso objeto de estudo, podemos dizer que as transações *export-import* comportam, nomeadamente um contrato de venda, um contrato de transporte, um contrato de seguro e esquemas negociais para pagamento do preço[675]. Uma abordagem da transferência do risco no contrato de venda internacional de mercadorias deve ter em conta o facto de por via deste emergir um conjunto de relações que reclamam que o alicerce de todo o edifício construído não fique abalado ou se desmorone. Uma conceção de risco como a que procuramos defender no presente trabalho deverá ter em conta que o risco é sistémico, ou seja, a afetação da integridade das mercadorias não tem apenas efeitos no contrato de venda internacional de mercadorias. O contrato de venda internacional é a base de todo um conjunto de outros contratos e na maior parte das situações o vendedor e o comprador são os únicos que têm uma visão geral de toda a transação (do contrato de venda e dos contratos "acessórios")[676]. O(s) critério(s) para a transferência do risco no âmbito do contrato de venda internacional de mercadorias não deve(m) ser conformado(s) tendo apenas por base a relação individual estabelecida entre o vendedor e o comprador. No comércio internacional é fundamental assegurar que outras relações jurídicas, surgidas na decorrência do vínculo estabelecido entre o vendedor e o comprador, não sejam excessivamente abaladas pela consagração de um critério de transferência do risco que não tenha em conta outras realidades contratuais e o respetivo regime regulatório.

Devemos, por isso, tentar perceber se as relações jurídicas surgidas na decorrência do contrato de venda internacional de mercadorias não

Hamburg Business School, University of Hamburg, 2018, p. 6, disponível em: < https://www.bwl.uni-hamburg.de/merc/research/current-projects/project-report---obor-and-case-study.pdf>.

675 Claro está que este conjunto de relações não preenche todo o rol de negociações internacionais, pois neste podem ser inseridos os "acordos de comerciais multilaterais e bilaterais, [...], câmbio, organizações internacionais, filiais com sede no estrangeiro, *joint ventures*, empresas multinacionais, questões de gestão, etc. As atividades de *Export/import* são apenas uma parte do conceito de negociação internacional" (Gorton, Lars, «Legal Functions of Transport Documents in Sales Financing», *in* Grönfors, Kurt (Ed.), *Modern Transport and Sales Financing*, Kungsbacka: Elanders Boktryckeri Aktiebolag, 1974, p. 48).

676 Plomaritou, Evi / Papadopoulos, Anthony, *Shipbroking and Chartering Practice*, 8ª Edição, Abingdon/Nova Iorque: Informa Law from Routledge, 2018, p.170-171

poderão fornecer elementos importantes para a definição de critérios de transferência do risco.

O contrato de transporte[677], os métodos de pagamento internacionais mais frequentes e o contrato de seguro têm especial relevância no âmbito da venda internacional de mercadorias. "A realização de uma venda documentária consiste em duas operações que estão intimamente ligadas, mas vão em direções opostas. De um lado está o movimento das mercadorias do vendedor para o comprador, enquanto do outro lado está o movimento de dinheiro do comprador para o vendedor."[678] Já Ripert referia esta ideia de venda documentária e a relação de dependência entre o contrato de venda e o contrato de transporte (no âmbito das "vendas marítimas"). Nas suas palavras "[a]s chamadas vendas marítimas apresentam duas características particulares de tal importância que merecem um estudo separado: por um lado, a venda deve ser *seguida* ou *precedida de um transporte de mercadorias por mar* e os dois contratos de venda e de transporte são colocados pela vontade das partes numa certa dependência um do outro; por outro lado, as mercadorias vendidas são *representadas por um título*, o *conhecimento de embarque*, que, fortificado por outros títulos, o certificado de origem e a apólice de seguro, é remetido ao comprador, daí o nome da venda documental"[679].

O contrato de seguro surge, na maior parte das situações, para cobrir os riscos ligados à movimentação das mercadorias.

O contrato de transporte surge porque na «aventura» da movimentação das mercadorias entre locais geograficamente distantes intervêm outros sujeitos, mas também porque as mercadorias podem não ser transportadas

[677] E, note-se, que é sempre possível considerar que o transporte de mercadorias, em determinado momento, pode crescer mais rápido do que o comércio pelo simples facto de "sistemas de transporte mais rápidos, mais fáceis e mais seguros facilita[rem] a abertura a um mercado mundial para a maioria dos produtos" (Hultman, B., «Impact of New Transportation Techniques», *in* Grönfors, Kurt (Ed.), *Modern Transport and Sales Financing*, Kungsbacka: Elanders Boktryckeri Aktiebolag, 1974, p. 34.).

[678] Goode, Roy, *et al.*, *Transnational Commercial Law – Texts, Cases and Materials –*, 2ª Edição, Oxford: Oxford university Press, 2015, p. 270.

[679] Ripert, Georges, *Traité Élémentaire de Droit Commercial*, Vol. II, 4ª Edição, Paris : Librairie Générale de Droit et de Jurisprudence, 1960, p. 132. Mais recentemente, em uma formulação muito próxima da apresentada por Ripert, há quem diga que "a venda documentária [...] cria uma ligação importante entre o contrato de venda e o contrato de transporte" (Mainguy, Daniel / Nourissat, Cyril, « Les contratts internationaux», *in* Béguin, Jacques / Menjucq, Michel (Dir.), *Droit du Commerce International*, 3ª Edição, Paris: LexisNexis, 2019, p. 615).

em um único meio de transporte ou de uma só vez; as mercadorias podem ter de ficar armazenadas em determinados locais[680] para poderem seguir o seu caminho em um outro meio de transporte e essas operações podem surgir várias vezes durante todo o trajeto. Na maioria dos casos, "o caráter internacional do transporte determina-se por ele mesmo: é suficiente que o transporte se destine, na intenção das partes, a atravessar uma fronteira. Não importa, portanto, a nacionalidade das partes ou a natureza, interna ou internacional, da venda que ele acompanha"[681]. Mas a expressão "atravessar uma fronteira" deve ser entendida em termos hábeis, ou seja, "o contrato de transporte é considerado internacional quando o local de tomada a cargo da mercadoria e o local designado para entrega, tal como especificado no contrato, se situam em dois países diferentes."[682]

A relação entre o contrato de transporte e o contrato de venda é uma relação de estreita interdependência, posto que "a força operativa é sempre um contrato de venda de mercadorias e subsequentemente a necessidade de transporte[,nomeadamente] por mar"[683]. Acresce que, *prima facie*, "o jogo dos *Incoterms* nas vendas internacionais [colocará, ainda que parcialmente, em causa o princípio da] independência jurídica [entre o contrato de venda e o contrato de transporte]"[684].

Do mesmo modo, os meios de pagamento internacionais têm determinadas especificidades que os diferenciam dos métodos de pagamento

[680] Esta armazenagem antes de as mercadorias chegarem ao destino coloca questões relacionadas com a cobertura do risco no âmbito do contrato de seguro. Por exemplo, no âmbito da modalidade A (*all risks*) das *Institute Cargo Clauses* considera-se terminado o seguro após a conclusão da descarga das mercadorias do veículo de transporte em um entreposto (*vide* cláusula 8.1.2.). As *Institute Cargo Clauses* podem ser encontradas em: < https://www.iua.co.uk/IUA_Member/Clauses/IUA_Member/Clauses/eLibrary/Clauses.aspx?hkey=6f7dd1a3-6ab3-4b10-94c2-5a8c644b1c32>. Sobre a inter-relação do contrato de venda de mercadorias com o contrato de seguro veja-se, *infra*, o ponto 3 deste Capítulo.

[681] Mainguy, Daniel / Nourissat, Cyril, « Les contrats internationaux», *in* Béguin, Jacques / Menjucq, Michel (Dir.), *Droit du Commerce International*, 3ª Edição, Paris: LexisNexis, 2019, p. 658

[682] Hoeks, Marian, *Multimodal Transport Law – The Law Applicable to the Multimodal Contract for the Carriage of Goods*, Alphen aan den Rijn: Kluwer Law International, 2010, p. 107.

[683] Plomaritou, Evi / Papadopoulos, Anthony, *Shipbroking and Chartering Practice*, 8ª Edição, Abingdon: Routledge, 2018, p. 169.

[684] Mainguy, Daniel / Nourissat, Cyril, «Les contrats internationaux», *in* Béguin, Jacques / Menjucq, Michel (Dir.), *Droit du Commerce International*, 3ª Edição, Paris: LexisNexis, 2019, p. 659. Sobre a (ir)relevância dos *INCOTERMS* no domínio da transferência do risco, *vide infra* Capítulo V.

usados no âmbito de uma venda com a presença física do vendedor e do comprador. Estes meios de pagamento internacionais são, frequentemente, baseados na entrega de documentos e não na entrega das mercadorias, sendo feitos com recurso a esquemas negociais onde surgem, também, outros sujeitos capazes de mitigar o risco de preço.

Por fim, um outro contrato com repercussões na compreensão da questão atinente à transferência do risco é o contrato de seguro, ora porque tem sido entendido como um elemento essencial para a interpretação do contrato de venda internacional no que à alocação do risco respeita, ora porque o risco que é transferido no âmbito deste contrato tem uma natureza diferente do risco que é transferido no âmbito da venda internacional. Assim, com base no objetivo para que são criados estes contratos e/ou esquemas negociais, em algumas das suas características e modo de execução, procuraremos extrair alguns elementos para a (re)compreensão da transferência do risco na venda internacional.

Por outro lado, a transferência do risco na venda internacional não pode contar com a superação de alguns dos seus problemas por via de outros contratos relacionados, mormente o contrato de seguro. As lacunas surgem nestes contratos como surgem no próprio contrato de venda. Fazer depender a alocação do risco ao vendedor ou ao comprador de uma possível (mas não certa) limitação das consequências da verificação de um determinado evento para um ou para o outro significaria procurar colmatar lacunas no contrato de venda com contratos onde as lacunas surgem também de forma natural. Há, por isso, que proceder a uma correta alocação do risco no âmbito do contrato base (a venda) para mitigar, à partida, o efeito nas relações criadas para fazer face aos interesses do vendedor e do comprador.

1. O transporte das mercadorias

No âmbito do Direito dos transportes, o nosso foco não passará pela análise das "regras jurídicas [...] destinadas promover, facilitar ou orientar a atividade económica dos transportes ou a enquadrar, ou mesmo a canalizar a mobilidade[, ou seja, o] *direito público dos transportes* [...]"[685], mas sim pela análise das regras aplicáveis às relações que terão como intervenientes os transportadores, expedidores e destinatários e que podem ser de origem

[685] Maiani, Francesco / Bieber, Roland, *Droit européen des transports*, 3ª Edição, Genebra/Zurique/Paris: Schulthess Éditions Romandes e LGDJ, 2020, p. 18.

estatal ou (inter)nacional[686]. No entanto, é reconhecida a fragmentação das fontes no que concerne à regulamentação do contrato de transporte internacional[687] e, por esse facto, colocaremos o nosso enfoque em fontes de origem internacional (maioritariamente de origem convencional), sem prejuízo de em determinados pontos podermos convocar certas fontes de origem estatal[688].

A movimentação das mercadorias de locais distantes entre si constitui uma circunstância que se verifica, repetidamente, na venda internacional de mercadorias. Há mesmo quem afirme que "[o] transporte tem sido sempre a força vital do comércio internacional."[689] Independentemente de uma determinada venda poder ser considerada internacional mesmo que as mercadorias não cheguem a atravessar as fronteiras de um determinado Estado[690], é muito provável que determinada deslocação das mercadorias se faça com recurso a transporte efetuado, diretamente, pelo vendedor

686 Em uma formulação próxima da que é feita pelos autores referidos na nota anterior para contrapor, por um lado, Direito Público dos transportes a Direito Privado ou Comercial dos transportes e, por outro, Direito nacional dos transportes a Direito internacional dos transportes.

687 Furrer, Andreas / Vasella, Juana, «'Transportkollisionsrecht' – Zur Rolle des IPR bei der grenzüberschreitenden Beförderung von Gütern», *in* Grolimund, Pascal, *et. al.* (Ed.), *Festschrift für Anton K. Schnyder zum 65. Geburtstag*, Zürich/Basel/Genf: Schulthess Juristische Medien AG, 2018, p. 104-105.

688 Uma abordagem demasiado extensiva às fontes de origem estatal consubstanciaria um trabalho não só disperso, mas também pouco orientado por uma perspetiva (e interpretação) internacional do contrato de transporte. Aliás, nos Estados em que as Convenções tenham sido ratificadas, as mesmas constituem direito interno desse Estado (também neste sentido, *vide* Furrer, Andreas / Vasella, Juana, «'Transportkollisionsrecht' – Zur Rolle des IPR bei der grenzüberschreitenden Beförderung von Gütern», *in* Grolimund, Pascal, *et. al.* (Ed.), *Festschrift für Anton K. Schnyder zum 65. Geburtstag*, Zürich/Basel/Genf: Schulthess Juristische Medien AG, 2018, p. 107).

689 Kessedjian, Catherine / Pironon, Valérie, *Droit du Commerce international*, 2ª Edição, Paris: Presses Universitaires de France / Humensis, 2020, p. 322. Note-se que esta afirmação é também feita a respeito do crédito documentário (*vide* ponto 2 deste Capítulo), o que nos faz crer na importância da sua abordagem no âmbito deste nosso trabalho.

690 Referimo-nos às situações em que o estabelecimento do vendedor e o estabelecimento do comprador se situam em diferentes Estados, mas a execução das obrigações dela emergentes se verifica em um mesmo Estado. Assim pode suceder no âmbito de um contrato de venda internacional regulado pela CISG (*vide* artº 1º). *Cfr.* Mistelis, Loukas, *in* Kröll, Stefan / Mistellis, Loukas / Viscasillas, Pilar Perales (Ed.), *UN Convention on Contracts for the International Sale of Goods (CISG): A Commentary*, Munique, Oxford e Baden-Baden: C. H. Beck-Hart-Nomos, 2018, p. 33-34.

ou pelo comprador ou por transportador «independente». "*O contrato de transporte e o contrato de venda internacional existem separadamente, mas não de forma independente*"[691].

No plano das soluções para a transferência do risco, o facto de o transporte ser feito por vendedor ou comprador ou por um transportador «independente» não é despiciendo. Na primeira situação, a transferência do risco tem por base uma relação bilateral e será no âmbito da conformação desta que a transferência do risco é perspetivada, contratual e legalmente. Na segunda situação, será necessário precisar o que entender por transportador «independente» e quais a(s) interferência(s) decorrentes do surgimento desta «nova» relação jurídica na determinação do risco e do momento da sua transferência por via de «norma contratual» ou por via de norma legal.

Na venda internacional, a movimentação das mercadorias há de realizar-se por via da celebração de um ou mais contratos de transporte. Estes contratos podem ter em vista um transporte interno (sujeito à regulação de uma determinada lei de um determinado Estado) ou um transporte internacional[692].

A grande maioria das vendas internacionais de mercadorias são realizadas entre sujeitos localizados em diferentes pontos do mundo e a distância faz surgir necessariamente outros sujeitos, conformando uma cadeia complexa de relações suscetíveis de colocar em causa a perceção do risco e a dinâmica da sua transferência relativamente às situações em o transporte não faz surgir tais novos sujeitos[693].

O artigo 67º, nº 1 da *CISG* estipula que "*if the contract of sale involves carriage of the goods and the seller is not bound to hand them over at a particular place, the risk passes to the buyer when the goods are handed over to the first carrier for transmission to the buyer in accordance with the contract of sale.*"[694]. Esta

[691] Goode, Roy, *et al.*, *Transnational Commercial Law – Texts, Cases and Materials –*, 2ª Edição, Oxford: Oxford university Press, 2015, p. 269.

[692] Ott, François/Mattey, Pascal, *Le commerce international des marchandises*, Bruylant, 2010, p. 97.

[693] Havendo mesmo quem fale em "transferência do risco no transporte [tendo] como base a modalidade do contrato de compra e venda" (Faria, Duarte Lynce de, «O transporte marítimo de mercadorias», *Revista do CEJ*, 2º semestre 2018, Nº 2, Lisboa: Centro de Estudos Judiciários, p. 59).

[694] Preferimos a versão inglesa da Convenção, pelo facto já por nós referido sobre o sentido mais delimitador da expressão "*hand over*" relativamente à expressão "remessa" (a versão portuguesa, anterior à adesão de Portugal, dispunha que "se o contrato de compra e venda implicar um transporte das mercadorias e o vendedor não estiver obrigado a remetê-las

referência ao *primeiro transportador* é considerada por avisada maioria da doutrina como sendo o transportador "independente"[695]. Mas será sempre necessário ter em conta a possibilidade de a mercadoria ser entregue a um transitário e a possibilidade de o transportador atuar em nome e por conta do vendedor ou do comprador. Em outras situações o transporte pode ser organizado no interesse do vendedor ou do comprador conforme a obrigação de transportar as mercadorias esteja alocada a um ou a outro.

Os atos do transportador "independente" podem interferir, de sobremaneira, na transferência do risco do vendedor para o comprador, nomeadamente nas situações em que o transportador viola o contrato de transporte ao não tomar posse das mercadorias. O ato do transportador fará com que a obrigação de entrega das mercadorias por parte do vendedor seja diferida ou obstruída e, consequentemente, possa ser impedida a passagem do risco no âmbito do contrato de venda[696].

para um lugar determinado, o risco transfere-se para o comprador a partir da remessa das mercadorias ao primeiro dos transportadores que as fará chegar ao comprador, de acordo com o contrato de compra e venda") ou, até mesmo, relativamente a entrega (que consta da versão portuguesa decorrente da adesão de Portugal à Convenção, publicada no D.R. 1ª Série, Nº 153, de 07 de agosto de 2020; "Se do contrato de compra e venda fizer parte o transporte das mercadorias e o vendedor não estiver obrigado a entregá-las num local determinado, o risco transfere -se para o comprador quando as mercadorias são entregues ao primeiro transportador para envio ao comprador, de acordo com o contrato de compra e venda."). Esta última redação ou tradução merece umas linhas mais. Trata-se de uma referência a entrega que não tem paralelo na versão inglesa do artigo 67º, nº 1, pois a entrega é um conceito que, no âmbito da Convenção, pode ser preenchido por mais de um ato (art. 31º da *CISG*). No entanto, na versão portuguesa do artigo 31º (publicada em D.R.) volta a fazer-se menção à entrega das mercadorias ao primeiro transportador e traduz-se «*transmission to the buyer*» para «*envio ao comprador*», quando nos parece que o envio não é feito pelo transportador, mas sim pelo vendedor (o transportador transmite as mercadorias ao comprador que foram expedidas ou enviadas pelo vendedor).

695 Hager,Günter e Schmidt-Kessel, Martin, *in* Schwenzer, Ingeborg (Coord.), *Commentary on the UN Convention on the International Sale of Goods (CISG)*, Oxford University Press, 2010, p. 929 (também disponível em lingua espanhola sob o título "*Comentario sobre la Convención de las Naciones Unidas sobre los contratos de compraventa internacional de mercaderías*", Tomo II, Arazandi-Thomson Reuters, 2011, p. 1572-1573); Honnold, John O. / Flechtner, Harry M., *Uniform Law for International Sales under the 1980 United Nations Convention*, Países Baixos : Kluwer Law International BV, 2009, p. 520-521; Gillette, Clayton P. e Walt, Steven D., *The UN Convention on Contracts for the International Sale of Goods: Theory and Practice*, 2ª Edição, 2016, Nova Iorque: Cambridge University Press, p. 284 e p. 1571.

696 Al-Daboubi, Derar, «The Role of the Marine Carrier in Operating a Passage of Risk in International Sale Contract», *in* Musi, Massimiliano (Coord.), *Port, Maritime and Transport*

No âmbito do contrato de transporte são emitidos determinados documentos[697] que servem para prova da receção das mercadorias, do seu estado aparente e do número de embalagens[698]. Assim sendo, esses documentos constituem elementos de prova importantes para determinar quando é que a transferência do risco se dá sempre que o contrato de venda internacional de mercadorias envolva transporte «independente» (na aceção do art. 67º da *CISG*).

Esta realidade tem de ser conformada com uma outra. O contrato celebrado com o transportador pode ser um contrato celebrado por vendedor, por comprador ou por um terceiro. Nesse caso, deverá determinar-se quais a implicações da existência de um contrato a favor de terceiro, de um contrato de mandato ou de prestação de serviços de transitário[699].

Aliás, havendo contrato de transporte e tendo, no âmbito da norma contratual ou da norma legal aplicáveis à venda internacional, sido transferido o risco do vendedor para o comprador, este, querendo ser compensado pela verificação de um determinado evento que afete as mercadorias, tem de «olhar» para o transportador no âmbito do contrato de transporte[700]. Havendo transporte de mercadorias o comprador pode vir a não suportar qualquer prejuízo decorrente do facto de sobre si ter ficado a cargo o risco no âmbito do contrato de venda internacional de mercadorias, con-

Law between Legacies of the Past and Modernization, Il Diritto Marittmo – Quaderni, 5, Bonomo Editore, 2018, p. 558.

[697] Segundo alguns autores, no direito romano previa-se, no ponto 4.9.3 do *Digesto*, "que o comandante [podia] emitir um documento designado *cheirembolon* [...], que significa[va] 'tomar a propriedade em custodia'[, sendo possível] que esta disposição [tenha] a sua origem na *Lex Rhodia de Iactu.*" (Goode, Roy, *et al.*, *Transnational Commercial Law – Texts, Cases and Materials –*, 2ª Edição, Oxford: Oxford university Press, 2015, p. 271). Esta "*Lex Rhodia de Iactu* teve a sua origem na ilha de Rodes entre o nono e o sexto século ac e é amplamente considerado o código de direito marítimo mais antigo" (*ibidem*, nota 5). Ora, esta ideia de custódia das mercadorias no âmbito do contrato de transporte será, também, tida em conta neste nosso trabalho para determinar se o risco deve estar alocado ao vendedor ou ao comprador no contrato de venda.

[698] *Vide*, nomeadamente o artigo 9º da Convenção *CMR*.

[699] Estas questões não serão, é certo, todas debatidas no âmbito do presente trabalho, pois "a riqueza e a complexidade da regulamentação dos contratos de transporte internacionais nos conduzirão a limitar o estudo apenas a estes contratos, com exclusão de contratos periféricos (comissão, manutenção, etc.)." (Ancel, Marie-Élodie / Deumier, Pascale / Laazouzi, Malik, *Droit des contrats internationaux*, 2ª Edição, Paris: Éditions Dalloz, 2020, p.583).

[700] Debattista, Charles, *Sale of Goods Carried by Sea*, Butterworths & Co (Publishers) Ltd, 1990, p. 90.

tanto que seja possível imputar a ocorrência do evento que afetou as mercadorias a um ato ou omissão do transportador[701]. Tendo em conta um ato ou uma omissão do transportador já pode falar-se em (re)transmissão do risco, porquanto o comprador verá o seu risco aferido no âmbito de um outro vínculo contratual que não o de venda. A perda patrimonial decorrente de afetação da integridade das mercadorias deixa de ser aferida no âmbito do desenvolvimento da relação de venda e transmite-se para uma outra relação: a de transporte. Mas quando o vendedor ou o comprador procura ser reintegrado no âmbito do contrato de transporte dificilmente será concebível considerar que ainda se está perante o risco subjacente à transferência do risco na venda internacional de mercadorias.

1.1. A natureza do contrato de transporte: (des)necessidade da discussão para a compreensão da transferência do risco na venda internacional de mercadorias

Na venda internacional de mercadorias, a necessidade de transporte deriva, na maior parte das situações, da própria natureza da relação jurídica (internacional). A movimentação de mercadorias de um lugar para um outro lugar ocorrerá na maior parte das situações em que o contrato de venda se considere internacional[702]. Ainda que a obrigação de entrega das mercadorias tenha de ser executada através de movimentação das mercadorias em um mesmo Estado, as situações em que essa movimentação não reclama transporte serão, por certo, residuais. Ademais, para melhor delimitar o âmbito de um estudo relativo à transferência do risco no contrato de venda internacional de mercadorias, daremos, *prima facie*, atenção às situações

[701] Gullifer, Louise, «Risk», *in* McKendrick, Ewan (Ed.), *Sale of Goods*, LLP Professional Publishing, 2000, p. 107.

[702] Note-se que não se assume que tal facto se verifica em todas as vendas internacionais, porquanto há que ter em conta, nomeadamente as situações em que "uma terceira parte adere a um contrato de venda internacional como segundo vendedor"; este segundo vendedor "também está vinculado à *CISG* mesmo que esteja localizado no mesmo Estado que o comprador" (*vide*, Schwenzer, Ingeborg / Hachem, Pascal, *in* Schwenzer, Ingeborg (Coord.), *Commentary on the UN Convention on the International Sale of Goods*, Oxford University Press, 2016, p. 37.). Do mesmo modo, o principal critério de «internacionalidade» do contrato de venda consagrado na *CISG* (quando o contrato é concluído "entre partes cujos estabelecimentos estão em diferentes Estados" – artº 1º, nº 1 *CISG*) pode bem conduzir a que estejamos perante um contrato de venda internacional mesmo que as mercadorias tenham como ponto de partida e ponto de chegada um mesmo Estado.

de «internacionalidade» do próprio transporte, o qual sob o seu estrito plano tem como elemento característico "a passagem de uma fronteira"[703].

Sendo necessário transportar as mercadorias, vendedor e comprador poderão acordar realizar a operação com os seus próprios meios ou recorrer a uma terceira pessoa, que poderá assumir diretamente (e apenas) o transporte das mercadorias ou ficar responsável por efetuar um conjunto de atos, dentro do qual se insere o transporte das mercadorias[704]. Tendo as mercadorias um determinado destinatário, quando este não seja o expedidor/carregador pode falar-se em contrato a favor de terceiro[705]. Rodière considera que "não é proibido, de facto, ver neste contrato [...] um contrato tripartido, concedendo assim ao destinatário uma ação de natureza contratual contra o transportador"[706]. "Mas talvez não seja necessário recorrer

[703] Rodière, René / Mercadal, Barthélémy, *Droit des transports terrestres et aériens*, 5ª Edição, Paris : Dalloz, 1990, p.180 ; Alter, Michel, *Droit des transports : terrestres, aériens et maritimes internes et internationaux*, 2ª Edição, Paris : Dalloz, 1989, p. 15. Luís de Lima Pinheiro afirma, expressamente, que "quando se fala de transporte internacional tem-se principalmente em vista uma deslocação de pessoas ou mercadorias de um país para outro tendo como contrapartida o pagamento de um bilhete ou de um frete" (*vide, Direito Comercial Internacional – O Direito Privado da Globalização Económica"*, Revista da Faculdade de Direito da Universidade de Lisboa, Suplemento (2005), Coimbra: Coimbra Editora, 2006, p. 44-45).

[704] Não se abordarão as situações em que intervenham intermediários, nomeadamente, um agente, um comissário (*vide*, Pineau, Jean / Lefebvre, Guy, *Le contrat de transport de marchandises*, Montreal: Éditions Thémis, 2016, p. 21 e ss) ou um transitário (exceto nas situações em que este possa atuar como transportador; *vide, v.g.*, Ac. TRP, de 06/05/2003, disponível em <http://www.dgsi.pt/jtrp.nsf/0/8A111E1789174C5980256DAA0033E02D>; e Ac. STJ, de 04 de novembro de 2010, disponível em: < http://www.dgsi.pt/jstj.nsf/954f0ce6ad9dd8b980256b5f003fa814/1c64b699ca8e590e802577d6005ec902?OpenDocument>). E note-se que a intervenção do transitário coloca questões complexas relacionadas com o direito de regresso da seguradora quando esta tenha indemnizado o expedidor por danos decorrentes do transporte (no sentido de que essa ação de regresso deve ser intentada contra o transitário e não contra o transportador, *vide* Ac. TRC, de 09 de novembro de 2010, disponível em: <http://www.dgsi.pt/jtrc.nsf/c3fb530030ea1c61802568d9005cd5bb/d8ada86edcfe4081802577df00351188?OpenDocument>).

[705] Referindo o destinatário como uma das "terceiras partes", ao lado de "subtransportadores", *vide* Hartenstein, Olaf, «Rights and Duties of Third Parties in Modern Transportation Law – International Conventions, German Law and Private International Law –», *in* Furrer, Andreas (Ed.), *Transportation Law on the Move – Challenges in the Modern Logistics World –*, Berna: Stämpfli Verlag, 2020, p. 24-25.

[706] Ripert, Georges / Roblot, René, *Traité de Droit Commercial*, Tomo II, 17ª Edição (por Philippe Delebecque e Michel Germain), Paris: L.G.D.J, 2004, p. 704. Note-se que esta afirmação é feita no âmbito de um contrato de transporte em que o destinatário é diferente do expedidor,

a nenhuma das construções doutrinárias já clássicas para encontrar uma explicação para a entrada do destinatário no contrato no momento em que a mercadoria é transportada para o ponto de destino."[707] Isto porque para além das situações em que o expedidor e o destinatário são, à partida, a mesma pessoa há que ter em conta as situações em que as mercadorias são entregues ao portador de um determinado documento (*v.g.* de um *bill of lading*), ou seja, no momento da celebração do contrato de transporte não se pode determinar se o contrato é trilateral (ou não) pois o destinatário só é conhecido posteriormente[708].

No entanto, a convocação do contrato de transporte e o respetivo regime jurídico no âmbito do presente estudo visará tão somente procurar explorar em que medida a configuração dessa relação jurídica pode influenciar a transferência do risco do vendedor para o comprador[709].

Conforme se vem defendendo ao longo deste trabalho, a alocação do risco no contrato de venda deve ser feita (ao vendedor ou ao comprador) de acordo com a maior probabilidade de um ou de outro poder salvaguardar a integridade das mercadorias (diga-se, o objeto mediato do contrato de venda). Para a definição do momento de transferência do risco deve, por isso, ter-se em conta qual das partes tem (ou está em melhores condições de ter) o controlo das mercadorias. Não raras vezes, a assunção, manutenção ou perda desse controlo no âmbito do contrato de venda dependerá, necessariamente, de quem tem (ou está em melhores condições de ter) o poder de controlo/de disposição das mercadorias no âmbito do contrato de transporte.

pois que a referida afirmação é precedida de uma outra em que é abordada a possibilidade de o destinatário poder ser o próprio expedidor ou um terceiro (*vide*, p. 703).

[707] Uría, Rodrigo, *Derecho Mercantil*, 28ª Edição, Madrid: Marcial Pons, 2001, p. 706. Note-se que o autor continua dizendo que "[a] verdadeira causa ou razão reside na natureza do conhecimento de embarque como título de tradição." O autor prossegue com referências à lei interna espanhola, o que pode explicar esta última afirmação. No entanto, dado que nem todos os documentos emitidos em resultado da conclusão de um contrato de transporte internacional de mercadorias podem considerar-se como *document of title*, esta última afirmação estaria um pouco «fora da margem» delimitadora deste trabalho.

[708] Ramberg, Jan, «The Future Law of Transport Operators and Service Providers», *in Scandinavian Studies in Law*, Ano 2004, Vol. 46, p. 141, disponível em: <https://scandinavianlaw.se/pdf/46-6.pdf>.

[709] A abordagem a todas as questões que possa colocar o contrato de transporte mostra-se, como nos parece evidente, inviável.

Entre o momento em que as mercadorias saem do seu ponto de origem e o momento em que chegam ao seu destino surgem outros intervenientes que podem atuar por conta e em nome do vendedor ou do comprador ou atuar de «modo independente» por via da celebração de outros contratos com uma dessas partes. Ademais, esses contratos tendentes à deslocação das mercadorias de um lugar para um outro podem ser celebrados por vendedor em benefício do comprador e vice-versa.

Poderá falar-se em relação bilateral, trilateral ou plurilateral, devendo ter-se em conta o número de partes em um determinado contrato e não o número de sujeitos intervenientes. "Por parte entende-se um «centro de interesses», que vai referida a uma manifestação de vontade que contribui, com a vontade da outra parte ou das outras partes, à formação do contrato"[710]. Assim sendo, o contrato de transporte seria um contrato bilateral a favor de terceiro (o destinatário)[711] ou, considerando-se o destinatário como parte no contrato, seria um contrato trilateral[712]. No entanto, reconhecendo-se que há outros intervenientes no âmbito do contrato de

[710] Criscuoli, Giovanni, *Il Contratto: Itenerari normativi e riscontri giurispridenziali*, Padova:Cedam, 1996, p. 21.

[711] Dando notícia de que a teoria do contrato a favor de terceiro é "perfilhada pela generalidade da doutrina alemã", *vide* Cordeiro, António Menezes, «O transporte multimodal», *in* Gomes, Manuel Januário da Costa (Coord.), *Das Regras da Haia às Regras de Roterdão – As perspetivas para o transporte marítimo e para o transporte multimodal no século XXI* –, Coimbra: Almedina, 2014, p. 57. Note-se que no comércio internacional bem pode o destinatário ser o expedidor, sendo difícil identificar um terceiro a favor de quem tenha sido celebrado o contrato de transporte. Aparentemente, Menezes Cordeiro reconhece isso mesmo quando refere que "o transporte é uma prestação de serviço tipo empreitada, *em regra* a favor de terceiro e dotado de um regime mercantil especializado" (*itálico nosso*).

[712] Rocha, Francisco Costeira da, *O contrato de transporte de mercadorias*, Coimbra: Almedina, 2000, p. 227 e ss. Esta posição depara-se com a mesma dificuldade que foi assinalada relativamente àqueloutra do contrato a favor de terceiro: o destinatário pode ser o próprio expedidor. Só com alguma «artificialidade» se poderá falar em «três lados» ou três partes em termos jurídicos, porquanto implicaria reconhecer que em um mesmo sujeito existissem duas esferas jurídicas (uma integrando os direitos e obrigações enquanto expedidor e outra integrando os direitos e obrigações enquanto destinatário, mas tratando-se de uma mesma pessoa). Alguma doutrina rejeita, por isso, a qualificação do contrato de transporte como "contrato tripartido". É o caso de Jan Ramberg. Este autor considera que, sendo o conhecimento de embarque (*bill of lading*) transferível, "o destinatário final é simplesmente desconhecido no momento da celebração do contrato (*vide* Ramberg, Jan, «The Future Law of Transport Operators and Service Providers», *in Scandinavian Studies in Law*, Ano 2004, Vol. 46, p. 141, disponível em: <https://scandinavianlaw.se/pdf/46-6.pdf>).

transporte, sejam eles considerados "outras pessoas", "intervenientes de segunda esfera" ou "intervenientes secundários"[713], então a determinação da sua natureza parece constituir tarefa árdua e temos dúvidas que possa contribuir para uma melhor compreensão da transferência do risco na venda internacional de mercadorias.

Tenha-se nomeadamente em conta que nas Regras de Roterdão[714] surge um novo interveniente que ainda torna mais complexa a definição da natureza do contrato de transporte. Referimo-nos, desde logo, à introdução do *Documentary shipper* (carregador documentário), cujo exercício dos direitos que lhe são reconhecidos pode influenciar de sobremaneira a compreensão da transferência do risco na venda internacional de mercadorias. Além deste facto, o transporte multimodal[715] comporta alguma complexidade extra na compreensão da natureza do contrato de transporte, designadamente enquanto contrato com dimensão organizatória[716]. Por fim, é de salientar que também se discute a natureza jurídica do contrato de volume[717].

Destarte, não sendo de todo despiciendo ter em conta as diferentes perspetivas sobre a natureza do contrato de transporte, no que à transferência do risco concerne parece-nos mais profícua uma abordagem às con-

[713] Rocha, Francisco Costeira da, *O contrato de transporte de mercadorias,* Coimbra: Almedina, 2000, p. 147-150.

[714] Mas tenha-se em conta que estas regras não têm tido grande sucesso (Mainguy, Daniel / Nourissat, Cyril, «Les contratts internationaux»», *in* Béguin, Jacques / Menjucq, Michel (Dir.), *Droit du Commerce International,* 3ª Edição, Paris: LexisNexis, 2019, p. 662), mormente atendendo ao reduzido número (cinco) de Estados aderentes (*vide* < https://uncitral.un.org/en/texts/transportgoods/conventions/rotterdam_rules/status>) não estão ainda em vigor.

[715] Note-se que não vem sendo reconhecido às Regras de Roterdão a natureza de Convenção sobre transporte multimodal (*vide,* Gonzalo, Marco Lopez de, «From the Hague to Rotterdam: Revolution or Evolution?», *in* Gomes, Manuel Januário da Costa (Coord.), *Das Regras da Haia às Regras de Roterdão – As perspetivas para o transporte marítimo e para o transporte multimodal no século XXI –*, Coimbra: Almedina, 2014, p. 87. Este autor assinala que a Convenção vem sendo conhecida por "*«maritime plus» convention*".

[716] Cordeiro, António Menezes, «O transporte multimodal», *in* Gomes, Manuel Januário da Costa (Coord.), *Das Regras da Haia às Regras de Roterdão – As perspetivas para o transporte marítimo e para o transporte multimodal no século XXI –*, Coimbra: Almedina, 2014, p. 64.

[717] Calderale, Alfredo, «Il contratto di volume e le regole di Rotterdam», *in* Gomes, Manuel Januário da Costa (Coord.), *Das Regras da Haia às Regras de Roterdão – As perspetivas para o transporte marítimo e para o transporte multimodal no século XXI –*, Coimbra: Almedina, 2014, p. 116-123.

cretas implicações do contrato de transporte na definição desse momento e na dinâmica da sua alocação ao vendedor ou ao comprador.

O contrato de transporte "é o contrato que tem por objeto o movimento de uma mercadoria definida em uma determinada relação por um transportador profissional"[718]. No âmbito do tema que nos ocupa, a relação onde se encontra definida a mercadoria é a de venda. É esse objeto previamente definido no âmbito do contrato de compra e venda que o transportador se obriga a movimentar.

O objeto do contrato de venda é diferente do objeto do contrato de transporte. O primeiro tem por objeto (mediato) a mercadoria, já o segundo tem por objeto a movimentação da mercadoria identificada no contrato de venda. A execução do contrato de transporte não será efetuada tendo por base as cláusulas que integram o contrato de venda, mas a movimentação que se pretende ver executada no âmbito do contrato de transporte incide sobre a mercadoria.

Há, portanto, uma ligação estreita entre o contrato de transporte e a manutenção da integridade da mercadoria identificada no contrato de venda. A movimentação da mercadoria é um ato que, em abstrato, é suscetível de aumentar o risco de afetação da sua integridade. [719]

O critério de transferência do risco consagrado nomeadamente no artigo 67º da *CISG* aplica-se nas situações em que o contrato de venda internacional envolva o transporte das mercadorias. E para determinar se este transporte está envolvido no contrato de venda internacional de mercadorias tudo depende da «norma contratual»[720]. O silêncio sobre

[718] Rodière, René / Mercadal, Barthélémy, *Droit des transports terrestres et aériens,* 5ª Edição, Paris : Dalloz, 1990, p.173.

[719] Pense-se, nomeadamente, em mercadorias de fácil deterioração por via de alteração de temperatura ou das condições atmosféricas (por exemplo, o risco de deterioração de cereais mantidos em um mesmo local seco durante vinte dias não é, necessariamente, o mesmo no caso desses mesmos cereais, durante esses mesmos dias, estarem em trânsito por zonas onde o nível de humidade é muito superior).

[720] *"The reference to the contract of sale means only that the contract must provide for carriage of the goods"* (*vide,* Hager, Günter e Schmidt-Kessel, Martin, *in* Schwenzer, Ingeborg (Coord.), *Commentary on the UN Convention on the International Sale of Goods (CISG),* Oxford University Press, 2010, p. 930). *"Among the circumstances to be considered are the allocation of costs as well as obligations regarding arranging for transportation and insuring the goods"* (*vide,* Hachem, Pascal, *in* Schwenzer, Ingeborg, *Commentary on the UN Convention on the International Sale of Goods,* Oxford University Press, 2016, p. 970).

este aspeto implica que o critério para a distribuição do risco seja o consagrado no artigo 69º e já não o consagrado no artigo 67º da *CISG*[721], *ou seja, estaremos já perante um contrato de venda que não envolve, na aceção da CISG*, o transporte das mercadorias.

Assim sendo, há que determinar se o contrato de venda envolve o transporte efetuado por um transportador "independente" ou se esse transporte é efetuado com meios próprios do vendedor e/ou comprador.

1.2. O transporte das mercadorias pelo vendedor ou pelo comprador

Se o contrato de venda internacional prevê que o transporte das mercadorias deve ser efetuado pelo vendedor ou pelo comprador, isso significa que a obrigação de movimentação das mercadorias de um local para outro local emerge desse mesmo vínculo contratual. Nesse caso, a interpretação do contrato de venda assume exclusiva relevância na transferência do risco, porquanto é esse vínculo entre vendedor e comprador a fonte de alocação do risco, mas também o único vínculo contratual modelador dessa alocação. Esta ideia tem, *prima facie*, arrimo no artigo 67º da *CISG*. Aqui o critério estabelecido para a transferência do risco implica que o contrato de venda envolva transporte das mercadorias por um transportador "independente"[722] ou, dito de outro modo, "envolva meios de transporte de terceiros"[723]. Se o transporte é efetuado por vendedor ou comprador, isso possivelmente significa que ambos decidiram alocar o risco ao que fica incumbido de, através de meios próprios, proceder ao transporte das mercadorias.

Ademais, sendo o transporte efetuado pelo vendedor, através dos seus meios logísticos ou humanos, é ele que tem o poder de controlo das mercadorias, razão pela qual o facto de as mercadorias terem de ser transpor-

[721] Diga-se: assim é, não porque consta dos resumos de jurisprudência da UNCITRAL como, sem mais, citam determinados autores (*vide*, Erauw, Johan, *in* Kröll, Stefan / Mistellis, Loukas / Viscasillas, Pilar Perales (Coord.), *UN Convention on Contracts for the International Sale of Goods (CISG): A Commentary*, C. H. Beck-Hart-Nomos, 2018, p. 862 (nota 3), mas sim porque resulta literalmente do artigo 18º, nº 1, segunda parte, que o silêncio não significa aceitação no que à formação do contrato concerne.

[722] Hager, Günter, *in* Schlechtriem, Peter / Schwenzer, Ingeborg (Ed.), *Commentary on the UN Convention on the international sale of goods (CISG)*, Oxford: Oxford University Press, 2ª Edição, 2005, p. 682.

[723] Honnold, John O., *Uniform Law for International Sales under the 1980 United Nations Convention*, Países Baixos : Kluwer Law International BV, 2009, p. 517-518.

tadas não pode conduzir a uma alocação do risco nos termos consagrados, nomeadamente no artigo 67º da *CISG*[724]. O contrato de venda há de revelar a vontade expressa das partes em alocar o risco através da consagração de cláusula de onde resulte a obrigação de o vendedor transportar as mercadorias através de trabalhadores seus. Do mesmo modo, se do contrato de venda não resultar que o vendedor ficou adstrito ao cumprimento dessa obrigação, mas ainda assim ele escolhe o seu próprio pessoal para realizar o transporte, o vendedor assume o risco[725], dado que é o próprio que escolhe não transmitir o poder de controlo das mercadorias a um transportador "independente". Mantendo o controlo das mercadorias, o vendedor suporta o risco de afetação da integridade das mercadorias.

Pelo contrário, se não resultar da interpretação do contrato de venda que o vendedor tinha de efetuar o transporte das mercadorias através dos seus próprios meios ou, não tendo de o fazer, também não assumiu por sua própria conta e risco realizá-lo, não pode presumir-se que o risco ficou alocado ao vendedor[726].

1.3. A (in)dependência do transporte relativamente ao contrato de venda

A existência de um transportador «independente» pressupõe que o vendedor e o comprador não efetuam o transporte das mercadorias através dos seus próprios meios e implica uma independência do transportador na execução do contrato de transporte. O transportador não está vinculado a executar as (suas) obrigações derivadas do contrato de transporte tendo em conta os direitos e as obrigações emergentes do contrato de venda, mas vendedor e comprador (respetivamente, se for o caso, na qualidade de expedidor e destinatário) podem consagrar no contrato de transporte determinados aspetos derivados do contrato de venda.

Esta «inserção» no contrato de transporte de determinados aspetos relativos ao contrato de venda pode estar relacionada com o exercício de

[724] Hager, Günter, *in* Schlechtriem, Peter / Schwenzer, Ingeborg (Ed.), *Commentary on the UN Convention on the international sale of goods (CISG)*, Oxford: Oxford University Press, 2ª Edição, 2005, p. 682.

[725] Rüfner, Thomas, *in* Jansen, Nils e Zimmermann, Reinhard (Ed.), *Commentaries on European Contract Laws*, Oxford University Press, 2018, p. 2058.

[726] Rüfner, Thomas, in Jansen, Nils e Zimmermann, Reinhard (Ed.), *Commentaries on European Contract Laws*, Oxford University Press, 2018, p. 2059.

direitos emergentes deste último contrato. Como vimos no âmbito do ponto 4. do Capítulo III[727], o vendedor pode exercer o direito de suspensão do cumprimento da obrigação de entrega, mas a concretização desta pretensão será mais fácil se ele for titular do direito de disposição das mercadorias que emerge do contrato de transporte. Consequentemente, o vendedor e o comprador podem estabelecer no contrato de venda que deve constar do contrato de transporte a atribuição ao vendedor do direito de disposição das mercadorias. E isso pode suceder se o vendedor for o expedidor ou, sendo o comprador o expedidor, através da atribuição ao vendedor do primeiro exemplar da declaração de expedição (no transporte rodoviário)[728], através da celebração de acordo sobre a carta de porte (no transporte aéreo)[729] ou através da designação do vendedor como *documentary shipper* (no transporte marítimo)[730]. Inversamente, pode esse direito ser atribuído ao comprador.

Assim, estando envolvido transporte no âmbito do contrato de venda, a dinâmica da transferência do risco pode ser modificada se o poder de controlo das mercadorias emergente do contrato de transporte puder influenciar o poder de controlo das mercadorias resultante do contrato de venda, não só por via de cláusula expressa, mas também por via do regime legal supletivo aplicável ao contrato de transporte.

Independentemente do direito de interrupção da transmissão das mercadorias ao comprador emergente do contrato de venda (a favor do vendedor), a dinâmica associada à transferência do risco depende, necessariamente, dos direitos emergentes do contrato de transporte e da modalidade de transporte escolhida. Consoante a modalidade de transporte utilizada para proceder à movimentação das mercadorias, o silêncio das partes (no contrato de transporte) quanto à atribuição do direito de disposição das mercadorias pode conduzir a resultados distintos, atento o facto de as normas supletivas de cada uma das Convenções estabelecerem soluções distintas.

A independência do transportador não significa um absoluto desligamento das duas relações contratuais (entre o contrato de venda e o contrato

[727] E melhor se explicitará no ponto em que agora estamos.

[728] Ver *infra* ponto 1.3.2.1.

[729] Ver *infra* ponto 1.3.2.3.

[730] Figura já existente antes das Regras de Roterdão, mas que estas consagraram expressa e literalmente (ver *infra* ponto 1.3.2.5.).

de transporte) no que concerne à transferência do risco na venda internacional de mercadorias. A escolha entre a alocação do risco ao vendedor ou ao comprador não pode oscilar de acordo com o tipo de transporte utilizado para proceder à movimentação das mercadorias, mas também não pode essa alocação estar ligada, apenas, à ideia de que quem retira benefícios deve suportar o risco.

Na venda internacional de mercadorias o risco de afetação da integridade das mercadorias não deve estar alocado tendo por base, tão somente, o interesse de uma ou de outra parte ou o benefício que qualquer uma delas possa retirar.

O transporte de mercadorias desempenha uma importante função no âmbito da própria execução do contrato de venda internacional de mercadorias, podendo a salvaguarda da integridade das mercadorias durante o transporte e o respetivo poder de controlo influenciar a alocação do risco no âmbito do contrato de venda. O envolvimento do transportador no âmbito do contrato de compra e venda deriva, desde logo, do facto de o documento de transporte assumir enorme relevância na execução das duas principais obrigações emergentes do contrato de venda internacional: a entrega das mercadorias e o pagamento do preço[731]. Esse documento desempenha uma função muito importante no desenvolvimento e execução da venda internacional.

A atribuição de relevância à emissão de documentos, no âmbito do contrato de transporte, para a modelação de critério de alocação do risco é muito discutível[732]. Determinar quem é titular do poder de controlo das mercadorias no âmbito do contrato de transporte e transpor essa mesma ideia para o âmbito do contrato de venda internacional pode convocar a ideia de que a referência a "documentos representativos das mercadorias" é a via natural. Esta questão da representatividade das mercadorias não deveria ser o ponto de incidência, mas tão-somente a questão da atribuição do poder de controlo a uma das partes, por ser ela a titular de um

[731] Plomaritou, Evi / Papadopoulos, Anthony, *Shipbroking and Chartering Practice*, 8ª Edição, Abingdon/Nova Iorque: Informa Law from Routledge, 2018, p. 197.

[732] Veja-se, desde logo, a discussão gerada a respeito da redação do artigo 68º da *CISG* (artº 80º do Projeto) no Primeiro Comité (*vide United Nations Conference on Contracts for the International Sale of Goods – Official Records*, Nova Iorque: Nações Unidas, 1991, p. 127 e ss. (disponível em: < https://uncitral.un.org/sites/uncitral.un.org/files/media-documents/uncitral/en/a-conf-97-19-ocred-eng.pdf>).

determinado direito emergente do contrato de transporte (seja direito de modificação / alteração do contrato, direito de disposição das mercadorias ou direito da parte controladora).

1.3.1. O transportador «independente» na *CISG*

A transferência do risco na venda internacional de mercadorias em trânsito vem regulada no artigo 68º da *CISG*. Este artigo foi sujeito a uma «musculada» negociação, onde ficou patente a constante oscilação entre o critério da transmissão das mercadorias ao primeiro transportador independente (já consagrado no artigo 99º, nº 1 da *ULIS*) e o critério da conclusão do contrato. O artigo 68º da *CISG* teve como predecessor o artigo 80º do Projeto, onde se estabelecia uma expressa referência ao momento em que as mercadorias são transmitidas ao transportador que emite os documentos representativos das mercadorias[733]. E não pode dizer-se que a vontade do legislador foi outra que não a de substituir essa parte da norma legal constante do Projeto pela referência, apenas, a "documentos que comprovam o contrato de transporte"[734]. Não obstante, a alteração resultante das negociações no âmbito do Primeiro Comité foi aprovada, apenas, por

[733] *Vide, United Nations Conference on Contracts for the International Sale of Goods – Official Records*, Nova Iorque: Nações Unidas, 1991, p. 14 (disponível em: <https://uncitral.un.org/sites/uncitral.un.org/files/media-documents/uncitral/en/a-conf-97-19-ocred-eng.pdf>.

[734] Esta é, também, a posição maioritária da doutrina. Nesse sentido, *vide* Günter, *in* Schlechtriem, Peter / Schwenzer, Ingeborg (Ed.), *Commentary on the UN Convention on the international sale of goods (CISG)*, Oxford: Oxford University Press, 2ª Edição, 2005, p. 687-688; Brunner, Christoph / Klingler, Désirée /Mauerhofer, Marc, *in* Brunner, Christoph / Gottlieb, Benjamin (Ed.), *Commentary on the UN Sales Law (CISG)*, Países Baixos: Kluwer Law International B.V., 2019, p. 470; Raymond, Anjanette (Angie), *in* Kröll, Stefan / Mistellis, Loukas / Viscasillas, Pilar Perales (Coord.), *UN Convention on Contracts for the International Sale of Goods (CISG): A Commentary*, C. H. Beck-Hart-Nomos, 2018, p. 872; Hachem, Pascal, in Schwenzer, Ingeborg (Ed.), *Commentary on the UN Convention on the International Sale of Goods*, Oxford University Press, 2016, p. 983 (este autor apresenta, no entanto, a afirmação de que "na prática, ambos [*rectius*, os documentos representativos das mercadorias e os documentos que comprovam a existência do contrato de transporte] coincidirão frequentemente no *bill of lading*"); Honnold, John O. / Flechtner, Harry M., *Uniform Law for International Sales under the 1980 United Nations Convention*, Países Baixos : Kluwer Law International BV, 2009, p. 527-530 (A posição de John Honnold nesta obra não se estranha, porquanto foi o proponente da retirada da referência a "documentos representativos das mercadorias" da letra da norma, no âmbito da apreciação do projeto no Primeiro Comité; *vide United Nations Conference on Contracts for the International Sale of Goods – Official Records*, Nova Iorque: Nações Unidas, 1991, p. 404).

uma diferença de 2 votos (15 votos a favor e 13 votos contra)[735] e, em sede de Conferência Plenária a redação proposta para o artigo 68º da *CISG* não obteve a maioria necessária para aprovação, ficando a redação final com a referência a "no momento da conclusão do contrato" como primeira regra para a transferência do risco e com a referência na segunda frase a "se as circunstâncias assim o indicarem" para a aplicação do critério do momento da transmissão das mercadorias ao transportador independente[736].

Esta última referência tem em conta a possibilidade de existência de seguro que possa cobrir a afetação da integridade das mercadorias. Não é despicienda esta referência ao contrato de seguro, mas isso permite que se possa perguntar porque não foi o contrato de transporte e a respetiva regulamentação do poder de controlo sobre as mercadorias tidos em conta para a alocação do risco no contrato de venda internacional de mercadorias em trânsito. A questão e a discussão em sede de venda internacional de mercadorias não têm, necessariamente, de se circunscrever aos "*documentos* representativos das mercadorias" ou aos "documentos que comprovam o contrato de transporte", podendo versar sobre o poder de controlo das mercadorias através do exercício do direito de disposição[737] destas (emergente do contrato de transporte).

A fundamentação da alocação do risco ao comprador a partir do momento em que se verifica a transmissão da mercadoria ao transportador (na venda internacional de mercadorias em trânsito) baseada na existência de contrato de seguro é, em si mesma, frágil. Desde logo, não há qualquer garantia de que a existência de seguro torne o comprador o beneficiário do mesmo, nem garante que torne a posição do comprador mais vantajosa relativamente à posição do vendedor (imagine-se as dificuldades e custos inerentes à demanda contra a seguradora[738] e a possibilidade real de não ressarcimento de danos[739]). Assim, se a existência de contrato

[735] *United Nations Conference on Contracts for the International Sale of Goods – Official Records*, Nova Iorque: Nações Unidas, 1991, p. 404.

[736] Honnold, John O. / Flechtner, Harry M., *Uniform Law for International Sales under the 1980 United Nations Convention*, Países Baixos : Kluwer Law International BV, 2009, p. 528.

[737] Ou outro que permita ao seu titular manter ou assumir o controlo das mercadorias.

[738] González, Maria Paz Sánchez, «Transmissión del riesgo», *in* Aloy, Antoni Vaquer / Capdevila, Esteve Bosch / González, Maria Paz Sánchez, *Derecho Europeo de Contratos – Libros II y IV del Marco Común de Referencia*, Tomo II, Barcelona: Atelier, 2012, p. 931.

[739] Há, por isso, quem considere que as regras relativas à transferência do risco também se aplicam ao «risco do litígio» contra a seguradora (Hachem, Pascal, *in* Schlechtriem /

de seguro pode influenciar as soluções para a alocação do risco no âmbito do contrato de venda, não é claramente compreensível que o contrato de transporte não possa influenciar essas mesmas soluções.

Não significa isto que tenhamos qualquer relutância relativamente à solução apresentada na parte final do artigo 67º, nº 1 da *CISG*. A não interferência da retenção, por parte do vendedor, dos documentos "representativos das mercadorias", na dinâmica da transferência do risco é compreensível[740]. No entanto, nenhuma inferência é possível fazer do facto da retenção dos documentos permitir ao vendedor alterar o poder de controlo das mercadorias no âmbito do contrato de venda por via do exercício do poder de controlo que possa emergir do contrato de transporte. Desde logo, a partir do momento em que o vendedor exerce o seu direito de dispor das mercadorias com base nos documentos tem-se por assente que alocação do risco sofre uma alteração[741]. Se assim é, então a retenção dos documentos não é efetivamente, *de per si*, suficiente para que seja impedida a transferência do risco para o comprador. Já se a essa retenção se somar o exercício do direito de controlo das mercadorias emergente do contrato de transporte que altere o poder de controlo das mercadorias emergente do contrato de contra de venda (*v.g.*, através da efetivação[742] do direito de

Schwenzer / Schroeter, *Kommentar zum UN-Kaufrecht (CISG)*, 7ª Edição, 2019, Munique: Verlag C.H. Beck oHG, p. 1126).

[740] Honnold, John O. / Flechtner, Harry M., *Uniform Law for International Sales under the 1980 United Nations Convention*, Países Baixos : Kluwer Law International BV, 2009, p. 524; Hachem, Pascal, in Schwenzer, Ingeborg (Ed.), *Commentary on the UN Convention on the International Sale of Goods*, Oxford University Press, 2016, p. 975. Este último autor parece fazer transparecer a verdadeira razão da consagração desta passagem do artigo 67º, nº 1 da *CISG* ("Isto é consentâneo com a abordagem da CISG de não conexionar a transferência do risco com a transferência da propriedade").

[741] *Vide*, por todos, Hachem, Pascal, in Schwenzer, Ingeborg (Ed.), *Commentary on the UN Convention on the International Sale of Goods*, Oxford University Press, 2016, p. 975-976.

[742] A exigência de que o exercício deste direito seja efetivo não é condição de somenos importância, porquanto são conhecidas situações em que à manifestação de vontade de exercício de um tal direito corresponde uma recusa legítima por parte do transportador, nomeadamente "se [...] o contrato contido ou evidenciado pelo *bill of lading* foi celebrado com *o transportador*, e se o transportador puder demonstrar que tinha um interesse na entrega das mercadorias ao destinatário designado no *bill*, então considera-se que o *bill* não deve ser interpretado no sentido de permitir que o expedidor desvie unilateralmente as mercadorias do destinatário designado para outra pessoa." (Treitel, Gunter, *in* Treitel, Gunter / Reynolds, F.M.B., *Carver on Bills of Lading*, 4ª Edição, Londres: Sweet & Maxwell, 2017, p. 21)

interrupção da transmissão das mercadorias em trânsito ao comprador) deve considerar-se alterada a alocação do risco.

O comprador não deve continuar a suportar o risco nas situações em que lhe foi retirado o poder de controlo sobre as mercadorias tal como resulta do contrato de venda. Quando o vendedor, além de reter os documentos, consegue efetivar o exercício do direito de controlo emergente do contrato de transporte, o comprador não tem como evitar que as mercadorias fiquem expostas a perigos acrescidos, nem tem como adotar quaisquer atos para preservar integridade das mercadorias. Para que o direito de controlo emergente do contrato de transporte altere, em determinado momento, a dinâmica de controlo sobre as mercadorias emergente do contrato de venda poderá ser necessária a colaboração do transportador. O transportador executa as instruções do vendedor ou considera-o como titular do direito de controlo das mercadorias no âmbito do contrato de transporte. O transportador pode vir a ser responsabilizado, nomeadamente porque executa instruções do vendedor quando na realidade era o comprador o titular do direito de controlo emergente do contrato de transporte. No entanto, esta possível responsabilização ulterior do transportador não deve obnubilar-nos. Tendo o vendedor assumido o controlo das mercadorias no âmbito do contrato de venda, por via da efetivação do direito de controlo emergente do contrato de transporte, deve estar-lhe alocado o risco de afetação da integridade das mercadorias. O critério da transmissão das mercadorias ao primeiro transportador independente (previsto no artigo 67º, nº 1 da *CISG*) não é de aplicar. O comprador não deve ter o risco a si alocado a partir do momento em que o vendedor assume o controlo das mercadorias, porquanto o comprador pouco (ou nada) pode fazer para conservar a integridade das mercadorias.

Em contraponto, poderão convocar-se as normas consagradas no artigo 17º, nº 1 e no artigo 21º das Regras de Roterdão, relativas ao atraso culposo na entrega das mercadorias por parte do transportador, para afirmar que este será responsável e poderão ser-lhe reclamados prejuízos[743]. Mas a discussão que possa existir sobre a (ir)responsabilidade do transportador pelo atraso nas mercadorias, nomeadamente se o mesmo cumpriu, devi-

[743] Raposo, Mário, «Transporte Marítimo de Mercadorias: Hoje e Amanhã», *in* Gomes, Manuel Januário da Costa (Coord.), *III Joenadas de Lisboa de Direito Marítimo (Das Regras da Haia às Regras de Roterdão – As perspetivas para o transporte marítimo e para o transporte multimodal no século XXI –)*, Coimbra: Almedina, 2014, p. 33.

damente, as instruções do titular do direito de controlo sobre as mercadorias, não afasta a necessidade de se determinar se esse mesmo direito de controlo deve (ou não) interferir nas soluções apresentadas para a transferência do risco na venda.

Sublinhe-se que na obra referida na nota anterior, expressamente, está citado John Wilson[744] no sentido de que "[o] destinatário não apenas fica desprovido do uso dos bens durante o tempo do atraso como de uma possível venda dos mesmos. Acresce que as mercadorias transportadas podem deteriorar-se, total ou parcialmente". Esta afirmação não coloca qualquer questão no âmbito do tratamento que é feito sobre o contrato de transporte, tanto mais que o autor considera que "[c]omo é sabido, o destinatário constitui a figura dominante do contrato de transporte, tendo mesmo sido já considerado como parte. Seja ou não seja o contrato de transporte qualificado como um contrato a favor de terceiro não sofre dúvida que ele possui legitimidade plena para demandar o transportador"[745].

No entanto, no âmbito da transferência do risco na venda internacional aquela referência à deterioração, total ou parcial, das mercadorias causada por um atraso na sua entrega por parte do transportador deve ser interligada com os direitos que o vendedor pode exercer (*rectius*, o direito de suspensão/interrupção da transmissão das mercadorias ao comprador conjugado com o possível direito de controlo sobre as mercadorias no âmbito do contrato de transporte). No âmbito da venda a transferência do risco não fica dependente de se aquilatar sobre a (in)existência de responsabilidade por parte do transportador, nem o critério estabelecido deve ter uma importância reduzida, motivada pela possibilidade de o destinatário (para o que nos interessa...o comprador) ter, ou não ter, legitimidade processual para uma eventual demanda contra o transportador. Aquela deterioração tem, desde logo, repercussões no contrato de venda, mormente por via dos critérios estabelecidos para a transferência do risco. Deve ser no âmbito do contrato de venda internacional que as consequências da transferência do risco devem ser determinadas, evitando-se uma espécie

[744] *Carriage of Goods by sea*, 6ª Edição, Pearson-Longman, 2008, p. 349 (tal como citado por Mário Raposo).

[745] Raposo, Mário, «Transporte Marítimo de Mercadorias: Hoje e Amanhã», *in* Gomes, Manuel Januário da Costa (Coord.), *III Joenadas de Lisboa de Direito Marítimo (Das Regras da Haia às Regras de Roterdão – As perspetivas para o transporte marítimo e para o transporte multimodal no século XXI –)*, Coimbra: Almedina, 2014, p. 33.

de circum-navegação que possa afetar a alocação, contratual ou legal, do risco entre as partes[746]. É no próprio contrato de venda internacional que residem os fundamentos para uma alocação legal do risco entre o vendedor e o comprador, confluindo na necessidade de preservação/conservação das mercadorias.

A manutenção do objeto mediato do contrato de venda internacional dependerá do modo como a alocação do risco seja feita, a qual deverá atender à rede de contratos decorrente da relação estabelecida entre o vendedor e o comprador. E se o contrato de transporte pode determinar a sorte das mercadorias deverá, então, ser tido em conta para a determinação do critério legal relevante para a transferência do risco.

Por outro lado, os direitos que o transportador possa exercer, emergentes do contrato de transporte, não devem influenciar a determinação do momento em que o risco se considera transferido do vendedor para o comprador. Aliás, o exercício do direito de retenção das mercadorias por parte do transportador[747] para garantia do pagamento de quaisquer quantias devidas no âmbito do contrato de transporte não pode determinar uma qualquer (re)transmissão do risco do comprador para o vendedor.

1.3.2. O transporte das mercadorias por um transportador "independente" e o direito de disposição ou de controlo sobre as mercadorias

A regra estabelecia no artigo 67º, nº 1 da *CISG*, no sentido de alocar o risco ao comprador nas situações em que a mercadoria seja transmitida a um transportador "independente", tem sido maioritariamente aceite pela doutrina[748], embora não seja isenta de algumas críticas[749]. Ao contrário das

[746] *Vide* Bradgate, Robert / White, Fidelma, «The Carriage of Goods by Sea Act 1992 », *The Modern Law Review*, Vol. 56, Nº 2 (Mar., 1993), p. 189, disponível em : <https://www.jstor.org/stable/1096776>.

[747] A respeito das Regras de Roterdão fala-se não só do direito de retenção pelo transportador, mas também por uma parte executante (*vide*, Rocha, Francisco Costeira da, «A entrega das mercadorias nas Regras da Haia e nas Regras de Roterdão», *in* Gomes, Manuel Januário da Costa (Coord.), *Das Regras da Haia às Regras de Roterdão – As perspetivas para o transporte marítimo e para o transporte multimodal no século XXI* –, Coimbra: Almedina, 2014, p. 244-246). Nas Regras de Roterdão não se consagra esse direito de retenção a favor do transportador (ou de uma parte executante), apenas se estabelece que nada na Convenção impede o exercício do direito de retenção que possa estar consagrado no contrato ou na lei aplicável (art. 49º).

[748] Hager, Günter, *in* Schlechtriem, Peter (Ed.), *Commentary on the UN Convention on the International Sales of goods (CISG)*, Oxford University Press, 1998, p. 681; Hachem, Pascal, *in*

situações referidas no ponto 1.2. deste Capítulo, a partir do momento em que o vendedor transmite as mercadorias ao transportador deixa de ter o controlo sobre as mesmas (quer diretamente, quer através de pessoal seu). Por seu turno, o comprador enquanto destinatário das mercadorias é a parte que passará a estar em condições de verificar o estado em que as mercadorias chegaram ao destino, podendo rejeitar as mercadorias ou fazer as reservas que considere pertinentes. Na prática, nesse momento o comprador já será detentor dos documentos que lhe permitem exigir a entrega das mercadorias[750], assim como exigir a entrega dos documentos necessários para poder requerer a indemnização junto da seguradora (quando este contrato tenha sido celebrado a seu favor)[751]. Dizer-se que o

Schwenzer, Ingeborg (Coord.), *Commentary on the UN Convention on the International Sale of Goods*, Oxford University Press, 2016, p. 969; Honnold, John O., *Uniform Law for International Sales under the 1980 United Nations Convention*, Países Baixos : Kluwer Law International BV, 2009, p. 518.

[749] As críticas apontadas estão relacionadas com a falta de equidade e de justificação económica. Nesse sentido, "argumentou-se que o vendedor era a pessoa que escolheu o transportador e que ele está mais bem situado para obter seguro para o risco do transporte. O facto de o comprador ter de suportar perdas causadas pelo transportador embora o vendedor tenha uma relação contratual com o transportador, torna desnecessariamente complicado o exercício dos direitos contra o transportador" (*vide*, Rüfner, Thomas, *in* Jansen, Nils e Zimmermann, Reinhard (Ed.), *Commentaries on European Contract Laws*, Oxford University Press, 2018, p. 2058.). O autor relata essas críticas e considera que as mesmas não são totalmente injustificadas, mas não as acolhe porque considera, entre outros aspetos, que se o risco ficasse alocado aos vendedores, estes tenderiam a celebrar contrato de seguro e a repercutir sobre os compradores os custos associados, mesmo em situações em que estes preferissem não o celebrar. Acrescentamos que, a complexa arquitetura da venda internacional de mercadorias demonstra que de entre os documentos a entregar ao comprador consta, nomeadamente no âmbito do transporte marítimo, o documento que titula as mercadorias ("na prática, a transferência do *bill of lading* tem frequentemente [mas não necessariamente] o efeito de transferir a propriedade" – *vide* Goode, Roy, *et al.*, *Transnational Commercial Law – Texts, Cases and Materials* –, 2ª Edição, Oxford: Oxford university Press, 2015, p. 285 –) e que, sendo o risco alocado ao comprador, de entre os documentos que lhe são entregues para que o preço seja pago ao vendedor há de constar a apólice do seguro, a qual estabelecerá, na maioria das situações, o comprador como beneficiário. Mas isso não significa que também acolhamos todas estas ideias.

[750] Conforme o tipo de transporte pode falar-se em *bill of lading, sea waybill, waybill, consignment note* ou *multimodal transport documents* (*vide*, Goode, Roy, *et al.*, *Transnational Commercial Law – Texts, Cases and Materials* –, 2ª Edição, Oxford: Oxford university Press, 2015, p. 269).

[751] Não significa que acompanhemos a ideia de que a existência de contrato de seguro deva constituir critério para a alocação do risco ao comprador, mas na conformação da ideia de controlo sobre as mercadorias pode constituir um dos seus indícios.

vendedor tem um direito de suspender/parar a execução da transmissão das mercadorias ao comprador, nos termos do artigo 71º, nº 2 da *CISG* não é suficiente para que o risco lhe seja alocado, porquanto são reconhecidos os obstáculos ao exercício de um tal direito[752]. Por isso, não defendemos que a manifestação de vontade de exercício desse direito, durante o período em que as mercadorias estão a ser transportadas, possa imediatamente significar uma retransmissão do risco para o vendedor. Se o vendedor não conseguir efetivar esse direito e o comprador (porque detentor do documento que titula as mercadorias[753] ou do direito de disposição das mercadorias) consegue assumir o controlo das mercadorias no destino, deve o risco continuar a correr por conta deste. Note-se que a obrigação de conservação das mercadorias, prevista no artigo 86º, nº 1 da *CISG*, implica que o comprador pretenda exercer qualquer direito de rejeição das mercadorias, que lhe seja concedido pelo contrato ou pela Convenção. Por maioria de razão deve o risco ser alocado ao comprador nas situações em que o mesmo assume o controlo das mercadorias sabendo que o vendedor o notificou[754] que pretendia exercer o seu direito de suspensão/interrupção da transmissão das mercadorias por parte do transportador.

Concordamos com o entendimento de que a posse do documento emitido pelo transportador "independente" (e que identifica as mercadorias) não deve influenciar a transferência do risco do vendedor para o comprador. Desde logo, o entendimento contrário foi afastado pela *CISG* quando consagra que o facto de o vendedor estar autorizado a manter o documento

[752] Ziegler, Alexander Von, «The right of suspension and stoppage in transit (and notification thereof)», in *Journal of Law and Commerce*, Vol. 25, Issue 1, 2005, p. 353 e ss. (também disponível em: <https://uncitral.un.org/sites/uncitral.un.org/files/media-documents/uncitral/en/von_ziegler.pdf>; e em < https://iicl.law.pace.edu/cisg/scholarly-writings/right-suspension-and-stoppage-transit-and-notification-thereof>).

[753] Ao referirmos "documento que titula as mercadorias" não pretendemos fazer qualquer referência à titularidade do direito de propriedade das mercadorias. Na venda internacional a titularidade do direito de propriedade é regulada pela lei interna de cada Estado, mas não adquire relevância de monta na conformação do esquema negocial (*vide, infra,* ponto 2 do Capítulo IV).

[754] Nos termos do artigo 71º, nº 3 da *CISG*, a notificação do comprador deve ser feita sem qualquer atraso evitável, podendo ser (mas não tendo de ser) anterior à suspensão (*vide,* Saidov, Djakhongir, *in* Kröll, Stefan / Mistellis, Loukas / Viscasillas, Pilar Perales (Ed.), *UN Convention on Contracts for the International Sale of Goods (CISG): A Commentary*, C. H. Beck-Hart-Nomos, 2018, p. 907).

não afeta a transferência do risco (art. 67º, nº 1, última frase). Mas se assim é nas situações em que o vendedor mantém a posse do documento, não se vislumbram razões para uma retransmissão (imediata ou automática) do risco para o vendedor quando este, estando as mercadorias em trânsito, pretende exercer o direito de suspender/interromper a transmissão das mercadorias do transportador para o comprador[755], mas não alcança o seu desiderato[756]. E bem pode o seu desiderato não ser alcançado porque o comprador, podendo estar obrigado a aquiescer ao direito de interrupção da transmissão das mercadorias em transito, não atua dessa forma e sujeita-se a, eventualmente, ter de indemnizar o vendedor[757]. Se a mera

[755] Ziegler, Alexander Von, «The Right of Suspension and Stoppage in Transit (and Notification Thereof)», in *Journal of Law and Commerce*, Vol. 25, 2005, p. 365, disponível em < https://iicl.law.pace.edu/cisg/scholarly-writings/right-suspension-and-stoppage-transit-and-notification-thereof>. O autor coloca várias questões pertinentes a quem possa defender uma retransmissão do risco nas situações de interrupção da transmissão das mercadorias (*stoppage in transit*), para as quais não oferece resposta clara:
"Sales law traditionally provides for a transfer of risk from the seller to the buyer. In both the F- and the C-terms of INCOTERMS, as well as under Article 67, the risk passes from the seller to the buyer with the handing over of the goods to the first carrier/sea carrier (i.e., at the same time as the period, in which stoppage can be invoked, starts). This means that in all stoppage cases the risk will have been transferred to the buyer. Will the seller have to re-assume the risk once he invoked its rights under Article 71(2)? If yes, does this re-transfer of the risk back to the seller take place at the time of the invoking of the rights under Article 71(2), or will the initial transfer of risk be suspended in a case of stoppage, with the effect that the seller re-assumes full risk over the goods, as if no transfer had ever happened?"

[756] Aparentemente, alguns autores não têm em muita conta estas condicionantes associadas ao exercício do direito de interrupção da transmissão das mercadorias ao comprador quando afirmam, nomeadamente que "o vendedor não pago pelas suas mercadorias perde todo o direito de as apreender durante o transporte, o que os ingleses designam de *stoppage in transitu*, a partir do momento em que o comprador transmitiu o conhecimento [de embarque] a um subadquirente de boa fé" (Montas, Arnaud, «Transport maritime de marchandises», *in* Beurier, Jean-Pierre (Dir.), *Droits Maritimes*, 3ª Edição, Paris: Éditions Dalloz,2014, p. 511). Atendendo ao que se disse (e se dirá) o direito de *stoppage in transitu* não é um direito cujo exercício fica impedido, apenas, nas situações em que o título representativo é transmitido a uma pessoa de boa-fé. Há que contar com os vários regimes jurídicos aplicáveis às várias modalidades de transporte das mercadorias (*vide infra* subpontos 1.3.2.1. a 1.3.2.6. deste Capítulo IV).

[757] Hornung, Rainer, *in* Schlechtriem, Peter / Schwenzer, Ingeborg (Ed.), *Commentary on the UN Convention on the international sale of goods (CISG)*, Oxford: Oxford University Press, 2ª Edição, 2005, p. 713.
Esta hipótese torna, no entanto, o direito de interrupção da transmissão das mercadorias ao comprador mais frágil, nas situações em que o mesmo pretenda, por exemplo, prevenir uma provável insolvência do comprador (se este não era capaz de pagar o preço, também estará na mesma posição face a um pedido de indemnização). Com exemplo semelhante, *vide*

invocação do direito de suspender/interromper a transmissão das mercadorias ao comprador for suficiente para uma retransmissão do risco para o vendedor como pode esta retransmissão ser conjugada com a receção das mercadorias por parte do comprador no destino?

Em termos factuais, o comprador receberia as mercadorias no destino com a «garantia» de que o risco corria por conta do vendedor. O comprador, tendo sido notificado para o efeito, sabe que o vendedor invocou perante si o direito de suspensão/interrupção da transmissão das mercadorias. Mas a questão também será complexa do ponto de vista da salvaguarda do princípio geral da conservação das mercadorias consagrado na própria *CISG*. Vejamos.

"Se o comprador tomar posse das mercadorias nos termos [do] número [2 do artigo 86º], os seus direitos e obrigações regem-se pelo disposto no número anterior" (*cfr.* parte final deste artigo 86º, nº 2 da *CISG*). Considera-se que o comprador deve tomar posse das mercadorias nos termos do nº 2 do artigo 86º da *CISG* (isto é, por conta do vendedor) quando se verifiquem os seguintes pressupostos:

a) as mercadorias tiverem sido colocadas à disposição do comprador no destino;
b) o comprador exerceu o seu direito de as recusar;
c) o comprador possa tomar conta das mercadorias sem pagar o preço e sem inconvenientes ou despesas irrazoáveis.

Verificados estes pressupostos o comprador tem a obrigação de conservar as mercadorias e "[t]em o direito de as reter até ser reembolsado pelo vendedor das suas despesas razoáveis" (art. 86º, nº1 da *CISG*).

Quando se entende que a mera invocação pelo vendedor do seu direito de suspender/interromper a transmissão das mercadorias ao comprador implica uma retransmissão do risco para o vendedor, como se garante a conservação das mercadorias no destino?

O comprador pode não recusar as mercadorias e furtar-se à sua obrigação de conservação. Não tem aqui aplicação nem o nº 1, nem o nº 2 artigo 86º da *CISG*, porquanto não está preenchido o requisito da recusa das mercadorias.

Fountoulakis, Christiana, in Schwenzer, Ingeborg (Coord.), *Commentary on the UN Convention on the International Sale of Goods*, Oxford University Press, 2016, p. 1017.

Como entender que o risco tenha sido retransmitido para o vendedor aquando da mera invocação do direito de suspensão/interrupção da transmissão das mercadorias ao comprador?

Reiteramos, por isso, que há vários inconvenientes em se considerar retransmitido o risco para o vendedor nas situações de mera invocação do direito de suspensão/interrupção da transmissão das mercadorias ao comprador. A alocação do risco ao vendedor ou ao comprador deve ter por base o controlo que um ou outro tenha sobre as mercadorias.

O documento emitido pelo transportador (e que identifica as mercadorias) não prova necessariamente quem é o titular do direito de propriedade sobre as mercadorias[758], mas constitui uma prova do contrato de transporte[759]. O transportador é alheio ao contrato de venda (*res inter alius ata*), mas o documento por si emitido desempenha uma função muito importante na identificação do sujeito a quem devem ser entregues as mercadorias.

Por conseguinte, já não será absolutamente claro que o comprador continue a ter o risco de afetação da integridade das mercadorias a si alocado, acaso o vendedor venha a efetivar o seu direito de interrupção da transmissão das mercadorias em trânsito ao comprador. Na verdade, quer seja porque o vendedor é titular do direito de controlo sobre as mercadorias, quer seja porque conseguiu de alguma forma ter acesso ao documento que lhe atribui esse direito, quer seja, ainda, porque de algum modo obteve a necessária colaboração do transportador, o vendedor "ganha acesso às mercadorias em trânsito"[760]. A partir do momento em que o acesso às mercadorias lhe permite ter o seu controlo deve o vendedor assumir o risco de afetação da integridade das mercadorias.

O exercício desse direito depende do contrato de transporte e o vendedor bem pode não ser parte no mesmo. Mas isso não impede o surgimento de um direito de controlo no âmbito do contrato de transporte. E esse direito de controlo refletir-se-á necessariamente no contrato de venda. Para efetivar o seu direito de suspensão/interrupção da transmissão

[758] "A questão da propriedade está fora do âmbito de um contrato de transporte" (*vide*, Goode, Roy, *et al.*, *Transnational Commercial Law – Texts, Cases and Materials –*, 2ª Edição, Oxford: Oxford university Press, 2015, p. 285).

[759] Goode, Roy, *et al.*, *Transnational Commercial Law – Texts, Cases and Materials –*, 2ª Edição, Oxford: Oxford university Press, 2015, p. 278-279.

[760] Ver *supra* ponto 4 do Capítulo III.

das mercadorias ao comprador, o vendedor necessita de ser titular do direito de controlo no âmbito do contrato de transporte[761]. Esse direito de controlo permitir-lhe-á dar instruções ao transportador, exigir a entrega das mercadorias e substituir o destinatário das mercadorias[762]. Se o con-

[761] "Tal significa que, na prática, estando as mercadorias em transporte, o *right of stoppage in transit* estará associado, na sua eficácia, à eventual titularidade do direito de controlo por parte do vendedor-expedidor. Assim, tratando-se de uma venda CIF em que o vendedor seja o carregador, se, entretanto, o conhecimento de carga foi endossado a terceiro, a falta de coincidência entre o titular do *right of stoppage* – verificados que sejam os respetivos requisitos – e o titular do direito de controlo, acaba, em substância, por esvaziar aquele." (*vide*, Gomes, Manuel Januário da Costa, «Direito de Controlo e Transferência de Direitos nas Regras de Roterdão», *in* Gomes, Manuel Januário da Costa (Coord.), *Das Regras da Haia às Regras de Roterdão – As perspetivas para o transporte marítimo e para o transporte multimodal no século XXI* –, Coimbra: Almedina, 2014, p. 507). Fazendo referência à importância dos documentos de transporte ou dos documentos eletrónicos de transporte "no exercício de direitos pela parte controladora e na transferência do direito de controlo, *vide* Martins, Alexandre de Soveral, «Os Documentos de Transporte nas Regras da Haia e nas Regras de Roterdão», *in* Gomes, Manuel Januário da Costa (Coord.), *Das Regras da Haia às Regras de Roterdão – As perspetivas para o transporte marítimo e para o transporte multimodal no século XXI* –, Coimbra: Almedina, 2014, p. 163-165.

[762] Estes são os poderes que integram o direito de controlo no âmbito do contrato de transporte regulado pelas Regras de Roterdão (art. 50º, nº 1). A Convenção das Nações Unidas sobre o transporte de mercadorias por mar, de 1978 (também designadas de Regras de Hamburgo) não faz qualquer referência a este direito de controlo, embora o seu artigo 1º, nº 7 faça referência ao *bill of lading* e aí se consagre "*«Bill of lading» means a document which evidences a contract of carriage by sea and the taking over or loading of the goods by the carrier, and by which the carrier undertakes to deliver the goods against surrender of the document. A provision in the document that the goods are to be delivered to the order of a named person, or to order, or to bearer, constitutes such an undertaking.*" Este documento revela a representação das mercadorias como uma das suas funções, sendo considerado por alguns que o direito de propriedade está ligado ao documento enquanto título representativo (*vide*, Mellouli, Slaheddine, *Commentaire de la Convention des nations Unies sur le transport de marchandises par mer de 1978 – Règles de HAMBURG* –, Editions de l'Imprimerie Officielle de la République Tunisienne, 2001, p. 27), enquanto outros consideram que o portador do titulo representativo é "o possuidor da mercadoria, independentemente do direito de propriedade que poderá exercer sobre ela" (*vide* Montas, Arnaud, «Transport maritime de marchandises», *in* Beurier, Jean-Pierre (Dir.), *Droits Maritimes*, 3ª Edição, Paris: Éditions Dalloz,2014, p. 510). Na Convenção Internacional para a Unificação de certas regras legais relativas a conhecimento de embarque, de 1924 (designadas de Regras de Haia), assim como nos seus respetivos Protocolos de 1968 (designadas de Regras de Haia-Visby) e de 1979 (designado de Protocolo SDR), este direito também não aparece, expressamente, mencionado. Por seu turno, no que concerne ao transporte de mercadorias por estrada, o remetente (na maior parte das vezes, mas não necessariamente, o vendedor) tem o direito de dispor das mercadorias, nomeadamente solicitar ao transportador a interrupção das mercadorias

trolo das mercadorias, tal como configurado no âmbito do contrato de transporte, pertencer ao vendedor (ou a alguém que atue em seu nome e por sua conta), este poderá determinar o momento em que pretende que a regra estabelecida para a transferência do risco (no âmbito do contrato de venda) sofra desvios. Não porque adota, ou se abstém de adotar, um qualquer ato, mas sim porque adota um específico ato que desloca o poder de controlo sobre as mercadorias de um sujeito para um outro (mormente, para si mesmo).

Há quem afirme que o direito de controlo sobre as mercadorias emergente do contrato de transporte é, no âmbito de determinados ordenamento jurídicos, independente do direito de interrupção da transmissão das mercadorias em trânsito emergente do contrato de venda e, por isso, ainda que o "documento de controlo possa ter sido transferido do vendedor para o comprador[, tal não] impede o vendedor de exercer o seu direito de interromper [a transmissão] das mercadorias em trânsito quando tem razão para acreditar que o comprador possa ter-se tornado insolvente"[763]. Mas de imediato se assinala (e bem) que "logo que um conhecimento de

em transito, a modificação do local de entrega ou do destinatário ainda que diferente do mencionado na guia de transporte (art. 12º, nº1 da Convenção sobre o contrato de transporte internacional de mercadorias por estrada, de 1956, designada de Convenção CMR). No que concerne ao transporte aéreo internacional de mercadorias, à guia de transporte aéreo são reconhecidas as funções de "de título representativo do direito a dispor da mercadoria e de legitimação no exercício desse direito [e] de documento com valor de mandato, contendo as instruções do expedidor dirigidas ao transportador, dando-lhe indicações de como este deve exercer o seu mandato" (*vide* Almeida, Carlos Alberto Neves, *Do contrato de transporte aéreo e da responsabilidade civil do transportador aéreo,* Coimbra: Almedina, 2010, p.331). Nos termos do art. 12º, nº 1 da Convenção de Varsóvia (alterada pelo protocolo de Montreal de 1975) e do mesmo artigo da Convenção de Montreal, o direito de dispor das mercadorias pertence ao expedidor, embora deva considerar-se que esse direito pode pertencer, nomeadamente, ao destinatário desde que haja previsão, expressa, nesse sentido no *air waybill* ou no recibo das mercadorias (nos termos do art. 15º, nº 2 de ambas as Convenções; neste sentido, com maior desenvolvimento a respeito da (in)transmissibilidade da guia de transporte, *vide* Almeida, Carlos Alberto Neves, *Do contrato de transporte aéreo e da responsabilidade civil do transportador aéreo,* Coimbra: Almedina, 2010, p. 332-353). Do mesmo modo, o referido direito de disposição das mercadorias surge consagrado no art. 18º, nº 1 da Convenção COTIF-CIM, aplicável ao contrato de transporte ferroviário internacional de mercadorias.

763 Ramberg, Jan, «The Multimodal Transport Document», *in* Schmitthoff, C.M. / Goode, R.M., *The International Commercial Law Series. Vol. I – International carriage of goods: some legal problems and possible solutions,* Center for Commercial Law Studies, Wiltshire: Redwood Burn Limited, 1988, p. 9-10.

embarque [(*bill of lading*)] tenha sido negociado e recebido por um terceiro, o direito do vendedor de interromper [a transmissão das mercadorias] em trânsito cessa"[764].

Na maioria das situações o exercício do direito de interrupção da transmissão das mercadorias ao comprador será mais facilitado se o vendedor for parte no contrato de transporte e conservar o documento que titula as mercadorias.

O contrato de transporte surge, em muitas situações, na decorrência de uma previsão expressa sobre a obrigação de o vendedor ou o comprador providenciar pela deslocação das mercadorias. Ainda que assim possa não ser entendido, sempre se considerará que "a maioria dos contratos de transporte de mercadorias é acessória de outros acordos contratuais, tais como contratos de venda e financiamento, entre partes de diferentes países. De especial importância aqui são os contratos para a venda internacional de mercadorias, com um vendedor (muitas vezes o expedidor) localizado em um país e o comprador em um país diferente."[765]

Atualmente, mais do que abordar o contrato de transporte como um todo incindível, há que ter em conta que os modos de transporte determinam diferentes formas de regulação deste contrato. No comércio internacional não há um instrumento convencional que se destine a harmonizar o regime jurídico do contrato de transporte internacional de mercadorias independentemente do modo de movimentação das mercadorias. Há, apenas, alguns instrumentos convencionais que, regulando em primeira linha um modo específico de transporte, acabam por alargar o seu âmbito de aplicação a outros modos de transporte que sejam «auxiliares» do principal modo de transporte visado. "Assim, o contrato de transporte foi, em certa medida, ofuscado pela necessidade de regimes legais específicos aplicáveis aos respetivos modos de transporte."[766]

[764] Ramberg, Jan, «The Multimodal Transport Document», *in* Schmitthoff, C.M. / Goode, R.M., *The International Commercial Law Series. Vol. I – International carriage of goods: some legal problems and possible solutions*, Center for Commercial Law Studies, Wiltshire: Redwood Burn Limited, 1988, p. 10.

[765] Girvin, Stephen, *Carriage of Goods by Sea*, Oxford: Oxford University Press, 2011, p. 15.

[766] Ramberg, Jan, «The Future Law of Transport Operators and Service Providers», *in Scandinavian Studies in Law*, Ano 2004, Vol. 46, p. 137, disponível em: <https://scandinavianlaw.se/pdf/46-6.pdf>.

1.3.2.1. O transporte rodoviário de mercadorias

No que ao transporte internacional de mercadorias diz respeito rege, em muitas situações, a Convenção *CMR*[767], porquanto nos termos do seu art.1º, nº1, " [...] aplica-se a todos os contratos de transporte rodoviário de mer-

[767] Convenção *CMR* – Convenção relativa ao contrato de transporte internacional de mercadorias por estrada, concluída em Genebra a 18 de maio de 1956 –. Esta Convenção tem natureza imperativa, apesar da discussão que se possa gerar em volta do seu artigo 6º, nº 1, alínea k), ao consagrar que a guia de transporte deve conter "a indicação de que o transporte está sujeito, não obstante qualquer cláusula em contrário, ao regime estabelecido pela presente Convenção". Esta norma acolhe o que é designado de "*paramount clause*". O acolhimento da "*paramount clause*" nesta alínea k), do nº 1 do artigo 6º visa "promover a aplicação das normas da CMR, como a lei apropriada para o contrato ou como termos do contrato de transporte, em tribunais de Estados que não sejam parte na CMR" (*vide*, por todos, Clarke, Malcolm A., *International carriage of goods by road: CMR*, 6ª Edição, Abingdon: Informa Law from Routledge, 2014, p. 62). O disposto no artigo 6º, nº 1, al. k) *CMR* atribui um caráter informativo à *paramount clause* sempre que a *CMR* se aplique *ex vi legis*. A Convenção *CMR* tem um caráter inderrogável e o caráter informativo da *paramount clause* decorre também do facto de o artigo 4º da *CMR* estipular que "[a] falta, irregularidade ou perda da guia de transporte não afetam a existência, nem a validade do contrato de transporte que continua sujeito às disposições da presente Convenção". Quando a aplicação da *CMR* decorra de qualquer uma das suas normas, a Convenção aplica-se independentemente da *paramount clause*. Nas situações em que a *CMR* não seja aplicável *ex vi legis*, a *paramount clause* tem como função fazer com que as normas da Convenção sejam aplicáveis ao contrato de transporte. A aplicação da *CMR* deriva, agora, da vontade das partes e por isso terá de se determinar se as suas declarações devem valer nesse sentido; será já um caso de interpretação das declarações das partes (*vide* Garnowski, Konrad, «Paramount Clause in the International Transport of Goods by Road na Rail», *in Problemy Transportu i Logistyki*, Nº 3 (43), 2018, p. 141 (versão em inglês disponível em: < https://pdfs.semanticscholar.org/7e89/5d0834ee0a3d1b18fb898545 2ff12072909b.pdf?_ga=2.100299870.1575073151.1639647750-1649145569.1639647750>). Há quem assinale que "[a] intenção [do artigo 6º, nº 1, alínea k) da *CMR*] é dar efeito contratual entre as partes às disposições da Convenção se os tribunais em causa não aceitarem a sua aplicação por via do Direito Internacional Privado". (Messent, Andrew / Glass, David A., *CMR: Contracts for the International Carriage of Goods by Road*, 4ª Edição, Oxon: Informa Law by Routledge, 2018, p. 95). O Comentário das Nações Unidas sobre a *CMR* refere que "[o] principal desta cláusula [...] é assegurar que os preceitos da Convenção, ou antes os preceitos de Direito Privado da Convenção, são aplicados em tribunais localizados fora dos Estados contratantes, conferindo a estes preceitos a natureza de condições acordadas entre as partes" (*vide Commentary on the Convention of 19 May 1956 on the Contract for the International Carriage of Goods by Road (CMR)*, p. 22-23, disponível em : < https://unece.org/fileadmin/DAM/trans/doc/2006/sc1cmr/commentary.pdf>).

Para uma abordagem sobre esta questão no seio da doutrina e jurisprudência italianas (*vide* Tuo, Chiara, «Alcune Riflessioni sulla portata applicativa della CMR», *Rivista di Diritto Internazionale Privato e Processuale*, Ano XL, Nº 1 (2004), Padova: Edizione CEDAM, p. 195-199).

cadorias a título oneroso através de veículos[768] em que o local de tomada a cargo das mercadorias e o local designado para a entrega, tal como indicado no contrato, se situem em dois países diferentes, dos quais pelo menos um é Estado Contratante, [...] independentemente do domicílio e da nacionalidade das partes." De mais a mais, nos termos do artigo 2º, nº1, primeira parte, "[s]e o veículo que contém as mercadorias for transportado durante uma parte do trajeto por via marítima, ferroviária, fluvial ou aérea e [...] as mercadorias não forem descarregadas do veículo, a [...] Convenção aplica-se [...] à totalidade do transporte."

E, para melhor se perceber a importância do regime fixado na Convenção *CMR*, tenha-se em atenção que as partes intervenientes no contrato de transporte não o podem derrogar. A imperatividade da Convenção *CMR* manifesta-se também no dever de o julgador a aplicar oficiosamente, sempre que se revele necessário. "[A] CMR, texto de ordem pública, exclui, no seu âmbito de competência, a aplicação do direito nacional."[769] Não obs-

[768] A definição de veículos vem consagrada no número seguinte ("Para feitos desta Convenção, deve entender-se por "veículos" os automóveis, os veículos articulados, os reboques e os semirreboques, tal como definidos pelo artigo 4 da Convenção sobre a circulação rodoviária de 19 de setembro de 1949"). Com a entrada em vigor da Convenção sobre a Circulação Rodoviária, adotada em Viena em 8 de Novembro de 1968, a Convenção de 1949 é revogada (*vide* artigo 48º da Convenção de 1968, disponível em: < https://files.dre.pt/1s/2010/09/17800/0400904050.pdf>). As definições de "automóvel", "veículo articulado", "reboque" e "semi-reboque" vêm, agora, previstas respetivamente no artigo 1º, alíneas p), u), q) e r) da Convenção de 1968.

[769] Segundo a decisão da *Cour de Cassation, Chambre Commerciale*, de 30 de junho de 2009 (citada em Mainguy, Daniel / Nourissat, Cyril, «Les contratts internationaux», *in* Béguin, Jacques / Menjucq, Michel (Dir.), *Droit du Commerce International*, 3ª Edição, Paris: LexisNexis, 2019, p. 668). Note-se, também, que no que concerne à competência judiciária e execução de decisões foi já considerado que as disposições da Convenção *CMR* (*v.g.* art. 31º, nº 1) não devem ser afastadas face ao disposto no artigo 20.º, aplicável por força do artigo 57.º, n.º 2, alínea a) da Convenção de Bruxelas, de 27 de Setembro de 1968, relativa à competência judiciária e à execução de decisões em matéria civil e comercial (*vide*, Acórdão do Tribunal de Justiça da União Europeia (TJUE), de 28 de outubro de 2004, disponível em: < https://eur-lex.europa.eu/legal-content/PT/TXT/?uri=CELEX:62003CJ0148#Footnote1>); embora com algumas considerações diferentes, a posição do TJUE não se alterou com a aprovação do Regulamento (CE) n.º 44/2001 do Conselho, de 22 de Dezembro de 2000, entretanto substituído pelo Regulamento(UE) nº 1215/2012, de 12 de Dezembro (*vide* Acórdão do TJUE, de 04 de maio de 2010, disponível em: < https://curia.europa.eu/juris/document/document.jsf?text=&docid=81174&pageIndex=0&doclang=PT&mode=lst&dir=&occ=first&part=1&cid=284360>). Não obstante, como referem alguns autores, este último Acórdão também considera "que a CMR não faz parte da ordem jurídica europeia, uma vez que a União [Europeia] não é parte na mesma e não exerceu qualquer competência interna. Em consequência, [o TJUE] não é

tante este caráter imperativo[770] há sempre que contar com as "interpretações nacionais"[771] da Convenção e com os diferentes resultados a que conduz a aplicação das suas normas nos casos concretos.

No transporte internacional de mercadorias por estrada, o exercício do direito de disposição das mercadorias está, expressamente, previsto no artigo 12º, nº 1 da Convenção *CMR* a favor do expedidor[772]. Nos termos do artigo 5º, nº 1 desta Convenção, o expedidor será o sujeito que assinou[773], juntamente com o transportador, a guia de transporte (composta

competente para interpretar a CMR." (Kessedjian, Catherine / Pironon, Valérie, *Droit du Commerce international*, 2ª Edição, Paris: Presses Universitaires de France / Humensis, 2020, p. 326).

[770] Que desempenha uma importante função de proteção de sujeitos que não são partes no contrato de transporte (e, por isso, não podem moldar o seu conteúdo), tais como "o destinatário, o consignatário e o detentor do qualquer documento de transporte ou documento de titulo" (Mankowski, Peter, «Freedom of contract law: Do we still need mandatory provisions in international conventions and national law?», *in* Furrer, Andreas (Ed.), *Transportation Law on the Move – Challenges in the Modern Logistics World –*, Berna: Stämpfli Verlag, 2020, p. 83).

[771] Defossez, Delphine, «CMR: what if the courts got it wrong?», *in Uniform Law Review*, Vol. 21, Nº1, 2016, p. 76.

[772] De acordo com a redação deste nº 1 do artigo 12º da Convenção *CMR* o direito de interrupção da transmissão das mercadorias insere-se no âmbito do direito de dispor das mercadorias. Este direito de disposição não deve, no entanto, ser confundido com as três possibilidades que de seguida estão enumeradas. Se para alguma doutrina "este direito inclui o direito de instruir o transportador para interromper as mercadorias em trânsito, para mudar o local de entrega ou para entregar as mercadorias a outro consignatário que não o indicado na guia de transporte" (Csoklich, Peter, *in* Mankowski, Peter (Ed.), *Commercial Law – Article-by-Article Commentary*, Baden-Baden: Nomos Verlagsgesellschaft, 2019, p. 927), há quem considere que se trata de um "direito de alterar unilateralmente os termos do contrato [dentro dos limites definidos pelo artigo 12º]" (Clarke, Malcolm A., *International carriage of goods by road: CMR*, 6ª Edição, Abingdon: Informa Law from Routledge, 2014, p. 83). E note-se que nem o facto de Malcolm Clarke vir citado por parte de Peter Csoklich na referida obra (para delimitar o direito de disposição das mercadorias às três possibilidades que refere) pode levar a que consideremos que as posições dos dois autores coincidem, porquanto Malcolm Clarke reitera na página 84 que se trata de "uma alteração unilateral aos termos do contrato [que] coloca problemas práticos óbvios para o transportador, e o artigo 12 coloca condições, quer positivas quer negativas, ao direito de disposição, condições destinadas principalmente a proteger a posição das outras pessoas em causa". A posição de Malcolm Clarke parece-nos mais consentânea com o facto de estarmos perante uma enumeração meramente exemplificativa do direito de disposição (as versões inglesa e francesa da *CMR* consagram as expressões "*in particular*" e "*notamment*", respetivamente).

[773] Nos termos dessa mesma norma, a assinatura pode ser impressa ou substituída pelos respetivos carimbos.

por três exemplares originais)[774]. Se o expedidor for o vendedor parecerá estar facilitado o exercício do direito de interrupção da transmissão das mercadorias ao comprador no âmbito do contrato de venda. Mas as exceções a este direito (concebido em termos amplos[775]) de disposição das mercadorias por parte do expedidor, são mais consentâneas com a prática comercial[776]. O comprador, que assume o risco de afetação da integridade das mercadorias no momento em que as mesmas são transmitidas ao primeiro transportador independente, dificilmente deixará de pretender ter o direito de disposição das mercadorias durante o transporte. Assim, no âmbito do transporte internacional de mercadorias por estrada, quando o destinatário (na maioria das situações, o comprador) consta da guia de transporte como tendo direito de dispor das mercadorias (art. 12º, nº 3 da Convenção *CMR*) ou quando lhe é entregue o segundo exemplar[777] dessa

[774] Esta solução está em consonância com a noção e as obrigações emergentes do contrato de mandato (*vide* artigos 1157º e 1161º do CC). "Dogmaticamente, corresponde ao direito do cliente de emitir instruções na aceção dos §§ 662, 665 BGB"[, aplicáveis ao mandato.] (*vide* Temme, Jürgen, *in* Thume, Karl-Heinz (Ed.), *Kommentar zur CMR – Übereinkommen über den Beförderungsvertrag im internationalen Straßengüterverkehr*, 2ª Edição, Frankfurt: Verlag Recht und Wirtschaft GmbH, 2007, p. 289). A guia de transporte desempenha, *prima facie*, uma função de legitimação "na mesma lógica dos títulos de crédito" (Vasconcelos, Pedro Pais de / Vasconcelos, Pedro Leitão Pais de, *Direito Comercial*, Vol. I, 2ª Edição, Coimbra: Almedina, 2020, p. 299).

[775] Carlo, Ignacio Quintana, *in* Rodríguez-Cano, Alberto Bercovitz (Dir.) / Conde, María Ángeles Calzada e Pérez, Ángela del Barrio (Coord.), *Contratos Mercantiles*, Tomo II, 6ª Edição, Navarra: Editorial Aranzadi, 2017, p. 116.

[776] *Vide* ponto 2 do Capítulo IV.

[777] O segundo exemplar deve, por regra, acompanhar as mercadorias (art. 5º, nº 1, *in fine* da Convenção *CMR*). Esta ideia de remessa ao destinatário da guia de transporte como impedimento ao exercício do direito de disposição da mercadoria por parte do expedidor e atribuição desse mesmo direito ao destinatário é uma solução que está, também, prevista na lei suíça (art. 443º, nº 1, 1., do CO-S). Esta lei apresenta, no entanto uma particularidade: sempre que o expedidor tenha recebido um recibo e não o possa restituir, perde o direito de dispor da mercadoria (art. 443º, nº 1, 2., do CO-S); concomitantemente, se essa impossibilidade de restituição não for motivada pela remessa do recibo ao destinatário, o transportador não está obrigado a cumprir as instruções deste antes da chegada da mercadoria (dado que é necessário que o recibo tenha sido remetido ao destinatário nos termos do art. 443º, nº 2, *in fine* do CO-S); ora, isso significa que verificadas estas duas condições, o transportador não está obrigado a cumprir qualquer instrução respeitante à disposição das mercadorias (claro está que se a declaração de expedição está assinada pelo transportador, então, estaremos perante "uma forma particular de recibo" – *vide*, Marchand, Sylvain, *in* Thévenoz, Luc / Werro, Franz, *Code des Obligations – Commentaire Romand* –, Vol. I, 2ª Edição, Basileia: Helbing Lichtenhahn, 2012, p. 2666 –).

mesma guia (art. 12º, nº 2 da Convenção *CMR*)[778], é às ordens deste que o transportador deve obedecer (art. 12º, nº 2, *in fine*)[779]. Consequentemente, o exercício do direito de interrupção da transmissão das mercadorias ao comprador, de que possa ser titular o vendedor no âmbito do contrato de venda, fica bastante comprometido[780]. O transportador, estando vinculado, no âmbito do contrato de transporte (por via das normas legais que lhe são aplicáveis[781]) a obedecer às ordens do destinatário[782]/comprador, terá

[778] Incumbe ao destinatário o ónus de prova do surgimento do direito na sua esfera jurídica (Hopt, Kaus J., *et. al.*, *Handelsgesetzbuch mit GmbH & Co., Handelsklauseln, Bank- und Börsenrecht, Transportrecht (ohne Seerecht)*, 36ª Edição, Munique: Verlag C.H. Beck, 2014, p. 2432).

[779] O mesmo sucede quando "as mercadorias chegam ao local de destino e o consignatário requer que o transportador lhe entregue as mercadorias de acordo com o art. 13 CMR" (Csoklich, Peter, in Mankowski, Peter (Ed.), *Commercial Law – Article-by-Article Commentary*, Baden-Baden: Nomos Verlagsgesellschaft, 2019, p. 927).
A lei portuguesa (Decreto-Lei nº 239/2003 de 4 de Outubro) não estabelece, expressamente, que cabe ao destinatário dar instruções ao transportador (fora das situações em que o expedidor se nomeia a si mesmo como destinatário – art. 5º, nº 4) quando lhe é entregue o segundo exemplar da guia de transporte. A guia de transporte pode mencionar as instruções do destinatário (art. 4º, nº 3 do referido D.L.) e "no caso de impossibilidade de cumprimento do contrato de transporte nas condições acordadas, o transportador deve pedir instruções ao expedidor *ou, se tal estiver convencionado, ao destinatário* (art. 13º, nº 1 do referido D.L.). Não obstante, as partes sempre terão liberdade para acordar que o destinatário tem o direito de disposição das mercadorias (*prima facie*, essa possibilidade encontrará abrigo no art. 5º, nº 2 do referido D.L.). Espanha segue caminho semelhante ao estabelecido na Convenção CMR nos artigos 29º, nº 2 e 30º, nº 3 da *Ley 15/2009, de 11 de noviembre, del contrato de transporte terrestre de mercancias*, consagrando neste último artigo a extinção do direito de disposição das mercadorias por parte do expedidor sempre que seja entregue ao destinatário o segundo exemplar da "*carta de porte*"; "logico, já que a *carta de porte* lhe permitirá reclamar ao transportador a mercadoria transportada" (Carlo, Ignacio Quintana, *in* Rodríguez-Cano, Alberto Bercovitz (Dir.) / Conde, María Ángeles Calzada e Pérez, Ángela del Barrio (Coord.), *Contratos Mercantiles*, Tomo II, 6ª Edição, Navarra: Editorial Aranzadi, 2017, p. 97).

[780] Ainda que se possa defender que o destinatário não pode modificar o contrato com o transportador, na medida em que os interesses do expedidor saiam afetados (*vide* Temme, Jürgen, *in* Thume, Karl-Heinz (Ed.), *Kommentar zur CMR – Übereinkommen über den Beförderungsvertrag im internationalen Straßengüterverkehr*, Frankfurt: Verlag Recht und Wirtschaft GmbH, 2007, p. 298).

[781] Aliás, note-se, que no âmbito da Convenção *CMR* as citadas normas legais têm caráter imperativo nos termos do seu artigo 41º. *Vide*, sobre este aspeto, Ancel, Marie-Élodie / Deumier, Pascale / Laazouzi, Malik, *Droit des contrats internationaux*, 2ª Edição, Paris: Éditions Dalloz, 2020, p. 590-591.

[782] A solução respeitante ao *sea waybill* prevista no *Carriage of Goods by Sea Act 1992*, aplicável no Reino Unido, distancia-se da solução apresentada pelas Convenções que de ora em diante se mencionam no âmbito do transporte terrestre, aéreo e ferroviário. Dito de outro modo,

uma grande e legítima resistência ao cumprimento das ordens ou instruções que lhe possam ser dadas pelo vendedor, quer nas situações em que este não é o expedidor, quer nas situações em que o sendo não é titular do direito de disposição das mercadorias no âmbito do contrato de transporte.

Este direito de disposição das mercadorias assume-se como um "direito de alterar unilateralmente os termos do contrato" [783] quanto à pessoa a quem deveriam ser entregues as mercadorias e ao local onde essa entrega deveria ocorrer de acordo com o contrato de transporte celebrado, podendo mesmo o expedidor (se for o titular desse direito) solicitar que as mercadorias lhe sejam devolvidas[784]. Mas, repita-se, o exercício deste direito "pode ser caracterizad[o] apenas como uma variação de um dos termos da relação, mas não como a sua extinção."[785]

Este direito não é um direito que possa ser efetivado em toda e qualquer situação e em todo e qualquer momento. De acordo com a alínea a) do nº 5 do artigo 12º da Convenção *CMR*, quem pretender exercer o direito de disposição das mercadorias "deve apresentar o primeiro exemplar da guia de transporte, no qual devem ser inscritas as novas instruções dadas ao transportador" e a efetivação do direito de disposição das mercadorias depende, aparentemente, "da viabilidade de levar a cabo as instruções em causa"[786] e da sua "razoabilidade"[787] . No entanto, o dever de apresenta-

utilizando em parte palavras que não são nossas, "o princípio da *Common Law* de que a aquisição [de direitos (nomeadamente os que o expedidor perde quando as mercadorias ou o documento que as titula são entregues ao destinatário)] por parte do destinatário priva um expedidor do direito de redirecionar mercadorias expedidas nos termos de *bill of ladings* é aqui afastado pelos termos do [referido *Act*]", porquanto o nº 5 da sua secção 2 estabelece que a transferência de direitos para o destinatário original designado, por via do nº 1 dessa mesma secção, é "sem prejuízo de quaisquer direitos decorrentes de uma pessoa ter sido parte original no contrato" (*vide*, Treitel, Gunter, *in* Treitel, Gunter / Reynolds, F.M.B., *Carver on Bills of Lading*, 4ª Edição, Londres: Sweet & Maxwell, 2017, p. 26-27).

[783] Clarke, Malcolm A., *International carriage of goods by road: CMR*, 6ª Edição, Abingdon: Informa Law from Routledge, 2014, p. 83.

[784] Clarke, Malcolm A., *International carriage of goods by road: CMR*, 6ª Edição, Abingdon: Informa Law from Routledge, 2014, p. 84.

[785] Pesce, Angelo, *Il contratto di trasporto internazionale di merci sus trada*, Pádova: CEDAM, 1984, p. 162.

[786] Clarke, Malcolm A., *International carriage of goods by road: CMR*, 6ª Edição, Abingdon: Informa Law from Routledge, 2014, p. 84.

[787] Temme, Jürgen, *in* Thume, Karl-Heinz (Ed.), *Kommentar zur CMR – Übereinkommen über den Beförderungsvertrag im internationalen Straßengüterverkehr*, 2ª Edição, Frankfurt: Verlag Recht und Wirtschaft GmbH, 2007, p. 294.

ção do primeiro exemplar parece ser mais um requisito inscrito na Convenção do que propriamente uma prática comercial[788], onde as instruções são dadas, muitas vezes, através de comunicação à distância (*fax*, *e-mail*, etc), sem que se verifique a efetiva inscrição das novas instruções na guia de transporte, tal como consagra a referida alínea a) do nº 5 do artigo 12º. Ao referir a necessidade de apresentação do primeiro exemplar da guia de transporte a norma não pretende exigir que o mesmo tenha de ser entregue ao transportador, bastando que lhe seja apresentado[789]. Trata-se de uma norma de proteção do transportador, para que este possa ter conhecimento de que quem lhe está a dar instruções é o efetivo titular do direito de disposição das mercadorias.

As formulações doutrinais sobre a viabilidade e razoabilidade das instruções[790] podem, aparentemente, ser consideradas requisitos não expressamente previstos, atendendo ao facto de a alínea b) deste mesmo número do artigo 12º mencionar, em termos literais, que a "execução [das instruções] deve ser possível no momento em que as [as mesmas] chegam à pessoa que as deve executar e não deve impedir a exploração normal da empresa do transportador, nem prejudicar os expedidores ou destinatários de outras remessas". Mas, na verdade, essas apontadas características das instruções estão bem presentes se considerarmos a ideia de «possibilidade» juntamente com a ideia de manutenção da exploração normal da empresa e de não afetação das relações com outros sujeitos.

Voltemos ao requisito da necessidade de apresentação do primeiro exemplar da guia de transporte e conjuguemo-lo com o exercício do direito de disposição das mercadorias por parte do expedidor. Este requisito está presente apenas em algumas situações, mas já não em outras. Nos termos do artigo 15º, nº 1 da Convenção *CMR*, acaso se verifiquem impedimentos na entrega das mercadorias após a sua chegada ao local de destino, o

[788] Temme, Jürgen, *in* Thume, Karl-Heinz (Ed.), *Kommentar zur CMR – Übereinkommen über den Beförderungsvertrag im internationalen Straßengüterverkehr*, 2ª Edição, Frankfurt: Verlag Recht und Wirtschaft GmbH, 2007, p. 290-291.

[789] Temme, Jürgen, *in* Thume, Karl-Heinz (Ed.), *Kommentar zur CMR – Übereinkommen über den Beförderungsvertrag im internationalen Straßengüterverkehr*, 2ª Edição, Frankfurt: Verlag Recht und Wirtschaft GmbH, 2007, p. 297.

[790] Para além de Malcolm Clarke e Jürgen Temme, *vide* Otte, Karsten, «Artigo 12º», *in* Ferrari, Franco, *et. al.*, *Internationales Vertragsrecht (Rom I-VO, CISG, CMR, FactÜ) Kommentar*, 3ª Edição, Munique: Verlag C.H. Beck, 2018, p. 1332-1333.

transportador deve pedir instrução ao expedidor. Mas se houver recusa das mercadorias por parte do destinatário, "o expedidor terá o direito de dispor da mesma sem ter de apresentar o primeiro exemplar da guia de transporte" (art. 15º, nº 1, *in fine*).

Note-se que decorrerá do nº 2 do artigo 15º da Convenção *CMR* que poderão existir instruções total ou parcialmente contraditórias entre o expedidor e o destinatário. Segundo esta norma se "o destinatário [tiver] recusado a mercadoria, pode ainda assim reclamar a entrega, desde que o transportador não tenha recebido instruções contrárias do remetente". Assim sendo, é de considerar que o transportador deve cumprir as instruções que em primeiro lugar cheguem ao seu conhecimento. Dito de outro modo, o número 2 do artigo 15º da Convenção *CMR* consagra o princípio da prioridade[791].

Por outro lado, é possível identificar situações em que o direito de disposição das mercadorias não pode ser exercido pelo expedidor, mas também o não pode ser pelo destinatário. Falamos de situações previstas, implicitamente, no nº 3 do artigo 12º da Convenção *CMR*. Quando se exige que o exercício do direito de disposição esteja condicionado, pelo menos, à apresentação do primeiro exemplar da guia de transporte, haverá um momento em que esse exemplar estará em circulação para chegar até ao destinatário. Assim sendo, entre o envio desse exemplar por parte do expedidor e a sua entrega ao destinatário nenhum dos dois o poderá apresentar ao transportador. Ademais, nos casos em que o expedidor procura transmitir o referido exemplar da guia de transporte ao destinatário, mas não faz menção de que transmite o direito de disposição das mercadorias ao desti-

[791] Temme, Jürgen, *in* Thume, Karl-Heinz (Ed.), *Kommentar zur CMR – Übereinkommen über den Beförderungsvertrag im internationalen Straßengüterverkehr*, 2ª Edição, Frankfurt: Verlag Recht und Wirtschaft GmbH, 2007, p. 299.
Otte, Karsten, «Artigo 15º», *in* Ferrari, Franco, *et. al.*, *Internationales Vertragsrecht (Rom I-VO, CISG, CMR, FactÜ) Kommentar*, 3ª Edição, Munique: Verlag C.H. Beck, 2018, p. 1355. No entanto, no âmbito do comentário que faz ao artigo 12º, este autor chama a atenção para o facto de, na realidade, o transportador não ter de obedecer a instruções contraditórias por parte do expedidor e do destinatário (*idem*, p. 1329). E, efetivamente, não se pode falar de contraditoriedade entre instruções quando a própria Convenção estabelece que o transportador deve entregar as mercadorias ao destinatário (mesmo que este as tenha recusado), mas desde que não tenha até esse momento instruções em sentido contrário por parte do expedidor. Recebidas estas instruções por parte do expedidor, deve o transportador cumpri-las (e não entregar as mercadorias ao destinatário que as tenha recusado).

natário, então nem o expedidor (porque já não tem o exemplar da guia de transporte para apresentar), nem o destinatário podem exercer o direito (porque apesar de poder apresentar o exemplar da guia de transporte, este não contém a menção de transmissão do direito de disposição)[792]. Mas a omissão por parte do expedidor quanto à menção que tem de ser feita no exemplar da guia de transporte não pode ser considerada, *de per si*, como configurando uma situação de impossibilidade de exercício do direito de disposição. Na verdade, há que ter em conta que o transportador pode ter inserido essa menção na guia de transporte na qualidade de mandatário «presumido» do expedidor, nos termos do artigo 7º, nº 2 da Convenção *CMR*[793].

Assim sendo, a intervenção do vendedor ou do comprador no contrato de transporte não é de somenos importância. O critério a estabelecer para a transferência do risco quando está em causa uma movimentação das mercadorias por parte de um transportador independente, no âmbito de um contrato de transporte rodoviário internacional, não deve descurar esta realidade. Há um direito emergente de uma outra relação jurídica, intrinsecamente, ligada com a venda internacional que não pode deixar de ser tido em conta para a alocação do risco. A alocação do risco sem ter em conta esta realidade constituirá uma forma ineficiente de alocação. Não está em causa, diretamente, um direito emergente da relação de venda, mas trata-se de um direito que se há de sobrepor, nomeadamente àquele direito de interrupção da transmissão das mercadorias ao comprador (esse sim emergente da relação de venda, mas com pouca ou nenhuma efetividade se o seu titular não for também titular do direito de disposição das mercadorias emergente do contrato de transporte).

Através das mencionadas normas da Convenção *CMR* consegue retirar-se alguns elementos para determinar o sentido com que deve ser alocado o risco entre o vendedor e o comprador quando está em causa a transferência do risco. Quanto mais não seja porque permitem, também, que se afastem outros riscos do seu âmbito.

Assim, no âmbito da Convenção *CMR* há quem faça uma abordagem, jurídica e económica, sobre quem deve suportar o risco na relação entre

[792] Sobre estas situações, *vide* Clarke, Malcolm A., *International carriage of goods by road: CMR*, 6ª Edição, Abingdon: Informa Law from Routledge, 2014, p. 87.

[793] Neste sentido, *vide* Pesce, Angelo, *Il contratto di trasporto internazionale di merci sus trada*, Pádova: CEDAM, 1984, p. 162-163.

o "dono [ou proprietário] da carga" e o transportador[794]. Esta abordagem labora, na nossa opinião, em um equívoco de partida porquanto cria uma figura que não parece existir na própria Convenção *CMR*: "o dono [ou proprietário] da carga". A Convenção *CMR* consagra as figuras do "*sender*" e do "*consignee*"[795], mas em nenhuma parte da Convenção aparece a referência a "*cargo owner*". Embora discordemos da introdução desta figura dadas as já assinaladas dificuldades de ligar a transferência do direito de propriedade sobre as mercadorias com a alocação de risco, podemos considerar que se a questão for colocada entre quem tem o direito de disposição das mercadorias e o transportador já será possível colher alguns elementos para afastar alguns tipos de riscos do âmbito de aplicação das normas relativas à transferência do risco entre o vendedor e o comprador.

No citado estudo, Johan Schelin diz que "a eficiência económica pode ser promovida de forma a que o regime de responsabilidade dê incentivos às partes envolvidas para minimizar o custo da perda e danos para as mercadorias e que, a longo prazo, deve ser o objetivo socioeconómico de qualquer regulação de responsabilidade."[796] Mas quando nos referimos à parte que, intervindo no contrato de venda, pode ter o direito de disposição das mercadorias, o que pretendemos expressar é a ideia de que o risco de afetação da integridade das mercadorias deve correr por conta da parte que está em melhores condições de adotar ou omitir uma determinada conduta que possa alterar a exposição a perigos que possam afetar a integridade das mercadorias e, consequentemente, a dinâmica da transação comercial internacional. E esta transação não deriva apenas da venda, mas de todo um conjunto de relações jurídicas que podem influir na manutenção da integridade das mercadorias, mormente o contrato de transporte.

Não é no âmbito da perda económica para o vendedor ou para o comprador que se deverão situar as soluções apresentadas pelas normas relativas à transferência do risco, mas sim na preservação das mercadorias. Esta preservação das mercadorias é muito importante para a manutenção da estabilidade do comércio internacional. E, aqui, não pode deixar de se

[794] Schelin, Johan, «CMR Convention in a law and economics perspective», *in Uniform Law Review*, Vol. 21, Nº 4, 2016, p. 434 e ss.

[795] *Vide*, em primeiro lugar, o artigo 12º de que temos vindo a tratar, mas também os artigos 6º, 7º, 8º, 10º e 11º (entre outros).

[796] Schelin, Johan, «CMR Convention in a law and economics perspective», *in Uniform Law Review*, Vol. 21, Nº 4, 2016, p. 440.

considerar que o direito de disposição das mercadorias, emergente do contrato de transporte, deve relevar na escolha do critério de transferência do risco no contrato de venda internacional de mercadorias.

1.3.2.2. O transporte ferroviário de mercadorias

No transporte ferroviário de mercadorias, uma das Convenções com mais adesões por parte dos Estados (50 adesões) é a que vem sendo designada por *COTIF-CIM*[797]. Esta convenção internacional "aplica[...]-se a todo o contrato de transporte ferroviário de mercadorias, a titulo oneroso, «quando o local da recolha da mercadoria e o local previsto para a entrega estão situados em dois Estados membros diferentes» (art. 1º, §1)"[798]. A sua aplicabilidade pode ser estendida a outras situações, nomeadamente sempre que as partes acordem quanto à sua aplicação. No entanto, a vontade das partes não é suficiente para que a *COTIF-CIM* seja aplicada. Além dessa manifestação de vontade é necessário que se trate de um contrato de transporte em que o local de recolha e o local de entrega da mercadoria se situem em dois Estados diferentes, sendo um deles Estado-membro da Convenção (art. 1º, §2)[799]. Para além do grande número de Estados-membros da *COTIF-CIM* há que ter em conta que, relativamente às partes intervenientes no contrato de transporte ferroviário de mercadorias, as normas são imperativas e qualquer cláusula que as vise derrogar é considerada nula e sem qualquer efeito (art. 5º, 1ª frase). Tal não impede a existência de uma determinada cláusula através da qual o transportador assuma maior responsabilidade e obrigações mais onerosas do que as decorrentes do regime estabelecido na Convenção (art. 5º, *in fine*).

Nos termos desta Convenção o comprador (sendo destinatário) surge como o titular do direito de modificação do contrato de transporte[800] sem-

[797] Trata-se do Apêndice B do Protocolo, de 3 de Junho de 1999, que Altera a Convenção Relativa aos Transportes Internacionais Ferroviários (COTIF), de 9 de Maio de 1980 (Aprovado em Portugal através do Decreto nº 3/2004, de 25 de Março, publicado no Diário da República nº 72/2004, Série I-A de 2004-03-25), designado de Regras Uniformes Relativas ao Contrato de Transporte Internacional Ferroviário de Mercadorias e, de ora em diante, também, *COTIF-CIM* ou *RU-CIM*.

[798] Ancel, Marie-Élodie / Deumier, Pascale / Laazouzi, Malik, *Droit des contrats internationaux*, 2ª Edição, Paris: Éditions Dalloz, 2020, p. 587.

[799] Acolhe-se a designada cláusula *Paramount* (*vide* Ancel, Marie-Élodie / Deumier, Pascale / Laazouzi, Malik, *Droit des contrats internationaux*, 2ª Edição, Paris: Éditions Dalloz, 2020, p. 587).

[800] Sobre este direito em anterior versão da Convenção, *vide* Wick, M. Josepf, *Le droit international des transports par chemins de* fer, Trad. por M. John Favre e M. Marcel Ingold, Neuchâtel: Editions Imprimerie Nouvelle E. G. Chave S.A., 1976, p. 198 e ss.

pre que nenhuma menção seja feita na guia de remessa por parte do expedidor (art. 18º, § 3 da *COTIF-CIM*)[801]. O vendedor (se for o expedidor) poderá reservar para si, na guia de remessa, o direito de modificação do contrato de transporte, mas esta situação será pouco verosímil na prática comercial, essencialmente se o comprador paga o preço mediante crédito documentário[802] e se é sobre si que o risco fica alocado durante o transporte. Independentemente dessa verosimilhança, se o vendedor (expedidor) for o titular do direito de modificação do contrato de transporte e no âmbito desse vínculo contratual chama a si o direito de disposição das mercadorias, está a alterar também o poder de controlo das mercadorias derivado do contrato de compra e venda e, nesse caso, deve suportar, a partir desse momento, o risco de afetação da integridade das mercadorias.

Na COTIF-CIM o direito de disposição das mercadorias está sujeito a determinadas limitações, ou seja, "as modificações subsequentes não devem ter o efeito de fracionar a remessa" (art. 19º, §4º) e "devem ser possíveis, lícitas e razoáveis e não afetar o trabalho normal do transportador naquele momento, nem prejudicar o expedidor ou consignatários de outras remessas"[803] de acordo com o artigo 19º, §3º.

[801] O artigo 18º da Convenção COTIF-CIM estabelece um elemento de perturbação. Se, por um lado, estabelece que o destinatário tem o direito de modificar o contrato de transporte, por outro estabelece, no seu § 1º, uma distinção entre o direito de disposição das mercadorias e o direito de modificar o contrato por parte do expedidor (!). Se essa diferença existe relativamente ao expedidor, tal significa que o destinatário tem o direito de modificar o contrato, mas não tem direito de disposição das mercadorias nos termos do §3º desse mesmo artigo, dado que nenhuma referência lhe é feita? Não nos parece. A epigrafe do artigo 18º refere, expressamente, que o seu âmbito de aplicação será o "direito de disposição da mercadoria" e a esta norma segue-se uma outra que continua a referir-se ao "exercício do direito de disposição", sem que faça qualquer distinção entre o direito de disposição da mercadoria e o direito de modificação do contrato, quedando-se pela referência a "modificação do contrato". Avança-se, também, que o direito de disposição da mercadorias por parte do destinatário deriva da conjugação do §3º com a alínea d) do §2º, ou seja, tendo em conta que nesta alínea se consagra que o direito de modificação do contrato por parte do expedidor se extingue "nos casos em que o destinatário tenha direito [...] *a dar ordens*; a partir desse momento, o transportador deverá cumprir *as ordens* e *instruções* do destinatário" (Evtimov, Erik / Payosova, Tatyana, «COTIF Appendix B regarding the Uniform Rules concerning the Contract of International Carriage of Goods by Rail (COTIF/CIM)», *in* Mankowski, Peter (Ed.), *Commercial Law – Article-by-Article Commentary*, Baden-Baden: Nomos Verlagsgesellschaft, 2019, p. 1151).

[802] *Vide* ponto 2 do Capítulo IV.

[803] Evtimov, Erik / Payosova, Tatyana, «COTIF Appendix B regarding the Uniform Rules concerning the Contract of International Carriage of Goods by Rail (COTIF/CIM)», *in*

Mas os poderes atribuídos ao titular do direito de disposição das mercadorias não podem ser desconsiderados. Se, por um lado, o seu titular pode adiar a entrega das mercadorias (al. b) do §1º do art. 18º)[804], por outro surgem poderes que devem ser tidos em conta para determinar o momento da transferência do risco na venda internacional de mercadorias. Referimo-nos aos poderes previstos, também, em outras Convenções reguladoras do transporte internacional de mercadorias através de outros meios (*rectius*, o direito de instruir o transportador para proceder à entrega das mercadorias a um destinatário diferente ou em um local diferente do mencionado na guia de transporte), mas especialmente ao direito "*to discontinue the carriage of the goods*"[805]. Este direito parece assemelhar-se ao direito de suspensão ou interrupção das mercadorias em trânsito, mas também de suspender a execução do contrato de transporte.

Esta possibilidade de suspensão do contrato de transporte implica, necessariamente, que a parte a quem está alocado o risco na venda internacional possa ficar numa situação excessivamente gravosa face à possibilidade de afetação da integridade das mercadorias devido a facto alheio a ambas as partes. Determinar quando se transfere o risco na venda sem ter em conta esta possibilidade de exercício do direito de disposição das mercadorias emergente do contrato de transporte pode constituir uma metodologia errada. Note-se que, mesmo no âmbito da extinção do direito de modificação do contrato de transporte, quer na esfera do expedidor, quer na esfera do destinatário, a COTIF-CIM estabelece, em duas situações, que essa extinção se verifica a partir do momento em que o destinatário

Mankowski, Peter (Ed.), *Commercial Law – Article-by-Article Commentary*, Baden-Baden: Nomos Verlagsgesellschaft, 2019, p. 1150.

804 Este poder do titular do direito de disposição das mercadorias poderá implicar, na maioria das situações, uma violação do contrato de venda e, por isso, deve ser tratada nesse domínio (*rectius*, mora na entrega das mercadorias). Na nossa opinião, a situação não deverá ser tratada no âmbito da transferência do risco.

805 Alguns dos direitos referidos existiam, em anteriores versões da Convenção, integrados sob outra «roupagem», sendo considerado que o expedidor "pod[ia] dar as seguintes ordens: mercadorias a retirar na estação de expedição; mercadorias a parar em trânsito; entrega de mercadorias a atrasar; mercadorias a entregar a uma pessoa que não o destinatário indicado na guia de remessa; mercadorias a entregar numa estação que não a estação de destino indicada na guia de remessa, ou a devolver à estação de expedição". (Haenni, Joseph, «Chapter 2 – Carriage by Rail», *in* Rodière, René, *International Encyclopedia of Comparative Law, Volume XII – Law of Transport*, Tübingen: J.C.B. Mohr (Paul Siebeck), 1973, p. 101.

"tenha tomado posse da guia de transporte [ou] tenha aceitado as mercadorias" (art. 18º, §2º, al. a) e b) e §4º, al. a) e b)).

Os poderes que conformam o direito de disposição das mercadorias permitem que, no âmbito de uma relação onde não intervêm como partes outorgantes o vendedor e o comprador, possa verificar-se uma interferência *ad hoc* na dinâmica da transferência do risco no âmbito da venda internacional de mercadorias, suscetível de abalar a estabilidade do comércio internacional. Este direito de disposição das mercadorias, emergente do contrato de transporte, deverá ser tido em conta na alocação do risco ao vendedor ou ao comprador. Com uma alocação eficaz do risco poderá garantir-se a conservação das mercadorias e, consequentemente, uma maior estabilidade do comércio internacional.

Mas tenhamos em conta uma outra Organização Internacional que vem adquirindo relevância na regulação do transporte ferroviário internacional de mercadorias: a "*Organisation for Cooperation between Railways (OSJD)*". Trata-se de uma Organização Internacional com implementação no âmbito Euroasiático[806] que inclui países como a China, a Rússia, o Irão, Bulgária, Polónia (entre outros) e que conta com instituições responsáveis pelos caminhos de ferro de países não membros, na qualidade de observadoras (tais como a *National Society of French Railways (SNCF)* e a *JSC German Railway (DB AG)*) [807].

O artigo 25º do *Agreement concerning International Goods Traffic by Rail* ou, abreviadamente, *SMGS* (promovido no âmbito da OSJD)[808] apresenta, aparentemente, dois direitos semelhantes ao direito de disposição das mercadorias previsto na COTIF-CIM, pois o seu número um consagra "o direito de dar instruções ao transportador no que respeita às mercadorias e assim alterar o contrato de transporte". Interpretado este número um em conjugação com o número dois do mesmo dispositivo legal concluir-se-ia que o direito de alterar o contrato se resumiria aos poderes de alterar a estação de destino e o destinatário das mercadorias. Não é uma dúvida que se possa considerar sanada pela interpretação deste número dois, por-

[806] Essencialmente países da Europa do Leste. Alguns países integram quer a Convenção COTIF/CIM, quer o Acordo relativo ao tráfego internacional ferroviário de mercadorias (*Agreement concerning International Goods Traffic by Rail – SMGS*). Portugal não integra a referida *OSJD*, sendo apenas parte na Convenção COTIF-CIM.

[807] *Vide* < https://en.osjd.org/>.

[808] Disponível em: < https://en.osjd.org/en/8906/page/106077?id=2099>.

quanto em um documento que visa harmonizar o direito do transporte ferroviário internacional (denominado de "*URL – Unified Railway Law*"[809]) se consagra "o direito de dispor das mercadorias e de modificar o contrato de transporte, dando ordens subsequentes, em particular solicitando ao transportador para parar as mercadorias em trânsito ou não as entregar ou devolvê-las no local de tomada a cargo das mercadorias ou para mudar o local de entrega ou para as entregar a um destinatário diferente do indicado na guia de transporte" (art. 15º, §1º da referida *URL*). Por conseguinte, não é absolutamente líquido que o direito de dar instruções e o direito de alterar o contrato, previstos no artigo 25º do SMGS, não constituam direitos de diferente abrangência.

Independentemente dessa circunstância, também no âmbito dos principais instrumentos internacionais de regulação do transporte ferroviário internacional se verifica que o direito de dar instruções/alterar o contrato de transporte se insere especificamente no âmbito do poder de controlo que o vendedor ou o comprador pode exercer sobre as mercadorias. O risco de afetação das mercadorias no âmbito do contrato de venda internacional deveria ser suportado pelo vendedor ou pelo comprador, conforme um ou outro seja o titular desse específico direito emergente do contrato de transporte e o exerça (ou não).

[809] Trata-se de um documento promovido no seio da UNECE (*United Nations Economic Commission for Europe*) que como indica a designação em inglês visa unificar o direito ferroviário (disponível em: < https://unece.org/fileadmin/DAM/trans/doc/2019/sc2/ECE-TRANS-2016-15e.pdf>). Um dos objetivos deste trabalho desenvolvido por um grupo de peritos é "contribuir para a harmonização de importantes regras CIM/SMGS" (*vide*, Evtimov, Erik / Payosova, Tatyana, «COTIF Uniform Rules concerning the Contract of International Carriage of Passengers (CIV UR) and Goods (CIM UR); Introduction», *in* Mankowski, Peter (Ed.), *Commercial Law – Article-by-Article Commentary*, Baden-Baden: Nomos Verlagsgesellschaft, 2019, p. 1083). Este trabalho de um grupo de peritos tem como seu antecessor um outro estudo desenvolvido no seio da União Europeia por Mansur Pour Rafsendjani e Christian-Thomas Stempfle, denominado "*Study of compliance regarding EU-Railway Law and OSJD-Railway Law for European Commission Directorate-General for Energy and Transport Directorate*", de 12 de março de 2007, (disponível em: < https://ec.europa.eu/transport/sites/default/files/modes/rail/studies/doc/2007_03_compliance_railway_law.pdf>). E, ao que parece, ainda é um trabalho inacabado, porquanto a *UNCITRAL* poderá vir a desenvolver trabalho neste domínio, face à proposta apresentada nesse sentido pela China no seio desta Comissão das Nações Unidas (*vide*, <https://undocs.org/pdf?symbol=en/A/CN.9/1034>).

1.3.2.3. O transporte aéreo de mercadorias

No que concerne ao transporte aéreo internacional de mercadorias, a Convenção de Montreal[810] terá surgido como uma reação à possível denúncia da Convenção de Varsóvia por parte dos Estados Unidos[811]. Nos termos conjugados do nº 1 e do nº 2, do seu artigo 1º, esta "[...c]onvenção aplica-se a todos os transportes internacionais de [...][812] mercadorias efetuados por aeronaves a título oneroso[, entendendo-se] por «transporte internacional» qualquer transporte em que, segundo o acordo entre as partes, o local de partida e o local de destino, quer se verifique ou não uma interrupção do transporte ou um transbordo, se situem no território de dois Estados partes, ou no território de um único Estado parte se existir uma paragem acordada no território de outro Estado, mesmo que esse Estado não seja parte."

A Convenção de Montreal consagra o direito de disposição das mercadorias a favor do expedidor, reservando esse direito a favor do destinatário apenas a partir do momento da sua chegada ao ponto de destino sem que o expedidor tenha exercido o seu direito de dispor das mercadorias (art.s 12º e 13º); na carta de porte aéreo (*air waybill*) ou no recibo da mercadoria pode ficar consignada derrogação expressa destas duas normas (nos termos do art. 15º, nº 2), *v.g.*, atribuindo ao destinatário o direito de disposição das mercadorias[813]. Na falta de qualquer referência expressa, o direito de disposição da mercadoria, durante o tempo em que se encontrar em trânsito, pertence ao expedidor[814]. Por outro lado, expedidor e destinatá-

810 Aprovada em Portugal através do Decreto nº 39/2002, de 27 de Novembro, publicado no Diário da República nº 274/2002, Série I-A de 2002-11-27.

811 Müller-Rostin, Wolf, «Convention for the Unification of Certain Rules for International Carriage by Air of 1999 (Montreal Convention)», *in* Mankowski, Peter (Ed.), *Commercial Law – Article-by-Article Commentary*, Baden-Baden: Nomos Verlagsgesellschaft, 2019, p. 1181.

812 Propositadamente, omite-se a referência a "pessoas" e "bagagens" porquanto o nosso objeto de estudo é a transferência do risco no transporte internacional de *mercadorias*.

813 A solução apresentada pela Convenção de Montreal foi inspirada na solução apresentada pela Convenção de Varsóvia, na redação que lhe foi dada pelo Protocolo nº 4 (Protocolo aprovado pelo Decreto nº 96/81, de 24 de julho, publicado no Diário da República nº 168/1981, Série I de 1981-07-24). Curiosamente, os artigos em que se regula do direito de disposição das mercadorias são os mesmos (artigos 12º a 15º). Sobre este direito de disposição no âmbito da Convenção de Varsóvia, *vide*, com algum desenvolvimento, Matte, Nicolas Mateesco, «Chapter 6 – International Air Transport», *in* Rodière, René, *International Encyclopedia of Comparative Law, Volume XII – Law of Transport*, Tübingen: J.C.B. Mohr (Paul Siebeck), 1982, p. 46-47.

814 O Supremo Tribunal Alemão (*Bundesgerichtshof*) terá até proferido uma decisão, ao abrigo da Convenção de Varsóvia, no sentido de que "o expedidor podia, com base no artigo 12º

rio "são livres de celebrar um acordo sobre a carta de porte aéreo nos termos do qual a sua relação pode ser regulada"[815].

No que concerne à ideia de que o risco subjacente é o risco de preço ou o risco da (contra)prestação tenha-se em atenção o preceituado no número 3 do artigo 13º da Convenção de Montreal. O que habitualmente é discutido no âmbito, pelo menos, do nosso ordenamento jurídico interno sobre a natureza do contrato de transporte, ou seja, se é (ou não) um contrato a favor de terceiro[816] vem, nesta norma (pelo menos em parte) regulado. Aqui se prevê que "[s]e o transportador admitir a perda da carga, ou se a carga não tiver chegado ao fim do prazo de sete dias após a data em que deveria ter chegado, o destinatário tem o direito de fazer valer contra o transportador os direitos que decorrem do contrato de transporte." Os direitos do destinatário surgem como direitos *ex vi legis*, "mesmo sendo um mero beneficiário do contrato e não tendo conhecimento dos seus termos."[817] Não podem, por isso, ser celebrados acordos entre o expedidor e o transportador que coloquem em causa este direito do destinatário, não obstante a qualidade deste último[818].

Independentemente da discussão sobre se as situações de dano ou destruição das mercadorias estão sujeitas a esta norma, se se aplica o respetivo direito interno de um Estado ou se se pode obter o mesmo resultado considerando que a Convenção reconhece o contrato de transporte como contrato a favor de terceiro[819], devemos considerar que o destinatário tem meios para poder ser ressarcido. Assim, se o destinatário (no contrato de transporte) for o comprador (do contrato de venda internacional de mercadorias) e ainda que o risco de afetação da integridade das mercadorias

[da Convenção], exigir que a transportadora aérea não emitisse a carta de porte aéreo até ter recebido a mercadoria" (*vide* Dettling-Ott, Regula, *Internationales und schweizerisches Lufttransportrecht*, Zurique: Schulthess Polygraphischer Verlag AG, 1993, p. 179.

815 Goldhirsch, Lawrence B., *The Warsaw Convention Annotated: A Legal Handbook*, Países Baixos: Kluwer Law International, 2000, p. 66.

816 *Vide*, por todos, Rocha, Francisco Costeira da, *O contrato de transporte de mercadorias*, Coimbra: Almedina, 2000.

817 Müller-Rostin, Wolf, *in* Mankowski, Peter (Ed.), *Commercial Law – Article-by-Article Commentary*, Baden-Baden: Nomos Verlagsgesellschaft, 2019, p. 1195.

818 Bürskens, Holger, «Transport», *in* Kronke, Herbert / Melis, Werner / Kuhn, Hans (Ed.), *Handbuch Internationales Wirtschaftsrecht*, 2ª Edição, Köln: Verlag Dr. Otto Schmidt KG, 2017, p. 445.

819 Müller-Rostin, Wolf, *in* Mankowski, Peter (Ed.), *Commercial Law – Article-by-Article Commentary*, Baden-Baden: Nomos Verlagsgesellschaft, 2019, p. 1196.

lhe esteja alocado, pode não se verificar qualquer outro risco, mormente risco de preço.

Destarte, também no âmbito da Convenção de Montreal, aplicável ao transporte aéreo internacional de mercadorias, é possível extrair elementos válidos para se considerar que o direito de disposição das mercadorias emergente do contrato de transporte deve ser tido em conta para determinar a alocação do risco no contrato de compra e venda. Esta Convenção trata da responsabilidade do transportador, mormente quando este "segue as instruções do expedidor sem exigir a apresentação da terceira parte da carta de porte aéreo ao transportador (ou recibo da mercadoria no caso de serem usados documentos eletrónicos) de acordo com o artigo 12 parágrafo 3 será responsável por quaisquer danos causados a qualquer pessoa que esteja na posse legal dessa parte da carta de porte aéreo ou do recibo das mercadorias [...]"[820].

No entanto, independentemente da responsabilidade do transportador o que importa para a transferência do risco na venda internacional será a identificação do sujeito que possa ter, em cada momento, o direito de controlo/disposição das mercadorias. A tarefa não é fácil à partida, mas com base nesta ideia de direito de controlo emergente do contrato de transporte é possível atribuir o risco à parte que, no contrato de compra e venda, está em melhores condições de conservar a integridade das mercadorias. Aliás, parece resultar da Convenção de Montreal uma preocupação idêntica à que consta da *CISG* relativamente à necessidade de conservação das mercadorias e da manutenção do contrato de compra e venda. O artigo 12º, §4º da Convenção de Montreal estabelece, claramente, que o direito de disposição das mercadorias por parte do expedidor cessa no momento em que esse direito passa a pertencer ao destinatário; mas "caso o destinatário recuse a mercadoria ou não possa ser contactado [(ou "alcançado"[821])], o expedidor readquire o seu direito de disposição".

1.3.2.4. O transporte marítimo de mercadorias

No final do século XIX (mais precisamente no ano de 1893) foi aprovado pelo Congresso norte-americano o designado *Harter Act* "relativo à navegação

[820] Müller-Rostin, Wolf, *in* Mankowski, Peter (Ed.), *Commercial Law – Article-by-Article Commentary*, Baden-Baden: Nomos Verlagsgesellschaft, 2019, p. 1196.

[821] Wolf Müller-Rostin utiliza a expressão *"or if cannot be reached"* (*ob. cit., idem*).

de navios, conhecimentos de embarque, e a certas obrigações, deveres e direitos relacionados com o transporte de bens."[822] Esta legislação terá impulsionado a criação de instrumentos legais internacionais no âmbito do transporte marítimo de mercadorias, nomeadamente o aparecimento das Regras de Haia, no ano de 1924[823]. Estas Regras[824] vieram a sofrer algumas alterações através do Protocolo de Visby, configurando hoje o que é designado de Convenção de Haia-Visby (ou Regras de Haia-Visby)[825].

Nos termos do artigo 1º, al. b) da Convenção de Haia-Visby, "[...] as palavras [...] «Contrato de transporte» aplicam-se apenas aos contratos de transporte abrangidos por um conhecimento de embarque ou qualquer documento de título semelhante, na medida em que esse documento se refira ao transporte de mercadorias por mar, incluindo qualquer conhecimento de embarque ou qualquer documento semelhante emitido ao abrigo de ou nos termos de um fretamento a partir do momento em que tal conhecimento de embarque ou documento de título similar regula

[822] *Vide* Treitel, Gunter / Reynolds, F.M.B., *Carver on Bills of Lading. Appendix I*, 4ª Edição, Londres: Sweet & Maxwell, 2017, p. 813-814. Veja-se a discussão que se gerou sobre a aplicação (ou não) do *Harter Act* aos "*private carriers*" – aos afretadores de navio – ou apenas aos "*common carriers*" – os transportadores – (Johnston, Michael Gavin, «A Review of the Harter Act», *in Global Journal of Politics and Law Research*, Vol. 6, Nº 5, Junho de 2018, p. 23 e ss., disponível em: < https://www.eajournals.org/wp-content/uploads/A-Review-of-the-Harter-Act.pdf>).

[823] *Vide* Ziegler, Alexander Von, «Rotterdam Rules and the Underlying Sales Contract», disponível em: < https://www.swlegal.ch/media/filer_public/21/9f/219f5c48-0460-40ba-acbb-f4ef77066274/131014_alexander-von-ziegler_rotterdam-rules-and-the-underlying-sales-contract-pdf-02665943.pdf>.

[824] Convenção Internacional para a Unificação de Certas Regras em Matéria de Conhecimento, assinada em Bruxelas a 25 de agosto de 1924.

[825] A Convenção é designada de Haia-Visby a partir do Protocolo de Visby, de fevereiro de 1968. Note-se, no entanto, que nem todos os Estados aderentes às Regras de Haia, aderiram ao Protocolo de Visby (nomeadamente Portugal). Sobre uma decisão do Tribunal Marítimo de Lisboa que aplicou este Protocolo recaiu já, pelo menos, um Acórdão do Tribunal da Relação de Lisboa (confirmado pelo STJ) no sentido contrário, ou seja, considerando que o Protocolo de Visby não foi ratificado por Portugal, não estando assim "introduzido na ordem jurídica interna portuguesa" (*vide* Acórdão do STJ, de 29 de setembro de 2016, disponível em: < http://www.dgsi.pt/jstj.nsf/954f0ce6ad9dd8b980256b5f003fa814/2327601c16bbf94a8025803d00548be9>. Mário Raposo defende que Portugal deveria ratificar não só o Protocolo de Visby, mas também o Protocolo SDR (*vide* Raposo, Mário, «Transporte marítimo de mercadorias: hoje e amanhã», *in* ROA, Ano 2013, Ano 73, Vol. II/III, abril/setembro de 2013, p. 530, disponível em: < https://portal.oa.pt/upl/%7B303a4481-ac5f-4309-8a66-c1c1ff9c535a%7D.pdf>.

as relações entre um transportador e um detentor do mesmo."[826] Por seu turno, nos termos a alínea e) do mesmo dispositivo legal, "[...] as palavras [...] «Transporte de Mercadorias» cobrem o período desde o momento em que as mercadorias são carregadas até ao momento em que são descarregadas do navio."

Durante este período pode surgir a necessidade de dar instruções ao transportador. *Prima facie*, a inexistência de consagração expressa de um direito de disposição ou direito de modificação/alteração do contrato, no âmbito da Regras de Haia-Visby, levaria a concluir que esse direito não existiria. Mas esse direito existe pelo simples facto de constituir uma realidade inerente ao próprio contrato de transporte e derivar, também, da existência do conhecimento de embarque (*bill of lading*). Segundo Rodière, a primeira função do *bill of lading* é dar instruções ao transportador e, até mesmo, ao destinatário; relativamente às instruções dirigidas ao transportador o *bill of lading* "indicará o local de descarga, o itinerário a seguir, o nome do destinatário, o que o transportador deve fazer no caso de o

[826] Sobre a possibilidade de aplicação das Regras de Haia à "carta-partida" (em inglês, *charterparty*), mormente por via de uma *paramount clause, vide* Baatz, Yvonne, «Chapter 4: Charterparties», *in* Baatz, Yvonne (Ed.), *Maritime Law*, 4ª Edição, Oxon: Informa Law by Routledge, 2018, p.127. A autora não deixa, no entanto, de advertir que quando "as regras são incorporadas na carta-partida, pode haver dificuldades [...em determinar] se a cláusula *paramount* prevalece sobre outras cláusulas da carta-partida. A clausula *paramount* pode estabelecer que em caso de incoerência as [R]egras prevalecem. Alternativamente, pode haver uma disposição com efeito contrário." (*idem*, p. 132).
Segundo Luís de Lima Pinheiro, a "carta-partida" tem uma função de formalização do contrato de fretamento. A respeito do "*fretamento de navio à viagem*" diz que "é o contrato pelo qual o transportador se obriga a afetar um navio à realização de uma ou várias viagens marítimas predefinidas, para transportar uma mercadoria determinada, mediante um frete. O fretamento é tradicionalmente utilizado no transporte de granéis em que o equilíbrio entre a força económica das partes e as características do serviço permitem uma negociação das principais cláusulas do transporte e a sua formalização num documento designado carta-partida [*charterparty*].". Contrapõe-se assim ao transporte de carga geral, que abrangendo uma multiplicidade de parcelas de diferentes carregadores, não permite geralmente uma negociação individualizada das condições do serviço, razão por que tende a ser exclusivamente titulado por um documento pré-elaborado pelo transportador, o conhecimento de carga. A divisão funcional nesta matéria traça-se assim, fundamentalmente, entre transporte titulado por uma carta-partida e transporte titulado exclusivamente por um conhecimento de carga." (Pinheiro, Luís de Lima, «Temas de Direito marítimo V – Contrato de Fretamento à Viagem», *in* ROA, Ano 80, Vol. III/IV-Jul./Dez. 2020, p. 667-668, disponível em: < https://portal.oa.pt/media/132098/luis-de-lima-pinheiro.pdf>).

destinatário recusar as mercadorias, *etc.* [Relativamente ao destinatário] o documento instrui[-o ...] sobre o que ele deve fazer quando o transportador (ou o transportador final) lhe entrega as mercadorias e, em particular, o que deve verificar."[827]

O contrato de transporte faz surgir na esfera jurídica da contraparte do transportador um conjunto de direitos relativamente às mercadorias, em especial o direito de decidir onde e a quem deve ser entregue a mercadoria. Se o expedidor (parte no contrato de transporte) instruir o transportador para entregar as mercadorias a pessoa diferente ou em lugar diferente do estipulado e se o transportador cumprir essas instruções verifica-se uma modificação do contrato e assim deverá ser tratada a questão[828]. Por outro lado, sendo o contrato de transporte considerado, em algumas jurisdições, um contrato a favor de terceiro[829] e admitindo alguma doutrina portuguesa que o contrato de transporte possa ser considerado um contrato trilateral[830], também não nos parece absurdo considerar que o destinatário venha a poder exercer uma espécie de direito de disposição das mercadorias.

[827] Rodière, René, « Chapter 1 – Introduction to Transport Law and Combined Transports», *in* Rodière, René, *International Encyclopedia of Comparative Law, Volume XII – Law of Transport*, Tübingen: J.C.B. Mohr (Paul Siebeck), 1972, p.27-28.

[828] Note-se que no ordenamento jurídico português está consagrado, a respeito do transporte rodoviário, que "o expedidor pode, durante a execução do contrato, fazer suspender o transporte, modificar o lugar previsto para a entrega da mercadoria ou designar destinatário diferente do indicado na guia de transporte [...,devendo a]s instruções dadas ao transportador [...] ser inscritas na guia de transporte" (art. 5º, nºs 2 e 3 do Decreto-Lei nº 239/2003, de 4 de outubro, alterado e republicado pelo Decreto-Lei nº 57/2021, de 13 de julho).

[829] A jurisprudência italiana assim o tem considerado (*vide*, Comenale, Michele, «Artigo 1689º», *in* Rescigno, Pietro, *Le Fonti del Diritto Italiano – I testi fondamentali commentati con la dottrina e annotati con la giurisprudenza –, Codice Civile*, Tomo I, Milão: Giuffrè Editore, 2018, p. 3348-3348); no ordenamento jurídico alemão decorre das disposições conjugadas dos §§407(1), 421(1) e 418(2) (*vide*, Koller, Ingo, *Transportrecht. Kommentar zu Spedition, Gütertransport und Lagergeschäft*, 8ª Edição, Munique: Verlag C.H. Beck, 2013, p. 40; Fremuth, Fritz, «§407», *in* Fremuth, Fritz / Thume, Karl-Heinz (Ed.), *Kommentar zum Transportrecht*, Heildelberg: Verlag Recht und Wirtschaft GmbH, 2000, p. 26).

[830] Rocha, Francisco Costeira da, *O contrato de transporte de mercadorias*, Coimbra: Almedina, 2000, p. 227 e ss. A Jurisprudência portuguesa vem acompanhando esta posição (*vide*, com referência a vários outros Acórdãos dos Tribunais da Relação de Lisboa e Coimbra, o Ac. do TRL, de 23 de fevereiro de 2021, proc. nº 115187/17.9YIPRT.L1-7, disponível em: <www.dgsi.pt>). Embora como se referiu *supra* há situações que dificultam a compreensão do contrato de transporte como contrato trilateral.

O *bill of lading* é negociável/transferível e, assim sendo, "[m]esmo quando [...] é emitido à ordem de um destinatário designado, o expedidor pode, no entanto, ter o direito de exigir ao transportador que entregue as mercadorias a outra pessoa, por exemplo, endossando[-o] a essa pessoa."[831] Mesmo nas situações em que o documento não seja considerado negociável por parte do emissor, aparentemente este, ao emitir o documento, está a reconhecer o expedidor como *bailor* (dono ou possuidor)[832] das mercadorias e, portanto, "[q]uando o expedidor entrega mais tarde o documento a outra pessoa com o objetivo de transferir o seu interesse nas mercadorias, ele por sua vez transfere os seus direitos como *bailor* para essa outra pessoa [...]"[833].

Por seu turno, quando está efetivamente em causa um documento não negociável considera-se que "o direito de disposição [fica] firmemente nas mãos do expedidor [..., permitindo-se que este mude] de opinião à vontade sobre quem recebe as mercadorias quando chegam."[834]. É o caso dos *straight bills of lading*, ou seja, documentos relativamente aos quais se discute se

[831] Treitel, Gunter, *in* Treitel, Gunter / Reynolds, F.M.B., *Carver on Bills of Lading*, 4ª Edição, Londres: Sweet & Maxwell, 2017, p. 20. Também do regime jurídico português aplicável ao "[c]ontrato de transporte de mercadorias por mar [...] em que uma das partes se obriga em relação à outra a transportar determinada mercadoria, de um porto para porto diverso, mediante uma retribuição pecuniária, denominada «frete»" decorre que "[o] conhecimento de carga constitui título representativo da mercadoria nele descrita e pode ser nominativo, à ordem ou ao portador[, estando a] transmissão do conhecimento de carga [...] sujeita ao regime geral dos títulos de crédito" (art.s 1º e 11º do Decreto-Lei nº 352/86, de 21 de Outubro).

[832] Sobre a definição de "*bailment*", *vide* Walker, David M., *The Oxford Companion to Law*, Oxford: Clarendon Press, 1980, p. 108. No entanto, há quem considere que "[*b*]*ailment is the legal relationship which arises when one party, a bailee, takes possession of goods knowing that another party, the bailor, has a prior right to possession of those goods. [...] Where there is a contractual relationship between bailor and bailee, that contract will usually regulate the rights of each party against the other. In the absence of such a contract, the basic rules of bailment become crucial. The bailee must take reasonable care of the goods. This duty goes beyond the universal duty to take care not to damage another's property.*" (McFarlane, Ben, «Bailment», *in* Cane, Peter / Conaghan, Joanne (Ed.), *The New Oxford Companion to Law*, Oxford: Oxford University Press (online edition), 2009, disponível em: < https://www.oxfordreference.com/view/10.1093/acref/9780199290543.001.0001/acref-9780199290543-e-132?rskey=H1HnHE&result=131>.

[833] Tettenborn, Andrew, «Chapter 7: Bills of Lading, Multimodal Transport Documents, and other things», *in* Soyer, Baris / Tettenborn, Andrew (Ed.), *Carriage of Goods by Sea, Land and Air – Unimodal and Multimodal Transport in the 21st Century –*, Abingdon: Informa Law, 2014, p. 139.

[834] Tettenborn, Andrew, «Chapter 7: Bills of Lading, ...», *ibidem*.

podem constituir "*similar document of title*"[835] e, por isso, resultantes de um contrato de transporte sujeito às Regras de Haia-Visby nos termos da alínea b) do seu artigo 1º. Pelo contrário, tratando-se de *Sea Waybills* não podem aplicar-se as Regras de Haia-Visby dado que estamos perante documentos que não titulam as mercadorias (não são *document of title*)[836].

Ainda que possa não transparecer das Regras de Haia-Visby a existência de um direito de disposição das mercadorias a favor do expedidor (ou do destinatário), a verdade é que a emissão de um documento como o *bill of lading* cria determinados direitos a favor do seu detentor. O direito de redirecionar as mercadorias através da transferência do *bill of lading* para a pessoa que se pretenda que venha a receber as mercadorias será preci-

[835] *Vide* Girvin, Stephen, *Carriage of Goods by Sea,* Oxford: Oxford University Press, 2011, p. 264; Reynolds, F.M.B., *in* Treitel, Gunter / Reynolds, F.M.B., *Carver on Bills of Lading,* 4ª Edição, Londres: Sweet & Maxwell, 2017, p. 638-639.

[836] Embora no âmbito de um contrato de transporte com emissão de um documento deste tipo seja de considerar que "o destinatário identificado pode ser trocado por outro, desde que o expedidor, na sua qualidade de parte contratante do transportador, instrua o transportador para substituir o destinatário" (Ramberg, Jan, «The Future Law of Transport Operators and Service Providers», *in Scandinavian Studies in Law,* Ano 2004, Vol. 46, p. 141, disponível em: <https://scandinavianlaw.se/pdf/46-6.pdf>). Neste sentido também Treitel, Gunter, *in* Treitel, Gunter / Reynolds, F.M.B., *Carver on Bills of Lading,* 4ª Edição, Londres: Sweet & Maxwell, 2017, p. 510.

Por outro lado, há quem entenda que o facto de os *sea waybills* não serem *documents of title* não impede que o regime consagrado nas Regras de Haia lhes possa ser aplicável. Quem defende a aplicação das Regras de Haia aos *sea waybills* apoia-se no seu artigo 6º, dizendo:

"*Art. 6 allows a a carrier to escape the Rules only when the following three conditions are fulfilled:*
(i) a non-negotiable receipt (i.e. a waybill) must be issued and marked non-negotiable;
(ii) ordinary commercial shipments must not be involved; and
(iii) the character or condition of the property must justify a special agreement of carriage.
In other words, art. 6 makes the Rules apply to the waybill, although it is a modern document which was not conceived of in 1924 when tha Hague Rules were adopted. Art. 6 specifically permits the issue of non-negotiable receipts which are not subject to the Rules only if the above three conditions are fulfilled." (Tetley, William, *Marine Cargo Insurance,* 3ª Edição, Montreal: International Shipping Publications, 1988, p. 945).

O autor fundamenta o recurso ao artigo 6º das Regras de Haia dizendo que, quer na *Common Law,* quer na *Civil Law,* sempre que haja uma aparente contradição entre duas normas deve atentar-se "primeiro no texto da lei para determinar se há de facto uma contradição". O "art. 2 é muito útil porque estipula [...«salvo o disposto o disposto no art. 6...». Em outras palavras o art. 6 é preponderante, como o art. 2 especificamente consagra. Em consequência parece claro que os *waybills* estão sujeitos à Regras de Haia, salvo se emitidos naquelas raras circunstâncias quando todas as condições do art. 6 são preenchidas." (Tetley, William, *ob. cit.,* p. 945 e 946).

samente um desses direitos. Acaso o documento não seja negociável, o expedidor pode decidir que a entrega das mercadorias é feita a uma outra pessoa (que não ele mesmo).

A doutrina referencia a existência, na *Common Law*, de alguns casos em que se reconhece "o direito do expedidor de redirecionar as mercadorias para outra pessoa que não o destinatário originalmente nomeado"[837]. Ademais, no Reino Unido, o *Carriage of Goods by Sea Act 1992 (COGSA 1992)*[838] consagra, no seu artigo 2º, nº 1, que "uma pessoa que se torne o detentor legal do *bill of lading* [...verá] transferidos e conferidos para si todos os direitos processuais ao abrigo do contrato de transporte, como se tivesse sido parte nesse contrato"[839]. Este dispositivo legal tem sido entendido como atribuindo ao detentor do *bill of lading* o referido direito de direcionar as mercadorias. Mas, aparentemente, esta afirmação não pode ser feita, exclusivamente, com base no mencionado dispositivo legal, devendo este ser lido em conjugação com o artigo 5º, nº 2 do *Carriage of Goods by Sea Act 1992*[840], o qual estabelece a interpretação a dar a "detentor do *bill of lading*"[841].

[837] Treitel, Gunter, *in* Treitel, Gunter / Reynolds, F.M.B., *Carver on Bills of Lading*, 4ª Edição, Londres: Sweet & Maxwell, 2017, p. 20 e ss.

[838] Disponível em: < https://www.legislation.gov.uk/ukpga/1992/50/contents>.

[839] Note-se que há quem aponte algumas críticas à solução apresentada pelo *COGSA 1992*, considerando que os direitos processuais (*rectius*, o direito de demandar) deveriam estar "ligados" à transferência do risco, ou seja, a parte que suporta a perda deveria ter o direito de demandar (*vide*, Bradgate, Robert / White, Fidelma, «The Carriage of Goods by Sea Act 1992 », *The Modern Law Review*, Vol. 56, Nº 2 (Mar., 1993), p. 207, disponível em : <https://www.jstor.org/stable/1096776>).

[840] Neste sentido, *vide* Girvin, Stephen, *Carriage of Goods by Sea*, Oxford: Oxford University Press, 2011, p. 99 e ss.

[841] Literalmente, este dispositivo consagra o seguinte:
"References in this Act to the holder of a bill of lading are references to any of the following persons, that is to say–
(a) a person with possession of the bill who, by virtue of being the person identified in the bill, is the consignee of the goods to which the bill relates;
(b) a person with possession of the bill as a result of the completion, by delivery of the bill, of any indorsement of the bill or , in the case of a bearer bill, of any other transfer of the bill;
(c) a person with possession of the bill as a result of any transaction by virtue of which he would have become a holder falling within paragraph (a) or (b) above had not the transaction been effected at a time when possession of the bill no longer gave a right (as against the carrier) to possession of the goods to which the bill relates;
and a person shall be regarded for the purposes of this Act as having become the lawful holder of a bill of lading wherever he has become the holder of the bill in good faith."

Dir-se-á que as soluções de um ou outro ordenamento jurídico não podem ser tidas como identificando um direito de controlo sobre as mercadorias no domínio internacional, porquanto estamos perante direito interno aplicável, tão somente, em um concreto Estado. Mas a prática comercial parece demonstrar que a introdução de determinadas cláusulas nos documentos respeitantes ao transporte das mercadorias (*v.g.* em *sea waybills*) pode permitir que o direito de controlo sobre as mercadorias (nomeadamente, redirecionando as mercadorias para um outro local ou para uma outra pessoa) deixe de pertencer ao "vendedor"[842]. A referência é feita por Jan Ramberg a respeito da forma como um comprador pode ser protegido do facto de ter realizado o pagamento "das mercadorias antes da sua chegada ao destino ou de um banco [ter] concedido crédito ao comprador ao abrigo de créditos documentários ou outros"[843]. Esta afirmação realça, por um lado, a interligação entre o contrato de venda e o contrato de transporte e, por outro, a função que tem o direito de controlo sobre as mercadorias na mitigação de um risco diferente do risco visado pelas normas relativas à transferência do risco, ou seja, na mitigação do «risco de preço». Mas ficando explicita a interligação entre a venda e o transporte, por via do direito de controlo emergente desta última relação contratual, consideramos que este direito desempenha não só um papel importante na determinação do risco de «preço» como também na determinação da maior ou menor amplitude do risco da afetação a que possam estar expostas as mercadorias.

Claro está que apesar de estas posições doutrinais serem elementos essenciais para a compreensão do papel do direito de controlo emergente do contrato de transporte no âmbito das transações comerciais internacionais, não deixou de se fazer sentir a necessidade de um corpo de normas de «natureza internacional».

[842] Ramberg, Jan, «The Multimodal Transport Document», *in* Schmitthoff, C.M. / Goode, R.M., *The International Commercial Law Series. Vol. I – International carriage of goods: some legal problems and possible solutions*, Center for Commercial Law Studies, Wiltshire: Redwood Burn Limited, 1988, p. 9.

[843] Ramberg, Jan, «The Multimodal Transport Document», *in* Schmitthoff, C.M. / Goode, R.M., *The International Commercial Law Series. Vol. I – International carriage of goods: some legal problems and possible solutions*, Center for Commercial Law Studies, Wiltshire: Redwood Burn Limited, 1988, p. 8.

Independentemente das soluções apresentadas por um ou outro ordenamento jurídico, por razões políticas, legais e económicas[844] sentiu-se a necessidade de promover a criação de uma nova Convenção aplicável ao transporte marítimo de mercadorias: a Convenção das Nações Unidas sobre o transporte marítimo de mercadorias por mar de 1978 (ou, simplesmente, Regras de Hamburgo).

Diferentemente do que previam as Regras de Haia-Visby, as Regras de Hamburgo estabelecem outros critérios para a sua aplicação aos contratos de transporte marítimo de mercadorias para além do critério da emissão de um *bill of lading* (ou documento de título similar). As Regras de Hamburgo são, também, aplicáveis sempre que estejamos perante um contrato de transporte marítimo de mercadorias "entre dois Estados diferentes, se o porto de carregamento previsto no contrato de transporte por mar está situado num Estado Contratante, ou o porto de descarga previsto no contrato de transporte por mar está situado num Estado Contratante, ou um dos portos de descarga facultativos previstos no contrato de transporte por mar é o porto de descarga propriamente dito e esse porto está situado num Estado Contratante" (alíneas a) a c) do nº1, do artigo 2º).

Independentemente do alargamento do âmbito de aplicação destas Regras, as mesmas continuaram sem estabelecer, expressamente, qualquer referência ao direito de disposição (ou direito de controlo) das mercadorias. Não obstante, as observações feitas *supra* a respeito das Regras de Haia-Visby quanto à possibilidade de modificação do contrato de transporte com base em instruções dadas pelo expedidor (e até pelo destinatário) devem considerar-se aplicáveis no âmbito das Regras de Hamburgo. Tanto mais que, nos termos do artigo 1º, nº 7 destas Regras, mesmo nas situações em que o *bill of lading*[845] consagra que "as mercadorias devem ser entregues à ordem de

[844] Sobre essas razões, *vide* Herber, Rolf, «The UN Convention on the Carriage of Goods by Sea, 1978, Hamburg Rules, its Future and the Demands of Developing Countries», *in* Arroyo, Ignacio, *Yearbook Maritime Law*, Vol. I – 1984, Deventer: Kluwer Law and Taxation Publishers, 1986, p. 84-87.

[845] As Regras de Hamburgo consagram uma definição de *bill of lading* neste nº 7 do artigo 1º, que "não foi previamente definido em nenhuma das convenções sobre transportes" (Lüddeke, Christof / Johnson, Andrew, *The Hamburg Rules from Hague to Hamburg via Visby*, 2ª Edição, Londres: Lloyd's of London Press Ltd., 1995, p.5). Esta definição de *bill of lading* cria alguns problemas quando conjugada com o conteúdo que o mesmo deve revestir de acordo com o artigo 15º das Regras de Hamburgo, havendo quem considere que "impõe às partes no contrato um conjunto rígido de obrigações que podem bem ser comercialmente irrealistas

uma pessoa designada" isso também significa que o transportador se compromete a entregar as mercadorias contra a entrega do documento.

Há, por isso, nas Convenções de Haia-Visby e Hamburgo (assim como sucede nas Convenções que regulam o transporte internacional de mercadorias por via rodoviária, ferroviária e aérea) um reconhecimento da importância de um direito de disposição das mercadorias ou de modificação do contrato para fazer face às exigências provocadas pela execução do contrato. Esses direitos surgem como forma de atribuir ao expedidor ou ao destinatário, por via do contrato de transporte, um direito sobre o destino[846] das mercadorias que tem, necessariamente, repercussões no contrato de venda internacional de mercadorias. Não é, por isso, estranho que esta realidade viesse a ter consagração em letra de lei em Convenções que se lhes seguiram.

1.3.2.5. O transporte de mercadorias, total ou parcialmente, por mar

Uma dessas Convenções foi a Convenção das Nações Unidas sobre os Contratos de Transporte Internacional de Mercadorias Total ou Parcialmente por Mar, também designada por Regras de Roterdão. Trata-se de uma Convenção que visou estabelecer um regime de reação àquele que se encontra previsto nas Regras de Haia, de Haia-Visby e de Hamburgo, "vistas como não abordando questões cruciais para o transporte marítimo moderno"[847]. No entanto, o seu estudo tem mais que ver com as soluções que apresenta[848]

e indesejadas, e pode produzir consequências indesejáveis e até perigosas [..., podendo] olhar[-se] para trás com alguma nostalgia para os dias em que o conteúdo dos documentos de transporte eram ditados por interesses comerciais e não por requisitos excessivamente elaborados das Convenções internacionais." (Goldie, C.W.H., «Documentation – The Writing on the Bill of Lading. Articles 15 to 18 of the Hamburg Rules», *in* Mankabady, Samir (Ed.), *The Hamburg Rules on the Carriage of Goods by Sea*, Londres: A. W. Sijthoff International, 1978, p. 209 e 219).

[846] Quando se refere aqui «destino» não se pretende uma referência ao lugar de destino, mas sim uma referência à «sorte» das mercadorias.

[847] Sekolec, Jernej, «Foreword», *in* Ziegler, Alexander / Schelin, Johan / Zunarelli, Stefano, *The Rotterdam Rules 2008 – Commentary to the United Nations Convention on Contracts for the International Carriage of Goods Wholly or Partly by Sea*, Alphen aan den Rijn: Kluwer Law International, 2010, p. xxi.

[848] Há quem lhes aponte a mais-valia de poderem ter "um efeito positivo na uniformização da lei do transporte multimodal, mas não [ser] inteiramente claro quando[, face ao número de ratificações]" (Spanjaart, Michiel, «A new role for multimodal transport law – Leaving the maze for a uniform approach –, *in in* Furrer, Andreas (Ed.), *Transportation Law on the Move – Challenges in the Modern Logistics World* –, Berna: Stämpfli Verlag, 2020, p. 94).

do que com a sua aplicabilidade aos contratos de transporte internacional, porquanto ainda não está em vigor[849].

Para obviar às dificuldades apresentadas pelos anteriores regimes jurídicos que acabamos de analisar[850], "[a]s Regras de Roterdão[851], além de regularem os registos eletrónicos de transporte, contêm disposições específicas sobre as duas categorias fundamentais de documentos de transporte, os documentos negociáveis e os não negociáveis, e além disso consideram também uma categoria intermédia, ou seja, os documentos não negociáveis que requerem entrega, que foram incluídos para abranger o conhecimento de embarque nominativo, cuja natureza jurídica difere nas várias jurisdições."[852]

Independentemente destas atualizações efetuadas pelas Regras de Roterdão quanto aos documentos relacionados com o contrato de transporte, adquire especial relevância a consagração, expressa, de um literal "direito de controlo" ou "direitos da parte controladora" no seu Capítulo 10[853]. Este direito de controlo não tem qualquer consagração, expressa, no âmbito das anteriores Regras, pelo facto de estas "não estar[em] estruturada[s] em função do *contrato*, mas do *conhecimento de carga*"[854] *ou de documento de título similar.*

[849] Apesar de ter sido assinada por 25 Estados, a verdade é que foi apenas objeto de ratificação/adesão por 5 Estados (Benim, Camarões, Congo, Espanha e Togo) e para a sua entrada em vigor são necessárias 20 ratificações/adesões, nos termos do seu artigo 94º, nº 1. Não está, por isso, em vigor em Portugal.

[850] Quanto ao facto de as Regras de Haia, de Haia-Visby e de Hamburgo apenas fazerem referência ao *bill of lading* e a outros documentos similares que titulem as mercadorias.

[851] De ora em diante, designadas de Regras de Roterdão ou, apenas, R.R.

[852] Berlingieri, Francesco, «General Introduction», *in* Ziegler, Alexander / Schelin, Johan / Zunarelli, Stefano, *The Rotterdam Rules 2008 – Commentary to the United Nations Convention on Contracts for the International Carriage of Goods Wholly or Partly by Sea*, Alphen aan den Rijn: Kluwer Law International, 2010, p. 19.

[853] "[N]as Regras de Haia-Visby e das Regras de Hamburgo, não existe qualquer disposição expressa dedicada a regular a transferência dos direitos e obrigações decorrentes do contrato de transporte marítimo, enquanto tal (isto é, independentemente da emissão de um conhecimento de embarque ou outro documento de transporte marítimo negociável)." (Zunarelli, Stefano / Alvisi, Chiara, «Rights of the Controlling Party», *in* Ziegler, Alexander / Schelin, Johan / Zunarelli, Stefano, *The Rotterdam Rules 2008 – Commentary to the United Nations Convention on Contracts for the International Carriage of Goods Wholly or Partly by Sea*, Alphen aan den Rijn: Kluwer Law International, 2010, p. 220).

[854] Cfr., por todos, Gomes, Manuel Januário da Costa, «Direito de Controlo e Transferência de Direitos nas Regras de Roterdão», *in* Gomes, Manuel Januário da Costa (Coord.), *Das*

A expressa consagração destes "direitos da parte controladora" surge sem qualquer referência à titularidade do direito de propriedade, tal com decorria das anteriores Convenções aplicáveis ao transporte marítimo internacional de mercadorias[855].

As Regras de Roterdão estabelecem que "o carregador, o carregador documentário, o destinatário ou o portador do documento de transporte podem ser a parte controladora"[856]. Por isso, estas Regras de Roterdão fizeram aparecer uma nova figura: a do carregador documentário (art. 1º, nº 9)[857]. Este carregador documentário pode ser designado pelo carregador como a parte que tem o controlo das mercadorias no âmbito do contrato de transporte[858] (nos termos do art. 51º, nº 1, al. a.). Assim, nas situações em que o comprador seja parte no contrato de transporte e se assuma como o carregador (art. 1º, nº 8 das Regras de Roterdão), bem pode o

Regras da Haia às Regras de Roterdão – As perspetivas para o transporte marítimo e para o transporte multimodal no século XXI –, Coimbra: Almedina, 2014, p. 502-503.

[855] Esta questão não é de somenos importância porquanto a falta de referência ao titular do direito de propriedade sobre as mercadorias nas Convenções sobre o transporte marítimo internacional de mercadorias vem juntar-se à falta de regulação do efeito que o contrato de venda internacional possa ter sobre a propriedade das mercadorias vendidas na *CISG* (art. 4º, alínea a)).

[856] Hou, Wei, *La liberté contractuelle en Droit des Transports Maritimes de marchandises – L'exemple du contrat de volume soumis aux Règles de Rotterdam –*, Aix-en-Provence : Presses Universitaires d' Aix-Marseille, 2013, p. 311.

[857] Esta figura do carregador documentário não existe nas Regras de Haia e Haia-Visby, nem nas Regras de Hamburgo. No entanto, como verificamos pela análise das Convenções de Haia-Visby e de Hamburgo, trata-se de uma realidade já existente a que as Regras de Roterdão vêm dar nome. Nas situações em que o expedidor celebra o contrato com o transportador não deixava de se considerar que o destinatário tinha determinados direitos, nomeadamente o direito de disposição das mercadorias ou de modificação do contrato. Por outro lado, sendo emitido um *bill of lading*, o *shipper* "[...] não é necessariamente parte no contrato de transporte, mas ele é uma parte no contrato no que respeita ao *bill of lading*." (Hartenstein, Olaf, «Rights and Duties of Third Parties in Modern Transportation Law – International Conventions, German Law and Private International Law –», *in* Furrer, Andreas (Ed.), *Transportation Law on the Move – Challenges in the Modern Logistics World –*, Berna: Stämpfli Verlag, 2020, p. 25). Ora, como vimos anteriormente, nas Regras de Haia/Haia-Visby e Hamburgo está em causa a emissão de um determinado documento (*v.g.*, um *bill of lading*) e, por isso, o *shipper* aí referido (quando não corresponda ao carregador no contrato de transporte) pode considerar-se uma figura próxima do *documentary shipper*.

[858] Sturley, Michael F. / Fujita, Tomotaka / Ziel, Gertjan van der, *The Rotterdam Rules – The UN Convention on Contracts for the International Carriage of Goods Wholly or Partly by Sea*, 2ª Edição, Inglaterra e País de Gales: Sweet & Maxwell, 2020, p. 290.

vendedor ser indicado no documento de transporte como carregador (carregador documentário na aceção do artigo 1º, nº 9 das Regras de Roterdão) e, nesse caso, terá o poder de controlo das mercadorias no âmbito do contrato de transporte e pode efetivar o exercício do seu direito de interrupção da transmissão das mercadorias no âmbito da execução do contrato de compra e venda. No entanto, deve ter-se em atenção que "no caso de ter havido emissão de documento de transporte negociável em várias vias, todos os originais devem ser transmitidos para que haja transmissão do *right of control*. E todos os originais devem ser exibidos para que o *right of control* possa ser exercido. Mas se apenas é transmitido um ou alguns dos originais, ninguém tem o *right of control*"[859].

Mas vejamos em que termos este direito de controlo vem referido nas Regras de Roterdão e como tem sido entendido por parte de alguma doutrina. O direito de controlo vem definido no artigo 1º, §12 como "o direito, nos termos do contrato de transporte, de dar instruções ao transportador relativamente às mercadorias, de acordo com o capítulo 10". Mas este direito de controlo, de acordo com alguma doutrina, "não está relacionado com a ideia (e a regulamentação) da posse (controlo) das mercadorias durante o seu transporte por mar. O objetivo do Capítulo 9 das Regras de Roterdão é simplesmente regular o direito de uma certa pessoa (a parte controladora) dar um certo tipo de instruções ao transportador e os meios para o exercício desse direito."[860]

«*Controlo* não é *controlo* (posse) porque só se visa permitir que a *parte controladora* exerça certos direitos». A formulação apresentada parece mais um ziguezaguear com um conteúdo pouco percetível não só para não juristas, mas também para o «mundo» jurídico. Dir-se-á que com a referida afirmação se pretende significar que há uma parte que tem o direito de controlo e uma outra (o transportador) tem posse das mercadorias. Mas o objetivo das Regras de Roterdão não foi consagrar, expressamente, o direito de controlo a favor de um sujeito diferente do transportador?

[859] Martins, Alexandre Soveral, «As Regras de Roterdão», *in* AA.VV., *Novos Caminhos para o Direito dos Transportes*, IDET/Faculdade de Direito da Universidade de Coimbra, Coimbra: Almedina, 2013, p. 139.140.

[860] Zunarelli, Stefano / Alvisi, Chiara, «Rights of the Controlling Party», *in* Ziegler, Alexander / Schelin, Johan / Zunarelli, Stefano, *The Rotterdam Rules 2008 – Commentary to the United Nations Convention on Contracts for the International Carriage of Goods Wholly or Partly by Sea*, Alphen aan den Rijn: Kluwer Law International, 2010, p. 221,

Se assim foi (como efetivamente foi) que relevância resta para a posse que tem o transportador. Este pode não cumprir as instruções que lhe forem dadas pelo titular do «novo» direito de controlo em circunstâncias restritas[861], mas nesse caso a questão será já de cumprimento ou incumprimento de deveres por parte do transportador.

A partir do momento em que as R.R. estabelecem um regime tão detalhado quanto ao exercício do direito de controlo por parte do respetivo titular, que espaço fica para ter em linha de conta a posse física das mercadorias?

É verdade que as palavras podem ter mais do que um sentido, mas não nos parece que a formulação apresentada pelos autores seja feliz. Isto porque o que se trata é efetivamente de controlo sobre as mercadorias transportadas[862]. Controlo sobre o destino das mercadorias, porquanto se em determinado momento e atendendo a um expectável desenrolar da movimentação das mercadorias estas estariam expostas a determinados eventos suscetíveis de afetar a sua integridade, através do exercício do direito de controlo emergente do contrato de transporte as mesmas ficam expostas a eventos de diferente natureza e em diferentes circunstâncias.

Mas *Zunarelli* e *Alvisi* continuam depois a convocar mais uma diferença: entre o direito designado, em inglês, como *stoppage in transitu*[863] emergente do contrato de venda e o direito de controlo emergente do contrato de transporte[864]. Não discordamos, em absoluto, desta contraposição/distin-

[861] *Vide* artigo 52º, nº 3, *in fine* das R.R.

[862] Note-se que a respeito da Convenção *CMR* se afirma que "o direito de modificar as instruções dadas ao transportador se baseia *na posse* da mercadoria, da qual o vendedor continua a ser o titular por intermédio do transportador". (Maccarone, S., «Le droit de disposition selon la Convention CMR (articles 12 et 13)», *in* Union Internationale des Transports Routiers (Ed.), *Transport International de Marchandises par Route (CMR)*, Colombier : Gessler & Cie SA, 1988, p. 73 ; *itálico* nosso). Ora, esta referência à posse por intermédio do transportador no âmbito da *CMR* pode ser convocada, *mutatis mutandis*, para o domínio do transporte marítimo e, consequentemente, se de posse se puder tratar (o que duvidamos) a mesma pertence ao titular do direito do controlo.

[863] Que traduzimos já para «direito de interrupção da transmissão das mercadorias em trânsito ao comprador».

[864] Sobre a contraposição entre o direito de *stoppage in transitu* e o direito de "modificar as instruções dadas", *vide* Maccarone, S., «Le droit de disposition selon la Convention CMR (articles 12 et 13)», *in* Union Internationale des Transports Routiers (Ed.), *Transport International de Marchandises par Route (CMR)*, Colombier : Gessler & Cie SA, 1988, p. 73. Tenha-se em atenção que a distinção é apresentada nos seguintes termos: "[s]egundo a opinião

ção, mas a mesma leva estes autores a trazer à colação a ideia de que o direito de stoppage *in transitu* pertence a "uma pessoa que tenha um interesse na carga"[865]. Esta ideia de "pessoa com interesse na carga" parece demonstrar alguma reserva dos autores em falar em «proprietário da carga». Na verdade, o exercício dos direitos emergentes do contrato de venda que envolva transporte parece não ter no direito de propriedade o seu fundamento. Há um direito de diferente natureza que emerge da venda internacional de mercadorias com transporte e que para ser efetivado depende de um outro direito emergente do contrato de transporte: o direito de controlo.

Por isso, não nos parece correto concluir, tao somente, que "[o] exercício dos direitos mencionados em (b) e (e) do artigo (50) pode, para além do direito de *stoppage in transitu*, ser extremamente útil para um vendedor que não tenha obtido o pagamento do comprador"[866]. Na nossa opinião, o direito de controlo emergente do contrato de transporte não é útil, é fundamental para a efetivação do exercício do direito de *stoppage in transitu*. Salvo o devido respeito, não basta canalizar algumas outras afirmações de um outro autor[867] para, depois, afirmar que o referido direito de *stoppage in transitu* é "extremamente útil" naquela situação.

dominante, o meio de «stoppage in transitu» difere do direito de modificar as instruções dadas ao transportador, na medida em que o recurso a este meio pressupõe que o vendedor se tenha despojado da mercadoria e, portanto, do direito de disposição, enquanto que o direito de modificar as instruções dadas ao transportador se baseia na posse da mercadoria, da qual o vendedor é sempre o titular por intermédio do transportador" (aparentemente, o direito de disposição surge nesta frase como faculdade do titular do direito de propriedade emergente do contrato de venda e não com qualquer ligação ao contrato de transporte). Mas, aparentemente, o autor discorda desta distinção porquanto em nota de pé de página (n.18) refere que "[p]elas razões explicadas no texto, esta opinião pode não ser exata de uma maneira geral; a posse da mercadoria que, no que diz respeito ao transportador, apenas corresponde a uma «detenção» depende das condições do contrato de venda, enquanto o direito de alterar as instruções ao transportador depende do contrato de transporte".

[865] Zunarelli, Stefano / Alvisi, Chiara, «Rights of the Controlling Party», *in* Ziegler, Alexander / Schelin, Johan / Zunarelli, Stefano, *The Rotterdam Rules 2008 – Commentary to the United Nations Convention on Contracts for the International Carriage of Goods Wholly or Partly by Sea*, Alphen aan den Rijn: Kluwer Law International, 2010, p. 222.

[866] Zunarelli, Stefano / Alvisi, Chiara, «Rights of the Controlling Party», *in* Ziegler, Alexander / Schelin, Johan / Zunarelli, Stefano, *The Rotterdam Rules 2008 – Commentary to the United Nations Convention on Contracts for the International Carriage of Goods Wholly or Partly by Sea*, Alphen aan den Rijn: Kluwer Law International, 2010, p. 222.

[867] Ziel, G J van der, «Delivery of the goods, rights of the controlling party and transfer of rights», *in* Thomas, Rhidian, *A New Convention for the Carriage of Goods by Sea – The Rotterdam*

Desde logo, *van der Ziel* antes de concluir que "[a] relação entre o direito de controlo ao abrigo da lei de transporte e os direitos sobre a mercadoria ao abrigo da lei de venda ou propriedade é que a primeira pode facilitar a segunda"[868] apresenta, também, o que para ele significa *right of disposal* e *right of stoppage in transitu*[869]. E aqui há que ter em atenção que quanto ao direito de disposição sobre as mercadorias é, apenas, tido em conta o seu significado no *UK Sale of Goods Act 1979*, motivo pelo qual é afirmado que se trata do direito de o vendedor "impedir que *a propriedade* se transfira para o comprador, apesar de o vendedor se ter separado da posse da mercadoria. Este direito de adiar *a transferência de propriedade* é frequentemente utilizado para garantir o pagamento das mercadorias ou para satisfazer outras condições impostas pelo vendedor."[870] Esta afirmação só é compreensível quando o direito de disposição possa ser entendido no âmbito de uma lei interna de um determinado Estado (Reino Unido) sobre a venda, pouco vocacionado para regular a venda internacional de mercadorias, pois não se pode olvidar que, atendendo às dificuldades de harmonização sobre esta questão, a mesma ficou fora do âmbito da Convenção mais bem sucedida nesse âmbito: a *CISG*.

Desse facto há de, por certo, retirar-se algumas ilações, quanto mais não seja deve ter-se em conta a dinâmica da regulação do transporte internacional. Uma dessas ilações deverá ser a de que para se compreender um determinado conceito no âmbito do direito privado internacional deve ter-se em conta, em primeiro lugar, as fontes internacionais (ainda que de caráter convencional)[871]. E, como se viu a respeito da regulação do contrato

Rules –. An Analysis of The UN Convention on Contracts for the International Carriage of Goods Wholly or Partly by Sea. Oxon: Lawtext Publishing Limited, 2009, p. 242 e ss.

[868] Ziel, G J van der, «Delivery of the goods, rights of the controlling party and transfer of rights», *in* Thomas, Rhidian, *A New Convention for the Carriage of Goods by Sea – The Rotterdam Rules –. An Analysis of The UN Convention on Contracts for the International Carriage of Goods Wholly or Partly by Sea*. Oxon: Lawtext Publishing Limited, 2009, p. 246.

[869] Ziel, G J van der, «Delivery of the goods, rights of the controlling party and transfer of rights», *in* Thomas, Rhidian, *A New Convention for the Carriage of Goods by Sea – The Rotterdam Rules –. An Analysis of The UN Convention on Contracts for the International Carriage of Goods Wholly or Partly by Sea*. Oxon: Lawtext Publishing Limited, 2009, p. 245.

[870] Ziel, G J van der, «Delivery of the goods, rights of the controlling party and transfer of rights», *in* Thomas, Rhidian, *A New Convention for the Carriage of Goods by Sea – The Rotterdam Rules –. An Analysis of The UN Convention on Contracts for the International Carriage of Goods Wholly or Partly by Sea*. Oxon: Lawtext Publishing Limited, 2009, p. 245. *Itálicos* nossos.

[871] Essas fontes revelam, desde logo, preocupações de regulação fora das conceções internas sobre determinados negócios jurídicos e são resultado de ponderação sobre variadas

de transporte rodoviário, ferroviário e aéreo de mercadorias, o direito de disposição não está ligado nem ao contrato de venda nem à transferência de propriedade[872].

Por seu turno, quanto ao direito de *stoppage in transitu*, *van der Ziel* volta a colocar o direito de propriedade no âmbito da definição que apresenta. Para este autor, o direito de *stoppage in transitu* "[é] o direito de um vendedor não pago, que tenha transferido *a propriedade* das mercadorias para o comprador, de retomar a posse das referidas mercadorias durante o seu trânsito para o local de entrega acordado"[873]. Ora, mais uma vez afirmamos que na *CISG* o direito de *stoppage in transitu* não está ligado à prévia transferência da propriedade; questão jurídica que não foi regulada pela *CISG*, mas que nem por isso impede o reconhecimento desse direito de *stoppage in transitu*[874].

O facto de se considerar que "uma transferência do direito de controlo das mercadorias ao abrigo de um contrato de transporte, por exemplo pelo expedidor para o destinatário, pode expressar a intenção entre as partes de transferir a propriedade da mercadoria"[875] é para nós elucidativo da

perspetivas não só de direito comparado, mas também de caráter internacional (pois convocam para a sua elaboração os mais variados *players* que intervêm no comércio internacional e as respetivas Organizações).

[872] E mesmo em ordenamentos jurídicos como o português esse direito de dispor das mercadorias, aparentemente, só tem cabimento no âmbito das designadas faculdades proporcionadas pela titularidade do direito de propriedade (pouco ou nada tendo a ver com a possibilidade de impedir que a propriedade se transfira do vendedor para o comprador).

[873] Ziel, G J van der, «Delivery of the goods, rights of the controlling party and transfer of rights», *in* Thomas, Rhidian, *A New Convention for the Carriage of Goods by Sea – The Rotterdam Rules –. An Analysis of The UN Convention on Contracts for the International Carriage of Goods Wholly or Partly by Sea*. Oxon: Lawtext Publishing Limited, 2009, p. 245. *Itálico* nosso.

[874] Afirmando que este direito é independente da transferência da propriedade, *vide:* Saidov, Djakhongir, *in* Kröll, Stefan / Mistellis, Loukas / Viscasillas, Pilar Perales (Ed.), *UN Convention on Contracts for the International Sale of Goods (CISG): A Commentary*, C. H. Beck-Hart-Nomos, 2018, p. 908; Fountoulakis, Christiana, *in* Schwenzer, Ingeborg (Coord.), *Commentary on the UN Convention on the International Sale of Goods*, Oxford: Oxford University Press, 2016, p. 1017; Dornis, Tim W., in Mankowski, Peter (Ed.), *Commercial Law – Article-by-Article Commentary*, Baden-Baden: Nomos Verlagsgesellschaft, 2019, p. 325.

[875] Ziel, G J van der, «Delivery of the goods, rights of the controlling party and transfer of rights», *in* Thomas, Rhidian, *A New Convention for the Carriage of Goods by Sea – The Rotterdam Rules –. An Analysis of The UN Convention on Contracts for the International Carriage of Goods Wholly or Partly by Sea*. Oxon: Lawtext Publishing Limited, 2009, p. 246.

interpretação de "direito de controlo" sem atender ao caráter internacional das Regras de Roterdão (art. 2º).

Esta conclusão de van der Ziel baseia-se em que instrumento internacional de regulação da venda internacional das mercadorias? Aparentemente, em nenhum. A afirmação parece resultar do que se encontra preceituado na lei inglesa (secção 17 do *Sales of Goods Act*)[876], em perfeita contradição com os cânones interpretativos fixados nas Regras de Roterdão (art. 2º).

"[A] referência ao carácter internacional da Convenção [é] um aviso de que as avaliações nacionais não serão suficientes[, devendo] promover[-se] uniformidade na aplicação da Convenção. Os tribunais e os árbitros devem respeitar os resultados da interpretação como um todo e não se limitarem a analisar as fontes ligadas à legislação nacional aplicável no sentido tradicional."[877]

O exercício do direito de controlo emergente do contrato de transporte não pode não influenciar a compreensão do controlo das mercadorias que uma das partes tem no contrato de venda internacional. Isto porque o critério da posse física das mercadorias não se mostra adequado para uma alocação de risco no âmbito de uma venda em que quer o vendedor quer o comprador deixam, durante o transporte, de ter qualquer contacto físico com as mercadorias[878]. Para uma compreensão da importância do direito de controlo sobre as mercadorias emergente do contrato de transporte e das suas consequências na venda internacional é necessário não deixar de ter em conta o caráter internacional dos negócios em causa, assim como o caráter internacional das Convenções que os regulam e a necessidade da sua interpretação autónoma.

Mas olhemos de perto os instrumentos internacionais criados para regular o transporte multimodal de mercadorias, para percebermos se este direito de controlo continua (ou não) a existir.

876 Ver *supra* o ponto 3.3.5 do Capítulo II.

877 Honka, Hannu, «General Provisions», *in* Ziegler, Alexander / Schelin, Johan / Zunarelli, Stefano, *The Rotterdam Rules 2008 – Commentary to the United Nations Convention on Contracts for the International Carriage of Goods Wholly or Partly by Sea*, Alphen aan den Rijn: Kluwer Law International, 2010, p. 32. E atendendo a que o artigo 2º das R.R. é decalcado do artigo 7º, nº 1 da *CISG* aplicar-se-á, *mutatis mutandis*, o que a esse respeito é dito, ou seja, "ter em conta o «carácter internacional» da Convenção significa antes de mais evitar o recurso às regras e técnicas tradicionalmente seguidas na interpretação da legislação interna ordinária." (Bonnel, Michael Joachim, «Art. 7», *in* Bianca, Cesare Massimo (Coord.), *Convenzione di Vienna sui contratti di vendita internazionale di beni mobili*, Padova: CEDAM, 1992, p. 20.)

878 Com mais desenvolvimento sobre esta questão, *vide* o Capítulo VI deste nosso trabalho.

1.3.2.6. O transporte multimodal de mercadorias

O transporte multimodal[879] vem definido no artigo 1º, nº 1 da Convenção de Genebra de 24 de maio de 1980[880], nos seguintes termos: "«Transporte multimodal internacional» significa o transporte de mercadorias por, pelo menos, dois modos de transporte diferentes, com base num contrato de transporte multimodal, a partir de um local num país em que as mercadorias são tomadas a cargo pelo operador de transporte multimodal para um local designado para a entrega situado num país diferente."

No entanto, deve ter-se em atenção que esta definição tem muito pouca relevância prática porquanto, nos termos do seu artigo 36º, a sua entrada em vigor depende da adesão/ratificação por parte de 30 Estados, sendo certo que até à presenta data apenas o foi por apenas 11 Estados. Cerca de um ano após a sua aprovação, as soluções que a Convenção apresentava já eram objeto de críticas. Questionava-se já nessa altura "se o comércio internacional est[ava] bem servido pela nova convenção" e como resposta dizia-se que, na realidade, seria necessária "*uma abordagem inteiramente nova em que a atenção se concentra no transporte integrado de ponto a ponto* e não no modo de transporte ou na combinação de diferentes modos utilizados para realizar tal transporte"[881]. "Por outras palavras, a Convenção só se aplicaria a transportes especificados [(porque na redação proposta exige-se que estejam previstos no contrato dois modos de transporte diferentes)] e não a situações em que tenha sido feita uma promessa de levar as mercadorias de ponto a ponto sem qualquer outra especificação sobre a forma como tal deve ser feito. Escusado será dizer que tal solução é completamente inadequada para lidar com os requisitos hoje e, particularmente, no futuro."[882]

A doutrina vai propondo outras definições próximas, mas que procuram abarcar um espectro mais amplo de contratos que podem ser considera-

[879] Não abordaremos a diferença que, por vezes, é feita entre "transporte intermodal", "transporte multimodal" e "transporte combinado" (com notícia sobre esta discussão, *vide* Moreno, Carlos, *Legal Nature and Functions of the Multimodal Transport Document*, Genebra, Basileia, Munique: Helbing & Lichtenhahn, 2002, p. 4 (nota 4).

[880] Também designada de Convenção das Nações Unidas sobre o Transporte Multimodal Internacional de Mercadorias.

[881] Ramberg, Jan, «Multimodal Transport: A New Dimension of the Law of Carriage of Goods?», *in Études offertes à René Rodière*, Paris: Dalloz, 1981, p. 488-489.

[882] Ramberg, Jan, «Multimodal Transport: A New Dimension of the Law of Carriage of Goods?», *in Études offertes à René Rodière*, Paris: Dalloz, 1981, p. 489.

dos multimodais. Assim, "a definição resultante do contrato de transporte multimodal [seria] a seguinte:

Um contrato de transporte único em que um único transportador promete a um expedidor transportar mercadorias, o qual ou:

a) prescreve a utilização de pelo menos dois modos de transporte diferentes; ou
b) permite a utilização de mais de um modo de transporte, enquanto dois ou mais modos de transporte são efetivamente utilizados durante a sua execução."[883]

Mas já houve quem considerasse o contrato de transporte multimodal como um contrato com caráter *sui generis* que "deriva do facto de uma pessoa assumir a responsabilidade pela totalidade do transporte, os modos de transporte não são mencionados no documento e o operador não pode possuir ou controlar qualquer meio de transporte"[884].

Independentemente da definição que possa ser adotada, sempre se dirá que a questão reside em determinar a lei aplicável a um determinado contrato. As tentativas de criação de uma Convenção aplicável ao transporte multimodal têm saído frustradas e as Regras de Roterdão ainda têm um longo caminho para poderem ser aplicadas (assim se espera)[885]. Uma das soluções será optar por verificar as potencialidades de aplicação, no âmbito do transporte multimodal, de cada uma das Convenções

[883] Hoeks, Marian, *Multimodal Transport Law – The Law Applicable to the Multimodal Contract for the Carriage of Goods*, Alphen aan den Rijn: Kluwer Law International, 2010, p. 63. Também no sentido de que o contrato de transporte multimodal tem de ser um contrato único e afastando o contrato de transporte combinado dessa noção, *vide* Furrer, Andreas / Vasella, Juana, «'Transportkollisionsrecht' – Zur Rolle des IPR bei der grenzüberschreitenden Beförderung von Gütern», *in* Grolimund, Pascal, *et. al.* (Ed.), *Festschrift für Anton K. Schnyder zum 65. Geburtstag*, Zürich/Basel/Genf: Schulthess Juristische Medien AG, 2018, p. 106; Martorell, Ernesto Eduardo, «Contrato de transporte», *in* Martorell, Ernesto Eduardo (Dir.), *Tratado de los contratos de empresa*, Tomo II, 2ª Edição, Buenos Aires: AbeledoPerrotn S.A., 2016, p. 1694.

[884] Mankabady, Samir, «Some thougts on transport law», *in Études offertes à René* Rodière, Paris: Dalloz, 1981, p. 420.

[885] Furrer, Andreas / Vasella, Juana, «'Transportkollisionsrecht' – Zur Rolle des IPR bei der grenzüberschreitenden Beförderung von Gütern», *in* Grolimund, Pascal, *et. al.* (Ed.), *Festschrift für Anton K. Schnyder zum 65. Geburtstag*, Zürich/Basel/Genf: Schulthess Juristische Medien AG, 2018, p. 128.

já em vigor para cada uma das formas de transporte (na parte respetiva do transporte multimodal)[886]. Mas esta solução poderá não corresponder às novas exigências colocadas pelo transporte internacional de mercadorias, motivo pelo qual se vem considerando que é essencial continuar as desenvolver esforços para a criação de um instrumento de regulamentação do transporte multimodal internacional que possa promover a segurança e certeza jurídicas[887].

Não obstante, atendendo à falta de uma Convenção aplicável ao transporte multimodal internacional de mercadorias, sempre se deverá considerar que, estando o direito de disposição ou direito de controlo ou direito de modificar o contrato de transporte previsto em todas as Convenções aplicáveis às várias formas de transporte não pode o mesmo considerar-se inexistente nos casos em que o transporte possa ser definido como multimodal.

[886] Esta possibilidade foi, detalhadamente, abordada em Hoeks, Marian, *Multimodal Transport Law – The Law Applicable to the Multimodal Contract for the Carriage of Goods*, Alphen aan den Rijn: Kluwer Law International, 2010; do mesmo autor *vide* «Chapter 3: Liability, jurisdiction and enforcement issues in international road carriage: CMR carrier liability in the Netherlands and Germany and the influence of the EU», *in* Soyer, Baris / Tettenborn, Andrew (Ed.), *Carriage of Goods by Sea, Land and Air – Unimodal and Multimodal Transport in the 21st Century –*, Abingdon: Informa Law, 2014, p. 61 e ss. No mesmo sentido, *vide* Audit, Mathias / Bollée, Sylvain / Callé, Pierre, *Droit di Commerce International et des Investissements* Étrangers, 3ª Edição, Issy-les-Moulineaux: LGDJ, 2019, p. 474-475; assim como Leloudas, George, «Multimodal transport under the Warsaw and Montreal Convention regimes: a velvet revolution?», *in* Soyer, Baris / Tettenborn, Andrew (Ed.), *Carriage of Goods by Sea, Land and Air – Unimodal and Multimodal Transport in the 21st Century –*, Abingdon: Informa Law, 2014, p. 77 e ss.

[887] Furrer, Andreas / Vasella, Juana, «'Transportkollisionsrecht' – Zur Rolle des IPR bei der grenzüberschreitenden Beförderung von Gütern», *in* Grolimund, Pascal, *et. al.* (Ed.), *Festschrift für Anton K. Schnyder zum 65. Geburtstag*, Zürich/Basel/Genf: Schulthess Juristische Medien AG, 2018, p. 106. No que concerne à possibilidade de se ter em conta o sistema de responsabilidade consagrado na Convençao *CMR* para o transporte multimodal, *vide* Nikaki, Theodora, «Chapter 11: The quest for an international multimodal transport Convention: Does the CMR liability system fit the bill?», *in* Soyer, Baris / Tettenborn, Andrew (Ed.), *Carriage of Goods by Sea, Land and Air – Unimodal and Multimodal Transport in the 21st Century –*, Abingdon: Informa Law, 2014, p. 191 e ss. A autora responde negativamente à questão que formula no título do seu trabalho (*vide* p. 215).

1.4. Intercorrências[888] do direito de disposição e/ou direito de controlo emergente do contrato de transporte na transferência do risco

Ao direito de disposição e/ou direito de controlo das mercadorias, consagrado no âmbito do contrato de transporte ou decorrente de norma legal, vem sendo atribuída uma função económica[889]. O direito de controlo das mercadorias não deve ser reduzido, apenas, a um aspeto que anteriormente mencionamos[890], devendo antes ser associado à salvaguarda da integridade das mercadorias.

O direito de controlo emergente do contrato de transporte desempenha uma importante função na conservação das mercadorias que, tendo deixado de estar na posse do vendedor, não deixam, no entanto, de constituir o objeto do contrato de venda[891] e sobre as quais foi alavancado esse mesmo negócio e todo um conjunto de outras relações economicamente relevantes.

A falta de qualquer menção por parte da *CISG* à transferência do direito de propriedade tem reflexos semelhantes na regulação do direito de disposição. Excetuando as situações relacionadas com emissão de um *Bill of lading* (no âmbito do transporte marítimo), os documentos que comprovam que o transportador tomou a seu cargo as mercadorias não atribuem o direito de propriedade sobre as mesmas[892]. Aliás, é reconhecido que "a posse do *bill of lading* cria uma relação legal entre o seu detentor e o trans-

[888] A alocação do risco é um momento, mas uma ocorrência inesperada pode complicar a alocação do mesmo. O exercício efetivo do direito de controlo emergente do contrato de transporte pode constituir uma dessas ocorrências que não se confunde com os atos ou omissões do vendedor ou do comprador e que, por isso, deve ter relevância na alocação do risco de que curamos no presente trabalho.

[889] Gomes, Manuel Januário da Costa, «Direito de Controlo e Transferência de Direitos nas Regras de Roterdão», *in* Gomes, Manuel Januário da Costa (Coord.), *Das Regras da Haia às Regras de Roterdão – As perspetivas para o transporte marítimo e para o transporte multimodal no século XXI* –, Coimbra: Almedina, 2014, p. 506; O autor dá como exemplo a função de "prevenção do risco de incumprimento", na decorrência da abordagem que faz a um artigo de Andrés Castells, com título igual ao que se referirá de seguida, mas publicado em *Estudos de Derecho Marítimo*, Thomson – Aranzadi, Cizur Menor, 2012, p. 711 e ss.
Castells, Andrés Recalde, «El 'derecho de control' en las Reglas de Rotterdam», *Revista de Derecho del Transporte*, 2011, Nº 8, p. 17 e ss.

[890] Ligado à possibilidade de o vendedor exercer o seu direito de suspensão/interrupção da transmissão das mercadorias ao comprador.

[891] Castells, Andrés Recalde, «El 'derecho de control' en las Reglas de Rotterdam», *Revista de Derecho del Transporte*, 2011, Nº 8, p. 17.

[892] Ripert, Georges / Roblot, René, *Traité de Droit Commercial*, Tomo II, 17ª Edição (por Philippe Delebecque e Michel Germain), Paris: L.G.D.J, 2004, p. 707-708.

portador contratual, como se o contrato fosse originalmente celebrado entre eles"[893], independentemente da discussão sobre se estamos perante a atribuição de um direito de propriedade sobre as mercadorias ou se estamos perante um direito de natureza diferente (*title in the goods*) na perspetiva da *Common Law*.

Desta relação entre o detentor do *bill of lading* e o transportador emergem determinados direitos[894], mormente o direito de o detentor deste documento redirecionar as mercadorias, ou seja, de determinar que as mercadorias sejam enviadas a uma pessoa que não o destinatário originalmente mencionado[895]. Trata-se de um direito em tudo idêntico aos direitos consagrados nas Regras de Roterdão e nas Convenções aplicáveis ao transporte aéreo, terrestre ou ferroviário de mercadorias[896], ou seja, idêntico ao "direito de controlo", ao "direito de disposição" e ao "direito de modificar o contrato de transporte".

"O direito de disposição não diz respeito à propriedade da mercadoria, porque o contrato de transporte é, em princípio, independente do contrato de venda do qual a mercadoria transportada pode ser objeto [...]. Trata-se unicamente de saber quem pode mudar, quer o destino previsto, quer o destinatário, ou ainda quem pode fazer regressar as mercadorias ao ponto de partida"[897].

[893] Lorenzon, Filippo / Baatz, Yvonne, *Sassoon on C.I.F. and F.O.B. Contracts*, 6ª Edição, Londres: Sweet & Maxweell, 2017, p. 109.

[894] Sobre se essa relação entre o transportador e o detentor do *bill of lading* é uma relação contratual ou "não contratual", *vide* Stevens, Frank, *The Bill of Lading – Holder Rights and Liabilities* –, Abingdon, Oxon; New York, NY: Routledge, 2018, p. 30 e ss. Este autor considera que a relação deve ser considerada "não contratual" porque essa é a "[...] posição [...] mais protetora dos interesses do detentor. Os seus direitos, mas também as suas responsabilidades, estão em qualquer caso limitados ao que consta do próprio documento, e ele só estará vinculado por termos que exijam um acordo das partes se for possível provar que realmente concordou com tais termos" (p. 215).

[895] Treitel, Gunter, *in* Treitel, Gunter / Reynolds, F.M.B., *Carver on Bills of Lading*, 4ª Edição, Londres: Sweet & Maxwell, 2017, p. 20.

[896] Treitel, Gunter, *in* Treitel, Gunter / Reynolds, F.M.B., *Carver on Bills of Lading, ob. Cit., idem.*

[897] Ripert, Georges / Roblot, René, *Traité de Droit Commercial*, Tomo II, 17ª Edição (por Philippe Delebecque e Michel Germain), Paris: L.G.D.J, 2004, p. 708. Neste sentido, também, Djoric, Ana, *Le contrat de transport international terrestre des* marchandises, Belgrado: Ambassade de France en Serbie et Montenegro, 2005, p.76. Esta afirmação é em tudo semelhante à que era feita por Ripert antes da sua morte (*vide* Ripert, Georges, *Traité Élémentaire de Droit Commercial*, Vol. II, 4ª Edição, Paris : Librairie Générale de Droit et de Jurisprudence, 1960, p. 207.

Assim sendo, a existência de contrato de transporte não faz emergir, na maioria das situações, um direito de propriedade sobre as mercadorias a favor de quem tenha a posse dos documentos e esteja habilitado a exercer o direito de disposição das mercadorias. Uma vez mais a questão atinente à titularidade do direito de propriedade sobre as mercadorias não é elevada a questão essencial na regulação do contrato de transporte. Aliás, seria pouco compreensível que o fosse atendendo ao objeto do contrato de transporte.

Aparentemente, não existem grandes dúvidas no sentido de considerar que o direito de disposição permite uma das mudanças enunciadas por Ripert (mudança do destino previsto, do destinatário ou regresso das mercadorias ao ponto de partida). Assim sendo, o exercício do direito de disposição das mercadorias emergente do contrato de transporte interfere necessariamente na alocação do risco ao vendedor ou ao comprador. Pelo menos as situações em que a afetação da integridade das mercadorias não se teria verificado não fosse o exercício do direito de disposição devem constituir hipóteses em que a alocação do risco deverá sofrer alteração. Esta interferência do exercício do direito de disposição das mercadorias não deve ser comparável àqueloutra situação de verificação de um ato ou omissão do vendedor ou do comprador, porquanto neste último caso (como dissemos) a contraparte poderá sempre lançar mão dos meios ao seu dispor face ao incumprimento verificado. O exercício do direito de disposição das mercadorias não permite à contraparte no contrato de compra e venda lançar mão dos meios de que dispõe no âmbito desta relação contratual, porquanto o direito de disposição emerge de uma outra relação contratual: o contrato de transporte.

A mudança de destino, de destinatário ou o regresso das mercadorias ao ponto de partida é geradora de determinados perigos e o risco de afetação da integridade das mercadorias não deve ser suportado pela parte que não é titular do referido direito de disposição no âmbito do contrato de transporte. Regressando ao contrato de venda internacional. Se o vendedor exercer o seu direito de disposição sobre as mercadorias (porque a ele pertence nos termos do contrato de transporte) deverá, necessariamente, suportar o risco de afetação da sua integridade. O comprador deverá suportar o risco dessa afetação enquanto se mantiverem os pressupostos que serviram de base para essa alocação, devendo qualquer alteração desses pressupostos, provocada pelo exercício do direito de disposição das mercadorias emergente do contrato de transporte, ser considerada como criadora de perigos inexistentes (tendo por base a configuração da relação de venda).

É difícil equiparar as situações em que se verifica um ato ou omissão do vendedor às situações de exercício do direito de disposição (ou direito de controlo ou direito de modificação do contrato de transporte). Pode equacionar-se que do contrato de venda internacional de mercadorias possam emergir deveres acessórios ou laterais de conduta e que um desses deveres possa ser o dever de não interferir no «roteiro» que as mercadorias deverão fazer de acordo com o que ficou estabelecido entre vendedor e comprador. Mas não nos parece possível uma interpretação deste tipo. Isso implicaria que se pudesse dizer que do contrato de venda internacional emerge um dever de não exercício de um direito emergente do contrato de transporte (o direito de disposição, de controlo, etc.). A afirmação de que o contrato de venda faz emergir obrigações principais e também acessórias não merece reparo. Mas considerar que do contrato de venda emerge um dever de não exercício de um direito legal ou contratualmente previsto em uma outra relação jurídica (o contrato de transporte) já nos parece ser ir longe demais.

Na nossa opinião, será muito forçado considerar que o exercício do direito de disposição das mercadorias (de controlo ou de modificação do contrato de transporte) pode reconduzir-se a uma violação de deveres acessórios emergentes do contrato de venda.

A questão relativa ao exercício do direito de disposição terá que ser considerada uma situação de possível alteração dos pressupostos de exposição das mercadorias a determinados perigos. A possibilidade de exercício de um tal direito deve ser tida em conta no momento da alocação legal ou contratual do risco de afetação da integridade das mercadorias ou, tendo sido esse risco contratualmente alocado em um determinado sentido, deve o exercício daquele direito de disposição ser tido como fator de incremento desse mesmo risco, a ser suportado pelo sujeito que deu origem a esse mesmo incremento (e na estrita medida do mesmo).

Conforme se verá mais adiante[898], há que ter em conta o princípio da relatividade dos contratos. Mas esta relatividade dos contratos pode considerar-se um pouco esbatida quando está em causa o exercício do direito

[898] *Vide* ponto 7 do Capítulo VI.

de disposição das mercadorias por um sujeito que intervém no contrato de transporte, mas que também intervém no contrato de venda. Na maior parte das situações o sujeito que não intervém no contrato de transporte surge como beneficiário desse mesmo contrato. Nos casos em que o vendedor celebra o contrato de transporte das mercadorias (na qualidade de expedidor) a sua contraparte é, necessariamente, o transportador. Mas se o destinatário das mercadorias for o comprador (ou o contrato tiver sido celebrado em seu favor), o titular do direito de disposição será sempre um sujeito com intervenção no contrato de venda.

Quando o titular do direito de disposição o exerce não olvida, certamente, a forma como o risco está (nesse preciso momento) alocado legal ou contratualmente. Ao exercer o direito de disposição emergente do contrato de transporte o seu titular sabe que o risco de afetação das mercadorias pode sofrer uma variação, nomeadamente aumentando a probabilidade desse resultado. Há, por isso, que ter em conta um possível estreitamento do princípio da relatividade dos contratos neste âmbito. É assunto a que voltaremos *infra*[899].

De outra banda, o transportador para atender às instruções do titular do direito de disposição (ou direito de controlo ou direito de modificação do contrato) não tem de se preocupar em saber quem é o titular do direito de propriedade sobre as mercadorias. No momento em que o transportador cumpre as instruções, o direito de propriedade sobre as mercadorias pode pertencer ao vendedor, ao comprador ou a outra pessoa. O transportador cumpre as instruções do titular do direito de disposição e não tem de saber (nem lhe é exigível que saiba) quem é o titular do direito de propriedade.

Aliás, se olharmos com atenção para as faculdades ou poderes que permite a titularidade do direito de propriedade (*ius utendi, fruendi et abutendi*) podemos perguntar se o direito de disposição emergente do contrato de transporte tem alguma semelhança com o poder ou faculdade de dispor inerente à titularidade do direito de propriedade?

Na nossa opinião a resposta deve ser negativa. O *ius abutendi* poderá ser considerado como "o direito de exercer um domínio completo sobre certos bens, incluindo o direito de os deixar ficar em pousio, de os deixar ir sem uso, [...] de os danificar ou destruir"[900] ou de os alienar. O que está em

[899] *Vide* ponto 7 do Capítulo VI.

[900] Fellmeth, Aaron X. / Horwitz, Maurice, *Guide to Latin in International Law*, Oxford : Oxford University Press, 2011 (Edição Online), disponível em : < https://www.oxfordreference.com/view/10.1093/acref/9780195369380.001.0001/acref-9780195369380-e-1094>.

causa no âmbito do contrato de transporte não é um direito deste *jaez*[901]. Trata-se de um direito de dar instruções ao transportador que se reconduz, em traços gerais, à possibilidade de o seu titular poder determinar que a entrega das mercadorias seja feita a uma pessoa diferente da mencionada no contrato (ou no documento cuja emissão origina) ou em um lugar diferente do que aí se encontra previsto.

Um tal direito permite o exercício efetivo por parte do vendedor do direito de suspensão ou interrupção da transmissão das mercadorias ao comprador (que lhe é reconhecido no âmbito do contrato de venda). No entanto, quem possa ser o titular do direito de propriedade parece ter escassíssima (ou nenhuma) relevância no desenvolvimento do contrato de transporte e no exercício do direito de disposição das mercadorias dele emergente. Embora a natureza do documento emitido no âmbito do contrato de transporte possa fazer coincidir na mesma pessoa o direito de controlo e o direito de propriedade (*rectius* sendo emitido um *bill of lading*).

Não partilhamos da ideia de que as regras concernentes à transferência do risco se aplicam aos documentos relativos às mercadorias (*v.g.* o *bill of lading*). "O risco de perda dos documentos relativos às mercadorias [... não] passa juntamente com o risco para as mercadorias" [902]. Desde logo, quando a resposta à questão se situa no âmbito da *CISG*, deve ter-se em conta que resulta desta Convenção que o facto de o vendedor poder conservar os documentos que controlam a disposição das mercadorias não afeta a passagem do risco (art. 67º, nº 1, *in fine*). Ainda que se possa (como procuramos) dizer que no comércio internacional o facto de o vendedor ou de o comprador poder exercer o direito de disposição/controlo das mercadorias emergente do contrato de transporte deve ser tido em conta

[901] "Em regra geral, o direito de disposição aparece como um atributo particular do direito de propriedade e pertence por consequência ao proprietário da mercadoria[, mas] nos termos dos artigos 12 e 13 da Convenção CMR [...] o direito de disposição é concedido e regulamentado sem referência à propriedade da mercadoria, e unicamente em relação à execução do contrato de transporte." (Maccarone, S., «Le droit de disposition selon la Convention CMR (articles 12 et 13)», *in* Union Internationale des Transports Routiers (Ed.), *Transport International de Marchandises par Route (CMR)*, Colombier : Gessler & Cie SA, 1988, p. 68 e 70).

[902] No sentido de que o risco de perda dos documentos fica sujeito às regras sobre a transferência do risco sobre as mercadoriais, *vide* Erauw, John, «Observations on passing of risk», *in* Ferrari, Franco / Flechtner, Harry / Brand, Ronald A. (Ed.), *The Draft UNCITRAL Digest and Beyond: Cases, Analysis and Unresolved Issues in the U.N. Sales Convention*, Munique: Sellier, 2004, p. 294-295.

para a criação de critérios de transferência do risco, não pode dessa ideia extrair-se que se está a pretender aplicar tais critérios à perda dos documentos. Partamos da hipótese regulada no referido artigo 67º da *CISG*. Se o vendedor conserva os documentos deve ser ele a suportar o risco de perda dos mesmos ainda que a transferência do risco de afetação das mercadorias já se tenha verificado. A *ratio* do artigo 67º, nº 1, *in fine* da *CISG* foi outra, ou seja, não estabelecer qualquer relação entre a transferência do risco e a transferência do título ou propriedade[903].

Não se discutindo aqui se a norma da *CISG* esclarece devidamente a relevância do direito de disposição/controlo da mercadoria na transferência do risco de afetação da integridade das mercadorias, dúvidas não existirão de que as normas relativas a essa transferência de risco não visam regular as situações de perda, deterioração ou dano nos documentos.

2. Os meios de pagamento internacionais

A prática demonstra um determinado padrão de configuração e operacionalização do contrato de venda internacional de mercadorias. O vendedor está obrigado a entregar ao comprador as mercadorias e tem direito a receber o preço. Por seu turno, o comprador está obrigado a pagar o preço ao vendedor, mas quer que as mercadorias lhe sejam entregues. O ideal seria, portanto, que ambos pudessem cumprir as duas obrigações em simultâneo, mas no âmbito de uma venda internacional a entrega física das mercadorias no momento em que o preço é pago pelo comprador é tarefa de difícil implementação. "Vender é uma coisa, ser pago pelo que se vendeu é outra. Comprar é uma coisa, ter os meios para pagar a coisa comprada é outra. Nas vendas internacionais, a necessidade financiamento, por um lado, a necessidade de segurança, por outro, levanta problemas [...]"[904].

[903] Dornis, Tim W., *in* Mankowski, Peter (Ed.), *Commercial Law – Article-by-Article Commentary*, Baden-Baden: Nomos Verlagsgesellschaft, 2019, p. 307. Esta ideia resulta também dos comentários ao projeto da Convenção, onde a questão era tratada no artigo 79º, nº 1. Sobre a retenção dos documentos por parte do vendedor esses comentários acrescentam "ainda que no âmbito da lei nacional aplicável isso possa afetar a transferência do 'título' ou da 'propriedade (*property*)'", numa clara alusão aos motivos da consagração de uma norma com o referido conteúdo no domínio da transferência do risco (*Vide, United Nations Conference on Contracts for the International Sale of Goods – Official Records*, Nova Iorque: Nações Unidas, 1991, p. 64 (disponível em: <https://uncitral.un.org/sites/uncitral.un.org/files/media-documents/uncitral/en/a-conf-97-19-ocred-eng.pdf>).

[904] Vialard, Antoine, *Droit Maritime*, Paris: Presses Universitaires de France, 1997, p. 470

Atendendo a essas dificuldades a prática comercial desenvolveu um conjunto de operações tendentes a facilitar a execução das duas obrigações. De entre as várias operações conformáveis no comércio internacional "o pagamento por meio de *letter of credit* é a segunda melhor opção da perspetiva do vendedor e normalmente um compromisso aceitável para ambas as partes"[905].

Sendo a entrega física das mercadorias ao comprador relegada, na maior parte das vezes, para momento ulterior, foi criada a possibilidade de emissão de documento permite ao comprador exigir a entrega das mercadorias (*rectius*, *Bills of ladings*, *CMR Consignment Notes*, *Sea Waybills* e *Air Waybills*). No entanto, deve ter-se em atenção que em algumas situações a apresentação documento (mormente quando é emitido um *bill of lading* ou, até mesmo, o *straight bill of lading*) por parte do comprador é obrigatória para obter as mercadorias; e as mercadorias serão entregues a quem apresente o documento ao transportador, mesmo que essa pessoa não seja o comprador. Por outro lado, em outras situações não é necessária a apresentação do documento por parte do comprador para que o transportador lhe entregue as mercadorias pelo simples facto de ser este o destinatário designado no documento (como acontece quando é emitido um *sea waybill*)[906].

Para fazer face à necessidade que se faz sentir de o vendedor não entregar as mercadorias ou os documentos que permitem ao comprador ter direito à entrega das mercadorias foram criados esquemas negociais para que o pagamento do preço possa ser efetuado contra a entrega de determinados documentos (*rectius*, créditos documentários)[907]. Estes esquemas

[905] Ostendorf, Patrick, *International Sales Terms*, 3ª Edição, Munique: Verlag C. H. Beck, 2018, p. 64.

[906] No sentido exposto, *vide* Davies, Martin / Snyder, David V., *International Transactions in Goods – Global Sales in Comparative Context*, Oxford: Oxford University Press, 2014, p. 268. Referindo também esta desnecessidade de apresentação do documento, *vide* Mankabady, Samir, «Comments on the Hamburg Rules», *in* Mankabady, Samir, *The Hamburg Rules on the Carriage of Goods by Sea*, Londres: A. W. Sijthoff International, 1978, p. 91.

[907] Aplica-se neste dominio "[o] principio [segundo o qual] os bancos negoceiam em documentos e não em mercadorias [...]" (Rosenberg, Ljudevit, «The Law of International Documentary Credits: Principles, Liabilities and Responsibilities, *in* Sarcevic, Petar / Volken, Paul, *International Contracts and Payments*, Londres: Graham & Trotman, 1991, p. 54). Claro está que o financiamento das transações comerciais internacionais não se faz, apenas, por via de créditos documentários (*vide* Kessedjian, Catherine / Pironon, Valérie, *Droit du Commerce international*, 2ª Edição, Paris: Presses Universitaires de France / Humensis, 2020, p. 435 e

negociais visam mitigar "o risco de o vendedor poder não enviar as mercadorias, tendo [o comprador] já pago"[908].

Estes esquemas negociais surgem ao lado do (e relacionados com) o contrato de venda internacional de mercadorias e configuram, na maior parte das situações, contratos autónomos. "[...A] obrigação do Banco emissor de pagar, aceitar ou negociar créditos é totalmente independente da obrigação de pagar montantes especificados no contrato de venda ou outros contratos comerciais"[909]. No entanto, vendedor e comprador figuram nesses contratos com o fito de executarem uma ou mais obrigações emergentes do contrato de compra e venda[910]. Tal como sucede com o contrato de transporte, estes esquemas negociais para a execução de obrigações emergentes do contrato de compra e venda podem influenciar a compreensão do que seja a transferência do risco e do que seja o risco quando se fala em transferência do risco. Aliás, o crédito documentário vem sendo considerado a "força vital do comércio internacional"[911].

Nas situações (correntes e habituais) em que o vendedor e o comprador se socorrem destes esquemas negociais para mitigar o risco no âmbito da venda internacional, o que estão a pretender implementar é uma mitigação do «risco de preço» e/ou do «risco da contraprestação»[912]. Neste âmbito será

ss.). No entanto, uma abordagem a todas esses modos de financiamento tornaria demasiado extenso este trabalho, pelo que faremos principalmente referência aos créditos documentários.

908 No sentido exposto, *vide* Davies, Martin / Snyder, David V., *International Transactions in Goods – Global Sales in Comparative Context*, Oxford: Oxford University Press, 2014, p. 271.

909 Rosenberg, Ljudevit, «The Law of International Documentary Credits: Principles, Liabilities and Responsibilities», *in* Sarcevic, Petar / Volken, Paul, *International Contracts and Payments*, Londres: Graham & Trotman, 1991, p. 53.

910 "A transação mais comum envolve quatro partes. O comprador (importador, ordenante) constitui o crédito documentário junto de um banco (banco emissor ou de compensação) que paga ao vendedor (exportador, beneficiário) por intermédio de outro banco (banco notificador ou banco confirmador, dependendo de assumir ou não um compromisso específico) em troca da remessa de certos documentos." (Kessedjian, Catherine / Pironon, Valérie, *Droit du Commerce international*, 2ª Edição, Paris: Presses Universitaires de France / Humensis, 2020, p. 440).

911 Kröll, Stefan, *in* Mankowski, Peter (Ed.), *Commercial Law – Article-by-Article Commentary*, Baden-Baden: Nomos Verlagsgesellschaft, 2019, p. 1416.

912 Silva, João Calvão da, «Crédito Documentário e Conhecimento de Embarque», *in Estudos de Direito Comercial (Pareceres)*, Coimbra: Almedina, 1996, p. 65 e ss. O autor, a respeito da operação de crédito documentário, considera que esta se "*desdobra [...] numa relação trilateral: o contrato entre comprador e vendedor; a abertura de crédito documentário; a realização do crédito documentário*" (p. 66). Concomitantemente, o autor, ao cruzar os regimes do crédito documentário e do

com propriedade que se falará neste tipo de riscos. O risco de o comprador efetuar (ou não) o pagamento do preço está patente na *CISG*, não nas normas reguladoras da transferência do risco, mas sim nas normas reguladoras da obrigação de pagamento do preço, nomeadamente no artigo 58º. Se, por um lado, se estabelece no nº 1 deste artigo que o comprador "deve pagar o preço no momento em que o vendedor coloca à sua disposição as mercadorias ou os documentos que controlam disposição das mercadorias de acordo com o contrato ou com a Convenção". Por outro lado, estabelece o nº 3 deste mesmo artigo que "[o] comprador não é obrigado a pagar o preço até que tenha tido a oportunidade de examinar a mercadoria, a menos que os procedimentos de entrega ou pagamento acordados pelas partes sejam inconsistentes com o facto de ele ter essa oportunidade."[913]

Já quando se está a pretender abordar a transferência do risco não é, sob o nosso ponto de vista, correto dizer-se que está em causa o «risco de preço» e/ou o «risco da contraprestação».

O vendedor e o comprador pretendem, *prima facie*, a realização de duas prestações essenciais: a entrega das mercadorias e o pagamento do preço. O vendedor, para mitigar o risco de entregar as mercadorias e não receber o preço, procurará que o preço lhe seja pago, direta ou indiretamente, quando «abre mão» das mercadorias. O comprador, para mitigar o risco

conhecimento de embarque (e citando, *ipsis verbis*, Spinelli e Gentile), esclarece que "a tese preferível é a que reconduz o crédito documentário a um negócio plurilateral típico do direito consuetudinário [e que] **a específica disciplina ditada em sede consuetudinária e internacional prevalece sobre aquela genérica que pode extrair-se para os negócios plurilaterais do direito positivo interno**" (p. 76). Afirmação (não única, mas importante) que nos compele a considerar que a abordagem feita à *Lex Mercatoria/New Law Merchant* não pode ser considerada, de todo, despicienda no decurso do presente trabalho (*cfr.* Capítulo V).

[913] Tenha-se em conta que a prática internacional demonstra que o pagamento do preço é, muitas vezes, efetuado mediante a apresentação dos documentos. Aliás, já na época em que a *CISG* foi aprovada na Conferência das Nações Unidas se considerava que essa era a prática internacional, ou seja, "o comprador tem o dever básico de pagar o *bill of lading*, mesmo que a mercadoria ainda não tenha chegado [ao destino] ou ele não tenha conseguido examinar as mercadorias" (Gorton, Lars, «Legal Functions of Transport Documents in Sales Financing», *in* Grönfors, Kurt (Ed.), *Modern Transport and Sales Financing*, Kungsbacka: Elanders Boktryckeri Aktiebolag, 1974, p. 57). Seja como for, ainda que o pagamento seja feito contra a entrega de documentos, haverá sempre uma mitigação do risco de pagamento do preço nestes casos dado que o pagamento do preço é efetuado (ou recusado) de acordo com a inexistência (ou existência) de observações que possam levar a concluir que as mercadorias não estão de acordo com o contrato.

de pagar o preço e não receber as mercadorias, procurará que lhe sejam entregues, direta ou indiretamente, determinados documentos que lhe atribuam um determinado direito sobre as mercadorias[914]. O crédito documentário surge como um importante meio de "gestão do risco para reduzir e alocar os riscos inerentes à transação internacional para as partes"[915]. "Sem o crédito documentário, ou o comprador paga no momento da expedição das mercadorias e corre o risco de não receber o que ele encomendou; ou este comprador espera receber as mercadorias para realizar o pagamento, mas é então o exportador que corre o risco de não ser pago. O crédito documentário destina-se a evitar estes inconvenientes."[916]

Para o efeito, o vendedor poderá servir-se de um banco para intermediar o pagamento contra documentos, mas sem que tenha a certeza de que será pago. Neste tipo de operações o «Banco do vendedor», assim como o «Banco do comprador» não assumem qualquer obrigação de pagamento

[914] "Uma *letter of credit* proporciona segurança para ambas as partes: Uma vez emitida uma *letter of credit* (irrevogável), o vendedor evita o risco de perder o acesso às mercadorias antes da receção do pagamento ser garantida. O comprador, por outro lado, pode, através de uma *letter of credit*, assegurar que o pagamento seja realizado sob a condição explícita precedente de que certos documentos sejam transmitidos antecipadamente – geralmente documentos de transporte, tais como um conhecimento de embarque (no caso de um transporte marítimo) ou documentos de transporte ferroviário, aéreo e rodoviário que comprovem não só a entrega (na sua face) de mercadorias contratualmente conformes, mas também habilitam o comprador a reclamar as mercadorias ao transportador" (Ostendorf, Patrick, *International Sales Terms*, 3ª Edição, Munique: Verlag C. H. Beck, 2018, p. 65).

[915] Kröll, Stefan, *in* Mankowski, Peter (Ed.), *Commercial Law – Article-by-Article Commentary*, Baden-Baden: Nomos Verlagsgesellschaft, 2019, p. 1416. O autor apresenta as três principais funções das *letters of credit*, dizendo que "primeiro e acima de tudo elas fornecem ao beneficiário a segurança de que o pagamento será efetuado por uma terceira parte solvente, habitualmente um Banco, mediante a apresentação dos documentos conformes. Ao mesmo tempo o requerente [da *letter of credit*] está seguro de que o pagamento apenas será efetuado mediante o recebimento dos documentos que comprovam o cumprimento do contrato pela outra parte. Em segundo lugar, as *letters of credit* constituem um meio de pagamento que gere o fluxo do dinheiro. Em terceiro lugar, elas podem constituir um instrumento de financiamento se o pagamento efetivo for deferido para uma fase posterior devido à forma como a *letter of credit* está estruturada". Ora, está bem de ver que, para a abordagem que pretendemos sobre a diferença entre o que seja a transferência do risco e o que seja «risco de preço» ou «risco da prestação e/ou contraprestação», a primeira função apontada pelo autor está moldada para constituir um arrimo importante.

[916] Bourdeaux, Gautier, «Les opérations financières du commerce international», *in* Béguin, Jacques / Menjucq, Michel (Dir.), *Droit du Commerce International*, 3ª Edição, Paris: LexisNexis, 2019, p. 680.

do preço, limitando-se a intermediar a operação. O «Banco do comprador» assumirá, na maior parte das situações, a posição de Banco notificador do comprador para pagamento contra a apresentação dos documentos[917] e, neste caso, o vendedor assumirá um «risco de preço» elevado, dado que o comprador pode recusar o seu pagamento, não honrando o seu compromisso. Nesse momento, o vendedor manterá o controlo das mercadorias posto que, por exemplo, o *bill of lading* lhe será devolvido.

O risco de receber o preço corre por conta do vendedor[918], mas o mesmo não se passa com o risco de afetação da integridade das mercadorias; na falta de acordo em contrário, esse risco já foi transferido para o comprador com a transmissão das mercadorias ao primeiro transportador independente, no caso de a *CISG* (art. 67º, nº1) ser aplicável à compra e venda.

Se imaginarmos uma venda internacional de mercadorias com transporte por mar, em que a arquitetura desta relação contratual fica, apenas, completa com a intervenção (para além, do transportador e outras pessoas relacionadas com o transporte) de um Banco emissor[919] de um crédito documentário[920] e de um Banco confirmador[921], o risco que as partes pretendem mitigar não tem nada que ver com o risco de afetação da integri-

[917] Folsom, Ralph H., *International Business Transactions – Practitioner Treatise Series with IBT Resources and Sample Agreements* –, Vol I, Edição 2015, Thomson Reuters, 2015, p.158-160.

[918] Não nos parece correto dizer-se que a "única decisão racional do vendedor é a venda rápida [com desconto] no país do comprador" (Folsom, Ralph H., *International Business Transactions – Practitioner Treatise Series with IBT Resources and Sample Agreements* –, Vol I, Edição 2015, Thomson Reuters, 2015, p.161), dado que a legitimidade do vendedor para o fazer pode estar prejudicada se a lei aplicável à transferência da propriedade consagrar que o comprador é o titular desse direito.

[919] Segundo as Regras e Usos Uniformes da CCI para os Crédito Documentários (UCP 600), o Banco emissor é aquele que emite um crédito a pedido de um requerente ou em seu próprio nome" (art. 2º, §10). Note-se que, nos termos do artigo 1º da UCP600, a aplicação das regras aí contidas requer sempre o acordo das partes para a sua aplicação não obstante a discussão que se possa gerar quanto à natureza destas regras (*vide*, Kröll, Stefan, *in* Mankowski, Peter (Ed.), *Commercial Law – Article-by-Article Commentary*, Baden-Baden: Nomos Verlagsgesellschaft, 2019, p. 1419), assim como a existência de posições a considerar outras possibilidade de aplicação destas regras com fundamento em uso comercial internacional (*vide* Goode, Roy, *et al.*, *Transnational Commercial Law – Texts, Cases and Materials* –, 2ª Edição, Oxford: Oxford university Press, 2015, p. 329)

[920] Não se abordarão, por implicar um desvio grande ao tema que nos propusemos tratar, as diferentes modalidades e funções do crédito documentário (mormente, as diferentes funções de pagamento, de garantia e de financiamento). Sobre esta distinção, *vide* Cordeiro, António Menezes, «Créditos documentários», *in* ROA, Ano 2007 (Ano 67), Vol. I, Janeiro de 2007

dade das mercadorias. O vendedor e o comprador não estão imediatamente preocupados com a transferência do risco, mas sim com a efetiva realização das duas principais prestações emergentes do contrato de venda. Desde logo, o vendedor procurará, por via de crédito documentário, assegurar até ao limite do que for possível o pagamento do preço e poderá fazê-lo exigindo um crédito confirmado e irrevogável[922].

A implementação destes esquemas negociais baseia-se fundamentalmente em documentos, estabelecendo-se uma plena autonomia entre a relação resultante da emissão do crédito documentário e a compra e venda. No entanto, o vendedor das mercadorias, quando vende com base em crédito confirmado, "está a vender com a garantia de que nada o impedirá de receber o preço"[923]. O risco de preço e/ou da contraprestação é, claramente, o risco visado pelas partes ao recorrerem a estes esquemas negociais.

Na «construção» destes esquemas negociais, em situações que impliquem transporte por mar, o documento emitido pelo transportador marítimo (ou por um agente seu) constitui um elemento importante. Trata-se, nomeadamente, do *bill of lading* que, de entre as suas principais funções, "representa as mercadorias nele descritas, uma vez que a posse do original do *bill of lading* é necessária para obter a entrega das mercadorias"[924] e,

(disponível em: < https://portal.oa.pt/publicacoes/revista/ano-2007/ano-67-vol-i-jan-2007/doutrina/antonio-menezes-cordeiro-creditos-documentarios/>).

[921] O Banco confirmador é aquele acrescenta a sua confirmação para um crédito mediante autorização ou pedido do Banco emissor (art. 2º, §7 UCP600) e fica irrevogavelmente vinculado a honrar ou a negociar a partir do momento em que acrescenta a sua confirmação ao crédito (art. 8º, b., UCP600).

[922] Gorton, Lars, «Legal Functions of Transport Documents in Sales Financing», *in* Grönfors, Kurt (Ed.), *Modern Transport and Sales Financing*, Kungsbacka: Elanders Boktryckeri Aktiebolag, 1974, p. 70. O crédito irrevogável é "[...], portanto, [...] uma verdadeira garantia de pagamento, tanto mais que o compromisso é autónomo, tanto em relação ao contrato de crédito que vincula o banco ao ordenante como em relação ao contrato de venda: nenhuma exceção pode ser retirada de qualquer um destes contratos para paralisar a execução do crédito irrevogável." (Marsac, Xavier Tandeau de, «Le paiement et ses garanties», *in* Guyon, Yves (Dir.), *Collection Droit des Affaires et de l'Enterprise. Les ventes internationales de marchandises (Problèmes juridiques d'actualité). Colloque de la Fondation internationale pour l'enseignement du droit des affaires (Faculté de droit d'Aix-en-Provence, 7 et 8 mars 1980)*, Paris: Economica, 1981, p. 393-394).

[923] *Vide*, Decisão do *Court of Appeal* de Inglaterra e País de Gales, no caso "Hamzeh Malas & Sons v British Imex Industries Ltd" (1958), disponível em: < http://www.uniset.ca/other/cs3/19582QB127.html>.

[924] Stevens, Frank, *The Bill of Lading – Holder Rights and Liabilities –*, Abingdon, Oxon; New York, NY: Routledge, 2018, p. 27.

em situações como a exposta *supra*, "serve como substituto das próprias mercadorias"[925]. Aliás, no âmbito de um contrato *C.I.F* ou *F.O.B*, o *bill of lading* para além de desempenhar um papel importante para a obtenção de crédito por parte do comprador e permitir que este possa obter indemnização do transportador por violação do contrato, permite que o seu possuidor tenha a «posse legal» das mercadorias ainda que não tenha qualquer contacto físico com as mesmas. A partir do momento em que essa «posse legal» pertence ao comprador, este pode (diretamente ou através de outrem que atue em seu nome e por sua conta) ter acesso físico às mercadorias[926].

Mas situemos agora a questão no âmbito do cumprimento das obrigações, em especial no cumprimento da obrigação de pagamento do preço. Não será no âmbito de uma norma como a que está consagrada no artigo 58º da *CISG* que se poderá dizer que está regulado o «risco do preço»?

Esta norma consagra nomeadamente que "se o contrato envolver o transporte das mercadorias, o vendedor pode expedi-las na condição das mercadorias ou os documentos representativos das mesmas só serem entregues ao comprador mediante o pagamento do preço". Ao optar por esta condição o vendedor está a procurar mitigar o «risco do preço».

É precisamente o facto de o vendedor poder adotar uma determinada conduta que influencia o nível de risco a que fica exposto que permite concluir que o risco é «risco de preço». De outra banda, sempre que está em causa a transferência do risco apenas o risco de afetação do objeto mediato do contrato de compra e venda (as mercadorias) é tido em vista, porquanto o que está em causa é o perigo de verificação de um evento absolutamente fora do controlo do vendedor e do comprador.

O pagamento do preço, enquanto obrigação emergente do contrato de compra e venda, é exigível pelo vendedor e pode ser, mais ou menos, garantido o respetivo cumprimento. Já o risco de afetação da integridade das mercadorias advém de um evento imprevisível.

[925] Mohs, Florian, *in* Schwenzer, Ingeborg (Ed.), *Commentary on the UN Convention on the International Sales of goods (CISG)*, Oxford University Press, 2016, p. 877. Note-se que na *Common Law* o *Bill of Lading* titula/representa as mercadorias, mas não garante que quem o transfere é o proprietário da carga subjacente (*vide*, Bridge, Michael, *The International Sale of Goods*, 4ª Edição, Oxford: Oxford University Press, 2017, p. 449

[926] Lorenzon, Filippo / Baatz, Yvonne, *Sassoon on C.I.F. and F.O.B. Contracts*, 6ª Edição, Londres: Sweet & Maxweell, 2017, p. 109 (o autor trata nesta página do contrato *C.I.F.*, mas na página 285, através da nota 115, remete para a mesma página no que ao contrato *F.O.B.* concerne).

A existência de um *bill of lading* negociável e de créditos documentários permitem mitigar, ou até mesmo anular completamente, o «risco de preço»[927]. Voltemos, por isso, ao exemplo de uma compra e venda com a intervenção de um banco emissor e de um banco confirmador, no âmbito de um crédito documentário irrevogável. Neste caso, "o vendedor não perderá o controlo das mercadorias sem ser pago por elas"[928], conseguindo anular completamente o «risco de preço»[929]. Dada a natureza do risco de afetação da integridade das mercadorias no âmbito do contrato de compra e venda, o vendedor não tem meios para o mitigar, mas pode utilizar determinados instrumentos para anular, totalmente, o «risco de preço».

Tal não obstaria a que se continuasse a falar de um «risco da contraprestação» suportado pelo comprador, mas esse mesmo risco também pode ser

[927] A mitigação deste tipo de risco não impede que surjam outras questões no seio da relação autónoma criada pelo crédito documentário (sobre algumas destas questões, *vide* Horowitz, Deborah, *Letters of Credit and Demand Guarantees – Defence to Payment* –, Oxford: Oxford University Press, 2010.

[928] Folsom, Ralph H., *International Business Transactions – Practitioner Treatise Series with IBT Resources and Sample Agreements* –, Vol I, Edição 2015, Thomson Reuters, 2015, p.160.

[929] No âmbito de uma providência cautelar que visava suspender o pagamento de uma carta de crédito documentário irrevogável pelo facto de se verificar cumprimento defeituoso do contrato base (de compra e venda de mercadorias), considerou o Tribunal da Relação de Guimarães que a providência deveria ser declarada improcedente tendo em conta que o beneficiário da carta de crédito documentário "adquire um direito próprio, autónomo e independente, quer das relações existentes entre o banco e o comprador, quer das existentes entre o comprador e vendedor. O que quer dizer que nasce uma obrigação autónoma e independente, consubstanciada na carta de crédito documentário irrevogável, que vale como título de crédito, com as características de abstracção e literalidade, que o banco deve cumprir, independentemente do incumprimento defeituoso do contrato base." (*vide* Ac. TRG, de 16 de março de 2005, disponível em: <https://jurisprudencia.csm.org.pt/ecli/ECLI:PT:TRG:2005:81.05.1.1F>). Em sentido muito semelhante, o STJ afirma que "[o] crédito documentário irrevogável traduz-se na assunção, pelo banco emitente, e perante o beneficiário, do compromisso firme, insusceptível de alteração ou cancelamento, sem acordo daquele interessado (e, eventualmente, do banco intermediário), de realizar a prestação constante da abertura de crédito, desde que, dentro do prazo de validade estabelecido, lhe sejam entregues os documentos respeitantes à expedição das mercadorias a que tal crédito se reporta [...;] O crédito documentário irrevogável goza das características de abstracção e literalidade, comuns aos títulos de crédito, devendo o banco cumprir a sua obrigação de pagar, exceptuando as situações de divergência dos documentos com as condições estipuladas – cf. arts. 9º, al. a), e 14º, al. d), das RUU – e de fraude ou abuso evidente por parte do beneficiário, que ponham em causa aquele crédito." (*vide* Ac. STJ, de 24 de maio de 2011, disponível em: < https://jurisprudencia.csm.org.pt/ecli/ECLI:PT:STJ:2011:2773.04.2TJVNF.P1.S1.A5/>).

mitigado através da celebração de um contrato de seguro que permita, em caso de falta de entrega das mercadorias (ou entrega de mercadorias não conformes), que o comprador obtenha quantia equivalente.

3. O contrato de seguro

Os problemas ligados à transferência do risco no contrato de venda internacional de mercadorias estão, na grande maioria dos casos, interligados com outras tantas questões que surgem no âmbito do contrato de seguro[930]. O nível de risco inerente a um contrato de venda internacional é, na maioria dos casos, superior ao nível de risco inerente a uma venda interna. Desde logo, este maior risco está ligado ao valor das transações efetuadas, mas também atendendo ao número de intervenientes necessários para a execução do contrato de venda, à colocação das mercadorias em certos mercados, ao desconhecimento da contraparte e uma maior amplitude das vicissitudes que podem afetar as mercadorias.

Embora não haja qualquer obrigatoriedade de celebração de um contrato de seguro por vendedor ou comprador, o mesmo é absolutamente aconselhável, se não para afastar o risco inerente ao contrato de venda, pelo menos para reduzir as consequências do risco suportado no âmbito deste contrato.

É inegável que a existência de um contrato de seguro no âmbito da «aventura» da venda internacional influencia o modo como se percecionada o risco (e a sua distribuição) entre o vendedor e o comprador. Não raras vezes as normas legais, os contratos e alguns usos e regras uniformes são interpretados tendo em conta a possibilidade de uma ou outra parte poder celebrar (ou beneficiar) de um contrato de seguro que cubra os riscos ligados à afetação da integridade das mercadorias. As críticas a algumas decisões colocam o cerne da questão na possibilidade, por exemplo, de o comprador poder segurar as mercadorias contra esse concreto tipo de risco[931]. Mas a questão coloca-se desde logo na definição do tipo de

[930] Para um breve e esclarecedor apontamento histórico sobre surgimento do contrato de seguro de transporte, *vide* Poças, Luís, «A delimitação do risco coberto no seguro de mercadorias transportadas», *in* Gomes, M. Januário da Costa (Coord.), *Temas de Direito dos Transportes V*, Coimbra: Amedina, 2020, p. 496 – 497.

[931] Por exemplo quando há possibilidade de celebrar seguro contra guerras. *Vide* Flambouras, Dionysios P., «Transfer of Risk in the Contract of Sale involving Carriage of Goods: A Comparative Study in English, Greek Law and the United Nations Convention on

risco inerente ao contrato de venda internacional de mercadorias e o tipo de risco inerente à atividade seguradora. A atividade seguradora pode ser encarada como aquela em que se procura "transforma[r] o risco de ocorrência de eventos danosos num *risco económico* inerente a toda e qualquer actividade económica. Por outro lado, o segurado garante, através do contrato de seguro, a manutenção da integridade do seu património, eliminando, portanto, os efeitos da ocorrência de eventos que possam ameaçá-lo."[932]

O contrato de seguro tem a sua validade e eficácia condicionadas, nomeadamente à verificação de dois elementos essenciais: a existência de risco a cobrir através do contrato e de um interesse legítimo nessa cobertura[933]. A falta de risco no contrato de seguro faz com que este fique "afetado de impossibilidade do objeto. É essa, desde logo, a consequência da falta originária de risco ou de interesse [...]"[934].

Estas características resultam não só de ordenamentos jurídicos da família da *Civil Law*, mas também de ordenamentos jurídicos da *Common Law*. Neste âmbito assinalam-se, também, características em tudo idênticas, apresentando a doutrina uma definição fornecida pelo Juiz Channel J (no processo *Prudential Insurance Company v Inland Revenue Comrs*) nos termos da qual "foram identificados três elementos:

(a) é um contrato pelo qual, por alguma *consideration*[935] (geralmente, mas não necessariamente por pagamentos periódicos chamados prémios), o segurado garante algum benefício na ocorrência de um evento;

(b) o acontecimento deve ser incerto quanto à sua ocorrência ou não, ou, caso venha a ocorrer, deve haver incerteza quanto ao momento; e

Contracts for the International Sale of Goods», *in CISG Database, Pace Institute of International Commercial Law* (disponível mediante registo prévio em: <https://iicl.law.pace.edu/sites/default/files/bibliography/transfer_of_risk_contract_of_sale_involving_carriage_of_goods_comparative_study.dionysios_flambouras.landscape.letter.pdf>).

[932] Poças, Luís, *O dever de declaração inicial do risco no contrato de seguro*, Coimbra: Almedina, 2013, p. 92.

[933] Antunes, José Engrácia, *Direito dos Contratos Comerciais*, Almedina, 2012, p.704 e ss.

[934] Rego, Margarida Lima, «O risco e as suas vicissitudes», *in* Rego, Margarida Lima (Coord.), *Temas de Direito dos Seguros – A propósito da nova lei do contrato de seguro* –, Coimbra: Almedina, 2013, p.278.

[935] Por vezes a palavra *consideration* é traduzida para contrapartida. Mas essa tradução não é absolutamente correta face ao seu significado no âmbito da *Common Law*. No entanto, face às várias questões que coloca, não curaremos das mesmas no presente trabalho.

(*c*) o acontecimento deve ser adverso para o segurado, na medida em que este possui um interesse segurável [...] no objeto segurado."[936]

No entanto, como decorre da doutrina citada, a definição de contrato de seguro é considerada pouco conveniente pois pode implicar que determinada realidade fique fora dessa mesma definição, mas possa ser considerada um contrato de seguro[937].

Podendo existir situações em que o seguro não cobre um determinado risco é pouco aconselhável dizer-se que a existência de seguro deve constituir elemento essencial para alocar o risco ao vendedor ou ao comprador. "[A] transferência do risco para um segurador implica no fundo que o dano será disperso por vários patrimónios, afeiçoando-se a soluções em que a compensação do dano [...] seja a finalidade prioritária."[938] "Sendo os seguradores normalmente profissionais, estes logram dispersar o risco por vários patrimónios, tanto de *sujeitos ameaçados pelo mesmo tipo de risco*, como de seguradores ou investidores."[939] Na nossa opinião, esta questão não traz grandes problemas quanto à compreensão do âmbito de atuação do contrato de seguro, mas coloca em evidência que uma (in)eficiente alocação do risco no contrato de venda pode incrementar, manter ou diminuir os efeitos no património de vários sujeitos, mesmo daqueles "*sujeitos ameaçados pelo mesmo tipo de risco*". Se as companhias de seguros forem especializadas em contratos de seguros para cobertura de riscos no âmbito de transações comerciais internacionais, esse risco será suportado (ainda que por via reflexa) pelos vários vendedores e compradores que alocam deficientemente o risco no contrato de venda ou veem esse mesmo risco ser alocado deficientemente por via da aplicação da norma legal.

Deve ter-se em conta o facto de o risco ser sistémico e, assim sendo, não pode a sua alocação atender tão-somente aos interesses do vendedor

[936] Barlow Lyde & Gilbert LLP, *Insurance Law Handbook*, 4ª Edição, Haywards Heath: Tottel Publishing Ltd, 2008, p. 3. Esta definição é, também, apresentada em Lowry, John / Rawlings, Philip / Merkin, Robert, *Insurance Law: Doctrines and Principles*, 3ª Edição, Oxford: Hart Publishing, 2011, p. 3.

[937] Lowry, John / Rawlings, Philip / Merkin, Robert, *Insurance Law: Doctrines and Principles*, 3ª Edição, Oxford: Hart Publishing, 2011, *idem*.

[938] Martins, Maria Inês de Oliveira, «Seguro e responsabilidade civil», *in Separata do Boletim da Faculdade de Direito*, Vol. XCVI, Tomo I, 2020, p. 243.

[939] Martins, Maria Inês de Oliveira, «Seguro e responsabilidade civil», *in Separata do Boletim da Faculdade de Direito*, Vol. XCVI, Tomo I, 2020, p. 288.

ou do comprador ou aos benefícios que um e outro possam retirar das mercadorias.

3.1. O risco no contrato de seguro

"Na atividade seguradora, o risco, *enquanto probabilidade de ocorrência do sinistro,* concretiza-se em uma tarifa calculada pelo segurador."[940] "Especificando mais, o *risco* consiste na possibilidade de ocorrência do sinistro, contra a qual o segurado procura proteção tendo em conta as perturbações económicas que pode causar-lhe"[941].

Não obstante a característica essencial do contrato de seguro ser a existência de risco, a verdade é que as alterações supervenientes do risco coberto podem fundar a alteração do contrato ou a sua resolução por parte da seguradora (em situações de agravamento do risco) e a redução do montante do prémio ou resolução por parte do tomador (em situações de diminuição do risco)[942].

Assim, *prima facie*, o contrato de seguro pareceria ser portador de elementos para uma abordagem diferente sobre a transferência do risco no contrato de compra e venda de mercadorias. A transferência do risco poderia ser perspetivada como uma perturbação temporária ou parcial no sinalagma.

Por referência a estas possibilidades abertas no âmbito do contrato de seguro, seria possível equacionar duas hipóteses idênticas no âmbito da transferência do risco no contrato de venda internacional de mercadorias.

Para o comprador poderia equacionar-se a possibilidade de invocar que os efeitos da transferência do risco não se produziriam na globalidade (ainda que num momento em que esse risco já era por ele suportado) porque as mercadorias não pereceram ou não foram todas perdidas e, por isso, essa circunstância permitir-lhe-ia que o contrato fosse alterado, considerando-se realizada a parte da prestação possível com uma redução da contraprestação (o preço). Mas essas situações podem ser reconduzidas a impossibilidade parcial de cumprimento da obrigação.

Para o vendedor poderia equacionar-se a possibilidade de alegar que, apesar de o risco ainda não ter sido transferido para o comprador, o pere-

[940] Ramos, Maria Elisabete, «Cobertura de riscos associados à pandemia de COVID-19», *in Revista da Ordem dos Advogados,* Ano 80, Jul./Dez. 2020, p. 786. *Itálico* nosso.

[941] González, Rodrigo Uría, *El seguro marítimo,* Barcelona: Bosch, 1940, p. 97.

[942] Antunes, José Engrácia, *ob.cit.*, p. 719.

cimento ou perda parcial da mercadoria lhe permitem alterar o contrato por alteração anormal das circunstâncias que serviram de base à celebração do negócio. Mas esta possibilidade constituiria uma frustração eventual (e provável) do interesse do comprador consagrado no contrato. Num momento em que o risco corre por conta do vendedor não é, de todo, equilibrado atribuir ao contrato um sentido que não tenha um mínimo de correspondência na vontade das partes (manifestada nesse mesmo contrato).

Os possíveis riscos cobertos por contrato de seguro permitem densificar a conceção/as conceções de risco na venda internacional de mercadorias.

Na venda é possível identificar a transferência do direito de propriedade como finalidade (estritamente) jurídica deste tipo contratual, onde se manifesta, também, a sua finalidade não (estritamente) jurídica de troca. A transferência do direito de propriedade dá-se mediante a assunção por parte do comprador da obrigação de pagamento do preço[943]. Na classificação dos contratos que nos vem apresentada por Carlos Ferreira de Almeida, os contratos de risco são aqueles em que "o risco, previsto no próprio contrato e elemento desse contrato, constitui a finalidade metajurídica, fundamental e global do contrato [...]. Neste enquadramento, risco significa a possibilidade e a incerteza acerca da verificação, ou das circunstâncias da verificação, de um evento desfavorável, futuro (ou ainda não conhecido no momento da celebração do contrato) e incerto, sendo essa incerteza um elemento nuclear do conteúdo, dos efeitos e do regime do contrato."[944].

[943] Almeida, Carlos Ferreira de, *Contratos II – Conteúdo. Contratos de troca* –, Coimbra: Almedina, 4ª Edição, 2018, p. 100.

[944] Almeida, Carlos Ferreira de, *Contratos III – Contratos de liberalidade, de cooperação e de risco* –, Coimbra: Almedina, 3ª Edição, 2019, p. 160. O autor apresenta, mais adiante, uma posição com a qual não concordamos integralmente, dado que considera que o contrato de seguro, enquanto contrato de risco, tem como característica especifica o facto de o risco ser exógeno; o que "significa que este é prévio e exterior ao contrato, independente dele e resultante do fluir próprio da vida extracontratual" (p. 238-239). A afirmação de que o risco é exógeno não nos merece qualquer reparo, mas que o mesmo seja prévio à celebração do contrato de seguro já temos algumas dúvidas, porquanto o que será prévio à celebração do contrato será a identificação do risco; o risco terá de, necessariamente, existir no momento da celebração do contrato de seguro, sob pena de invalidade do próprio contrato. Não obstante, julgamos que esta ideia que nos é trazida pelo autor não deve ser interpretada num sentido meramente literal e, por isso, julgamos que ao referir o caráter prévio do risco relativamente ao contrato de seguro pretende transmitir a ideia de que o evento desfavorável, futuro e incerto ainda não se verificou no momento da celebração.

Mas tenha-se em atenção que "o que o contrato de seguro proporciona é a transferência dos efeitos patrimoniais do risco, que passam a repercutir-se, em virtude do contrato, sobre a esfera patrimonial do segurador, suscitando a sua prestação. O objecto do contrato está, precisamente, não no risco, mas no meio de eliminação contratual dos seus efeitos sobre a esfera patrimonial do segurado através da prestação – de *dare* ou de *facere* – convencionada."[945] Há no contrato de seguro um objeto que tem que ver já não com o risco inerente à venda internacional de mercadorias, mas com os efeitos patrimoniais desse risco. Como temos vindo a afirmar, o risco na venda internacional de mercadorias tem que ver com a afetação da integridade das mercadorias. De acordo com a posição de Luís Poças, o risco inerente ao contrato de seguro terá que ver com os efeitos que essa afetação da integridade das mercadorias poderá produzir no património do segurado. Aparentemente, não haverá identidade entre o risco no contrato de venda e o risco no contrato de seguro.

Vejamos outras características inerentes ao risco, no «cruzamento» entre o que está presente na venda e o que está presente no seguro.

A apontada exogeneidade[946] do risco no contrato de seguro permite que se equacione se tal característica também se verifica no contrato de venda internacional de mercadorias. No contrato de venda internacional o risco não será apenas risco contratual ou risco que constitui elemento fundamental do contrato, mas sim o risco de verificação de um evento que é exterior ao próprio contrato, que é independente deste (porque resulta do «fluir da vida extracontratual») e que, a verificar-se, afetará a integridade das mercadorias. Por outro lado, ao contrário do contrato de seguro, o contrato de compra e venda não tem a sua validade dependente da existência de qualquer risco no momento da celebração[947]. Esse risco pode ser identificado por vendedor e comprador no momento da celebração do contrato de venda, mas não condiciona a sua validade e cumprimento. Porque o risco é exterior ao contrato de venda, a transferência (ou não)

[945] Poças, Luís, *O dever de declaração inicial do risco no contrato de seguro*, Coimbra: Almedina, 2013, p. 107.

[946] Poças, Luís, *O dever de declaração inicial do risco no contrato de seguro*, Coimbra: Almedina, 2013, p. 95.

[947] "[...O] *risco* é a base de qualquer seguro, que é elemento essencial para existência deste [...]" (Patrício, Miguel, «Análise económica do risco aplicada à atividade seguradora», *in Revista da Faculdade de Direito da Universidade de Lisboa*, Ano LXI, 2020, Nº 2, p. 448).

do risco não pode constituir um cumprimento da obrigação (principal) de entrega das mercadorias. Tal como determinado no âmbito da «norma contratual», a transferência do risco não preenche um dos lados do sinalagma porque o risco não contende com um aspeto endógeno do contrato de compra e venda. O risco é exterior ao contrato e o facto de ser o vendedor ou o comprador a suportá-lo não contende com o cumprimento desse mesmo contrato, porquanto quando se fala em cumprimento identifica-se um aspeto relacionado com a dinâmica interna do contrato. O vínculo entre as obrigações que emergem do contrato de venda projeta-se ao longo da execução do contrato, mas não liga "todos os *deveres de prestação* dele nascidos"; "o sinalagma liga entre si as prestações essenciais de cada contrato [de compra e venda]"[948].

Se apenas as prestações essenciais do contrato de venda moldam o caráter de interdependência inerente à execução das obrigações contraídas, então, por maioria de razão, o caráter exógeno do risco relativamente ao contrato não pode servir para fundar a ideia de que a transferência do risco preenche um dos lados do sinalagma. Na venda internacional as regras relativas à transferência do risco pressupõem um determinado resultado (a afetação da integridade das mercadorias), sendo certo que no contrato de seguro o risco segurado pode ter que ver ou não com a afetação da integridade das mercadorias.

A liberdade contratual, que integre os elementos necessários para a validade e eficácia do contrato de seguro, permite identificar um leque alargado de possíveis riscos a cobrir por este contrato.

No Direito português é possível que o contrato de seguro exclua a cobertura, entre outros, dos riscos derivados de guerra, insurreição ou terrorismo (artº 45º, nº 2 do Regime Jurídico do Contrato de Seguro, aprovado pelo D.L. nº 72/2008, de 16 de abril)[949]. O que nos indica que os riscos a coberto do contrato de seguro podem também ser estes. Mais do que uma indicação dada pela lei portuguesa, essa possibilidade é confirmada no âmbito das *Institute Cargo Clauses*[950]. Nestas cláusulas elaboradas pela *UIA – International Underwriting Association* é possível optar pela cobertura

[948] Varela, Antunes, *Das Obrigações em Geral*, Vol. I, Coimbra: Almedina, 2000, p. 396-398.

[949] Com a redação que lhe é dada pela Lei nº 75/2021, de 18 de novembro.

[950] Estas cláusulas foram sendo melhoradas ao longo dos anos. Embora o melhoramento dessas cláusulas seja, em grande parte, impulsionado pelo mercado londrino, a verdade é que uma grande parte das seguradoras as usam tal como se apresentam ou como referentes importantes

de riscos de greves e de riscos de guerra[951]. Não obstante a opção por estas cláusulas alargar a cobertura, a verdade é que continuam a existir exclusões específicas em cada uma delas[952].

No Direito suíço, a *Loi fédérale sur l'Assurance suisse contre les risques à l'exportation*[953] prevê uma panóplia vasta de riscos que podem integrar o conteúdo do contrato de seguro, nomeadamente riscos políticos, dificuldades de transferência e suspensões de pagamento, casos de força maior, riscos comerciais se o tomador do seguro segurar ao mesmo tempo os riscos de perda anteriormente mencionados, riscos resultantes de garantias de segurança e riscos de perdas cambiais em caso de perda relacionada com os riscos mencionados anteriormente – risco monetário eventual – (art. 12º da referida Lei). Do mesmo modo, através da análise das soluções preconizadas por este ordenamento jurídico, é possível verificar que os riscos seguráveis são vários e ultrapassam de sobremaneira a ideia de risco prevista para o contrato de venda internacional de mercadorias, nomeadamente o previsto na *CISG* (art. 66º)[954].

Dir-se-á que o risco a que se reportam, tradicionalmente, normas (sejam de que origem forem) como a constante do artigo 66º da *CISG* é o risco da deterioração ou perda das mercadorias. Mas é possível afirmar, desde logo, que a conceção de risco não se reconduz aos sentidos que a letra da lei pode permitir alcançar; aí estão as conceções de risco da prestação, risco da contraprestação, risco de pagamento do preço, entre outras, a permitir que se recolham no âmbito da regulamentação jurídica do contrato de

na modelação dos clausulados que elaboram (*vide*, Rose, Francis / McMeel, Gerard / Watterson, Stephen, *Marine Insurance: Law and Practice*, Abingdon: Informa Law, 2013, p. 3 e ss).

951 Com referência mais pormenorizadas a esse tipo de cláusulas, *vide* Poças, Luís, «A delimitação do risco coberto no seguro de mercadorias transportadas», *in* Gomes, M. Januário da Costa (Coord.), *Temas de Direito dos Transportes V*, Coimbra: Almedina, 2020, p. 542-543).

952 Luís Poças refere algumas dessas exclusões (*ob.cit., idem*). No entanto, uma análise das referidas cláusulas permite concluir que as exclusões são mais alargadas do que as que vêm referidas pelo autor (*vide* < https://www.iua.co.uk/IUA_Member/Clauses/IUA_Member/Clauses/eLibrary/Clauses.aspx?hkey=6f7dd1a3-6ab3-4b10-94c2-5a8c644b1c32>). Advertindo para problemas associados à utilização destas cláusulas em Portugal, nomeadamente ligados "[à] interpretação dos clausulados ingleses e [à] possibilidade de aceitação das soluções aí propostas, *vide* Brito, José Miguel de Faria Alves de, *Seguro Marítimo de Mercadorias: descrição e notas ao seu regime jurídico*, Coimbra: Almedina, 2006, p. 45 e ss.

953 Lei de 16 de dezembro de 2005 e em vigor desde 01 de janeiro e 2016.

954 Ott, François/Mattey, Pascal, *Le commerce international des marchandises*, Bruylant, 2010, p. 90 e ss.

seguro outros elementos para uma (re)definição da conceção de risco no contrato de venda internacional de mercadorias.

A definição de risco não aparece nos principais instrumentos legais destinados a regular a venda internacional de mercadorias. "*No entanto, é um facto bem conhecido na vida comercial que as mercadorias ficam, às vezes, danificadas ou destruídas por fogos, tempestades, roubos, vandalismo, etc. E o risco, ainda que esteja coberto por seguro, é real: o facto de uma ou ambas as partes possuírem seguro de proteção contra as consequências económicas desses riscos não dispensa a necessidade de determinar qual das duas partes suporta, na verdade, o risco quando a perda ou dano ocorre: a parte que suporta o risco deve suportar o ónus de demandar a seguradora, sofrer o esgotamento do ativo circulante enquanto aguarda a decisão, etc.*"[955]

A transferência do risco na venda internacional não se confunde com o risco que possa estar coberto pelo contrato de seguro, o qual pode sofrer (ele mesmo) alterações, quer seja pelo facto de as circunstâncias tidas em conta não corresponderem, na integra, às circunstâncias efetivamente existentes no momento da celebração do contrato de seguro, quer seja pela "*modificação (por agravamento) do risco na vigência do contrato* [de seguro]"[956]. No contrato de seguro, o segurado identifica um determinado risco e procura uma seguradora que o possa cobrir, para evitar repercussões na sua esfera[957], enquanto no contrato de venda internacional[958] as partes não se preocupam em determinar esse risco. O vendedor e o comprador partem do pressuposto de que esse risco já está identificado quando criam

[955] Loofofsky, Joseph, «Understanding the CISG: A Compact Guide to the 1980 United Nations Convention on Contracts for the International Sale of Goods», 5ª Edição, Wolters Kluwer,2017, p.106-107.

[956] Martins, Maria Inês de Oliveira, «Entre a avaliação inicial do risco e o regime do seu agravamento subsequente: a distribuição de riscos de desconhecimento no contrato de seguro», *Julgar,* nº 43, janeiro/abril 2021, Coimbra: Almedina, p. 68.

[957] "A utilidade prática do seguro, que dá sentido à sua contratação, é, pois, em suma, a de permitir ao segurado *obter segurança ou certeza quanto a que os efeitos desfavoráveis de um evento incerto não atingirão a sua esfera,* permitindo-lhe assim fazer a *sua planificação económica nessa base.*" (Martins, Maria Inês de Oliveira, «Entre a avaliação inicial do risco e o regime do seu agravamento subsequente: a distribuição de riscos de desconhecimento no contrato de seguro», *Julgar,* nº 43, janeiro/abril 2021, Coimbra: Almedina, p. 72).

[958] Salvaguardas as situações, não muito comuns, em que neste contrato se discriminam os vários riscos que se consideram transferidos. E mesmo aqui há que ter em conta que os riscos podem ser contratuais, económicos ou outros, mas nada ligados com a transferência do risco.

um determinado critério para a sua alocação ou quando permitem que a respetiva norma legal seja aplicada. O risco já identificado é o risco de afetação da integridade das mercadorias. Já no contrato de seguro o risco pode não ter nada que ver com a afetação das mercadorias e não se pode depreender do contrato de seguro que o risco é esse. A não identificação do risco coberto pela seguradora coloca questões de validade do próprio contrato, questões essas que não se colocam quando vendedor e comprador consagram no contrato uma cláusula com o critério de transferência do risco ou deixam que a respetiva norma legal se aplique.

O contrato de venda internacional de mercadorias deve ser interpretado de forma cautelosa quando se procura extrair do mesmo certos efeitos, nomeadamente como acontece em normas como aquela que decorre da segunda frase do artigo 68º da *CISG* na parte em que faz referência a "se as circunstâncias assim o indicarem", para alocar o risco ao comprador. A existência de contrato de seguro, ainda que celebrado a favor do comprador, não pode levar a que se considere aplicável, sem mais, esta parte da norma. Há que verificar se o risco transferido para a seguradora é o mesmo risco que está em causa quando se fala em transferência do risco no âmbito do contrato de venda internacional de mercadorias. "Mesmo que a perda seja coberta pelo seguro, as regras de transferência de risco não perdem o seu significado."[959]

Dito de outro modo, o risco visado pelas normas (contratuais ou legais) aplicáveis à transferência do risco no contrato de compra e venda é um risco identificado, ainda que o evento que afeta a integridade das mercadorias possa ser incerto; o resultado é tido como certo pelas partes, ou seja, a afetação da integridade das mercadorias.

Por outro lado, no contrato de seguro o risco é avaliável pela seguradora[960], para decidir se assume (ou não) esse risco, assim como para determinar qual o preço (o prémio) que exige para suportar o risco. Já no contrato de compra e venda dificilmente se verifica uma referência ao preço pela transferência do risco em momento anterior ou em momento

[959] Rosentritt, Sebastian, *Die Gefahrtragung im europäischen und internationalen Kaufrecht: CISG, INCO-Terms, Vorschlag für ein Gemeinsames Europäisches Kaufrecht, Verbraucherrechterichtlinie und deutsches Recht in vergleichender Perspektive,* Tübingen: Mohr Siebeck, 2018, p. 3.

[960] Martins, Maria Inês de Oliveira, «Entre a avaliação inicial do risco e o regime do seu agravamento subsequente: a distribuição de riscos de desconhecimento no contrato de seguro», *Julgar,* nº 43, janeiro/abril 2021, Coimbra: Almedina, p. 73.

posterior ao fixado pela norma legal que seria aplicável na falta de cláusula contratual; ainda que essa discriminação seja feita, isso só comprova que a conformação da transferência do risco como identificando um «risco da contraprestação» ou um «risco de preço» é inadequada. Se houvesse risco da contraprestação, então, teria necessariamente de se entender que a contraprestação tinha equivalência relativamente à prestação (as mercadorias), o que não se verificará se a contraprestação integrar um «agravamento» pela não assunção (ou assunção durante mais tempo por parte do vendedor) do risco de afetação da integridade das mercadorias.

Dissemos supra que duas posições podem surgir quanto ao objeto do contrato de seguro. A primeira considera que o risco é objeto do contrato de seguro. A segunda encerra a ideia de que o objeto do contrato de seguro é o "meio de eliminação contratual dos seus efeitos sobre a esfera patrimonial do segurado através da prestação – de *dare* ou de *facere* – convencionada."[961]. Já em tempos idos se discutiu se o objeto do contrato de seguro seria o risco (independentemente da formulação específica) ou o interesse segurável.

Em Espanha, por exemplo, houve quem assinalasse essa mesma realidade. "[...E]nquanto, por um lado, se afirma que o objeto do seguro é o *risco*, quer dizer, a possibilidade da ocorrência do evento danoso, de outro lado sustenta-se [...] que o objeto está constituído pelo *interesse* que tem o segurado na coisa exposta ao risco"[962]. Atendendo a esta ligação já estabelecida entre o risco e o interesse segurável no âmbito do contrato de seguro, há que ter em conta este aspeto na compreensão da realidade dos seguros e estabelecer a possível ligação com o risco na venda internacional.

3.2. O interesse segurável no contrato de seguro

"[U]m vendedor que detém a propriedade sobre o objeto do contrato tem claramente um interesse segurável, dado que continua a suportar o risco de perda. Da mesma forma, um vendedor não pago na posse da mercadoria ou, se for separado da posse, aquele que tiver exercido o direito de *stoppage in transit*, terá interesse segurável. Geralmente, o contrato de venda estipulará qual a parte que tem o dever de segurar, caso em que a questão

[961] Poças, Luís, *O dever de declaração inicial do risco no contrato de seguro*, Coimbra: Almedina, 2013, p. 107.

[962] González, Rodrigo Uría, *El seguro marítimo*, Barcelona: Bosch, 1940, p. 74.

do interesse segurável será consequente à obrigação contratual. Consequentemente, um comprador de mercadorias terá interesse segurável se o risco tiver passado, e o risco não está necessariamente dependente da propriedade. Claramente, o comprador tem um interesse económico nos bens, uma vez que se estes se perderem, ele ou ela será responsável pelo pagamento do preço do contrato."[963]

No regime jurídico português sobre o contrato de seguro[964] verifica-se que o interesse segurável surge previsto no artigo 43º como requisito essencial. Nos termos do nº 1 deste artigo "[o] segurado deve ter um interesse digno de protecção legal relativamente ao risco coberto, sob pena de nulidade do contrato". Esta parte da norma aplica-se a qualquer contrato de seguro, sendo que os restantes dois números da norma fazem uma distinção entre o que seja interesse segurável "no seguro de danos" e "no seguro de vida". Para o que nos ocupa no presente trabalho apenas nos interessa o seguro de danos. Para este tipo de seguro, "[...] o interesse respeita à conservação ou à integridade de coisa, direito ou património seguros" (nº 2 do art. 43º)[965]. O interesse define-se pela conservação ou integridade das mercadorias e, por isso, dir-se-ia que pouca discussão restaria no âmbito deste nosso trabalho, porquanto o contrato de seguro celebrado visaria cobrir o risco de danos nas mercadorias.

Este interesse segurável também surge em outros ordenamentos jurídicos, nomeadamente nos ordenamentos jurídicos da *Common Law*. Aqui se diz que "a aquisição de um interesse segurável pelo comprador depende principalmente da transferência do risco"[966]. Para fazer face às dificuldades que um critério deste tipo poderia criar estabelece-se depois todo um

[963] Lowry, John / Rawlings, Philip / Merkin, Robert, *Insurance Law: Doctrines and Principles*, 3ª Edição, Oxford: Hart Publishing, 2011, p. 201-202. Muito próxima desta posição está uma outra que considera que o risco não está dependente da propriedade e que "[é] suficiente ter alguma relação ou preocupação sobre o objeto do seguro, que relação ou preocupação pela ocorrência dos perigos segurados pode ser de tal forma afetada que produza um dano, desvantagem ou prejuízo para a pessoa seguradora." (Gürses, Özlem, *Marine Insurance Law*, Abingdom: Routledge, 2015, p. 36.

[964] Aprovado pelo D.L. nº 72/2008, de 16 de Abril e atualizado pela Lei nº Lei nº 75/2021, de 18 de novembro.

[965] O artigo 123º concretiza esta mesma ideia ao prescrever que "[o] seguro de danos pode respeitar a coisas, bens imateriais, créditos e quaisquer outros direitos patrimoniais."

[966] Birds, John / Lynch, Ben / Paul, Simon, *MacGillivray on Insurance Law – Relating to all Risks other than* Marine, 14ª Edição, Londres: Sweet & Maxwell, 2018, p. 63-64.

conjunto de outras situações em que o comprador e o vendedor têm um interesse segurável e podem celebrar contrato de seguro para cobertura do risco. Uma das situações referidas merece umas linhas mais.

Afirma-se que "o interesse do comprador nas mercadorias cessa se ele rejeita as mercadorias, desde que ele não seja responsável pela sua segurança aquando da restituição"[967]. Esta ideia de que o comprador tem um interesse segurável nas situações em é responsável pela segurança (ou conservação, numa formulação mais presente no artigo 86º da *CISG*) das mercadorias parece colidir com uma ideia de alocação do risco de acordo com a existência de contrato de seguro ou, até mesmo, com alguns dos critérios estabelecidos para a transferência do risco na venda internacional (*v.g.* art.s 67º e 68º da *CISG*). A ideia de controlo e conservação das mercadorias «joga», neste âmbito, um papel importante.

Alguma doutrina espanhola já defendeu na década de 40 do século passado o seguinte: "o que se assegura não é a simples relação de uma pessoa com [...as] mercadorias, [...] mas essa relação ameaçada pelos riscos ou perigos enfrentados pelo objeto da mesma. Essa relação económica segurável é o que constitui o *interesse* do segurado"[968].

O risco que deve estar presente no âmbito do contrato de seguro está, intrinsecamente, ligado ao interesse segurável.

Alguma doutrina da *Common Law* responde à questão sobre o que considerar como interesse segurável dizendo que "os tribunais tendem a procurar ou um interesse legal no risco segurado, uma expectativa factual sobre o risco segurado, ou alguma combinação de interesse e expectativa que crie um interesse adequado no cuidado contínuo com o risco segurado"[969].

Não há, está bem de ver, uma relação específica entre o direito de propriedade sobre as mercadorias e o interesse segurável. No que se refere ao seguro relativo às mercadorias, o interesse segurável pode ser reconhecido aos "que sem direito de usufruir tais coisas tenham uma responsabilidade na sua conservação [...]"[970]. Essa responsabilidade pode emergir do contrato de venda. Partindo do pressuposto de que é celebrado um contrato

[967] Birds, John / Lynch, Ben / Paul, Simon, *MacGillivray on Insurance Law – Relating to all Risks other than* Marine, 14ª Edição, Londres: Sweet & Maxwell, 2018, p. 65.

[968] González, Rodrigo Uría, *El seguro marítimo,* Barcelona: Bosch, 1940, p. 77.

[969] Fischer, Emeric / Swisher, Peter Nash / Stempel, Jeffrey W., *Principles of Insurance Law,* Newark/San Francisco/Charlottesville: LexisNexis, 2006, p. 343.

[970] González, Rodrigo Uría, *El seguro marítimo,* Barcelona: Bosch, 1940, p. 80.

de venda *c.i.f.* *(Incoterm da CCI)*, cabe ao vendedor celebrar o contrato de seguro[971], mas não pode dizer-se que o interesse segurável está centrado no comprador porquanto o vendedor não deixa de, durante um determinado lapso temporal, ter o risco a si alocado. Na celebração do contrato de seguro pode identificar-se mais do que um interesse, podendo falar-se da "existência de um interesse variável no tempo e que existe apenas por um determinado período de tempo, [que terá levado] a doutrina anglo-saxónica a fundamentar a celebração do contrato de seguro pelo vendedor num *contingent interest*, necessariamente finito, e no qual reside a validade do seguro."[972] Nos termos da secção 7(1) do *Marine Insurance Act 1906* inglês um determinado *contingent interest* é segurável, ou seja, ainda que um determinado interesse não produza efeitos até que determinada condição (contingência) se verifique é considerado interesse segurável. Assim, "[...] quando o comprador das mercadorias as tiver segurado, ele tem um interesse segurável, apesar de poder, eventualmente, ter rejeitado as mercadorias, ou tê-las considerado como estando a risco do vendedor, em virtude do atraso na entrega ou por qualquer outro motivo" (secção 7(2) do referido *Marine Insurance Act 1906*).

Podemos, por isso, voltar a questionar se, estando o risco de afetação da integridade das mercadorias coberto por contrato de seguro, não deveria este facto ser tido em conta no momento da alocação do risco como defendem alguns, nomeadamente no âmbito da *CISG*. Continuamos a entender que não, dado que tudo vai depender do tipo de riscos cobertos pelo contrato de seguro. Ora, "é prática comum das seguradoras reduzir o âmbito do risco segurado através da enumeração dos perigos excecionados. O efeito de tais termos é meramente suspender a cobertura do seguro durante o período em que o segurado se envolve num risco excetuado."[973]

[971] Aplicando-se as Regras da ICC relativas a *Incoterms*, o vendedor é obrigado a celebrar apenas um seguro de acordo com as *Institute Cargo Clauses (C)* ou com cláusulas similares (*vide* International Chamber of Commerce, *Inconterms 2020* – Regras da ICC para a utilização dos termos de comércio nacional e internacional –, Lisboa: ICC Portugal, 2019, p. 132 e 324).

[972] Brito, José Miguel de Faria Alves de, *Seguro Marítimo de Mercadorias: descrição e notas ao seu regime jurídico*, Coimbra: Almedina, 2006, p. 75.

[973] Lowry, John / Rawlings, Philip / Merkin, Robert, *Insurance Law: Doctrines and Principles*, 3ª Edição, Oxford: Hart Publishing, 2011, p. 231.

3.3. A mitigação dos danos no contrato de seguro

Partindo, também, do regime jurídico português sobre o contrato de seguro[974] é possível reter alguns elementos importantes para a determinação do critério de alocação de risco entre o vendedor e o comprador. Nos termos do nº 1 do artigo 126º desta lei, "[e]m caso de sinistro, o tomador do seguro ou o segurado deve empregar os meios ao seu alcance para prevenir ou limitar os danos." Mas logo no nº 2 do artigo 126º estabelece que "[o] disposto no número anterior aplica-se a quem tenha conhecimento do seguro na qualidade de beneficiário".

Aparentemente, estando em causa um seguro de danos em que o interesse é a conservação da integridade das mercadorias, a necessidade de prevenir ou limitar danos nas mesmas assume-se como um valor fundamental a salvaguardar quando se pretende conformar todo um conjunto de direitos e de obrigações por parte do segurado e/ou do beneficiário do seguro.

3.4. O contrato de seguro para cobertura do risco no contrato de venda de mercadorias

A celebração de contrato de seguro pode decorrer da consagração expressa de uma cláusula no contrato de venda internacional de mercadorias, assim como pode decorrer de uma obrigação implícita de transferência de um contrato de seguro celebrado pela outra parte interveniente no contrato de compra e venda. O seguro pode servir para transferir para a seguradora o risco inerente à verificação de evento que afete as mercadorias, mas que nada tenha a ver com o contrato de compra e venda de mercadorias que envolva transporte na aceção estabelecida no artigo 67º da *CISG*. O contrato de seguro pode cobrir o risco inerente à verificação de um evento que afete as mercadorias desde o momento em que estas deixam o estabelecimento do vendedor até ao momento em que chegam ao estabelecimento do comprador.

Havendo contrato de seguro, há que determinar se é o vendedor ou o comprador que tem de intentar uma ação contra a seguradora para obter o ressarcimento dos danos. Dir-se-á que tem de suportar esse «incómodo» a parte que tem a si alocado o risco de acordo com a norma contratual ou legal, ou de acordo com o uso aplicável ao contrato de venda internacio-

[974] Aprovado pelo D.L. nº 72/2008, de 16 de Abril e atualizado pela Lei nº Lei nº 75/2021, de 18 de novembro.

nal em causa. À pessoa que suporta o risco incumbe intentar a ação contra a seguradora. Mas não será esse facto um risco em si mesmo que fica a cargo do vendedor ou do comprador?

O contrato de seguro pode ser celebrado pelo vendedor e não ser este que suporta o risco de acordo com as regras aplicáveis no âmbito do contrato de compra e venda e, por isso, será necessário determinar se o contrato de seguro assume a configuração de contrato da favor de terceiro ou se estamos perante uma situação em que se deva considerar que o contrato de compra e venda de mercadorias, expressa ou implicitamente, vincula a contraparte daquela que suporta o risco de afetação da integridade das mercadorias a uma obrigação de transferência do benefício do seguro.

Nas duas situações o risco não se reconduzirá ao risco da prestação ou da contraprestação, porquanto ambas a partes podem vir a obter tudo o quanto se tenha «frustrado» no contrato de venda internacional de mercadorias. Se o vendedor suporta o risco e se o contrato de seguro foi celebrado a seu favor terá de suportar não o risco da afetação da integridade das mercadorias, mas o risco inerente à exigência de cumprimento da prestação por parte da seguradora que cubra a utilidade que tinha em vista obter por via da celebração do contrato de compra e venda. Havendo contrato de seguro o risco que efetivamente é suportado pelo vendedor é o risco de não obter qualquer reintegração da prestação não realizada pelo comprador devido à verificação de evento que afete as mercadorias. Se assim não se entender, será difícil compreender que em determinado momento tenha sido transferido o risco para a seguradora. Se o risco permaneceu, no momento da celebração do contrato de seguro, na esfera do vendedor, então faltaria um requisito fundamental para a validade do contrato de seguro (um risco a segurar por parte da seguradora).

De outra banda, se o contrato de seguro foi celebrado a favor do comprador e se a transferência do risco na venda internacional de mercadorias se verificou, então o pagamento do preço ao vendedor é devido. Mas havendo contrato de seguro o comprador não suporta o risco de realização da sua prestação (pagamento do preço). O comprador suporta o risco de não obter a reintegração da prestação realizada.

O facto de o contrato de seguro versar sobre o risco subjacente à verificação de evento que possa afetar as mercadorias fará com que se exclua a hipótese de a ação para reintegração ser intentada pela parte que não suporta o risco no âmbito do contrato de compra e venda. Essa hipótese seria, no mínimo bizarra, porquanto colocaria, por exemplo, o vendedor a quem já havia sido efetuado o pagamento do preço a demandar a seguradora para que esta reintegrasse o comprador. Nos casos em que se possa considerar que o vendedor deve intentar a ação contra a seguradora, a situação deverá ser tratada de forma idêntica ao previsto no artigo 794º do nosso Código Civil («*commodum*» de representação). O comprador deve poder "substituir-se ao [vendedor] na titularidade do direito que este tiver adquirido contra terceiro."[975]

3.5. O contrato de seguro para cobertura do risco no transporte das mercadorias

Alguns setores da doutrina tendem a considerar que a alocação do risco na venda internacional de mercadorias que envolva transporte deveria estar dependente da existência ou inexistência de seguro. Desde logo, no âmbito do artigo 68º, 2ª frase da *CISG* tem-se entendido que se houver seguro a transferência do risco não se dá aquando da conclusão do contrato, mas sim quando as mercadorias são transmitidas ao transportador, dado que nesse caso as circunstâncias assim o indicam[976].

Na Alemanha e na Áustria surgiu uma corrente doutrinária argumentando que se o vendedor escolhe o transportador é ele que está em melhor posição "para obter seguro para o risco do transporte"[977] e, por isso, o risco deveria estar alocado ao vendedor. Registamos também o esforço de Thomas Rüfner quando afirma que há razões ponderosas para que o risco seja alocado ao comprador durante o transporte das mercadorias. Para além do "velho princípio *periculum est emptoris*"[978] há que ter em conta que, histo-

[975] Mesmo que se trate de um contrato sujeito ao regime jurídico da *CISG* e se considere que tal matéria não é aí regulada, deverá ser aplicada a lei interna do Estado determinada como competente pelas normas de conflito do Estado do foro.

[976] Curioso é o facto de o contrário (inexistência de seguro que cubra os riscos do transporte) servir, também, para fundamentar a inversão metodológica operada na redação da *CESL* (art. 146º, nº 2), na qual o comprador suporta o risco a partir do momento em que é concluído o contrato se as circunstâncias assim o indicarem (*vide* Zoll, Fryderyk / Watson, Jonathan, *in* Schulze, Reiner (Ed.), Common European Sales Law (CESL) – Commentary –, C.H. Beck/Hart/Nomos, 2012, p. 614).

[977] *Vide,* por todos, Rüfner, Thomas, in Jansen, Nils e Zimmermann, Reinhard (Ed.), *Commentaries on European Contract Laws,* Oxford University Press, 2018, p. 2058.

[978] Rüfner, Thomas, in Jansen, Nils e Zimmermann, Reinhard (Ed.), *Commentaries on European Contract Laws,* Oxford University Press, 2018, p. 2058.

ricamente "e nos tempos modernos[,] os atores profissionais acordam frequentemente cláusulas contratuais que alocam o risco"[979] ao comprador.

No entanto, se pensarmos que na *CISG* há uma preocupação específica com a manutenção do contrato de compra e venda e com a conservação da integridade das mercadorias, não é absolutamente líquido que o critério para a alocação do risco deva estar dependente da existência ou não de contrato de seguro, nem do facto de historicamente ou nos tempos modernos as partes acordarem na alocação do risco ao comprador. Em primeira instância dir-se-á que a vontade das partes é relevante no âmbito do contrato celebrado entre ambas, mas os seus interesses não devem ser os únicos a ter em conta quando em causa está a definição de um critério legal de alocação do risco. Em segunda instância, afirmar que ao longo dos tempos o princípio *periculum est emptoris* tem sido aplicado pelos atores do comércio internacional, quando nomeadamente as Regras e Usos Uniformes da Câmara de Comércio Internacional (*rectius*, os *Incoterms*)[980] estabelecem outros possíveis critérios para a alocação do risco é demonstrativo, *de per si*, de alguma fragilidade do argumento. Por fim, defendendo-se que a existência de seguro deve interferir na escolha do critério para alocação do risco, tal significa que o interesse de salvaguarda da integridade das mercadorias é secundarizado, o que não corresponde nomeadamente aos objetivos que grande parte das normas da *CISG* visam prosseguir.

Deve ter-se em conta que a alocação do risco à parte que esteja em melhor posição de reclamar junto da seguradora uma indemnização pode conduzir a resultados perniciosos. A parte que estiver nessa posição será, também, aquela que menos preocupada poderá estar com a salvaguarda da integridade das mercadorias pois contará necessariamente com a possibilidade de poder vir a obter indemnização junto da seguradora.

Se a existência de seguro para cobertura do risco no contrato de venda internacional de mercadorias não deve constituir elemento primordial para a alocação do risco, também não deve o seguro para cobertura do risco inerente ao transporte das mercadorias relevar para essa mesma alocação. Este seguro pode ter sido celebrado pelo transportador e cujo beneficiário seja apenas o expedidor, que bem pode ser aquele que não suporta o risco no contrato de compra e venda.

[979] Rüfner, Thomas, in Jansen, Nils e Zimmermann, Reinhard (Ed.), *Commentaries on European Contract Laws*, Oxford University Press, 2018, p. 2058.

[980] Sendo regras e usos uniformes podem corresponder a uma prática continua e reiterada.

Outrossim, parece resultar do regime previsto na *Common Law* que "[q]uando um depositário segura as suas próprias mercadorias e 'mercadorias *in trust or on commission*', ele será normalmente considerado como tendo coberto ambos, o seu próprio interesse e o interesse do dono das mercadorias, mesmo que o dono não tenha expressamente consentido no seguro"[981]. Este depositário pode, posteriormente, subcontratar o transporte das mercadorias[982]. Não tendo o depositário celebrado seguro que cubra o risco com as "mercadorias *in trust or on commission*" poderá equacionar-se a possibilidade de o risco de afetação da integridade das mercadorias não estar coberto.

Se olharmos para as *Institute Cargo Clauses*, elaboradas pela *UIA – International Underwriting Association*, concluímos que existe todo um conjunto de "*exclusões gerais*, isto é, exclusões de cobertura que se aplicam independentemente do recorte positivo da cobertura concreta escolhida pelo tomador do seguro."[983]

A estas exclusões há de somar-se um alargado número de questões relacionadas com o seguro de carga no transporte multimodal de mercadorias. Alguma doutrina lança alguns dados e exemplos relevantes neste âmbito. Partindo de algumas das cláusulas pensadas para o trânsito internacional de mercadorias (mormente a cláusula 8 das *Institute Cargo Clauses*[984]), diz-se que alguns dos riscos associados à movimentação das mercadorias podem não estar cobertos pela apólice de seguro. Em primeira linha refere-se que "não há cobertura de perdas ou danos que surjam antes do movimento da carga segurada. Por exemplo, se uma empilhadora colide com a palete [...] e destruir o conteúdo, tal perda de carga segurada não será coberta. Da mesma forma, num caso em que as mercadorias são movimentadas numa

[981] Birds, John / Lynch, Ben / Paul, Simon, *MacGillivray on Insurance Law – Relating to all Risks other than* Marine, 14ª Edição, Londres: Sweet & Maxwell, 2018, p. 983.

[982] Birds, John / Lynch, Ben / Paul, Simon, *MacGillivray on Insurance Law – Relating to all Risks other than* Marine, 14ª Edição, Londres: Sweet & Maxwell, 2018, *idem*.

[983] Poças, Luís, «A delimitação do risco coberto no seguro de mercadorias transportadas», *in* Gomes, M. Januário da Costa (Coord.), *Temas de Direito dos Transportes V*, Coimbra: Almedina, 2020, p. 538. O autor identifica duas categorias de exclusões gerais: "as *exclusoes absolutas*, isto é, as que são inderrogáveis, subsistindo qualquer que sejam as coberturas contratadas; e as *exclusões convencionais*, que poderão ser derrogadas por acordo das partes" (*ibidem*).

[984] Disponível em: <https://www.iua.co.uk/IUA_Member/Clauses/IUA_Member/Clauses/eLibrary/Clauses.aspx?hkey=6f7dd1a3-6ab3-4b10-94c2-5a8c644b1c32>.

área de espera dentro do armazém para expedição, as mercadorias não serão cobertas durante esse movimento de pré-trânsito, nem durante o tempo em que são mantidas na área de espera de pré-trânsito."[985] Dir-se-á que estas questões não têm que ver com o trânsito das mercadorias. Sem dúvida. Mas estes casos indiciam, claramente, a insuficiência do argumento de existência de um seguro para fazer face ao risco de afetação da integridade das mercadorias na venda internacional.

Estes indícios são depois confirmados pelas questões contidas no âmbito específico do trânsito das mercadorias e da cláusula a ele destinada por parte das *Institute Cargo Clauses*. Mantenhamos o nosso discurso naquela ideia de que as circunstâncias (*rectius*, a existência de seguro) podem indicar que o risco deva ficar alocado ao comprador desde o momento em que as mercadorias são transmitidas ao transportador (art. 68º, 2ª frase da *CISG*). Se atentarmos na cláusula 8.1.1. das *Institute Cargo Clauses* ficamos a perceber que a mesma coloca mais uma questão relacionada com a entrega (que não é, necessariamente, a entrega enquanto obrigação emergente do contrato de venda). Esta cláusula refere o "armazém final ou local de armazenamento no destino indicado no contrato de seguro" como o lugar onde se considera que o risco para efeitos de contrato de seguro termina e, consequentemente, a cobertura do seguro deixa de existir. No âmbito desta cláusula entende-se que a entrega não existe enquanto não se verificar "uma espécie de 'handing over' das mercadorias ao consignatário ou aos responsáveis pelo armazém"[986].

Continuando a seguir de muito perto Baris Soyer, no âmbito da cláusula 8.1.4. das *Institute Cargo Clauses* estabelece-se que, se as mercadorias não forem entregues em um dos locais referidos, a cobertura termina "no termo de 60 dias após a conclusão do descarregamento do objeto segu-

[985] Soyer, Baris, «Chapter 16: «Cargo Insurance in the Multimodal Context: Full and Complete Cover?», *in* Soyer, Baris / Tettenborn, Andrew (Ed.), *Carriage of Goods by Sea, Land and Air – Unimodal and Multimodal Transport in the 21st Century* –, Abingdon: Informa Law, 2014, p. 288-289.

[986] Soyer, Baris, «Chapter 16: «Cargo Insurance in the Multimodal Context: Full and Complete Cover?», *in* Soyer, Baris / Tettenborn, Andrew (Ed.), *Carriage of Goods by Sea, Land and Air – Unimodal and Multimodal Transport in the 21st Century* –, Abingdon: Informa Law, 2014, p. 295. O autor dá o exemplo "em que as mercadorias chegam ao armazém fora das horas de trabalho e o veículo é deixado estacionado no parque". Segundo o autor, esta situação não pode ser considerada entrega para efeitos da referida cláusula 8.1.1. das *Institute Cargo Clauses* pois "[...] é difícil demonstrar que tal *handing over* teve lugar".

rado do navio no porto de descarga final". Como bem afirma este autor, o transporte multimodal coloca aqui alguns problemas, relacionados com o facto de poderem existir duas apólices de seguro (uma que cobre o risco do ponto X a Y e uma outra que cobre o risco do ponto Y a Z). Se as mercadorias ficarem, por exemplo, no porto de transbordo por mais de sessenta dias nenhuma das apólices cobrirá o risco a partir do termo desses sessenta dias. Outra pertinente hipótese avançada pelo autor é a de as mercadorias poderem ficar por mais de sessenta dias no porto de destino final devido a rejeição das mercadorias por parte do comprador (*v.g.*, após examinar as mercadorias), que depois podem ter de ser redirecionadas para outro comprador ou devolvidas ao vendedor. Todas estas operações e a respetiva duração podem fazer com que deixe de haver cobertura do risco no âmbito do contrato de seguro celebrado[987].

Do que acaba de dizer-se ressaltará, certamente, que a existência de seguro não deve ser elemento para a alocação do risco na venda internacional de mercadorias. Não é certo que o seguro cubra todas as vicissitudes relacionadas com o risco de afetação das mercadorias ao longo de toda a aventura da sua deslocação desde o estabelecimento do vendedor até ao estabelecimento do comprador. Uma alocação do risco na venda internacional de mercadorias tendo em conta a existência de seguro pode conduzir a resultados manifestamente complexos. Em determinadas situações o regime aplicável ao contrato de seguro é um regime jurídico interno de um determinado Estado. A lei interna desse Estado pode exigir que se determine por conta de quem foi celebrado o contrato de seguro para reconhecer quem tem legitimidade para a demanda judicial.

O Acórdão do Tribunal da Relação de Coimbra de 26 de outubro de 2020[988] é elucidativo desta ideia. Analisando este Acórdão percebe-se que no Tribnal de Primeira Instância foi tido em conta o facto de a vendedora não ser proprietária da mercadoria para declarar improcedente o pedido

[987] Soyer, Baris, «Chapter 16: «Cargo Insurance in the Multimodal Context: Full and Complete Cover? », *in* Soyer, Baris / Tettenborn, Andrew (Ed.), *Carriage of Goods by Sea, Land and Air – Unimodal and Multimodal Transport in the 21st Century* –, Abingdon: Informa Law, 2014, p. 296-297. O autor refere a situação de devolução das mercadorias, mas parece-nos que essa questão se colocará, na maior parte das situações, no domínio da relação de liquidação (*unwinding relationship*) para a qual, nomeadamente a *CISG* estabelece regras específicas no artigo 81º e ss.

[988] Disponível em: <http://www.dgsi.pt/jtrc.nsf/c3fb530030ea1c61802568d9005cd5bb/0b239a50e99b64ec8025860e003bd156?OpenDocument>

da seguradora (da vendedora) contra a transportadora. Estava em causa uma venda com cláusula *c.i.f.* (apesar de as mercadorias serem transportadas por estrada). O Tribunal da Relação de Coimbra vem a afirmar que as consequências de uma tal cláusula equivalem às decorrentes de uma cláusula *c.i.p.*, atendendo ao tipo de transporte escolhido para deslocar as mercadorias, mas na falta de menção, na apólice de seguro celebrado pela vendedora, de que "o seguro é por conta de outrem, considera-se contratado por conta de quem o fez (§2º, do art. 428º C.Com.)". Assim, a seguradora da vendedora poderia demandar a transportadora (que chamou aos autos a sua própria seguradora) e obter indemnização (que o TRC veio a conceder, revogando a decisão de primeira instância).

Este Acórdão demonstra, claramente, que a existência de seguro e sua inter-relação com a alocação do risco no contrato de venda nem sempre torna fácil a compreensão do risco. Note-se que no caso citado a cláusula *c.i.p.* aloca o risco de afetação da integridade das mercadorias ao comprador a partir da entrega ao transportador[989], mas o tribunal continuou a considerar que a vendedora tinha um interesse próprio com a celebração do contrato de seguro, nomeadamente que este contrato "satisfaz os seus próprios interesses de cuidado e segurança relativamente ao valor da mercadoria."

Antes do Acórdão do Tribunal da Relação de Coimbra já o STJ tinha decidido em termos semelhantes. O STJ vai mesmo mais longe e declara que "não obstante ter-se estabelecido na compra e venda a cláusula CIF, tendo a vendedora segurado aparentemente em nome próprio o transporte das mercadorias até à entrega nos armazéns da compradora, é de presumir que aceitou correr ela própria o risco do seu perecimento até esse momento"[990].

A conservação das mercadorias deve ser um fator importante para determinar a alocação do risco ao vendedor ou ao comprador. A *CISG*

[989] Fazendo, aparentemente (pois só o sumário está disponível), uma errada interpretação do termo *c.i.f.* e afirmando que "[s]ó quando a compradora tomasse conta da mercadoria é que o risco de perecimento da mesma passaria para ela, pois tudo se passa como sendo o cais do porto do destino o lugar do cumprimento. Correndo pela vendedora o risco de perecimento da coisa e sendo ela expedidora no contrato de transporte celebrado para transferência da mercadoria e sua entrega à compradora, no âmbito do contrato de transporte o transportador é responsável perante a vendedora-expedidora, pela perda da mercadoria transportada [...]" (*vide* Ac. TRP, de 12 de março de 1998, disponível em: < https://jurisprudencia.csm.org.pt/ecli/ECLI:PT:TRP:1998:9731321.69/>)

[990] Ac. do STJ, de 03 de fevereiro de 2005, disponível em: <https://jurisprudencia.csm.org.pt/ecli/ECLI:PT:STJ:2005:04B4468.F2/>

estabelece mesmo um princípio fundamental de conservação das mercadorias na venda internacional[991]. A necessidade de conservação das mercadorias conjugada com a necessidade de salvaguarda da estabilidade do comércio internacional[992] deve constituir a pedra angular da modelação do(s) critério(s) de transferência do risco. Até porque o contrato de seguro de carga é um dos vínculos contratuais que surge para fazer face às necessidades impostas pelo contrato de venda. Concomitantemente, o contrato de seguro integra o conjunto de vínculos contratuais que conformam o designado «comércio internacional», cuja estabilidade deve ser promovida.

3.6. A (in)suficiência da cobertura dos riscos pelo contrato de seguro

Independentemente de existir um contrato de seguro para cobertura dos riscos identificados no âmbito do contrato de venda ou no âmbito do contrato de transporte, a verdade é que o risco de afetação da integridade das mercadorias decorrente de determinados eventos pode não estar coberto por essa via.

A cobertura desse risco dependerá sempre das cláusulas do contrato de seguro e o modo como essa obrigação de celebração de contrato de seguro a favor do vendedor ou do comprador surja pode determinar a maior ou menor amplitude de cobertura. Por exemplo, em uma determinada venda *c.i.f.* ou *c.i.p.* sujeita às regras de interpretação da CCI (*Incoterms 2010*) "os vendedores [seriam], salvo acordo em contrário, apenas obrigados a fazer um seguro mínimo, ou seja, de acordo com as *Institute Cargo Clauses* variante C"[993] ou cláusula equivalente. Já de acordo com a versão *Incoterms 2020*, no âmbito de uma venda *c.i.p.* os vendedores ficam obrigados a fazer um seguro com uma cobertura mais elevada, correspondente à variante A das *Institute Cargo Clauses* ou equivalente.

Claro está que se um determinado *Incoterm* (da CCI) é incorporado no contrato de venda internacional a questão sobre quem tem de celebrar o contrato de seguro não é a única que fica sujeita à interpretação feita no âmbito dos *Incoterms*. A transferência do risco é, também, determinada de acordo com as Regras e Usos Uniformes aí previstos.

[991] Ver *infra* ponto 6 do Capítulo VI.

[992] Ver *infra* ponto 7 do Capítulo VI.

[993] Ramberg, Jan, *International Commercial Transactions*, 4ª Edição, Estocolmo: Norstedts Juridik AB, 2011, p. 61.

E nos contratos de venda internacional em que não se prevê qualquer referência a um determinado *Incoterm*, mas se estabelece que o vendedor tem de celebrar contrato de seguro, será de considerar que a alocação do risco deve sofrer alterações por esse facto? Dito de outro modo, será correto estabelecer critério(s) legal(is) para a transferência do risco de acordo com a existência (ou inexistência) de contrato de seguro, quando a respetiva apólice é entregue ao respetivo beneficiário?

Muitos dos riscos que estão cobertos por via de contrato de seguro celebrado sob a variante A das *Institute Cargo Clauses* não estão cobertos por via da variante C[994]. Assim sendo, a existência de contrato de seguro não deverá relevar para definir o critério de transferência do risco na venda internacional de mercadorias. Não só pelo facto de o beneficiário do contrato de seguro poder não vir a ser reintegrado na exata medida da perda resultante da afetação da integridade das mercadorias, mas também porque a alocação do risco no contrato de venda internacional desempenha um papel importante na salvaguarda de valores fundamentais do comércio internacional[995].

Mesmo nas situações em que, *prima facie*, se possa considerar que o risco está coberto pelo contrato de seguro, não é certo que o caminho até ao pagamento efetivo por parte da seguradora seja simples e tenha como resultado esse mesmo pagamento. Não se colocam de parte as possibilidades de "fraude cometida pela seguradora" na fase pós-contratual[996]. A seguradora pode prolongar o seu processo de tomada de decisão de forma a tentar com que o segurado "aceite um acordo em [seu] favor"[997], mas que se mostra desequilibrado no plano do que havia sido acordado entre vendedor e comprador no momento em que definiram o equilíbrio entre as suas prestações. Por outro lado, essa seguradora pode demorar longos anos até à tomada de decisão[998] e isso implicará, necessariamente, a redução ou desaparecimento de todos os benefícios que o vendedor ou o comprador poderiam retirar do contrato de venda (e até mesmo do facto de um ou outro ser o proprietário das mercadorias).

[994] Referindo esta mesma ideia ao abrigo, ainda, da versão de 2010 dos *Incoterms* da CCI, *vide* Ramberg, Jan, *International Commercial Transactions, idem.*

[995] Sobre esta questão, com maior desenvolvimento, *vide infra* Capítulo VI.

[996] Soyer, Baris, *Marine Insurance Fraud,* Abingdon: Informa Law, 2014, p. 123 e ss.

[997] Soyer, Baris, *Marine Insurance Fraud,* Abingdon: Informa Law, 2014, p. 143.

[998] Soyer, Baris, *Marine Insurance Fraud,* Abingdon: Informa Law, 2014, p. 144.

É duvidoso que a escolha do critério para alocação do risco entre o vendedor e o comprador possa ficar dependente da existência de contrato de seguro e de a respetiva apólice ter (ou não) sido entregue ao comprador. Concomitantemente, o critério do benefício que uma ou outra parte no contrato de venda possa obter pelo facto de ser titular de um determinado direito parece, também, ser duvidoso. Os benefícios (a indemnização) decorrentes do contrato de seguro estão rodeados de incerteza e com o decurso do tempo podem nem sequer ser considerados benefícios.

Aliás, tenha-se em conta um dos acontecimentos de fraude de que podem ser vitimas os expedidores, destinatários e seguradoras, sem que a nenhum destes sujeitos possa ser imputado qualquer ato fraudolento, nomeadamente a situação em que para o transporte das mercadorias é usado um navio fantasma. Na situação em que o transporte é efetuado por um navio fantasma a mercadoria não chega ao local de destino e nomeadamente os tribunais dos países da *Common Law* tendem, ao longo dos anos, a não considerar que esse risco esteja acautelado pelo contrato de seguro pois "de um ponto de vista técnico [as decisões judiciais] ignoram as realidades da prática marítima contemporânea pressupondo que o segurado pode determinar em que navio a sua carga será carregada"[999].

3.7. Breve síntese conclusiva sobre a relevância do risco no contrato de seguro na delimitação do risco na venda internacional

Se atentarmos no que ficou dito ao longo de todo o ponto 3 deste Capítulo, havemos de concluir que os riscos cobertos pelo contrato de seguro (relacionados com a venda de mercadorias) podem ser diversos no que concerne à causa. Nesse âmbito o risco pode derivar de uma multiplicidade de eventos, quer seja pela delimitação concreta dos riscos cobertos pelo contrato de seguro, quer seja por via de uma cobertura geral de todos os riscos e simultânea consagração de um conjunto mais (ou menos) alargado de exclusões. Partamos, desde logo, das *Institute Cargo Clauses*, na sua modalidade *A*. A cobertura delimitada por estas cláusulas permite apontar uma variedade de riscos, ainda que por via das exclusões consagradas. Na modalidade *A* das *Institute Cargo Clauses 2009* estabelece-se que "*[t]his*

[999] Soyer, Baris, *Marine Insurance Fraud*, Abingdon: Informa Law, 2014, p. 241. O autor dá, também, notícia de que uma das clausulas das *Institute Cargo Clauses* (a cláusula 10.2) passou a fazer face a esta situação.

insurance covers all risks of loss of or damage to the subject-matter insured except as excluded by the provisions of Clauses 4, 5, 6 and 7 below." Se atentarmos nas exceções ficamos a saber que os riscos que poderiam estar cobertos (mas não estão) são vários"[1000]. E à mesma conclusão se haveria de chegar pela

[1000] "*EXCLUSIONS*
4. In no case shall this insurance cover
4.1 loss damage or expense attributable to wilful misconduct of the Assured
4.2 ordinary leakage, ordinary loss in weight or volume, or ordinary wear and tear of the subject-matter insured 4.3 loss damage or expense caused by insufficiency or unsuitability of packing or preparation of the subjectmatter insured to withstand the ordinary incidents of the insured transit where such packing or preparation is carried out by the Assured or their employees or prior to the attachment of this insurance (for the purpose of these Clauses "packing" shall be deemed to include stowage in a container and "employees" shall not include independent contractors)
4.4 loss damage or expense caused by inherent vice or nature of the subject-matter insured
4.5 loss damage or expense caused by delay, even though the delay be caused by a risk insured against (except expenses payable under Clause 2 above)
4.6 loss damage or expense caused by insolvency or financial default of the owners managers charterers or operators of the vessel where, at the time of loading of the subject-matter insured on board the vessel, the Assured are aware, or in the ordinary course of business should be aware, that such insolvency or financial default could prevent the normal prosecution of the voyage This exclusion shall not apply where the contract of insurance has been assigned to the party claiming hereunder who has bought or agreed to buy the subject-matter insured in good faith under a binding contract
4.7 loss damage or expense directly or indirectly caused by or arising from the use of any weapon or device employing atomic or nuclear fission and/or fusion or other like reaction or radioactive force or matter.
5. 5.1 In no case shall this insurance cover loss damage or expense arising from
5.1.1 unseaworthiness of vessel or craft or unfitness of vessel or craft for the safe carriage of the subject-matter insured, where the Assured are privy to such unseaworthiness or unfitness, at the time the subject-matter insured is loaded therein
5.1.2 unfitness of container or conveyance for the safe carriage of the subject-matter insured, where loading therein or thereon is carried out prior to attachment of this insurance or by the Assured or their employees and they are privy to such unfitness at the time of loading.
5.2 Exclusion 5.1.1 above shall not apply where the contract of insurance has been assigned to the party claiming hereunder who has bought or agreed to buy the subject-matter insured in good faith under a binding contract.
5.3 The Insurers waive any breach of the implied warranties of seaworthiness of the ship and fitness of the ship to carry the subject-matter insured to destination.
6. In no case shall this insurance cover loss damage or expense caused by
6.1 war civil war revolution rebellion insurrection, or civil strife arising therefrom, or any hostile act by or against a belligerent power
6.2 capture seizure arrest restraint or detainment (piracy excepted), and the consequences thereof or any attempt thereat
6.3 derelict mines torpedoes bombs or other derelict weapons of war.
7. In no case shall this insurance cover loss damage or expense

análise das demais modalidades (B e C) das *Institute Cargo Clauses*. Mas para que a descrição não seja demasiado extensa será suficiente atentar que a mesma associação que promove estas cláusulas *standard* também estabelece outras cláusulas relativas à cobertura específica de outros riscos, tais como os riscos de guerra e os riscos de greves. Ademais, recuando algumas décadas (até aos anos 70 do século passado) verificamos que, mesmo em redações anteriores destas cláusulas de seguro relativo à «carga», era já possível identificar a "*average clause*, [em que] a palavra '*average*' significa[va] perda parcial", mas também a referência a "*extraneous risks*" e na situação de cobertura designada de "*all risks*" já se identificava a exclusão do risco de "danos por perdas ou despesas causadas imediatamente por atraso ou vício inerente ou natureza do objeto segurado"[1001].

As exceções previstas na modalidade de *all risks* têm um significado relevante na compreensão dos critérios para alocação do risco na venda internacional de mercadorias. A existência de seguro não garante que haja uma «deslocação» do risco de afetação da integridade das mercadorias para o âmbito do contrato de seguro. "Em outras palavras, se a perda for causada por um perigo excluído, a seguradora não será responsável pela perda em questão"[1002].

Sendo provável que a seguradora possa não cobrir danos, prejuízos ou perdas derivadas da afetação das mercadorias que argumento pode servir para considerar que uma das circunstâncias para alterar critérios de alocação do risco entre vendedor e comprador seja a existência de seguro?

Não deve ser o contrato de seguro a influenciar a alocação do risco entre vendedor e comprador. O contrato de seguro é celebrado para fazer face a necessidades do vendedor e/ou do comprador e, por isso, é no contrato de venda que se deve garantir a alocação eficaz do risco.

7.1 caused by strikers, locked-out workmen, or persons taking part in labour disturbances, riots or civil commotions
7.2 resulting from strikes, lock-outs, labour disturbances, riots or civil commotions
7.3 caused by any act of terrorism being an act of any person acting on behalf of, or in connection with, any organisation which carries out activities directed towards the overthrowing or influencing, by force or violence, of any government whether or not legally constituted
7.4 caused by any person acting from a political, ideological or religious motive."

[1001] Goodacre, J. Kenneth, *Marine Insurance Claims*, 2ª Edição, Londres: Witherby & Co. Ltd., 1981, p. 138 e ss. Referidas, também, em Portugal na década de 60 (*vide* Mata, João Nunes de Almeida da, *Seguro Marítimo: Mercadorias*, Lisboa: Associação Comercial de Lisboa, 1967, p. 48 e ss.).

[1002] Gürses, Özlem, *Marine Insurance Law*, Abingdom: Routledge, 2015, p. 189.

Se de entre os riscos cobertos com a celebração do contrato de seguro não estiver o risco de verificação de um evento especifico que possa afetar a integridade das mercadorias que razão existirá para alocar o risco, por exemplo, ao comprador só porque entre os documentos que lhe são entregues pelo vendedor consta a apólice de seguro?

Mesmo nas situações em que o perigo de verificação de um determinado evento que possa afetar a integridade das mercadorias esteja coberto pelo contrato de seguro não seria mais correto que o critério de transferência do risco tivesse em conta quem tem o poder de controlo sobre as mercadorias?[1003]

A multiplicidade de riscos inerentes ao contrato de seguro manifesta-se nas normas reguladoras da transferência do risco na venda internacional de mercadorias? Aparentemente não.

Na venda internacional não está presente a ideia de causa (presente no elenco de riscos associados à celebração do contrato de seguro), mas sim a ideia de resultado. Conforme se poderá verificar em maior detalhe no âmbito do Capítulo VI deste trabalho, o risco na venda internacional será o risco de afetação da integridade das mercadorias. No contrato de seguro o que se visa é também a cobertura de alguns riscos que têm influência na execução do contrato de venda internacional de mercadorias (tomem-se como exemplos os riscos de guerras e de greves). Mas esses riscos característicos de um contrato de seguro não poderão estar mais ligados a situações de impossibilidade definitiva ou temporária de cumprimento de obrigações emergentes do contrato de venda?!

Por fim, não nos parece que a distinção entre o risco nas normas reguladoras da transferência do risco na venda internacional de mercadorias e o risco no contrato de seguro se possa fazer tendo em conta as boas e as más possibilidades associadas. Há quem defenda que no contrato de venda a palavra risco está associada quer às boas quer às más possibilidades, mas no contrato de seguro "a palavra «riscos» designa especialmente as possibilidades de sinistros, portanto apenas as más possibilidades [...]"[1004].

[1003] Com maiores desenvolvimentos sobre a dificuldade em aceitar que a existência de contrato de seguro possa influir na alocação do risco no contrato de venda, *vide* Capítulo VI.

[1004] Bessé, Alain, *Assurance maritime sur corps: la clause "franc sauf"*, Paris: Librairie Générale de Droit et de Jurisprudence, 1957, p. 12.

Independentemente de a conceção de risco na venda internacional de mercadorias ter evoluído (assim entendemos) não nos parece que se possa dizer que está associada a "boas possibilidades", tendo em conta as referências feitas, ao longos dos tempos, a resultados negativos (entre outros, o perecimento, a deterioração e a perda das mercadorias).

Capitulo V
A transferência do risco e a *Lex Mercatoria / New Law Merchant*

A aplicação da *Lex Mercatoria* a um determinado contrato de venda internacional de mercadorias não é, meramente, uma questão de escolha do vendedor e do comprador ou de aplicação da regra de conflitos de um determinado Estado.

Na falta de manifestação de vontade das partes pode a *Lex Mercatoria* ser determinada como a lei aplicável ao contrato de forma direta sem que, por exemplo, o árbitro aplique qualquer regra de conflitos (estatal ou não estatal). Como é óbvio, esta aplicação de forma direta não reúne consenso doutrinal, nem jurisprudencial[1005] e dependerá da jurisdição determinada como competente. Conforme a jurisdição escolhida, pode o julgador determinar que a *Lex Mercatoria* é aplicável ao conflito entre as partes.

A prática seguida pela Câmara de Comércio Internacional tem colocado questões neste âmbito, atendendo ao facto de o seu Regulamento de Arbitragem[1006] (art. 21º, nº 1) estabelecer que "o tribunal arbitral aplicará as regras que julgar apropriadas". Estas regras "não são necessariamente as que resultariam da aplicação das regras de conflitos do local da

[1005] Sobre algumas teses favoráveis à existência de um "Direito autónomo do comércio internacional" e para uma apreciação crítica das mesmas, *vide* Pinheiro, Luís de Lima, *Direito Comercial Internacional – O Direito Privado da Globalização Económica"*, Revista da Faculdade de Direito da Universidade de Lisboa, Suplemento (2005), Coimbra: Coimbra Editora, 2006, p. 164 e ss.

[1006] Disponível em: <https://iccwbo.org/content/uploads/sites/3/2021/03/icc-2021-arbitration-rules-2014-mediation-rules-portuguese-version.pdf>.

arbitragem"[1007]. Nos termos do nº 2 deste artigo 21º "[o] tribunal arbitral deverá levar em consideração os termos do contrato entre as partes, se houver, e quaisquer usos e costumes comerciais pertinentes." A *Cour de Cassation* francesa tem entendido que o árbitro tem o poder de determinar como aplicável a *Lex Mercatoria*, sem recurso a qualquer regra de conflitos estatal[1008].

A consagração do recurso a usos e costumes comerciais não decorre apenas deste método de resolução alternativa de litígios. Mesmo que o litígio seja julgado por um tribunal estatal e se o respetivo Estado for aderente à *CISG*, esse tribunal não pode deixar de ter em conta os usos, quer seja porque as partes, expressamente, os referem no contrato, quer seja porque estamos perante usos do comércio internacional (art. 9º da *CISG*)[1009]. Neste último caso, a *CISG* não estabelece uma definição de usos, considerando a maioria da doutrina que "incluem todas aquelas ações ou modos de comportamento (incluindo omissões) que são geralmente e regularmente observados no âmbito de transações comerciais em uma especifica área do comércio ou em um determinado centro de comércio"[1010].

[1007] Martins, Alexandre de Soveral, «Notas sobre o procedimento de arbitragem segundo o Regulamento de Arbitragem da Câmara de Comércio Internacional de Paris», *in Separata de ARS IVDICANDI – Estudos em homenagem ao Prof. Doutor Jorge de Figueiredo Dias*, Vol. IV, Coimbra: Coimbra Editora, 2010, p. 595.

[1008] Fadlallah, Ibrahim e Hascher, Dominique, Les grandes décisions du droit de l'arbitrage commercial, 1re Édition, Dalloz, 2019, p. 235 e ss.

[1009] No domínio da *CISG* não parece assumir grande relevância a distinção entre usos e costumes, sendo a Convenção marcada antes pela contraposição de práticas estabelecidas entre as partes aos usos acordados entre estas e os usos que conheçam ou devessem conhecer e que no comércio internacional sejam amplamente conhecidos. A diferença que habitualmente é estabelecida entre uso e costume (no uso está apenas presente o elemento objetivo – prática continua e reiterada – e no costume estão presentes os elementos objetivo e subjetivo – prática continua e reiterada acompanhada da convicção da sua obrigatoriedade –) deve considerar-se reportada, no âmbito do comércio internacional, à contraposição entre práticas e usos (para uma abordagem desta contraposição no domínio do comércio internacional e no âmbito da *Lex mercatoria, vide* Marrella, Fabrizio, «La Nuova Lex Mercatoria – Principi UNIDROIT ed usi dei contratti del commercio internazionale –», *in* Galgano, Francesco (Dir.), *Trattato do Diritto Commerciale e di Diritto Pubblico dell'Economia*, Padova: CEDAM, 2003, p. 198-199). O autor considera, também, que há uma diferença importante entre as mencionadas práticas, os usos acordados e os usos que no comércio internacional são amplamente conhecidos; estes últimos poderão ser aplicados *ex officio* pelo julgador (*vide*, p. 222-223).

[1010] Ferrari, Franco, «Trade usage and practices established between the parties: Article 9», *in* Ferrari, Franco / Flechtner, Harry / Brand, Ronald A. (Ed.), *The Draft UNCITRAL Digest*

A partir do momento em que seja admissível que os usos possam regular as compras e vendas internacionais de mercadorias, não pode deixar de se ter em conta algum do tratamento doutrinal e jurisprudencial que lhes é dado. A transferência do risco poderá ser, por isso, determinada com recurso à aplicação de determinados usos, ainda que muita água possa ter corrido e possa continuar a correr quando à (in)determinabilidade do conteúdo da *Lex Mercatoria*[1011].

1. Haverá uma verdadeira *Lex Mercatoria / New Law Merchant* que regule a transferência do risco?

Independentemente da (in)existência de uma autónoma *Lex Mercatoria*, reguladora das relações comerciais internacionais[1012], é incontornável que neste âmbito os *Incoterms* elaborados pela Câmara de Comércio Internacional (CCI) desempenham um papel de extrema relevância. As transações internacionais dão-se a um ritmo quase alucinante e os operadores do comércio internacional nem sempre disponibilizam meios (mormente financeiros) para a celebração de contratos individualizados para cada uma das transações em que intervêm. Na venda internacional, quer seja porque a relação entre o vendedor e comprador é uma relação duradoura, quer seja porque o próprio comércio internacional implica a assunção de um determinado risco para que não sejam desperdiçadas determinadas oportunidades, os referidos *Incoterms* adquirem uma enorme relevância.

and Beyond: Cases, Analysis and Unresolved Issues in the U.N. Sales Convention, Munique: Sellier, 2004, p. 194. Neste sentido e com mais referências doutrinais e uma referência a uma decisão arbitral proferida pela Comissão Internacional de Arbitragem Económica e Comercial da China (CIETAC – China International Economic and Trade Arbitration Commision), *vide* Viscasillas, Pilar Perales, *in* Kröll, Stefan / Mistellis, Loukas / Viscasillas, Pilar Perales (Ed.), *UN Convention on Contracts for the International Sale of Goods (CISG): A Commentary*, Munique, Oxford e Baden-Baden: C. H. Beck-Hart-Nomos, 2018, p. 170.

1011 Sobre as várias definições de *Lex Mercatoria* apresentadas ao longos dos tempos, *vide* Toth, Orsolya, *The Lex Mercatoria in Theory and Practice*, Oxford: Oxford University Press, 2017; Galgano, Francesco, *Lex mercatoria*, 5ª Edição, Bologna: Il Mulino, 2010; Marrella, Fabrizio, «La nuova *lex mercatoria* – Principi UNIDROIT ed usi dei contratti del commercio internazionale», *in* Galgano, Francesco (Dir.), *Trattato di Diritto Commerciale e di Diritto Pubblico dell'Econonomia*, Vol. XXX, Padova: CEDAM, 2003, p. 21 e ss.

1012 Sobre a possibilidade de a *Lex mercatoria* poder constituir uma ordem jurídica autónoma e sobre a sua força obrigatória, *vide* Vandenput, Tangui, «La Lex Mercatoria», *in* Putzeys, Jacques, *Les ventes internationales et les transports. Les nouveaux incoterms. Séminaire de Droit des transports (1991-1992)*, Bruxelas: Etablissements Emile Bruylant, 1992, p. 1-32.

A sua incorporação na transação poupa tempo e, no imediato, reduz custos associados ao aconselhamento jurídico[1013].

Os *Incoterms* podem ser utilizados para responder a um vasto conjunto de questões, tais como "[q]uem vai escolher o transportador, pagar o custo e assumir os riscos? Quem terá de efetuar as operações de desalfandegamento? [...] Quem assume o seguro?"[1014] No entanto, não devem confundir-se os usos comerciais internacionais com os *Incoterms*. Mesmo em um domínio em que estas regras poderiam ter sido incorporadas atendendo ao facto de existirem já nos anos 70 e 80[1015], não houve uma expressa referência aos mesmos. Conforme se referiu anteriormente, a *CISG* faz expressa referência aos usos internacionais, mas os *Incoterms* não são, unanimemente, considerados como tal [1016]. Aliás, ainda que se pudesse afirmar que os mesmos constituem usos nos termos do nº 1 do artigo 9º da *CISG*, sempre as partes lhes façam expressamente referência no contrato, não parece ser esse o ponto de partida mais correto para a interpretação da norma legal, nem para a afirmação da natureza dos *Incoterms*. Do artigo 9º, nº 1 da *CISG*

[1013] Não significa isto que se considere a opção certa para a gestão do risco nas transações comerciais internacionais.

[1014] Kessedjian, Catherine / Pironon, Valérie, *Droit du Commerce international*, 2ª Edição, Paris: Presses Universitaires de France / Humensis, 2020, p. 296.

[1015] As primeiras regras *Incoterms* foram publicadas pela CCI em 1935, tendo sido desenvolvidas para acompanharem a evolução do comércio internacional.

[1016] Negando a natureza de usos comerciais internacionais aos *Incoterms*, *vide:* Schmidt-Kessel, Martin, *in* Schwenzer, Ingeborg (Ed.), *Commentary on the UN Convention on the International Sale of Goods*, Oxford: Oxford University Press, 2016, p. 167.

Afirmando que alguns académicos e alguma jurisprudência os consideram usos comerciais internacionais, *vide:* Viscasillas, Pilar Perales, *in* Kröll, Stefan / Mistellis, Loukas / Viscasillas, Pilar Perales (Ed.), *UN Convention on Contracts for the International Sale of Goods (CISG): A Commentary*, Munique, Oxford e Baden-Baden: C. H. Beck-Hart-Nomos, 2018, p. 168 (mas note-se que a autora, na nota 44 remete para um outro ponto desta obra coletiva relativo ao comentário ao artigo 7º sem que, aparentemente, aí constem quaisquer referências doutrinais a jurisprudências no sentido do que afirma). Seja como for, em uma preleção de uma Conferência por nós organizada na Universidade do Minho em 01 de outubro de 2021, a autora afirmou, perentoriamente, que também ela considera que os *Incoterms* não são usos comerciais para efeitos da *CISG*.

Afirmando que os *Incoterms* podem ser vinculativos nos termos do nº 2 do artº 9º da *CISG*, "se os requisitos estabelecidos nesse dispositivo foram cumpridos", *vide* Ferrari, Franco, «Trade usages and practices established between the parties: Article 9», *in* Ferrari, Franco / Flechtner, Harry / Brand, Ronald A. (Ed.), *The Draft UNCITRAL Digest and Beyond: Cases, Analysis and Unresolved Issues in the U.N. Sales Convention*, Munique: Sellier, 2004, p. 203.

decorre algo diferente, ou seja, o que se trata é de um desses *Incoterms* poder estar consagrado no contrato[1017]. Nesse caso, a aplicação de um *Incoterm* à relação contratual é feita sem qualquer preocupação quanto à sua natureza. Trata-se simplesmente da vontade das partes manifestada por referência a um dos *Incoterms*. "O artigo serve uma função puramente declaratória e não se preocupa se o uso acordado pelas partes é legalmente vinculante para elas sem tal acordo"[1018]. Aparentemente, o recurso ao artigo 9º, nº 2 da *CISG* não permite alterar esta perspetiva, porquanto os *Incoterms* "não são nem usos internacionais nem usos que as partes 'deveriam conhecer'"[1019]. Acrescentemos que esta posição nos parece ser a mais consonante com o facto de, atualmente, estarmos perante uma marca registada por parte da Câmara de Comércio Internacional[1020], o que também não parece «casar bem» com a ideia de se tratar de usos do comércio internacional, porquanto estes não são apropriáveis por qualquer entidade. Embora os *Incoterms* resultem da observação das melhores práticas no comércio internacional, não se pode olvidar que resultam de uma ponderação efetuada por um conjunto de especialistas (juristas e não juristas). Esta intermediação por parte de quem constitui este grupo de especialistas retirará, necessariamente, a natureza de usos internacionais aos *Incoterms*, sob pena de ter se considerar que os juristas, enquanto tal, participam na construção de usos comerciais.

[1017] Entre nós houve quem afirmasse que a expressão "*incoterms* [...] significa o conjunto de cláusulas contratuais gerais, predispostas pela Câmara de Comércio Internacional, a que as partes, por remissão, se podem vincular e que estabelecem quadros variáveis de obrigações, dos ónus e da responsabilidade do comprador e do vendedor, no âmbito do contrato de compra e venda mas também no âmbito dos contratos conexos de transporte e de seguro" (Almeida, Carlos Ferreira de, *Contratos II – Conteúdo. Contratos de Troca*, 5ª Edição, Coimbra: Almedina, 2021, p. 134). É uma formulação que não podemos adotar. Desde logo, atendendo ao facto de parecer querer significar que os *incoterms* estabelecem obrigações do comprador e do vendedor também nos contratos de transporte e de seguro!

[1018] Schmidt-Kessel, Martin, *in* Schwenzer, Ingeborg (Ed.), *Commentary on the UN Convention on the International Sale of Goods*, Oxford: Oxford University Press, 2016, p. 184.

[1019] Erauw, John, «Observations on passing of risk», *in* Ferrari, Franco / Flechtner, Harry / Brand, Ronald A. (Ed.), *The Draft UNCITRAL Digest and Beyond: Cases, Analysis and Unresolved Issues in the U.N. Sales Convention*, Munique: Sellier, 2004, p. 303.

[1020] *V.g.* uma marca da União Europeia (sendo suficiente uma pesquisa por "*Incoterms*", *in* <https://euipo.europa.eu/eSearch/>). A criação de marca europeia pressupõe a observância de um conjunto de pressupostos, de entre o qual aparece logo «à cabeça» a necessidade de identificar e distinguir um produto de uma empresa (*vide*, artº 4(a) do Regulamento (UE) 2017/1001, do Parlamento Europeu e do Conselho, de 14 de junho de 2017).

Os *Incoterms* distinguem um produto criado pela Câmara de Comércio Internacional, entidade que não se confunde com as atividades comerciais internacionais que originam práticas contínuas e reiteradas acompanhadas da convicção da sua obrigatoriedade (os usos comerciais internacionais). Ademais, as várias versões dos *Incoterms* e as revisões de dez em dez anos parecem confirmar a ideia de que não pode, de forma abstrata, dizer-se que constituem usos amplamente conhecidos no comércio internacional[1021]. Isso não significa que em um determinado caso não se possa considerar que um determinado *Incoterm* reflete um uso do comércio internacional amplamente conhecido ou que as partes devessem conhecer. A apreciação caso a caso permite determinar com a segurança exigível se estamos (ou não) perante um uso ou se o *Incoterm* que possa ser convocado não é mais do que um termo recente aprovado pela Câmara de Comércio Internacional que ainda tem de fazer um longo caminho para que possa refletir um uso do comércio internacional.

Se atentarmos na mais recente versão dos *Incoterms (Incoterms 2020)* temos de concluir que até ao ano 2020 alguns desses termos não existiam. Então como podem ser considerados usos do comércio internacional? Um desses novos termos é o *DPU (Delivered at Place Unloaded)* que surgiu a «substituir» o termo *DAT (Delivered at Terminal)*. As novidades apresentadas pelas várias versões dos *Incoterms* refletem, sem dúvida, preocupações dos operadores do comércio internacional, mas também esse facto não pode ser considerado suficiente para podermos dizer que esses termos podem ser integrados na previsão do artigo 9º, nº 2 da *CISG*, ou seja, não podemos afirmar que estamos perante usos do comércio internacional amplamente conhecidos, que as partes conheçam ou devessem conhecer só porque estão integrados e reconhecidos como «um produto» do trabalho desenvolvido pela Câmara de Comércio Internacional[1022].

[1021] "[...N]uma abordagem dinâmica suficientemente sofisticada há que não ignorar que o próprio intuito legislativo de converter os usos em referências juridicamente relevantes é causa bastante para a modificação desses mesmos usos, conferindo-lhes, na intenção de quem os adopta, um alcance que eles não teriam se fossem totalmente ignorados pela ordem jurídica, um alcance amplificado pelo natural respeito que a própria ordem jurídica tem pela autonomia contratual, e dentro dela o respeito pelas escolhas normativas das partes [...] – o que tende a nivelar o[s] usos, objectos de escolha, com as próprias normas jurídicas supletivas, também elas à mercê das escolhas das partes." (Araújo, Fernando, *Teoria Económica do Contrato*, Coimbra: Almedina, 2007, p. 370-371)

[1022] A respeito dos *PICC* diz-se que "são usados não como princípios gerais, mas como elaborações sobre esses princípios" (Michaels, Ralf, *in* Vogenauer, Stefan (Ed.), *Commentaries*

Por seu turno, ainda que um determinando termo (*v.g. C.I.F.*) possa ser inserido em um concreto contrato de venda internacional de mercadorias, não é absolutamente líquido que se possa considerar que as partes pretendem aplicar os *Incoterms* porquanto não é um termo exclusivo da compilação efetuada pela CCI[1023]. Na verdade, as partes podem incorporar um tal termo no contrato, mas podem estar a referir-se a um conteúdo diferente do que vem descrito nas regras aprovadas pela CCI, porquanto basta que da interpretação das declarações das partes possa resultar que as mesmas se referem a uma definição ou conteúdo diferente para o termo que integram no contrato. Se o contrato estiver sujeito à aplicação da *CISG* pode resultar da interpretação do contrato por via do preceituado no seu artigo 8º.

Destarte, *prima facie*, os *Incoterms* podem considerar-se regras "capazes de uniformizar e, ao mesmo tempo, simplificar a fragmentariedade das práticas pré-existentes e superar a [falta de] homogeneidade normativa"[1024], mas não mais do que isso.

Independentemente da natureza dos *Incoterms* (ou de outros termos aplicados no comércio internacional) consideramos que estes convocam elementos úteis para a (re)compreensão da transferência do risco na venda internacional de mercadorias. Estes termos surgem ligados a operações de *export-import*, ou seja, não reconduzíveis apenas à satisfação das necessidades emergentes do contrato de venda internacional. "Assim, fala-se das vendas CAF, FOB, CFR... para designar as vendas de mercadorias que serão seguidas de um transporte."[1025] Há, por isso, mesmo no âmbito da liberdade de conformação do conteúdo do contrato uma ideia de que a influência produzida pelo contrato de venda em outros contratos por este originados (e vice-versa) deve relevar. Há como que um cruzamento entre

on the UNIDROIT Principles of International Commercial Contracts (PICC), Oxford: Oxford University Press, 2015, p. 83). Reescrevendo a afirmação de Ralf Michaels pode dizer-se que os *Incoterms* não são usos comerciais internacionais, mas elaborações sobre os usos do comércio internacional.

[1023] Ferrari, Franco / Flechtner, Harry / Brand, Ronald A. (Ed.), *The Draft UNCITRAL Digest and Beyond: Cases, Analysis and Unresolved Issues in the U.N. Sales Convention*, Munique: Sellier, 2004, p. 203.

[1024] Cuocci, Valentina V. / Mangiacotti, Alessia P., «Vendita internazionale di beni e incoterms 2020: osservazioni a margine della clausula CIF», *in* Gomes, M. Januário da Costa (Coord.), *Temas de Direito dos Transportes V*, Coimbra: Amedina, 2020, p. 688.

[1025] Herro, Rita, *Vente et transport: indépendence ou interdépendance?*, Aix-en-Provence: Presses Universitaires d' Aix-Marseille, 2011, p. 442.

mais do que um contrato para a realização de uma mesma operação no comércio internacional.

Estes termos do comércio internacional convocam a ideia de que o contrato de venda internacional está na origem do aparecimento de outros vínculos contratuais essenciais à realização de uma mesma operação e que a realização do plano contratual estabelecido na venda depende da execução de outros contratos (como o transporte ou o seguro). Fala-se, por exemplo, em venda *c.i.f.*, ou seja, a venda surge como catalisadora do contrato de seguro e do contrato de transporte. Já estes surgem um pouco secundarizados pelo facto de estarmos perante uma venda com determinadas características. Os contratos de seguro e de transporte não são descritos autonomamente em um determinado termo utilizado no comércio internacional. Estes contratos surgem como elementos essenciais à distinção de uma mesma realidade jurídica: o contrato de venda[1026].

Mas partamos do pressuposto que a expressão *Lex Mercatoria*[1027] deve ser substituída por uma outra expressão que permita abranger algo mais. Referimo-nos a uma tendência para a integração de várias sistematizações de princípios fundamentais aplicáveis à venda internacional que, embora não sejam resultado de órgãos com competência legislativa[1028], estão suficientemente consolidados e difundidos, e assumem grande importância na regulação desta relação jurídica. Há, por isso, quem substitua a expressão

1026 Com mais desenvolvimento sobre a relação entre o contrato de venda e os contratos que origina para a realização de uma mesma operação no comércio internacional, *vide* Ponto 7 do Capítulo VI.

1027 A incerteza quanto a esta necessidade de substituir a expressão *Lex Mercatoria* por uma outra está bem patente na obra que nesta nota se cita, quando os autores escrevem que "o académico dinamarquês Professor Ole Lando, em um artigo muito citado, elenca os seguintes elementos da *lex mercatoria* (que descreve como não exaustivos): direito internacional público, leis uniformes, princípios gerais de direito, regras das organizações internacionais, costumes e usos, contratos-tipo e relatórios de decisões arbitrais. Mas nós preferimos confinar a *lex mercatoria* [...] ao que os advogados romanos descreveram como *ius non scriptum* e, portanto, defini-la como aquela parte do direito comercial transnacional que consiste em costumes não escritos e usos dos comerciantes, na medida em que satisfaçam determinados critérios de validação estabelecidos externamente." (Goode, Roy, *et al.*, *Transnational Commercial Law – Texts, Cases and Materials* –, 2ª Edição, Oxford: Oxford university Press, 2015, p. 5).

1028 Não dizemos órgãos legislativos dos Estados, porquanto há que ter em conta outras realidades de organização entre Estados que, embora não constituam Estados Federados ou Confederações, têm competência para emanar normas gerais e abstratas que regulam, diretamente, as relações entres particulares (*v.g.* as instituições da União Europeia).

Lex Mercatoria pela expressão *New Law Merchant*, com o intuito de abarcar quer a "velha lex mercatoria", quer a "nova lex mercatoria"[1029].

Um dos textos que vem sendo considerado como integrado neste novo conceito de *New Law Merchant* é o texto dos Princípios *Unidroit* sobre os contratos comerciais internacionais (também conhecidos pelo acrónimo em inglês *PICC*[1030]). Estes princípios têm como objetivos fundamentais "reunir e sistematizar o 'núcleo comum' do atual direito contratual global [...,] servir como lei modelo quer para legisladores nacionais quer para legisladores supranacionais e como um guia para contratos entre particulares [... e] podem fornecer normas aplicáveis quando as partes as determinem como lei aplicável [...]e ainda quando elas não tenham determinado qualquer lei como aplicável"[1031].

Mas no que à transferência do risco concerne não existe nos Princípios *Unidroit* previsão expressa, aparecendo a referência a esta matéria no âmbito de artigos relativos à restituição do que tiver sido prestado em caso de resolução do contrato (art.s 3.2.15 e 7.3.6). Deste modo, dir-se-ia que estes Princípios não contam para o tratamento da questão da transferência do risco na venda internacional de mercadorias. Ainda que as situações não possam ser comparáveis, porquanto quando nos referimos à transferência do risco na venda internacional de mercadorias estamos, essencialmente, a imaginar o fluxo das mercadorias do vendedor para o comprador e no momento em que se fala da resolução do contrato estamos a abordar a questão sob o ângulo de surgimento da relação de restituição, sempre será possível verificar que existem pontos em comum. Nesta relação de restituição, provocada pela resolução do contrato, é comum falar-se sobre a parte que deve suportar o risco da deterioração ou destruição das mercadorias, conforme estas se verifiquem antes ou depois da resolução do contrato[1032]. Ainda que se possa questionar se as soluções apresentadas

[1029] Sobre esta última contraposição, *vide* Marrella, Fabrizio, «La nuova *lex mercatoria* – Principi UNIDROIT ed usi dei contratti del commercio internazionale», *in* Galgano, Francesco (Dir.), *Trattato di Diritto Commerciale e di Diritto Pubblico dell'Econonomia*, Vol. XXX, Padova: CEDAM, 2003, p. 19-31.

[1030] *Principles of International Commercial Contracts.*

[1031] Vogenauer, Stefan, *in* Vogenauer, Stefan (Ed.), *Commentaries on the UNIDROIT Principles of International Commercial Contracts (PICC)*, Oxford: Oxford University Press, 2015, p. 36-38.

[1032] Plessis, Jacques du, *in* Vogenauer, Stefan (Ed.), *Commentaries on the UNIDROIT Principles of International Commercial Contracts (PICC)*, Oxford: Oxford University Press, 2015, p. 546-549.

pelos Princípios *Unidroit* são, ou não, as melhores[1033], não se deve deixar de colocar em perspetiva algumas ilações.

Desde logo, a regra geral é de que o risco de deterioração ou destruição das mercadorias corre por conta da parte que recebe as mercadorias, dado que é aquela que tem o "controlo do cumprimento"[1034]. Apesar de ser afirmado, em comentário aos referidos Princípios, que esta regra decorre do nº 2 do artigo 3.2.15, somos da opinião de que esse comentário é criador de dificuldades que poderiam ser evitadas. O que estará em causa, mais uma vez, será determinar a parte que suporta o risco de um evento que possa afetar a integridade das mercadorias e não uma situação de (in)cumpri-

No que respeita à deterioração ou destruição das mercadorias depois da resolução do contrato considera-se que "a um nível operativo, a aplicação das regras gerais sobre danos [...] habitualmente funcionarão bem porque depois da resolução o destinatário tem o dever de fazer a restituição do que recebeu (art. 7.3.6(1)) e viola o seu dever nos casos em que a restituição é impossível". Nesse caso, são aplicáveis as normas da secção 7.4. dos *PICC*, nomeadamente o art. 7.4.1. que "apenas responsabiliza o destinatário (*i.e.* a parte que não realiza a restituição) na medida em que não seja exonerado no âmbito dos Princípios, e o art. 7.4.7 exonerará o destinatário em casos de *force majeure*." Mas note-se que, aparentemente, a possibilidade de exoneração não tem lugar se a deterioração ou destruição se verificar antes da resolução do contrato e "esta discrepância na alocação do risco não passou despercebida pelos redatores, e do processo de elaboração depreende-se que foi conscientemente aceite. O relatório que constituiu a base das deliberações sobre essa questão afirma que, após a resolução, o destinatário sabe que terá de fazer a restituição e que portanto ele deve ser tratado como qualquer outra pessoa no âmbito do cumprimento de um dever; além disso, a alteração do risco pode induzir o destinatário a resolver [o contrato] logo que possível, o que serviria para garantir a segurança jurídica" (Huber, Peter, *in* Vogenauer, Stefan (Ed.), *Commentaries on the UNIDROIT Principles [...], ob.cit.*, p. 964).
No mesmo sentido (com fundamento nos comentários oficiais aos *PICC*), *vide* Brödermann, Eckart J., *UNIDROIT Principles of International Commercial Contracts – An Article-bt-Article Commentary –*, Países Baixos: Kluwer Law International BV, 2018, p.233.
Está bem de ver que nos Princípios *Unidroit*, aparentemente, se valoriza a resolução como meio para promover a segurança jurídica, enquanto na *CISG* se dá preferência à manutenção do contrato, sendo a resolução deste a *ultima ratio*. Consideramos que o complexo resultado apresentado pelos referidos Princípios para a alocação do risco por referência ao momento da resolução do contrato deriva de uma certa «circum-navegação», ou seja, «uma viagem ao redor de questões relacionadas com o (in)cumprimento) de deveres e modos de exoneração de responsabilidade», quando a questão da transferência do risco deveria estar mais delimitada pelos eventos suscetíveis de afetar a integridade das mercadorias sem que se verifique ato ou omissão de qualquer uma das partes.

[1033] Plessis, Jacques du, *in* Vogenauer, Stefan (Ed.), *Commentaries on the UNIDROIT Principles [...], ob.cit., idem.*

[1034] *Vide* Comentário 3 aos referidos Princípios *Unidroit.*

mento contratual, tanto mais que seria difícil conceber que após a resolução do contrato ainda se pudesse continuar a falar do contrato (que se extingue com a resolução). Claro que se poderá contra-argumentar que o que está em causa já não é o cumprimento do contrato, mas sim o cumprimento de um dever de restituição legalmente imposto. Sim, mas o modo como esse dever legal de restituição deve ser cumprido já nada terá que ver com a determinação de quem suporta o risco de destruição ou deterioração das mercadorias no fluxo vendedor-comprador. Quando o que está em causa é a alocação deste risco a uma ou a outra parte, o que deve ser tido em conta é o controlo sobre o objeto[1035] (as mercadorias).

Prima facie, esta nossa posição pode evitar o que já referimos como podendo ser uma «circum-navegação»[1036] na alocação do risco na venda internacional, quando as questões ligadas ao cumprimento de deveres (contratuais ou legais) se entrecruzam com a transferência do risco. Além de que, mesmo no âmbito do tratamento de uma das exceções[1037] à regra considerada estabelecida no artigo 3.2.15 parece resultar que o fundamento para a sua existência é o facto de o risco ter origem na esfera de influência da outra parte[1038].

Do exposto resultará, portanto, que os Princípios *Unidroit* constituem uma fonte que deverá ser tida em conta para esclarecer o que pode ser a transferência do risco e, no que à relação de restituição respeita, estabelecem regras efetivas para a alocação do risco. Se estes Princípios podem (ou não) constituir "usos no sentido do artigo 9(2) *CISG* deve ser decidido caso a caso"[1039], tendo sempre em conta que se está perante uma incorporação implícita no contrato[1040].

[1035] Neste sentido, *vide* Huber, Peter, *in* Vogenauer, Stefan (Ed.), *Commentaries on the UNIDROIT Principles [...], ob.cit.*, p. 963.

[1036] Ver pontos 1.3.1. e 13.2.2. do Capítulo IV.

[1037] Note-se que Jacques du Plessis refere uma outra exceção relacionada com "*the other party's fault*", mas somos da opinião que essa questão já terá que ver com o (in)cumprimento de deveres e não com a transferência do risco.

[1038] Plessis, Jacques du, *in* Vogenauer, Stefan (Ed.), *Commentaries on the UNIDROIT Principles [...], ob.cit.*, p. 548.

[1039] Ferrari, Franco, «Trade usage and practices established between the parties: Article 9», *in* Ferrari, Franco / Flechtner, Harry / Brand, Ronald A. (Ed.), *The Draft UNCITRAL Digest and Beyond: Cases, Analysis and Unresolved Issues in the U.N. Sales Convention,* Munique: Sellier, 2004, p. 204. A interpretação desta norma da *CISG* tem permitido diversas soluções para os casos apreciados pelos tribunais (Ferrari, Franco, «The Draft UNCITRAL Digest on the

Acrescentarei que a integração dos *PICC* como possíveis usos aplicáveis à venda internacional coloca uma questão que não será fácil de resolver. É que ao admitir-se como possível uma aplicação com base numa determinada norma legal (nomeadamente por via do art. 9º, nº 2 da *CISG*) há que ter em conta que os *PICC* consagram, também, uma previsão expressa sobre aplicação dos usos do comércio internacional (art. 1.9). Poderão os princípios constantes de um instrumento legal como os *PICC*, que remetem para os usos do comércio internacional, ser considerados como usos? Não nos parece que a resposta possa ser tão simples quanto aparenta. Se o artigo 9º, nº 2 da *CISG* exige um conhecimento concreto desses usos do comércio internacional pelas partes, já o artigo 1.9 dos *PICC* não consagra esta condição para a sua aplicação[1041]. Isto conduzirá necessariamente a dificuldades na aplicação dos *PICC* como usos do comércio internacional[1042].

Mas ainda que alguma doutrina possa considerar que estamos perante *Soft Law* que pode ser integrada como usos amplamente conhecidos, sempre há que ter em conta que estes usos não se confundem com aquela *Soft Law*. Há usos do comércio internacional que são amplamente conhecidos, sem que derivem de um processo tendente à sua consagração em documentos com uma determinada sistematização. O usos do comércio internacional para serem vinculativos também não necessitam de ser aplicáveis à generalidade e/ou à maioria das transações internacionais. Em determi-

United Nations Convention on Contracts for the International Sale of Goods (1980)», *in* Ferrari, Franco / Flechtner, Harry / Brand, Ronald A. (Ed.), *The Draft UNCITRAL Digest and Beyond: Cases, Analysis and Unresolved Issues in the U.N. Sales Convention,* Munique: Sellier, 2004, p. 559-563).

1040 Dedek, Helge, in Jansen, Nils e Zimmermann, Reinhard (Ed.), *Commentaries on European Contract Laws*, Oxford University Press, 2018, p. 63.

1041 Neste sentido, *vide* Brödermann, Eckart J., *UNIDROIT Principles of International Commercial Contracts – An Article-bt-Article Commentary –*, Países Baixos: Kluwer Law International BV, 2018, p. 34.
Ao que parece a solução apresentada pelos *PICC* (em claro desvio relativamente à *CISG*) terá derivado de um amplo estudo de direito comparado sobre esta questão. No entanto, tendo esse estudo sido realizado antes da aprovação da *CISG* também não é certo que "a irrelevância do conhecimento de um uso pelas partes seja, de facto, um princípio geral de direito tão amplamente aceite [atualmente]" (Vogenauer, Stefan, *in* Vogenauer, Stefan (Ed.), *Commentaries on the UNIDROIT Principles of International Commercial Contracts (PICC),* Oxford: Oxford University Press, 2015, p. 238).

1042 Questão diferente será determinar se estes Princípios podem ser utilizados para a interpretação de cláusulas do contrato ou para a interpretação das disposições da *CISG*.

nados setores da atividade jurídico-mercantil é possível afirmar que determinados usos são amplamente conhecidos e, por isso, devem ser observados e aplicados na regulação das relações jurídicas. A doutrina[1043] e a jurisprudência[1044] assim vêm considerando, o que confirma a ideia de que só caso a caso é possível determinado o caráter vinculativo de determinados usos.

Somos da opinião de que o cerne da questão não estará na consideração do *PICC* como usos do comércio internacional[1045], mas sim na sua relevância no âmbito da interpretação e integração de instrumentos de Direito Internacional Privado Uniforme[1046] e enquanto *lex contractus* em resultado de manifestação de vontade expressa das partes nesse sentido ou no sentido da aplicação de "princípios gerais de direito, da *lex mercatoria* ou algo parecido" (conforme referido no próprio Preâmbulo dos *PICC*)[1047].

1043 Schwenzer, Ingeborg, «Ethical standards in CISG contracts», *in* Uniform Law Review, Vol. 22, Nº1, 2017, p. 124-126.

1044 Sobre a relevância destes usos no âmbito do setor automóvel, *vide* Decisão do *Juzgado De Primera Instancia nº 2 de la Almunia de Doña Godina*, 28 de Novembro de 2013, disponível em: <http://www.cisgspanish.com/wp-content/uploads/2014/08/jdoPrimeraInstancia28nov2013.pdf>. Este litigio judicial girou "basicamente em torno do chamado 'fator técnico', uma fórmula para determinar a responsabilidade, que consiste em fixar uma certa percentagem de culpa numa amostragem de peças entregues pelos fornecedores ao destinatário final, a fim de quantificar a parte de culpa que tem cada um". O tribunal de recurso confirmou a decisão da primeira instância (Decisão da *Audiencia Provincial de Saragoza*, de 27 de maio de 2014, disponível em: < http://www.cisgspanish.com/wp-content/uploads/2014/07/SAPZaragoza-27-mayo-2014.pdf>.

1045 Aliás, ao que parece, é um passo "[d]outrinalmente [...] duvidoso" dado que "[o]s *PICC* primordialmente reafirmam regras jurídicas" (Michaels, Ralf, *in* Vogenauer, Stefan (Ed.), *Commentaries on the UNIDROIT Principles of International Commercial Contracts (PICC)*, Oxford: Oxford University Press, 2015, p. 85). É "[d]outrinalmente ... duvidoso [...] porque isso exigiria provar a utilização de um princípio concreto como uso comercial atual" (*vide*, Brödermann, Eckart J., *in* Mankowski, Peter (Ed.), *Commercial Law – Article-by-Article Commentary*, Baden-Baden: Nomos Verlagsgesellschaft, 2019, p. 481).

1046 Marrella, Fabrizio, «La Nuova Lex Mercatoria – Principi UNIDROIT ed usi dei contratti del commercio internazionale –», *in* Galgano, Francesco (Dir.), *Trattato do Diritto Commerciale e di Diritto Pubblico dell'Economia*, Padova: CEDAM, 2003, p. 463 e ss. Desde logo, não haverá grandes dúvidas em aplicar os *PICC* para colmatar lacunas da *CISG* (*rectius*, quanto a matérias não excluídas do âmbito de aplicação da *CISG*) na medida em que promovam a uniformidade na aplicação desta (*vide*, Michaels, Ralf, *in* Vogenauer, Stefan (Ed.), *Commentaries on the UNIDROIT Principles of International Commercial Contracts (PICC)*, Oxford: Oxford University Press, 2015, p. 84).

1047 Sobre as várias formas como foram aplicados os *PICC* no âmbito dos contratos de venda de mercadorias Sino-europeus, *vide* Cerqueira, Gustavo, «The Unidroit Principles of International

2. A (in)suficiência da *Lex Mercatoria / New Law Merchant* na determinação da transferência do risco

Conforme resulta do que se acabou de dizer, aparentemente, a *Lex Mercatoria* não regula, diretamente, a transferência do risco na venda internacional. Neste âmbito algo se assemelha ao que está previsto na nossa lei interna relativamente aos usos, ou seja, "são juridicamente atendíveis quando a lei o determine" (art. 3º, nº 1 do CC).

Nas situações em que os usos do comércio internacional se possam considerar aplicáveis[1048], sempre será necessário que uma norma de origem estatal, supraestadual ou uma norma consagrada em regulamento de arbitragem[1049] remeta o julgador para a *lex mercatoria*. Em termos gerais diríamos que nada impede que a aplicação da *Lex Mercatoria* seja possível, mas a verdade é que se verificam obstáculos à sua implementação. No âmbito da União Europeia, o Regulamento Roma I (relativo à lei aplicável às obrigações contratuais) "claramente pressupõe a escolha de uma lei nacional, de modo que uma suposta escolha de um direito comercial transnacional ou a *lex mercatoria* equivalerá, no máximo, a uma incorporação contratual de tais regras de direito comercial transnacional que possam ser identificadas [...que] beneficiarão apenas de um *status* contratual e, portanto, ficarem sujeitas a normas internas imperativas da lei aplicável. A Comissão Europeia uma vez propôs que as partes deveriam ser autorizadas a escolher como lei aplicável normas aceites internacionalmente que não constituam um sistema legal e que não tenham por si só força normativa, mas esta proposta deparou-se com crítica feroz e foi abandonada"[1050]. Há, por isso, reservas quanto à suficiência da *lex mercatoria* na regulação das relações comerciais internacionais, nomeadamente no âmbito da compra e venda.

A estas dificuldades não fica alheia a questão da transferência do risco na venda internacional de mercadorias. As normas da *CISG* que, aparen-

Commercial Contracts in the Sino-European Sale of Goods Contracts››, *in* Nord, Licolas / Cerqueira, Gustavo, *International Sale of Goods – A Private International Law Comparative and Prospective Analysis of Sino-European Relations,* Cham: Springer International Publishing AG, 2017, p.111-114.

[1048] Incluindo, para este efeito, a possibilidade de instrumentos que vêm sendo designados como *Soft Law* (mormente os PICC) poderem expressar usos do comércio internacional.

[1049] *V.g.*, a norma ínsita no artigo 21º do Regulamento de Arbitragem da CCI.

[1050] Goode, Roy, *et al.*, *Transnational Commercial Law – Texts, Cases and Materials –*, 2ª Edição, Oxford: Oxford university Press, 2015, p. 24.

tementemente, permitem lançar mão dos usos do comércio internacional convocam a necessidade de uma interpretação conforme com o seu espírito. Se o critério estabelecido para a transferência do risco estabelecido na norma legal aplicável pode ter de ser interpretado à luz do princípio da boa-fé[1051], não deve este princípio ser tido em conta na interpretação de um determinado uso do comércio internacional? Ainda que se possam convocar as mesmas reservas quanto à aplicação deste princípio ao contrato de venda internacional por parte da doutrina existente no âmbito da *Common Law*, não pode deixar de se considerar que o mesmo é (e deve ser[1052]) aplicado na interpretação da Convenção (artº 7º, nº 1 *CISG*)[1053]. No que concerne à aplicabilidade dos usos do comércio internacional a *CISG* consagra um requisito de caráter subjetivo que tem de estar preenchido: que as partes tivessem ou devessem ter conhecimento de tais usos.

Assim sendo, os usos do comércio internacional deparam-se com alguns obstáculos (nomeadamente derivados das exigências pré-estabelecidas pela norma legal) para a sua aplicação em uma determinada situação concreta.

Por outro lado, apesar de os *Incoterms* resultarem de uma longa maturação sobre vários aspetos ligados ao comércio internacional que não têm que ver, exclusivamente, com aspetos jurídicos, a verdade é que a sua inserção como usos do comércio internacional não pode ser admitida em termos gerais. Quando há uma codificação dos usos comerciais internacionais opera-se, necessariamente, uma determinada mudança. É, por isso, natural

[1051] *Vide* infra ponto 4 do Capítulo VI.

[1052] Face ao que ficou consagrado no artigo 7º, nº 1 da *CISG* propendemos para considerar que tem, efetivamente, este princípio de ser tido em conta para a interpretação das suas disposições. Dizer-se que se tratou de uma inserção colocada à última da hora face ao impasse gerado pelas diferenças entre a *Common Law* e a *Civil Law* e, a partir desse facto, dizer-se que a sua aplicação não tem colhido junto da jurisprudência terá uma importância relativa. O princípio existe e foi consagrado em termos literais na *CISG*.

[1053] Note-se que na *Common Law* fala-se, também, em *Estoppel*. Não se trata, obviamente, de uma referência expressa ao princípio da boa fé, mas trata-se de "um clássico exemplo de um dispositivo de equidade para mitigar os rigores da lei, um produto da constante tensão entre certeza e flexibilidade" (Cooke, Elizabeth, *The Modern Law of Estoppel*, Oxford: Oxford University Press, 2000, p. 170-171). Logo no início desta obra, a sua autora, citando a decisão no caso *Moorgate Mercantile Co. Ltd v. Twitchings*, refere que *estoppel* "é um princípio de justiça e equidade. Trata-se do seguinte: quando um Homem, através das suas palavras ou conduta, levou outro a acreditar em um determinado estado de coisas, ele não será autorizado a voltar atrás quando isso for injusto ou inequitativo" (*ibidem*, p. 2).

que algumas definições de *custom* não abarquem tais codificações e as considerem incluídas na noção de *lex mercatoria*[1054].

Há determinados aspetos logísticos, de organização do transporte e imprevistos que são mais facilmente identificáveis nos *Incoterms* do que nas normas legais (ou até contratuais) aplicáveis ao contrato de venda internacional. Assim, por exemplo, no âmbito de uma compra e venda sujeita ao *Incoterm F.O.B* "o comprador das mercadorias irá, essencialmente, organizar o transporte marítimo e atuar como afretador do navio, sendo assim a contraparte do armador e um signatário do contrato de afretamento no mercado a granel aberto ou da nota de reserva no mercado regular"[1055], mas se a compra e venda estiver sujeita a um *Incoterm C.I.F.* já será o vendedor a ocupar as referidas posições[1056].

No que concerne ao critério para a transferência do risco, também os *Incoterms* não parecem liga-lo à "transmissão de facto do controlo sobre as mercadorias" (falta de ligação que também se verifica na *CISG*)[1057]. Há nos *Incoterms* uma preocupação em estabelecer uma ligação entre a entrega das mercadorias e a transferência do risco, mas a entrega de que aí se fala nada tem que ver com o cumprimento da obrigação de entrega no âmbito da *CISG* porque aqui a entrega implica "conformidade" das mercadorias e há uma coordenação entre "a transferência do risco e a existência de meios [para fazer face] a uma violação fundamental"[1058]. Nos termos do artigo 35º da *CISG* "[o] vendedor deve entregar mercadorias que sejam da quantidade, qualidade e descrição exigidas pelo contrato e que estejam acondicionadas ou embaladas da forma exigida pelo contrato." Estes são os pressupostos mínimos para que se considere que o vendedor entrega as mercadorias objeto do contrato de venda ao comprador. Se o vendedor

[1054] Goode, Roy, *et al.*, *Transnational Commercial Law – Texts, Cases and Materials –*, 2ª Edição, Oxford: Oxford university Press, 2015, p. 34.

[1055] Plomaritou, Evi / Papadopoulos, Anthony, *Shipbroking and Chartering Practice,* 8ª Edição, Abingdon/Nova Iorque: Informa Law from Routledge, 2018, p. 172.

[1056] Plomaritou, Evi / Papadopoulos, Anthony, *Shipbroking and Chartering Practice,* 8ª Edição, Abingdon/Nova Iorque: Informa Law from Routledge, 2018, *idem.*

[1057] Erauw, John, «Observations on passing of risk», *in* Ferrari, Franco / Flechtner, Harry / Brand, Ronald A. (Ed.), *The Draft UNCITRAL Digest and Beyond: Cases, Analysis and Unresolved Issues in the U.N. Sales Convention,* Munique: Sellier, 2004, p. 304.

[1058] Erauw, John, «Observations on passing of risk», *in* Ferrari, Franco / Flechtner, Harry / Brand, Ronald A. (Ed.), *The Draft UNCITRAL Digest and Beyond: Cases, Analysis and Unresolved Issues in the U.N. Sales Convention,* Munique: Sellier, 2004, p. 305.

quiser entregar ao comprador mercadorias em quantidade ou qualidade inferior à exigida pelo contrato de venda, ou que não correspondam à descrição que consta do mesmo, o vendedor está a incumprir a sua obrigação de entrega. Se o contrato exigir que as mercadorias sejam embaladas de uma determinada forma para a entrega, então, se o vendedor se propuser entregar ao comprador mercadorias embaladas de uma outra forma o comprador pode recusá-las. "No entanto, as partes podem integrar e alargar a noção de conformidade, acrescentando requisitos do produto e do processo."[1059]

Outrossim, a incorporação de um *Incoterm* em um determinado contrato de venda internacional implicará a procura da intenção das partes, "o que dá origem a questões de interpretação"[1060] das declarações negociais nos termos do artigo 8º da *CISG*. Não tendo o contrato sido reduzido a escrito, mas se houver um determinado *Incoterm* mencionado em algum (ou alguns) documento(s) deve determinar-se qual a intenção das partes no que concerne à transferência do risco.

O contrato de venda internacional de mercadorias sujeito ao regime jurídico estabelecido na *CISG* pode ser celebrado verbalmente, sendo a exigência de forma escrita deixada à liberdade dos Estados aderentes (art. 11º conjugado com o art. 96º). Ora, mesmo em matérias integradas no âmbito de regulação dos *Incoterms*, como a transferência do risco, não deve concluir-se que a sua menção em um determinado documento (ou até mesmo em contrato escrito) tem o significado de alocar o risco em conformidade com o estabelecido na codificação aprovada pela CCI. Na verdade, interpretado o contrato, pode resultar que o *Incoterm* não corresponde à vontade real das partes contratantes. Imagine-se que em determinado contrato está inserido um determinado *Incoterm*, mas os detalhes relativos à transferência do risco inseridos no contrato permitem atribuir um sentido absolutamente diferente às declarações negociais porque foi outra a intenção das partes.

[1059] Cafaggi, Fabrizio, « 13. Sales in global supply chains: a new architecture of the international sales law», *in* Saidov, Djakhongir, *Research Handbook on International and Comparative Sale of Goods Law*, Cheltenham: Edward Elgar Publishing Limited, 2019, p. 353.

[1060] Erauw, Johan, in Kröll, Stefan / Mistellis, Loukas / Viscasillas, Pilar Perales (Coord.), *UN Convention on Contracts for the International Sale of Goods (CISG): A Commentary*, C. H. Beck-Hart-Nomos, 2018, p. 850.

Consideramos que os *Incoterms* e, de forma mais geral, a *Lex Mercatoria* não permitem *de per si* regular autonomamente a transferência do risco na venda internacional de mercadorias. Tanto mais que alguma tendência para considerar que a *Lex Mercatoria* estabelece as melhores soluções no âmbito da transferência do risco porque corresponde a práticas sedimentadas ou usos do comércio internacional parece não dar a devida relevância à verificação de mediação de outros intervenientes (não comerciantes) na conformação de codificações que aparentemente (e só aparentemente) correspondem a usos do comércio internacional. Cremos que essa visão corresponde a uma forma algo simplista de abordagem da questão, suscitada pela comodidade associada existência de codificação/compilação.

A tarefa de determinação do conteúdo e alcance das declarações negociais e a verificação de (in)existência de uma prática continua e reiterada acompanhada da convicção da sua obrigatoriedade terá de continuar a ser a pedra angular da regulação da transferência do risco da venda internacional, para que se torne desnecessária a convocação da norma legal correspondentemente aplicável. Especificamente no que respeita aos "usos normativos, *i. e.* usos que têm força de lei [...], o facto de determinados termos do comércio serem codificados não significa que devam ser considerados usos do comércio, mas podem tornar-se usos"[1061]. Note-se que mesmo quanto a alguns termos inseridos na codificação da CCI amplamente divulgados e conhecidos, nomeadamente quanto aos termos *c.i.f.* e *f.o.b.* não vem sendo afirmado o seu caráter de usos do comércio internacional *tout court*. Há sempre que determinar se uma determinada prática estabelecida entre as partes atribui um significado diferente do que vem estabelecido pela codificação da CCI a esse termo[1062] ou se as partes tiveram em conta o entendimento local ou regional sobre um determinado termo[1063].

[1061] Viscasillas, Pilar Perales, *in* Kröll, Stefan / Mistellis, Loukas / Viscasillas, Pilar Perales (Coord.), *UN Convention on Contracts for the International Sale of Goods (CISG): A Commentary*, C. H. Beck-Hart-Nomos, 2018, p. 180.

[1062] Viscasillas, Pilar Perales, *in* Kröll, Stefan / Mistellis, Loukas / Viscasillas, Pilar Perales (Coord.), *UN Convention on Contracts for the International Sale of Goods (CISG): A Commentary*, C. H. Beck-Hart-Nomos, 2018, p. 180; Schmidt-Kessel, Martin, *in* Schwenzer, Ingeborg (Ed.), *Commentary on the UN Convention on the International Sale of Goods*, Oxford: Oxford University Press, 2016, p. 196.

[1063] Schmidt-Kessel, Martin, *in* Schwenzer, Ingeborg (Ed.), *Commentary on the UN Convention...*, *idem*.

No entanto, independentemente de os *Incoterms* poderem ser (ou não) considerados usos do comércio internacional[1064], não pode deixar de se retirar da sua análise alguns indicadores da inadequação de certos critérios para determinar quando se dá a transferência do risco. À imagem do que sucede com a *CISG*, também os *Incoterms* não refletem uma preocupação com a transferência do direito de propriedade sobre as mercadorias, "deixando a questão sensível da transferência de propriedade para os direitos nacionais"[1065]. Não há, por isso, também nos *Incoterms* (considerados por muitos como refletindo preocupações do comércio internacional) quaisquer elementos de onde se possa concluir que a transferência da propriedade é uma das preocupações de regulação visíveis no comércio internacional. O critério da transferência da propriedade parece não colher adesão no âmbito da autorregulação no comércio internacional.

Deste modo, no que à interligação entre a *CISG* e os *Incoterms* respeita concluímos que o cerne da questão está na vontade das partes, devendo ter-se em conta o estabelecido no artigo 6º da *CISG*[1066], conjugado necessariamente com o seu artigo 8º.

Por fim, tenha-se em conta que os dados trazidos por um determinado *Incoterm* podem permitir avançar um pouco mais na identificação de outros riscos não tidos em vista quando se fala em transferência do risco. No âmbito da interpretação do termo *c.i.f.* há quem afirme que "os riscos de aumentos após a celebração do contrato nos preços do frete, seguro e mercadorias recaem sobre o vendedor, e os riscos da viagem recaem sobre o comprador."[1067] Aparentemente, a referência a "riscos da viagem" vem com o significado de contingências e/ou eventos que podem afetar as mercadorias, enquanto os demais riscos mencionados surgem fora do âmbito

[1064] Deriva do que acima fomos deixando escrito que, *de per si*, os *Incoterms* não podem ser considerados usos do comércio internacional, não significando isso que não possam em determinada(s) situação(ões) corresponder a esses mesmos usos.

[1065] Cuocci, Valentina V. / Mangiacotti, Alessia P., «Vendita internazionale di beni e incoterms 2020: osservazioni a margine della clausula CIF», *in* Gomes, M. Januário da Costa (Coord.), *Temas de Direito dos Transportes V*, Coimbra: Amedina, 2020, p. 703.

[1066] Neste sentido, *vide* Martins, Alexandre de Soveral, *Compra e venda internacional de mercadorias: a CISG*, Coimbra: Almedina, 2021, p. 101.

[1067] Berman, Harol J., «Excuse for Nonperformance in the light of Contract Practices in International Trade», *in Columbia Law Review*, Vol. 63, nº 8 (Dez. 1963), p. 1430 (disponível em: < https://www.jstor.org/stable/1120698?seq=1&cid=pdf-reference#references_tab_contents>).

estrito e delimitado da ideia de transferência do risco. Na verdade, surgem como riscos decorrentes de flutuações nos preços (inclusive do preço das mercadorias), o que é bem diferente do âmbito das normas relativas à transferência do risco, assim como do risco que se tem em vista quando se fala no termo *c.i.f* enquanto regulador da transferência do risco do vendedor para o comprador. As normas (legais ou contratuais) relativas à transferência do risco não podem ser encaradas como identificando risco de preço, sob pena de não se delimitar, devidamente, aquela flutuação do preço das mercadorias face à transferência do risco do vendedor para o comprador. Dito de outro modo, as normas relativas à transferência do risco identificam um risco diferente do risco de preço (mormente de flutuação do preço das mercadorias)[1068].

[1068] Com maiores desenvolvimentos sobre esta questão ver, *infra*, o Capítulo VI.

Capítulo VI
O(s) risco(s) na venda internacional. Debate sobre a conceção unitária (ou não) de risco

1. Haverá uma definição unitária de risco?

Em jeito de conclusão diremos que não há uma conceção unitária de risco[1069]. O risco será integrado com um complexo de eventos imprevisíveis, suscetíveis de influir no equilíbrio das prestações tal como perspetivado por vendedor e comprador no contrato que celebram. O risco poderá, por isso, constituir uma perturbação na norma contratual estabelecida pelas partes aquando da conclusão do contrato.

As tentativas de definir o risco como risco de perecimento, de perda ou de deterioração das mercadorias, como risco da prestação ou da contraprestação ou como risco de (in)cumprimento/(in)execução de obrigação[1070] são, em si mesmas, a demonstração da incerteza quanto ao que possa ser o risco. A afirmação de que existem dois, três ou mais tipos de risco são, também, contributos importantes para a falta de uma conceção unitária de risco.

Do supra exposto resultará, por certo, que o risco assume, essencialmente, as seguintes conceções mais visíveis: como sendo o risco da perda

[1069] Não é por acaso que alguns autores evitam falar em "Teoria do Risco" e preferem a expressão "Teoria dos Riscos", por considerarem que a primeira formulação está mais destinada à abordagem do risco no âmbito da responsabilidade delitual (vide, Pineau, Jean / Gaudet, Serge / Burman, Danielle, Théorie des obligations, 4ª Edição, Editions Thémis, 2004, p. 603 e ss).

[1070] "[A] presença do risco de inexecução expressa a incerteza no que respeita à execução da obrigação contratual. Com o tempo as vontades enfraquecem" (Paraiso, Fall, *Le risque d'inexécution de l'obligation contractuelle*, Aix-En-Provence: Presse Universitaire d'Aix-Marseille, 2011, p.319).

ou deterioração das mercadorias, como sendo o risco de pagamento do preço ou como sendo risco da prestação e/ou da contraprestação.

Não obstante, algumas destas conceções são, em si mesmas, redutoras e até mesmo enganadoras[1071], no que ao «risco subjacente à ideia de transferência do risco» respeita.

O risco é determinado pelo elemento de incerteza[1072], que está inerente no momento da celebração do contrato de venda internacional, embora não constitua elemento essencial para a sua validade. Quando a norma aplicável estabelece que a transferência do risco é realizada a partir de determinado momento, isso significa que um elemento futuro pode condicionar o desenvolvimento do plano estabelecido pelas partes no momento da celebração do contrato[1073]. Estamos, por isso, perante um risco cuja assunção por vendedor ou comprador no contrato de venda internacional de mercadorias não interfere na sua definição, dado que onde as partes não chegam chegará a norma legal aplicável ao contrato. O vendedor e o comprador assumem aquando da celebração do contrato o risco da verificação de um

[1071] Repare-se na discussão gerada quanto à introdução do termo "*damage*" em vez de "*deterioration*" no âmbito do artigo 66º da *CISG* (na versão inglesa, porquanto na versão francesa se volta a mencionar "*détérioration*"). Alguns autores tendem a procurar exemplos para considerar que determinada "deterioração" poderá estar fora do âmbito do conceito do risco (*vide*, Garau, Guillermo Alcover, *La transmissiós del riesgo en la compraventa mercantil – Derecho español e internacional –*, Madrid: Editorial Civitas, 1991, p. 118; o exemplo referido pelo autor é a "evaporação necessária de um líquido", ficando sem se saber se o líquido é a própria mercadoria ou se a evaporação desse líquido é que afeta a mercadoria). Com referência a este autor e ao seu exemplo, escreveu-se que "não ficam incluídos, e portanto não se submetem às normas sobre riscos, as deteriorações que necessariamente sofrem determinadas mercadorias durante o transporte devido a causas naturais previsíveis, mas que não podem ser evitados por um vendedor diligente" (*vide*, Santacruz, Juan Arpio, «El contrato de compraventa internacional de mercaderías», *in* Rodríguez-Cano, Alberto Bercovitz (Dir.) / Conde, María Ángeles Calzada / Pérez, Ángela del Barrío (Coord.), *Contratos Mercantiles*, Tomo I, 6ª Edição, Navarra: Thomson Reuters; Arazandi, 2017, p. 449.). Este último autor introduz, de imediato, a referência ao artigo 36º, nº 1 da *CISG*, parecendo que o pretende fazer para referir outra situação que considera fora do âmbito das normas atinentes ao risco, mas fica a dúvida sobre se o que pretende é continuar a justificar exemplos como o referido (!). A evaporação do líquido é uma causa natural prevista porquê?!

[1072] Há mesmo quem diga que "o âmago do conceito subjacente à [...] palavra [risco está na] sua bem mais antiga e persistente ligação aos conceitos de *perigo* e *incerteza* [...]" (Patrício, Miguel, «Análise económica do risco aplicada à atividade seguradora», *in Revista da Faculdade de Direito da Universidade de Lisboa*, Ano LXI, 2020, Nº 2, p. 448).

[1073] Henssler, Martin, *Risiko als Vertragsgegenstand*, Tübingen: Mohr, 1994, p. 12-13.

evento futuro e incerto que afeta as mercadorias acaso tenham estabelecido regras para a distribuição do risco ou, então, assumem o risco de vir a ser aplicada a regra legal estabelecida para essa mesma distribuição.

Assim, o risco é contratual na medida em que as partes assumem determinado critério para a distribuição do risco ou deixam que esse critério seja determinado pela norma legal. O risco resultante da aplicação do critério estabelecido no contrato ou na norma legal será um outro risco diferente do risco contratual. Após a celebração do contrato uma das partes estará, em um determinado momento, exposta ao risco de frustração do fim para que foi celebrado o contrato. Se o risco da verificação de um evento incerto, futuro e fora do controlo de ambas as partes corre por conta do vendedor e, acaso seja possível entregar mercadorias do mesmo género, qualidade e quantidade ao comprador, então, o objetivo inicial do vendedor fica frustrado, porquanto no momento da celebração do contrato o vendedor não tinha em vista suportar esse custo. Acaso se trate de mercadorias que o vendedor não possa mais entregar ao comprador (após, por exemplo, destruição fortuita), então, o vendedor vê o seu objetivo de troca das mercadorias pelo preço sair frustrado.

Por outro lado, se o risco da verificação do referido evento corre por conta do comprador, este verá o seu objetivo (tal como perspetivado aquando da celebração do contrato) frustrado, dado que não vê ingressar no seu património qualquer direito, apesar de ter de cumprir parcialmente o objetivo estabelecido com a celebração do contrato. Neste caso, o comprador vê o seu objetivo contratual sair frustrado, mas o vendedor vê o seu objetivo ser alcançado, dado que este mantem o seu património nos exatos termos em que perspetivou a sua alteração no momento da celebração do contrato.

Esta perspetiva do risco na venda internacional não terá a veleidade de afastar todas as questões relacionadas com a sua compreensão, mas permitirá afastar os maiores inconvenientes da redução da conceção de risco à mera perda ou deterioração das mercadorias ou ao pagamento do preço.

Em várias situações a perda ou deterioração das mercadorias é resultado de outros tantos riscos. Nos termos do artigo 66º da *CISG* a perda ou deterioração das mercadorias pode decorrer de um ato ou omissão do vendedor, mas neste caso o equilíbrio do contrato deve ser encontrado com recurso aos fundamentos estabelecidos para afirmar o seu caráter sinalagmático. Nestes casos, a perda ou deterioração da mercadoria não está ligada ao risco que normas como a do artigo 66º da *CISG* pretendem regular. Por seu turno, a perda ou deterioração das mercadorias pode tão somente ser uma consequência, direta ou indireta, da verificação de outros riscos, como a pirataria, os embargos governamentais, confiscos[1074] ou guerras. Do mesmo modo, outros riscos têm de ser tidos em conta, tais como os riscos que são apenas consequência da perda ou deterioração, ou seja, a necessidade de reembalagem, de substituição e de movimentação das mercadorias[1075]. Tais riscos estão incluídos no âmbito de normas com conteúdo semelhante ao do artigo 66º da *CISG*, não sendo, em sentido estrito, perda ou deterioração das mercadorias?!

No que concerne à conceção de risco enquanto risco de pagamento do preço há que determinar se tendo em conta os critérios de transferência do risco o preço já foi pago. É que se o pagamento do preço ainda não teve lugar e já se verificou a transferência do risco, não será correto dizer-se que o risco transferido foi o do pagamento do preço. O artigo 66º da *CISG* não define, expressamente, o conceito de risco, apenas estabelece a (ou uma das) possível(eis) consequência(s) jurídica(s) da sua transferência[1076]. O pagamento do preço é uma das obrigações principais emergentes do contrato de venda internacional cujo cumprimento nada tem que ver o facto de a transferência do risco se ter verificado. Imaginemos que, no âmbito de um contrato de venda que envolva transporte (a maioria nas vendas internacionais), o vendedor já atribuiu o poder (*hand over*) sobre as mercadorias ao comprador, mas não remeteu a este os documentos representativos das mesmas. Nesta situação haverá transferência do risco e obrigação de pagamento do preço? A resposta deve ser afirmativa quanto à transferência do risco e negativa quanto à obrigação de pagamento do preço. Seguindo de perto a solução preconizada pela *CISG*[1077], o facto de

[1074] No sentido de que no caso do confisco estamos perante um risco que não se inclui no âmbito das normas da *CISG* relativas à transferência do risco, *vide* Erauw, John, «Observations on passing of risk», *in* Ferrari, Franco / Flechtner, Harry / Brand, Ronald A. (Ed.), *The Draft UNCITRAL Digest and Beyond: Cases, Analysis and Unresolved Issues in the U.N. Sales Convention*, Munique: Sellier, 2004, p. 296-297. O autor considera a possibilidade de confisco das mercadorias como um "risco legal".

[1075] Erauw, Johan, «Cisg articles 66-70: the risk of loss and passing it», in *Journal of Law and Commerce*, Vol. 25, Issue 1, 2005, p. 205.

[1076] Imberg, Alexander, *Die Verteiluna der Beweislast beim Gefahrübergang nach UN-Kaufrecht*, Frankfurt: Peter Lang GmbH, 1998, p. 45. Cfr. também *infra* o ponto 8 deste Capítulo.

[1077] Solução idêntica está consagrada no artigo 145º da *CESL* e do *DCFR* (IV.A.-5:202).

o vendedor conservar os documentos representativos das mercadorias não afeta a transferência do risco (art. 67º, nº 1, parte final, da *CISG*). Já no que concerne à obrigação de pagamento do preço "[s]e o contrato envolver o transporte das mercadorias, o vendedor pode expedi-las na condição de as mercadorias ou os documentos que controlam a sua disposição só serem transmitidas ao comprador mediante o pagamento do preço" (art. 58º da *CISG*)[1078]. Aparentemente não estamos sozinhos nesta aproximação feita à compreensão da norma, pois há quem interprete, expressamente, o artigo 30º da *CISG* no sentido de estabelecer uma obrigação de *delivery of goods*, mas não estabelecer qualquer obrigação de *hand over the goods*[1079].

Esta situação demonstra que o comprador já viu, eventualmente, ficar a seu cargo o risco mencionado no artigo 66º da *CISG*, mas esse risco não é risco de pagamento do preço[1080].

Assim, porque o cumprimento das obrigações e o carater sinalagmático do contrato de venda se filiam em princípios e visam fins distintos dos critérios consagrados para a transferência do risco, não é correto dizer-se que o risco é risco do preço. A ser risco do preço como se explica que até ao momento da sua transferência para o comprador, o vendedor fique apenas exposto a uma diminuição do seu património bruto como sucederia se não tivesse celebrado qualquer contrato com o comprador. Independentemente do contrato de venda celebrado, o vendedor sofreria sem-

[1078] Embora com algumas diferenças, a *CESL* e o *DCFR* consagram soluções próximas. O artigo 126º da *CESL* estabelece que o pagamento é devido no momento da entrega, mas, por si só, não esclarece a que entrega se refere (das mercadorias, dos documentos ou de ambos?). Nos casos em que não haja coincidência entre estes dois momentos não estabelece a *CESL* qualquer solução (*vide*, Dannemann, Gerhard, *in* Schulze, Reiner (Ed.), Common European Sales Law (CESL) – Commentary –, C.H. Beck/Hart/Nomos, 2012, p. 549). O autor faz expressa referência à *CISG*, na falta de resposta da *CESL*.
O DCFR III. – 2:104 consagra uma solução geral de que as obrigações devem ser cumpridas simultaneamente, mas as circunstâncias podem determinar que seja de forma diferente. A solução deriva do que vem consagrado nos Princípios de Direito Europeu dos Contratos. Por seu turno, nos *PICC* as circunstâncias podem indicar que o comprador pode escolher o tempo para pagamento do preço ou que essa obrigação deve ser cumprida num tempo razoável após a conclusão do contrato (artº 6..1.1., al. b) e C)).

[1079] "*[...I]f the CISG applies to a sales contract: Art 30 CISG requires the seller to deliver the goods, to hand over related documents and to transfer the property to the buyer, but does not contain a specific duty to hand over the goods.*" (Ostendorf, Patrick, *International Sales Terms*, 3ª Edição, Munique: Verlag C. H. Beck, 2018, p. 70).

[1080] Cfr. *infra* ponto 8 deste Capítulo.

pre uma diminuição do seu património bruto, pelo simples facto de ser o proprietário das mercadorias, estivesse ou não obrigado a executar o contrato. Enquanto não houver transferência do risco para o comprador será difícil considerar que está em causa um risco do preço[1081]. Verificando-se impossibilidade da prestação não imputável ao vendedor[1082], de duas uma: ou se considera que o vendedor fica liberado de cumprir a obrigação de entrega das mercadorias ou se considera que o vendedor deve providenciar por mercadorias do mesmo género, qualidade e quantidade[1083]. Dir-se-á que o vendedor perde o preço que receberia acaso não se verificasse a perda ou deterioração das mercadorias. Mas se o vendedor tiver a possibilidade de, por exemplo, demandar a seguradora para quem foi transferido o risco, o vendedor poderá vir a obter o valor equivalente ao preço previsto no contrato de venda. Nesse caso, o risco que suportou o vendedor terá sido apenas o risco de, no final do processo, não lhe ser arbitrada a quantia que peticionou que a seguradora pagasse.

Haverá risco de preço nas situações em que o vendedor exerce o seu direito de suspensão/interrupção da transmissão das mercadorias do transportador para o comprador[1084] ao abrigo do artigo 71º, nº 2 da *CISG*. Nesse

[1081] Note-se que um dos critérios consagrados na *CISG* para a transferência do risco é a conclusão do contrato (art. 68º). Que risco de preço existe antes da conclusão do contrato quando se aplica este critério previsto no artigo 68º da *CISG*? (cfr. também *infra* o ponto 8 deste capítulo).

[1082] Eventualmente, apenas, a respeito de critérios de transferência do risco em que a conclusão do contrato já se tenha verificado. Sempre que o critério para a transferência do risco é o da conclusão do contrato é duvidoso que se possa falar em «impossibilidade de prestar» antes da transferência do risco, porquanto ainda não foi concluído contrato de onde possa emergir o dever de prestar!

[1083] A solução mais adequada passa por se considerar que o vendedor tem de providenciar pela entrega de mercadorias em substituição (*vide* Bollé, Sylvain, «The Theory of Risks in the 1980 Vienna Sale of Goods Convention», *in* Pace Review of the Convention on Contracts for the International Sale of Goods, Kluwer, 1999-2000, p. 245-290, disponível em: <https://iicl.law.pace.edu/sites/default/files/bibliography/bollee.pdf>; Valioti, Zoi, «Passing of Risk in international sale contracts: A comparative examination of the rules on risk under the United Nations Convention on Contracts for the International Sale of Goods (Viena 1980) and INCOTERMS 2000», disponível em: < https://iicl.law.pace.edu/cisg/scholarly-writings/passing-risk-international-sale-contracts-comparative-examination-rules-risk>.

[1084] Face ao preceituado na al. a) do artigo 31º da *CISG*, não pode falar-se em suspensão/interrupção da execução da obrigação de entrega a que está adstrito o vendedor, porquanto o ato de entrega consuma-se no momento da transmissão das mercadorias ao primeiro transportador "independente". O exercício desse direito há de verificar-se entre o momento

âmbito, o vendedor identifica um concreto perigo de o comprador não cumprir a sua obrigação principal: o pagamento do preço. Atendendo a esse perigo concreto, o vendedor assume para si que está numa situação de risco de preço e reage através de um meio estabelecido a seu favor. Situação que não se verifica no âmbito da transferência do risco. No âmbito da transferência do risco, o risco de afetação da integridade das mercadorias não é controlável pelas partes.

Esta questão deve também ser vista sob outra vertente, ou seja, sob a vertente da (in)existência de violação do contrato de venda. Não havendo violação do contrato pelas partes poderia equacionar-se que o risco fosse perspetivado como risco do preço. Mas sempre haverá que ter em conta a probabilidade de violação do contrato por uma das partes, dado que nestas situações a questão será tratada no reduto da compensação ou indemnização e já não no do pagamento do preço (ainda que seja o comprador a violar o contrato)[1085].

Mas se o perigo de verificação de evento incerto, incontrolável e imprevisto que afete a integridade das mercadorias já correr por conta do comprador, então, nesse caso não seria possível falar-se em outro risco que não o risco do preço!

Não tem de ser necessariamente assim[1086]. Para que assim fosse seria essencial que estivesse impedida a conclusão de contrato de venda internacional sem cláusula de preço[1087]. Ademais, em alguns ordenamentos jurí-

em que se verifica a transmissão das mercadorias ao transportador e a transmissão por parte deste ao comprador (*vide*, Alexander von, «The Right of Suspension and Stoppage in Transit (and Notification Thereof)», in *Journal of Law and Commerce*, Vol. 25, 2005, p.364.)

1085 Schmitthoff, Clive M., «The Risk of Loss in Transit in International Sales», *in* Cheng, Chia-Jui, *Clive M. Schmitthoff's Select Essays on International Trade Law*, Dordrecht: Martinus Nijhoff Publishers, 1988, p. 279-280.

1086 Roth, P.M., «The Passing of Risk», *The American Journal of Comparative Law*, Vol. 27 (1979), p. 291-292. O autor afirma, claramente, que "[a] questão central no que se refere ao risco é esta: quando é que o risco se transfere do vendedor para o comprador? A resposta afetará a obrigação de pagar o preço. Apesar da perda ou deterioração, o comprador deve pagar se suportava o risco no momento do dano; não é assim se ainda o suportava o vendedor. *No entanto, o risco não respeita apenas ao risco de preço, podendo ter um efeito mais amplo. Se as mercadorias perecem enquanto o risco recai sobre o vendedor, não só o comprador não é responsável pelo preço, como pode o vendedor ser responsável por danos por não entrega (por exemplo, substituição por um preço superior). Igualmente, se o risco passou para o comprador, não só ele é responsável pelo preço, como o vendedor pode ser capaz de reparar danos pela não aceitação (por exemplo, encargos com armazenamento).*"

1087 Cfr. *infra* ponto 8 deste Capítulo.

dicos prevê-se que, apesar da impossibilidade da obrigação se verificar no momento em que o comprador suporta o risco, acaso o vendedor venha a obter algo em substituição da obrigação impossível está obrigado a entregar o que obteve ao comprador se este ainda não efetuou o pagamento do preço e o comprador mantem a responsabilidade pela contraprestação (§285, nº 1 e §326, nº 3 do *BGB*), sendo esta correspondentemente reduzida nos casos em que o que lhe é entregue pelo vendedor é inferior ao preço que tem de pagar nos termos fixados no contrato de compra de venda ("por exemplo porque as coisas vendidas, devido à sua idade, diminuíram o seu valor")[1088]. Sendo certo que, na hipótese de aquilo que o vendedor obtém em substituição da obrigação impossível ser superior ao preço que o comprador lhe tem de entregar, o vendedor não tem direito de receber um preço superior ao que é devido pelo comprador porque o §326 (3) não permite essa conclusão[1089]. Nesta situação não só não se pode falar de um risco de preço, como se terá de considerar que o comprador pode, em última instância, obter uma prestação economicamente superior à que tinha perspetivado quando celebrou o contrato de venda.

Sendo o preço a contrapartida a pagar pelas mercadorias, nos casos em que o vendedor se defronta com uma perda ou deterioração da mercadoria haverá sempre risco do preço?

Imaginemos duas situações: a mercadoria é uma carga de farinha de trigo com o peso total de dez toneladas, a qual se deteriora ainda no local de armazenagem do vendedor quando já se encontrava devidamente individualizada. Este havia concluído um contrato de venda da mercadoria o qual implicava o seu transporte, pelo preço de x. Se a cotação para cada tonelada de farinha de trigo se mantiver estabilizada entre o momento da conclusão do contrato, da deterioração e o momento em que o vendedor providencia por uma nova carga de farinha de trigo em substituição da que se deteriorou, o vendedor sofre uma perda patrimonial equivalente ao preço que receberia pelas dez toneladas de farinha de trigo que se deteriorou. Mas se por hipótese entre o momento em que o contrato é concluído, o momento em que a farinha de trigo se deteriorou e o momento em

[1088] Markesinis, B.S. / Lorenz, W. / Dannemann, G., *The German Law of Obligations*, Vol. I, *The Law of Contracts and Restitution: A Comparative Introduction*, Oxford: Clarendon Press, 1997, p. 410.

[1089] Oehm, Max W., *in* Dannemann, Gerhard / Schulze, Reiner (Eds.), *German Civil Code*, Vol. I, Books 1-3: §§1-1296, Article-by-Article Commentary, Verlag C.H.Beck oHG, 2020, p. 540.

que o vendedor providencia por outras dez toneladas de farinha de trigo houver uma oscilação rápida na cotação estabelecida para cada tonelada, então que risco suporta o vendedor se o risco fosse de preço? A diferença para mais (ou menos) no momento da entrega da nova carga de farinha de trigo relativamente ao momento da conclusão do contrato?

Nesta última situação, se considerarmos que o vendedor fica liberado do cumprimento da sua obrigação de entrega porque há uma impossibilidade objetiva de cumprimento, então, o comprador pode suportar o risco inerente à flutuação da cotação estabelecida cada tonelada de farinha de trigo. Se considerarmos que o vendedor tem de providenciar por uma nova carga de dez toneladas de farinha de trigo, então este suporta não apenas o risco do preço, mas também o valor de cotação das dez toneladas de substituição no momento da entrega ao comprador (*rectius*, no momento da entrega ao primeiro transportador, se aplicável a *CISG* – art. 67º, nº 1 –).

Que se possa identificar um "risco de não-pagamento do preço" e um "risco do não-cumprimento pontual, sobretudo do cumprimento imperfeito do contrato"[1090], no âmbito do comércio internacional, não devem restar quaisquer dúvidas. No entanto, no plano da «norma contratual» as partes não assumiram a verificação desta vicissitude e será erróneo estabelecer que, afinal, com a conclusão do contrato as partes assumiram um risco ligado ao preço a pagar pelas mercadorias. Não há, também, risco da contraprestação porquanto verificada a perda ou deterioração da mercadoria há uma perda patrimonial que não é necessariamente igual ao valor da contraprestação.

A abordagem do risco como risco da contraprestação traz, necessariamente, alguma confusão para o tratamento das questões ligadas com esta matéria. Se o risco é o da contraprestação, então as situações em que se possa manter o vínculo contratual porque há apenas impossibilidade parcial de cumprimento da prestação seriam situações a regular no âmbito da transferência do risco. Não se trata, nestes casos, de questão a ser resolvida por via do critério estabelecido para a transferência do risco, mas sim no âmbito do (in)cumprimento do contrato, matéria interligada àqueloutra, mas não confundível[1091].

[1090] Silva, João Calvão da, «Crédito Documentário e Conhecimento de Embarque», *in Estudos de Direito Comercial (Pareceres)*, Coimbra: Almedina, 1996, p. 65.

[1091] Trimarchi, Pietro, *Istituzioni di Diritto Privato*, 15ª Edição, Milão: Giuffrè Editore, 2003, p. 320 e 323. O autor afirma que "se entende que falamos aqui do risco da contraprestação. [...] O problema do risco da contraprestação se coloca não apenas na hipótese de impossibilidade

Não se trata de uma problematização despicienda. Na verdade, embora sobre outro prisma, as diferentes abordagens do risco já foram objeto de reflexão pela doutrina, estabelecendo fronteiras entre o que possa ser uma conceção mais (e menos) ampla de risco[1092]. Não significa isto que não se possa falar de uma perda, deterioração ou destruição parcial das mercadorias[1093], porquanto estas situações já nada têm que ver com a impossibilidade de prestar, mas sim com a afetação do objeto mediato do contrato de venda internacional de mercadorias.

O risco que suporta o vendedor ou o comprador tem um ponto em comum que nada tem que ver com o preço a pagar pela mercadoria. Esse risco deverá reconduzir-se a um ponto comum relacionado com o resultado de exposição a um perigo de um evento incerto, incontrolável e imprevisto, que afete a integridade das mercadorias. Trata-se de percecionar o risco como algo estranho aos sentidos, que lhes escapa e não possa ser tido em conta, nem possa ser provocado por vendedor ou comprador.

total, mas também naquela de impossibilidade parcial, onde naturalmente não se tratará de excluir completamente o correspetivo, mas no máximo de reduzi-lo a uma medida correspondente à parte da prestação que se torna impossível". Mas é bizarro (e ao mesmo tempo elucidativo) que o autor trate, separadamente, em um outro local, da impossibilidade parcial. Este tratamento da questão da impossibilidade parcial em separado não teria, em si mesmo, qualquer relevância, mas face à inserção que o autor faz da impossibilidade parcial no domínio da transferência do risco por considerar que o que está em causa é o risco da contraprestação, deveria conduzi-lo a tratar os dois assuntos em conjunto. A separação que o autor faz é provocada pelo facto de a impossibilidade parcial não ter que ver com a questão da transferência do risco. É que no CC-IT, a questão da impossibilidade parcial vem regulada no seu artigo 1464º e a questão do risco vem regulada em norma autónoma (o art. 1465º, que se lhe segue). A primeira norma dá margem ao credor da prestação para a manter o seu interesse na mesma não obstante a impossibilidade sobrevinda ou resolver o contrato, enquanto no âmbito da norma que regula a transferência do risco o que está em causa é determinar quem fica sujeito a uma perda.

[1092] Schönle, Herbert, «Réflexions sur le transfert des risques dans la vente internationale», in Basgül, Mürsel / Honuralp, Halük (Eds.), *Mélanges à la mémoire du professeur Halûk Tandoğan*, Ankara : Institut de recherches de droit bancaire et de droit commercial, 1990, p. 263-264. O autor refere que "ao determinar o momento da transferência dos «riscos da coisa», o art. 185 CO [suíço] não compreende os seus termos no sentido estrito de «risco da destruição ou deterioração da coisa» («Sachgefahr»), nem no sentido de «risco de impossibilidade de execução» («risco da prestação», «Sachleistungsgefahr»), mas sim no sentido mais amplo de «risco do preço» («Kaufpreisgefahr»)".

[1093] Bar, Christian von / Clive, Eric (Ed.), *Principles, Definitions and Model Rules of European Private Law – Draft Common Frame of Reference (DCFR)* –, Vol. II, Oxford: Oxford University Press, 2010, p. 1368.

Numa tentativa de demonstração da desnecessidade das normas reguladoras da transferência do risco em alguns instrumentos legais, surgem abordagens do risco como uma questão de facto e como uma questão de direito. Enquanto questão de facto "a palavra apenas denota a probabilidade de um evento indesejado" e enquanto questão de direito "a palavra visa referir-se às consequências legais desse evento indesejado". "Além disso, o significado pode estar em algum lugar intermédio, como quando estamos a lidar com o risco coberto por uma apólice de seguro"[1094]. Se perfilhássemos esta distinção[1095], na venda internacional de mercadorias a questão seria mais uma questão de facto, porquanto a questão de direito (as consequências) seria determinada pela «norma contratual» ou, na falta desta, nos termos da normal legal aplicável. O risco existe a partir do momento em que o vendedor ou o comprador tem o poder de controlo (efetivo) sobre as mercadorias e, por isso, está exposto à verificação de um determinado evento que pode afastar a integridade das mercadorias.

O artigo 143., nº 2 da *CESL* veio lançar um dado importante para a compreensão do que possa ser a transferência do risco ao estabelecer que esta se verifica no momento em que o comprador recebe a entrega ("*takes delivery*"). Não significa que a novidade que esta proposta apresenta possa ser considerada adequada para determinar o momento em que o risco se deve ter por transferido do vendedor para o comprador no âmbito da venda internacional. Mas é uma proposta que coloca a expressão "*take delivery*" ao lado de expressões como "adquirir a posse física" ("*acquire physical possession*") e "obter o controlo" ("*obtain control*"). Na verdade, "as expressões não são totalmente equivalentes; diz-se que receber a entrega pode, pelo menos, implicar a intenção de realmente aceitar as mercadorias, enquanto receber a posse física das mercadorias é uma mera indicação de uma ocorrência factual, deixando à pessoa que tem a posse a possibilidade de inspecionar as mercadorias e, subsequentemente, rejeitar a entrega"[1096].

[1094] Lilleholt, Kare, « Passing of Risk and the Risk of Mystification: Some Drafting Issues», European Review of Private Law, Grã-Bretanha: Kluwer Law International, Vol. 19, Nº 6-2011, p. 928.

[1095] O que não é o caso.

[1096] Wit, Ralph de, «Rights and Duties of buyer and seller. Transfer of risk», *in* Clayes, Ignace / Feltkamp, Régine (Eds.), *The Draft Common European Sales Law: Towards an Alternative Sales Law? – A Belgian Perspective* –, Cambridge: Intersentia Publishing Ltd, 2013, p. 181.

O artigo 70º da *CISG*, ao consagrar que o comprador não fica impedido de usar os meios que estão ao seu dispor em resultado de uma violação fundamental do contrato, induz a conclusão de que em matéria de transferência de risco não deveria ter-se em conta a consumação (ou não) do ato de entrega. A entrega das mercadorias constitui um efeito jurídico que resulta da conclusão do contrato de venda. Se com a transferência do risco se preenchesse um dos lados do sinalagma, então quando o critério fosse o da entrega o comprador ficaria impedido de lançar mão dos meios inerentes a uma falta de conformidade das mercadorias (art. 39º da *CISG*).

A transferência do risco dá-se independentemente do cumprimento das obrigações emergentes do contrato de venda, nomeadamente da entrega estar (ou não) consumada. A partir do momento em que o vendedor deixa de ter o controlo das mercadorias e o comprador o assume (ou se não o assume estando em condições de o assumir) o risco deve ser suportado por este último. E esta assunção do risco por parte do comprador não será tida como aceitação da «remessa» que lhe foi feita por parte do vendedor. O campo da aceitação ou não das mercadorias tal e qual lhe são remetidas pelo vendedor mantem-se autónomo relativamente à entrega das mercadorias enquanto efeito derivado da conclusão do contrato.

A entrega das mercadorias é um efeito endógeno ao próprio contrato, mas o risco é exógeno[1097]. As obrigações emergentes do contrato são factos conhecidos das partes no momento da conclusão do contrato e com que têm, necessariamente, de contar posteriormente (manifestando-se no sinalagma funcional presente nos contratos bilaterais). Já o critério para a transmissão do risco de verificação de um evento incerto para ambas as partes que possa afetar a integridade das mercadorias não pode procurar no contrato e nos efeitos jurídicos deste o respetivo fundamento.

É no âmbito dos eventos fora do controlo de qualquer uma das partes que surgem as situações designadas de força maior (*force majeure*). A doutrina francesa tende a incluir as situações de *force majeure* no âmbito da questão da transferência do risco[1098] embora as distinga, por exemplo,

[1097] "[O] «choque exógeno» de contingências imprevistas tem relevância prática e se traduz em danos efectivos [...]" (Araújo, Fernando, *Teoria Económica do Contrato*, Coimbra: Almedina, 2007, p. 630).

[1098] Helleringer, Geneviève, «Les effets réels du contrat, le charme discret de la continuité», in Cartwright, John / Fauvarque-Cousson, Bénédicte / Whittaker, Simon, *La réécriture du code civil – Le droit français des contrats après la réforme de 2016* –, Paris : Société de Législation Comparée, 2018, p. 223-224.

dos casos fortuitos (o que não acontece, propriamente, com a lei e a jurisprudência)[1099].

Assim, o facto de a expressão «força maior» vir, também, referida como causa de exclusão da responsabilidade (*rectius*, responsabilidade pelo risco), isso não significa que a mesma expressão não possa ter um significado diferente no âmbito da transferência do risco nos contratos sinalagmáticos. O que está em causa não é a responsabilidade de determinado sujeito pelo facto de, por exemplo, desenvolver uma determinada atividade suscetível de criar grandes riscos e havendo um caso de «força maior» a sua responsabilidade ser afastada. Na transferência do risco no contrato de venda internacional estará em causa perceber o que acontece às prestações a que vendedor e comprador se obrigaram quando sobrevém um evento incerto e fora do controlo de ambos que afeta a integridade das mercadorias.

No entanto, o que estará em causa é sempre um denominador comum, isto é, a identificação de determinado risco que convoca a criação de critério para a sua alocação. Assim sendo, quando está em causa a transferência do risco no âmbito de um contrato de venda verifica-se que a fonte desse risco não é, totalmente, estranha à vontade de ambas as partes. Já no que se refere à responsabilidade pelo risco, sendo extracontratual, o aparecimento deste assenta, quando muito, na vontade do sujeito que o "*cria* ou *mantém* em proveito próprio"[1100]. Com a celebração do contrato um dos riscos que o vendedor e o comprador assumem é o da verificação de um determinado evento incerto, futuro e fora do seu controlo que possa afetar a integridade das mercadorias e esse risco só surge a partir do momento em que o contrato é concluído. A partir deste momento, o risco de surgimento de determinado evento que afete a integridade das mercadorias

Radé, Christophe, «La force majeure», in Rémy-Corlay, Pauline / Fenouillet, Dominique, *Les concepts contractuels français à l'heure des Principes du droit européen des contrats*, Paris : Editions Dalloz, 2003, p. 208.
Carbonnier, Jean, *Droit Civil*, Vol II, Paris : Quadrige – Presses Universitaires de France, 2004, p. 2239.
Malurie, Philippe / Aynès, Laurent / Stoffel-Munck, Philippe, *Droit des obligations*, Issy-les-Moulineaux: LGDJ, Lextenso éditions, 2017, p. 209.

[1099] "Rapport annuelle de la Cour de Cassation", [Consul. 26 Fev. 2020] disponível em <https://www.courdecassation.fr/publications_26/rapport_annuel_36/rapport_2011_4212/troisieme_partie_etude_risque_4213/charge_risque_4214/charge_risque_4215/deplacement_charge_22764.html#_ftnref37>. Para uma critica ampla à definição de *force majeure, vide* Thibierge, Louis, *Le contrat face à l'imprévu*, Paris: Ed. ECONOMICA, 2011, p. 145 e ss.

[1100] Varela, Antunes, *Das Obrigações em Geral*, Vol. I, Coimbra: Almedina, 2000, p. 633

será suportado por vendedor ou comprador, apenas faltando determinar qual deles efetivamente o suportará de acordo com a «norma contratual» ou de acordo com a normal legal aplicável. Sem a conclusão do contrato (bilateral) de venda não há como imputar ao vendedor ou ao comprador o perigo de verificação de um tal evento que afete a integridade das mercadorias, porquanto sempre seria de perguntar que vendedor e comprador estariam em causa quando o contrato ainda não está concluído?!

Por outro lado, as tentativas de «internalizar» juridicamente critérios económicos podem ser realizadas no âmbito da liberdade contratual, mas já nos parecem de difícil consagração legal sem que surjam dificuldades inultrapassáveis. Surge, atualmente, um discurso tentando construir as bases para a transferência do risco sob um ponto de vista económico, apontando como critério para a sua alocação a parte que suporta menos custos ou que suporta menos custos com o seguro e que será a parte que tem o controlo das mercadorias[1101]. O económico não pode substituir o jurídico e os fundamentos para a transferência do risco devem ser, essencialmente, jurídicos.

Como identificar qual a parte que suporta menos custos para determinar o momento da transferência do risco!? Dir-se-á que essa questão será resolvida tendo em conta a identificação da parte que tem, em cada momento, o controlo das mercadorias e esta questão é, meramente, factual. Sem dúvida. Mas então o critério há de ser o do controlo das mercadorias e esse critério há de ser detentor de juridicidade. Só um critério jurídico para alocar o risco ao vendedor ou ao comprador pode sujeitar um ou outro a determinadas consequências. Tim W. Dornis traz-nos, também, um elenco alargado das situações que devem ser tratadas como risco no contrato de venda internacional e dá nota da ampla discussão em volta da inserção das interferências governamentais nesse âmbito[1102]. Esta questão (ao lado de outras que são elencadas pelo autor) parece preocupar-se, talvez de forma demasiado persistente, com a sua natureza especifica, tentando buscar os respetivos fundamentos no seu caráter factual (ou não)[1103].

1101 Dornis, Tim W., in Mankowski, Peter (Ed.), *Commercial Law – Article-by-Article Commentary*, Baden-Baden: Nomos Verlagsgesellschaft, 2019, p. 299.

1102 Dornis, Tim W., in Mankowski, Peter (Ed.), *Commercial Law – Article-by-Article Commentary*, Baden-Baden: Nomos Verlagsgesellschaft, 2019, p. 301-302.

1103 Nesta parte o autor cita Hager, Günter, «Gefahrtragung nach UN-Kaufrecht im Vergleich zu EKG und BGB», in Schlechtriem, Peter (Ed.), *Einheitliches Kaufrecht und nationales Obligationenrecht*, Nomos, 1987, p. 410.

As situações de interferência governamental, assim como as situações de guerra, guerra civil, golpes militares, erros do transportador (entre outras) têm uma característica comum: podem, ou não, afetar a integridade das mercadorias. Se a integridade das mercadorias for afetada por um desses eventos e, por esse facto, houver impossibilidade da prestação a situação deve, na nossa opinião, ser inserida no âmbito dos riscos que a parte tem de suportar e aí deve ser tratada. Já se um desses eventos levar a atraso no desenvolvimento do plano contratualmente estabelecido ou o *status quo* já não corresponder a esse mesmo plano, então, o tratamento da situação deverá passar por outro prisma, nomeadamente no âmbito da mora, impossibilidade parcial ou alteração anormal das circunstâncias.

Voltando às situações elencadas pelo suprarreferido autor (Tim W. Dornis), nos casos em que o evento (*v.g.* interferência governamental) não coloca em causa a possibilidade de desenvolvimento, ainda que parcial, do plano contratual, não há razão para integrar a situação do âmbito da transferência do risco. Caberá, nessas situações, à parte que se vê afetada pela mora, pela impossibilidade parcial ou pela alteração das circunstâncias decidir se ainda é possível «salvar» o contrato, cumprindo-se o plano contratual na medida do que é possível. Não é, por isso, correto dizer-se que a transferência do risco visa regular questões atinentes à alteração do valor da coisa[1104] ou do seu *status* legal[1105].

1104 Note-se que no âmbito da necessidade da conservação das mercadorias entregues ao comprador, a CISG deixou de fazer referência à ideia de "perda" para vincular o comprador ao dever de as vender. Se no artº 77º, nº 2 do Projeto se estabelecia que "*If the goods are subject to **loss** or rapid deterioration or their preservation would involve unreasonable expense, the party who is bound to preserve the goods in accordance with articles 74 or 75 must take reasonable measures to sell them. To the extent possible he must give notice to the other party of his intention to sell*" e o Secretariado entendia que "o conceito de «*loss*» [i.e., perda] não est[ava] limitado a uma deterioração ou perda física das mercadorias mas inclui[a] situações em que as mercadorias ameaçam diminuir rapidamente de valor devido a mudanças no mercado" (*Vide, United Nations Conference on Contracts for the International Sale of Goods – Official Records*, Nova Iorque: Nações Unidas, 1991, p. 63 (disponível em: <https://uncitral.un.org/sites/uncitral.un.org/files/media-documents/uncitral/en/a-conf-97-19-ocred-eng.pdf>.), a verdade é que o atual artº 88º, nº2 da CISG não faz qualquer referência a "*loss*" no âmbito do dever de conservação das mercadorias.

1105 Rubino, Domenico, *La compravendita*, Milão: Giuffrè Editore, 1971, p. 450. Aqui se apresentam os exemplos de "lei que, depois da conclusão do contrato, torna a coisa inalienável, ou a sujeite a novos impostos, [...] ou expropriação da coisa em si". Alguns destes exemplos estão mais concebidos para bens imóveis e os que podem também aplicar-se à venda de mercadorias, tal como a coisa se tornar inalienável, parece descontextualizada no âmbito

Não se olvida que todas essas situações são situações de risco, mas o âmbito de aplicação da regra relativa à transferência do risco convocará necessariamente a verificação de evento incerto e fora do controlo do vendedor e do comprador, mas também que esse evento produza um determinado resultado que implique alocar o risco a um deles em detrimento do outro. Dito de outro modo, se daquela interferência governamental resultar a deterioração, destruição ou perda das mercadorias de tal modo que a prestação (tal como perspetivada pelas partes no âmbito do contrato) se torna impossível, então nesse momento emerge uma necessidade de regular definitivamente o destino do contrato. Surge, nesse momento, uma necessidade de salvaguarda de interesses que não têm que ver apenas com o vendedor e com o comprador, mas também com a certeza e segurança da «vida comercial». A partir do momento em que o vendedor e o comprador sabem a quem incumbe suportar a perda patrimonial decorrente da destruição, deterioração ou perda das mercadorias, poderão conformar uma nova relação entre ambas ou com outro sujeito sem necessidade de adoção de um qualquer outro ato, nomeadamente tendente à resolução do contrato de venda de mercadorias. A transferência do risco resolve, definitivamente, o destino da relação na sua globalidade: o destino da prestação e da contraprestação. Não é, por isso, estranho que alguns autores, em comentário às normas relativas à transferência do risco inseridas no *BGB*, defendam que o risco que está em causa é um risco financeiro[1106], ainda que sem definição do que seja. Também aqui a ideia de risco financeiro é merecedora alguma critica, dado que o risco financeiro pode estar rela-

da análise do ordenamento jurídico italiano onde a transferência da propriedade se dá por simples consenso (regra existente no ano da publicação da obra, conforme nos dá notícia o próprio autor – *vide*, p. 297). É verdade que o autor dá notícia de se estar a referir às situações de venda de coisa genérica ainda não individualizada (sem haver transferência da propriedade) e à inalienabilidade posterior para um terceiro. Mas a integração destas situações no domínio da transferência do risco é, então, muito forçada, porquanto não tendo havido transferência da propriedade não há transferência do risco e a questão não é colocada tendo como fonte o contrato (qualquer proprietário, celebre ou não o contrato, está sujeito a esse risco) ou a questão é colocada para lá do contrato (a inalienabilidade a terceiro). Por outro lado, o exemplo da sujeição a novos impostos parece estar mais situado no domínio do risco económico (flutuação do valor das mercadorias) e no âmbito de uma alteração das circunstâncias.

[1106] Schaub, Renate, *in* Dannemann, Gerhard / Schulze, Reiner (Eds.), *German Civil Code,* Vol. I, Books 1-3: §§1-1296, Article-by-Article Commentary, Verlag C.H.Beck oHG, 2020, p. 788 e 790.

cionado já não com a afetação da integridade das mercadorias, mas com o facto de o comprador ter violado o contrato e ter de compensar ou indemnizar a parte contrária ainda que o risco já tenha sido transferido para este segundo as regras aplicáveis[1107].

Alguma doutrina suíça segue um caminho semelhante, integrando as situações de confisco e as proibições de importação e exportação no âmbito da transferência do risco, ainda que possam constituir causa de força maior. Estas situações, a verificarem-se antes da "entrega dos bens e da transferência dos riscos podem [...] liberar o vendedor do pagamento de danos" [...] e neste caso, o comprador fica igualmente liberado da sua obrigação de pagar o preço [...]. Se um tal obstáculo jurídico tem lugar depois da transferência dos riscos, o comprador fica obrigado a pagar o preço, mesmo que ele não possa mais utilizar as mercadorias (Tribunal Arbitral da Câmara de Comércio e Indústria de Budapest, decisão de 10.12.1996, CISG-online 774)"[1108].

A expressão "*force majeure*" deve ser considerada em moldes diferentes consoante seja usada no âmbito de uma norma legal ou no âmbito de um contrato. Neste último caso não é despiciendo o facto de estarmos perante uma cláusula contratual que reclama uma interpretação específica e que não deve ser ligada à interpretação da normal legal aplicável em casos de "*force majeure*". A cláusula pode ter uma maior ou menor amplitude e não será razoável que o intérprete altere o contrato estabelecendo que a cláusula deve ser interpretada no sentido de exigir a verificação de um determinado conjunto de elementos para que uma das partes fique exonerada do cumprimento das suas obrigações. A cláusula, depois de inserida no contrato, deve ser interpretada em consonância com os cânones estabelecidos. Assim, se a *CISG* for aplicável ao caso, qualquer convocação da norma constante do artigo 79º parece constituir uma clara violação da própria convenção. Na Convenção a interpretação da declaração negocial deve ser feita de acordo com o estabelecido no seu artigo 8º. Deve, por isso, existir algum cuidado quando se afirma que uma determinada norma legal esta-

[1107] Schmitthoff, Clive M., «The Risk of Loss in Transit in International Sales», *in* Cheng, Chia-Jui, *Clive M. Schmitthoff's Select Essays on International Trade Law*, Dordrecht: Martinus Nijhoff Publishers, 1988, p. 280.

[1108] Brunner, Christoph, «Contrat de vente soumis à la CVIM», in Marchand, Sylvain / Chappuis, Christine / Hirsch, Laurent, *Recueil de contrats commerciaux – Modèles en français et en anglais commentés selon le droit suisse*, Basileia : Helbing Lichtenhahn, 2013, p. 116.

belece um regime onde se inspiram determinadas cláusulas contratuais de "*force majeure*"[1109].

A "*force majeure*" que convocámos para esta discussão sobre a (in)existência de uma definição unitária de risco tem, tão somente, que ver com as situações em que se verifica um evento incerto, imprevisível, fora do controlo do vendedor e do comprador e que sujeita um deles a uma impossibilidade absoluta da prestação a que tinha direito de acordo com o contrato de venda celebrado. Nesse sentido, a "*force majeure*" não abarca as situações em que as partes estabelecem uma cláusula de "*force majeure*". Como tem sido entendido pela Jurisprudência arbitral internacional, a cláusula de "*force majeure*" pode operar sem, necessariamente, conduzir a uma impossibilidade absoluta da prestação[1110]. Compreende-se esta solução face ao princípio fundamental da liberdade contratual que está inerente à existência de "*force majeure*"; trata-se de cláusula contratual e a sua interpretação não deve estar condicionada a preconceções do que seja uma situação de "*force majeure*".

Destarte, pode dizer-se que ao longo de todas as situações mais ou menos próximas do instituto da transferência do risco mantem-se a ideia de que este está relacionado com um elemento essencial do próprio contrato de venda. As mercadorias constituem um dos designados *essentialia negotii*. Quando as partes resolvem entrar em negociações sabem, *a priori*, que as mercadorias são um elemento essencial para a conformação da venda internacional e que delas não podem prescindir se pretendem conformar a sua relação dentro desse tipo contratual. Sem o objeto (*rectius*, as mercadorias) não é possível falar-se em uma venda; esse elemento é imprescindível para que o contrato possa ser classificado como venda[1111]. Por isso,

[1109] Pinheiro, Luís de Lima, «Clausulas típicas dos contratos do comércio internacional», *in* Pinheiro, Luís de Lima (Coord.), *Estudos de Direito Comercial Internacional*, Vol. I, Coimbra: Almedina, 2004, p. 242. A afirmação do autor não é uma afirmação errada, mas pode ser entendida com o sentido de que a cláusula de "*force majeure*", inspirando-se no artigo 79º da *CISG*, deve ser interpretada de acordo com o sentido e alcance desta norma legal.

[1110] "Em princípio os árbitros não requerem uma impossibilidade absoluta da prestação, aceitando qualificar como força maior também situações em que a prestação é teoricamente possível mas não é razoável pretender-se o cumprimento da parte que sofre o evento" (vide, Bortolotti, Fabio, *Il contrato internazionale – Manuale teorico pratico –*, 2ª Edição, Milão: Wolters Kluwer, 2017, p. 279).

[1111] Zimmermann, Reinhard, *The Law of Obligations – Roman Foundations of the Civilian Tradition –*, Oxford University Press, 1996, p. 234.

quando as mercadorias se deterioram ou se perdem fica afetado o objeto da venda e, por isso, um dos seus elementos essenciais (tal como encarado pelas partes na conformação da sua relação) desaparece, deixando praticamente de ser possível integrar o que ainda possa restar da relação (*v.g.*, pagamento do preço e deveres acessórios, laterais ou de conduta) na classificação de venda. Podendo nesse caso falar-se até de uma "extinção antecipada do contrato"[1112].

Pelo contrário, quando estamos perante uma situação de alteração anormal das circunstâncias, *hardship*, *force majeure*, impossibilidade objetiva da prestação ou (até mesmo) de resolução, o objeto da relação permanece independentemente da sorte das prestações subjacentes ao contrato de venda. Só assim se justifica, nomeadamente a obrigação de restituição das mercadorias na situação de resolução, quando o contrato de venda já chegou ao fim. É que nesse caso as mercadorias ainda não se deterioraram, nem se perderam, mantendo ainda sua integridade, motivo pelo qual ainda se justifica considerar que se mantêm determinados deveres, considerem-se estes emergentes do contrato de venda ou do aparecimento de uma «relação de restituição». Mantendo-se, ainda, as mercadorias em um estado suficiente para se considerar que poderiam constituir objeto de um novo contrato de venda, então, a obrigação de restituição deve surgir no momento da resolução. Pelo contrário, se no momento em que contrato de venda é resolvido, as mercadorias já não constituem objeto idóneo para a conclusão de novo contrato de venda, deve considerar-se que a obrigação da restituição não surge. Na verdade, sempre que esse circunstancialismo se verifique estaremos perante uma situação em que não há mais risco para transferir do comprador para o vendedor, porquanto a afetação da integridade das mercadorias consumou-se e não haverá razões para impor um dever de cuidado com as mercadorias.

2. As normas legais e a importância da sua interpretação para a compreensão do risco

A grande maioria das normas legais que fomos analisando ao longo do nosso texto tem ínsita a ideia de que o risco a que se referem é o risco da deterioração, destruição ou perda das mercadorias. Não se trata de fazer um balanço sobre o que possa ser o risco no âmbito do contrato de venda

[1112] Thibierge, Louis, *Le contrat face à l'imprévu*, Paris: Ed. ECONOMICA, 2011, p. 67.

internacional de mercadorias. Trata-se, apenas, de através dos dados legais procurar pontos de contacto que possam permitir aderir a essa conceção de risco ou procurar desenvolver, com base nesses elementos, uma conceção de risco diferente.

Os elementos fornecidos permitem-nos perceber que a deterioração, destruição ou perda das mercadorias não será, em si mesma, o risco a que está sujeito vendedor ou o comprador.

Na verdade, o efeito da exposição a um evento incerto pode ser "mais ou menos favorável, mais ou menos desfavorável"[1113], mas esse efeito é certo se esse evento se verificar. Aliás, as normas legais ao alocarem o risco, no contrato de venda internacional, ao vendedor ou ao comprador têm como certo que a deterioração, destruição ou perda das mercadorias é elemento fundamental para estabelecer um corte com a «norma contratual». O que tem caráter incerto é o evento que conduz à deterioração, destruição ou perda das mercadorias.

Do mesmo modo, na dicotomia entre efeitos favoráveis e efeitos desfavoráveis do referido evento incerto, as normas visam abranger os efeitos desfavoráveis[1114]. A deterioração, destruição ou perda da mercadoria é sempre um efeito desfavorável que afeta a esfera jurídica do vendedor ou do comprador. E na venda internacional de mercadorias o efeito bem pode produzir-se na decorrência de um determinado evento que, na data da conclusão do contrato é incerto, mas que se pode produzir muito antes da deterioração da mercadoria. Não obstante, o risco visado pelas várias normas legais é um risco jurídico e este não se basta, apenas, com a verificação do evento incerto de onde possa resultar a deterioração, destruição ou perda das mercadorias. Para que a situação seja subsumível nas normas legais reguladoras da transferência do risco será necessário que o resultado se produza, que as mercadorias fiquem efetivamente deterioradas, se destruam ou se percam[1115].

[1113] Giandomenico, Giovanni di, *Il contrato e l' allea,* Padova: Cedam, 1987, p. 91.

[1114] Giandomenico, Giovanni di, *Il contrato e l' allea,* Padova: Cedam, 1987, p. 96-97.

[1115] Justo, A. Santos, «Contrato de transporte marítimo (direito romano)», *in* AA.VV., *Nos 20 anos do Código das Sociedades Comerciais – Homenagem aos Profs. Doutores A. Ferrer Correia, Orlando de Carvalho e Vasco Lobo Xavier –*, Vol. II, Coimbra: Coimbra Editora, 2007, p. 22 e 23. Por referência ao contrato em questão, o autor informa-nos que no direito romano os "diferentes" riscos eram alocados aos vários intervenientes. "O risco (*periculum*) era repartido pelas partes: *v.g.*, no caso de naufrágio ou de danos causados por piratas, o *nauta* suportava

Destarte, não se pretende abarcar as situações de perda momentânea das mercadorias, nomeadamente a verificação de roubo das mercadorias, porquanto neste caso as mercadorias podem «aparecer» novamente com a mesma substância e cabe, por exemplo, ao comprador decidir se, durante o tempo em que as mercadorias não estavam substancialmente perdidas, pretende exigir o cumprimento da prestação ou resolver o contrato de venda. O que está em causa na transferência do risco é a perda de substância e já não os casos em que o vendedor perde/extravia as mercadorias ou em que foi desapossado por roubo[1116].

Esta necessidade de resultado é, particularmente, importante na venda internacional de mercadorias dada a habitual distância entre o lugar onde se situa o estabelecimento do vendedor e o lugar em que se situa o estabelecimento do comprador.

Se o contrato de venda internacional de mercadorias não envolver transporte e se o vendedor acondiciona determinada quantidade de carne congelada num determinado contentor, o evento incerto (falta de refrigeração suficiente) pode verificar-se em um determinado momento e a deterioração da mercadoria pode muito bem verificar-se em momento ulterior. Havendo transporte das mercadorias (porque o mesmo ficou de ser providenciado pelo comprador), o transportador pode não ter as mercadorias deterioradas no momento em que as mesmas lhe são entregues e essa deterioração sobrevir do facto de o transportador não ter diminuído a temperatura da câmara de refrigeração de acordo com as instruções do comprador. Neste caso, independentemente da responsabilidade do transportador, o risco transferido do vendedor para o comprador implica necessariamente a produção de um determinado resultado. O efeito/resultado do evento incerto há de ser o que a norma legal tem como certo no risco que se transfere do vendedor para o comprador: que as mercadorias já não possam ser consi-

os danos decorrentes da perda do navio ou de ataque de piratas, enquanto os proprietários das mercadorias embarcadas sofriam os prejuízos resultantes da sua perda ou deterioração e, em contrapartida, não eram obrigados a pagar o respetivo frete (*vectura*). Note-se que não estamos a defender uma regra para a transferência do risco baseada na titularidade do direito de propriedade. A importante informação que nos é dada, permite-nos, apenas, continuar a estabelecer um diferente âmbito de abrangência das normas relativas à transferência do risco por contraposição a outros tipos de riscos.

1116 Schönle, Herbert, «Réflexions sur le transfert des risques dans la vente internationale», in Basgül, Mürsel / Honuralp, Halük (Eds.), *Mélanges à la mémoire du professeur Halûk Tandoğan*, Ankara : Institut de recherches de droit bancaire et de droit commercial, 1990, p. 267.

deradas objeto idóneo para que o contrato possa classificar-se como venda. O evento que tem como efeito a ulterior falta de objeto da venda impede que se possa continuar a ter de determinar quem suporta o risco e em que momento ele se transfere. Faltando as mercadorias já não há risco que tenha de ser alocado ao vendedor ou ao comprador e opera-se uma destruição de um dos *essentialia negotii*.

Não significa isto que o momento para a transferência do risco seja outro que não o estabelecido na norma legal aplicável, mas a verdade é que antes de surgir a impossibilidade de as mercadorias constituírem objeto do contrato é incorreto afirmar-se que em determinado momento o risco se consumou. Sem que isso se verifique, o vendedor e o comprador mantêm todos os meios de que dispõem para reagir perante a verificação de determinada vicissitude que possa influir no desenvolvimento do contrato.

Atendendo à quase absoluta confluência entre o regime da *Common Law* e da *Civil Law* na consagração de normas reguladoras da transferência do risco, poderá dizer-se que não existirão grandes dificuldades de incorporação deste instituto. As normas impuseram, por isso, que ao longo dos tempos fosse realizada uma separação entre o risco que as mesmas regulam e outros riscos, tais como o risco contratual, económico ou de perturbação do equilíbrio contratual. "O significado real de risco não é onde reside, no vendedor ou comprador, mas sim se foi transferido para o comprador"[1117]. As normas impõem, *de per si*, uma específica delimitação do risco que se possa ter em vista quando exista uma simples referência à transferência do risco. Essa delimitação operada ao longo de séculos pelas normas relativas à transferência do risco traz à colação a necessidade de a referência (sem mais) feita por vendedor e comprador à transferência do risco não poder ser interpretada no sentido de abranger riscos além do concernente à afetação das mercadorias, enquanto objeto integrante dos *essentialia negotii*. Apenas deverá o interprete ir mais além se, atendendo à letra, ao fim ou ao espírito de «norma contratual», for possível determinar que vendedor e comprador visaram abranger outros riscos, como por exemplo o risco de perturbação na execução das prestações emergentes do contrato.

A falta de abordagem específica ao que foi adquirido ou obtido[1118] ao longo dos anos através da manutenção de normas legais (ou até mesmo

[1117] Bridge, Michael, *The Sale of Goods*, Oxford: Oxford University Press, 2014, p. 135.

[1118] Como que à imagem de um certo *acquis communautaire* no âmbito do Direito da União Europeia.

consuetudinárias) aplicáveis à transferência do risco no âmbito dos vários ordenamentos jurídicos da *Civil Law* e da *Common Law* parece conduzir a posições algo confusas para a compreensão da matéria. Recentemente, no âmbito do designado "Guia jurídico tripartido para instrumentos legais uniformes no âmbito dos contratos comerciais internacionais (com especial incidência nas vendas)"[1119], a matéria respeitante à transferência do risco foi integrada, sistematicamente, no seu ponto 4.a.ii), cujo título é "Obrigações as partes (incluindo a transferência do risco e conservação das mercadorias". No §222 deste Guia é dado início à resposta à pergunta "Como é regulada a transferência do risco no âmbito da CISG?", dizendo-se que "as mercadorias identificadas no contrato podem perder-se ou danificar-se. Quando isso acontece, se a não entrega (em caso de perda) ou a entrega de mercadorias danificadas (em caso de dano) equivale a uma violação da obrigação do vendedor de entregar mercadorias depende se a perda ou dano ocorreu antes ou depois da passagem do risco de perda ou dano". Acrescentando no §224 que "[...] se a perda ou dano nas mercadorias ocorre antes do risco se transferir para o comprador, tratar-se-á de uma violação da obrigação do vendedor de não entregar (em caso de perda) ou de entregar as mercadorias danificadas (em caso de dano). O vendedor terá que entregar mercadorias de substituição. Caso contrário, o vendedor estará a violar a sua obrigação de entrega da mercadoria". Atendendo à redação deste último parágrafo, as questões que colocamos são: Afinal, há violação da obrigação por parte do vendedor quando não entrega ou entrega mercadorias danificadas ou quando não substitui as mercadorias? Se o vendedor não substitui as mercadorias porque as que se perderam ou danificaram eram únicas, há violação do contrato ou deve ter aplicação o artigo 79º da *CISG*?

No entanto, este Guia dá um efetivo contributo para a alocação do risco à parte que "está em melhor posição de controlar as mercadorias", ao mencionar esse facto no seu §226, assim como menciona, claramente, a expressão "em uma posição de controlar a disposição das mercadorias" (§232,

[1119] Trata-se de um projeto conjunto da Conferência de Haia sobre o Direito Privado Internacional (abreviadamente, Conferência de Haia), do UNIDROIT e da UNCITRAL. Não tem força vinculativa, mas a sua *auctoritas* assentará, por certo, no facto de três importantes Organizações Internacionais, com competência reconhecida no domínio da harmonização do direito privado internacional, o terem elaborado e aprovado nos respetivos órgãos. Disponível em <https://assets.hcch.net/docs/dcb33143-5373-4446-a6ae-487d92d5e294.pdf>.

3ª frase). Nesta última passagem mencionada, os autores do Guia parecem ter sido influenciados pelas expressões consagradas em uma grande parte das Convenções aplicáveis ao transporte internacional das mercadorias[1120], dado que deixam de parte a expressão "documentos representativos das mercadorias" utilizada pela *CISG* nos seus artigos 67º, nº 1 e 58º, nºs 1 e 2.

Concomitantemente, a respeito da transferência do risco no âmbito do artigo 69º, nº 1 da *CISG*, na última frase do referido §232 do Guia consagra-se que, se o comprador tem de tomar conta das mercadorias no estabelecimento do vendedor, "a colocação das mercadorias à disposição do comprador não é, por si só, suficiente para transferir o risco porque o vendedor controla as mercadorias no seu estabelecimento". Por fim, no §233, *in fine*, deste Guia faz-se referência ao facto de o vendedor não ter o poder de controlo sobre as mercadorias para justificar a solução apresentada pelo nº 2 do artigo 69º da *CISG*[1121].

No âmbito deste guia interpretativo para os principais instrumentos legais reguladores da venda internacional de mercadorias, aprovado no ano de 2020, a transferência do risco surge, intrinsecamente, ligada ao poder de controlo sobre as mercadorias. Dito de outro modo, a alocação do risco é feita ao vendedor ou ao comprador conforme seja um ou outro a ocupar uma posição de controlo das mercadorias. Não é, por isso, estranho que em outras propostas de regulamentação do contrato de venda se estabeleça que a transferência do risco do vendedor para o comprador se verifica no momento em que assume (ou recebe) as mercadorias ou os documentos que as representam (cfr. art. DCFR IV.A. – 5:102)

Esse controlo das mercadorias no âmbito do contrato de venda pode derivar (não só, mas também) do poder de disposição das mercadorias enquanto as mesmas são deslocadas de um determinado lugar para um outro. Não assumir que o contrato de transporte é suscetível de influenciar o poder de controlo das mercadorias no âmbito do próprio contrato de venda significa uma despreocupação com a conservação do seu objeto. A conservação da integridade das mercadorias permite evitar prejuízos e constrangimentos para o vendedor e para o comprador, mas também

[1120] *Vide supra* ponto 1.3.2 do Capítulo IV.

[1121] *"The passing of risk under Article 69(2) is earlier than under Article 69(1) because the seller is not in control of the goods."*

para várias outras relações contratuais cujo nascimento foi motivado pela venda das mercadorias[1122].

Se for possível alocar, devidamente, o risco de afetação da integridade das mercadorias no âmbito do contrato de venda, tendo por base a definição de quem, em determinado momento, tem o poder de controlo das mercadorias[1123], conseguir-se-á uma mitigação do risco no âmbito de outras relações contratuais (*v.g.* no âmbito do contrato de seguro). É certo que o risco que se mitigará no âmbito dessas outras relações contratuais não tem que ver com o âmbito de atuação das normas relativas à transferência do risco. O risco poderá ser mitigado nessas outras relações contratuais e será "risco contratual", "risco económico" ou "risco de preço".

3. A definição da transferência do risco (e do risco) pelos sujeitos intervenientes no contrato de venda internacional de mercadorias

O vendedor e o comprador podem estabelecer, dentro dos limites da autonomia privada e da boa-fé[1124], as regras que considerem necessárias para regular os riscos advenientes, seja risco económico, de perturbação da execução do contrato ou risco de afetação do seu objeto (*v.g.* de deterioração ou perda das mercadorias).

Mas esse facto só comprova a existência de uma diferença entre a indeterminabilidade do que possa ser o risco e a maior determinabilidade do que possa ser a transferência do risco. A transferência do risco é influenciada por essa mesma indeterminabilidade do que possa entender-se por risco.

[1122] Há quem vá mais longe, considerando que a obrigação visa não só limitar a perda sofrida pelo proprietário das mercadorias, mas também "minimizar a perda de valor para a sociedade no seu conjunto, à qual corresponde a deterioração ou a perda das mercadorias" (Hotte, Simon, *La rupture du contrat international – contribution à l'étude du droit transnational des contrats* –, Paris: Éditions Defrénois, 2007. p. 49).

[1123] Esta mesma ideia é apresentada pela doutrina, mesmo face a ordenamentos jurídicos (como o inglês) em que o critério é o da transferência da *property* [(Goode, Roy, *Commercial Law*, 2ª e Edição, Londres: Penguin Books, 1995, p. 248; o autor refere, expressamente, que "uma regra mais razoável teria sido ligar risco com controlo, pois a pessoa que controla as mercadorias (seja através da posse física ou através do direito de dar instruções sobre as mercadorias a um terceiro que as detém) está em melhores condições de tomar as medidas adequadas para a sua proteção e para cobrir perdas através de seguro")].

[1124] Embora no regime da *Common Law* se tenha, maioritariamente, assente a ideia de que um princípio da boa-fé, tal como o conhecemos na *Civil Law*, não tem relevância no domínio da celebração dos contratos.

O vendedor e o comprador podem determinar, dentro da larga margem que lhes é reconhecida pelo princípio da autonomia da vontade e contrabalançada pelos cânones da boa-fé, que risco pretendem assumir no momento da celebração do contrato de venda internacional de mercadorias. No entanto, celebrado o contrato, a compreensão do que seja a transferência do risco estará, indelevelmente, ligada à integridade das mercadorias. E a necessidade de conservação das mercadorias é motivada não só pelo contrato de venda, enquanto "centro de gravidade do conjunto"[1125] das relações que o mesmo faz surgir, mas também por todo esse conjunto de relações.

Aquando da celebração do contrato é possível identificar-se um determinado risco contratual[1126], assim como um risco económico[1127]. No entanto, quando está em causa a transferência do risco, tais riscos contratuais ou

[1125] Cordeiro, António Menezes, «O Transporte Multimodal», *in* Gomes, Manuel Januário da Costa (Coord.), *Das Regras da Haia às Regras de Roterdão – As perspetivas para o transporte marítimo e para o transporte multimodal no século XXI –*, Coimbra: Almedina, 2014, p. 62. O autor escreve a respeito do contrato de transporte dizendo que "[n]a hipótese de um contrato multimodal, não oferece dúvidas que o centro de gravidade do conjunto reside no contrato de transporte básico."

[1126] Para quem considera que na transferência do risco está em causa o risco da contraprestação terá de se debater com posições fortes no sentido de que quando se fala em deterioração do objeto do contrato o que está em causa é o risco da prestação. A respeito do risco contratual escreveu Baptista Machado que "as duas grandes regras sobre a distribuição do risco contratual dizem-nos que do devedor corre o «risco da prestação» e o credor corre o «risco de utilização». No risco de prestação são abrangidos o do agravamento do custo ou das dificuldades da prestação, enquanto esta se mantém possível *in natura*, o da perda do direito à contraprestação e o da perda dos dispêndios e esforços feitos com vista à prestação, quando esta se torne impossível. Na noção de agravamento dos custos ou dificuldades da prestação abrangemos, quer o risco de deterioração do objecto da prestação, quando este corra por conta do devedor, quer o risco do desperdício do valor-utilidade ou do rendimento da prestação, ou ainda de desperdício (desaproveitamento) de uma capacidade de prestar vinculada, por efeito do simples decurso do tempo. O risco de utilização da prestação, que recai sobre o credor, traduz-se em a prestação não servir para o fim a que este a destinava, ou em não poder ele utilizá-la para esse ou outro fim, por se ter malogrado o seu plano de aplicação da mesma." (Machado, Baptista João, «Risco contratual e mora do credor (Risco de perda do valor-utilidade oou do rendimento da prestação e de desperdício da capacidade de prestar vinculada)», *in Revista de Legislação e Jurisprudência*, Ano 116º, Nº 3712, p. 195).

[1127] A compreensão estrita do âmbito de aplicação das normas relativas à transferência do risco implica que se considerem o(s) risco(s) económico(s) fora desse âmbito (neste sentido, *vide* Hachem, Pascal, *in* Schlechtriem / Schwenzer / Schroeter, *Kommentar zum UN-Kaufrecht (CISG)*, 7ª Edição, 2019, Munique: Verlag C.H. Beck oHG, p. 1127).

económicos não constituem o foco de abordagem. Na transferência do risco, vendedor e comprador são, na maioria dos casos, influenciados por uma preconceção de risco definida ao longo do tempo pelas normas legais e pela realidade que visam regular. Esta realidade, no que concerne a este trabalho, é uma realidade internacional. Por conseguinte, à abordagem da transferência do risco desde o tempo do Direito Romano deve somar-se a especificidade de se estar perante uma nova realidade, onde o caráter de internacionalidade se manifesta.

4. A relevância da boa-fé na determinação da (menor ou maior) amplitude de compreensão do risco

O princípio da boa-fé vem sendo afirmado em vários textos legais como princípio fundamental para a regular transações internacionais. Os princípios do *UNIDROIT* fazem referência à boa-fé no seu artigo 1.7[1128], sendo a redação aqui consagrada seguida nos Princípios Europeus de Direito dos Contratos, no seu artigo 1201º[1129].

No âmbito da *CISG* o princípio da boa-fé adquiriu contornos específicos (art. 7º, nº 1), derivados da ampla discussão no seio da Comissão encarregada da elaboração do texto, quanto à sua inclusão[1130]. Em termos literais poder-se-ia dizer que a *CISG* consagra, apenas, a aplicação do princípio da boa-fé na interpretação das suas disposições, mas uma abordagem mais cuidada permite concluir que este princípio está subjacente a todo um conjunto de disposições concernentes às condutas do vendedor e do comprador[1131].

[1128] *"ARTICLE 1.7*
(Good faith and fair dealing)
(1) Each party must act in accordance with good faith and fair dealing in international trade.
(2) The parties may not exclude or limit this duty."

[1129] *"Article 1:201 (ex art. 1.106) – Good Faith and Fair Dealing*
(1) Each party must act in accordance with good faith and fair dealing.
(2) The parties may not exclude or limit this duty."

[1130] Vide Bonell, Michael Joachim, in Bianca, C. Massimo / Bonell, Michael Joachim, Commentary on the International Sales Law, Milan, Giuffrè Editore, S.p.A., 1987, p. 65-94 (disponível em: < https://iicl.law.pace.edu/cisg/scholarly-writings/comments-article-7-bianca-bonell-commentary >).

[1131] *Vide*, Comentário sobre o Projeto de Convenção sobre contratos para a venda internacional de mercadorias preparado pelo Secretariado ("Comentário do Secretariado"), disponível em: < http://www.cisg-online.ch/index.cfm?pageID=644#Article%2086>. Neste comentário eram

Aliás, o próprio artigo 7º da *CISG* (no seu nº 2) estabelece uma referência clara aos princípios gerais que inspiraram a Convenção para regular as matérias que não sejam por esta, expressamente, resolvidas. As disposições da *CISG* versam fundamentalmente sobre a conduta das partes desde o momento da formação do contrato, passando pelo seu cumprimento, até à sua extinção. Dito de um outro modo, o princípio da boa-fé é um princípio que orienta não só a interpretação da Convenção como a avaliação da conduta das partes, os seus direitos e os meios de tutela desses direitos[1132].

já identificadas as várias disposições do projeto onde era possível identificar a boa-fé como princípio fundamental, não só na interpretação da Convenção, mas também como princípio que regeria a conduta do vendedor ou do comprador:
"- article 14 (2) (b) *on the non-revocability of an offer where it was reasonable for the offeree to rely upon the offer being held open and the offeree acted in reliance on the offer;*
- article 19 (2) on the status of a late acceptance which was sent in such circumstances that if its transmission had been normal it would have reached the offeror in due time;
- article 27 (2) in relation to the preclusion of a party from relying on a provision in a contract that modification or abrogation of the contract must be in writing;
- articles 35 and 44 on the rights of a seller to remedy nonconformities in the goods;
- article 38 which precludes the seller from relying on the fact that notice of non-conformity has not been given by the buyer in accordance with articles 36 and 37 if the lack of conformity relates to facts of which the seller knew or could not have been unaware and which he did not disclose to the buyer;
- articles 45 (2), 60 (2) and 67 on the loss of the right to declare the contract avoided;
- articles 74 to 77 which impose on the parties obligations to take steps to preserve the goods."
Apontando o caráter controverso da aplicação do princípio da boa-fé ao comportamento do vendedor e do comprador em um contrato de venda internacional de mercadorias sujeito ao regime estabelecido na *CISG*, veja-se Neumann, Thomas, *The Duty to Cooperate in International Sales – The Scope and Role of Article 80 CISG –*, Munique: Sellier european law publishers, 2012, p. 28, 116, 122-127).

[1132] Schlechtriem, Peter, Good Faith in German Law and in International Uniform Laws, in Centro di studi e richerche di diritto comparato e straniero – Saggi, Conferenze e Seminari, Roma, nº 24, 1997, p.3.
Não é, no entanto, uma posição isenta de criticas, estando uma parte da doutrina contra esta interpretação do artigo 7º da *CISG*, avançando como argumento forte o facto de a redação final da Convenção ser um resultado das negociações políticas e diplomáticas e que a aplicação do dever de boa fé à conduta do vendedor ou do comprador foi uma posição que, apesar de originariamente pretendida, não foi expressamente consagrada (vide, Felemegas, John, CISG Article 7: Interpretation of the Convention, *in* Sooksripaisarnkit, Poomintr / Garimella, Sai Ramani, Contracts for the International Sales of Goods – A Multidisciplinary Perspective –,Thomson Reuters Hong Kong Limited, Hong Kong, 2019, p. 25 e ss.
Analisando algumas situações em que o principio da boa-fé foi abordado pela jurisprudência e concluindo pela sua irrelevância nesse domínio, *vide* Bridge, Michael, «Good Faith, the Common Law, and the CISG», *in* Uniform Law Review, Vol. 22, Nº1, 2017, p. 98-115.

Aparentemente, a "conceção subjetivista-histórica da interpretação das leis [não se considera, apenas,] perimida desde há muito"[1133] no âmbito interno, mas também no âmbito da interpretação da *CISG*[1134]. A consideração do princípio da boa-fé enquanto princípio substantivo vem tendo aplicação em tribunais arbitrais e estatais e resulta de uma interpretação (do art. 7º da *CISG*) desligada, parcialmente, da sua letra (e não "baseada estritamente na sua história legislativa")[1135].

A boa-fé na venda internacional tem por padrão um conjunto de valores aceites coletivamente, ou seja, valores que qualquer pessoa razoável encarará como justos e dignos[1136]. A perspetiva de definir boa-fé é, em si mesma, complexa no plano do Direito interno[1137]. No âmbito da *CISG*

[1133] Abreu, Jorge Manuel Coutinho de, *Curso de Direito Comercial*, Vol. I, 12ª Edição, Coimbra: Almedina, 2019, p. 87-88.

[1134] Viscasillas, Pilar Perales, «Interpretation and gap-filling under the CISG», *in* Uniform Law Review, Vol. 22, Nº 1, 2017, p. 10.

[1135] Viscasillas, Pilar Perales, «Interpretation and gap-filling under the CISG», *idem,* p. 10. Conforme resulta da nossa nota de pé de página nº 1131 não é totalmente correta a afirmação da autora no sentido de que o elemento histórico coloca obstáculos (que possam ser considerados intransponíveis) ao desenvolvimento do principio da boa-fé enquanto principio substantivo.

[1136] Schlechtriem, Peter, Good Faith in German Law and in International Uniform Laws, in Centro di studi e richerche di diritto comparato e straniero – Saggi, Conferenze e Seminari, Roma, nº 24, 1997, p.19

[1137] O conceito de boa fé, por exemplo em França, teve uma base textual insuficiente e foi construído tendo em conta a jurisprudência (vide, Tallon, Denis, Le concept de bonne foi en droit français du contratat, in Centro di studi e richerche di diritto comparato e straniero – Saggi, Conferenze e Seminari, Roma, nº 15, 1994.

Nos Estados Unidos da América, o Uniform Commercial Code, no seu §1-203(19), estabelece que "good faith [...] means honesty in fact and the observance of reasonable commercial standards of fair dealing", salvo o disposto no seu artigo 5º para as letras de crédito em que se estabelece uma outra formulação do princípio (*"good faith" means honesty in fact in the conduct or transaction concerned*); por seu turno, o *Restatement Second of Contracts* consagra que *"Every contract imposes upon each party a duty of good faith and fair dealing in its performance and its enforcement"*. Estas previsões quanto ao princípio da boa-fé estão consagradas em um sistema jurídico da *Common Law*, não sendo, por isso, um princípio exclusivo dos sistemas da *Civil Law*. Claro está que nos sistemas da *Common Law*, assim como nos sistemas da *Civil Law*, apesar de o princípio da boa-fé estar enunciado na lei, isso não significa que haja acordo quanto ao sentido e alcance do princípio (*vide*, Farnsworth, Allan E., The Concept of Good Faith in American Law, in Centro di studi e richerche di diritto comparato e straniero – Saggi, Conferenze e Seminari, Roma, nº 10, 1993, p. 3 e ss.

Por seu turno, em estudo anterior foi abordado o conceito de boa-fé na lei inglesa, onde não se aborda a questão excluindo da lei inglesa este conceito, mas onde se deixa claro que essa complexidade surge como resultado de duas perspetivas distintas (*Common Law v.s. Civil Law*) e da tentativa de alcançar um resultado *win/win* em vez de um resultado *win/loose*[1138]. Mas esse resultado imediato não deve obnubilar-nos porquanto há que atender à evolução do princípio, ao longo de quatro décadas, quer no âmbito da *Civil Law* quer no âmbito da *Common Law*[1139].

Na transferência do risco também se vislumbra a presença do princípio da boa-fé para se optar por determinado critério. Essa preocupação

"A thing is deemed to be done in good faith within the meaning of this Act when it is in fact done honestly, whether it is done negligently or not." (§61(3)). Assim, "se um vendedor de mercadorias que estão defeituosas ou, por outro lado, não estão em conformidade com o contrato as expedir, ele é responsável não porque não divulgou os defeitos, ou porque atuou com má-fé, mas simplesmente porque ele não forneceu o que contratou fornecer" (vide, Goode, Roy, The Concept of 'Good Faith' in English Law, *in* Centro di studi e richerche di diritto comparato e straniero – Saggi, Conferenze e Seminari, Roma, nº 2, 1992, p. 10.

1138 Sobre as três possíveis visões sobre a boa-fé no âmbito do artigo 7º da *CISG*, *vide* Goode, Roy, *et al.*, *Transnational Commercial Law – Texts, Cases and Materials –*, 2ª Edição, Oxford: Oxford university Press, 2015, p. 233-244.

1139 Neumann, Thomas, *The Duty to Cooperate in International Sales – The Scope and Role of Article 80 CISG –*, Munique: Sellier european law publishers, 2012, p. 122-133. O autor, citando Troy Keily («Good Faith & the Vienna Convention on Contracts for the International Sale of Goods (CISG)», *in* Vondobona Journal of International Commercial Law and Arbitration, Vol. 3, nº 1, p. 16), conclui que "o que pode ser dito sobre uma obrigação geral de boa-fé é que isso é problemático a nível doméstico e que os problemas são exacerbados ao nível internacional onde as várias posições sobre isso têm de ser conciliadas".
Em estudo recente foram apresentados vários argumentos para o reconhecimento do principio da boa-fé no domínio do direito contratual inglês (*Chen- Wishart, Mindy / Dixon, Victoria,* « Good Faith in English Contract Law – A Humble "3 by 4" Approach –», *in* Miller, Paul B. / Oberdiek, John (Ed.), *Oxford Studies in Private Law Theory: Volume 1*, Oxford: Oxford University Press, 2020, p. 187-232). Mas em estudo «curto» ainda mais recente algumas questões foram colocadas por um estudante para discussão das posições apresentadas pelos referidos autores (*vide* Yap, John, «Tortoise with a Chance of Transmogrification? Good Faith in English Contract Law», *in The Oxford University Undergraduate Law Journal Blog*, disponível em: < https://www.law.ox.ac.uk/ouulj/blog/2021/06/tortoise-chance-transmogrification-good-faith-english-contract-law>).
Note-se que há detentores de *auctoritas* no tratamento do regime jurídico da venda internacional que, também, vêm considerando que "atualmente há sinais [...] de alguma perturbação na força" da posição segundo a qual o princípio da boa-fé não tem qualquer presença no direito inglês (Bridge, Michael, «Good Faith, the Common Law, and the CISG», *in* Uniform Law Review, Vol. 22, Nº 1, 2017, p. 105). Mas para este autor isso não significa que o princípio da boa-fé seja necessário para a regulação de vários aspetos ligados ao contrato de venda internacional, nomeadamente vários aspetos que constam da *CISG* (*vide*, p. 113-114).

parece surgir no âmbito da transferência do risco na venda internacional de mercadorias em trânsito, para obstar a que o risco seja alocado ao comprador quando estejam em causa mercadorias já perecidas ou deterioradas aquando da conclusão do contrato. A norma constante do artigo 68º da *CISG*, na sua última frase, estabelece que, "no entanto, se no momento da conclusão do contrato de venda o vendedor sabia ou deveria saber que as mercadorias tinham perecido ou se tinham deteriorado e disso não informou o comprador, a perda ou deterioração fica a cargo do vendedor."

Na nossa opinião, a solução consagrada incluiu uma abordagem subjetiva na determinação do risco que não se considera adequada face aos meios de que o comprador dispõe em caso de falta de conformidade das mercadorias (art.s 35 e ss. da *CISG*).

Conforme se deixou dito anteriormente, o perecimento ou deterioração total das mercadorias no momento da celebração do contrato poderá colocar questões de validade do contrato, às quais a *CISG* poderá considerar-se não aplicável. Estas questões poderão ter de ser resolvidas com recurso à norma material determinada como aplicável pela norma de conflitos do Estado do foro.

O facto da parte final do artigo 68º da *CISG* dividir o risco terá necessariamente reflexos na compreensão do alcance e conteúdo da norma ínsita no artigo 70º da *CISG*. Por outro lado, ainda que a situação não seja enquadrada como violação fundamental do contrato parece que o comprador não deixa de ter "direito de fazer valer a sua ação por incumprimento do contrato" quando o vendedor assume o risco nos termos do artigo 68º, *in fine*[1140].

A questão coloca-se no âmbito do significado do contrato celebrado entre vendedor e comprador, ou seja, se este contrato é um empreendimento comum devem ambas as partes estar vinculadas por deveres de mútua cooperação ainda que o evento que o afeta seja imprevisível. Tratar-se-ia da aplicação da fórmula de Richard Allen Posner[1141].

1140 Hager, Günter / Schmidt-Kessel, Martin, in Schwenzer, Ingeborg / Muñoz, Edgardo (Coord.), Comentario sobre la Convención de las Naciones Unidas sobre los Contratos de Compraventa Internacional de Mercaderías, Thomson Reuters, 2011, p. 1581.

1141 «They also (or some of them) set in motion a cooperative enterprise, which may to some extent place one party at the other's mercy. "The parties to a contract are embarked on a cooperative venture, and a minimum of cooperativeness in the event unforeseen problems arise at the performance stage is required even if not an explicit duty of the contract."»,

A referência feita à boa-fé pelo artigo 7º, nº 1 da *CISG* parece ser capaz de desempenhar uma função que não tem sido muito reconhecida pelos juristas ligados à *Common Law*[1142]. A boa-fé aparece aqui, em termos literais, como princípio fundamental que deve ser utilizado para a interpretação da *CISG* e não pode deixar de se considerar que corresponde a uma preocupação do legislador. Na alocação legal do risco pode ser tido em conta o princípio da boa-fé. Se essa alocação viola este princípio fundamental deveria a norma aplicável conformar-se dentro dos padrões impostos pelo mesmo. Dito de outro modo, com base no princípio da boa-fé poderia o julgador intervir no critério legal e/ou contratual estabelecido para a transferência do risco "se contingências imprevistas transformam equidade em desonestidade e alocação eficiente de risco em alocação extremamente desperdiçadora"[1143]. Por outro lado, a consagração de padrões éticos pode não resultar, diretamente, do princípio da boa-fé, mas pode resultar de usos do comércio internacional[1144].

Destarte, mais do que fazer operar o princípio da boa-fé no âmbito da conduta das partes e esta poder ser tida em conta para a (re)transmissão do risco, deveria o princípio ser tido em conta na interpretação do critério contratual ou legal estabelecido. Conforme temos vindo a expor, no âmbito da venda internacional o risco é sistémico. A forma como a alocação do risco está feita por via do critério estabelecido tem influência não só no contrato de venda como em todo o esquema negocial dele emergente. Uma ineficiente alocação do risco poderia ser corrigida pelo julgador com base no princípio da boa-fé no comércio internacional.

Consideramos, por isso, que quando o artigo 7º, nº 1 da *CISG* se refere à boa-fé não visa simplesmente o contrato de venda internacional de mer-

disponível em <https://law.justia.com/cases/federal/appellate-courts/F2/941/588/403036/> e também citado por Markovits, Daniel, Good Faith as Contract's Core Value, in Klass, Gregory / Letsas, George / Saprai, Prince, Philosophical Foundations of Contract Law, Oxford University Press, 2014, p. 292.

1142 Bridge, Michael, «Good Faith, the Common Law, and the CISG», *in* Uniform Law Review, Vol. 22, Nº1, 2017, p. 98 e ss.

1143 *Vide*, Schäfer, Hans-Bernd / Aksoy, Hüseyin Can, «Good Faith», *in* Marciano, Alain / Ramello, Giovanni Battista, Encyclopedia of Law and Economics, Nova Iorque: Springer, Dezembro de 2015, disponível em: < https://www.researchgate.net/publication/318012840_Good_Faith>.

1144 Sobre esta questão, *vide* Schwenzer, Ingeborg, «Ethical standards in CISG contracts», *in* Uniform Law Review, Vol. 22, Nº1, 2017, p. 124-126.

cadorias. Na interpretação das normas da *CISG*[1145] deve ter-se em conta a boa-fé no comércio internacional, ou seja, perspetivar a transferência do risco no círculo da venda internacional de mercadorias sem ter em conta a repercussão de uma possível ineficiência da sua alocação em todo o sistema comercial internacional pode ser considerada uma perspetiva contrária à boa-fé. "A boa-fé tem dois significados principais no contexto da interpretação, além de uma série de funções subordinadas. Os dois principais aspetos são: (i) a primazia do espírito do tratado sobre uma ligação excessiva à letra do texto; e (ii) a procura por uma interpretação razoável, no sentido do que uma parte honesta e razoável poderia e deveria ter entendido em relação ao texto adotado."[1146]

Aliás, não é compreensível ser difundido que os tribunais ingleses prestam atenção ao texto, no que concerne à interpretação de norma legal, "contrato escrito ou algum outro documento legal"[1147] e depois não se tenha em conta a referência expressa ao princípio da boa-fé no âmbito da *CISG*. Este instrumento legal não exige que, na sua interpretação, se

[1145] Note-se que a aplicação da Convenção de Viena sobre o Direito dos Tratados para a interpretação da *CISG* é discutível (*vide*, Zeller, Bruno, «Interpretation of the United Nations Convention on Contracts for the International Sale of Goods (CISG) according to principles of international law: a reply», *in* Journal of International Commercial Law, 2003, 1 (3), p. 273-284; Felemegas, John, *The United Nations Convention on Contracts for the International Sale of Goods: Article 7 and Uniform Interpretation*, 2000, disponível em: < https://core.ac.uk/download/33564352.pdf>). Na nossa opinião, estabelecendo o artigo 7º da *CISG* regras específicas para a interpretação *desta Convenção*, não deve recorrer-se à Convenção de Viena sobre o Direito dos Tratados, nomeadamente quando as regras de interpretação estabelecidas nos seus artigos 31º a 33º forem incompatíveis com as regras de interpretação estabelecidas no artigo 7º da *CISG* (também neste sentido, *vide* Schroeter, Ulrich G., «Backbone or Backyard of the Convention? The CISG's Final Provisions», *in* Andersen, Camilla Baasch / Schroeter, Ulrich G. (Eds.), *SHARING INTERNATIONAL COMMERCIAL LAW ACROSS NATIONAL BOUNDARIES: FESTSCHRIFT FOR ALBERT H. KRITZER ON THE OCCASION OF HIS EIGHTIETH BIRTHDAY*, Londres: Wildy, Simmonds & Hill, 2008, p. 428, disponível em: < *https://ssrn.com/abstract=1419492428*>). Ademais, há que ter em conta que a maioria das normas da *CISG* não estabelecem obrigações entre os Estados, mas sim obrigações entre vendedor e comprador.

[1146] Kolb, Robert, *Good Faith in International Law*, Oxford/Portland: Hart Publishing, 2017, p. 62-63.

[1147] Chen, Ben / Gordon, Jeff, «Interpretative Formalism in the Law of Obligations: Thirty Years after *Form and* Substantive», *in* Robertson, Andrew / Goudkamp, James, *Form and Substance in the Law of Obligations*, Oxford/Londres/Nova Iorque/Nova Deli/Sidney: Hart Publishing, 2019, p. 373 e ss.

tenha em conta as diferentes perspetivas sobre uma determinada matéria em determinados ordenamentos jurídicos estatais ou agrupados em *Civil Law* e *Common Law*, nem que se tenha em conta uma «simples» perspetiva de Direito Comparado. O que esta Convenção impõe é uma interpretação que tenha em conta o seu caráter internacional e a necessidade de promover a uniformidade na sua aplicação (art. 7º, nº 1 da *CISG*) e para esse efeito a relevância que a *Common Law* possa atribuir ao princípio da boa-fé não deve desempenhar um papel preponderante quando à (in)admissibilidade de recurso ao princípio da boa-fé para a interpretação da Convenção[1148].

Também na transferência do risco pode ser possível o recurso a este princípio da boa-fé para interpretar as respetivas normas. Se a alocação contratual e/ou legal do risco não corresponde àquilo que uma pessoa razoável poderia e deveria ter entendido do contrato ou do texto legal, então, pode ser possível ao julgador ter esse facto em conta no momento da decisão. Este padrão de razoabilidade resulta de várias normas da *CISG* (veja-se, *v..g.*, art. 8º, nºs 2 e 3, art. 16º, nº 2, al. b), art. 18º, nº 2, art. 25º, art. 60º, art. 72º, nº2, art. 75º, art. 85º, art. 86º, entre outros). No âmbito da *CISG* "existe uma ligação entre o conceito de boa-fé no comércio internacional e um padrão de razoabilidade [...]"[1149]. Não está em causa determinar se a boa-fé é um princípio aplicável à conduta das partes, mas sim lançar mão do principio da boa-fé e de padrões de razoabilidade previstos na *CISG* para interpretar o contrato de venda e as disposições da própria *CISG*.

Consequentemente, atendendo ao que temos vindo a assumir ao logo deste trabalho, a *CISG* tem uma preocupação especial com a manutenção do contrato e com a conservação das mercadorias, constituindo a resolução do contrato a *ultima ratio*. Assim sendo, o critério para a transferência do risco tem, também, um significado específico ligado à necessidade de salvaguarda da integridade das mercadorias.

[1148] Questionando o lugar do conceito de boa-fé no Direito dos Contratos face à multiplicidade de sentidos que lhe podem ser atribuídos e dando nota da peculiaridade da redação do artigo 7º, nº 1 da *CISG, vide* Houh, Emily, «The Doctrine of Good Faith in Contract Law: A (Nearly) Empty Vessel?» *in Faculty Articles and Other Publications, Paper 103,* University of Cincinnati College of Law Scholarship and Publications, 2005, disponível em: < https://core.ac.uk/download/pdf/235508629.pdf>).

[1149] Smythe, Donald J., «Reasonable Standards for Contract Interpretations under the CISG», *in Cardozo Journal of International and Comparative Law, 25-1 (2016),* p. 23, disponível em: < https://scholarlycommons.law.cwsl.edu/fs/254/>.

Quando vendedor e comprador têm uma preocupação concreta com o cumprimento das obrigações emergentes do contrato, com a flutuação dos preços, com as condições económico-financeiras das partes e/ou do mercado atendem ao caráter endógeno do próprio contrato (ao seu desenvolvimento)[1150]. Já quando está em causa a transferência do risco, uma pessoa razoável não pode assumir que a norma visa regular aquelas matérias. Ao longo de séculos se vem afirmando a ideia de que quando se fala em transferência do risco se está a pretender delimitar um concreto âmbito de aplicação da norma ligado à possibilidade de afetação do objeto mediato: as mercadorias.

Se, não obstante essa afetação, ainda pode o vendedor ou o comprador lançar mão de meios de defesa relacionados com a conduta da contraparte, essa questão já não tem que ver com a transferência do risco. Para a sedimentação desta perspetiva sobre a transferência do risco contribuirá, necessariamente, o referido princípio da boa-fé (em sentido objetivo está claro) na interpretação das respetivas normas (de origem supraestadual, estatal, costumeira, etc.) porquanto se trata de um princípio "intensamente normativo" e "axiomático"[1151].

Mas tenha-se em atenção que o princípio da boa-fé (em sentido subjetivo) tem sido aplicado para determinar se em uma determinada venda o risco deve estar alocado ao vendedor ou ao comprador. Vem a questão a respeito do tratamento, por parte da doutrina helvética, da transferência do risco na venda dupla[1152]. Para Hans Peter Walter, verificando-se uma

[1150] Há quem entenda (a respeito da solução apresentada, à data, pelo ordenamento jurídico suíço) que a confiança do comprador deve ser digna de proteção nas situações de perda ou deterioração acidental, ou seja, se o comprador confia que não tem de pagar o preço quando não recebe as mercadorias devido a perda ou deterioração acidental essa confiança deve ser protegida (Sieber, Liliane, *Gefahrtragung im Kaufrecht*, Zurique: Schulthess Polygraphischer Verlag AG, 1993, p. 113). Não vamos tão longe. Aliás, somos da opinião de que as regras relativas à transferência do risco deixariam de ter qualquer utilidade no momento em que matérias como «todos os atos e omissões» do vendedor ou do comprador e a confiança que estes tenham de que receberão a sua prestação puder determinar o cumprimento (ou não) das obrigações, não obstante lhes estar alocado o risco de afetação da integridade das mercadorias. Não é esse o espírito de todo o sistema legalmente vigente, se não em todas, na grande maioria das codificações.

[1151] Kolb, Robert, *Good Faith in International Law*, Oxford/Portland: Hart Publishing, 2017, p. 29-31.

[1152] Walter, Hans Peter, «Doppelverkauf und Preisgefahr im schweizerischen Recht», *in* Bucher, Eugen, *et. al.* (Ed.), *Norm und Wirkung. Beiträge zum Privat- und Wirtschaftsrecht aus*

venda a dois sujeitos diferentes, o vendedor apenas pode exigir o preço ao primeiro comprador (pelo facto de o risco lhe ter sido transferido) se estiver de boa-fé no momento em que realiza a segunda venda; pelo contrário, se nesse momento, estiver de má-fé o risco que se havia transferido para o primeiro comprador reverte para si[1153]. Este autor coloca a questão no âmbito da boa-fé e, por isso, chega a resultados curiosos, porquanto quando se debruça sobre a transferência do risco no âmbito da venda com o segundo comprador considera que estando este (e o vendedor) de boa-fé o artigo 185º, §1º do CO-S aplica-se, ou seja, o risco corre por conta do segundo comprador a partir da conclusão do contrato. O autor afirma, no entanto, que tendo também sido transferido o risco para o primeiro comprador, a efetiva transferência do risco depende da vontade do vendedor[1154]. Julgamos não ser caminho a seguir. *Prima facie,* o segundo contrato de venda poderá estar sujeito ao artigo 195º do CO-S (aplicável aos casos de "*éviction totale*") e a venda será considerada resolvida.

5. A (re)compreensão de *periculum* no âmbito da transferência do risco

A referência a *periculum* vem desde o tempo do direito romano[1155], mas poucas referências são feitas, atualmente, à diferença entre perigo e risco. No âmbito do(s) perigo(s) que possa(m) colocar em causa a dinâmica e o desenvolvimento da relação contratual, já vimos que há vários institutos jurídicos que podem ser convocados. Quando se fala em evitar um determinado perigo está-se a refletir a ideia de que um determinado comportamento de uma determinada pessoa pode impedir a consumação desse mesmo perigo. No âmbito dos ordenamentos jurídicos da *Common Law*

heutiger und historischer Perspektive. Festschrift für Wolfgang Wiegand zum 65. Geburtstag, Berna: Stämpfli Verlag AG, 2005, p. 633 e ss.

1153 Walter, Hans Peter, «Doppelverkauf und Preisgefahr im schweizerischen Recht», *in* Bucher, Eugen, *et. al.* (Ed.), *Norm und Wirkung. Beiträge zum Privat- und Wirtschaftsrecht aus heutiger und historischer Perspektive. Festschrift für Wolfgang Wiegand zum 65. Geburtstag,* Berna: Stämpfli Verlag AG, 2005, p. 655.

1154 Walter, Hans Peter, «Doppelverkauf und Preisgefahr ...», *idem.*

1155 Justo, A. Santos, «Contrato de transporte marítimo (direito romano)», *in* AA.VV., *Nos 20 anos do Código das Sociedades Comerciais – Homenagem aos Profs. Doutores A. Ferrer Correia, Orlando de Carvalho e Vasco Lobo Xavier –,* Vol. II, Coimbra: Coimbra Editora, 2007, p. 22. Na nota (62) o autor alerta para o facto de a doutrina chamar "a atenção para o sentido equívoco do vocábulo *periculum*".

estaremos no âmbito da *factual causation*[1156] e da *legal causation*[1157], incluindo-se nesta última os *mitigatory acts*[1158], porquanto o que se tem em vista é perceber se a causalidade que conduz a imputar um determinado dano a um determinado sujeito é quebrada pela identificação de um ato ou omissão de um outro sujeito. Saber se um determinado ato ou omissão do vendedor ou do comprador «interrompe» a cadeia da causalidade ligada à consumação do perigo tem, necessariamente, a ver com a responsabilidade das partes e não com a transferência do risco. Na verdade, quer em uma, quer em outra situação, o que está em causa é uma exposição a um determinado perigo, mas se o que se pretende regular é uma exposição a um perigo que não pode ser mitigado ou controlado pelas partes, então, a questão já não pode estar ligada à verificação de ato ou omissão das mesmas[1159]. O risco de afetação da integridade das mercadorias visado pelas regras da transferência do risco não pode ser mitigado, porquanto o critério legal ou contratual estabelecido visa fazer face a um evento que as partes sabem que se pode verificar, mas para as quais também sabem que não terão meios para evitar a sua consumação.

Diferente será o posicionamento da questão quando se pretende determinar quem está em risco, porquanto o que aqui está em causa é um estado marcado por um alto nível de vulnerabilidade. A assunção do risco diferencia-se daquela situação que se visa evitar um determinado perigo e parece afastar a ideia de uma diferenciação entre uma ação arriscada e uma ação perigosa[1160]. Não será vislumbrável o que Ulrich Beck considerou serem

[1156] Kramer, Adam, *The Law of Contract* Damages, 2ª Edição, Oxford: Hart Publishing, 2017, p. 249-262.

[1157] Kramer, Adam, *The Law of Contract* Damages, 2ª Edição, Oxford: Hart Publishing, 2017, p. 353-362.

[1158] Kramer, Adam, *The Law of Contract* Damages, 2ª Edição, Oxford: Hart Publishing, 2017, p. 363-395.

[1159] Cfr. *supra* ponto 2 do Capítulo III.

[1160] No domínio do Direito Penal, José de Faria Costa escreveu que "[e]fectivamente, o que se aumenta ou potencia é o perigo, tanto mais que o risco é uma categoria do pensamento cujo exacto sentido ainda se perfila de muito mais difícil captação do que a própria noção de perigo. É certo que uma acção arriscada coenvolve, com certeza, o perigo da produção de um resultado desvalioso, sem que com isso fique determinado contra quem o perigo correu. De certa maneira, a valoração que se atribui normalmente à *acção arriscada* passa muito mais intensamente pelos parâmetros de uma auto-imputação do que aquela que se desprende da chamada acção perigosa. A conotação imediata que ressalta quando empregamos a expressão «*A* agiu perigosamente» é a de que *A* actuou pondo em perigo um qualquer bem jurídico

[o]s dois rostos do risco – oportunidades e perigo – [...]"[1161]. O facto de estarmos perante um bem próprio ou um bem alheio não parece determinar a conceção de risco no âmbito da transferência do risco, porquanto a questão da titularidade do direito de propriedade não deve influenciar os critérios estabelecidos no âmbito do tema que nos ocupa. Dir-se-á que não terá de ser assim necessariamente, porquanto várias legislações internas estabelecem uma ligação estreita entre as duas matérias. Mas conforme resulta do que se deixou dito supra, no âmbito do comércio internacional o entrecruzamento das duas matérias leva a resultados não desejados, começando de imediato com a dificuldade de harmonização do regime jurídico da venda internacional de mercadorias[1162]. Exemplo paradigmático é o facto de a *CISG* não ter regulado a questão da propriedade das mercadorias.

A necessidade de transporte das mercadorias obriga a uma diferente compreensão do significado de risco na transferência do risco. O poder de controlo das mercadorias emergente do contrato de transporte pode ser, ele mesmo, gerador e potenciador de perigos que podem levar a uma afetação da integridade das mercadorias. Se o objetivo é a manutenção da integridade das mercadorias terá de existir uma preocupação especifica com a alocação do risco ao vendedor ou ao comprador e, portanto, só a parte que tem o poder de controlo pode evitar ou reduzir a criação de novos perigos que possam afetar a integridade das mercadorias. Ainda que os perigos possam ser criados sem qualquer contribuição da parte que tem o poder de controlo emergente do contrato de transporte, a verdade é que é ela que está em melhor posição para adotar (ou não adotar) um ato concreto tendente a impedir ou atenuar a afetação das mercadorias. Haja

de outrem – desencadeia-se um juízo hétero-imputação –, enquanto que quando se diz «*B* agiu de forma arriscada», o significado primeiro que nos assalta é o de que *B* agiu pondo em perigo um bem jurídico próprio – estaremos aqui perante uma conotação de auto-imputação. (Costa, José Francisco de Faria, *O perigo em Direito Penal – contributo para a sua fundamentação e compreensão dogmáticas –*, Coimbra: Coimbra Editora, 1992, p. 546, n. 156).

1161 Beck, Ulrich, *Sociedade de risco mundial – em busca da segurança perdida –*, Lisboa: Edições 70, 2021, p. 22.

1162 Esta dificuldade acrescida na determinação do critério para a transferência do risco, gerada pela introdução da questão relativa à titularidade do direito de propriedade, não é alheia à discussão que envolve a teoria jurídica da propriedade (sobre "a propriedade como poder da vontade", sobre a sua função social e sobre o "domínio sobre a coisa ou poder de excluir", *vide* Salvi, Cesare, «Neoproprietarismo e teorie giuridiche della proprietà», *Europa e Diritto Privatto,* Nº 4/2020, Milão: Giuffrè Francis Lefebvre, p. 1169 e ss.

ou não uma consagração legal do direito de controlo, aquela parte que no contrato de venda tenha o poder de controlo das mercadorias durante o transporte deve ter o risco alocado a si.

Na venda internacional de mercadorias o poder de controlo como critério para a transferência do risco tem ínsita a ideia de autonomia e autodeterminação responsabilizante e promove a segurança no comércio internacional. O risco fica alocado a quem pode manter a dinâmica do comércio internacional, reduzindo-se custos associados a perturbações no contrato de venda, mas também nas demais relações originadas pelo seu aparecimento (transporte, seguro, etc.). Dizer-se que a existência de seguro que cubra o risco é suficiente para se considerar que o vendedor e o comprador pretenderam uma alocação diferente do risco relativamente à que decorre da norma legal aplicável é um modo simplista de ver a questão. Tratar-se-ia de uma dedução baseada em uma incerteza sobre a (falta de) cobertura desse risco no âmbito do contrato de seguro (no qual, na maioria das situações, apenas intervém o vendedor ou o comprador). A transferência do risco em conformidade com o critério legal estabelecido só deve sofrer alterações se resultar, de modo inequívoco, do contrato de venda que as partes fixaram um outro critério conforme com a necessidade de salvaguarda da integridade das mercadorias e, consequentemente, promovendo-se a continuidade do comércio internacional[1163].

A referência feita ao longos de vários séculos e em várias legislações a «perda, dano ou deterioração das mercadorias" no âmbito das normas relativas à transferência do risco parece refletir mais uma ideia de resultado do que propriamente uma ideia de referência a perigos a que podem estar sujeitas as mercadorias (*v.g.* inundação de um barco, tempestade, incêndio, etc.). Partindo do prisma do contrato de seguro, não podemos afirmar que na venda internacional está apenas em causa "uma *concepção material* [...] de risco[, ou seja, a] probabilidade de *perigo* ou *de dano*, tomando por referência, portanto, um evento adverso, indesejado"[1164].

[1163] Sendo possível considerar-se que o julgador possa afastar o critério estabelecido no contrato, por ser promotor de insegurança e incerteza no desenvolvimento e manutenção das relações contratuais que integram a ideia de comércio internacional, nomeadamente tendo em conta o princípio da boa fé (*vide supra* o ponto 4 deste Capítulo).

[1164] Poças, Luís, *O dever de declaração inicial do risco no contrato de seguro*, Coimbra: Almedina, 2013, p. 93.

Do mesmo modo, não concordamos com uma conceção de risco que possa abarcar "desaparecimento das mercadorias, incluindo roubo, extravio das mercadorias, a sua transferência para um endereço errado ou para a pessoa errada [...]"[1165]. Desde logo, se partirmos destas últimas hipóteses, a situação pode ser reconduzida a atraso no cumprimento da obrigação de entrega das mercadorias, impossibilidade temporária de cumprimento, impossibilidade definitiva de cumprimento da obrigação ou, utilizando ainda a formulação da *CISG*, podemos estar perante uma violação do contrato. Como pode dizer-se que as mercadorias se perderam, deterioraram, pereceram ou ficaram danificadas!? Estas formulações, largamente apresentadas pelas normas reguladoras da transferência do risco, são pouco (ou nada) suscetíveis de integrarem as situações supra descritas. De outra banda, consideramos que quando as normas relativas à transferência do risco se referem a perda (ao lado de deterioração, perecimento ou dano) não visam, por exemplo, o extravio porque se referem à perda das mercadorias em substância e não apenas ao desaparecimento momentâneo ou definitivo das mercadorias sem a comprovada afetação da sua integridade. Se o petróleo é derramado em alto mar verifica-se uma perda das mercadorias em substância, mas se esse mesmo petróleo não chega ao porto de destino porque se verificou um ato de pirataria não deve integrar-se a situação no âmbito da transferência do risco[1166].

Mas para melhor espelhar o que acabamos de dizer convoquemos alguns aspetos relativos a um outro contrato cujo surgimento dissemos ser motivado pelas necessidades do vendedor e/ou do comprador: o con-

[1165] Erauw, John, «Observations on passing of risk», *in* Ferrari, Franco / Flechtner, Harry / Brand, Ronald A. (Ed.), *The Draft UNCITRAL Digest and Beyond: Cases, Analysis and Unresolved Issues in the U.N. Sales Convention*, Munique: Sellier, 2004, p. 294. O autor refere a possibilidade de "mistura das mercadorias com outras mercadorias". Ora, quanto a esta hipótese e atendendo ao que vimos defendendo, consideramos que a situação pode ficar sob a regulação das normas atinentes à transferência do risco se a integridade das mercadorias ficar afetada. Isso pode acontecer em determinado tipo de mercadorias, mas não em outros tipos. Se se tratar de mercadorias cuja separação não seja possível podemos considerar que a norma que regula a transferência do risco se aplicará, mas se a separação puder ser efetuada não se entende porque assim o deva ser. Neste último caso, atendendo às concretas circunstâncias, poderemos estar mais perante uma situação de não conformidade das mercadorias, impossibilidade temporária, impossibilidade parcial, impossibilidade objetiva, violação do contrato, etc.

[1166] Hodiernamente, as tecnologias *blockchain* e a *IoT* constituirão um meio expedito para a localização das mercadorias. A incorporação destas tecnologias em contentores é já uma realidade em franca expansão, a par dos designados navios autónomos.

trato de seguro. Na *Common Law* e nas *Institute Cargo Clauses (ICC)* adquire grande importância o conceito de *constructive total loss*. "O mais importante exemplo de uma *constructive total loss* [que possa obrigar a seguradora a indemnizar] é quando os custos de recuperação e reparação excedem o valor [das mercadorias] à chegada"[1167]. Nos termos da cláusula 13 das *Institute Cargo Clauses* (modalidade *A*) um pedido de indemnização por *constructive total loss* não será possível, exceto nos casos em que as mercadorias são "razoavelmente abandonadas, quer porque a sua perda total efetiva parece inevitável, quer porque o custo de recuperação, recondicionamento e encaminhamento [das mercadorias] para o destino que estão seguradas excederia o seu valor à chegada". Não há nas *ICC* uma definição de "abandonado razoável". Mas nos termos da cláusula 19 da modalidade *A* das *ICC* "o seguro está sujeito ao Direito inglês e às práticas". Aplicar-se-á, por isso, o *Marine Insurance Act*. Nos termos da secção 62(3) do *Marine Insurance Act* o segurado deve adotar uma diligência razoável quanto ao aviso de abandono das mercadorias que tem de enviar à seguradora. Determinar o que seja "diligência razoável [...] é uma questão de facto" (secção 88 do *Marine Insurance Act*), ou seja, "estes conceitos devem ser de natureza flexível e a sua aplicação deve depender das circunstâncias"[1168].

Este regime do contrato de seguro revela também que o risco de afetação da integridade das mercadorias é um risco diferente do risco de descaminho das mercadorias. "Os atos de pirataria em que o segurado pode esperar ter a posse da carga reconstituída após negociação e pagamento de um resgate não podem ser considerados *constructive total losses*"[1169]. Não se trata de uma perda nos termos do regime aplicável ao contrato de seguro e também não deve ser considerada uma perda para efeitos de transferência do risco na venda internacional de mercadorias. Com dissemos *supra*, as situações de descaminho das mercadorias deverão ser consideradas, nomeadamente em sede de impossibilidade temporária de cumprimento da obrigação[1170]. A perda que está em causa na transferência do risco é a

[1167] Gürses, Özlem / Hjalmarsson, Johanna, «Chapter 11: Marine Insurance», *in* Baatz, Yvonne (Ed.), *Maritime Law*, 4ª Edição, Oxon: Informa Law by Routledge, 2018, p. 477 e 482.

[1168] Gürses, Özlem / Hjalmarsson, Johanna, «Chapter 11: Marine Insurance», *in* Baatz, Yvonne (Ed.), *Maritime Law*, 4ª Edição, Oxon: Informa Law by Routledge, 2018, p. 477.

[1169] Gürses, Özlem / Hjalmarsson, Johanna, «Chapter 11: Marine Insurance», *in* Baatz, Yvonne (Ed.), *Maritime Law*, 4ª Edição, Oxon: Informa Law by Routledge, 2018, p. 482.

[1170] *Vide* ponto 7. do Capítulo III.

perda das mercadorias em substância. Não defendemos, por isso, a integração dos atos de pirataria no âmbito das regras respeitantes à transferência do risco.

As normas reguladoras da transferência do risco operam uma espécie de concentração do risco em um mesmo sujeito (seja ele o vendedor ou o comprador), independentemente de um determinado evento afetar a integridade das mercadorias pertença do sujeito a quem está alocado o risco ou das mercadorias pertença da sua contraparte. O titular do direito de propriedade sobre as mercadorias tanto pode ser quem tem o poder de controlo como o outro sujeito[1171]. O sujeito com o poder de controlo tanto sofre as consequências de afetação de mercadorias próprias, como de afetação de mercadorias que pertençam a outrem, ou seja, o resultado «afetação da integridade das mercadorias» repercute-se na esfera jurídica de quem tem o poder de controlo[1172].

No comércio internacional não nos parece adequada uma abordagem da transferência do risco tendo em conta a obtenção de benefícios (financeiros, económicos, etc.) ou a determinação da parte que tem de suportar menos custos decorrentes da perda ou deterioração das mercadorias. O benefício ou o custo a ter em conta não deve ser visto sob um ângulo meramente intrínseco ao contrato de venda internacional, mas sim tendo em conta o benefício de salvaguarda da integridade das mercadorias para o comércio internacional. Se o risco estiver alocado a quem tem o poder de controlo sobre as mercadorias e está em melhores condições de conser-

[1171] Embora aqui nos refiramos ao poder de controlo como elemento essencial para alocação do risco subjacente à ideia de transferência do risco na venda internacional, deve ter-se em conta que a falta de concentração em um mesmo sujeito do direito de controlo emergente do contrato de transporte e do direito de propriedade também se verifica (*vide* ponto 1 do Capitulo IV).

[1172] Com base no atual paradigma do comércio internacional não é, por isso, correto convocar tão somente o princípio *periculum est emptoris* do direito romano para determinar a transferência do risco. Ainda que "a base [para o princípio] *periculum est emptoris*[, no direito romano, seja] só o contrato de compra tal como Windscheid e Jhering concordaram" (Wolfgang, Ernst, «VIII. Periculum est emptoris», *in* Zeitschrift der Savigny-Stiftung für Rechtsgeschichte: Romanistische Abteilung, Vol. 99, Nº 1, 1982, p. 247-248), hoje a ideia de controlo das mercadorias e a necessidade de conservação das mercadorias deve ser tida em conta. O contrato de venda internacional deve ser, agora, a base para a salvaguarda de outros valores no domínio do comércio internacional, mormente a segurança, certeza e estabilidade das relações jurídicas que o conformam (a venda e todo o conjunto de relações por esta originadas, nomeadamente transporte e seguro).

var a integridade das mesmas, todo o *edifício construído* a partir do contrato de venda internacional de mercadorias poderá ser preservado, evitando-se um conjunto de repercussões económicas. A alocação do risco ao vendedor ou ao comprador implica, necessariamente, que um deles fique exposto à verificação de um determinado resultado: a afetação da integridade das mercadorias. Para que seja legítimo expor vendedor ou comprador a esse risco, numa relação marcada por bilateralidade atributiva, será necessário determinar qual deles deve ocupar essa posição. No plano do evento que pode afetar as mercadorias não será possível buscar qualquer fundamento para a alocação do risco, porquanto estamos no âmbito de eventos fora do controlo das partes. Mas se atentarmos ao contrato de venda e, dentro deste, especificamente ao seu objeto mediato (as mercadorias) já será possível identificar qual das partes pode ter um poder de controlo, dado que as mercadorias existem já no momento em que se coloca uma delas a ocupar a posição de sujeito exposto ao risco de verificação do resultado visado pelas normas que regulam a transferência do risco: a afetação da integridade das mercadorias. O sujeito que deve ocupar essa posição é aquele que será titular de um poder-dever de salvaguarda da integridade das mercadorias.

De outra banda, deverá afastar-se uma referência a risco de preço[1173] ou risco da contraprestação porquanto se assim fosse deveria falar-se de risco segurável no âmbito da atividade seguradora, o que não parece colher grande adesão. No contrato de seguro "o risco [surge] *enquanto probabilidade de ocorrência do sinistro* [...][1174]. Esta probabilidade de ocorrência de sinistro não pode ser determinada pelo risco de preço.

Haverá possibilidade de se falar em sinistro por referência ao preço a pagar pelo comprador no âmbito do contrato de venda?! Claro que os contratos são diferentes, mas para quem considera ser possível determinar a alocação do risco na venda por referência à (in)existência de contrato dc

[1173] Conforme vimos afirmando, "[o] risco de preço exprime os efeitos da extinção da obrigação do devedor (vendedor) sobre a contraprestação do credor (comprador). Se o risco de preço atinge o devedor (vendedor), significa que ele perde a contraprestação. Se o risco de preço afeta o credor (comprador), significa que ele tem de cumprir a sua obrigação embora não receba a contraprestação [...]" (Rabl, Christian, *Die Gefahrtragung beim Kauf*, Viena: Manzsche Verlags- und Universitätsbuchhandlung, 2002, p. 6). Cfr. também *infra* o ponto 8 deste Capítulo.

[1174] Ramos, Maria Elisabete, «Cobertura de riscos associados à pandemia de COVID-19», *in Revista da Ordem dos Advogados*, Ano 80, Jul./Dez. 2020, p. 786. *Itálico* nosso.

seguro terá de conseguir estabelecer uma identidade entre os dois riscos. Haverá essa identidade entre risco de preço e a probabilidade de ocorrência de sinistro? Parece que não. Essa identidade será possível se considerarmos que na venda internacional de mercadorias o risco de que se fala na transferência do risco é o risco de afetação da integridade das mercadorias.

Do mesmo modo, sempre que se considera que o comprador (a quem está alocado o risco de acordo com a norma relativa à sua transferência) pode ser ressarcido pelos danos verificados nas mercadorias durante o transporte afasta-se a ideia de risco de preço. O ressarcimento pode verificar-se através do reconhecimento de que o vendedor pode reclamar os prejuízos sofridos pelo comprador, considerando que estamos perante um contrato a favor de terceiro ou por via de cessão da posição contratual. Mas "[e]m ambos os casos, o risco do preço não recai sobre o comprador, mesmo durante o transporte"[1175].

Quando está em causa um risco de contraprestação fala-se, geralmente, em garantia do cumprimento das obrigações (seja de pagamento do preço, seja da entrega das mercadorias) ou garantia contra a insolvência de uma das partes. Se o que está em causa são as mercadorias (o objeto mediato do contrato de venda) fala-se em risco segurável. Quando está em causa o risco da contraprestação o que está em causa é a exposição ao «perigo de incumprimento». Aliás, a abordagem a perigo no âmbito do (in)cumprimento parece não corresponder ao caráter, necessariamente, intrínseco do (in)cumprimento no âmbito do contrato (algo com que as partes não podem deixar de contar no momento da sua celebração). Já a exposição a perigos que está inerente às normas reguladoras da transferência do risco tem um caráter extrínseco ao próprio contrato (algo que as partes sabem que pode acontecer, mas que sabem não depender das suas condutas).

Aliás, considerar que as normas reguladoras da transferência do risco se referem a risco da contraprestação ou risco do preço é olvidar que nestas duas situações pode existir apenas incerteza. Imaginemos que as mercadorias são afetadas, parcialmente, por um incêndio. Dúvidas não serão colocadas quanto à integração desta situação nas regras de transferência do risco. No entanto, se aquela parte das mercadorias não afetadas pelo incêndio puder ser vendida por preço igual ao fixado, eventualmente, no contrato

[1175] Dominique, Koevoets, «Preisgefahr im Klassischen Rom um seit der Kodifikation des schweizerischen Privatrechts», *in* Fargnoli, Iole / Fasel, Urs (Ed.), *Eugen Huber und die romanistische Grundlage des Schweizer Kaufrechts*, Berna: Stämpfli Verlag AG, 2015, p. 86.

de venda para a totalidade das mercadorias não se pode falar em risco de preço tal como perspetivado por vendedor e comprador no momento da celebração do contrato. E isso pode suceder pelo simples facto de entre o momento da celebração do contrato de venda e o momento de revenda das mercadorias que não foram afetadas pelo incêndio poder existir uma flutuação no seu preço de mercado que permita ao comprador (revendedor) obter uma quantia igual (ou até superior) apesar da afetação da integridade de parte das mercadorias.

A referência ao sinalagma funcional no âmbito dos contratos parece não ser a melhor opção para uma compreensão do risco visado pelas normas reguladoras da transferência do risco. O que parece decorrer destas normas é uma determinada incerteza quanto à «sorte» das mercadorias; quanto à possibilidade de afetação da sua integridade sem ser devido a ato ou omissão do vendedor ou do comprador ou de quem possa atuar por sua conta. Na nossa opinião não cabem no âmbito da transferência do risco as situações de destruição, perda, dano ou deterioração das mercadorias "devidas [...] a ação humana"[1176], porquanto devem ser integradas no âmbito da responsabilidade civil e sujeitas aos pressupostos de que dependa a obrigação de indemnização.

Por seu turno, as normas relativas à transferência do risco não identificam qualquer risco contratual. O risco contratual parece estar mais ligado a aspetos relacionados com previsibilidade. No momento da celebração do contrato, as partes podem "lidar com contingências futuras com longos [e] detalhados contratos para reduzir a incerteza e alocar todos os riscos previsíveis"[1177], mas as normas aplicáveis à transferência do risco situam-se no âmbito da incerteza (*tout court*) e se de risco se puder falar terá de ser, necessariamente, o risco de verificação de um evento imprevisível. Esta perspetiva de risco (no âmbito da transferência do risco) é apoiada pela compreensão do que seja o risco em um processo de negócios (*business process*). "O risco pode ser definido como *incerteza em relação* ao custo, *perda ou dano*. Nesta definição, a ênfase é na palavra incerteza. Quando a

[1176] No sentido de estas situações poderem ser integradas na transferência do risco, *vide* Moyle, J. B., *The contract of sale in the Civil Law with references to the laws of England, Scotland and France*, Oxford: Clarendon Press, 1892, p. 77.

[1177] DiMatteo, Larry A., «Justice, Fault, and Efficiency in Contract Law», *The Italian Law Journal*, Vol. 03, Nº01, p. 39 (disponível em: <http://theitalianlawjournal.it/data/uploads/3-italj-1-2017/pdf/dimatteo.pdf>).

destruição ou perda de capital é certa em relação a um processo negocial, pode ser cobrada antecipadamente como um custo. Não é um risco. *Quando a destruição ou perda é incerta*, pode ser tratada de acordo com julgamentos de probabilidade e *apresenta um problema de risco.*"[1178] "[A] teoria dos riscos é mais frequentemente encarada hoje em dia sob o ângulo do destino reservado à coisa perdida e não sob o do contrato."[1179]

Na definição de um critério legal ou contratual de alocação de risco na venda internacional de mercadorias deve ter-se em conta que o grau de incerteza quanto aos eventos que podem afetar a integridade das mercadorias é maior do que na venda interna. Na maior parte das situações, o tempo e o espaço são mais alargados e o conjunto de relações que o contrato de venda origina potencia essa incerteza. Mas isso fará parte, segundo Charles O. Hardy, do processo de avaliação do risco de mercado, porquanto o autor contrapõe este risco aos "riscos de *destruição* da propriedade *devido aos perigos* físicos da natureza"[1180].

Apesar de esta perspetiva não ter uma preocupação específica com aspetos contratuais e legais, a verdade é que a mesma permite sustentar a nossa perspetiva de risco no âmbito do nosso trabalho.

Embora, na nossa opinião, não seja correto estabelecer qualquer ligação entre a propriedade das mercadorias e a transferência do risco, consideramos que o risco de mercado não é o visado pela norma contratual ou legal quando faz referência a «transferência do risco»[1181]. A diferença entre risco de mercado e risco económico pode ser difícil de se estabelecer, mas no plano jurídico o risco presente nas normas reguladoras da transferência do risco implica incerteza quanto à verificação de um determinado resultado: a afetação da integridade das mercadorias.

Note-se que o risco económico pode estar ligado a uma ideia de opção entre ter mais (ou menos) cuidado com as mercadorias. Na verdade, ter mais cuidados com a manutenção da integridade das mercadorias e, simul-

[1178] Hardy, Charles O., *Risk and Risk-Bearing*, Chicago: The University of Chicago Press, 1923, p. 1. *Itálicos* nossos.

[1179] Brunetti-Pons, Clotilde, *L'obligation de conservation dans les conventions*, Aix-en-Provence: Presses Universitaires D'Aix-Marseille, 2003, p. 438-439.

[1180] Hardy, Charles O., *Risk and Risk-Bearing*, Chicago: The University of Chicago Press, 1923, p. 2. *Itálicos* nossos.

[1181] Neste sentido, *vide* Bridge, Michael, «Risk of Loss», *in* DiMatteo, Larry, *et. al.* (Ed.), *International Sales Law*, 2ª Edição, Baden-Baden: Nomos Verlagsgesellschaft mbH & Co. KG, 2021, p. 671.

taneamente, manter o contrato de venda internacional, assim como outras relações por ela originadas, pode implicar um risco económico superior. Nesta ponderação entre ter mais (ou menos) cuidados com as mercadorias hão de entrar razões de maior ou menor perda económica, mas isso não significa que o risco tido em conta pelas normas reguladoras da transferência do risco seja este. Assim, por exemplo, no transporte das mercadorias há quem extraia um determinado princípio através da colocação em um gráfico de dois fatores: um dos fatores "representa os custos por perda e dano nas mercadorias [e o outro] representa o custo para o transportador [por ser] cuidadoso. [O somatório dos dois fatores] representa os custos agregados. O princípio aqui é bastante simples: quanto mais cuidadoso o transportador é, mais baixos se tornarão os custos da perda e danos nas mercadorias. No entanto, isso é verdade apenas em certa medida. Por mais cuidadoso que seja o transportador, a perda e os danos nas mercadorias irá, em qualquer caso, ocorrer. Em um certo ponto, o aumento dos custos para ter cuidado excederá os custos de perda e danos economizados."[1182]

Consequentemente, não pode ser este o risco tido em conta pelas normas reguladoras da transferência do risco. Somos da opinião que nestas normas, independentemente do critério, o risco é o de afetação da integridade das mercadorias. Por isso, a alocação deve ser feita tendo em conta a necessidade de preservação dessa mesma integridade.

Não se trata de imputar esse risco à parte que possa obter os maiores proveitos ou benefícios ou àquela que possa sofrer o menor prejuízo. Vemos a situação de um modo diferente. A integridade das mercadorias revela-se de extrema importância para a salvaguarda de um conjunto de relações jurídicas que conformam o que vem sendo designado, ao longo dos tempos, como «comércio internacional».

A garantia da estabilidade do comércio internacional não está, é certo, apenas dependente da preservação da integridade das mercadorias[1183], mas muitas das repercussões económicas, financeiras e até mesmo no sistema judicial terão como causa a ineficiente alocação do risco de afetação da integridade das mercadorias.

[1182] Schelin, Johan, «CMR Convention in a law and economics perspective», *in Uniform Law Review*, Vol. 21, Nº 4, 2016, p. 436.

[1183] Há determinados perigos para essa estabilidade do comércio internacional que dependem de outros fatores, tais como a solvabilidade de instituições bancárias e financeiras, de seguradoras e de empresas de transportes (não necessariamente colocados em causa pela «queda» do edifício construído a partir da relação de venda de mercadorias).

Há, por isso, que efetuar (pelo menos parcialmente) uma recompreensão da ideia de *periculum*, afastando qualquer referência a risco económico[1184].

Por outro lado, será de colocar em evidência a ideia de risco de preço, de risco da prestação e de risco da contraprestação. Não para considerar que este é o risco visado pelas normas relativas à transferência do risco, mas para melhor delimitar a ideia de que o risco aí tido em vista é o risco de afetação da integridade das mercadorias. Um olhar rápido sobre algumas obras alemãs permitirá dizer, desde logo com base no elemento literal, que aqueles riscos surgem para identificar uma mesma realidade. Aí surgem as expressões *Leistungsgefahr, Gegenleistungsgefahr*[1185] e *Preisgefahr*[1186]. Mas mesmo quando algumas destas expressões aparecem contrapostas parece continuar a existir alguma circum-navegação quanto à determinação do risco presente nas normas relativas à transferência do risco. Contraposta *Leistungsgefahr* a *Preisgefahr* diz-se que a primeira expressão identifica o risco de execução/desempenho a que está sujeito o vendedor (no caso de venda genérica continua a ter de executar e no caso de venda específica terá de indemnizar por não execução) e que a segunda expressão identifica o risco de o comprador ter de pagar o preço sempre que as mercadorias se percam ou pereçam "acidentalmente"[1187]. No entanto, Thomas Koller faz

[1184] Note-se no âmbito de alguns trabalhos sobre *Preisgefahr* (risco de preço) se acaba por falar em "risco económico da deterioração da mercadoria" (Walter, Hans Peter, «Doppelverkauf und Preisgefahr im schweizerischen Recht», *in* Bucher, Eugen, *et. al.* (Ed.), *Norm und Wirkung. Beiträge zum Privat- und Wirtschaftsrecht aus heutiger und historischer Perspektive. Festschrift für Wolfgang Wiegand zum 65. Geburtstag*, Berna: Stämpfli Verlag AG, 2005, p. 636). Junta-se risco de preço e risco económico em uma mesma realidade ligada à perda ou deterioração da mercadoria. Na nossa opinião, esta junção constitui um índice de que o risco de que se fala no âmbito das normas relativas à transferência do risco é um risco diferente: o risco de afetação da integridade das mercadorias.

[1185] Referindo *Leistungsgefahr* e *Gegenleistungsgefahr, vide* Westermann, Harm Peter, «§446 BGB», *in* Säcker, Franz Jürgen, *et. al.*, *Münchener Kommentar zum Bürgerlichen Gesetzbuch*, Vol. 4, 8ª Edição, Munique: CHBECK, 2019, disponível mediante registo prévio em: < https://beck-online.beck.de/?vpath=bibdata%2Fkomm%2FMuekoBGB_8_Band4%2FBGB%2Font%2FMuekoBGB%2EBGB%2Ep446%2EglIII%2Egl1%2Ehtm>.

[1186] Referindo *Leistungsgefahr* e *Preisgefahr, vide* Faust, Florian, «§446 BGB», *in* Hau, Wolfgang / Poseck, Roman, *Beck'sche Online-Kommentare BGB*, 60ª Edição, 2021 disponível mediante registo prévio em: <https://beck-online.beck.de/Dokument?vpath=bibdata%2Fkomm%2Fbeckokbgb_60%2Fbgb%2Fcont%2Fbeckokbgb.bgb.p446.glv.gl1.gla.htm&pos=18&hlwords=on>.

[1187] Koller, Thomas, «Der Übergang der Leistungsgefahr hei internationalen Kaufverträgen unter der CIF- und der FOB-Klausel», *in* Wiegand, Wolfgang / Koller, Thomas / Walter,

referência ao artigo 66º da *CISG* para espelhar esta última ideia de risco de preço[1188]. Na nossa opinião esta norma da *CISG* não é, *de per si*, suficiente para determinar que o risco em causa é um risco de preço.

Por um lado, não é absolutamente pacífico que esta norma pretenda abarcar o risco de preço porquanto há quem defenda que o risco pode ser transferido para o comprador apesar da verificação de um ato ou omissão por parte do vendedor e que a exoneração do dever de pagar o preço pode resultar da verificação desse mesmo ato ou omissão por parte do vendedor e não da transferência do risco[1189]. Assim, segundo esta interpretação, o risco é transferido para o comprador, mas este não tem de pagar o preço, isto é, há que concluir que o risco transferido para o comprador é um risco de natureza diferente do risco de preço.

Todas as normas que se seguem ao artigo 66º da *CISG* estabelecem um determinado critério que define o momento da transferência do risco. Sublinhe-se, por isso, que se trata de *transferência do risco*. E só pode considerar-se transferido o risco do vendedor para o comprador se este risco que passa a suportar o comprador for o mesmo que suportava o vendedor.

Se o risco que o vendedor suporta é risco de execução/desempenho e o risco que passa a suportar o comprador é risco de preço pode falar-se em transferência? Há identidade entre um e o outro em termos jurídicos? Parece que não. Essa identidade será alcançada considerando-se que o risco que está em causa no âmbito das normas relativas à transferência do risco é o risco de afetação da integridade das mercadorias. Na verdade, a contraposição entre risco de execução/desempenho e risco de preço não existe

Hans Peter, *Tradition mit Weitsicht. Festschrift für Eugen Bucher zum 80. Geburtstag*, Berna: Stämpfli Verlag AG, 2009, p.389-390. Referindo uma decisão do Supremo Tribunal Chileno e considerando que "a noção legal deste tipo de risco refere-se a lesão acidental nas mercadorias" (*vide*, Muñoz, Edgardo, *Modern Law of Contracts and Sales in Latin America, Spain and Portugal*, Haia: Eleven International Publishing, 2011, p. 351).

1188 Ideia presente, também, em outros autores (*vide* Reinhart, Gert, *UN-Kaufrecht (Kommentar zum Übereinkommen der Vereinten Nationen vom 11. April 1980 über Verträge über den internationalen Warenkauf*, Heidelberg: C.F. Müller Juristischer Verlag, 1991, p. 150-151).

1189 "*[...I]n providing for the case of the seller whose act or omission leads to casualty to the goods, CISG Article 66 seems to state that the risk is nevertheless transferred to the buyer, though the buyer is discharged from its duty to pay the price. This may be a matter of some significance when CISG Article 70 comes into play.*" (Bridge, Michael, «Risk of Loss», *in* DiMatteo, Larry, *et. al.* (Ed.), *International Sales Law*, 2ª Edição, Baden-Baden: Nomos Verlagsgesellschaft mbH & Co. KG, 2021, p. 675).

no âmbito da *CISG*[1190]. A discussão em volta desta contraposição parece corresponder mais uma vontade de procura do conceito de risco (regulado pelo artigo 66º da *CISG*) baseada nessa mesma contraposição apresentada pela dogmática jurídica alemã[1191], do que propriamente nos cânones interpretativos estabelecidos na Convenção. E nem mesmo a afirmação de que as normas da *CISG* regulam as referidas duas conceções de risco[1192] nos parece suficiente para uma abordagem ao risco com base em uma interpretação autónoma e atendendo ao caráter internacional da Convenção.

Aliás, esta tendência de interpretação por parte da doutrina alemã parece já levar, pelo menos, quase um século. No ano de 1938 escreveu-se que "[o]s riscos assumidos pelo comprador apenas dizem respeito à própria mercadoria e não podem influenciar a obrigação contratual do referido comprador de pagar o preço. Do mesmo modo, o vendedor assume os seus próprios riscos, no que se refere ao preço, sem que se possa falar de uma influência exercida a este respeito pela natureza dos riscos a cargo do comprador. [...]É, para a linguagem e o espírito jurídico franceses, o resultado dos riscos no conjunto das obrigações recíprocas que conta e não se encara as suas obrigações separadas umas das outras. O vendedor sofreria assim uma perda se, em última análise, o mercado lhe causasse um prejuízo, pelo facto de ter fornecido uma mercadoria cujo valor fixado no contrato não poderia ter recebido. Pelo contrário, é o comprador que suporta os riscos se for obrigado a fornecer o preço de uma mercadoria que foi perdida na totalidade ou deteriorada durante o percurso e cujo valor já não corresponde à soma estipulada no contrato. Estes princípios, segundo os quais a questão dos riscos é regulada segundo os valores em causa, não são os admitidos pelo direito alemão."[1193]

É verdade que muitas alterações legislativas já se produziram em um e em outro ordenamento jurídico, mas a ideia de que "riscos assumidos

[1190] Imberg, Alexander, *Die Verteiluna der Beweislast beim Gefahrübergang nach UN-Kaufrecht*, Frankfurt: Peter Lang GmbH, 1998, p. 45.

[1191] Imberg, Alexander, *Die Verteiluna der Beweislast beim Gefahrübergang nach UN-Kaufrecht*, Frankfurt: Peter Lang GmbH, 1998, p. 46.

[1192] Neste sentido Imberg, Alexander, *Die Verteiluna der Beweislast beim Gefahrübergang nach UN-Kaufrecht*, Frankfurt: Peter Lang GmbH, 1998, p. 47.

[1193] Perdicas, Panajotis, «Fonction des documents dans la pratique maritime internationale (suite et fin)», *in Revue de Drot Maritime* Comparé, Tomo 27 (janeiro-Junho 1938), Paris: Librairie Générale de Droit et de Jurisprudence, p. 8-9.

pelo comprador apenas dizem respeito à própria mercadoria" parece-nos perfeitamente válida na transferência do risco na venda internacional de mercadorias, mormente quando está em causa uma venda regulada pela *CISG*, situação em que a interpretação das respetivas normas tem de ser feita tendo em conta o seu caráter internacional (sem peias ligadas a cada um dos ordenamentos jurídicos que possam estar em contacto com o contrato de venda).

Colocado o enfoque na ideia de salvaguarda da integridade das mercadorias não pode deixar de se afastar a ideia de proveito/benefício ou prejuízo para o vendedor ou para o comprador como elementos influenciadores na criação do critério para a transferência do risco. Estes maiores (ou menores) benefícios ou prejuízos para o vendedor ou para o comprador devem surgir como consequência de uma preocupação com um valor superior que podemos designar de estabilidade do comércio internacional. Na verdade, os benefícios para o vendedor ou para o comprador não podem ser vistos nas vicissitudes que podem afetar a relação contratual, mas sim na conformação da própria relação contratual. Se houver uma eficiente alocação do risco garantir-se-á mais facilmente o plano contratual definido entre o vendedor e o comprador. No momento da conclusão do contrato os sujeitos podem ter a sua vontade viciada ou até a sua vontade não corresponder à sua declaração (etc.), mas ambas pretendem que o direito de propriedade sobre as mercadorias deixe de integrar a esfera jurídica do vendedor para passar a integrar a esfera jurídica do comprador.

Aquando da conclusão do contrato de venda (e na falta de determinação do critério para a transferência do risco) vendedor e comprador não têm em vista determinar em que momento o comprador se torna proprietário (efeito jurídico do contrato), nem fazem qualquer análise de risco respeitante a eventos imprevisíveis que possam afetar a integridade das mercadorias. E, por isso, o legislador não deve acautelar os interesses de uma das partes do contrato de venda, por via do critério para a transferência do risco. O legislador deve colocar o enfoque no valor da segurança e estabilidade do comércio internacional, colmatando a falta de manifestação de vontade das partes através do recurso a critérios de alocação do risco que não tenham, apenas, em vista a relação bilateral entre vendedor e comprador.

Na transferência do risco cabem não só os casos de *vis maior* mas também os casos de *vis menor*, ou seja, abarca quer "acontecimentos imprevisíveis e inevitáveis", quer as situações em que "a ocorrência de danos poderia ter sido evitada através de supervisão ou custódia"[1194].

O risco transferido na venda internacional de mercadorias apresenta-se como unitário: a afetação da integridade das mercadorias. Este resultado pode manifestar-se por mais do que uma via. A afetação da integridade das mercadorias pode revelar-se na sua perda[1195], na sua deterioração ou dano. Afetada que esteja a integridade das mercadorias, através da consumação de determinados eventos (incêndio, inundação, derrame, etc.), hão de manifestar-se (ou não) outros riscos, nomeadamente o risco de preço. No que concerne a este, dizemos que o mesmo pode não se manifestar porquanto bastará que a afetação da integridade das mercadorias possa ser «compensada» com o risco de mercado, ou seja, se o mercado revelar uma valorização das mercadorias a parte que tem alocado a si o risco de afetação das mercadorias pode não sofrer qualquer risco de preço (o risco de preço pode vir a ser absorvido pela dinâmica do mercado). Outrossim, para que o risco transferido fosse risco do preço seria necessário que em todas as vendas esse preço existisse aquando da conclusão do contrato[1196].

Sobre esta conformação do risco já se escreveu algo próximo, dizendo que o que está em causa, quando se fala em risco no contrato de venda, são "as possibilidades de modificação material do objeto do contrato, mas também as boas possibilidades, as de melhoria, bem como as más, as de deterioração ou destruição [...]"[1197]. No entanto, não pode falar-se apenas de uma modificação do objeto do contrato posto que seria difícil estabelecer uma diferença relativamente às situações de falta de conformidade das mercadorias. Verificamos, também, que ao longo do tempo se foi sedimentando a ideia de que o risco inerente à transferência do risco identifica as referidas "más possibilidades", sendo as "boas possibilidades" reconduzíveis a outro tipo de riscos que não o subjacente à transferência do risco.

[1194] Aparentemente, diferenciando *vis maior* de *vis menor* na transferência do risco, *vide* Dominique, Koevoets, «Preisgefahr im Klassischen Rom um seit der Kodifikation des schweizerischen Privatrechts», *in* Fargnoli, Iole / Fasel, Urs (Ed.), *Eugen Huber und die romanistische Grundlage des Schweizer Kaufrechts*, Berna: Stämpfli Verlag AG, 2015, p. 88.

[1195] Note-se que não integramos no âmbito desta perda o extravio das mercadorias.

[1196] Cfr, *infra* o ponto 8 deste Capítulo.

[1197] Bessé, Alain, *Assurance maritime sur corps: la clause "franc sauf"*, Paris: Librairie Générale de Droit et de Jurisprudence, 1957, p. 12.

6. (In)admissibilidade de um princípio geral de conservação das mercadorias

Partindo das normas da *CISG* é possível afirmar não só a existência dos princípios previstos no artigo 7º "(princípios da internacionalidade, uniformidade e boa-fé)"[1198], mas também toda uma panóplia de princípios gerais resultantes de outras normas (ou conjuntos de normas) e, até mesmo, da Convenção vista como um todo[1199]. O princípio da manutenção do contrato é um dos princípios fundamentais que conformam o regime jurídico da *CISG*. Por outro lado, para a manutenção do contrato, tal como perspetivado por vendedor e comprador, é extremamente importante que o objeto mediato do mesmo (as mercadorias) não seja afetado por vicissitudes alheias à sua vontade.

Assim, pode dizer-se que a conservação das mercadorias é muito relevante para a manutenção do contrato. Para o efeito, parece existir "um dever [jurídico] de agir hoje em relação ao que pode acontecer no futuro"[1200] sempre que se fala em conservação das mercadorias. No entanto, a abordagem, pura e simples, a transferência do risco parece convocar uma ideia diferente, ou seja, o "risco está rodeado de incerteza"[1201].

O momento a partir do qual o risco se transfere do vendedor para o comprador não deve, por isso, ser determinado exclusivamente com base na relação entre eles estabelecida, nem com base na (in)existência de uma outra relação contratual (o contrato de seguro) que permite ao vendedor ou ao comprador obter o correspondente ao que obteria se as mercadorias não tivessem sido afetadas na sua integridade. A integridade das mercadorias é muito importante para a manutenção do contrato de venda internacional e a manutenção deste constitui garantia de segurança e estabilidade de um conjunto de outras relações jurídicas sujo surgimento deriva, direta e imediatamente, da relação de base (a venda).

[1198] Viscasillas, Pilar Perales, «Interpretation and gap-filling under the CISG», *in* Uniform Law Review, Vol. 22, Nº 1, 2017, p. 17.

[1199] Viscasillas, Pilar Perales, «Interpretation and gap-filling under the CISG», *in* Uniform Law Review, Vol. 22, Nº 1, 2017, p. 17-19.

[1200] Ericson, Richard V. / Doyle, Aaron, «Theorizing Risk and Morality: Introduction», *in* Ericson, Richard V. / Doyle, Aaron (Ed.), *Risk and Morality*, Toronto: University of Toronto Press, 2003, p. 13.

[1201] Ericson, Richard V. / Doyle, Aaron, «Theorizing Risk and Morality: Introduction», *in* Ericson, Richard V. / Doyle, Aaron (Ed.), *Risk and Morality*, Toronto: University of Toronto Press, 2003, p. 16.

O contrato de venda internacional é a fonte para o surgimento de outros contratos que visam garantir o cumprimento de obrigações daquele emergentes. Para a garantia da estabilidade do comércio internacional é muito importante que a alocação (legal claro está[1202]) do risco no contrato de venda internacional seja feita à parte que está em melhores condições de (se não garantir[1203]) fazer perdurar a integridade das mercadorias. Não está em causa, apenas, a adoção de atos de conservação, mas também a não adoção de atos que possam afetar a (ou potenciar a afetação da) integridade das mercadorias.

Conforme deixamos dito a respeito das intercorrências do direito de disposição e/ou direito de controlo emergente do contrato de transporte na transferência do risco[1204], o não exercício desse direito faz com que a transferência do risco não se desloque para um momento diferente (do definido legal ou contratualmente), mas a efetivação desse direito faz, necessariamente, como que essa modificação se dê.

Há, por isso, que ter em conta que já não estamos no âmbito do (in) cumprimento do contrato de venda internacional de mercadorias, mas sim no âmbito do desenvolvimento de um outro contrato: o contrato de transporte. Assim, ao contrário dos atos e omissões imputáveis ao vendedor ou ao comprador no desenvolvimento do contrato de venda internacional, no âmbito do qual um deles pode utilizar os meios de que dispõe para reagir perante a violação do contrato, no que concerne ao direito exercido no âmbito do contrato de transporte nada podem fazer o vendedor ou o comprador (*rectius,* um deles), atendendo ao princípio da relatividade dos contratos (*res inter alios ata*). Mas estamos perante o exercício de um direito que permite ao seu titular assumir o controlo das mercado-

1202 Pois no que concerne à alocação contratual do risco de afetação da integridade das mercadorias só com recurso ao princípio da boa-fé se poderiam contrabalançar as disfunções provocadas pela autonomia privada. Mas como também se deixou dito *supra* a aceitação do princípio da boa-fé nos ordenamentos jurídicos internos não reúne, atualmente, consensos. Seja como for, os vários instrumentos legais internacionais (supranacionais, convencionais ou *Soft Law*) reguladores do contrato de venda internacional vêm abrindo caminho para uma aplicação desse princípio fundamental por parte dos tribunais (caminho que pode ser ainda facilitado pela realidade provocada pela pandemia COVID-19, onde as normas reguladoras de concretos factos típicos da vida se revelaram inadequadas ou obsoletas).

1203 A garantia pode revelar-se uma ideia enganadora face à existência de um evento imprevisto, para o qual a intervenção de uma das partes não pode ser pensada.

1204 Ver ponto 1.4. do Capítulo IV.

rias que, independentemente de serem aquilo que é deslocado por via do contrato de transporte, são o objeto do contrato de venda internacional. Por seu turno, o objeto do contrato de venda internacional constitui um dos *essentialia negotii* que deve ser encarado como tal não só no momento da conclusão do contrato, mas também ao longo do desenvolvimento da relação contratual.

Poderia dizer-se que "[a] obrigação de conservação vincula o detentor da coisa alheia a evitar a perda ou a deterioração desta última. E o não cumprimento dessa obrigação gera responsabilidade. É, pois, necessário que as condições da responsabilidade sejam preenchidas para que o detentor suporte o peso financeiro da perda ou da deterioração da coisa alheia. Assim, os riscos associados à perda ou à deterioração por caso fortuito recaem sobre o proprietário da coisa devida, enquanto a obrigação de conservar esta última recai sobre o detentor nas condições da responsabilidade incorrida. No entanto, a teoria dos riscos exerce uma certa influência sobre o regime da obrigação de conservação. Em caso de perda da coisa devida, presume-se a culpa do devedor da obrigação de conservação nos termos do terceiro parágrafo do artigo 1302 do Código Civil."[1205] Atualmente, por via da reforma do direito das obrigações francês, de 2016, a obrigação de conservação da coisa vem regulada no artigo 1197º do CC-F. E poderá dizer-se que "um dos maiores contributos da reforma é [...] fazer cessar a confusão, cometida pelos redatores do Código de Napoleão, entre a obrigação de *délivrer* e a obrigação de *livrer*"[1206]. Aparentemente, "[e]sta obrigação de conservação [, apenas,] *torna assim aceitável* a transferência de riscos aquando da conclusão contrato, independentemente da colocação na posse da coisa objeto da transferência para o proprietário"[1207].

Estas afirmações poderão fazer algum sentido no âmbito de um ordenamento jurídico (*rectius*, o ordenamento jurídico francês) que tem como regra para a transferência do risco o momento em que se verifica a trans-

[1205] Brunetti-Pons, Clotilde, *L'obligation de conservation em droit civil français*, Tese para Doutoramento na Universidade Paris II, submetida no dia 10 de fevereiro de 1992, p. 363. A autora menciona o artigo 1302º do CC-F na sua redação anterior à reforma do direito das obrigações no ano de 2016.

[1206] Chantepie, Gaël / Latina, Mathias, *Le nouveau droit des obligations – Commentaire théorique et pratique dans l'ordre du Code Civil* –, 2ª Edição, Paris: Éditions Dalloz, 2018, p. 488.

[1207] Chantepie, Gaël / Latina, Mathias, *Le nouveau droit des obligations – Commentaire théorique et pratique dans l'ordre du Code Civil* –, 2ª Edição, Paris: Éditions Dalloz, 2018, p. 489. *Itálico* nosso.

ferência da propriedade. Mas este «ziguezaguear» não será suscetível de gerar uma complexidade desnecessária na regulação da transferência do risco?

Dissemos já que um dos valores a salvaguardar pela *CISG* é o da conservação das mercadorias e que esta conservação é muito importante para salvaguardar um outro com maior amplitude: o da manutenção do contrato de venda. Dissemos, também, que os atos e as omissões do vendedor ou do comprador que possam constituir (in)cumprimento/violação de deveres emergentes do contrato não devem interferir na dinâmica de alocação do risco de afetação da integridade das mercadorias.

Porque a conservação das mercadorias contribui para a manutenção do contrato de venda internacional de mercadorias deve ser tida em conta não como obrigação autónoma a que possa estar adstrito o vendedor ou o comprador, mas para determinar a correta alocação do risco a um ou a outro.

Não encaramos a conservação das mercadorias como uma obrigação a que está adstrito o vendedor ou o comprador, porquanto se assim entendêssemos estaríamos no âmbito da responsabilidade contratual[1208]. A transferência do risco tem um âmbito diferente das situações de (in)cumprimento de obrigações derivadas do contrato. O que defendemos é que a definição do critério para a transferência do risco não pode deixar de ter em conta a conservação das mercadorias, elevada a valor fundamental para a preservação da estabilidade do comércio internacional. Dito de outro modo, para a correta alocação do risco é necessário ter em conta quem "está mais bem colocado para fazer prevenir os sinistros e, caso estes ocorram, para os constatar e tomar as medidas cautelares destinadas a limitar as suas consequências prejudiciais"[1209].

Na conformação do critério legal para a transferência do risco deve ser tido em conta quem está em melhores condições de salvaguardar a integridade das mercadorias[1210]. Não se trata de uma obrigação, única e

[1208] Brunetti-Pons, Clotilde, *L'obligation de conservation dans les conventions*, Aix-en-Provence: Presses Universitaires D'Aix-Marseille, 2003, p. 439-441.

[1209] Herro, Rita, *Vente et transport: indépendence ou interdépendance?*, Aix-en-Provence: Presses Universitaires d' Aix-Marseille, 2011, p. 171.

[1210] Bernard Audit, a respeito da *CISG*, escreveu que "é natural fazer recair o risco sobre a parte que está em melhores condições de prevenir uma avaria ou um incidente, de os constatar se ocorrerem e de cumprir as formalidades necessárias junto de um perito ou de uma seguradora". (Audit, Bernard, *La vente internationale de marchandises: Convention des Nations*

exclusivamente, decorrente do contrato de venda internacional de mercadorias. Trata-se, antes, de uma obrigação decorrente da necessidade de salvaguarda do valor fundamental de manutenção do contrato de venda internacional de mercadorias para satisfazer a necessidade de estabilidade do comércio internacional (*rectius*, da venda internacional, mas também das relações jurídicas criadas para fazer face aos interesses do vendedor e do comprador).

Se atentarmos em um trabalho dedicado à "obrigação de conservação", já por nós anteriormente citado, verificamos que na venda se aborda a questão tendo por base outras realidades negociais, nomeadamente a obrigação de conservação por parte do transportador e a existência desta mesma obrigação no âmbito da restituição das mercadorias[1211]. Mais do que uma obrigação de conservação das mercadorias a que possa estar adstrito um determinado sujeito em um determinado contrato (ou situação) deve falar-se em conservação das mercadorias como valor fundamental a ter em conta na conformação do critério para a transferência do risco e, por essa via, ser possível promover a estabilidade do comércio internacional. Não se tratará de uma redutora obrigação de um determinado sujeito que intervém em um determinado contrato, mas de um princípio que vincula no momento da escolha do critério para a transferência do risco.

Obviamente que a conservação das mercadorias não pode ser, apenas, garantida por uma mais eficaz alocação do risco entre vendedor e comprador. A conservação das mercadorias dependerá de sobremaneira da conduta de cada um dos sujeitos intervenientes nas várias relações que conformam o designado comércio internacional.

Além dos atos e/ou omissões de todos (e de cada um) desses intervenientes, há que contar com as novas tecnologias para uma melhor monitorização do estado das mercadorias desde o momento em que saem da

Unies du 11 avril 1980, Paris: L.G.D.J, 1990, p. 87). Com base nesta afirmação de Bernard Audit foi formulada uma outra. "Para regular a transferência dos riscos, a Convenção preferiu basear-se sobre a aptidão respetiva das partes para o evitar: mais precisamente, os riscos recaem sobre o contratante que está mais bem colocado para tomar as precauções necessárias a fim de evitar o desaparecimento fortuito da coisa ou remediar as suas consequências económicas adversas." (Lamazerolles, Eddy, *Les apports de la Convention de Vienne au droit interne de la vente*, Poitiers: LGDJ, 2003, p. 207).

1211 Brunetti-Pons, Clotilde, *L'obligation de conservation dans les conventions*, Aix-en-Provence: Presses Universitaires D'Aix-Marseille, 2003, p. 179-239.

esfera de controlo do vendedor até ao momento em que chegam à esfera de controlo do comprador. Hoje em dia, as novas tecnologias permitem determinar com grande precisão o local e as condições em que se encontram as mercadorias. O uso dessas tecnologias é uma forma extremamente útil para antecipar medidas que evitem a afetação da integridade das mercadorias, mas também para mitigar eventuais danos. A utilização das tecnologias para prever condições meteorológicas adversas ou a utilização de plataformas de internet para controlar a temperatura dentro de um contentor ou dentro de uma câmara frigorífica é já possível[1212].

Nos últimos anos tem-se aprofundado o estudo sobre a *Internet of Things (IoT)*, quer a nível tecnológico e informático[1213], quer a nível jurídico[1214]. *Internet of Things* não é ainda um conceito absolutamente sedimentado. "[O]s dispositivos podem disponibilizar dados via Internet, desencadear ações utilizando os seus dados, ou realizar eles próprios uma operação baseada em dados, sem a necessidade de envolver seres humanos. É precisamente isso que se [pode] entende[r] por *Internet of Things* [...]. Todas as coisas podem tornar-se nós e terminais na Internet, inclusive máquinas e sistemas, mas também máquinas de lavar, sistemas de aquecimento central, aparelhos de ar condicionado, carros, bicicletas, relógios e óculos."[1215] No entanto, ao nível dos modelos de regulação das *IoT* colocam-se várias possibilidades, que mais não são ainda do que propostas[1216].

[1212] Sobre o transporte de produtos farmacêuticos veja-se o Guia modelo da autoria da Organização Mundial da Saúde para o armazenamento e transporte de produtos farmacêuticos sensíveis ao tempo e à temperatura (disponível em: < https://www.who.int/medicines/areas/quality_safety/quality_assurance/supplement_12.pdf>). Neste guia define-se "Sistema eletrónico de monitorização da temperatura e registo de eventos [como o s]istema para registo e comunicação das temperaturas do ar e/ou do produto, com recursos opcionais para registar e relatar eventos específicos tais como abertura de portas ou ciclos de descongelação, e para a emissão de alarmes. Tais sistemas podem ser programáveis pelo utilizador e *podem também ser monitorizados remotamente através de uma ligação de satélite*." (*vide* página 6 do documento; *itálico nosso*).

[1213] *Vide*, por todos, Sendler, Ulrich (Ed.), *The Internet of Things. Industrie 4.0. Unleashed*, Berlim: Springer-Verlag, 2018.

[1214] Weber, Rolf H. / Weber, Romana, *Internet of Things – Legal Perpsectives*, Berlim: Springer-Verlag, 2010.

[1215] Sendler, Ulrich, «Part I – The Basics. 1 – Introduction», *in* Sendler, Ulrich (Ed.), *The Internet of Things. Industrie 4.0. Unleashed*, Berlim: Springer-Verlag, 2018, p. 18.

[1216] Weber, Rolf H. / Weber, Romana, *Internet of Things – Legal Perpsectives*, Berlim: Springer-Verlag, 2010, p. 23 e ss. Aparentemente, embora a "auto-regulação tenha provado ser o mais

Partamos de um exemplo em que a conservação da integridade das mercadorias se manifesta de forma clara: as cadeias de fornecimento de produtos alimentares. Sustentando inicialmente este exemplo em investigação da área da informática podemos dizer que "[a]s tecnologias IoT oferecem vários benefícios em comparação com os métodos tradicionais utilizados para monitorizar [...] pontos e limites críticos de controlo [de temperatura]"[1217]. "O controlador IoT identifica a [...] localização atual [do produto alimentar] através da leitura de *IoT beacons*[1218] que são posicionados em locais fixos (por exemplo, numa unidade de armazenamento a frio, ou num veículo de entrega). Com base na sua localização atual, o dispositivo calcula se alguma das restrições de segurança dos alimentos relevantes para essa fase do fluxo de fornecimento foi violada. Por exemplo, é detetada uma violação se um produto alimentar tiver sido deixado fora do compartimento refrigerado durante um período de tempo significativo. É comunicado ao utilizador, através de uma interface de aplicação móvel, um relatório sumário a detalhar o processo global de entrega, bem como informações mais detalhadas de conformidade para cada uma das etapas individuais. A mesma informação é então também armazenada como um gráfico semântico numa rede imutável de blockchain. Tais dados podem então ser acedidos para fins de auditoria ou integrados com outros conjuntos de dados e aplicações por entidades terceiras a quem tenham sido concedidos privilégios de acesso aos dados."[1219]

A blockchain é uma tecnologia de *ledger*[1220] distribuído (*Distributed Ledger Technology*) em que "[o]s *ledgers* são modificados e construídos apenas pelo consenso de todos os atores da cadeia, e qualquer tentativa de mani-

bem sucedido mecanismo para lidar com as alteações tecnológicas no passado [...,] algum tipo de enquadramento legal vinculativo (melhor estabelecido a nível internacional) será necessário para assegurar a adesão aos mecanismos. (*idem*, p. 110).

1217 Markovic, Milan, *et. al.*, «Integrating Internet of Things, Provenance, and Blockchain to Enhance Trust in Last Mile Food Deliveries», *in Frontiers in Sustainable Food Systems*, Nov. 2020, Vol. 4, Artigo 563424, p. 2 (disponível em: < https://www.frontiersin.org/articles/10.3389/fsufs.2020.563424/full>)

1218 Os *IoT beacons* são dispositivos que permitem geolocalizar com grande precisão objetos.

1219 Markovic, Milan, *et. al.*, «Integrating Internet of Things, Provenance, and Blockchain to Enhance Trust in Last Mile Food Deliveries», *in Frontiers in Sustainable Food Systems*, Nov. 2020, Vol. 4, Artigo 563424, p. 6 (disponível em: < https://www.frontiersin.org/articles/10.3389/fsufs.2020.563424/full>)

1220 Traduzido para português significa "livro-razão".

pular os *ledgers* em qualquer ponto seria vista, em teoria, através de todos os membros da cadeia. O mecanismo de consenso e a transparência sustentam a confiança. A cadeia pode também conter chaves de encriptadas para metadados adicionais (por exemplo, temperatura, dados de proveniência, etc.)"[1221].

Estes dispositivos têm a vantagem de poderem estar conectados através de várias tecnologias de maior ou menor alcance. A conexão pode ser feita através de *bluetooth, wi-fi,* mas também através da rede móvel digital 5G. Este tipo de tecnologia requer interoperabilidade[1222].

Destarte, no âmbito do fornecimento de produtos alimentares (e não só) será possível estabelecer através da tecnologia *IoT* um ponto crítico de controlo da temperatura das mercadorias[1223]. A partir de *x* graus Celcius, para mais e para menos, é desencadeada automaticamente a ação de reposição da temperatura nesse ponto crítico de controlo e também todas as informações relativas aos eventos para um conjunto de nós e terminais, podendo ser vistos por todos os membros da cadeia de *blockchain.* Dado que os *ledgers* só podem ser modificados através do consenso de todos os intervenientes na cadeia obtém-se uma garantia efetiva de recolha de informação que permita determinar com a exatidão necessária o local e o momento em que as mercadorias terão perecido. Permite-se que seja possível determinar com exatidão se nesse momento o risco corria por conta do vendedor ou do comprador.

Por outro lado, as garantias acrescidas de conservação das mercadorias proporcionadas pelas tecnologias *IoT* evitam outros tantos riscos, tais como o risco de pagamento de preço de mercadorias já perecidas, por exemplo, dentro de contentores antes mesmo da sua transmissão ao primeiro transportador independente, assim como o risco de custos adicionais relacionados com o desalfandegamento das mercadorias. Se o comprador for um

1221 Pearson, Simon, *et. al.,* «Are Distributed Ledger Technologies the panacea for food traceability? », *in Global Food Security,* Vol. 20, Março 2019, p.146 (disponível em: < https://www.sciencedirect.com/science/article/pii/S2211912418301408?via%3Dihub>).

1222 Weber, Rolf H. / Weber, Romana, *Internet of Things – Legal Perpsectives,* Berlim: Springer-Verlag, 2010, p. 91.

1223 Os "*[s]mart containers,* por exemplo, permitem os proprietários do contentor e das mercadorias monitorizar remotamente a condição quer do contentor quer das mercadorias que estão dentro dele." (Stevens, Frank, «Carrier liability for unmanned ships: goodbye crew, hello liability?», *in* Soyer Baris / Tettenborn, Andrew, *New Technologies, Artificial Intelligence and the Shipping Law in the 21st Century,* Oxon: Informa Law from Routledge, 2020, p. 158.

dos atores da *blockchain* terá informação precisa sobre a movimentação das mercadorias desde o estabelecimento do vendedor e consegue determinar o momento exato em que as mercadorias pereceram. O mesmo conhecimento terá o vendedor se integrar a *blockchain*.

Esta realidade será, necessariamente, confrontada com outras que já estão a ser implementadas, tais como os navios autónomos (sem tripulação) e os *smart contracts*.

A automatização dos navios levará, por certo, a que a tecnologia *IoT* aplicada nos contentores e nas mercadorias sejam integrados "com o controlo da embarcação em geral e, portanto, dependentes dos produtos dos fornecedores de sistemas de controlo eletrónico situados em terra."[1224]

A automatização pode ser uma forma de facilitar a execução dos contratos, mas também coloca questões relacionadas com vários princípios jurídicos. Se o pagamento do preço está previsto ser feito quando determinadas condições se verifiquem, como pode o comprador exercer o seu direito de suspender o cumprimento dessa obrigação? Ou o sistema está programado para suspender o pagamento mediante a verificação de determinadas condições ou será necessário que exista "[...] uma entidade responsável a gerir o sistema que executa os *smart contracts* [...]"[1225]

Mas mais uma vez verificamos que uma das grandes potencialidades destas tecnologias no comércio internacional é procurar estabelecer respostas para que as transações comerciais funcionem da melhor forma. É reconhecido que "[a]s Regras de Haia, Haia-Visby e Hamburgo são principalmente Convenções sobre responsabilidade; elas fornecem respostas quando as coisas correm terrivelmente mal e a carga é perdida ou danificada."[1226] Não há, por isso, razões para relegar a prevenção do risco de afetação da integridade das mercadorias para outras relações surgidas para fazer face às necessidades do vendedor e/ou do comprador.

[1224] Tettenborn, Andrew, «Shipping: product liability goes high-tech», *in* Soyer Baris / Tettenborn, Andrew, *New Technologies, Artificial Intelligence and the Shipping Law in the 21st Century*, Oxon: Informa Law from Routledge, 2020, p. 123.

[1225] Riva, Gianluigi Maria, «What Happens in Blockchain Stays in Blockchain. A Legal Solution to Conflicts Between Digital Ledgers and Privacy Rights», *in Frontiers in Blockchain*, Agosto 2020, Vol. 3, Artigo 36, p. 12 (disponível em: < https://www.frontiersin.org/articles/10.3389/fbloc.2020.00036/full>).

[1226] Sturley, Michael F., «Can commercial law accomodate new Technologies in international shipping?», *in* Soyer Baris / Tettenborn, Andrew, *New Technologies, Artificial Intelligence and the Shipping Law in the 21st Century*, Oxon: Informa Law from Routledge, 2020, p. 25.

A afetação das mercadorias deve ser prevenida através de uma alocação o mais eficiente possível do risco no contrato de venda. Essa eficiente alocação do risco na venda, conjugada com uma preocupação de utilização de todos os meios tecnológicos (e não só) ao dispor, permite salvaguardar de forma mais eficaz a conservação das mercadorias. O respeito por este princípio geral de preservação das mercadorias permitirá, simultaneamente, promover a estabilidade do comércio internacional.

7. A (des)necessidade de salvaguarda comércio internacional

Colocar em evidência o princípio da boa-fé[1227] não significa que consideremos estarem nesse âmbito os pilares para a uma (re)compreensão da transferência do risco na venda internacional de mercadorias. A boa-fé constituirá um princípio fundamental a ter em conta na interpretação da norma legal ou contratual. Mas terá um papel pouco relevante na determinação do critério legal mais adequado para determinar a transferência do risco na venda internacional.

Por outro lado, a conservação da integridade das mercadorias deve constituir uma preocupação no momento da definição do critério para a transferência do risco. Mas esta necessidade de conservação das mercadorias não será o fim último da correta alocação do risco no âmbito da venda internacional de mercadorias.

Em um estudo sobre a independência ou interdependência entre o contrato de venda e o contrato de transporte podemos buscar alguns elementos úteis para melhor explicarmos o itinerário que temos vindo a seguir para a (re)compreensão da transferência do risco na venda internacional de mercadorias[1228]. Mas buscar não significa seguir. Por vezes ao discordarmos alcançamos mais facilmente o caminho do que seguindo o caminho alheio. Vejamos.

Se, por um lado, não nos merece censura a ideia de que "o comércio internacional exige um estreitamento do âmbito do [princípio da relatividade dos contratos]"[1229], já temos algumas dúvidas em alavancar as posições que temos vindo a expor a respeito da transferência do risco na venda

[1227] *Vide* ponto 4 deste Capítulo.

[1228] Herro, Rita, *Vente et transport: indépendence ou interdépendance?*, Aix-en-Provence: Presses Universitaires d' Aix-Marseille, 2011.

[1229] Herro, Rita, *Vente et transport: indépendence ou interdépendance?*, Aix-en-Provence: Presses Universitaires d' Aix-Marseille, 2011, p. 492.

internacional na ideia de que aquele estreitamento deve ser feito "a favor do princípio da oponibilidade das convenções"[1230].

Em causa estará mais a ideia de que "a realização de uma operação económica global consistindo na transferência material e jurídica de mercadorias do património do vendedor [para o património] do comprador"[1231] depende de uma eficiente alocação do risco de afetação da integridade das mercadorias no âmbito da venda internacional. Por seu turno, potenciada a realização dessa operação global, através da eficiente alocação do risco, garantir-se-á uma maior estabilidade do comércio internacional.

Não estará em causa determinar se entre o contrato de venda e restantes contratos que abordamos anteriormente (transporte, seguro, crédito documentário) existe uma relação de contrato principal *versus* contrato acessório, de contrato-quadro *versus* contrato de execução ou se estamos perante indivisibilidade de contratos[1232]. Mas também não nos parece que considerar a relação entre o contrato de venda e os demais contratos uma relação *suis generis*[1233] possa constituir uma explicação suficiente para a (re)compreensão da transferência do risco na venda internacional de mercadorias.

Se, por um lado, a ideia de operação económica global pode constituir um elemento importante a ter em conta na (re)compreensão da transferência do risco, já a questão da "influência recíproca e ausência de hierarquia entre as [...] convenções"[1234] nos parece apenas possível em um estudo sobre a relação (ou falta dela) entre o contrato de venda e o con-

[1230] *Ibidem.*

[1231] Herro, Rita, *Vente et transport: indépendence ou interdépendance?*, Aix-en-Provence: Presses Universitaires d' Aix-Marseille, 2011, p. 440.

[1232] Herro, Rita, *Vente et transport: indépendence ou interdépendance?*, Aix-en-Provence: Presses Universitaires d' Aix-Marseille, 2011, p. 417 e ss.

[1233] A esta conclusão chega Rita Herro, expondo "três critérios [para] a particularidade [da] ligação" entre o contrato de venda e o contrato de transporte:
"la réalisation d'une opération économique globale, des influences juridiques réciproques et la variabilité de la vigueur du lien juridique selon les deux sortes de relations contractuelles entretenues: la relation tripartite «vendeur/transporteur/acheteur», et la relation bipartite «expéditeur-vendeur/ destinataire-acheteur». Si, dans le cadre de la relation bipartite, la liaison entre la vente et le transport s'apparente à l'interdépendance contractuelle, celle-ci se rapproche plus de l'indépendance de ces deux conventions dans le cadre de la relation tripartite" (Herro, Rita, *Vente et transport: indépendence ou interdépendance?*, Aix-en-Provence: Presses Universitaires d' Aix-Marseille, 2011, p. 492).

[1234] Herro, Rita, *Vente et transport: indépendence ou interdépendance?*, Aix-en-Provence: Presses Universitaires d' Aix-Marseille, 2011, p. 441.

trato de transporte. No que concerne à transferência do risco, o contrato de venda constitui o contrato-base para a concretização de um plano de salvaguarda da integridade das mercadorias e da estabilidade do comércio internacional. Reelaborando uma frase que não é nossa, diríamos que independentemente da individualidade de cada um dos contratos (*v.g.* os contratos de venda, transporte, seguro e os subjacentes aos créditos documentários) "[a] venda internacional de mercadorias está no centro de um conjunto de contratos que tendem todos à realização de uma mesma operação económica [...]"[1235].

A afirmação de Filippo Lorenzon a respeito das embarcações é elucidativa do que afirmamos. Segundo este autor "[...] o propósito da frota comercial mundial, a principal razão por que as embarcações são construídas, registadas, fretadas e seguradas não é de todo *marítima:* as embarcações navegam para transportar mercadorias compradas num mercado para serem vendidas em outro. O propósito real de toda a indústria de navegação comercial e do seu enquadramento regulatório e contratual é tornar o *comércio internacional* possível, seguro e eficiente"[1236].

Se o risco estiver alocado a quem no contrato de venda internacional de mercadorias está na melhor posição de manter ou diminuir os perigos a que as mercadorias são expostas até concretização do plano previsto (o ingresso das mercadorias previstas no contrato no património do comprador), a estabilidade do comércio internacional estará mais presente. Todo o conjunto de relações jurídicas originadas pela venda deixarão de ser afetadas ou serão afetadas em menor medida. Se, pelo contrário, for deixado para as relações originadas pelo contrato de venda internacional (*v.g.*, contrato de transporte ou contrato de seguro) a tarefa de colmatar a ineficiente alocação do risco no contrato-base, o que se está a fazer é a incrementar o risco de afetação da integridade das mercadorias. Na verdade, o que se está a permitir é que o risco de afetação das mercadorias deixe de estar presente no contrato de venda para passar a ser tido em conta em outros contratos. Partindo da interpretação que é feita de algumas disposições

[1235] Vialard, Antoine, *Droit Maritime,* Paris: Presses Universitaires de France, 1997, p. 465. O autor afirma o seguinte: "A venda internacional de mercadorias está no centro de um conjunto de contratos que tendem todos à realização de uma mesma operação económica, mas que não se confundem uns com os outros: cada um conserva a sua individualidade jurídica própria."

[1236] Lorenzon, Filippo, «Chapter 3: International Trade and Shipping Documents», *in* Baatz, Yvonne (Ed.), *Maritime Law,* 4ª Edição, Oxon: Informa Law by Routledge, 2018, p. 100-101.

de alguns instrumentos internacionais de regulação da venda internacional[1237], seria possível admitir uma alocação mais ineficiente do risco de afetação da integridade das mercadorias no contrato-base nas situações em que os contratos originados por este permitissem ao vendedor ou ao comprador obter compensação. Não podemos acompanhar este raciocínio.

Na nossa opinião, a alocação do risco de afetação da integridade das mercadorias, no contrato de venda internacional de mercadorias, deve ser efetuada de acordo com a necessidade garantia de conservação das mercadorias e da maior estabilidade possível do comércio internacional. Nem vendedor nem comprador poderão (é certo) controlar o que não é controlável, mas um deles estará (também é certo) em melhor posição de manter ou até mesmo diminuir o risco/perigo de afetação das mercadorias e, por isso, deve o critério estabelecido para a transferência do risco refletir essa preocupação.

A responsabilidade de cada um dos intervenientes nos contratos originados pelo contrato-base terá, necessariamente, de ser aferida em cada uma das relações jurídicas, pois aí se faz sentir o princípio da relatividade dos contratos. Não obstante, a alocação do risco entre o vendedor e o comprador no contrato de venda deve acautelar, até ao limite do possível, perturbações nos contratos que ele mesmo origina. O risco de afetação das mercadorias deve, «em primeira instância», ser devidamente distribuído no contrato de venda internacional de mercadorias[1238].

O risco de afetação da integridade das mercadorias é um risco sistémico, porquanto tem consequências nos contratos cujo aparecimento apenas se deve à necessidade de execução do contrato de venda[1239].

[1237] *V.g.*, a interpretação que é dada a uma parte da norma do artigo 68º da *CISG* ("*However, **if the circumstances so indicate**, the risk is assumed by the buyer from the time the goods were handed over to the carrier who issued the documents embodying the contract of carriage.*"). Sobre esta questão, *vide* pontos 1.3.1. e 3 do Capítulo IV.

[1238] Seguimos de perto uma afirmação feita a respeito da inter-relação entre o contrato de venda e o contrato de transporte de mercadorias, dando-lhe um sentido diferente (Ramberg, Jan, *International Commercial Transactions*, 4ª Edição, Estocolmo: Norstedts Juridik AB, 2011, p. 194). Segundo este autor "cabe aos vendedores e compradores, em primeira instância, distribuir esse risco entre si com as cláusulas do seu contrato e organizar a proteção do seguro em conformidade."

[1239] Elucidativo deste caráter sistémico do risco de que curamos no presente trabalho é a seguinte passagem de um texto de Jan Ramberg sobre o transporte multimodal:

8. Contributo para uma interpretação autónoma do risco transferido na *CISG*

Como julgamos já resultar à exaustão do que fomos expondo ao longo das páginas antecedentes, com a entrada em vigor da *CISG* no ordenamento jurídico português devem ser ultrapassadas as barreiras colocadas pelas várias leis internas de origem estatal e por preconceções à compreensão do risco subjacente às normas reguladoras da «transferência do risco». Se até à entrada em vigor da *CISG* era possível considerar que tais normas de origem estatal visariam o designado «risco de preço», a partir desse momento será mais difícil acondicionar essa conceção de risco face à necessidade de uma interpretação autónoma da Convenção. Sabemos que alguma doutrina (e jurisprudência) citada ao longo deste texto defende que o risco transferido do vendedor para o comprador no âmbito da *CISG* é, também, o «risco de preço».

Atualmente, de *jure condito*, consideramos que o risco transferido do vendedor para o comprador no âmbito da venda internacional de mercadorias (*rectius*, regulada pela *CISG*) é o risco de afetação da integridade das mercadorias. Deixemos, por isso, outras conceções de risco já abordadas e coloquemos o nosso foco no tão falado «risco de preço», que consideramos não abarcar todas as situações de transferência de risco consagradas na *CISG*.

A *CISG* impõe ao intérprete e aplicador do regime jurídico instituído que tenha em conta o seu caráter internacional (art. 7º). Esta Convenção impõe, por isso, que a sua interpretação seja autónoma relativamente a quaisquer conceções existentes em cada um dos Estados contratantes sobre as matérias por ela reguladas.

"The risk of loss for damage to cargo in transit is split between the different contracting parties by different means. Under the contract of sale, the trade term will resolve who of the seller and the buyer should assume that risk. One of the main functions of the trade term is to establish the «critical point» where the risk passes from seller to buyer.
This, in turn, will determine which of them will appear as claimant under the contract of carriage. Since the remedy to claim compensation from the carrier is limited because of various defences available to the carrier and various limits as to the amounts recoverable, sellers and buyers usually protect themselves by means of cargo insurance. The Claim against the carrier would therefore frequently be made by cargo insurers who, after having paid compensation under the insurance to the seller or the buyer, would receive a subrogation of their rights against the carrier and proceed against him with a so-called recourse action." (Ramberg, Jan, «Multimodal Transport: A New Dimension of the Law of Carriage of Goods?», *in Études offertes à René* Rodière, Paris: Dalloz, 1981, p. 489-490).

Em primeira instância, para uma efetiva interpretação autónoma da *CISG* deve ter-se em conta a falta de uma qualquer referência ao preço como nota caracterizadora do contrato de venda internacional de mercadorias. Isto deve-se ao facto de a *CISG*, também, não consagrar qualquer definição de contrato de venda[1240]. O artigo 1º, nº 2 da *CISG* exige uma "aparência objetiva"[1241] de internacionalidade do contrato de venda. Não é, por isso, correto afirmar-se que "[...] as partes devem ter celebrado conscientemente um contrato internacional [e que s]e não houver essa consciência, a Convenção não se aplica, e as regras nacionais [...] regerão o contrato."[1242] "É suficiente que a parte que conclui o contrato pudesse ter tido conhecimento do seu carácter internacional; contudo, não é necessário que tenha sido capaz de prever a aplicabilidade da CISG."[1243] O ónus de prova de que o contrato não aparentava ter um caráter internacional é do contratante que não pretenda ver a *CISG* aplicada ao contrato[1244].

[1240] Sobre alguns aspetos que a seguir se expõem, veja-se o nosso «O papel da vontade na *CISG*», *in* Martins, Alexandre de Soveral / Antunes, Maria João (Coord.), *Comemorando os 100 anos das Regras de Haia*, Instituto Jurídico da Faculdade de Direito da Universidade de Coimbra, Coimbra, 2022, pp. 99-128.

[1241] Schwenzer, Ingeborg / Hachem, Pascal, «Article 1», *in* Schwenzer, Ingeborg (Coord.), *Commentary on the UN Convention on the International Sale of Goods*, Oxford University Press, 2016, p. 43-44.

[1242] Volken. Paul, «Chapter 2 – The Vienna Convention: Scope, Interpretation, and Gap-filling», *in* Sarcevic, Petar / Volken, Paul, *International Sale of Goods: Dubrovnik Lectures*, Nova Iorque / Londres / Roma: Oceana Publications, 1986, p. 24, diponível mediante registo prévio em: < https://iicl.law.pace.edu/cisg/scholarly-writings/vienna-convention-scope-interpretation-and-gap-filling>. O autor refere que "as regras nacionais, *incluindo as regras de direito internacional privado*, regerão o contrato". Esta parte da afirmação do autor, em itálico nosso, não é reproduzida no corpo do nosso texto dado que consideramos também ser dúbio admitir-se que as regras de direito internacional privado possam ser aplicáveis quando, através da designação da lei de um Estado contratante, conduzam à aplicação da *CISG*. O pressuposto de que deve existir uma "aparência objetiva", pelo menos no momento da conclusão do contrato, da existência de estabelecimentos localizados em diferentes Estados é comum à alínea a) e à alínea b) do nº 1 do artigo 1º da *CISG*. Na falta desse pressuposto não se deve considerar aplicável a *CISG*.

[1243] Schwenzer, Ingeborg / Hachem, Pascal, «Article 1», *in* Schwenzer, Ingeborg (Coord.), *Commentary on the UN Convention on the International Sale of Goods*, Oxford University Press, 2016, p. 45.

[1244] Mistelis, Loukas, «Article 1», *in* Kröll, Stefan / Mistelis, Loukas / Viscasillas, Pilar Perales (Coord.), *UN Convention on Contracts for the International Sale of Goods (CISG): A Commentary*, C. H. Beck-Hart-Nomos, 2018, p. 35.

Ao contrário do que acontece nomeadamente com a lei portuguesa (art. 874º do C.C.), na *CISG* o preço não surge a caracterizar o contrato de venda, mas tão somente como obrigação do comprador emergente do contrato de venda concluído (art. 53º da *CISG*, ou seja, a primeira norma que integra o "Capitulo III. Obrigações do comprador" da Parte III). Analisemos, por isso, se a *CISG* impõe a existência de um preço para que se aplique a um contrato com aparência objetiva de venda internacional.

Nos termos da *CISG* "[u]ma proposta para a conclusão de um contrato, dirigida a uma ou mais pessoas determinadas constitui uma proposta contratual se é suficientemente precisa e indica a *vontade*[1245] do proponente se vincular em caso de aceitação. Uma proposta é suficientemente precisa quando indica as mercadorias e, explícita ou implicitamente, fixa a quantidade e o preço, *ou estabelece uma disposição para os fixar*" (art. 14º, nº 1). O artigo 55º estabelece que "[s]e um contrato tiver sido validamente concluído, mas não fixar expressa ou implicitamente o preço ou estabelecer disposição para a sua determinação, considera-se, na falta de qualquer indicação em contrário, que as partes fizeram implicitamente referência ao preço geralmente cobrado no momento da conclusão do contrato para essas mercadorias vendidas em circunstâncias comparáveis no setor do comércio em causa".

Há que ter em conta o facto de podermos vir a estar perante um contrato concluído por um vendedor ou um comprador com estabelecimento

[1245] O *itálico* em "vontade" é propositado. A versão portuguesa publicada em Diário da República (D.R.) e a versão oficial em língua francesa mencionem no artigo 14º da *CISG* "vontade" em vez de "intenção". Consideramos que não é uma questão de somenos importância atendendo ao facto de a versão inglesa utilizar sempre a palavra "*intention*". Embora na maioria das situações seja mais prudente a utilização da versão inglesa da *CISG* (as negociações tendentes à aprovação da Convenção foram conduzidas em inglês, os registos dessas mesmas negociações estão feitos primordialmente em inglês e este idioma tende a constituir a língua mais utilizada no comércio internacional e na arbitragem internacional), a verdade é que neste âmbito a versão francesa auxilia na compreensão das duas normas. O artigo 14º deve ser interpretado de acordo com as regras consagradas no artigo 8º da *CISG*. Este último artigo integra no seu nº 1 a "intenção" das partes e no seu nº 2 "o entendimento que uma pessoa razoável do mesmo tipo que a outra parte teria tido nas mesmas circunstâncias". Dito de outro modo, o nº 2 do artigo 8º da *CISG* nada tem que ver com a "intenção" das partes, mas também é convocado para interpretar a "vontade do proponente" mencionada na primeira frase do artigo 14º, nº 1; daí que no âmbito deste artigo 14º se traduza *intention* para "vontade" e não para "intenção". Assinalamos, também, que a versão francesa dos Princípios *UNIDROIT* faz referência a "*volonté*" no âmbito do artigo 2.1.2 (*Définition de l'offre*).

em um futuro Estado Contratante da *CISG* que venha a fazer a declaração de não aplicação da Parte II da Convenção (art. 92º da *CISG*)[1246]. "[S]e a lei desse Estado estabelece que um contrato pode ser validamente concluído mesmo que não fixe expressa ou implicitamente o preço ou não estabeleça disposição para o determinar"[1247] não há porque não aplicar o artigo 55º da *CISG*[1248]. A validade pressuposta pelo artigo 55º não tem que ver com o artigo 14º da *CISG*. Relembremos que de acordo com o artigo 4º, alínea a) da *CISG*, "salvo disposição expressa em contrário na [...] Convenção", esta não se aplica à validade do contrato; neste mesmo artigo 4º a Convenção contrapõe claramente "formação do contrato" a "validade do contrato"[1249].

Se o vendedor e o comprador tiverem os seus estabelecimentos em Estados que não tenham feito a declaração prevista no artigo 92º da *CISG*[1250],

1246 Atendendo ao artigo 100º da *CISG*, o mesmo se diga relativamente aos contratos celebrados no período em que as reservas dos Estados Nórdicos (Escandinavos) estiveram em vigor (neste sentido *vide* Schroeter, Ulrich, «Introduction to Articles 14-24», *in* Schwenzer, Ingeborg (Coord.), *Commentary on the UN Convention on the International Sale of Goods*, Oxford University Press, 2016, p. 263).

1247 Esta situação era já relatada no Comentário do Secretariado da *UNCITRAL* sobre o artigo 51º do Projeto de Convenção (*vide United Nations Conference on Contracts for the International Sale of Goods – Official Records*, Nova Iorque: Nações Unidas, 1991, p. 45, disponível em: <https://uncitral.un.org/sites/uncitral.un.org/files/media-documents/uncitral/en/a-conf-97-19-ocred-eng.pdf>).

1248 Neste sentido *vide* Schroeter, Ulrich, «Article 14», *in* Schwenzer, Ingeborg (Coord.), *Commentary on the UN Convention on the International Sale of Goods*, Oxford University Press, 2016, p. 280.

1249 E não é por acaso que, se atentarmos na letra de todos os artigos da Parte IV da *CISG*, em momento algum encontramos a referência a "validade" (da proposta ou da aceitação). A definição de validade não é simples, mas não deve ser influenciada por conceções "domésticas" sobre validade, sob pena de violação clara dos princípios estabelecidos no artigo 7º da *CISG*. Sobre a questão da validade no âmbito da *CISG vide* Schroeter, Ulrich, «Contract validity and the CISG», *in* Uniform Law Review, Vol. 22, Nº 1, 2017, p. 47-71. Este autor dá um exemplo concreto que reflete claramente a diferença entre a aplicação de normas relativas à "formação do contrato" e normas relativas à "validade do contrato". A respeito das cláusulas-surpresa, o autor afirma que se a questão tem que ver com o conteúdo surpreendente da cláusula relacionado com o seu caráter abusivo para uma das partes deve aplicar-se a lei interna do respetivo Estado sobre a validade do contrato, mas "[s]e, pelo contrário, a cláusula for considerada 'surpreendente' devido à sua linguagem ou apresentação, por exemplo, a sua posição 'escondida' num modelo de texto *standard*, o Artigo 8 da CISG fornece expressamente o *standard* de controlo aplicável. A distinção acima [referida] é muito semelhante à que se encontra no artigo 2.1.20(2) dos *PICC*." (*idem*, p. 69).

1250 Não se referem as situações de Estados que tenham afastado a aplicação da Parte III e mantido a aplicação da Parte II porquanto essa situação ainda não se terá verificado de

quer a Parte II quer a Parte III da Convenção têm aplicação. Mas também neste caso não acompanhamos alguma doutrina[1251] que aponta para uma contradição entre o artigo 14º e o artigo 55º da *CISG*.

Há quem defenda que "[...] quando um contrato não tiver sido concluído através [do] mecanismo tradicional [de proposta e aceitação], o preço da compra tem de ser determinado diretamente através do art[igo] 55"[1252]. Não aderimos a esta posição. Não sendo utilizado o referido "mecanismo tradicional" para a conclusão do contrato deve, antes de mais, interpretar-se a(s) declaração(ões) de acordo com as regras consagradas no artigo 8º da *CISG*[1253]. Isto porque antes da interpretação das declarações do vendedor e do comprador não é possível afirmar cabalmente que o preço não foi fixado ou que não foi estabelecido meio para o determinar. Neste caso poderá falar-se em uma determinação implícita do preço. Mas não defendemos que essa determinação implícita possa ser considerada por referência imediata à parte final do artigo 55º da *CISG*, ou seja, "que as partes fizeram implicitamente referência ao *preço geralmente cobrado* no momento da conclusão do contrato *para essas mercadorias vendidas em circunstâncias comparáveis no setor do comércio* em causa". Antes da aplicação deste artigo 55º da *CISG* devemos verificar se existem "quaisquer práticas que as partes tenham estabelecido entre elas" (art. 8º, nº 3). Se através destas práticas for possível dizer-se que a intenção do vendedor e do comprador foi fixar um preço diferente do que é praticado *no setor de comércio* em causa, não haverá margem para aplicar o artigo 55º da *CISG*. Caso contrário utilizar-se-ia um método de determinação do preço em clara contradição com o sentido a atribuir às declarações das partes.

O artigo 55º da *CISG* não surge para que se possa considerar implicitamente fixado o preço no contrato ou para que se possa considerar esta-

acordo com os registos disponibilizados pelo depositário, ou seja, o Secretário-Geral das Nações Unidas de acordo com o artigo 89º da *CISG* (registo disponibilizado em: <https://treaties.un.org/Pages/ViewDetails.aspx?src=IND&mtdsg_no=X-10&chapter=10&clang=_en#EndDec>).

1251 Schlechtriem, Peter, *Uniform Sales Law – The UN-Convention on Contracts for the International Sale of Goods*, Viena: Manz, 1986, p. 51 e 81.

1252 Ferrari, Franco, «Article 14», *in* Kröll, Stefan / Mistellis, Loukas / Viscasillas, Pilar Perales (Ed.), *UN Convention on Contracts for the International Sale of Goods (CISG): A Commentary*, Munique, Oxford e Baden-Baden: C. H. Beck-Hart-Nomos, 2018, p. 236.

1253 Schroeter, Ulrich, «Article 14», *in* Schwenzer, Ingeborg (Coord.), *Commentary on the UN Convention on the International Sale of Goods*, Oxford University Press, 2016, p. 280.

belecido no contrato um meio para a sua determinação. Na nossa opinião, o artigo 55º surge como norma supletiva e necessária para determinar o preço a pagar pelo comprador. Aliás, há que ter em conta que a *obrigação* de pagamento do preço por parte do comprador (emergente do contrato já concluído) não é determinada apenas e só através das cláusulas contratuais, mas também pela própria Convenção. "O comprador deve pagar o preço das mercadorias [...] nas condições previstas *no contrato e na presente Convenção*" (art. 53º, *in fine*, da *CISG*).

Outrossim, há que determinar se de acordo com a intenção das partes as suas declarações não demonstram que quiseram vincular-se sem uma cláusula de preço[1254], porquanto as normas da Parte II da *CISG*, à imagem da quase totalidade das normas da Convenção, não têm caráter imperativo.

Assim sendo, podendo vendedor e comprador manifestar vontade de se vincularem sem uma cláusula de preço, como pode continuar a afirmar-se que o risco transferido do vendedor para o comprador, no âmbito dos artigos 66º a 69ºda *CISG*, é o «risco de preço»?

Mais difícil se torna a defesa dessa posição quando, a respeito da venda internacional de mercadorias em trânsito, a *CISG* (art. 68º) consagra a conclusão do contrato como um dos critérios para a transferência do risco. Se o contrato pode ser concluído sem uma cláusula de preço, podendo este ser determinado depois dessa conclusão[1255], que «risco de preço» foi transferido sem preço?

Estando em causa determinar o risco *transferido* do vendedor para o comprador, a consideração de que se trata de «risco de preço» não será viável para abarcar todas as normas ínsitas nos artigos 66º a 69º da *CISG*. Se o critério para transferência é diferenciado, o risco é sempre o mesmo independentemente do critério.

De *jure condito*, a referência do artigo 66º da *CISG* a "perda ou deterioração" permitirá sustentar a nossa posição de que o risco transferido do vendedor para o comprador é o risco de afetação a integridade das mercadorias, surgindo a obrigação de pagamento do preço por parte do comprador como consequência da transferência do risco que identificámos. Isto

[1254] Próxima desta nossa formulação veja-se a posição de Ulrich Schroeter (Schroeter, Ulrich, «Article 14», *in* Schwenzer, Ingeborg (Coord.), *Commentary on the UN Convention on the International Sale of Goods*, Oxford University Press, 2016, p. 281).

[1255] Tendo em vista a determinação da *obrigação de pagamento do preço*, a cumprir por parte do comprador (art. 53º da *CISG*).

sob pena de na aplicação do critério da conclusão do contrato (art. 68º da *CISG*) se poder estar a dizer que o vendedor transferiu um risco de «algo» (o preço) que não chegou sequer a ser determinado aquando da conclusão do contrato. O risco para *se transferir* do vendedor para o comprador terá de estar alocado ao vendedor, no mínimo, aquando da conclusão do contrato.

O que está em causa é a *transferência* do risco que, para o ser, tem de estar em algum momento alocado ao vendedor. Só é possível falar-se em *transferência* do risco do vendedor para o comprador se o risco alocado ao vendedor for o mesmo risco que passa depois a estar alocado ao comprador. Podendo ao abrigo da *CISG* ser concluído um contrato de venda internacional sem cláusula de preço e estando a conclusão do contrato prevista como um dos critérios para a *transferência do risco* torna-se difícil afirmar que se opera uma *transferência* de «risco de preço», porque este nunca chegou a estar alocado ao vendedor (nem mesmo aquando da conclusão do contrato)[1256].

Há um momento para a transferência do risco do vendedor para o comprador e a história continua. O texto, esse, não continua. A partir desse momento, o risco de afetação da integridade das mercadorias *deixa de estar alocado ao vendedor* para passar a estar alocado ao comprador. Mas, a história continua. Há risco independentemente de o presente se ter tornado rapidamente passado[1257]. A natureza do contrato de venda internacional regulado pela *CISG* é diferente da natureza do contrato de venda «doméstico».

1256 Um amplo rol de normas de origem estatal pressupõe a existência de preço para conclusão de um contrato de venda e isso está muito marcado no pensamento. Não será fácil descolar de conceções de risco na «transferência do risco» vistas sob a perspetiva das normas de origem estatal, mas a interpretação autónoma da *CISG* exigirá que esse esforço seja paulatinamente desenvolvido e este é um dos contributos que pretendemos deixar com este trabalho.

1257 Este último parágrafo constou da nossa apresentação da tese perante o Júri das Provas de Doutoramento e, pretendendo ser elucidativo do que defendemos de *jure condito*, teve por base uma passagem do «Livro do Desassossego», de Fernando Pessoa, que aqui reproduzimos: "O meu passado é tudo quanto não consegui ser. Nem as sensações de momentos idos me são saudosas: *o que se sente exige o momento; passado este, há um virar de página e a história continua, mas não o texto.*"

BIBLIOGRAFIA

Aboukdir, Anwar, *The Timing of the Passing of Property and Risk under the English Sale of Goods Act 1979, The CISG and the Libyan Law– The Interplay Between the Principle of Party Autonomy and the Default Rule*, p. 143, disponível em < https://pdfs.semanticscholar.org/85c0/629286583d86221b69146376991c4220dd91.pdf >

Abreu, Jorge Manuel Coutinho de, *Curso de Direito Comercial*, Vol. I, 12ª Edição, Coimbra: Almedina, 2019.

____*Da Empresarialidade – as empresas no Direito*, Coimbra: Almedina, 1996.

____ *Governação das Sociedades Comerciais*, 2ª Edição, Coimbra: Almedina, 2010.

Aicher, Josef, *in* Rummel, Peter / Lukas, Meinhard, *Kommentar zum Allgemeinen bürgerlichen Gesetzbuch mit wichtigen Nebengesetzen und EU-Verordnungen*, Viena: MANZ'sche Verlags- und Universitätsbuchhandlung, 2017.

Al-Daboubi, Derar, «The Role of the Marine Carrier in Operating a Passage of Risk in International Sale Contract», *in* Musi, Massimiliano (Coord.), *Port, Maritime and Transport Law between Legacies of the Past and Modernization*, Il Diritto Marittmo – Quaderni, 5, Bonomo Editore, 2018.

Albaladejo, Manuel Garcia, *apud* Pacanowska, González / Soto, Díez, *in* Faber, Wolfgang / Lurger, Brigitta (Eds.), *National Reports on the Transfer of Movables in Europe*, Vol. 5: Sweden, Norway and Denmark, Finland, Spain, Munique: European Law Publishers, 2011.

Albanese, Antonio, «La vendita con riserva della proprietà», in Roppo, Vicenzo / Benedetti, Vincenzo (Dir.), *Trattato dei Contratti*, Milão: Giuffrè Editore, 2014.

Alexander von, «The Right of Suspension and Stoppage in Transit (and Notification Thereof)», *in Journal of Law and Commerce*, Vol. 25, 2005.

Almeida, Carlos Alberto Neves, *Do contrato de transporte aéreo e da responsabilidade civil do transportador aéreo*, Coimbra: Almedina, 2010.

Almeida, Carlos Ferreira de, *Contratos I – Conceito, fontes, formação*, Almedina, 2003.

____ *Contratos II – Conteúdo. Contratos de Troca*, 5ª Edição, Coimbra: Almedina, 2021.

____*Contratos III – Contratos de liberalidade, de cooperação e de risco –*, Coimbra: Almedina, 3ª Edição, 2019.

Alter, Michel, *Droit des transports : terrestres, aériens et maritimes internes et internationaux*, 2ª Edição, Paris : Dalloz, 1989.

Ancel, Marie-Élodie / Deumier, Pascale / Laazouzi, Malik, *Droit des contrats interna-*

tionaux, 2ª Edição, Paris: Éditions Dalloz, 2020.

Andersen, Camilla Baasch, *Uniform Application of the International Sales Law: Understanding Uniformity, the Global Jurisconsultorim and Examination and Notification Provisions of the CISG*, Países Baixos: Kluwer Law International, 2007.

Andrade, Abel, *Commentario ao Codigo Civil Portuguez*, Tomo I, Coimbra: Livraria Portugueza e Estrangeira, 1895, p. CLVI).

Andrade, Manuel A. Domingues de, *Teoria Geral da relação Jurídica*, Vol. II – Facto Jurídico, em especial Negócio Jurídico –, Coimbra: Almedina, 1987.

Angelici, Carlo, «Art. 67», *in* Bianca, Cesare Massimo (Coord.), *Convenzione di Vienna sui contratti di vendita internazionale di beni mobili*, Padova: CEDAM, 1992.

Antunes, José A. Engrácia, *Contratos Comerciais – Noções fundamentais –*, *in* Direito e Justiça (Revista da Faculdade de Direito da Universidade Católica Portuguesa), Vol. Especial, Lisboa: Universidade Católica Editora, 2007.

Antunes, José Engrácia, Direito dos Contratos Comerciais, Almedina, 2012.

Araújo, Fernando, *Teoria Económica do Contrato*, Coimbra: Almedina, 2007.

Arnaldez, Jean-Jacques / Derains, Yves / Hascher, Dominique, Collection of ICC Arbitral Awards, 2012-2015, Vol. VII, Wolters Kluwer / ICC Services, 2019.

Arnò, Carlo «La teoría del periculum rei venditae nel Diritto romano classico», in *Giurisprudenza italiana*, 1897, parte IV.

Atamer, Yesim M., «Availability of Remedies other than Damages in Case of Exemption According to Art. 79 CISG», *in* Büchler, Andrea / Müller-Chen, Markus (Coord.), *Private Law (national – global – comparative)*, Comemoração dos 60 anos de Ingeborg Scwenzer, Bern, 2011.

Atiyah, P. S. / Adams, John N. / MacQueen, Hector, *Atiyah's Sale of Goods*, Harlow: Pearson Education Limited, 12ª Edição, 2010.

Audit, Bernard, *La vente internationale de marchandises: Convention des Nations Unies du 11 avril 1980*, Paris: L.G.D.J, 1990.

Audit, Mathias / Bollée, Sylvain / Callé, Pierre, *Droit di Commerce International et des Investissements* Étrangers, 3ª Edição, Issy-les-Moulineaux: LGDJ, 2019.

Baatz, Yvonne, «Chapter 4: Charterparties», *in* Baatz, Yvonne (Ed.), *Maritime Law*, 4ª Edição, Oxon: Informa Law by Routledge, 2018.

Bach, Ivo, *in* Kröll, Stefan / Mistellis, Loukas / Viscasillas, Pilar Perales (Coord.), *UN Convention on Contracts for the International Sale of Goods (CISG): A Commentary*, C. H. Beck-Hart-Nomos, 2018.

Bacher, Klaus, in Schwenzer, Ingeborg (Coord.), *Commentary on the UN Convention on the International Sale of Goods*, Oxford University Press, 2016.

Balmaceda, Jorge, *La vente de marchandises dans les systèmes de droit civil et de Common Law*, Paris: L'Harmattan, 2019.

Bar, Christian von / Clive, Eric (Ed.), *Principles, Definitions and Model Rules of European Private Law – Draft Common Frame of Reference (DCFR) –*, Full Edition, Sellier European Law Publishers, 2009.

____ *Principles, Definitions and Model Rules of European Private Law – Draft Common Frame of Reference (DCFR) –*, Vol. II, Oxford: Oxford University Press, 2010.

____ *Principles, Definitions and Model Rules of European Private Law – Draft Common Frame of Reference (DCFR) –*, Outline Edition, Sellier European Law Publishers, 2009.

Barlow Lyde & Gilbert LLP, *Insurance Law Handbook*, 4ª Edição, Haywards Heath: Tottel Publishing Ltd, 2008.

Bauer, Martin, *Periculum emptoris – Eine dogmengeschichtliche Untersuchung zur Gefahrtragung beim Kauf –*, Berlim: Duncker & Humblot, 1998.

Beale, H. G, *et al.*, *Chitty on Contracts*, Vol. II – Special Contracts, 33ª Edição, Londres: Swett & Maxwel, 2018.

Beale, Hugh, *et. al.*, *Cases, Materials and Text on Contract Law*, 3ª Edição, Oxford/Londres/Nova Iorque/Nova Deli/Sidney: Hart Publishing, 2019.

Beck, Ulrich, *Sociedade de risco mundial – em busca da segurança perdida –*, Lisboa: Edições 70, 2021.

Beckmann, Roland Michael, *in* Staudinger, *Kommentar zum Bürgerlichen Gesetz mit Einführungsgesetz und Nebengesetzen,* Vol. II, Berlim: Sellier – de Gruyter, 2014, §446.

Bénabent, Alain, *Droit des contrats spéciaux civils et commerciaux,* 12ª Edição, Issy-les--Moulineaux: LGDJ, Lextenso éditions, 2017.

Bénabent, Alain, *Droit des Obligations,* 18ª Edição, Issy-les-Moulineaux: LGDJ, Lextenso éditions, 2019.

Berlingieri, Francesco, «General Introduction», *in* Ziegler, Alexander / Schelin, Johan / Zunarelli, Stefano, *The Rotterdam Rules 2008 – Commentary to the United Nations Convention on Contracts for the International Carriage of Goods Wholly or Partly by Sea,* Alphen aan den Rijn: Kluwer Law International, 2010.

Berman, Harol J., «Excuse for Nonperformance in the light of Contract Practices in International Trade», *in Columbia Law Review,* Vol. 63, nº 8 (Dez. 1963) (disponível em: < https://www.jstor.org/stable/1120698?seq=1&cid=pdf-reference#references_tab_contents>).

Bessé, Alain, *Assurance maritime sur corps: la clause "franc sauf"*, Paris: Librairie Générale de Droit et de Jurisprudence, 1957.

Birds, John / Lynch, Ben / Paul, Simon, *MacGillivray on Insurance Law – Relating to all Risks other than* Marine, 14ª Edição, Londres: Sweet & Maxwell, 2018.

Björklund, Andrea, *in* Kröll, Stefan / Mistellis, Loukas / Viscasillas, Pilar Perales (Coord.), *UN Convention on Contracts for the International Sale of Goods (CISG): A Commentary,* C. H. Beck-Hart-Nomos, 2018.

Bollé, Sylvain, «The Theory of Risks in the 1980 Vienna Sale of Goods Convention», *in* Pace Review of the Convention on Contracts for the International Sale of Goods, Kluwer, 1999-2000, disponível em: < https://iicl.law.pace.edu/sites/default/files/bibliography/bollee.pdf>;

Bonell, Michael Joachim, *An International Restatement of Contract Law – The UNIDROIT Principles of International Commercial Contracts –*, 3ª Edição, Nova Iorque: Transnational Publishers, Inc., 2005.

Bonell, Michael Joachim, in Bianca, C. Massimo / Bonell, Michael Joachim, Commentary on the International Sales Law, Milan, Giuffrè Editore, S.p.A., 1987 (disponível em: < https://iicl.law.pace.edu/cisg/scholarly-writings/comments-article-7-bianca-bonell-commentary>).

Bonnel, Michael Joachim, «Art. 7», *in* Bianca, Cesare Massimo (Coord.), *Convenzione di Vienna sui contratti di vendita internazionale di beni mobili,* Padova: CEDAM, 1992.

Bortolotti, Fabio, *Il contrato internazionale – Manuale teorico pratico –*, 2ª Edição, Milão: Wolters Kluwer, 2017.

Bortolotti, Fabio, *Manuale di Diritto Commerciale Internazionale,* Vol. I – Diritto dei Contratti Internazionali, 2ª Edição, Padova: CEDAM, 2001, p. 129; Bortolotti, Fabio, *Il Contratto Internazionale – Manual teorico pratico –*, 2ª Edição, Milão: Wolters Kluwer, CEDAM, 2017.

Bourdeaux, Gautier, «Les opérations financières du commerce international», *in* Béguin, Jacques / Menjucq, Michel (Dir.), *Droit du Commerce International*, 3ª Edição, Paris: LexisNexis, 2019, p. 680.

Bradgate, Robert / White, Fidelma, «The Carriage of Goods by Sea Act 1992 », *The Modern Law Review*, Vol. 56, Nº 2 (Mar., 1993), disponível em : <https://www.jstor.org/stable/1096776>.

Brand, Ronald. A., *International Business Transactions Fundamentals*, 2ª Edição, Países Baixos: Kluwer Law International, 2019.

Bridge, Michael, «The Transfer of Risk under the UN Sales Convention 1980 (CISG)», *in* Andersen, Camilla B. / Schroeter, Ulrich G. (eds.), *Sharing International Commercial Law across National Boundaries: Festschrift for Albert H. Kritzer on the Occasion of his Eightieth Birthday*, Londres: Wildy, Simmonds & Hill Publishing, 2008, disponível em < https://iicl.law.pace.edu/sites/default/files/bibliography/electronic_library_on_international_commercial_law_and_the_cisg_-_michael_bridge.pdf>).

Bridge, Michael, «Risk of Loss», *in* DiMatteo, Larry, *et. al.* (Ed.), *International Sales Law*, 2ª Edição, Baden-Baden: Nomos Verlagsgesellschaft mbH & Co. KG, 2021.

____ «Good Faith, the Common Law, and the CISG», *in* Uniform Law Review, Vol. 22, Nº1, 2017.

Bridge, Michael, *et. al.*, *Benjamin's Sale of Goods*, 10ª Edição, Londres: Sweet & Maxwell, 2017.

Bridge, Michael, *in* Kröll, Stefan / Mistellis, Loukas / Viscasillas, Pilar Perales (Coord.), *UN Convention on Contracts for the International Sale of Goods (CISG): A Commentary*, C. H. Beck-Hart-Nomos, 2018.

____ *The International Sale of Goods*, 4ª Edição, Oxford: Oxford University Press, 2017.

____ *The Sale of Goods*, Oxford: Oxford University Press, 2014.

Brito, José Miguel de Faria Alves de, *Seguro Marítimo de Mercadorias: descrição e notas ao seu regime jurídico*, Coimbra: Almedina, 2006.

Brödermann, Eckart J., *in* Mankowski, Peter (Ed.), *Commercial Law – Article-by-Article Commentary*, Baden-Baden: Nomos Verlagsgesellschaft, 2019.

____ *UNIDROIT Principles of International Commercial Contracts – An Article-bt-Article Commentary –*, Países Baixos: Kluwer Law International BV, 2018.

Brunetti-Pons, Clotilde, *L'obligation de conservation dans les conventions*, Aix-en-Provence: Presses Universitaires D'Aix-Marseille, 2003.

____ *L'obligation de conservation em droit civil français*, Tese para Doutoramento na Universidade Paris II, submetida no dia 10 de fevereiro de 1992.

Brunner, Christoph / Klingler, Désirée / Mauerhofer, Marc, *in* Brunner, Christoph / Gottlieb, Benjamin (Ed.), *Commentary on the UN Sales Law (CISG)*, Países Baixos: Kluwer Law International B.V., 2019.

Brunner, Christoph / Schifferli, Michael, in Mankowski, Peter (Ed.), *Commercial Law – Article-by-Article Commentary*, Baden-Baden: Nomos Verlagsgesellschaft, 2019.

Brunner, Christoph, «Contrat de vente soumis à la CVIM», in Marchand, Sylvain / Chappuis, Christine / Hirsch, Laurent, *Recueil de contrats commerciaux – Modèles en français et en anglais commentés selon le droit suisse*, Basileia : Helbing Lichtenhahn, 2013.

____ *Force Majeure and Hardship under General Contract Principles – Exemption for Non-Performance in International Arbitration,* Kluwer Law International, 2009.

Burrows, Andrew, *A Casebook on Contract,* 6ª Edição, Oxford: Hart Publishing, 2018.

Bürskens, Holger, «Transport», *in* Kronke, Herbert / Melis, Werner / Kuhn, Hans (Ed.), *Handbuch Internationales Wirtschaftsrecht,* 2ª Edição, Köln: Verlag Dr. Otto Schmidt KG, 2017.

Cafaggi, Fabrizio, « 13. Sales in global supply chains: a new architecture of the international sales law», *in* Saidov, Djakhongir, *Research Handbook on International and Comparative Sale of Goods Law,* Cheltenham: Edward Elgar Publishing Limited, 2019.

Caianiello, Carlo / Polito, Pompeo / Sgroi, Renato, in Ruperto, Cesare, *La Giurisprudenza sul Codice Civile coordinata com la dottrina – Libro IV – Delle Obbligazioni (artt. 1425-1469-bis),* Coord. Ruperto, Saverio, Milão: Giuffrè Editore, 2011.

Calderale, Alfredo, «Il contratto di volume e le regole di Rotterdam», *in* Gomes, Manuel Januário da Costa (Coord.), *Das Regras da Haia às Regras de Roterdão – As perspetivas para o transporte marítimo e para o transporte multimodal no século XXI* –, Coimbra: Almedina, 2014.

Carbonnier, Jean, *Droit Civil,* Vol II, Paris: Quadrige – Presses Universitaires de France, 2004.

Carlo, Ignacio Quintana, *in* Rodríguez-Cano, Alberto Bercovitz (Dir.) / Conde, María Ángeles Calzada e Pérez, Ángela del Barrio (Coord.), *Contratos Mercantiles,* Tomo II, 6ª Edição, Navarra: Editorial Aranzadi, 2017.

Carotenuto, Pasquale, «La vendita su documenti», in Buonocore, Vincenzo / Luminoso, Angelo, *Codice della vendita,* 2ª Edição, Milão: Giuffrè Editore, 2005.

Carvalho, Jorge Morais, *in* Prata, Ana (Coord.), *Código Civil Anotado,* Vol. I, 2ª Edição, Coimbra. Almedina, 2019.

Casey, Michael J. / Wong, Pindar, «As cadeias de fornecimento globais estão prestes a melhorar, graças à *blockchain*», *in* AAVV, *Blockchain: the insights you need from Harvard Business Review,* trad. Adelaide Cabral / Lufada de Letras, Coimbra: Conjuntura Actual Editora, 2020.

Castells, Andrés Recalde, «El 'derecho de control' en las Reglas de Rotterdam», *Revista de Derecho del Transporte,* 2011, Nº 8.

Cerqueira, Gustavo, «The Unidroit Principles of International Commercial Contracts in the Sino-European Sale of Goods Contracts», *in* Nord, Licolas / Cerqueira, Gustavo, *International Sale of Goods – A Private International Law Comparative and Prospective Analysis of Sino-European Relations,* Cham: Springer International Publishing AG, 2017.

Chantepie, Gaël / Latina, Mathias, *Le nouveau droit des obligations – Commentaire théorique et pratique dans l'ordre du Code Civil* –, 2ª Edição, Paris: Éditions Dalloz, 2018.

Chazal, Pascal / Vicente, Serge, «Le transfert de propriété par l'effet des obligations dans le code civil», *in* Revue Trimestrielle de Droit Civil (3), Julho-Setembro de 2000.

Chen-Wishart, Mindy / Dixon, Victoria, « Good Faith in English Contract Law – A Humble "3 by 4" Approach –», *in* Miller, Paul B. / Oberdiek, John (Ed.), *Oxford Studies in Private Law Theory: Volume 1,* Oxford: Oxford University Press, 2020.

Chen, Ben / Gordon, Jeff, «Interpretative Formalism in the Law of Obligations: Thirty Years after *Form and* Substantive», *in* Robertson, Andrew / Goudkamp, James, *Form and Substance in the Law of Obligations,* Oxford/Londres/Nova Iorque/Nova Deli/ Sidney: Hart Publishing, 2019.

Cheng, Chia-Jui (Ed.), *Clive M. Schmitthoff's select essays on international trade law,*

Londres: Martinus Nijhoff Publishers; Graham & Trotman, 1988.

CISG Advisory Council Opinion Nº 20, *Hardship under the CISG, in* < http://cisgac.com/opinion-no20-hardship-under-the-cisg/>.

CISG Advisory Council Opinion Nº 7, *Exemption of Liability for Damages under Article 79 of the CISG, in* < http://www.cisgac.com/cisgac-opinion-no7/>.

CISG Advisory Council Opinion Nº 7, *in* Schwenzer, Ingeborg (Ed.), *The CISG Advisory Council Opinions,* Vol. 23, Países Baixos: Eleven International Publishing, 2017.

CISG Advisory Council Opinion Nº 9, Comment 3.18, *Consequences of Avoidance of the Contract, in* < http://www.cisgac.com/cisgac-opinion-no9/>.

Clarke, Malcolm A., *International carriage of goods by road: CMR,* 6ª Edição, Abingdon: Informa Law from Routledge, 2014.

Coelho, Maria Ângela / Ramos, Rui Manuel Moura, «Os meios à disposição do comprador, no caso de violação do contrato pelo vendedor, na Convenção de Viena de 1980 sobre os contratos de compra e venda internacional de mercadorias» *in* Revista de Direito e Economia, Ano VIII, Nº1, Janeiro/Junho 1982, Coimbra: Centro Interdisciplinar de Estudos Jurídico-Económicos.

Coetzee, Juana, «The Interplay Between Incoterms and the CISG», *in Journal of Law & Commerce,* Vol. 32, No. 1 (2013), disponível em < http://jlc.law.pitt.edu>.

Comenale, Michele, «Artigo 1689º», *in* Rescigno, Pietro, *Le Fonti del Diritto Italiano – I testi fondamentali commentati con la dottrina e annotati con la giurisprudenza –, Codice Civile,* Tomo I, Milão: Giuffrè Editore, 2018.

Comentário sobre o Projeto de Convenção sobre contratos para a venda internacional de mercadorias preparado pelo Secretariado ("Comentário do Secretariado"), disponível em: < http://www.cisg-online.ch/index.cfm?pageID=644#Article%2086>.

Commentary on the Convention of 19 May 1956 on the Contract for the International Carriage of Goods by Road (CMR), p. 22-23, disponível em : < https://unece.org/fileadmin/DAM/trans/doc/2006/sc1cmr/commentary.pdf>).

Cooke, Elizabeth, *The Modern Law of Estoppel,* Oxford: Oxford University Press, 2000.

Cordeiro, António Menezes, «Créditos documentários», *in* ROA, Ano 2007 (Ano 67), Vol. I, Janeiro de 2007 (disponível em: < https://portal.oa.pt/publicacoes/revista/ano-2007/ano-67-vol-i-jan-2007/doutrina/antonio-menezes-cordeiro-creditos-documentarios/>).

Cordeiro, António Menezes, «O transporte multimodal», *in* Gomes, Manuel Januário da Costa (Coord.), *Das Regras da Haia às Regras de Roterdão – As perspetivas para o transporte marítimo e para o transporte multimodal no século XXI –,* Coimbra: Almedina, 2014.

____ *Tratado de Direito Civil,* I, 4ª Edição, Coimbra: Almedina, 2019.

____ *Tratado de Direito Civil, Vol. IX – Direito das Obrigações – Cumprimento e não-cumprimento, transmissão, modificação e extinção –,* 3ª Edição, Coimbra: Almedina, 2019.

____ *Tratado de Direito Civil, Vol. XI – Contratos em Especial – (1ª parte),* Coimbra: Almedina, 2018 (Reimp. 2019).

Cosentini, Francesco, *Code International des Obligations en 3115 articles – perfectionnement e ampliation du Projet franco-italien de Code des Obligations et des Contrats (1927) en vue de l'unification des législations civiles et commerciales sur des bases internationales* –, Paris: Librairie Marchal & Billard, 1937.

Costa, José Francisco de Faria, *O perigo em Direito Penal – contributo para a sua fundamentação e compreensão dogmáticas* –, Coimbra: Coimbra Editora, 1992.

Costa, Mariana Fontes da, *Da alteração superveniente das circunstâncias – em especial à luz dos contratos bilateralmente comerciais* –, Coimbra: Almedina, 2017.

Costa, Mário Júlio de Almeida, *Direito das* Obrigações, 12ª Edição, Coimbra: Almedina, 2009.

Criscuoli, Giovanni, *Il Contratto: Itenerari normativi e riscontri giurispridenziali,* Cedam – Padova, 1996.

Cruz, Guilherme Braga da, *Obras Esparsas. Volume I – Estudos de História do Direito. Direito Antigo (1ª parte)*, Coimbra: Coimbra Editora, 1979.

Csoklich, Peter, *in* Mankowski, Peter (Ed.), *Commercial Law – Article-by-Article Commentary*, Baden-Baden: Nomos Verlagsgesellschaft, 2019.

Cuocci, Valentina V. / Mangiacotti, Alessia P., «Vendita internazionale di beni e incoterms 2020: osservazioni a margine della clausula CIF», *in* Gomes, M. Januário da Costa (Coord.), *Temas de Direito dos Transportes V*, Coimbra: Amedina, 2020.

Daniel / Nourissat, Cyril, «Les contratts internationaux», *in* Béguin, Jacques / Menjucq, Michel (Dir.), *Droit du Commerce International,* 3ª Edição, Paris: LexisNexis, 2019.

Dannemann, Gerhard, *in* Schulze, Reiner (Ed.), Common European Sales Law (CESL) – Commentary –, C.H. Beck/ Hart/Nomos, 2012.

Davidson, Alan, «Application of the Electronic Communications Convention to the *CISG*», *in* Schwenzer, Ingeborg / Spagnolo, Lisa (Eds.), *The Electronic CISG – 7TH MAA Schlechtriem CISG Conference* –, Haia: Eleven International Publishing, 2017.

Davies, Martin / Snyder, David V., *International Transactions in Goods – Global Sales in Comparative Context,* Oxford: Oxford University Press, 2014.

Debattista, Charles, «Chapter 5: Cargo Claims and Bills of Lading», *in* Baatz, Yvonne (Ed.), *Maritime Law*, 4ª Edição, Oxon: Informa Law by Routledge, 2018.

____ *Sale of Goods Carried by Sea*, Londres: Butterworths & Co (Publishers) Ltd, 1990.

Dedek. Helge, in Jansen, Nils e Zimmermann, Reinhard (Ed.), *Commentaries on European Contract Laws,* Oxford University Press, 2018.

Defossez, Delphine, «CMR: what if the courts got it wrong?», *in Uniform Law Review,* Vol. 21, Nº1, 2016.

Dettling-Ott, Regula, *Internationales und schweizerisches Lufttransportrecht*, Zurique: Schulthess Polygraphischer Verlag AG, 1993.

DiMatteo, Larry A., «Justice, Fault, and Efficiency in Contract Law», *The Italian Law Journal*, Vol. 03, Nº01, p. 39 (disponível em: <http://theitalianlawjournal.it/data/uploads/3-italj-1-2017/pdf/dimatteo.pdf>).

____ *International Contracting – Law and Practice*, Fourth Edition, Wolters Klwer, 2016.

Djoric, Ana, *Le contrat de transport international terrestre des* marchandises, Belgrado: Ambassade de France en Serbie et Montenegro, 2005.

Dominique, Koevoets, «Preisgefahr im Klassischen Rom um seit der Kodifikation des schweizerischen Privatrechts», *in* Fargnoli, Iole / Fasel, Urs (Ed.), *Eugen Huber und die romanistische Grundlage des Schweizer Kaufrechts*, Berna: Stämpfli Verlag AG, 2015.

Dornis, Tim W., *in* Mankowski, Peter (Ed.), *Commercial Law – Article-by-Article Commentary*, Baden-Baden: Nomos Verlagsgesellschaft, 2019.

Drapier, Sandrine, «La révision du contrat pour imprévision : un seuil de perfection a définir», in Emmanuel Putman (Rédacteur en chef), *Revue de la Recherche Juridique – Droit prospectif –*, 2016-4, XLI, 164, Presses Universitaires d' Aix -Marseille, 2017.

Eckert, Hans-Werner / Maifeld, Jan / Matthiessen, Michael, *Handbuch des Kaufrechts – Der Kaufvertag nach Bürgerlichem Recht, Handelsrecht un UN-Kaufrecht*, 2ª Edição, Munique: Verlag C.H. Beck oHG, 2014.

Eisenberg, Melvin A., «Impossibility, Impractibility, and Frustration», *The Journal of Legal Analysis, Vol. 1, No. 1*, 2009, p. 242-243, disponível em: < http://ssrn.com/abstract=1349482>.

Engel, Pierre, *Traité des obligations en droit suisse*, Berna : Stämpfli Editions SA, 1997.

Erauw, Johan, «CISG Articles 66-70: The Risk of Loss and Passing It», *in The Journal of Law and Commerce*, Vol. 25, 2005-2006.

Erauw, Johan, in Kröll, Stefan / Mistellis, Loukas / Viscasillas, Pilar Perales (Coord.), *UN Convention on Contracts for the International Sale of Goods (CISG): A Commentary*, C. H. Beck-Hart-Nomos, 2018.

____ «Observations on passing of risk», *in* Ferrari, Franco / Flechtner, Harry / Brand, Ronald A. (Ed.), *The Draft UNCITRAL Digest and Beyond: Cases, Analysis and Unresolved Issues in the U.N. Sales Convention*, Munique: Sellier, 2004.

Ericson, Richard V. / Doyle, Aaron, «Theorizing Risk and Morality: Introduction», *in* Ericson, Richard V. / Doyle, Aaron (Ed.), *Risk and Morality*, Toronto: University of Toronto Press, 2003.

Evtimov, Erik / Payosova, Tatyana, «COTIF Appendix B regarding the Uniform Rules concerning the Contract of International Carriage of Goods by Rail (COTIF/CIM)», *in* Mankowski, Peter (Ed.), *Commercial Law – Article-by-Article Commentary*, Baden-Baden: Nomos Verlagsgesellschaft, 2019.

____ «COTIF Uniform Rules concerning the Contract of International Carriage of Passengers (CIV UR) and Goods (CIM UR); Introduction», *in* Mankowski, Peter (Ed.), *Commercial Law – Article-by-Article Commentary*, Baden-Baden: Nomos Verlagsgesellschaft, 2019.

Fadlallah, Ibrahim e Hascher, Dominique, Les grandes décisions du droit de l'arbitrage commercial, 1re Édition, Dalloz, 2019.

Faria, Duarte Lynce de, «O transporte marítimo de mercadorias», *Revista do CEJ*, 2º semestre 2018, Nº 2, Lisboa: Centro de Estudos Judiciários.

Farnsworth, Allan E., The Concept of Good Faith in American Law, in Centro di studi e richerche di diritto comparato e straniero – Saggi, Conferenze e Seminari, Roma, nº 10, 1993.

____ *Contracts*, 3ª Edição, Nova Iorque: Aspen Law & Business, 1999.

Faust, Florian, «§446 BGB», *in* Hau, Wolfgang / Poseck, Roman, *Beck'sche Online-Kommentare BGB*, 60ª Edição, 2021 disponível mediante registo prévio em: <https://beck-online.beck.de/Dokument?vpath=bibdata%2Fkomm%2Fbeckokbgb_60%2Fbgb%2Fcont%2Fbeckokbgb.bgb.p446.glv.gl1.gla.htm&pos=18&hlwords=on>.

Felemegas, John, «CISG Article 7: Interpretation of the Convention», *in* Sooksripaisarnkit, Poomintr / Garimella, Sai Ramani, Contracts for the International Sales of Goods – A Multidisciplinary

Perspective –,Thomson Reuters Hong Kong Limited, Hong Kong, 2019.

____ «The United Nations Convention on Contracts for the International Sale Goods: Article 7 and Uniform Interpretation», *in Review of the Convention on Contracts for the International Sale of Goods (CISG), Kluwer Law International,* 2000-2001.

____ *An International Approach to the Interpretation of the United Nations Convention on Contracts for the International Sale of Goods (1980) as Uniform Sales Law,* Cambridge: Cambridge University Press, 2007.

____ *The United Nations Convention on Contracts for the International Sale of Goods: Article 7 and Uniform Interpretation,* 2000, disponível em: < https://core.ac.uk/download/33564352.pdf>).

Fellmeth, Aaron X. / Horwitz, Maurice, *Guide to Latin in International Law,* Oxford : Oxford University Press, 2011 (Edição Online), disponível em : < https://www.oxfordreference.com/view/10.1093/acref/9780195369380.001.0001/acref-9780195369380-e-1094>.

Ferrari, Franco / Flechtner, Harry / Brand, Ronald A. (Ed.), *The Draft UNCITRAL Digest and Beyond: Cases, Analysts and Unresolved Issues in the U.N. Sales Convention,* Munique: Sellier, 2004.

Ferrari, Franco / Torsello, Marco, *International Sales Law – CISG – in a nutshell,* 2ª Edição, West Academic Publishing, 2018.

Ferrari, Franco, «Autonomous Interpretation versus Homeward and Outward Trends», *in* Uniform Law Review, Vol. 22, Nº 1, 2017.

____ «La vendita internazionale – Applicabilità ed applicazioni della Convenzione delle Nazioni Unite sui contratti di vendita internazionale di beni mobili», *in* Galgano, Francesco (Dir.), *Trattato di Diritto Commerciale e di Diritto Pubblico dell'Economia,* Vol. XXI, 2ª Edição, Padova: CEDAM, 2006.

____ «The Draft UNCITRAL Digest on the United Nations Convention on Contracts for the International Sale of Goods (1980)», *in* Ferrari, Franco / Flechtner, Harry / Brand, Ronald A. (Ed.), *The Draft UNCITRAL Digest and Beyond: Cases, Analysis and Unresolved Issues in the U.N. Sales Convention,* Munique: Sellier, 2004.

____ «Trade usage and practices established between the parties: Article 9», *in* Ferrari, Franco / Flechtner, Harry / Brand, Ronald A. (Ed.), *The Draft UNCITRAL Digest and Beyond: Cases, Analysis and Unresolved Issues in the U.N. Sales Convention,* Munique: Sellier, 2004.

____ *Contracts for the International Sale of Goods – Applicability and Applications of the 1980 United Nations Sales Convention,* Leiden: Martinus Nijhoff Publishers, 2012.

Ferrari, Franco, *in* Schlechtriem / Schwenzer / Schroeter, *Kommentar zum UN-Kaufrecht (CISG),* 7ª Edição, Munique: Verlag C.H. Beck oHG, 2019.

Finney, Chris, «Systemic risk in insurance: common thinking errors, and their resolution», *in* Georgosouli, Andromachi / Goldby, Miriam (Ed.), *Systemic Risk and the Future of Insurance Regulation,* Nova Iorque: Informa Law from Routledge, 2016.

Fischer, Emeric / Swisher, Peter Nash / Stempel, Jeffrey W., *Principles of Insurance Law,* Newark/San Francisco/Charlottesville: LexisNexis, 2006.

Flambouras, Dionysios P., «Transfer of Risk in the Contract of Sale involving Carriage of Goods: A Comparative Study in English, Greek Law and the United Nations Convention on

Contracts for the International Sale of Goods»», *in CISG Database, Pace Institute of International Commercial Law*, p. 15 (disponível mediante registo prévio em: <https://iicl.law.pace.edu/sites/default/files/bibliography/transfer_of_risk_contract_of_sale_involving_carriage_of_goods_comparative_study.dionysios_flambouras.landscape.letter.pdf>).

____ *The Doctrines of Impossibility of Performance and Clausula Rebus SIC Stantibus in the 1980 Convention on Contracts for the International Sale of Goods and the Principles of European Contract Law – A Comparative Analysis*, Pace International Law Review, Vol 13, 2001.

_____ «Transfer of Risk in the Contract of Sale Involving Carriage of Goods. A Comparative Study in English Law, Greek Law and the United Nations Convention on Contracts for the International Sale of Goods», in Kinsler, Jeffrey / Jones, Roger, *International Trade and Business Law Annual*, Vol 6, 2001.

Flechtner, Harry M. / Brand, Ronald A., «Opting In to the CISG: Avoiding the Redline Products Problems», 14 de Abril de 2016, *in* Andersen, Mads Bryde / Henschel, René Franz (Eds.), *A Tribute to Joseph M. Lookofsky*, Djøf Publishing, Copenhagen, 2015, U. of Pittsburgh Legal Studies Research Paper Nº 2016-15, disponível em: <https://ssrn.com/abstract=2765047>.

Flechtner, Harry M., «Globalization of Law as Documented in the Law on International Sales of Goods», *in* ERAUW, J.and TAELMAN, P. (Eds.), *Nieuw Internationaal Privaatrecht: meer Europees, meer globaal, Reeks 'Gandaius PUC Willy Delva'*, nº 35, Mechlin, Kluwer, 2009, 541-560, disponível em: <http://ssrn.com/abstract=1572917>).

____ «The Future of the Sales Convention: In defense of Diversity (Some Non-Uniformity)», *in* Büchler, Andrea / Müller-Chen, Markus (Coord.), *Interpreting the CISG, in Private Law (national - global – comparative)*, Festschrift für Ingeborg Schwenzer zum 60. Geburtstag, Bern: Stämpfli Verlag, 2011.

Foëx, Bénédict / Marchand, Sylvain, «National Report on the Transfer of Movables in Switzerland», in Faber, Wolfgang / Lurger, Brigitta (Eds.), *National Reports on the Transfer of Movables in Europe, Volume 6: The Netherlands, Switzerland, Czech Republic, Slovakia, Malta, Latvia*, Munique: European Law Publishers.

Folsom, Ralph H., *International Business Transactions – Practitioner Treatise Series with IBT Resources and Sample Agreements* –, Vol I, Edição 2015, Thomson Reuters, 2015.

Fonseca, Ana Taveira, *in* Proença, José Brandão (Coord.), *Comentário ao Código Civil – Direito das Obrigações – Das obrigações em geral* –, Lisboa: Universidade Católica Editora, 2018.

Fontaine, Michel, «Les dispositions relatives au hardship et à la force majeure», *in* Bonell, Michael J. / Bonelli, Franco, *Contrattti Commerciali Internazionali e Principi UNIDROIT*, Milão: Giuffrè Editore, 1997.

Fountoulakis, Christiana, *in* Schwenzer, Ingeborg (Coord.), *Commentary on the UN Convention on the International Sale of Goods*, Oxford: Oxford University Press, 2016.

Frada, Manuel Carneiro da, Teoria da Confiança e Responsabilidade Civil, Almedina, 2004.

Francon, Daniel, «La clause de 'hardship'», *in Das Recht der Leistungsstörungen im Französischen und im Deutschen Recht*, Heidelberg: Juristische Fakultät der Universität Heidelberg, 1981.

Freire, João Pedro, *Blockchain e Smart Contracts,* Coimbra: Almedina, 2021.

Friedman, Stephen E. «Improving the Rolling Contract.» *American University Law Review* 56, nº 1 (2006), 1-50, disponível em <https://digitalcommons.wcl.american.edu/cgi/viewcontent.cgi?article=1276&context=aulr>.

Frignani, Aldo, «Il contratto internazionale», *in* Galgano, Francesco (Dir.), *Trattato di Diritto Commerciale e di Diritto Pubblico dell'Economia,* Vol XII, Padova: CEDAM, 1990.

Frisby, Sandra / Jones, Michael, ‹‹National Report on the Transfer of Movables in England and Wales››, *in* Faber, Wolfgang / Lurger, Brigitta (Eds.), *National Reports on the Transfer of Movables in Europe, Volume 2: England and Wales, Ireland, Scotland, Cyprus,* Munique: European Law Publishers, 2009.

Furrer, Andreas / Vasella, Juana, ‹‹'Transportkollisionsrecht' – Zur Rolle des IPR bei der grenzüberschreitenden Beförderung von Gütern››, *in* Grolimund, Pascal, *et. al.* (Ed.), *Festschrift für Anton K. Schnyder zum 65. Geburtstag,* Zürich/Basel/Genf: Schulthess Juristische Medien AG, 2018.

Furrer, Andreas, *Schweizerisches Fracht-, Speditions und Lagerrecht,* Berna: Stämpfli Verlag AG, 2016.

Gabrielli, Enrico, «Il problema del contenuto e dell'oggetto nel "contrato" di Cesare Massimo Bianca», *in Rivista di Diritto Civile,* Anno LXVI, Nº 3, Milão: Wolters Kluwer Italia Srl, Março-Junho 2020.

Galbois, Diane, *La notion de contrat – esquisse d'une théorie –*, Thèse de Doctorat en droit privé soutenue le 29 mars 2018, Université Paris II (Panthéon-Assas).

Gallego, Esperanza, ‹‹Los contratos de intercambio de bienes em el anteproyecto de Código Mercantil››, *in* Rodríguez-Cano, Alberto Bercovitz (Coord.), *Hacia un Nuevo Código Mercantil,* Navarra: Thomson Reuters, 2014.

Garau, Guillermo Alcover, *La transmission del riesgo en la compraventa mercantil – Derecho español e internacional –*, Madrid: Editorial Civitas, 1991.

Garcez, José Maria Rossani, «CISG Articles 6, 7, 25 and 79 – Pacta Sunt Servanda, Rebus sic Stantibus, Force Majeure and Hardship Principles – Brazilian Civil Code Related Articles», *in* Schwenzer, Ingeborg / Pereira, César / Tripodi, Leandro (Eds.), *CISG and Latin America: Regional and Global Perspectives,* Haia: Eleven International Publishing, 2016.

Gardiner, Caterina, ‹‹National Report on the Transfer of Movables in Ireland››, *in* Faber, Wolfgang / Lurger, Brigitta (Eds.), *National Reports on the Transfer of Movables in Europe, Volume 2: England and Wales, Ireland, Scotland, Cyprus,* Munique: European Law Publishers, 2009.

Garnowski, Konrad, ‹‹Paramount Clause in the International Transport of Goods by Road na Rail››, *in Problemy Transportu i Logistyki,* Nº 3 (43), 2018, p. 141 (versão em inglês disponível em: <https://pdfs.semanticscholar.org/7e89/5d0834ec0a3d1b18fb8985452ff12072909b.pdf?_ga=2.100299870.1575073151.1639647750-1649145569.1639647750>).

Gasset, Ramon Badenes, *El contrato de compraventa,* Tomo I, Barcelona: José Maria Bosch Editor, S.A., 1995.

Gastaminza, Eduardo Valpuesta / Chalmeta, Blanca Torrubia, *Código de Comercio y Legislación Complementaria,* 3ª Edição, Navarra: Editorial Aranzadi, 2006.

Giandomenico, Giovanni di, *Il contrato e l' allea,* Padova: Cedam, 1987.

Gillette, Clayton P. / Walt, Steven D., «Judicial refusal to apply treaty law: CISG», *in* Uniform Law Review, Vol. 22, Nº 2, 2017.

____ *The UN Convention on Contracts for the International Sale of Goods: Theory and Practice*, 2ª Edição, 2016, Nova Iorque: Cambridge University Press.

Girvin, Stephen, *Carriage of Goods by Sea*, Oxford: Oxford University Press, 2011.

Goldhirsch, Lawrence B., *The Warsaw Convention Annotated – A Legal Handbook*, Dordrecht / Boston / Londres: Martinus Nijhoff Publishers, 1988.

Goldie, C.W.H., ‹‹Documentation – The Writing on the Bill of Lading. Articles 15 to 18 of the Hamburg Rules››, *in* Mankabady, Samir (Ed.), *The Hamburg Rules on the Carriage of Goods by Sea*, Londres: A. W. Sijthoff International, 1978.

Gomes, José / Nóbrega, José Carlos de Medeiros, ‹‹National Report on the Transfer of Movables in Portugal››, *in* Faber, Wolfgang / Lurger, Brigitta (Eds.), *National Reports on the Transfer of Movables in Europe, Volume 4: France, Belgium, Bulgaria, Poland, Portugal*, Munique: European Law Publishers, 2011.

Gomes, Manuel Januário da Costa, «Direito de Controlo e Transferência de Direitos nas Regras de Roterdão», *in* Gomes, Manuel Januário da Costa (Coord.), *Das Regras da Haia às Regras de Roterdão – As perspetivas para o transporte marítimo e para o transporte multimodal no século XXI* –, Coimbra: Almedina, 2014.

____ *Contratos Comerciais*, Coimbra: Almedina, 2012.

González, Maria Paz Sánchez, «Transmissión del riegos», *in* Aloy, Antoni Vaquer / Capdevila, Esteve Bosch / González, Maria Paz Sánchez, *Derecho Europeo de Contratos – Libros II y IV del Marco Común de Referencia*, Tomo II, Barcelona: Atelier, 2012.

González, Rodrigo Uría, *El seguro marítimo*, Barcelona: Bosch, 1940.

Gonzalo, Marco Lopez de, «From the Hague to Rotterdam: Revolution or Evolution?», *in* Gomes, Manuel Januário da Costa (Coord.), *Das Regras da Haia às Regras de Roterdão – As perspetivas para o transporte marítimo e para o transporte multimodal no século XXI* –, Coimbra: Almedina, 2014.

Goodacre, J. Kenneth, *Marine Insurance Claims*, 2ª Edição, Londres: Witherby & Co. Ltd., 1981.

Goode, Roy, *Commercial Law*, 2ªe Edição, Londres: Penguin Books, 1995.

Goode, Roy, *et al.*, *Transnational Commercial Law – Texts, Cases and Materials* –, 2ª Edição, Oxford: Oxford university Press, 2015.

Goode, Roy, The Concept of 'Good Faith' in English Law, *in* Centro di studi e richerche di diritto comparato e straniero – Saggi, Conferenze e Seminari, Roma, nº 2, 1992.

Gordon, William M, *Roman Law, Scots Law and Legal History*, Edinburgh University Press, 2007.

Gorton, Lars, «Legal Functions of Transport Documents in Sales Financing», *in* Grönfors, Kurt (Ed.), *Modern Transport and Sales Financing*, Kungsbacka: Elanders Boktryckeri Aktiebolag, 1974.

Grace, Donald L., ‹‹ Force Majeure, China & (and) The CISG: Is China's New Contract Law a Step in the Right Direction››, *in* San Diego International Law Journal, 173 (2001), p. 192, disponível em: < https://digital.sandiego.edu/cgi/viewcontent.cgi?article=1271&context=ilj>).

Graziano, Thomas Kadner, *Comparative Contract Law – Cases, Materials and Exercises* –, 2ª Edição, Cheltenham / Northampton: Edward Elgar Publishing, 2019.

Greco, Alessio, ‹‹National Report on the Transfer of Movables in Italy››, *in* Faber, Wolfgang / Lurger, Brigitta (Eds.), *National Reports on the Transfer of Mova-*

bles in Europe, Volume 1: Austria, Estonia, Italy, Slovenia, Munique: European Law Publishers, 2008.

Gullifer, Louise, «Frustration and Mistake», *in* McKendrick, Ewan (Ed.), *Sale of Goods,* LLP Professional Publishing, 2000.

____ «Risk», in McKendrick, Ewan (Ed.), *Sale of Goods,* Londres: LLP Professional Publishing, 2000.

Gürses, Özlem / Hjalmarsson, Johanna, «Chapter 11: Marine Insurance», *in* Baatz, Yvonne (Ed.), *Maritime Law,* 4ª Edição, Oxon: Informa Law by Routledge, 2018.

Gürses, Özlem, *Marine Insurance Law,* Abingdom: Routledge, 2015.

Gutiérrez, Laura García, «The Vienna United Nations Convention on Contracts for the International Sale of Goods: Applicability, Gaps and Implementation», *in* Nord, Nicolas / Cerqueira, Gustavo, *International Sale of Goods – A Private International Law Comparative and Prospective Analysis of Sino-European Relations,* Cham: Springer International Publishing AG, 2017.

Hachem, Pascal, *in* Schlechtriem / Schwenzer / Schroeter, *Kommentar zum UN--Kaufrecht (CISG),* 7ª Edição, Munique: Verlag C.H. Beck oHG, 2019.

Hachem, Pascal, in Schwenzer, Ingeborg (Ed.), *Commentary on the UN Convention on the International Sale of Goods,* Oxford: Oxford University Press, 2016.

Haenni, Joseph, «Chapter 2 – Carriage by Rail», *in* Rodière, René, *International Encyclopedia of Comparative Law, Volume XII – Law of Transport,* Tübingen: J.C.B. Mohr (Paul Siebeck), 1973.

Hager, Günter / Schmidt-Kessel, Martin, in Schwenzer, Ingeborg / Muñoz, Edgardo (Coord.), Comentario sobre la Convención de las Naciones Unidas sobre los Contratos de Compraventa Internacional de Mercaderías, Thomson Reuters, 2011.

Hager, Günter / Schmidt-Kessel, Martin, *in* Schwenzer, Ingeborg (Coord.), *Commentary on the UN Convention on the International Sale of Goods (CISG),* Oxford University Press, 2010.

Hager, Günter / Schmidt-Kessel, Martin, *in* Schwenzer, Ingeborg (Coord.), *Commentary on the UN Convention on the International Sale of Goods (CISG),* Oxford University Press, 2010. (também disponível em lingua espanhola sob o título "*Comentario sobre la Convención de las Naciones Unidas sobre los contratos de compraventa internacional de mercaderías*", Tomo II, Arazandi-Thomson Reuters, 2011);

Hager, Günter, «Gefahrtragung nach UN-Kaufrecht im Vergleich zu EKG und BGB», in Schlechtriem, Peter (Ed.), *Einheitliches Kaufrecht und nationales Obligationenrecht,* Nomos, 1987.

Hager, Günter, *Die Gefahrtragung beim Kauf: eine rechtsvergleichende Untersuchung,* Frankfurt: Alfred Metzner Verlag, 1982.

Hager, Günter, in Schlechtriem, Peter (Ed.), *Commentary on the UN Convention on the International Sales of goods (CISG),* Oxford University Press, 1998.

Hager, Günter, *in* Schlechtriem, Peter / Schwenzer, Ingeborg (Ed.), *Commentary on the UN Convention on the international sale of goods (CISG),* Oxford: Oxford University Press, 2ª Edição, 2005.

Han, Shiyuan, «The CISG and the Modernisation of Chinese Contract Law», disponível em: < https://www.wgtn.ac.nz/__data/assets/pdf_file/0019/920107/Han.pdf>.

Hardy, Charles O., *Risk and Risk-Bearing,* Chicago: The University of Chicago Press, 1923.

Hartenstein, Olaf, «Rights and Duties of Third Parties in Modern Transportation Law – International Conventions, German Law and Private International Law –», *in* Furrer, Andreas (Ed.), *Transportation Law on the Move – Challenges in the Modern Logistics World –*, Berna: Stämpfli Verlag, 2020.

Häsemeyer, Ludwig, «Die Lehre von der Geschäftsgrundlage (Clausula Rebus sic Stantibus)», *in Das Recht der Leistungsstörungen im Französischen und im Deutschen Recht*, Heidelberg: Juristische Fakultät der Universität Heidelberg, 1981.

Haymann, Franz, «Textkritische Studien zum römischen obligationenrecht, II. Periculum est emptoris», in *Zeitschrift der Savigny Stiftung für Rechtsgeschichte*, 1920, p. 44 e ss., *apud* Gasset, Ramon Badenes, *El contrato de compraventa*, José Maria Bosch Editor, S.A., 1995, Tomo I.

Helleringer, Geneviève, «Les effets réels du contrat, le charme discret de la continuité», in Cartwright, John / Fauvarque-Cousson, Bénédicte / Whittaker, Simon, *La réécriture du code civil – Le droit français des contrats après la réforme de 2016 –*, Paris : Société de Législation Comparée, 2018.

Helleringer, Geneviève, *in* Cartwright, John / Whittaker, Simon, *The Code Napoléon Rewritten – French Contract Law after the 2016 Reforms –*, Oxford; Londres: Hart Publishing, 2017.

Hellwege, Phillip, *in* Jansen, Nils e Zimmermann, Reinhard (Ed.), *Commentaries on European Contract Laws*, Oxford University Press, 2018.

Henssler, Martin, *Risiko als Vertragsgegenstand*, Tübingen: Mohr, 1994.

Herber, Rolf, «The UM Convention on the Carriage of Goods by Sea, 1978, Hamburg Rules, its Future and the Demands of Developing Countries», *in* Arroyo, Ignacio, *Yearbook Maritime Law*, Vol. I – 1984, Deventer: Kluwer Law and Taxation Publishers, 1986.

Herro, Rita, *Vente et transport: indépendence ou interdépendance?*, Aix-en-Provence: Presses Universitaires d' Aix-Marseille, 2011.

Heuzé, Vincent, «La vente internationale de marchandises – Droit uniforme –», *in* Ghestin, Jacques (Dir.), *Traité des contrats*, Paris: L.G.D.J, 2000.

Hillman, Robert A., «Rolling Contracts», *Fordham Law Review*, Vol. 71 (2002), 743-759, disponível em: <https://ir.lawnet.fordham.edu/cgi/viewcontent.cgi?article=3865&context=flr> ;

Hoeks, Marian, «Chapter 3: Liability, jurisdiction and enforcement issues in international road carriage: CMR carrier liability in the Netherlands and Germany and the influence of the EU», *in* Soyer, Baris / Tettenborn, Andrew (Ed.), *Carriage of Goods by Sea, Land and Air – Unimodal and Multimodal Transport in the 21st Century –*, Abingdon: Informa Law, 2014.

____ *Multimodal Transport Law – The Law Applicable to the Multimodal Contract for the Carriage of Goods*, Alphen aan den Rijn: Kluwer Law International, 2010.

Honka, Hannu, «General Provisions», *in* Ziegler, Alexander / Schelin, Johan / Zunarelli, Stefano, *The Rotterdam Rules 2008 – Commentary to the United Nations Convention on Contracts for the International Carriage of Goods Wholly or Partly by Sea*, Alphen aan den Rijn: Kluwer Law International, 2010.

Honnold, John O. / Flechtner, Harry M., *Uniform Law for International Sales under the 1980 United Nations Convention*, Países Baixos : Kluwer Law International BV, 2009.

Hopt, Kaus J., *et. al.*, *Handelsgesetzbuch mit GmbH & Co., Handelsklauseln, Bank- und*

Börsenrecht, Transportrecht (ohne Seerecht), 36ª Edição, Munique: Verlag C.H. Beck, 2014.

Hornung, Rainer, *in* Schlechtriem, Peter / Schwenzer, Ingeborg (Ed.), *Commentary on the UN Convention on the international sale of goods (CISG)*, Oxford: Oxford University Press, 2ª Edição, 2005.

Horowitz, Deborah, *Letters of Credit and Demand Guarantees – Defence to Payment –*, Oxford: Oxford University Press, 2010.

Hotte, Simon, *La rupture du contrat international – contribution à l'étude du droit transnational des contrats –*, Paris: Éditions Defrénois, 2007.

Hou, Wei, *La liberté contractuelle en Droit des Transports Maritimes de marchandises – L'exemple du contrat de volume soumis aux Règles de Rotterdam –*, Aix-en-Provence: Presses Universitaires d' Aix-Marseille, 2013.

Houh, Emily, «The Doctrine of Good Faith in Contract Law: A (Nearly) Empty Vessel?» *in Faculty Articles and Other Publications, Paper 103*, University of Cincinnati College of Law Scholarship and Publications, 2005, disponível em: < https://core.ac.uk/download/pdf/235508629.pdf>).

Huber, Peter, «On the beaten track – the European DCFR and the CISG» , *in* Büchler, Andrea / Müller-Chen, Markus (Coord.), *Private Law (national – global – comparative)*, Comemoração dos 60 anos de Ingeborg Scwenzer, Bern, 2011.

Huber, Peter, *in* Kröll, Stefan / Mistellis, Loukas / Viscasillas, Pilar Perales (Coord.), *UN Convention on Contracts for the International Sale of Goods (CISG): A Commentary*, C. H. Beck-Hart-Nomos, 2018.

Huber, Peter, *in* Vogenauer, Stefan (Ed.), *Commentaries on the UNIDROIT Principles of International Commercial Contracts (PICC)*, Oxford: Oxford University Press, 2015.

Hulot, Henri / Berthelot, Jean-François, *Corps de Droit Civil Romain en Latin et en Français – Les Cinquante Livres du Digeste ou des Pandectes de l'Empereur Justinien –*, Tomo II, Alemanha : Scientia Verlag Aalen, 1979.

Hultman, B., «Impact of New Transportation Techniques», *in* Grönfors, Kurt (Ed.), *Modern Transport and Sales Financing*, Kungsbacka: Elanders Boktryckeri Aktiebolag, 1974.

Imberg, Alexander, *Die Verteiluna der Beweislast beim Gefahrübergang nach UN-Kaufrecht*, Frankfurt: Peter Lang GmbH, 1998.

International Chamber of Commerce, *Inconterms 2020* – Regras das ICC para a utilização dos termos de comércio nacional e internacional –, Lisboa: ICC Portugal, 2019.

Johnston, Michael Gavin, «A Review of the Harter Act», *in Global Journal of Politics and Law Research*, Vol. 6, Nº 5, Junho de 2018, p. 23 e ss., disponível em: < https://www.eajournals.org/wp-content/uploads/A-Review-of-the-Harter-Act.pdf>).

Justo, A. Santos, «Contrato de transporte marítimo (direito romano)», *in* AA.VV., *Nos 20 anos do Código das Sociedades Comerciais – Homenagem aos Profs. Doutores A. Ferrer Correia, Orlando de Carvalho e Vasco Lobo Xavier –*, Vol. II, Coimbra: Coimbra Editora, 2007.

Kahn, Philippe, «What Constitutes a Sale?», in Revue de Droit des Affaires Internationales, Nº3-4, 2001.

Kamp. Allen R., « Uptown Act: A History of the Uniform Commercial Code: 1940-49», *in SMU Law Review*, Vol. 51, 1998, p. 279 e ss (disponível em: < https://scholar.smu.edu/cgi/viewcontent.cgi?article=1633&context=smulr>).

Kanning, Arnald J., «Unification of Commercial Contract Law: Dominant Economy», *in* The Rabel Journal of Comparative and International Private Law, Tübingen: Mohr Siebeck GmbH & Co. KG, 2021.

Karton, Joshua, *The Culture of International Arbitration and the Evolution of Contract Law*, Oxford: Oxford University Press, 2013.

Kee, Christopher, «Rethinking the Common Law Definition of Goods», *in* Büchler, Andrea / Müller-Chen, Markus (Coord.), *Interpreting the CISG, in Private Law (national – global – comparative)*, Festschrift für Ingeborg Schwenzer zum 60. Geburtstag, Bern: Stämpfli Verlag, 2011.

Keller, Bertram, *in* Andersen, Camilla B. / Schroeter, Ulrich (Eds), *Sharing International Commercial Law across National Boundaries: Festschrift for Albert H. Kritzer on the Occasion of his Eightieth Birthday*, Wildy, Simmons & Hill Publishing, 2008, p. 247-266 (também disponível em: < https://iicl.law.pace.edu/sites/default/files/bibliography/keller1.pdf >).

Keohane, Robert O. / Nye, Joseph S., *Power and Interdependence*, 2ª Edição, Estados Unidos da América: Library of Congress Cataloging-in-Publication Data, 1989.

Kessedjian, Catherine / Pironon, Valérie, *Droit du Commerce international*, 2ª Edição, Paris: Presses Universitaires de France / Humensis, 2020.

Koevoets, «Preisgefahr im Klassischen Rom um seit der Kodifikation des schweizerischen Privatrechts», *in* Fargnoli, Iole / Fasel, Urs (Ed.), *Eugen Huber und die romanistische Grundlage des Schweizer Kaufrechts*, Berna: Stämpfli Verlag AG, 2015.

Kolb, Robert, *Good Faith in International Law*, Oxford/Portland: Hart Publishing, 2017.

Koller, Ingo, *Transportrecht. Kommentar zu Spedition, Gütertransport und Lagergeschäft*, 8ª Edição, Munique: Verlag C.H. Beck, 2013, p. 40; Fremuth, Fritz, «§407», *in* Fremuth, Fritz / Thume, Karl-Heinz (Ed.), *Kommentar zum Transportrecht*, Heildelberg: Verlag Recht und Wirtschaft GmbH, 2000.

Koller, Thomas, «Der Übergang der Leistungsgefahr hei internationalen Kaufverträgen unter der CIF- und der FOB-Klausel», *in* Wiegand, Wolfgang / Koller, Thomas / Walter, Hans Peter, *Tradition mit Weitsicht. Festschrift für Eugen Bucher zum 80. Geburtstag*, Berna: Stämpfli Verlag AG, 2009.

Kramer, Adam, *The Law of Contract* Damages, 2ª Edição, Oxford: Hart Publishing, 2017.

Kröll, Stefan, *in* Mankowski, Peter (Ed.), *Commercial Law – Article-by-Article Commentary*, Baden-Baden: Nomos Verlagsgesellschaft, 2019.

Kröll, Stefan, *in* Kröll, Stefan / Mistellis, Loukas / Viscasillas, Pilar Perales (Coord.), *UN Convention on Contracts for the International Sale of Goods (CISG): A Commentary*, C. H. Beck-Hart-Nomos, 2018.

Kruisinga, Sonja A., « The Impact of Uniform Law on National Law: Limits and Possibilities – CISG and Its Incidence in Dutch Law», *in* Electronic Journal of Comparative Law, Vol. 13.2., Maio de 2009, disponível em: < https://www.ejcl.org/132/art132-2.pdf>).

Lagergren, Gunnar, *Delivery of the Goods and transfer of property and Risk in the Law of Sale*, Stockholm, P.A. Norstedt & Söners Förlag, 1954.

Lamazerolles, Eddy, *Les apports de la Convention de Vienne au droit interne de la vente*, Poitiers: LGDJ, 2003.

Lasaballett, Eliezer Sanchez, «*Conceptualizing harmonization: the case for contract law»*, Uniform Law Revue, Vol. 24, Nº 1, 2019.

Lasswell, Harol D./ McDougal, Myres S./Miller, James C., *The Interpretation of International Agreements and World Public Order – Principles of Content and Procedure*, Dordrecht: Martinus Nijhoff Publishers, 1994.

Lastra, Rosa Maria, «Macro-prudential supervision, systemic risk and insurance companies», *in* Georgosouli, Andromachi / Goldby, Miriam (Ed.), *Systemic Risk and the Future of Insurance Regulation*, Nova Iorque: Informa Law from Routledge, 2016.

Lavouras, M. Matilde, «A inteligência artificial e os robôs inteligentes: emergência de um novo índice de capacidade contributiva?, *in Julgar*, Nº 45 (setembro/dezembro 2021), Coimbra: Almedina.

Lawrence, William H., *The Law of Sales Under the Uniform Commercial Code (2019-2020 Cumulative Supplement, 2019)*, Eagen: Thomson Reuters, 2019.

Legal Guide to Uniform Instruments in the Area of International Commercial Contracts, with a Focus on Sales (publicado em 2021 em <https://uncitral.un.org/sites/uncitral.un.org/files/media-documents/uncitral/en/tripartiteguide.pdf>).

Leisinger, Benjamin K., *Fundamental Breach Considering Non-Conformity of the Goods*, Munique: Sellier. European Law Publishers, 2007.

Leitão, Luís Manuel Teles de Menezes, *Direito das Obrigações*, Vol. III – Contratos em especial, 13ª Edição, Coimbra: Almedina, 2019.

Leitão, Luís Manuel Teles de Menezes, *Direito das Obrigações*, Vol. II – Transmissão e extinção das obrigações. Não cumprimento e garantias do crédito, 12ª Edição, Coimbra: Almedina, 2018.

Leitão, Luís Manuel Teles de Menezes, *Direito das Obrigações, Vol. I – Introdução. Da constituição das obrigações*, 15ª Edição, Coimbra: Almedina, 2020 (Reimp.).

Leloudas, George, «Multimodal transport under the Warsaw and Montreal Convention regimes: a velvet revolution?», *in* Soyer, Baris / Tettenborn, Andrew (Ed.), *Carriage of Goods by Sea, Land and Air – Unimodal and Multimodal Transport in the 21st Century* –, Abingdon: Informa Law, 2014.

Levasseur, Alan, «La révision du contrat – Rapport louisianais», *in* Travaux de L'Association Henri Capitant, *Le Contrat – Journées Brésiliennes,* Tomo LV, Paris: Société de Législation Comparée, 2005.

Lilleholt, Kare, « Passing of Risk and the Risk of Mystification: Some Drafting Issues», *in* European Review of Private Law, Grã-Bretanha: Kluwer Law International, Vol. 19, Nº 6-2011.

Lima, Fernando Andrade Pires de / Varela, João de Matos Antunes, *Código Civil Anotado*, Vol. II, 4ª Edição, Coimbra: Coimbra Editora, 1997.

Liu, Qing / Ke, Luqi, «One-Belt-One-Road policy implication on logistics route competition: Case study of China-Germany trade», *in* Maritime Economics Research Center Hamburg Business School, University of Hamburg, 2018, p. 6, disponível em: < https://www.bwl.uni-hamburg.de/merc/research/current-projects/project-report---obor-and-case-study.pdf>.

Lohsse, Sebastian, *in* Jansen, Nils e Zimmermann, Reinhard, *Commentaries on European Contract Laws*, Oxford: Oxford University Press, 2018.

Loofofsky, Joseph, *Understanding the CISG: A Compact Guide to the 1980 United Nations Convention on Contracts for the International Sale of Goods*, 5ª Edição, Wolters Kluwer, 2017.

Lorenzon, Filippo / Baatz, Yvonne, *Sassoon on C.I.F. and F.O.B. Contracts,* 6ª Edição, Londres: Sweet & Maxweell, 2017.

Lorenzon, Filippo, «Chapter 3: International Trade and Shipping Documents», *in* Baatz, Yvonne (Ed.), *Maritime Law,* 4ª Edição, Oxon: Informa Law by Routledge, 2018.

Lowisch, Manfred, « New Law of Obligations in Germany», *in* Ritsumeikan Law Review, Nº 20, Março de 2003, p. 144, disponível em: < http://www.ritsumei.ac.jp/acd/cg/law/lex/rlr20/Manfred141.pdf>;

Lowry, John / Rawlings, Philip / Merkin, Robert, *Insurance Law: Doctrines and Principles,* 3ª Edição, Oxford: Hart Publishing, 2011.

Lucas, David, *et. al.*, «England & Wales», *in* Lucas, David, *Shipping & International Trade Law,* Londres: Sweet & Maxwell, 2011.

Lüddeke, Christof / Johnson, Andrew, *The Hamburg Rules from Hague to Hamburg via Visby*, 2ª Edição, Londres: Lloyd's of London Press Ltd., 1995.

Luminoso, Angelo, «La vendita», *in* Schlesinger, Pietro (Dir.), *Trattato di Diritto Civile e Commerciale,* Milão: Giuffrè Editore, 2014.

Luminoso, Angelo, *La compravendita – Corso di Diritto Civile –*, G. Giappichelli Editore, Torino, 1991.

Lurger, Brigitta, *et. al.*, *Principles of European Law (Study Group on a European Civil Code) – Acquisition and Loss of Ownership of Goods (PEL Acq. Own.),* Munique: Sellier. European Law Publishers, 2011.

Macario, Francesco, «Le sopravvenienze», *in* Roppo, Vicenzo (Dir.), *Trattato del Contratto,* Milão: Giuffrè Editore, 2006.

Maccarone, S., «Le droit de disposition selon la Convention CMR (articles 12 et 13)», *in* Union Internationale des Transports Routiers (Ed.), *Transport International de Marchandises par Route (CMR),* Colombier : Gessler & Cie SA, 1988.

Machado, Baptista João, «Risco contratual e mora do credor (Risco de perda do valor-utilidade oou do rendimento da prestação e de desperdício da capacidade de prestar vinculada)», *in Revista de Legislação e Jurisprudência,* Ano 116º, Nº 3711, Nº 3716 e Nº 3712.

Magnus, Ulrich, «Comparative editorial remarques on the provisions regarding good faith in CISG Article 7(1) and the UNIDROIT Principles Article 1.7», *in* Felemegas, John (Ed.), *An International Approach to the Interpretation of the United Nations Convention on Contracts for the International Sale of Goods (1980) as Uniform Sales Law,* Cambridge: Cambridge University Press, 2007.

____ «Wiener UN-Kaufrecht (CISG)», *in J. von Staudingers Kommentar zum Bürgerlichen Gesetzbuch Einführungsgesetz und Nebengesetzen,* Berlim: Walter de Gruyter GmbH, 2018.

Maiani, Francesco / Bieber, Roland, *Droit européen des transports,* 3ª Edição, Genebra/Zurique/Paris: Schulthess Éditions Romandes e LGDJ, 2020.

Mainguy, Daniel / Nourissat, Cyril, « Les contratts internationaux», *in* Béguin, Jacques / Menjucq, Michel (Dir.), *Droit du Commerce International,* 3ª Edição, Paris: LexisNexis, 2019.

Malinvaud, Philippe / Mekki, Mustapha / Seube, Jean-Baptiste, *Droit des obligations,* 15ª Edição, Paris : Lexis Nexis, 2019.

Malurie, Philippe / Aynès, Laurent / Stoffel-Munck, Philippe, *Droit des obligations,* Issy-les-Moulineaux: LGDJ, Lextenso éditions, 2017.

Mankabady, Samir, «Comments on the Hamburg Rules», *in* Mankabady, Samir, *The Hamburg Rules on the Carriage of Goods by Sea*, Londres: A. W. Sijthoff International, 1978.

Mankabady, Samir, ‹‹Some thougts on transport law››, *in Études offertes à René* Rodière, Paris: Dalloz, 1981.

Mankowski, Peter, ‹‹Freedom of contract law: Do we still need mandatory provisions in international conventions and national law?››, *in* Furrer, Andreas (Ed.), *Transportation Law on the Move – Challenges in the Modern Logistics World –*, Berna: Stämpfli Verlag, 2020.

Mankowski, Peter, *in* Mankowski, Peter (Ed.), *Commercial Law – Article-by-Article Commentary,* Baden-Baden: Nomos Verlagsgesellschaft, 2019.

Marchand, Sylvain, *in* Thévenoz, Luc / Werro, Franz, *Code des Obligations – Commentaire Romand –*, Vol. I, 2ª Edição, Basileia: Helbing Lichtenhahn, 2012.

Marchand, Sylvan, *Les limites de l'uniformisation matérielle du droit de la vente internationale – Mise en oeuvre de la Convention des Nations Unies du 11 avril 1980 sur la vente internationale de marchandises dans le contexte juridique suisse* –, Basileia : Helbing & Lichtenhahn, 1994.

Markesinis, B.S. / Lorenz, W. / Dannemann, G., *The German Law of Obligations,* Vol. I – *The Law of Contracts and Restitution: A Comparative Introduction,* Oxford: Clarendon Press, 1997.

Markesinis, Basil / Unberath, Hannes / Johnston, Angus, *The German Law of Contract – A Comparative Treatise–*, 2ª Edição, Oxford and Portland, Oregon: Hart Publishing, 2006.

Markovic, Milan, *et. al.*, ‹‹Integrating Internet of Things, Provenance, and Blockchain to Enhance Trust in Last Mile Food Deliveries››, *in Frontiers in Sustainable Food Systems,* Nov. 2020, Vol. 4, Artigo 563424, p. 2 (disponível em: < https://www.frontiersin.org/articles/10.3389/fsufs.2020.563424/full>)

Markovits, Daniel, ‹‹Good Faith as Contract's Core Value››, in Klass, Gregory / Letsas, George / Saprai, Prince, Philosophical Foundations of Contract Law, Oxford University Press, 2014.

Marks, Colin P., «Not What, but When Is an Offer: Rehabilitating the Rolling Contract», *Connecticut Law Review*, Vol. 46, nº. 1, 2013, disponível em <http://ssrn.com/abstract=2228502>;

Marrella, Fabrizio, «La Nuova Lex Mercatoria – Principi UNIDROIT ed usi dei contratti del commercio internazionale –», *in* Galgano, Francesco (Dir.), *Trattato do Diritto Commerciale e di Diritto Pubblico dell'Economia,* Padova: CEDAM, 2003.

Marrella, Frabrizio, ‹‹Forza maggiore e vendita internazionale di beni mobili in um contesto di pandemia: alcune riflessioni››, *in Rivista di diritto internazionale privato e processuale,* Milão: Wolters Kluwer Italia Srl, Julho-Setembro 2021.

Marsac, Xavier Tandeau de, ‹‹Le paiement et ses garanties››, *in* Guyon, Yves (Dir.), *Collection Droit des Affaires et de l'Enterprise. Les ventes internationales de marchandises (Problèmes juridiques d'actualité). Colloque de la Fondation internationale pour l'enseignement du droit des affaires (Faculté de droit d'Aix-en-Provence, 7 et 8 mars 1980)*, Paris: Economica, 1981.

Martens, Sebastian, in Jansen, Nils e Zimmermann, Reinhard (Ed.), *Commentaries on European Contract Laws*, Oxford: Oxford University Press, 2018.

Martínez, Inmaculada Herbosa, *El contrato de compaventa civil,* Navarra: Thomson Reuters, 2013.

Martínez, Vicente Santos, *et al.*, *Leyes Mercantiles,* Navarra: Editorial Aranzadi, 1993.

Martins, Alexandre de Soveral, ‹‹Conhecimento de carga, *blockchain* e novas tecnologias», *in Julgar,* Nº 45 (setembro/dezembro 2021), Coimbra: Almedina.

Martins, Alexandre de Soveral, «Notas sobre o procedimento de arbitragem segundo o Regulamento de Arbitragem da Câmara de Comércio Internacional de Paris», *in Separata de ARS IVDICANDI – Estudos em homenagem ao Prof. Doutor Jorge de Figueiredo Dias,* Vol. IV, Coimbra: Coimbra Editora, 2010.

____ «Os Documentos de Transporte nas Regras da Haia e nas Regras de Roterdão», *in* Gomes, Manuel Januário da Costa (Coord.), *Das Regras da Haia às Regras de Roterdão – As perspetivas para o transporte marítimo e para o transporte multimodal no século XXI –,* Coimbra: Almedina, 2014.

_____*Compra e venda internacional de mercadorias: a CISG,* Coimbra: Almedina, 2021.

____ «As Regras de Roterdão», *in* AA.VV., *Novos Caminhos para o Direito dos Transportes,* IDET/Faculdade de Direito da Universidade de Coimbra, Coimbra: Almedina, 2013.

Martins, Maria Inês de Oliveira, «Seguro e responsabilidade civil», *in Separata do Boletim da Faculdade de Direito,* Vol. XCVI, Tomo I, 2020.

____ «Entre a avaliação inicial do risco e o regime do seu agravamento subsequente: a distribuição de riscos de desconhecimento no contrato de seguro», *Julgar,* nº 43, janeiro/abril 2021, Coimbra: Almedina.

Martorell, Ernesto Eduardo, «Contrato de transporte», *in* Martorell, Ernesto Eduardo (Dir.), *Tratado de los contratos de empresa,* Tomo II, 2ª Edição, Buenos Aires: AbeledoPerrotn S.A., 2016.

Mata, João Nunes de Almeida da, *Seguro Marítimo: Mercadorias,* Lisboa: Associação Comercial de Lisboa, 1967.

Matte, Nicolas Mateesco, «Chapter 6 – International Air Transport», *in* Rodière, René, *International Encyclopedia of Comparative Law, Volume XII – Law of Transport,* Tübingen: J.C.B. Mohr (Paul Siebeck), 1982.

Mazzamuto, Salvatore, «Progetti di codificazione europea sul contratto», *Europa e Diritto Privatto,* Nº 4/2020, Milão: Giuffrè Francis Lefebvre.

McFarlane, Ben, «Bailment», *in* Cane, Peter / Conaghan, Joanne (Ed.), *The New Oxford Companion to Law,* Oxford: Oxford University Press (online edition), 2009, disponível em: < https://www.oxfordreference.com/view/10.1093/acref/9780199290543.001.0001/acref-9780199290543-e-132?rskey=H1HnHE&result=131>.

McKendrick, Ewan, *Contract Law,* 13ª Edição, Londres: Red Globe Press, 2019.

Mellouli, Slaheddine, *Commentaire de la Convention des nations Unies sur le transport de marchandises par mer de 1978 – Règles de HAMBURG –,* Editions de l'Imprimerie Officielle de la République Tunisienne, 2001.

Mendes, Armindo Ribeiro, «Aspectos gerais da responsabilidade contratual em direito comparado inglês e português», *in* ROA, Vol. I, 1977.

Mendes, Evaristo, *A compra e venda como contrato translativo. Alguns aspetos,* §1º-A)-3.2., disponível em: < http://www.evaristomendes.eu/ficheiros/Evaristo_Mendes_Compra_e_venda_civil-Objeto-Transmissao_de_bens_e_direitos_(1986).htm#_edn1>.

Mendes, José Manuel, "Ulrich Beck: a imanência do social e a sociedade do risco", *in* <http://www.scielo.mec.pt/scielo.php?script=sci_arttext&pid=S0003-25732015000100012>.

Mercadal, Barthélemy, *Mémento Pratique Droit Commercial 2021,* Levallois: Éditions Francis Lefebvre, 2021.

Messent, Andrew / Glass, David A., *CMR: Contracts for the International Carriage of Goods by Road,* 4ª Edição, Oxon: Informa Law by Routledge, 2018.

Michaels, Ralf, *in* Vogenauer, Stefan (Ed.), *Commentaries on the UNIDROIT Principles of International Commercial Contracts (PICC),* Oxford: Oxford University Press, 2015.

Minglun, Yang, «Comparative Issues on Chinese Contract Law», in Gebhardt, Immanuel / Yuqing, Zhang / Schröder, Rainer (Eds.), *Comparative Analysis on the Chinese Contract Law,* Berlim: BMV-Berliner Wissenschafts-Verlag, 2003.

Mistelis, Loukas, *in* Kröll, Stefan / Mistellis, Loukas / Viscasillas, Pilar Perales (Coord.), *UN Convention on Contracts for the International Sale of Goods (CISG): A Commentary,* C. H. Beck-Hart-Nomos, 2018.

Mohs, Florian, *in* Schwenzer, Ingeborg (Ed.), *Commentary on the UN Convention on the International Sales of goods (CISG),* Oxford University Press, 2016.

Montas, Arnaud, «Transport maritime de marchandises», *in* Beurier, Jean-Pierre (Dir.), *Droits Maritimes,* 3ª Edição, Paris: Éditions Dalloz, 2014.

Moreno, Carlos, *Legal Nature and Functions of the Multimodal Transport Document,* Genebra, Basileia, Munique: Helbing & Lichtenhahn, 2002.

Morgan, Jonathan, *Great Debates in Contract Law,* 3ª Edição, Londres: Red Globe Press, 2020.

Mousurakis, George, *Fundaments of Roman Private* Law, Heidelberg: Springer, 2012.

Moyle, J. B., *The contract of sale in the Civil Law with references to the laws of England, Scotland and France,* Oxford: Clarendon Press, 1892.

Müller-Chen, Markus, in Schwenzer, Ingeborg (Coord.), *Commentary on the UN Convention on the International Sale of Goods,* Oxford University Press, 2016.

Müller-Rostin, Wolf, ‹‹Convention for the Unification of Certain Rules for International Carriage by Air of 1999 (Montreal Convention)››, *in* Mankowski, Peter (Ed.), *Commercial Law – Article-by-Article Commentary,* Baden-Baden: Nomos Verlagsgesellschaft, 2019.

Muñoz, Edgardo, *Modern Law of Contracts and Sales in Latin America, Spain and Portugal,* Haia: Eleven International Publishing, 2011.

Múrias, Pedro /Pereira, Maria de Lurdes, «Prestações de coisa: transferência do risco e obrigações de *reddere*», *in Cadernos de Direito Privado,* Julho-Setembro de 2008, Nº 23.

Murray, John E., «The Definitive "Battle of the Forms": Chaos Revisited», *Journal of Law and Commerce,* Vol. 20 (2000), 1-48.

Murray, John E., «The Dubious Status of the Rolling Contract Formation Theory», *Duquesne Law Review,* Vol. 50, 35-919, disponível em < http://www.lexisnexis.com/hottopics/lnacademic/?verb=sr&csi=7327&sr=cite(50+Duq.+L.+Rev.+35)>;

Negrão, Theotonio, *et al., Código Civil e Legislaçao Civil em* vigor, 38ª edição, São Paulo: Saraiva Educação, 2020.

Neumann, Thomas, *The Duty to Cooperate in International Sales – The Scope and Role of Article 80 CISG –,* Munique: Sellier european law publishers, 2012.

Neumayer, Karl, H. / Ming, Catherine, in Dessemontet, François (Ed.), *Convention de Vienne sur les contracts de vente international de marchandises – Commentaire -,* CEDIDAC, 1993.

Neves, António Castanheira, «Pensar do Direito num tempo de perplexidade», in Alves, João Lopes, *et al.*, Liber Amicorum de José de Sousa e Brito em Comemoração do 70º aniversário. Estudos de Direito e de Filosofia, Coimbra: Almedina, 2009.

Nicholas, Barry, «Impracticability and Impossibility in the U. N. Convention on Contracts for the International Sale of Goods», *in* Galston, Nina M. e Smit, Hans, Matthew Bender (coord.), *International Sales: The United Nations Convention on Contracts for the International Sales of Goods*, 1984.

Nicholas, Barry, «The United Kingdom and the Vienna Sales Convention: Another Case of Splendid Isolation?», *in* Centro di studi e richerche di diritto comparato e straniero – Saggi, Conferenze e Seminari, Roma, nº 9, 1993.

Nicholas, Barry, *in* Bianca, C. Massimo e Bonell, Michael Joachim (Coord.), *Commentary on the International Sales Law*, Milão: Giuffrè, 1987.

Nikaki, Theodora, «Chapter 11: The quest for an international multimodal transport Convention: Does the CMR liability system fit the bill?», *in* Soyer, Baris / Tettenborn, Andrew (Ed.), *Carriage of Goods by Sea, Land and Air – Unimodal and Multimodal Transport in the 21st Century –*, Abingdon: Informa Law, 2014.

O'Sullivan, Janet, *O'Sullivan & Hilliard's The Law of Contract*, 8ª Edição, Oxford University Press, 2018.

Oehm, Max W., *in* Dannemann, Gerhard / Schulze, Reiner (Eds.), *German Civil Code*, Vol. I, Books 1-3: §§1-1296, Article-by-Article Commentary, Verlag C.H.Beck oHG, 2020.

Oliveira, Ana Perestrelo de / Oliveira, Madalena Perestrelo de, «Resolução parcial, dever de renegociar e modificação contratual em contexto de Covid-19», *in Revista de Direito Civil*, Ano V (2020), Nº 3 / 4, Coimbra: Almedina.

Oliveira, Nuno Manuel Pinto, «Em tema de renegociação – a vulnerabilidade dos equilíbrios contratuais no infinito jogo dos acasos», *in Revista da Faculdade de Direito da Universidade de Lisboa*, Ano LXII (2021), Nº 1, Tomo 2.

____ *Princípios de Direito dos Contratos*, Coimbra: Coimbra Editora, 2011.

Opinião nº 16 do *CISG-AC*, Exclusão da *CISG* nos termos do Artigo 6, Relatora: Doutora Lisa Spagnolo, Monash University, Australia. Adotada pelo *CISG Advisory Council* no seu 19º encontro, em Pretoria, Africa do Sul, no dia 30 de maio de 2014, disponível em : < http://cisgac.com/cisgac-opinion-no16/>.

Ostendorf, Patrick, *International Sales Terms*, 3ª Edição, Munique: Verlag C. H. Beck, 2018.

Ott, François/Mattey, Pascal, *Le commerce international des marchandises*, Bruylant, 2010.

Otte, Karsten, «Artigo 12º», *in* Ferrari, Franco, *et. al.*, *Internationales Vertragsrecht (Rom I-VO, CISG, CMR, FactÜ) Kommentar*, 3ª Edição, Munique: Verlag C.H. Beck, 2018.

____ «Artigo 15º», *in* Ferrari, Franco, *et. al.*, *Internationales Vertragsrecht (Rom I-VO, CISG, CMR, FactÜ) Kommentar*, 3ª Edição, Munique: Verlag C.H. Beck, 2018.

Pacanowska, González / Soto, Díez, *in* Faber, Wolfgang / Lurger, Brigitta (Eds.), *National Reports on the Transfer of Movables in Europe*, Vol. 5: Sweden, Norway and Denmark, Finland, Spain, Munique: European Law Publishers, 2011.

Palumbo, Alissa, *Modern Law of sales in the United Nations*, Haia: Elevens International Publishing, 2015.

Paraiso, Fall, *Le risque d'inexécution de l'obligation contractuelle*, Aix-En-Provence: Presse Universitaire d'Aix-Marseille, 2011.

Pascal, Robert A., «Louisiana Civil Law and Its Study», *in Louisiana Law Review*, Vol. 60, Nº 1, 1999.

Patrício, Miguel, «Análise económica do risco aplicada à atividade seguradora», *in Revista da Faculdade de Direito da Universidade de Lisboa*, Ano LXI, 2020, Nº 2.

Pearson, Simon, *et. al.*, «Are Distributed Ledger Technologies the panacea for food traceability?», *in Global Food Securuty*, Vol. 20, Março 2019, p.146 (disponível em: < https://www.sciencedirect.com/science/article/pii/S2211912418301408?via%3Dihub>).

Peel, Edwin, *Treitel on the Law of Contract*, 14ª Edição, Londres: Sweet & Maxwell, 2015.

Pejovic, Caslav, «Stoppage in Transit and Right of Control: "Conflict of Rules"?», *in* Pace International Law Review, Vol. 20, Nº 1, Abril 2008, p. 21-22 (disponível em : < https://digitalcommons.pace.edu/pilr/vol20/iss1/7/>.

Pellegrini, Gianluca Mauro, «Artigo 1465º», *in* Rescigno, Pietro, *Le Fonti del Diritto Italiano – I testi fondamentali commentati con la dottrina e annotati con la giurisprudenza –, Codice Civile*, Tomo I, Milão: Giuffrè Editore, 2018.

Perdicas, Panajotis, «Fonction des documents dans la pratique maritime internationale (suite et fin)», *in Revue de Drot Maritime* Comparé, Tomo 27 (janeiro--Junho 1938), Paris: Librairie Générale de Droit et de Jurisprudence.

Perez, Mariano Alonso, *El riesgo en el contrato de compraventa*, Madrid: Editorial Montecorvo, 1972.

Pesce, Angelo, *Il contratto di trasporto internazionale di merci sus trada*, Pádova: CEDAM, 1984.

Philippe, Denis-M., *Changement de circonstances et bouleversement de l'économie contractuelle*, Bruxelas: Établissements Émile Bruylant, 1986.

Pichonnaz, Pascal / Werro, Franz, «La responsabilité fondée sur le risque: un état des lieux et quelques perspectives d'avenir», *in* Pichonnaz, Pascal / Werro, Franz (Ed.), *Colloque du droit de la responsabilité civile 2017 (Université de Fribourg): Les responsabilités fondées sur le risque*, Berna: Stämpfli Editions, 2018.

Pignatta, Franciso, «Sur la possibilité d'appliquer la Convention de Vienne à la responsabilité précontractuelle», *in Mélanges en l'honneur du Professeur Claude Witz*, Lexis Nexis, 2018.

Pineau, Jean / Gaudet, Serge / Burman, Danielle, *Théorie des obligations*, 4ª Edição, Editions Thémis, 2004.

Pineau, Jean / Lefebvre, Guy, *Le contrat de transport de marchandises*, Montreal: Éditions Thémis, 2016.

Pinheiro, Luís de Lima, «Temas de Direito marítimo V – Contrato de Fretamento à Viagem», *in* ROA, Ano 80, Vol. III/IV-Jul./Dez. 2020, p. 667-668, disponível em: < https://portal.oa.pt/media/132098/luis-de-lima-pinheiro.pdf>).

____ «Clausulas típicas dos contratos do comércio internacional», *in* Pinheiro, Luís de Lima (Coord.), *Estudos de Direito Comercial Internacional*, Vol. I, Coimbra: Almedina, 2004.

____ *Direito Comercial Internacional – O Direito Privado da Globalização Económica"*, Revista da Faculdade de Direito da Universidade de Lisboa, Suplemento (2005), Coimbra: Coimbra Editora, 2006.

Pinto, Carlos Alberto da Mota Pinto, *apud* Xavier, Vasco da Gama Lobo, «Alteração das circunstâncias e risco», *in Colectânea de Jurisprudência*, Ano VIII, Tomo 5, 1983.

Pinto, Carlos Alberto da Mota, *Teoria Geral do Direito Civil*, 4ª Edição (por: António

Pinto Monteiro e Paulo Mota Pinto), Coimbra: Coimbra Editora, 2012.

Pinto, Fernando Ferreira / Duarte, Isabel Teixeira, *in* Proença, José Brandão (Coord.), *Comentário ao Código Civil – Direito das Obrigações – Das obrigações em geral –*, Lisboa: Universidade Católica Editora, 2018.

Pinto, Paulo Mota, «"Agentes de software inteligentes" e negócio jurídico – alguns problemas», *in Julgar*, Nº 45 (setembro/dezembro 2021), Coimbra: Almedina.

____ «Resolução do contrato e indemnização por não cumprimento – Anotação ao Acórdão do STJ, de 10 de 2020», *in Revista de Legislação e Jurisprudência*, Ano 150º, Nº 4029, jul/ago 2021.

Pires, Catarina Monteiro, «Artigo 791º», *in* Pires, Catarina Monteiro, *Novo coronavírus e crise contratual – Anotações ao Código Civil –*, Lisboa: AAFDL Editora, 2020.

____ *Contratos: I – Perturbações na execução*, Coimbra: Almedina, 2019.

____ *Impossibilidade da prestação*, Coimbra: Almedina, 2018.

Pires, César, «O papel da vontade na CISG», in Martins, Alexandre de Soveral / Antunes, Maria João (Coord.), Comemorando os 100 anos das Regras de Haia, Instituto Jurídico da Faculdade de Direito da Universidade de Coimbra, Coimbra, 2022, pp. 99-128).

Plender, Richard / Wilderspin, Michael, *The European Private International Law of Obligations*, 4ª Edição, Londres: Thomson Reuters; Sweet & Maxwell, 2015.

Plessis, Jacques du, *in* Vogenauer, Stefan (Ed.), *Commentaries on the UNIDROIT Principles of International Commercial Contracts (PICC)*, Oxford: Oxford University Press, 2015.

Plomaritou, Evi / Papadopoulos, Anthony, *Shipbroking and Chartering Practice*, 8ª Edição, Abingdon/Nova Iorque: Informa Law from Routledge, 2018.

Poças, Luís, «A delimitação do risco coberto no seguro de mercadorias transportadas», *in* Gomes, M. Januário da Costa (Coord.), *Temas de Direito dos Transportes V*, Coimbra: Amedina, 2020.

____ *O dever de declaração inicial do risco no contrato de seguro*, Coimbra: Almedina, 2013.

Pombo, Eugenio Llamas, *La Compraventa*, Madrid: La Ley (Wolters Kluwer España), 2014.

Poroy, Reha, *Le transfert des risques dans le contrat de vente – dans les droits suisse et anglais et dans le projet de loi internationale sur la vente de l'Institut de Rome pour l'unification du droit privé –*, Montreux, Imprimerie Ganguin & Laubscher S.A., 1950.

Poughon, Jean-Michel, *Histoire doctrinale de l'échange*, Paris: Librairie Generale de Droit et de Jurisprudence, 1987.

Pradal, Philippe, «Le *Restatement:* Les États-Unis entre tradition civiliste et tradition de *Common Law*», *in Les Cahiers de Justice*, Dalloz, Nº3, 2010, p. 82 (disponível em: < https://www.cairn.info/revue-les-cahiers-de-la-justice-2010-3-page-81.htm>).

Prata, Ana, *Código Civil Anotado*, Vol. I, 2ª Edição, Coimbra: Almedina, 2019.

Proença, José Carlos Brandão, «A hipótese da declaração (*lato sensu*) antecipada de incumprimento por parte do devedor», *in* Faculdade de Direito da Universidade do Porto, *Estudos em homenagem ao Professor Doutor Jorge Ribeiro de Faria*, 2003.

Rabel, Ernst, «XXI. Gefahrtragung beim Kauf», *in* Zeitschrift der Savigny-Stiftung für Rechtsgeschichte: Romanistische Abteilung, Vol. 42, Nº 1, 1921.

____ *Das Rechet des Warenkaufs – Eine rechtsvergleichende Darstellung –*, Vol. 2, Tübingen: J.C.B.Mohr (Paul Siebeck), 1958.

Rabl, Christian, *Die Gefahrtragung beim Kauf*, Viena: Manzsche Verlags- und Universitätsbuchhandlung, 2002.

Radé, Christophe, «La force majeure», in Rémy-Corlay, Pauline / Fenouillet, Dominique, *Les concepts contractuels français à l'heure des Principes du droit européen des contrats*, Paris : Editions Dalloz, 2003.

Rafsendjani, Mansur Pour / Stempfle, Christian-Thomas, *Study of compliance regarding EU-Railway Law and OSJD--Railway Law for European Commission Directorate-General for Energy na Transport Directorate*, de 12 de março de 2007, (disponível em: < https://ec.europa.eu/transport/sites/default/files/modes/rail/studies/doc/2007_03_compliance_railway_law.pdf>).

Ramberg, Jan, «Multimodal Transport: A New Dimension of the Law of Carriage of Goods?», *in Études offertes à René Rodière*, Paris: Dalloz, 1981.

____ «The Future Law of Transport Operators and Service Providers», *in Scandinavian Studies in Law*, Ano 2004, Vol. 46, p. 141, disponível em: <https://scandinavianlaw.se/pdf/46-6.pdf>).

_____ «The Multimodal Transport Document», *in* Schmitthoff, C.M. / Goode, R.M., *The International Commercial Law Series. Vol. I – International carriage of goods: some legal problems and possible solutions*, Center for Commercial Law Studies, Wiltshire: Redwood Burn Limited, 1988.

____ *International Commercial Transactions*, 4ª Edição, Estocolmo: Norstedts Juridik AB, 2011.

Ramos, Maria Elisabete, «Cobertura de riscos associados à pandemia de COVID-19», *in Revista da Ordem dos Advogados*, Ano 80, Jul./Dez. 2020.

Ramos, Rui Manuel Moura / Soares, Maria Ângela Bento, «Do contrato de compra e venda internacional de mercadorias. Análise da Convenção de Viena de 1980 e das disposições pertinentes do direito português, *in Documentação e Direito Comparado*, Nº 6, 1981.

____ *Contratos Internacionais (compra e venda, cláusulas penais e arbitragem)*, Coimbra: Almedina, 1986.

Raposo, Mário, «Transporte marítimo de mercadorias: hoje e amanhã», *in* ROA, Ano 2013, Ano 73, Vol. II/III, abril/setembro de 2013, p. 530, disponível em: < https://portal.oa.pt/upl/%7B303a4481-ac5f-4309-8a66-c1c1ff9c535a%7D.pdf>.

Raposo, Mário, «Transporte Marítimo de Mercadorias: Hoje e Amanhã», *in* Gomes, Manuel Januário da Costa (Coord.), *III Joenadas de Lisboa de Direito Marítimo (Das Regras da Haia às Regras de Roterdão – As perspetivas para o transporte marítimo e para o transporte multimodal no século XXI)*, Coimbra: Almedina, 2014.

Rapport annuelle de la Cour de Cassation, disponível em <https://www.courdecassation.fr/publications_26/rapport_annuel_36/rapport_2011_4212/troisieme_partie_etude_risque_4213/charge_risque_4214/charge_risque_4215/deplacement_charge_22764.html#_ftnref37>.

Raymond, Anjanette (Angie), *in* Kröll, Stefan / Mistellis, Loukas / Viscasillas, Pilar Perales (Coord.), *UN Convention on Contracts for the International Sale of Goods (CISG): A Commentary*, C. H. Beck-Hart--Nomos, 2018.

Raynard, Jacques / Seube, Jean-Bapriste, *Droit des contrats spéciaux*, 10ª Edição, Paris: LexisNexis, 2019.

Rego, Margarida Lima, «O risco e as suas vicissitudes», *in* Rego, Margarida Lima (Coord.), *Temas de Direito dos Seguros – A propósito da nova lei do contrato de seguro* –, Coimbra: Almedina, 2013.

Reinhart, Gert, *UN-Kaufrecht (Kommentar zum Übereinkommen der Vereinten Nationen vom 11. April 1980 über Verträge über den internationalen Warenkauf*, Heidelberg: C.F. Müller Juristischer Verlag, 1991.

Reynolds, F.M.B., *in* Treitel, Gunter / Reynolds, F.M.B., *Carver on Bills of Lading*, 4ª Edição, Londres: Sweet & Maxwell, 2017.

Ribeiro, Maria de Fátima, «A desconformidade e o artigo 471º do Código Comercial: âmbito de aplicação e regime», *in* Costa, Ricardo (Dir.), *AB Instantia – Revista do Instituto do Conhecimento AB*, outubro 2013, Ano I, Nº 2.

Ripert, Georges / Roblot, René, *Traité de Droit Commercial*, Tomo II, 17ª Edição (por Philippe Delebecque e Michel Germain), Paris: L.G.D.J, 2004.

Ripert, Georges, *Traité Élémentaire de Droit Commercial*, Vol. II, 4ª Edição, Paris : Librairie Générale de Droit et de Jurisprudence, 1960.

Ritaine, Eleanor Cashin, «National Report on the Transfer of Movables in France», *in* Faber, Wolfgang / Lurger, Brigitta (Eds.), *National Reports on the Transfer of Movables in Europe, Volume 4: France, Belgium, Bulgaria, Poland, Portugal*, Munique: European Law Publishers.

Riva, Gianluigi Maria, «What Happens in Blockchain Stays in Blockchain. A Legal Solution to Conflicts Between Digital Ledgers and Privacy Rights», *in Frontiers in Blockchain*, Agosto 2020, Vol. 3, Artigo 36, p. 12 (disponível em: < https://www.frontiersin.org/articles/10.3389/fbloc.2020.00036/full>).

Rocha, Francisco Costeira da, «A entrega das mercadorias nas Regras da Haia e nas Regras de Roterdão», *in* Gomes, Manuel Januário da Costa (Coord.), *Das Regras da Haia às Regras de Roterdão – As perspetivas para o transporte marítimo e para o transporte multimodal no século XXI* –, Coimbra: Almedina, 2014.

____ *O contrato de transporte de mercadorias*, Coimbra: Almedina, 2000.

Rodière, René / Mercadal, Barthélémy, *Droit des transports terrestres et aériens*, 5ª Edição, Paris : Dalloz, 1990.

Rodière, René, « Chapter 1 – Introduction to Transport Law and Combined Transports», *in* Rodière, René, *International Encyclopedia of Comparative Law, Volume XII – Law of Transport*, Tübingen: J.C.B. Mohr (Paul Siebeck), 1972.

Rodriguez-Rosado, Bruno, *Resolución y sinalagma contractual*, Madrid: Marcial Pons, 2013.

Rose, Francis / McMeel, Gerard / Watterson, Stephen, *Marine Insurance: Law and Practice*, Abingdon: Informa Law, 2013.

Rosenberg, Ljudevit, «The Law of International Documentary Credits: Principles, Liabilities and Responsibilities, *in* Sarcevic, Petar / Volken, Paul, *International Contracts and Payments*, Londres: Graham & Trotman, 1991.

Rosentritt, Sebastian, *Die Gefahrtragung im europäischen und internationalen Kaufrecht: CISG, INCO-Terms, Vorschlag für ein Gemeinsames Europäisches Kaufrecht, Verbraucherrechterichtlinie und deutsches Recht in vergleichender Perspektive*, Tübingen: Mohr Siebeck, 2018.

Roth, P.M., «The Passing of Risk», *The American Journal of Comparative Law*, Vol. 27 (1979).

Rubino, Domenico, *La compravendita*, in Trattato di Diritto Civile e Commerciale, Milão: Giuffrè Editore, 1971.

Rüfner, Thomas, *in* Jansen, Nils e Zimmermann, Reinhard (Ed.), *Commentaries on European Contract Laws*, Oxford: Oxford University Press, 2018.

Sacarrera, Enrique Guardiola, *La compraventa internacional*, Editorial Bosch, 2001.

Saidov, Djakhongir, «Methods of Limiting Damages under the Vienna

Convention on Contracts for the International Sale of Goods» (disponível em: < https://iicl.law.pace.edu/cisg/scholarly-writings/methods-limiting-damages-under-vienna-convention-contracts-international>.

Saidov, Djakhongir, *in* Kröll, Stefan / Mistellis, Loukas / Viscasillas, Pilar Perales (Ed.), *UN Convention on Contracts for the International Sale of Goods (CISG): A Commentary*, C. H. Beck-Hart-Nomos, 2018.

Salcedo, José Enrique Gomá, *Instituciones de Derecho Civil Común y Foral, Tomo II – Obligaciones y contratos*, 2ª Ediçao, Barcelona: Editorial Bosch, 2010.

Salomons, Arthur F., «National Report on the Transfer of Ownership of Movables in The Netherlands», in Faber, Wolfgang / Lurger, Brigitta (Eds.), *National Reports on the Transfer of Movables in Europe, Volume 6: The Netherlands, Switzerland, Czech Republic, Slovakia, Malta, Latvia*, Munique: European Law Publishers, 2011.

Salvi, Cesare, «Neoproprietarismo e teorie giuridiche della proprietà», *Europa e Diritto Privatto*, Nº 4/2020, Milão: Giuffrè Francis Lefebvre.

Santacruz, Juan Arpio, «El contrato de compraventa internacional de mercaderías», *in* Rodríguez-Cano, Alberto Bercovitz (Dir.) / Conde, María Ángeles Calzada / Pérez, Ángela del Barrío (Coord.), *Contratos Mercantiles*, Tomo I, 6ª Edição, Navarra: Thomson Reuters; Arazandi, 2017.

Schäfer, Hans-Bernd / Aksoy, Hüseyin Can, «Good Faith», *in* Marciano, Alain / Ramello, Giovanni Battista, Encyclopedia of Law and Economics, Nova Iorque: Springer, Dezembro de 2015, disponível em: < https://www.researchgate.net/publication/318012840_Good_Faith>.

Schaub, Renate, *in* Dannemann, Gerhard / Schulze, Reiner (Eds.), *German Civil Code*, Vol. I, Books 1-3: §§1-1296, Article-by-Article Commentary, Verlag C.H.Beck oHG, 2020.

Schelin, Johan, «CMR Convention in a law and economics perspective», *in Uniform Law Review*, Vol. 21, Nº 4, 2016.

Schlechtriem, Peter, Good Faith in German Law and in International Uniform Laws, in Centro di studi e richerche di diritto comparato e straniero – Saggi, Conferenze e Seminari, Roma, nº 24, 1997.

____ «Subsequent Performance and Delivery Deadlines – Avoidance of CISG Sales Contracts Due to Non-conformity of the Goods», *in* Pace International Law Review, Vol. 18, Nº 1, Abril 2006, p. 97. Disponível em: <https://digitalcommons.pace.edu/cgi/viewcontent.cgi?article=1073&context=pilr>;< https://iicl.law.pace.edu/cisg/scholarly-writings/subsequent-performance-and-delivery-deadlines-avoidance-cisg-sales-contracts>.

Schmidt-Kessel, Martin / Möllnitz, Christina, «Particular Corona Contract Law in Germany: Why Does General Contract Law not Suffice?», *in* Hondius, Ewoud, *Coronavirus and the Law in Europe*, Cambridge: Intersentia, 2021.

Schmidt-Kessel, Martin, *in* Schwenzer, Ingeborg (Ed.), *Commentary on the UN Convention on the International Sale of Goods*, Oxford: Oxford University Press, 2016.

Schmitthoff, Clive M., «The Risk of Loss in Transit in International Sales», *in* Cheng, Chia-Jui, *Clive M. Schmitthoff's Select Essays on International Trade Law*, Dordrecht: Martinus Nijhoff Publishers, 1988.

Schönle, Herbert, «Réflexions sur le transfert des risques dans la vente internationale», in Basgül, Mürsel / Honuralp, Halük (Eds.), *Mélanges à la mémoire du professeur Halûk Tandoğan*, Ankara : Institut de recherches de droit bancaire et de droit commercial, 1990.

Schroeter, Ulrich G., ‹‹Backbone or Backyard of the Convention? The CISG's Final Provisions››, *in* Andersen, Camilla Baasch / Schroeter, Ulrich G. (Eds.), *SHARING INTERNATIONAL COMMERCIAL LAW ACROSS NATIONAL BOUNDARIES: FESTSCHRIFT FOR ALBERT H. KRITZER ON THE OCCASION OF HIS EIGHTIETH BIRTHDAY,* Londres: Wildy, Simmonds & Hill, 2008, disponível em: < *https://ssrn.com/abstract=1419492428*>).

____ «Das einheitliche Kaufrecht der afrikanischen OHADA-Staaten im Vergleich zum UN-Kaufrecht», *in* Recht in Afrika, 2001.

____ « Contract validity and the CISG», *in* Uniform Law Review, Vol. 22, Nº 1, 2017.

Schroeter, Ulrich, *in* Schwenzer, Ingeborg (Ed.), *Commentary on the UN Convention on the International Sale of Goods,* Oxford: Oxford University Press, 2016.

Schultz, Rob– «Rolling Contract Formation under the UN Convention on Contracts for the International Sale of Goods», *Cornell International Law Journal,* Vol. 35 (2001-2002), p. 262-289, disponível em < https://scholarship.law.cornell.edu/cgi/viewcontent.cgi?article=1504&context=cilj>

Schulz, Fritz, *Classical Roman Law,* Darmstadt: Scientia Verlag Aalen, 1992 (Reimpressão da Edição da Oxford University Press de 1951).

Schurr, Francesco A., *in* Schwimann, Michael, *ABGB Taschenkommentar mit EheG, EPG, KSchG, ASVG, und EKHG,* 3ª Edição, Viena: LexisNexis, 2015.

Schwenzer, Ingeborg / Hachem, Pascal / Kee, Christopher, *Global Sales and Contract Law,* Oxford: Oxford University Press, 2012.

Schwenzer, Ingeborg / Hachem, Pascal, « The CISG – A Story of Worldwide Success», *in* Kleineman, Jan (Ed.), *CISG Part II Conference – Stockholm, 4-5 September 2008 –,* Estocolmo: Stockholm Center for Commercial Law, 2009. Também disponível em: < https://edoc.unibas.ch/45574/>.

Schwenzer, Ingeborg / Hachem, Pascal, *in* Schwenzer, Ingeborg (Coord.), *Commentary on the UN Convention on the International Sale of Goods,* Oxford University Press, 2016.

Schwenzer, Ingeborg, «Ethical standards in CISG contracts», *in* Uniform Law Review, Vol. 22, Nº1, 2017.

____ «The right to avoid the contract», *in Annals of the Faculty of Law in Belgrade – Belgrade Law Review –, Journal of Legal and Social Sciences,* Ano LX, 2012, Nº 3, p. 207 e ss. (disponível em: < https://heinonline.org/HOL/Page?handle=hein.journals/annabel2012&id=207&collection=journals&index=>.

Sealy, L. S. «"Risk" in the Law of Sale», *in The Cambridge Law Journal* 31, nº 1 (1972).

Secrétan, Roger, « Evolution récente du problème des risques de la chose vendue», in *Recueil de travaux publiés à l'occasion du cinquantenaire,* Lausanne : Librairie de l' université, Junho de 1961.

Sekolec, Jernej, ‹‹Foreword››, *in* Ziegler, Alexander / Schelin, Johan / Zunarelli, Stefano, *The Rotterdam Rules 2008 – Commentary to the United Nations Convention on Contracts for the International Carriage of Goods Wholly or Partly by Sea,* Alphen aan den Rijn: Kluwer Law International, 2010.

Sendler, Ulrich, ‹‹Part I – The Basics. 1 – Introduction››, *in* Sendler, Ulrich (Ed.), *The Internet of Things. Industrie 4.0. Unleashed,* Berlim: Springer-Verlag, 2018.

Serra, Adriano Vaz, ‹‹Anotação ao Acórdão do STJ de 21 de Dezembro de 1973››, *in Colectânea de Jurisprudência,* Ano 108º, Nº 3538, 1975.

____ «Impossibilidade superveniente por causa não-imputável ao devedor e desaparecimento do interesse do credor», *in Boletim do Ministério da Justiça,* Nº 46, Janeiro – 1955.

Sevilla, Diego Simó, «Contrato de Compraventa» *in* Palma, Víctor Manuel Garrido de (Dir.), *Instituciones de Derecho Privado, Tomo III-Obligaciones y Contratos,* Vol. 2º, Navarra: Thomson Reuters, 2016.

Sieber, Liliane, *Gefahrtragung im Kaufrecht,* Zurique: Schulthess Polygraphischer Verlag AG, 1993.

Silva, João Calvão da, «Crédito Documentário e Conhecimento de Embarque», *in Estudos de Direito Comercial (Pareceres),* Coimbra: Almedina, 1996.

Smith, Stephen A., *Contract Theory,* Oxford: Oxford University Press, 2004.

Smythe, Donald J., «Reasonable Standards for Contract Interpretations under the CISG», *in Cardozo Journal of International and Comparative Law, 25-1 (2016),* p. 23, disponível em: < https://scholarlycommons.law.cwsl.edu/fs/254/>.

Sono, Hiroo, *in* Kröll, Stefan / Mistellis, Loukas / Viscasillas, Pilar Perales (Coord.), *UN Convention on Contracts for the International Sale of Goods (CISG): A Commentary,* C. H. Beck-Hart-Nomos, 2018.

Soyer, Baris, «Chapter 16: «Cargo Insurance in the Multimodal Context: Full and Complete Cover? », *in* Soyer, Baris / Tettenborn, Andrew (Ed.), *Carriage of Goods by Sea, Land and Air – Unimodal and Multimodal Transport in the 21st Century –,* Abingdon: Informa Law, 2014.

____ *Marine Insurance Fraud,* Abingdon: Informa Law, 2014.

Spagnolo, Lisa, *in* Mankowski, Peter (Ed.), *Commercial Law – Article-by-Article Commentary,* Baden-Baden: Nomos Verlagsgesellschaft, 2019.

Spanjaart, Michiel, «A new role for multimodal transport law – Leaving the maze for a uniform approach –, *in in* Furrer, Andreas (Ed.), *Transportation Law on the Move – Challenges in the Modern Logistics World –,* Berna: Stämpfli Verlag, 2020.

Stathopoulos, Michael / Karampatzos, Antonios, *Contract Law in Greece,* 3ª Edição, Holanda: Kluwer Law International, 2014.

Stephens, D.J., «Introduction: The Contract for the Sale of Goods», *in* McKendrick, Ewan (Ed.), *Sale of Goods,* Londres: LLP Professional Publishing, 2000.

Stevens, Frank, «Carrier liability for unmanned ships: goodbye crew, hello liability?», *in* Soyer Baris / Tettenborn, Andrew, *New Technologies, Artificial Intelligence and the Shipping Law in the 21st Century,* Oxon: Informa Law from Routledge, 2020.

____ «Chapter 2: Liability for defective containers: charting a course between seaworthiness, care for the cargo and liabilities of the shippers», *in* Soyer, Baris / Tettenborn, Andrew (Ed.), *Carriage of Goods by Sea, Land and Air – Unimodal and Multimodal Transport in the 21st Century –,* Abingdon: Informa Law, 2014.

____ *The Bill of Lading – Holder Rights and Liabilities –,* Abingdon, Oxon; New York, NY: Routledge, 2018.

Stoll, Hans / Gruber, Georg, *in* Schlechtriem, Peter / Schwenzer, Ingeborg (Ed.), *Commentary on the UN Convention on the international sale of goods (CISG),* Oxford: Oxford University Press, 2ª Edição, 2005.

Stoll, Hans / Gruber, Georg, *in* Schlechtriem, Peter / Schwenzer, Ingeborg (Ed.), *Commentary on the UN Convention on the international sale of goods (CISG),* Oxford: Oxford University Press, 2ª Edição, 2005.

Sturley, Michael F. / Fujita, Tomotaka / Ziel, Gertjan van der, *The Rotterdam Rules – The UN Convention on Contracts for the International Carriage of Goods Wholly or Partly by Sea*, 2ª Edição, Inglaterra e País de Gales: Sweet & Maxwell, 2020.

Sturley, Michael F., ‹‹Can commercial law accomodate new Technologies in international shipping?››, *in* Soyer Baris / Tettenborn, Andrew, *New Technologies, Artificial Intelligence and the Shipping Law in the 21st Century*, Oxon: Informa Law from Routledge, 2020.

Szyliowicz, Joseph S. / Zamparini, Luca, ‹‹Maritime security: issues and challenges››, *in* Bichou, Khalid / Szyliowicz, Joseph S. / Zamparini, Luca (Ed.), *Maritime Transport Security: Issues, Challenges and National Policies*, Cheltenham: Edward Elgar Publishing Limited, 2013.

Taliadoros, Constantin, *Greek Civil Code*, Atenas: Ant. N. Sakkoulas Publishers, 2000, p. 75 – 76) e a versão traduzida do original em grego disponível em:<https://www.ministryofjustice.gr/wp-content/uploads/2019/10/%CE%91%CF%83%CF%84%CE%B9%CE%BA%CF%8C%CF%82-%CE%9A%CF%8E%CE%B4%CE%B9%CE%BA%CE%B1%CF%82.pdf>

Tallon, Denis, *in* Bianca, C. Massimo e Bonell, Michael Joachim, *Commentary on the International Sales Law*, Milão: Giuffrè, 1987, disponível em < https://iicl.law.pace.edu/cisg/scholarly-writings/comments-article-79-bianca-bonell->.

Tallon, Denis, Le concept de bonne foi en droit français du contratat, in Centro di studi e richerche di diritto comparato e straniero – Saggi, Conferenze e Seminari, Roma, nº 15.

Telles, Inocêncio Galvão, *Direito das Obrigações*, Coimbra: Coimbra Editora, 2010.

Temme, Jürgen, *in* Thume, Karl-Heinz (Ed.), *Kommentar zur CMR – Übereinkommen über den Beförderungsvertrag im internationalen Straßengüterverkehr*, 2ª Edição, Frankfurt: Verlag Recht und Wirtschaft GmbH, 2007.

Terré, François / Simler, Philippe / Lequette, Yves, *Droit Civil – Les Obligations –*, 11ª Edição, 2013.

Terré, François, *et al.*, *Droit Civil – Les Obligations –*, 12ª Edição, Paris: Dalloz, 2019.

Terryn, Evelyne, *in* Schulze, Reiner (Ed.), Common European Sales Law (CESL) – Commentary –, C.H. Beck/Hart/Nomos, 2012.

Testu, François Xavier, *Contrats d' affaires*, Paris: Editions Dalloz, 2010.

Tetley, William, *Marine Cargo Insurance*, 3ª Edição, Montreal: International Shipping Publications, 1988.

Tettenborn, Andrew, ‹‹Chapter 7: Bills of Lading, Multimodal Transport Documents, and other things››, *in* Soyer, Baris / Tettenborn, Andrew (Ed.), *Carriage of Goods by Sea, Land and Air – Unimodal and Multimodal Transport in the 21st Century –*, Abingdon: Informa Law, 2014.

____ ‹‹Shipping: product liability goes high-tech››, *in* Soyer Baris / Tettenborn, Andrew, *New Technologies, Artificial Intelligence and the Shipping Law in the 21st Century*, Oxon: Informa Law from Routledge, 2020.

The American Law Institute / National Conference of Commissioners on Uniform State Laws, *Uniform Commercial Code – Official Text and Comments –*, Thomson, 2007.

The American Law Institute / National Conference of Commissioners on Uniform State Laws, *Uniform Laws Annotated, Vol. 1B – Uniform Commercial Code*, Article 2, §§2-315 to 2-607, with Annotations From State and Federal Courts, Thomson Reuters, 2012.

Thibierge, Louis, *Le contrat face à l'imprévu*, Paris: Ed. ECONOMICA, 2011.

Treitel, Guenter, «‹ Some Comparative Notes on English and American Contract Law››, *in SMU Law Review*, Vol. 55, 2002, p. 362 (disponível em: < https://scholar.smu.edu/cgi/viewcontent.cgi?article=1936&context=smulr>).

____ *Frustration and Force Majeure*, 3ª Edição, Londres, Swett & Maxwell, 2014.

____ *The Law of Contracts*, 11ª Edição, Londres, Swett & Maxwell, 2003.

Treitel, Gunter, *in* Treitel, Gunter / Reynolds, F.M.B., *Carver on Bills of Lading*, 4ª Edição, Londres: Sweet & Maxwell, 2017.

Trimarchi, Pietro, *Istituzioni di Diritto Privato*, 15ª Edição, Milão: Giuffrè Editore, 2003.

____ *Istituzioni di Diritto Privato*, 22ª Edição, Milão: Giuffrè Editore, 2018.

Tuo, Chiara, «Alcune Riflessioni sulla portata applicativa della CMR», *Rivista di Diritto Internazionale Privato e Processuale*, Ano XL, Nº 1 (2004), Padova: Edizione CEDAM.

UNCITRAL Digest Case Law on the United Nations Convention on the International Sale of Goods, Nova York: United Nations, 2008, p. 198, disponível em: < https://www.uncitral.org/pdf/english/clout/08-51939_Ebook.pdf>.

Ungerer, Johannes, «Consequences of Brexit for European Private International Law», in *European Papers*, Vol. 4, Nº 1, 2019, p. 395-407, disponível em: <http://www.europeanpapers.eu/en/system/files/pdf_version/EP_EF_2019_I_002_Johannes_Ungerer_0.pdf>).

United Nations Conference on Contracts for the International Sale of Goods – Official Records, Nova Iorque: Nações Unidas, 1991, p. 408 (disponível em: <https://uncitral.un.org/sites/uncitral.un.org/files/media-documents/uncitral/en/a-conf-97-19-ocred-eng.pdf>).

Uría, Rodrigo, *Derecho Mercantil*, 28ª Edição, Madrid: Marcial Pons, 2001.

Uribe, Momberg Rodrigo, *The effect of a change of circumstances on the bonding force of contracts – Comparative Perspectives*, Combridge, Antwerp, Poland: Intersentia, 2011.

Valioti, Zoi, «Passing of Risk in international sale contracts: A comparative examination of the rules on risk under the United Nations Convention on Contracts for the International Sale of Goods (Viena 1980) and INCOTERMS 2000», disponível em: < https://iicl.law.pace.edu/cisg/scholarly-writings/passing-risk-international-sale-contracts-comparative-examination-rules-risk>.

Van Den Daele, Wolfgang, *apud* Pires, Catarina Monteiro, *Impossibilidade da prestação*, Coimbra: Almedina, 2020.

Vandenput, Tangui, ‹‹La Lex Mercatoria››, *in* Putzeys, Jacques, *Les ventes internationales et les transports. Les nouveaux incoterms. Séminaire de Droit des transports (1991-1992)*, Bruxelas: Etablissements Emile Bruylant, 1992.

Varela, Antunes, *Das Obrigações em Geral*, Almedina, Vol. II, 7 ª Edição, Coimbra: Almedina, 2011.

____ *Das Obrigações em Geral*, Vol. I, Coimbra: Almedina, 2000.

Varela, João de Matos Antunes / Mesquita, Manuel Henrique, ‹‹Resolução ou modificação do contrato por alteração das circunstâncias››, *in Colectânea de Jurisprudência*, Ano VII, Tomo 2, 1982, p. 14-15.

Vasconcelos, Pedro Paes, *Um estudo sobre a Pressuposição (Relatório apresentado na disciplina de Direito Civil na parte escolar do mestrado)*, Faculdade de Direito de Lisboa, p. 44, [Consult. Em 08 de outubro de 2020], disponível em: <https://static1.squarespace.com/static/563487a1e4b01aa792817ed1/t/5a5e143371c10bc094444ed6/1516115006438/1998_Um+estudo+sobre+a+pressuposi%C3%A7%C3%A3o.pdf>.

Vaz Serra, *apud* Lima, Fernando Andrade Pires de / Varela, João de Matos Antunes, *Código Civil Anotado*, Vol. II, 4ª Edição, Coimbra: Coimbra Editora, 1997.

Ventura, Raúl, «Contrato de compra e venda no código civil (proibições de compra e de venda – venda de bens futuros – venda de bens de existência ou de titularidade incerta – venda de coisas sujeitas a contagem, pesagem ou medida –)», *in Revista da Ordem dos Advogados*, nº 43, Vol. II, 1983.

Ventura, Raúl, «O contrato de compra e venda no Código Civil – Venda de bens alheios – Venda com Expedição», in *Revista da Ordem dos Advogados*, Ano 40 (1980), Vol. II.

Venturi, Silvio / Zen-Ruffinen, Marie-Noëlle, in Thévenoz, Luc / Werro, Franz, *Code des Obligations – Commentaire Romand* –, Vol. I, 2ª Edição, Basileia: Helbing Lichtenhahn, 2012.

Vialard, Antoine, *Droit Maritime*, Paris: Presses Universitaires de France, 1997.

Vicente, Dário Moura, «Governação global e Direito Internacional Privado», *in Revista de Direito Civil*, Ano V (2020), Nº 3 / 4, Coimbra: Almedina.

____ «A formação dos contratos internacionais», in Pinheiro, Luís de Lima (Coord.) *Estudos de Direito Comercial Internacional*, Vol. I, Almedina, 2004.

Vion, Adrien, *L'étendue minimale de l'accord en droit suisse des contrats (art. 1 et 2 CO) – Entre points essentiels du contrat, liberté contractuelle et complèment judiciaire* –, Editions Juridiques Libres (Freier Juristischer Verlag), Lausanne, 2019.

Viscasillas, Maria del Pilar Perales, *La formación de contrato en la compraventa internacional de mercaderias*, Valencia: Ed. Tirant lo Blanch, 1996.

____ «Interpretation and gap-filling under the CISG», *in* Uniform Law Review, Vol. 22, Nº 1, 2017.

Viscasillas, Pilar Perales, *in* Kröll, Stefan / Mistellis, Loukas / Viscasillas, Pilar Perales (Ed.), *UN Convention on Contracts for the International Sale of Goods (CISG): A Commentary*, Munique, Oxford e Baden-Baden: C. H. Beck-Hart-Nomos, 2018.

Vivante, Cesare, *Trattato di Diritto Commerciale*, Vol. IV – *Le Obligazioni (contratti e prescrizione)*, 5ª Edição, Milão: Casa Editrice Dottor Francesco Vallardi, 1935.

Vogeler, Andrew, «Rolling Contract Formation and the U.C.C.'s Approach to Emerging Commercial Practices», *Journal of Law and Commerce*, Vol. 30, 243-263, disponível em <http://d-scholarship.pitt.edu/22277/1/8-15-2-PB.pdf>.

Vogenauer, Stefan, *in* Vogenauer, Stefan (Ed.), *Commentaries on the UNIDROIT Principles of International Commercial Contracts (PICC)*, Oxford: Oxford University Press, 2015.

Wacke, Andreas. «*Casum sentit dominus*: Liability for Accidental Damages in Roman and Modern German Law of Property and Obligation. », *in* Journal of South African Law, Nº 3, 1987.

Wais, Hannes, *in* Dannemann, Gerhard / Schulze, Reiner (Eds.), *German Civil Code*, Vol. I, Books 1-3: §§1-1296, Article-by-Article Commentary, Verlag C.H.Beck oHG, 2020.

Walker, David M., *The Oxford Companion to Law*, Oxford: Clarendon Press, 1980.

Walter, Hans Peter, «Doppelverkauf und Preisgefahr im schweizerischen Recht», *in* Bucher, Eugen, *et. al.* (Ed.), *Norm und Wirkung. Beiträge zum Privat- und Wirtschaftsrecht aus heutiger und historischer Perspektive. Festschrift für Wolfgang Wiegand zum 65. Geburtstag*, Berna: Stämpfli Verlag AG, 2005.

Warendorf, Hans / Thomas, Richard / Curry-Summer, Ian, *The Civil Code of the Netherlands*, Países Baixos: Wolters Kluwer, 2013.

Watson, Alan, «Legal Transplants and European Private Law», *in* Hesselink, Martijn, *et al.*, *Ius Commune Lectures on European Private Law*, 2, Maastricht: Metro, Institute for transnational legal research, 2000.

____ *Legal Transplants – An Approach to Comparative Law*, 2ª Edição, Atenas e Londres: The University of Georgia Press, 1993.

Weber, Rolf H. / Weber, Romana, *Internet of Things – Legal Perpsectives*, Berlim: Springer-Verlag, 2010.

Weil, Ernesto Vargas, «CISG in Latin America: Some Lessons for the Legal Unification Movement in the Global South», *in* Sooksripaisarnkit, Poomintr / Garimella, Sai Ramani, *Contracts for the International Sale of Goods – A Multidisciplinary Perspective –*, Hong Kong: Thomson Reuters Hong Kong Limited, 2019.

Wendland, Matthias, *in* Dannemann, Gerhard / Schulze, Reiner (Eds.), *German Civil Code*, Vol. I, Books 1-3: §§1-1296, Article-by-Article Commentary, Verlag C.H.Beck oHG, 2020.

Westermann, Harm Peter, «§446 BGB», *in* Säcker, Franz Jürgen, *et. al.*, *Münchener Kommentar zum Bürgerlichen Gesetzbuch*, Vol. 4, 8ª Edição, Munique: CHBECK, 2019, disponível mediante registo prévio em: < https://beck-online.beck.de/?vpath=bibdata%2Fkomm%2FMuekoBGB_8_Band4%2FBGB%2Fcont%2FMuekoBGB%2EBGB%2Ep446%2EglII%2Egl1%2Ehtm>.

Wick, M. Josepf, *Le droit international des transports par chemins de* fer, Trad. por M. John Favre e M. Marcel Ingold, Neuchâtel: Editions Imprimerie Nouvelle E. G. Chave S.A., 1976.

Wiese, Volker, «Gefahrübergang nach Artt. 140ff. GEKR», *in* Schmidt-Kessel, Martin, *Ein einheitliches europäisches Kaufrecht? – Eine Analyse des Vorschlags der Kommission –*, Munique: Sellier European Law Publishers, 2012.

Wit, Ralph de, «Duties of buyer and seller. Transfer of risk», in Clayes, Ignace / Feltkamp, Régine (Eds.), Cambridge: Intersentia Publishing Ltd, 2013.

Wolfgang, Ernst, «VIII. Periculum est emptoris», *in* Zeitschrift der Savigny-Stiftung für Rechtsgeschichte: Romanistische Abteilung, Vol. 99, Nº 1, 1982.

Xavier, Vasco da Gama Lobo, «Alteração das circunstâncias e risco», *in Colectânea de Jurisprudência*, Ano VIII, Tomo 5, 1983.

Yap, John, «Tortoise with a Chance of Transmogrification? Good Faith in English Contract Law», *in The Oxford University Undergraduate Law Journal Blog*, disponível em: < https://www.law.ox.ac.uk/ouulj/blog/2021/06/tortoise-chance-transmogrification-good-faith-english-contract-law>).

Zeller, Bruno, «Interpretation of the United Nations Convention on Contracts for the International Sale of Goods (CISG) according to principles of international law: a reply», *in* Journal of International Commercial Law, 2003, 1 (3).

____ *Damages under the Convention on Contracts for the International sale of goods*, Oxford: Oxford University Press, 3ª Edição, 2018.

Zhao, Lijun (Liz), «CISG in Action: Law and Practice in China», *in* Sooksripaisarnkit, Poomintr / Garimella, Sai Ramani, *Contracts for the International Sales of Goods – A Multidisciplinary Perspective –*, Hong Kong: Thomson Reuters Hong Kong Limited, 2019.

Ziegler, Alexander Von, ‹‹Rotterdam Rules and the Underlying Sales Contract››, disponível em: < https://www.swlegal.ch/media/filer_public/21/9f/219f5c48-0460-40ba-acbb-f4ef77066274/131014_alexander-von-ziegler_rotterdam-rules-and-the-underlying-sales-contract-pdf-02665943.pdf>.

____ «The Right of Suspension and Stoppage in Transit (and Notification Thereof).», *in Journal of Law and Commerce*, vol. 25, Nº 1, 2005, p.365 (disponível em: < https://heinonline.org/HOL/P?h=hein.journals/jlac25&i=361> e em: < https://uncitral.un.org/sites/uncitral.un.org/files/media-documents/uncitral/en/von_ziegler.pdf>.

Ziel, G J van der, ‹‹Delivery of the goods, rights of the controlling party and transfer of rights››, *in* Thomas, Rhidian, *A New Convention for the Carriage of Goods by Sea – The Rotterdam Rules –. An Analysis of The UN Convention on Contracts for the International Carriage of Goods Wholly or Partly by Sea.* Oxon: Lawtext Publishing Limited, 2009.

Zimmerman, Reinhard, « Breach of Contract and Remedies under the New German Law of Obligations», disponível em: <https://www.cisg.law.pace.edu/cisg/biblio/zimmerman.html>.

____ *The Law of Obligations – Roman Foundations of the Civilian Tradition –*, Oxford University Press, 1996.

Zoll, Fryderyk / Watson, Jonathan, *in* Schulze, Reiner (Ed.), Common European Sales Law (CESL) – Commentary –, C.H. Beck/Hart/Nomos, 2012.

Zunarelli, Stefano / Alvisi, Chiara, ‹‹Rights of the Controlling Party››, *in* Ziegler, Alexander / Schelin, Johan / Zunarelli, Stefano, *The Rotterdam Rules 2008 – Commentary to the United Nations Convention on Contracts for the International Carriage of Goods Wholly or Partly by Sea*, Alphen aan den Rijn: Kluwer Law International, 2010.

(Nota: As páginas de internet foram verificadas em 14 de dezembro de 2021)

ANEXO
Texto de Apresentação da Tese no Ato Público de Defesa

Exmo. Senhor Professor Doutor José Manuel Aroso Linhares

Cumprimento V. Exa. e, na sua pessoa, a Faculdade de Direito da Universidade de Coimbra, manifestando-lhe a minha gratidão por ter aceitado presidir ao Júri destas Provas.

Exma. Senhora Professora Doutora Paula Costa e Silva

Exma. Senhora Professora Doutora Mariana Fontes da Costa

Exmo. Senhor Professor Jorge Manuel Coutinho de Abreu

Exmo. Senhor Professor Doutor Paulo Cardoso da Mota Pinto

Exmo. Senhor Professor Doutor Alexandre Cardoso Soveral Martins

Exma. Senhora Professora Doutora Maria Inês Oliveira Martins

Cumprimento, respeitosamente, as Senhoras Doutoras e os Senhores Doutores, seguindo a ordem estabelecida no douto despacho de nomeação do Júri, proferido pelo Magnifico Reitor da Universidade de Coimbra e quero agradecer profundamente e de igual modo por terem aceitado o encargo inerente a estas Provas.

Cumprimento e manifesto, também, a minha gratidão a todos aqueles que me concedem a honra da sua presença nestas Provas e neste magnifico edifício (Colégio da Trindade e, agora, Casa da Jurisprudência).

Deixarei os agradecimentos individuais para momento ulterior, sem os esquecer, porque a gratidão a quem me acompanhou ao longo dos últimos anos jamais pode ser esquecida.

Em "Diário do Último Ano", Florbela Espanca ensina...fazendo eu apenas uma brevíssima adaptação consistente na substituição de uma única palavra: "*Só se pode ser feliz simplificando, simplificando sempre, arrancando, diminuindo, esmagando, reduzindo; e a [investigação] ~~inteligência~~ cria em volta de nós um mar imenso de ondas, de espumas, de destroços, no meio do qual somos depois o náufrago que se revolta, que se debate em vão, que não quer desaparecer sem estreitar de encontro ao peito qualquer coisa que anda longe: raio de sol em reflexo de estrelas".*

Pedia, agora, autorização ao Senhor Presidente para me sentar durante o tempo de apresentação, simplificando...

A tese que hoje aqui, na Faculdade de Direito da Universidade de Coimbra, defendo em ciências jurídico-empresariais, com o título «A transferência do risco na venda internacional de mercadorias» é o resultado da gestão de um administrador único, vinculado ao cumprimento de deveres fundamentais de cuidado e de lealdade. Curioso...para quem escreveu sobre o funcionamento da gerência plural durante o tempo de investigação para Doutoramento. Mas, os deveres são os mesmos e, por isso, queria aproveitar esta apresentação para retificar em parte uma menção que consta do currículo entregue. Do mesmo pode decorrer que sou autor do livro "O Estado da justiça", mas o lapso deveu-se à impossibilidade de inserção da informação correta ou falta de compreensão, à data, da plataforma de criação do currículo. Na verdade, sou coeditor desse livro juntamente com o Senhor Professor António Cândido Oliveira.

Hoje, aqui me apresento perante V. Exas. para prestar contas, que espero consolidadas e com a expectativa de que possam vir a ser consideradas como reveladoras de competência técnica e de conhecimento da atividade desenvolvida. As Senhoras Doutoras e os Senhores Doutores contribuíram em grande medida para uma boa prestação de contas. As excelentes lições, obras ou ensinamentos de cada um influenciaram, direta ou indiretamente, o trabalho desenvolvido... constituem um exemplo para mim, mas também uma responsabilidade acrescida nesta prestação de contas. Obviamente, o que possa estar menos conseguido só a mim pode ser imputável.

Não será, é certo, por falta de fiscalização (entenda-se orientação) que essas qualidades de um administrador criterioso e diligente não serão visíveis. Como escreveu o Senhor Doutor Coutinho de Abreu "*leve-se a sério a fiscalização*". Eu tive o privilégio de ser, efetivamente, orientado. Estarei para sempre grato a quem, quando decidi iniciar a viagem, me orientou para pessoas generosas para me orientarem e não sair da rota, e aos orientadores por revelarem essa qualidade (que reflete muitas outras mais) ao longo de toda essa mesma viagem, permitindo-me chegar ao destino. Foram e continuarão a ser uma inspiração para mim pois aprendi que é possível ser exigente, metódico e ao mesmo tempo ter boas qualidades humanas, cada dia mais imprescindíveis na sociedade em que vivemos.

No decurso da viagem tive o privilégio de aprender muito com a Senhora Professora Paula Costa e Silva, quando ambos passamos pelo Canal do Suez, devidamente acompanhados numa Conferência que anunciava a entrada em vigor da *CISG* em Portugal. Pude nesse momento ficar mais esclarecido de que é sempre possível, em situações extremas, declarar *general average* se alguma vez chegar a ser proprietário de um qualquer navio, em vez de mero tripulante ou passageiro. Em resultado de um profícuo debate foi possível chegar ao destino mais rico (entenda-se...a riqueza do conhecimento que me foi transmitido), tendo sido possível atribuir o controlo de alguma mercadoria à Faculdade de Direito da Universidade Nova de Lisboa com o título «Os direitos de retenção, de suspensão e de *stoppage in transitu* no contrato de venda internacional de mercadorias com transporte por via marítima», mas sem que a entrega ao público se tenha verificado até à presente data (entenda-se... aguarda publicação, possivelmente no corrente ano).

Ainda estava a sair do Canal do Suez e já tinha de navegar para outros pontos, coordenando na Universidade do Minho, juntamente com a Senhora Doutora Anabela Gonçalves, uma Conferência Internacional para assinalar a entrada em vigor da *CISG* em 01 de outubro de 2021. Aqui não houve mercadoria a entregar, mas ter conseguido trazer para a viagem e poder partilhar o mesmo espaço de discussão com nomes que cito na tese, como Ingeborg Schwenzer, Ulrich Schroeter, Pilar Viscasillas, Loukas Mistellis, Luca Castellani, Edgardo Muñoz, entre outros, foi um estímulo para continuar.

Apesar de uma fase menos boa da viagem provocada por uma ameaça à liberdade designada por COVID-19 foi possível, ainda assim, fazer uma reflexão sobre as cláusulas de *Force Majeure* nos contratos celebrados entre a Comissão Europeia e a Astrazeneca e entre a Comissão Europeia e Curevac, entregando-a ao Professor Ulrich Schroeter para publicação em *CISG-Online.org* (Universidade de Basel) e elaborar dois *abstracts* relativos a Acórdãos portugueses para esta plataforma online e para a *CISG Database* da Pace University (Nova Iorque).

Ainda no decurso da viagem, obtive um novo estímulo por parte do Senhor Doutor Alexandre Soveral Martins para seguir em frente (a juntar a tantos outros, não só expressos em palavras, mas também através do exemplo da sua obra), lembrando-me que sem vontade não seria possível. Propôs-me que tratasse na Conferência Internacional comemorativa dos 100 anos das Regras de Haia, o tema "O papel da vontade na *CISG*". Não sei se chegou em algum momento a transferir-me o risco com esse convite, mas estou certo de que me transmitiu a motivação para trabalhar ainda mais, produzir nova mercadoria e atribuir-lhe o controlo da mesma. A entrega ao público, com a coordenação do Senhor Doutor Alexandre

Soveral Martins e da Senhora Doutora Maria João Antunes, já foi feita em *e-book* publicado pelo Instituto Jurídico.

A criação do projeto *Cisg-Portugal.org* e a sua integração na rede autónoma de *websites,* criada pela *Pace University,* constituiu um meio para descoberta de novos caminhos de investigação para o futuro e que terá novos impulsos, atualizações e novidades num futuro muito próximo, pois o facto de estar perto de atingir as cinco mil visualizações, em pouco mais de 2 anos, implica já alguma responsabilidade acrescida.

Já depois da transmissão da mercadoria principal (entenda-se... a tese que hoje procuro defender) foi encorajador saber que, apesar do meu silêncio, o meu trabalho produzia algum eco e... ser convidado a transmitir os conhecimentos adquiridos aos estudantes do Mestrado em Direito Transnacional da Universidade do Minho e da Universidade de Santiago de Compostela, em dezembro de 2022, foi um sinal de alguma relevância da mercadoria adquirida durante a viagem.

Mas, permitindo-me usar parte de uma citação do Senhor Doutor Coutinho de Abreu, tenho consciência de que por vezes "*fazer um fim é fazer um começo*" e, por isso, já em 01 de março próximo estarei na Universidade Portucalense no âmbito do Congresso sobre Arbitragem e em Abril na Universidade de Valência, a convite de pessoas amigas. E se o convite veio pela amizade é motivo bastante.

Hoje presto provas ciente de que o risco me está exclusivamente alocado, sem possibilidade de o transferir.

Em o Livro do Desassossego, Fernando Pessoa ensina: "*O meu passado é tudo quanto não consegui ser. Nem as sensações de momentos idos me são saudosas:* ***o que se sente exige o momento; passado este, há um virar de página e a história continua, mas não o texto.***"

Há um momento para a transferência do risco do vendedor para o comprador e a história continua. O texto, esse, não continua. A partir desse momento, o risco de afetação da integridade das mercadorias deixa de estar alocado ao vendedor para passar a estar alocado ao comprador. Mas, a história continua... há risco independentemente de o presente se ter tornado rapidamente passado. Os princípios fundamentais a salvaguardar mantêm-se: conservação das mercadorias, manutenção do contrato de venda, estabilidade do comércio internacional, e não só.

"*Propriamente falando, não há em comércio, nem em contabilidade, problemas que não sejam fundamentais, pois é sabido que, tanto em uma coisa como em outra – em tudo que envolve método –, um lapso de detalhe pode acarretar consequências desastrosas*" – Fernando Pessoa, 1ª Publicação na Revista de Comércio e Contabilidade, nº 4, Lisboa: 25 de abril de 1926.

De acordo com o que procuro defender, na venda internacional de mercadorias nem todos os detalhes relativos à transferência do risco são identificáveis com o olhar dirigido apenas a este contrato. Outros contratos, como o contrato de transporte, o contrato de seguro ou os créditos documentários permitem identificar um concreto risco no contrato de venda quando está em causa "transferência do risco" e delinear melhor o critério para a sua alocação.

Um lapso de detalhe na criação do critério para a transferência do risco permitirá uma alocação ineficiente, com consequências desastrosas.

Antes de terminar esta apresentação, sei que independentemente de ter sido capaz de preservar até ao fim da viagem a mercadoria produzida, sempre terei um porto para atracar.... de abrigo é certo. Aquele porto de abrigo que nunca deixa de existir, quer nos momentos em que as águas estão calmas, quer naqueles em que estão agitadas. Porque tudo o que sou hoje deve-se, sempre e acima de tudo, a esse porto de abrigo: a minha família. Os meus pais que sempre me ensinaram que devia ser ainda que prescindindo em certas circunstâncias de ter. Isso permitiu-me tomar decisões durante a viagem sem me preocupar com o que deixaria de ter, com a certeza de que iria ser...feliz. E fui... o tempo que dediquei à redação da tese foi harmonioso, tranquilo e de realização pessoal. Não houve, em momento algum, sacrifício. À minha irmã e ao meu cunhado estou eternamente grato pela cumplicidade, apoio permanente e ombros amigos. A Carolina, minha sobrinha e afilhada... não foi certamente ao acaso que no dia 31 de dezembro de 2021 (dia limite para a entrega da tese) trouxe consigo um espírito de renovação e me veio ensinar de forma persistente que com pequenos gestos se pode transmitir alegria e ser diariamente feliz.

Somos (e deveríamos sempre ser) seres sensíveis e....não vivemos sozinhos. Não há coincidências. Da física sabe-se que há uma diferença entre coincidência e sincronicidade. Não é fruto do acaso que um animal de companhia está sempre sensível aos momentos de maior fragilidade, que todos temos. Também não foi por acaso aquele encontro com aquele pássaro, nas pausas revigorantes junto ao Lago *Léman*, que mergulhava e que de imediato se sacudia. O que me dizia era que para sermos capazes de mergulhar várias vezes nas profundezas do conhecimento de outras pessoas não nos podemos esquecer de, em certos momentos, retirar algum peso de cima dos ombros. A natureza tem sempre uma mensagem a transmitir. Saibamos estar disponíveis para a receber.

Se houve um pássaro que tentamos a todo o custo evitar foi, sem absoluto sucesso, a gralha. Mas ela existe neste mundo e no longo caminho percorrido não foi possível evitar a sua própria natureza: a gralha quando canta levanta sempre a cauda e a crista.

Estou grato à vida pelo que me tem proporcionado.

Em o Livro do Desassossego, Fernando Pessoa ensina: "*Alguns têm na vida um grande sonho e faltam a esse sonho. Outros não têm na vida nenhum sonho, e faltam a esse também.*"

Procurando estar presente e deixando, por agora, o desassossego, a natureza, a física e a poesia.... regresso ao Direito... de onde nunca verdadeiramente saí.

Agradeço muito a atenção e fico à disposição do Júri.

ÍNDICE